北京理工大学校徽

校徽中心的标志以“培养人才、培育和平”立意，同时表现青青校园的人文气息。标志根植于中国教育的传统文化，整体造型为顶天立地的大树形，以“树人”表达教育的理念，同时寓意栋梁之材。

发展国防科技是学校的使命，也是学校的特色，发展国防科技不是为了战争，而是为了保家卫国，是为了和平。标志最下方是勇猛的鹰，展翅高飞，到顶端演变成口衔橄榄枝的白鸽，寓意和平是建立在自己强大的基础上，热爱和平是学校永恒的追求。

标志以大树和白鸽为显形，标志主色为绿色，突出表现学校的人文气息，而冲天白鸽的昂扬气势，象征学校不断进取，不断发展。

标志下方的宝塔山和延河大桥以及 1940 的字样，表示北京理工大学源自 1940 年由中国共产党在延安创办的延安自然科学院。

北京理工大学校训

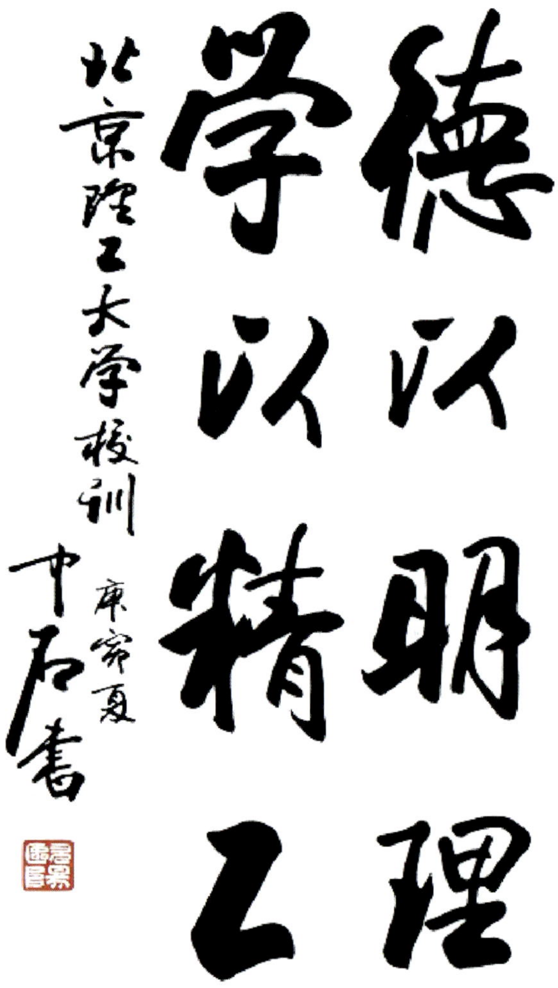

德以明理，是指道德高尚，达到以探索客观真理为己任之境界；学以精工，是指治学严谨，实现以掌握精深学术造福人类之理想。这一校训既是建校 70 年来学校几代师生员工崇德尚行、学术报国的真实写照，又是新的历史时期全校师生员工共同努力的方向。

北京理工大学校风

北京理工大学校风：团结、勤奋、求实、创新。

北京理工大学学风

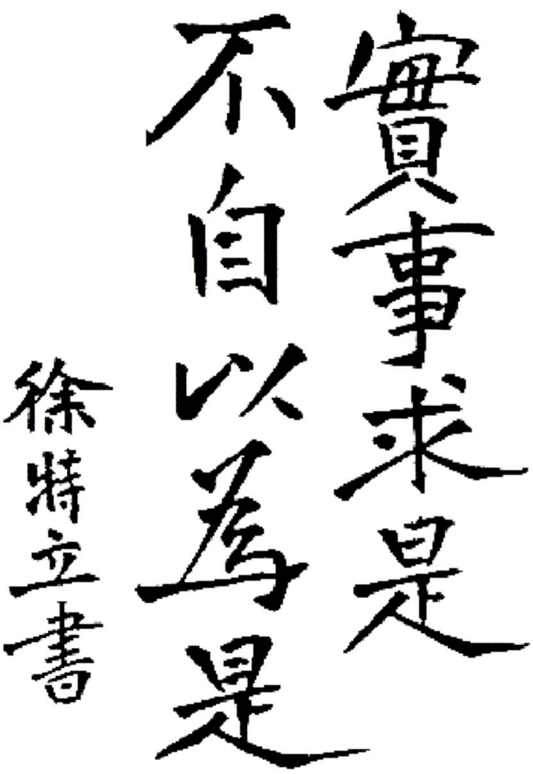

“实事求是，不自以为是”是老院长徐特立的思想。1942 年 4 月 1 日，徐特立在担任学校前身——自然科学院院长期间，组织开展了为期 9 个月的教育方针大讨论，并在《解放日报》上发表了《再论我们怎样学习》一文，提出了“实事求是”，不要“自以为是”的思想。1949 年 10 月，徐特立为《河北教育》创刊号题写了“实事求是，不自以为是”九个字，并说明这是学风中最重要的。

北京理工大学校歌

师生词
吕远曲

北京理工大學年鉴

ANNUAL OF BEIJING INSTITUTE OF TECHNOLOGY

2015卷

《北京理工大学年鉴》编纂委员会

北京理工大学出版社
BEIJING INSTITUTE OF TECHNOLOGY PRESS

图书在版编目（CIP）数据

北京理工大学年鉴．2015卷／《北京理工大学年鉴》编纂委员会编．—北京：北京理工大学出版社，2016.7

ISBN 978-7-5682-2573-1

Ⅰ．①北…　Ⅱ．①北…　Ⅲ．①北京理工大学-2015-年鉴　Ⅳ．①G649.281-54

中国版本图书馆CIP数据核字（2016）第155412号

出版发行／北京理工大学出版社有限责任公司
社　　址／北京市海淀区中关村南大街5号
邮　　编／100081
电　　话／（010）68914775（总编室）
（010）82562903（教材售后服务热线）
（010）68948351（其他图书服务热线）
网　　址／http：//www.bitpress.com.cn
经　　销／全国各地新华书店
印　　刷／北京地大天成印务有限公司
开　　本／889毫米×1194毫米　1/16
印　　张／32.75
彩　　插／4
字　　数／961千字
版　　次／2016年7月第1版　2016年7月第1次印刷
定　　价／198.00元

责任编辑／申玉琴
文案编辑／申玉琴
责任校对／周瑞红
责任印制／王美丽

《北京理工大学年鉴》编纂委员会

《北京理工大学年鉴》编辑部

主　编：杨　宾

副主编：汪本聪

编辑部主任：汪本聪

编辑部副主任：丛　磊

执行主编：关　宏　任峻峰

责任编辑：史建伟　张　忱　高妍妍

特约编辑：

学校办公室：张宏亮　张　博　张　鹏　曹　雪

机关党委：张淑玲

党委组织部：李德煌　何骁威

党委宣传部/新闻中心：和霄雯

党委统战部/信访办：李晓燕

纪委/监察室：朱菊娥

保卫部（处）：沈　毅

保密部（处）：郑　重

学生工作部（处）/武装部：吕　晶

发展规划处：崔　丹

研究生院：康　慨

教务处：杨亚楠

科学技术研究院：包成刚

人事处/高层次人才办公室：施　瑞
招生就业工作处：尹　力
国际交流合作处：毛宇峰
国有资产管理处：虞振飞
实验室与设备管理处：兰　山
财务处：潘晓丽
审计室：卢　忱
校友会办公室：李含巍
基建处：胡亚利
良乡校区管理处：安　敏
校工会：王玉伟
校团委/艺术教育中心：乔　璐
艺术教育：许　晶
离退休工作处/离退休教职工党委：饶晓炜
图书馆：姚文莉
校医院：靳以飞
留学生中心：汪　滢
档案馆：任　康
网络服务中心：王凤贵
居民管理委员会：杨红霞
高职学院：张小秀
秦皇岛分校：时春山
后勤集团：肖　鹏
资产经营有限公司：闫有清
附属小学：李振江
宇航学院：王　伟
机电学院：陈　军

机械与车辆学院：鄂　嵋
光电学院：黄一帆
信息学院：范哲意
自动化学院：袁　丹
计算机学院：蒋本珊
软件学院：孟　春
材料学院：刘　亮
化工与环境学院：张振华
生命学院：徐涛涛
数学学院：吴克友
物理学院：姚　远
化学学院：张　静
管理与经济学院：郝建华
人文与社会科学学院：张毅翔
法学院：王福亮
外国语学院：易伟明
设计与艺术学院：李　爽
基础教育学院：齐海军
体育部：韩　棋
继续教育学院：王克勇
国际教育学院：蒋敏荣
教育研究院：庞海芍
学术期刊办公室：范春萍
学生特约编辑：韩　逍　刘　振　杨宝焱

《北京理工大学年鉴（2015卷）》编辑说明

《北京理工大学年鉴》是在北京理工大学年鉴编纂委员会主持下，由北京理工大学年鉴编辑部组织编写的专业类年鉴，全面、系统、翔实地载录北京理工大学的发展建设情况；前身为1987年起编的统计资料汇编，1994年改版为年鉴，《北京理工大学年鉴（2015卷）》为第28卷。公开出版的《北京理工大学年鉴（2011卷）》获“第七届全国年鉴编校质量检查评比特等奖”，《北京理工大学年鉴（2012卷）》获“首届北京市年鉴综合质量评比特等奖”“中国版协第五届全国年鉴编纂出版质量评比综合二等奖、框架设计一等奖、条目编写二等奖、装帧设计二等奖”。

一、编纂方针

本年鉴力求集知识性和资料性于一体，全面系统地反映2014年全年北京理工大学事业发展及重大活动的基本情况，为各级领导和上级机关提供决策参考，为北京理工大学的教职员工提供学校的基本文献、基础数据、科研成果和最新工作经验，为兄弟院校和广大社会人士提供北京理工大学信息资源利用指南。

二、总体设计

本年鉴共设类目、分目、条目三个层次，内容表述形式有文章、条目、表格、图片四种，以文章体和条目体为主。本年鉴共设置“学校概况”“特载”“专文”“机构与干部”“学院”“人才培养”“学科建设”“科学研究”“产业工作”“国际及港澳台交流与合作”“管理工作”“学校公共体系”“党建与群团工作”“人物”“大事记”“学校党发、校发文件目录”“表彰与奖励”“索引”等18个栏目。

三、选题和撰写原则

1. 选题基本范围

2014年1月1日—2014年12月31日，学校及所属各单位的发展概况、重大事件、重要活动以及各个领域的新进展、新成果、新信息。依实际情况，部分内容在时间上前后有相应延伸。

2. 选题原则

大事不漏、综合平衡。兼顾全面性与实用性，既要尽量避免遗漏，又要避免拖沓冗长。

3. 撰写原则

（1）内容：要求真实、客观、完整、实用、连续。

（2）语言：要求准确、规范、简洁、明了、平实。

四、编写的组织

本年鉴由年鉴编辑部（设在学校办公室）组织编写。所刊登内容由各单位确定专人作为特约编辑负责提供，并经本单位负责人审定。

本年鉴在编写过程中得到了各有关部门和单位的大力支持，谨表谢忱。

《北京理工大学年鉴》编辑部

目录

学校概况

特　载

专　文

机构与干部

学　院

人才培养

学科建设

科学研究

产业工作

国际及港澳台交流与合作

管理工作

学校公共体系

党建与群团工作

人 物

2014 年大事记

2014 年北京理工大学党发、校发文件目录

表彰与奖励

索 引

01 学校概况

北京理工大学简介

北京理工大学（Beijing Institute of Technology，BIT）创办于1940年，前身是诞生于延安的“自然科学院”，是中国共产党创办的第一所理工科高校，是新中国成立以来国家历批次重点建设的大学，首批设立研究生院，首批进入国家“211工程”和“985工程”建设行列，现隶属于工业和信息化部。

七十四年栉风沐雨，学校的发展始终得到党和国家的高度重视和大力支持。李富春、徐特立、李强等老一辈无产阶级革命家先后担任学校的主要领导。1942年秋，毛泽东同志亲自为自然科学院题写了校名。1949年，学校迁入北京。1952年，学校更名为北京工业学院，成为新中国第一所国防工业院校。同年，学校的航空系被抽调参与组建北京航空学院（现北京航空航天大学）、冶金系被抽调参与组建北京钢铁学院（现北京科技大学）、采矿系及专修科被抽调参与组建中南矿冶学院（现中南大学）。1988年，学校更名为北京理工大学。历经多年发展，学校已在学科专业、师资队伍、人才培养、科学研究等方面位居中国研究型大学前列，跻身于国内一流理工科大学。

学校拥有中关村校区、良乡校区、西山实验区、珠海校区和秦皇岛分校；设有19个专业学院和教育研究院、研究生院、基础教育学院、继续教育学院、国际教育学院、高等职业技术学院及珠海学院。学校现有教职工3 536名，两院院士13人，国家“千人计划”教授13人，“青年千人计划”入选者7人，“长江学者奖励计划”特聘教授和讲座教授29人，国家杰出青年科学基金获得者23人，国家级教学名师4人，国家级突出贡献专家18人，“国家百千万人才工程”入选者21人，国家高层次人才特殊支持计划领军人才4人，博士生导师500余人。全校在校各类学生74 235人，其中，学历教育学生中全日制研究生11 116人（博士生3 238人、硕士生7 878人），普通本专科生16 182人（本科生14 943人、专科生1 239人），成人教育本专科生5 823人（本科生4 020人、专科生1 803人），网络教育本专科生32 193人（本科生16 828人、专科生15 365人）；非计划招生高等教育学生中在职人员攻读硕士学位8 921人。留学生毕业464人，招生497人，在校生840人。

学校坚持瞄准国家重大战略需求，立足世界科技与教育发展前沿，大力实施“强地、扬信、拓天”的学科特色发展战略，形成了理工并重、工理管文协调发展的学科专业格局。学校拥有4个国家重点一级学科、5个国家重点二级学科、3个国家重点培育学科、19个博士后流动站、22个一级学科博士学位授权点、38个一级学科硕士学位授权点，其中，工程、材料、化学、物理、数学等5个学科群进入ESI国际学科排名前1%；拥有国家重点实验室2个、国家工程实验室1个、国家工程技术研究中心1个、国防重点实验室3个、教育部重点实验室7个、北京实验室1个、北京市重点实验室14个、北京市工程技术研究中心7个、国防重点学科实验室3个、国防先进技术研究应用中心1个、教育部部门开放实验室1个、教育部研究生教育创新计划研究生开放实验室1个、国防科技工业研究生教育创新基地4个、国家大学生校外实践教育基地4个、国家级工程实践教育中心16个、国家级实验教学示范中心3个、北京市实验教学示范中心11个、工业和信息化部实验教学示范中心（建设单位）3个、“2011计划”工业和信息化部协同创新中心1个。

学校推动实施教育创新战略，坚持“夯实基础、提升能力、激励创新、德学并重”，充分发挥国防特色优势，积极为国家培养“红色国防工程师”。在建校以来的20多万毕业生中，有李鹏、曾庆红、叶选平等党和国家领导人，以及110余位省部级以上党政领导和将军；有国家最高科学技术奖获得者王小谟、我国第一艘核潜艇总设计师彭士禄等35位院士以及兵器、航天、电子、信息等各行业的大批领军人才和优秀建设者。

学校曾创造了新中国科技史上多个“第一”，

如第一枚二级固体高空探测火箭、第一台电视发射接收装置、第一辆轻型坦克、第一台大型天象仪等。目前，学校在精确打击、高效毁伤、机动突防、远程压制、军用信息系统与对抗等国防科技领域代表着国家水平，拥有的有效国防专利数量位居全国高校第一；在智能仿生机器人、绿色能源、现代通信、工业过程控制等军民两用技术方面具有明显优势。在国庆60周年阅兵的30个方阵中，学校参与了22个方阵的装备设计和研制，参与数量和深度位居全国高校第一；在北京奥运会、残奥会，“神舟八号”与“天宫一号”实现空间交会对接中，学校提出的多项新技术均有优异表现。近十年来，学校先后获得国家科学技术奖33项，其中作为第一完成单位获奖19项，包括国家技术发明奖一等奖。

学校已经与6大洲58个国家和地区的200多所高校签订了校级合作协议，并先后与德国慕尼黑工业大学、俄罗斯鲍曼国立技术大学、日本东京工业大学、美国加州大学、澳大利亚国立大学等40多所世界名校签订了学生交换协议，形成了国际交流与合作的全球性网络。学校积极与省市地方政府、大型企业开展科技合作，特别是与军工企事业系统建立了产学研联合体。

面向未来，学校将牢记张德江同志在建校70周年之际代表党中央、国务院提出的要求，树立“引领之雄心、育才之恒心、报国之决心”，“一切从提高教学质量出发，一切从培养学生全面发展出发，一切从奉献伟大祖国出发”，坚持正确的办学方向，努力培养高素质人才，大力增强科学研究能力，进一步突出国防科技办学特色，着力打造优秀的北理工文化，加速现代大学制度建设，到2020年，把学校建设成为亚洲一流理工大学，到2040年，把学校发展成为世界一流理工大学。

02

特　载

召开七届七次教代会、十二届七次工代会暨2014年学校工作会议

2014年2月26日，学校七届七次教代会、十二届七次工代会暨2014年学校工作会议在中心教学楼一层报告厅隆重召开。教代会、工代会代表，院士，全体教授、博士生导师，全体校领导、原校领导，全体处级干部，民主党派和无党派人士代表，离退休教职工代表，学生代表等300余人出席了会议。会议由副校长、大会执行主席杨宾主持。

在开幕式上，胡海岩校长代表学校党委作了题为“把握规律　深化改革　全力推进一流理工大学建设”的工作报告。报告分三个部分，包括2013年度工作总结、深化对研究型大学发展规律的认识和2014年度工作要点。

报告指出，2013年度，学校圆满完成了党的群众路线教育实践活动和“十二五”规划中期检查两项重点工作，在学科和专业建设、师资队伍建设、人才培养、科学研究、办学国际化、体制机制改革、党建和思政工作、和谐校园建设方面稳步推进，各方面工作亮点频现，为学校的下一步发展打下了坚实的基础。

报告指出，党的十八届三中全会对全面深化改革做出了重要部署。面对新的形势和要求，全校干部、教师要充分认识到，学校发展已进入改革攻坚期和深水区，要深化对研究型大学发展规律的认识，把握改革的正确方向，探索科学发展之路。全校干部、教师要强化育人观念、优化教风学风，以育人为第一价值追求来谋划改革和发展；要着眼长远发展、瞄准世界前沿，以长时间跨度来谋划改革和发展；要扩大开放办学、推进系统改革，以汇聚全球优质资源来谋划改革和发展。

最后，胡海岩校长指出，面对学校2014年的工作，要深入学习贯彻党的十八大、十八届三中全会精神，谋划到2020年的建设与发展；要以学术为基，育人为本，开放办学，推进改革，提升办学水平；要深入学习贯彻党的十八届三中全会精神，启动新一轮“985工程”建设和努力推进协同创新三项重点工作；要在大力提升学科水平、强化人才队伍建设、提升人才培养质量、提升科学研究水平、推进办学国际化、推动体制机制创新、加快条件保障建设、抓实党建思政工作八项主要工作方面下大力气，扎实推进，为实现建设世界一流理工大学的梦想而不懈奋斗。

会上，财务处处长任世宏作财务工作报告，与会代表审议了教代会、工代会工作报告。

会议期间，教代会各代表团对学校工作报告、学校财务工作报告、校教代会工会工作报告、提案处理工作报告、《北京理工大学章程》（讨论稿）五份会议文件进行了讨论审议。

本次大会正值学校贯彻落实党中央提出全面深化教育领域综合改革号召的关键时期，对于凝聚全校师生员工的共识、加快学校各项事业的改革和发展具有重大意义，必将对推进一流大学的建设产生重要影响。

2月28日下午，七届七次教代会、十二届七次工代会暨2014年学校工作会在中心教学楼一层报告厅举行第二次全体会议暨闭幕式。全体教代会、工代会代表，院士，全体教授、博士生导师，全体校领导、原校领导，全体处级干部，民主党派和无党派人士代表，离退休教职工代表，学生代表等500余人参加了会议。

会上，校教代会提案处理工作委员会主任郝志强汇报了七届六次教代会提案处理情况，报告对代表们普遍关注、关心的提案处理情况、提案处理工作的创新方式以及七届七次教代会提案征集工作的安排向大会作了简要说明。会议听取了学校办公室主任郝志强所作的关于《北京理工大学章程》讨论情况的说明，介绍了学校大学章程制定的历程以及代表们讨论提出的28条有益建议。

会议还听取了工会经费审查委员会主任郭一源

对2013年度工会经费审查情况所作的报告。报告对2013年度工会经费审查委员会工作情况、工会经费收入和支出情况等进行了汇报。

会议审议通过了学校工作报告、校教代会工会工作报告、学校财务工作报告、提案处理工作报告、工会经费审查工作报告。

会议对荣获2013年度优秀提案及提案处理的先进单位、优秀教职工代表、优秀工会会员代表进行了表彰。

校党委书记郭大成作了题为“坚持四个自信 坚持激情进取 坚持改革开放不断推进学校又好又快发展”的讲话。讲话从四个方面分析了学校发展的形势、问题和不足。

讲话客观地评价了近年来学校发展建设取得的成绩。学科实力、师资水平、生源质量和培养质量、科研实力、平台建设、国际交流、体制机制改革、基础条件建设、党建和思想政治工作九个方面的数据和实例体现了学校近年来取得的令人欣喜的成绩，因此要坚持理念自信、目标自信、战略自信、政策自信，并坚定不移地按着这条道路走下去，不动摇、不折腾，实现学校又好又快地发展。

讲话提出了“八个认识、八个必须”，系统地回顾了学校近年来的办学探索和实践：认识到大学的第一要务是育人，必须坚持以人才培养为根本任务；认识到教师是学校发展建设的主力军，必须以学者为中心，突出教师的主体地位，发挥教授治学作用；认识到学校是学术文化单位，必须克服行政化和官本位思想；认识到大学要开放发展，必须突破传统思维观念的束缚；认识到发展要有新突破，必须在体制机制改革上下功夫；认识到党的建设是学校发展的有力保障，必须“在改革中完善，在创新中发展”，把“围绕中心抓党建，抓好党建促发展”落到实处；认识到学校要稳定快速发展，必须调动各方面的积极性和创造性；认识到一流的大学要有一流的文化，必须继承和发扬传统并与时俱进。

讲话指出，要正确地看待学校发展中存在的问题和不足。一所好大学在大学精神的理解和办学理念的凝练方面，在校园学术文化氛围的营造方面，在有利于学术骨干发展的政策制定方面，在保持脚踏实地的作风和激情进取的劲头等方面，特色是鲜明的，成效是显著的。我们还存在差距，还要解放思想，还要激情进取，还要改革开放。

讲话指出，要以改革创新精神推动学校又好又快地发展。改革应以转变工作作风为前提，以人才培养为核心，以强调大学的学术为本位，以实施综合改革为切入点。

会议由副校长、大会执行主席杨宾主持。杨宾强调，各位代表、教职工要认真学习和贯彻郭大成书记的重要讲话及胡海岩校长的工作报告精神，凝聚力量，激情进取，深化改革，不断提升学校的办学实力。

本次大会圆满完成了各项议程和任务，在悠扬的《北京理工大学校歌》声中顺利闭幕。

召开2014年年中工作会议

9月5日，学校2014年年中工作会议在中心教学楼一层报告厅隆重召开。全体校领导、原校领导、校长助理，院士、教授、博士生导师代表，全体处级干部，教师代表，民主党派和无党派人士代表，离退休教职工代表，学生代表等500余人参加会议。会议由副校长杨宾主持。

胡海岩校长代表学校党委作了题为“全面谋划综合改革 加速建设一流大学”的工作报告。报告分三个部分，包括回顾上半年工作，以综合改革推进一流大学建设，部署下半年工作。

报告指出，2014年上半年，学校重点工作稳步推进，深入学习贯彻了党的十八届三中全会精神，顺利启动了“争创一流”计划，协同创新取得了重大进展，“北京电动车辆协同创新中心”通过了教育部组织的四轮评审，稳居获批之列。此外，学校在学科建设、队伍建设、人才培养、科学研究、办学国际化、条件保障与服务、党建与思想政治工作等方面取得了显著成绩，各项办学指标均有亮点呈现。

报告指出，教育部就实施“高等学校争创一流行动"贯彻落实党的十八大和十八届三中全会精神、全面深化高等教育改革提出了部署和要求。学校下一阶段的工作重心，就是全面深化高等教育综合改革，加快推进一流大学的建设。全校干部和教师务必要深入学习刘延东副总理在教育部直属高校工作咨询会议上的讲话精神，结合教育部即将启动的"高等学校争创一流行动"，用综合改革的思路来谋划学校下一步的发展。

围绕综合改革为什么改、改什么、怎么改的问题，胡海岩作了系统阐述。他指出，改革是国家发展的紧迫要求，是高等教育发展的客观需要，也是学校自身发展的客观需要。我校目前改革的重点任务集中在五个方面，即人才培养机制、科学研究机制、人事分配机制、资源分配机制等改革。

胡海岩在报告中以问题为导向，提出了综合改革的思路。一是优化学科布局，建设一流学科。要按照学校学科特色发展战略和梯次划分，强化重点学科的建设，针对世界科技前沿和国家重大战略需求深化学科方向的凝练，进一步做好学科规划、聚焦学科方向。二是完善奖惩机制，不断加大教学环节的投入。要进一步修订完善人才培养方案、课程建设、实践教学、质量保障、成绩与学籍管理、教学成果与奖励等教学规章制度体系。加大本科教学工作量和教学质量在专业技术岗位聘用、教师绩效考核和津贴分配体系中的比重，大幅度增加教学经费的投入，大力推动教授为本科生上课。三是瞄准国家重大战略需求，推进科研体制机制创新。要继续坚持两个始终瞄准，引导教师安心学术，长期持续开展原始创新研究，从追踪性研究转移到原创性研究上，在服务满足国家战略需求的同时，引领国际学术前沿，产出一流科研成果。四是强化激励约束，深化人事制度改革。要继续深入推进教师分类管理、分类评价，细分岗位，分别制定评价标准，实行以质量和绩效为导向的分类评价，做到教师分类和专业技术职务晋升的统一、教师分类和考核评价的统一，为各类优秀人才提供成长空间。要对主要从事教学的教师单独进行职称评定。五是推进资源配置改革，提高资源的使用效率。要在努力争取增加办学资源的同时，下力气改革现有的资源分配格局，在建立健全学校土地、房屋、大型仪器设备等重要公共资源统筹使用机制的基础上，以成本补偿方式提高使用效率，发挥现有资源的最大效益。

胡海岩对下半年工作作出部署。强调要以综合改革的思路制定发展规划，大力推进学科内涵发展，切实提高人才培养质量，改革完善科研管理机制，推进人事制度与激励制度改革，加强基础条件建设，保障资源配置，进一步推进党建工作。

会议要求：全体干部和教师要集中精力，学习领会报告精神，切实将思想和行动统一到学校深化综合改革发展的决策部署上来；要认真抓好会议部署的各项改革任务，以进一步推进学校党的群众路线教育实践活动整改为契机，把学校确定的各项改革措施抓牢、抓实、抓出成效。

顺利通过军工保密一级资质认证现场复查系列报道

北理工召开军工保密资格认证复查工作动员大会

6 月 25 日下午，学校 2014 年度军工保密认证复查工作动员大会在 7 号楼报告厅隆重召开。校党委书记郭大成、校长胡海岩、校保密委员会委员，各学院书记及院长、涉密课题组长、保密员、计算机管理员参加了会议。会议由副校长杨树兴主持。

胡海岩校长从国家安全、学校发展、个人发展前途三个方面强调了保密工作的重要性，并对保密资格审查认证复审工作提出了要求：一、各单位领导要高度重视，保证人、财、物的投入，认真组织，加强监督检查。二、严格落实保密工作责任制，把复审工作纳入年终考核体系，各单位、各课题组要本着对个人负责、对学校负责、对国家安全负责的态度，对重点人物、重点部位做专门工作，严防出现中止项。三、加强学习、按时保质完成工作计划，师生员工尤其是领导干部和重点涉密人员要切实提升保密意识，增强保密工作的责任感，深刻认识此项工作的重要意义，立足岗位，扎实推进，确保此次复审工作的顺利完成。

保密处副处长郑重对当前复审工作情况进行了汇报：一、已完成前期的调研考察工作，保密考察团30余人调研考察了4个研究所，一所高校；已召开了2次保密委员会会议，5次保密员、计算机管理员工作例会，开展了4次专题培训；已完成涉密计算机的审计及风险评估工作，基本完成涉密计算机综合防护系统的更新工作。二、已经完成16个涉密学院和6个部处的校内保密检查，并汇总了检查中存在的主要问题。三、下一步开展的工作：对保密检查中出现的问题进行整改，启动专家组预审模式，迎接保密资格认证专家小组的复审。

校党委书记郭大成指出：一、要坚决克服麻痹思想和侥幸心理。在此次保密检查中，出现了部分单位及涉密课题组责任人逃避检查的现象，对于此类现象，要坚决杜绝。要加强学习，尤其是警示案例的学习，提升保密意识，增强保密责任感。二、领导干部、骨干教师要带头做好保密工作，同时，对于此次保密检查中出现的问题，尤其是中止项，一定要加强整改力度。三、从长远来讲，我们的党员干部和骨干教师要养成良好的保密习惯。我校承担了众多国防科研项目，需要有良好的保密工作氛围。此次检查中，吴嗣亮课题组各方面都做得很好，关键就是他们养成了良好的保密习惯，营造了保密工作氛围。希望通过此次复查准备工作，培养我们党员干部良好的保密习惯，建立保密工作长效机制，顺利通过此次的保密复查。

北京理工大学召开军工保密资格认证复查预审结果反馈大会

7月2日下午，学校2014年度军工保密认证复查预审结果反馈大会在7号楼报告厅召开。校长胡海岩、纪委书记杨蜀康、副校长杨树兴、副校长陈杰、校保密委员会委员、机关有关部处领导、各学院书记及院长、涉密课题组组长、保密员、计算机管理员等参加了会议。会议由副校长陈杰主持。

认证中心专家阮谢虹、张艳对此次预审总体情况进行汇报：7月1日，认证中心专家组一行12人，分6个小组，对全校11个机关部处、13个学院进行了保密检查。针对检查所存在的问题，专家组从保密责任、保密机构、保密制度、保密监督管理、条件保障五个方面进行分类归纳，重点对计算机技防所存在的问题进行了详细分析。同时，对北理工保密工作从提高法律意识、责任意识、风险意识、危机意识、自律意识等方面提出了建议，以迎接军工保密资格认证复查。

胡海岩校长结合专家反馈的问题及目前的工作情况，对学校下一步保密工作提出要求：一是思想上要高度重视。从专家反馈的问题来看，主要是由于当事人无知而无畏、缺乏对保密知识的学习和掌握所造成的。因此，涉密人员应该系统性地学习相关保密知识，提升保密意识，杜绝侥幸心理。二是针对专家提出的问题，各单位要进行全面整改。要求各单位党政领导做出表率，带头做好自己课题组的保密整改工作，同时，各知名教授要主动带头做好本课题组的保密整改工作，要充分认可此次保密整改工作力度，营造良好的保密工作氛围，推动全校保密整改工作。三是进一步加强保密工作的奖惩力度。对于日常检查中出现的违规行为，应该及时进行惩罚。这次整改完成后，全校将进行更全面、更深入的保密检查，在此过程中一旦发现中止项，将对责任人及所在单位负责人做出严肃处理，追究相应责任。

陈杰副校长转达了郭大成书记关于预审情况的批示意见：针对预审中存在的问题，不做任何掩饰，进行全面整改，及时改正问题，要形成长效的保密机制，以迎接保密资格复查。

大会希望通过大家的共同努力，以高标准、严要求来迎接专家组的复审，顺利完成保密资格复查工作。

北理工召开军工保密资质认证复查工作大会

9月18日下午，学校军工保密资质认证复查工作大会在中教一层报告厅召开。副校长杨树兴、副校长陈杰、各学院科研副院长、涉密课题组组长、保密员、计算机管理员及相关涉密人员参加了会议。会议由副校长陈杰主持。

保密处副处长郑重汇报了保密资质认证复查第二次预审专家组的反馈意见及学校的整改措施。与会全体成员学习了校党发〔2014〕25号文件《关于校内保密检查和保密资质认证（复查）工作的奖惩规定》。副校长陈杰传达了《关于涉密人员手机保密管理规定》的文件精神，并重点强调了涉密人员使用手机的规定。

杨树兴副校长在听取各项汇报后，提出要求：

一是各单位要高度重视保密工作，充分认识保密工作的重要性，深刻理解“保密关系学校事业发展，保密关系涉密人员职业生涯、家庭幸福”的内涵。二是要杜绝侥幸心理。针对存在的问题，要稳扎稳打，落实各项整改措施。举一反三，通过其他单位在预审中发现的问题，严格自查，发现自身存在的不足，在剩余的有限的一周时间里，整改到位。三是严格纪律，全体涉密人员要认真学习校党发〔2014〕25号文件，学校将严格执行文件中的奖惩规定及请假制度，做到奖惩分明。

最后，陈杰副校长总结大会内容，并感谢各位涉密人员为保密工作付出的辛勤劳动，希望在最后一周时间里，各单位抓紧整改，完善保密工作体系，确保学校顺利通过军工保密资质认证复查，为学校科研发展和人才培养创造良好的环境。

北理工顺利通过军工保密一级资质认证现场复查

2014年9月26日，国家军工保密资格认证委复查组一行10人对我校进行了一级保密资格现场复查。复查组带队领导为国家军工保密资格认证委副主任纪清阳，组长为国防科工局安全生产与保密司处长张海登。学校校党委书记张炜，校长胡海岩，副校长杨宾，纪委书记杨蜀康，副校长孙逢春、杨树兴，校党委副书记、副校长李和章，副校长陈杰，相关部（处）负责人，相关学院分党委书记、院长参加了首次会议和末次会议。工业和信息化部办公厅巡视员兼办公厅副主任冯长辉出席了末次会议。

复查组组长张海登主持了上午的首次会议，党委书记张炜介绍了学校参会人员并致辞。张海登组长宣读了复查的主要内容和认证工作纪律。校长胡海岩代表学校作了题为“狠抓重点环节、认真落实整改、有效提升保密工作水平”的保密工作报告。报告从学校的基本情况、学校保密工作的基本情况和主要做法、2011年保密资格认证后的整改情况、做好高校保密管理工作的认识与体会四个方面进行了全面的分析与总结：在全面分析我校及其保密工作基本情况的基础上，总结了我校加强顶层设计、完善保密风险防控体系、健全保密组织体系和制度体系、抓好保密队伍建设、保障保密条件建设等五个方面的主要做法；从加强涉密计算机综合防护、网络监控的保密技防建设工作和加强重点关键环节管理的保密管理工作过程控制两大方面介绍了我校的整改情况；并从领导重视、有效教育、制度建设、落实责任、习惯养成等五个方面介绍了做好高校保密工作的认识与体会。

复查组带队领导纪清阳在讲话中强调了高校保密工作的重大意义，要求学校要确保对核心和关键技术的保密，要深入挖掘保密工作的内在动力，积极探索建立有效、高效的保密工作机制与体制，并希望我校认真配合这次保密认证复查工作。

在首次会上，审查组进行了现场质疑和提问。首次会议后，复查组带队领导和组长与学校领导进行了座谈，其他组员审查了有关档案资料。随后，复查组开始深入各相关部门和学院进行现场检查。

经过一天的现场检查，复查组汇总、研究形成了复查意见，在下午的末次会议上进行了反馈。在末次会上，组长张海登宣读了总评意见，对我校保密工作给予了充分肯定，复查组认为，学校领导对保密工作高度重视，自认证以来学校的保密工作进步很大，学校抓保密管理有方、抓落实有效；对基层的保密指导有力，二级制度的建设有力，对涉密人员的教育培训有效，学校上下精神面貌有很大变化。同时指出了在复审过程中发现的问题、现象和存在的隐患。复查组认为，北京理工大学保密工作在二次认证基础上有进步。

党委书记张炜代表学校签署了被复查单位意见书，同意复查组的意见。

张炜书记在讲话中首先感谢审查组的辛勤工作和有力的指导。张炜书记指出，这次保密认证复查结果对我们的工作给予了肯定，这对我们是很大的鼓舞和激励，感谢广大教职员工的辛勤付出；我们将根据复查的情况尽快制定出具体的整改方案，把对问题的整改作为保密工作的再学习、再提高，以评促改、以评促建；责成有关部门按照学校党发25号文件尽快提出奖惩方案，报常委会审批，我们将召开更大范围的会议进行学习、宣贯和表彰，以进一步做好我校的保密工作。

复查组带队领导纪清阳在讲话中充分肯定了学校在保密工作的进步，认为我校的工作比上次认证时更加深入全面，祝贺学校在这次复查中取得好成绩。并指出，要依据新的形势，不断加强保密体系建设，不断总结经验、探索院校环境下的保密机制，认真抓好核心关键技术的保密、网络安全的保密和对涉密人员的管理三方面的工作。

最后，张海登组长宣布北京理工大学一级保密资格现场复查结束。

工信部专家组对北理工党建创优工程（二期）进行评估验收

11月17日至18日，工业和信息化部党建创优工程（二期）专家组一行8人入驻学校进行党建创优工作评估验收，并考察了大学生文化素质教育基地和创业实践基地建设情况。专家组由组长、北京理工大学原党委书记焦文俊，副组长、南京大学原党委书记韩星臣率领。专家组成员包括北京邮电大学原党委书记王德宠、北京科技大学原党委副书记陈世禄、北京印刷学院原党委书记崔文志、哈尔滨理工大学原党委书记高军、陕西师范大学教授陈答才、工业和信息化部人事教育司何兆展。

11月17日上午，学校在国际交流大厦第一会议室召开了党建创优工程（二期）入校验收汇报会。全体校领导、校长助理，党群工作部门负责人，二级党组织负责人，部分人大代表、政协委员、民主党派人士、党代表、教代会代表、老干部等参加了汇报会。

专家组副组长韩星臣在讲话中指出，高校党建是党的建设新的伟大工程的重要组成部分，在整个党的建设中占有重要地位。十八大以来，习近平总书记向全党提出“必须以更大的决心和勇气抓好党的自身建设”，对从严治党提出了进一步的明确要求，党要管党、从严治党真正落到了实处。高校党建工作对贯彻执行党的基本路线和教育方针、培养合格的社会主义建设者和接班人具有至关重要的作用。党中央发布实施的《中国共产党普通高等学校基层组织工作条例》《关于坚持和完善普通高等学校党委领导下的校长负责制的实施意见》对党建提出了更加具体和明确的要求。工业和信息化部实施党建创优工程（二期），就是要在部属高校一期工程取得成绩的基础上，继续贯彻落实中央对党建的新部署、新要求，推动学校党建工作在新的起点上取得新的成效。

校党委书记张炜代表学校党委作了题为“聚精会神抓党建、全心全力促发展”的汇报。张炜书记从五个方面系统地介绍了学校党建和思想政治工作的经验和成效：把方向、谋全局，以党的坚强领导推进改革发展；抓班子、强队伍，为一流大学建设提供坚强保证；打基础、重创新，以党的先进性带动师生创先争优；重师德、树表率，以思政教育实效推进人人成才；扬正气、聚人心，为创建一流大学营造和谐氛围。

张炜书记强调，习近平同志在党的群众路线教育实践活动总结大会上指出，要把抓好党建作为最大的政绩。学校全面贯彻党的教育方针，坚持社会主义办学方向不动摇，主动适应国家重大战略需求和经济社会发展的需要，努力为中国特色新型工业化、国防现代化提供更多的高水平创新型人才和重大科研成果。学校始终瞄准国家重大需求和世界科技发展前沿，在地面武器装备、军用信息电子、空间科学技术、清洁能源及利用等领域积淀了深厚的科研基础和能力。

张炜书记强调，学校党委始终站在时代前列谋全局、攻难关，为一流大学建设铺平道路；着力做好“大楼”和“大师”建设；坚持党管人才，大力引进、聘任一流科学家、学科领军人才等高层次人才，加大对拔尖创新人才、急需紧缺人才、优秀青年后备人才的培养支持力度；针对教学科研资源问题，党委集中力量重点推进；努力推进科研平台建设，实现了所有理、工科学院均建成科技创新平台的全面发展布局。

张炜书记强调，学校坚持党委领导下的校长负责制，全力推进改革发展。学校在人才培养、科学研究、社会服务、文化传承创新方面不断取得改革发展的新成果。学校重视锤炼领导班子和干部队伍；学校基层党组织团结带领广大党员和师生围绕中心工作积极创先争优、真心服务群众，切实发挥了战斗堡垒作用，涌现出一批先进典型；学校不断探索思想政治工作新途径，激励教师学高为师、身正为范，引导学生德学兼备、人人成才；学校统战工作、离退休工作、党风廉政建设工作、和谐平安校园建设工作都取得了显著成效。

副书记、副校长李和章代表学校汇报了大学生文化素质教育基地和大学生创业实践教育基地的建设情况。在实施文化素质教育的过程中，学校提出了“重核心、强制度、全融合”三个层次的大学生文化素质教育体系建设理念，体现出促进延安精神、科学精神、传统文化与人文素养相融合的鲜明特色。近年来，参加文化素质系列讲座的学生均达万余人，学生科技创新工作成效显著，在第十三届“挑战杯”全国大学生课外学术科技作品竞赛中位列第二，连续第五次捧得“优胜杯”，连续四次获得全国大学生创新创业年会“我最喜爱的项目”第一名；在连续七届年会评选出的70项“我最喜爱的项目”中，我校占12项，名列全国高校之首。学校坚持“创新驱动创业，服务人才培养中心工作”的理念，孵化大学生创业企业、正式注册创业企业百余家，涌现了金发科技公司董事长袁志敏、北京中航智科技有限公司董事长田刚印等一批杰出的创业代表。

专家组结合现场汇报和自评报告书面汇报，对学校党建创优工程（二期）实施情况和两个基地建设情况进行了点评。专家组组长焦文俊、副组长韩星臣以及专家组成员高度评价了学校党建创优工程（二期）的建设成效以及学校在迎评工作中“实在、实话、实干、实效”的优良作风。

专家们认为，北京理工大学在多年办学过程中形成了鲜明的特色，大力实施“强地、扬信、拓天”的学科特色发展战略，秉承“德以明理、学以精工”的校训，大力实施“一提三优”工程（二期）建设，把党建工作优势转化为学校发展的优势，把党建工作成果转化为学校发展的成果，开创了学校事业发展又快又好的新局面。专家们对学校的发展定位和目标战略“强地、扬信、拓天”的学科特色、面向国家重大战略需求开展科研创新、“五个三比”“德学理工”等党建特色品牌、光荣的办学传统和国防军工文化，产学研合作成效等给予了充分肯定。同时，与会人员围绕人才培养、两个基地建设、党建研究、青年教师队伍建设、党务公开、学生党建工作、基层党支部建设、教育综合改革、大学内部治理等问题进行了交流。专家组还现场查阅了党建创优工程支撑材料。

11月17日下午，专家组分别组织召开了党政机关人员代表、基层党组织人员代表、教职工代表和学生代表座谈会。专家组听取了座谈会代表对学校党建创优工程建设情况，落实科学发展观、建设世界一流大学目标与实践情况，校院两级班子与处级干部队伍建设情况，师资队伍特别是青年师资队伍建设情况，人才培养方案、质量，教育教学改革情况，基层党组织作用发挥情况，校园文化建设，学校内部治理、管理体制改革情况的评价、认识和意见、建议，并就有关问题和代表们进行了深入交流。

11月18日上午，专家组在校党委书记张炜和有关校领导的陪同下，实地考察了大学生文化素质教育基地和创业实践基地。专家们参观了软件科技创新基地、大学生机械创新创业基地，文化素质教育成果展、学生科技作品展、“学生之家”、艺术馆、大学生创业园和创业苗圃、冲击环境材料技术重点实验室、航天电子技术研究团队实验室和重点成果展、党建特色工作展等。在考察基地，现场演示的“黑鲨”“银鲨”大学生方程式赛车、“蛙板机器人”等一批学生课外科技创新成果吸引了专家的目光；大学生素质教育基地里的学生音乐厅、体操房、戏曲排练馆、武术馆、调香教室、传统手工艺课堂以及学生创业开办的咖啡馆等展现出一派蓬勃红火的景象，素质教育的氛围和成果得到了专家组的高度认可；无人车演示、航天电子技术前沿成果也给专家组留下了深刻印象。

验收期间，专家组还考察了良乡校区大学生创新实践基地，参观了校史馆、音乐厅、徐特立图书馆、宇航科技创新基地、传统文化展示，参加了“大学·青春·人生”报告会，观摩了学生党建活动。专家组在西山实验区考察了北京电动车辆协同创新中心。

专家组高度评价了我校党建创优工作的特色和取得的成绩。在两天时间里，专家组不辞劳苦、严谨扎实地开展工作，对我校党建工作有了深入了解，也对我校的党建工作和改革发展提出了有益指导。学校党委对专家组表示感谢，表示将认真研究专家组提出的期望、要求和建议，以党建创优工程为抓手，凝心聚力、提升水平，将党建工作的优势转化为推动中心工作、深化综合改革的正能量，继续朝着建设世界一流理工科大学的目标不断迈进。

召开2014年教代会提案“面对面”答复暨实事好事完成情况通报会

12月19日上午，2014年教代会提案“面对面”答复暨实事好事完成情况通报会在主楼133报告厅召开。党委书记张炜，副校长赵平、赵显利，提案处理委员会委员、提案人、各提案主办单位负责人参加了会议。会议由提案处理委员会主任、学校办公室主任郝志强主持。

赵显利首先通报了教代会提案处理工作开展的整体情况，对近年来学校在教代会提案处理工作中开展的“提案面对面活动”“信息发布会”“提案处理网上平台”开发应用等工作给予了充分的肯定。他希望各提案承办单位与提案人能够通过此次活动增进沟通与理解，使活动取得圆满成功。

郝志强代表提案处理委员会从总体情况、制度建设、工作进度三方面介绍了七届七次教代会提案处理工作情况，指出今年的提案工作呈现出以下特点：① 代表提案数量减少，共收到提案80件，同比下降32%；② 代表提案质量提高，立案率84%，同比增长33%；③ 通过出台《教代会提案处理工作管理规定》、开展“面对面”答复等，使得提案处理工作更加规范透明。

随后，学校办公室、国有资产管理处、教务处、后勤集团、发展规划处、保卫处、人事处、良乡校区管理处、网络服务中心、研究生院、党委宣传部、财务处、实验室与设备管理处、体育部、校医院、居民管理委员会、离退休工作处、校工会、学生工作处、资产经营公司共20个提案承办单位负责人依次向提案人汇报了相关提案的答复和落实情况。答复过程中，很多提案的落实情况得到了提案人和参会委员的高度认可。例如，教务处主办的“组织评选校级教学名师”提案，学校办公室主办的“解决理工附小对口直升理工附中”提案，人事处主办的“关于在学校层面建立人才引进特区的建议”提案、国有资产管理处主办的“关于维修家属楼损坏的单元防盗门的建议”的提案、后勤集团“为班车安装安全带”提案等，在处理过程中其合理建议都被积极采纳，并在实际工作中得到了有效落实。

在提问交流环节，提案人针对教职员工关心的学校体育场馆使用收费以及食堂价格问题积极发表意见。体育部与后勤集团负责人也就代表提出的问题，结合学校实际情况进行了详细的解释和说明，并表示会积极考虑提案人提出的建议，努力改进工作。同时，提案人对部分提案处理单位在提案处理过程中积极联系、认真协调、切实落实的态度表示了肯定和感谢。

随后，郝志强介绍了近年来实事好事工作的开展情况，并对2014年实事好事的完成情况进行了通报。本年度学校办理的直接关系师生员工生活方面的实事好事共十件，分别是为45周岁以上教职工（含离退休人员）进行血肿瘤标志物筛查，对学校网络扩容和师生邮箱扩容，对学生宿舍楼内空调线路进行改造，为学生公寓加装浴室、太阳能热水系统工程，对体育馆南厅地下空间进行改造（“学生之家”建设），改建修缮体育运动场所，对远志楼部分基础设施进行改造，对家属区部分进行道路改造、对部分楼体进行修缮，协调火车票取票机进校园，为良乡校区图书馆、附小、附中联系图书购买资金。以上十件实事好事大部分已经完成，为学校教职员工提供了方便。

张炜书记作了总结讲话。他指出，在我国全面推进依法治国、依法治教的大环境下，学校要结合综合改革、争创一流的总体思路，不断加强高校依法办学的自主性，同时，对学校教代会代表、提案承办职能部门、提案处理委员会提出四点想法：一、希望广大教代会代表能够充分履行代表的各项权利和义务，围绕学校中心工作，提出更高质量的提案。二、希望各提案承办职能部门要秉承主办负责、办理到底的态度，加快提案办理的速度，注重提案办理的时效性；提案处理的答复意见须与主管领导汇报，多方征求意见后，形成最终办理方案；

各部门各单位要借本次活动的机会，多交流、多沟通、多学习，互相促进，共同发展。三、希望提案处理委员会能够充分发挥桥梁和纽带作用，促进提案处理工作水平不断提升。四、希望今后提案处理工作能够紧密结合学校实事好事的办理等相关活动持续进行下去。

张炜书记强调，提案工作是保障教职工行使民主管理和监督权力的重要渠道，提案不仅能表达民情民意、维护教职工的切身利益，而且有利于提升学校的管理水平，使学校的决策更为民主与科学，对学校的事业发展具有重要意义。

最后，郝志强希望各位代表、提案承办单位、提案处理委员会能够积极落实张炜书记的指示，全校师生群策群力，增强大局意识和改革意识，不断提高学校民主管理和依法治教的能力，共同为学校发展贡献力量。

03

专　文

重要讲话

坚持四个自信 坚持激情进取 坚持改革开放 不断推进学校又好又快发展

——北京理工大学党委书记郭大成在七届七次教代会和十二届七次工代会暨2014年学校工作会上的讲话

（2014年2月28日）

各位代表，老师们、同学们、同志们：

大家下午好！

在两天的会议中，各位代表认真听取并审议了校长工作报告、财务工作报告，审议了教代会工作报告、提案处理工作报告和有关文件。刚才，我们又通过了大会各项决议，对优秀提案及提案处理先进单位以及优秀教职工代表和工会会员代表进行了表彰，完成了会议的所有议程。会议开得很简朴，很有成效。希望大家会后认真学习、宣传、贯彻会议精神，推进各项工作的落实。

在会议的讨论中，大家认为海岩校长作了一个很好的工作报告，报告既总结了2013年的工作，又对2014年的工作做出了部署，特别是其中阐述的如何认识研究型大学发展规律的问题，对大家具有很好的启发意义。有的同志还联系了近半年在网上出现的博士生的“万言书”和流传在部分校友中的“呼吁书”，结合“两书”中对学校近年来发展的评价谈了自己的看法，对学校下一步的发展建设提出了建议。

就博士生“万言书”和校友“呼吁书”的事，我代表学校党委在两委会以及各基层党委书记、副书记和直属党支部主要负责人会议上讲了三点意见：一是我们欢迎大家提意见和建议，无论是师生员工还是校友，谁提的意见我们都欢迎，好的建议我们都采纳。二是我们真心诚意地接受和采纳大家的意见和建议，并将对存在的问题和不足进行认真整改。三是我们不赞成用这样的方式提意见和建议。我们不怕“家丑”外扬，但是，那种不符合实际的评价，特别是那些既损害学校的声誉、又伤害很多人感情的不负责任的言论，我们是坚决反对的。

当然，从另外的角度看，我们也不要回避它。因为，这些言论可以引起我们的反思。我认为，我们每一个北理工人都应该认真反思，也可以开展讨论。因为，这些评价和言论牵扯到近年来，特别是学校第十三次党代会以来，我们提出的发展理念、确定的发展目标、制定的发展战略、采取的政策措施等是否符合北理工的实际、是否有利于学校的发展、是否还要继续坚持的问题。我们认为，“真理愈辩愈明”，有一些争论是好事，说明大家都非常关心北理工的发展建设。同时，这些争论也让我们更加清醒地认识到，学校的发展还面临着严峻的形势，学校在发展过程中还存在一些问题和不足，从而激励我们更加努力地工作。我想借这个机会，谈谈看法，与大家交流，以谋求共识。

一、客观地评价近年来学校发展建设取得的成绩

如何客观地认识学校近年来的发展，如何正确评价学校近年来的进步，是我们首先要面对的问题。实践是检验真理的唯一标准。下面，我想用近年来学校取得的成绩来回答这个问题。

近年来，特别是学校第十三次党代会以来，学校党委以科学发展观为指导，按照教育发展规律，结合学校发展实际，积极探索，深化改革，凝聚全校师生员工的智慧，提出了一整套办学理念、发展

目标和发展战略，也推行了一系列配套的政策措施，特别是动员和带领全校师生员工激情进取、真抓实干，取得了比较好的成效，主要体现在以下九个方面。

一是学科实力进一步增强。2009 年我们只有 2 个学科进入 ESI 排名，目前增加到 5 个，增长了 1.5 倍，数量和质量在工信部 7 所高校中位居第二。2008 年以来，我们的一级学科博士点从 11 个增到 22 个，一级学科硕士点从 23 个增到 38 个，分别是原来的 2 倍和 1.7 倍；学校成为全国首批工程博士专业学位授权单位。在 2013 年公布的全国一级学科整体水平评估中，我校有 8 个学科进入全国前 10 名，工科总体排名为第 15 名。

二是师资水平不断提高。2008 年以来，新增国家“千人计划”入选者 16 人，长江学者特聘教授从 9 人增加到 22 人，增长了 1.4 倍；国家杰出青年科学基金获得者从 11 人增加到 20 人，增长近 1 倍；973 首席科学家从 3 人增加到 13 人，增长了 3.3 倍；教育部创新团队从 2 个增加到 9 个，增长了 3.5 倍。一批海外高水平大学博士毕业生加盟我校，青年教师队伍学缘结构发生了巨大变化，呈现出良好的发展势头。

三是生源质量和培养质量不断攀升。2008 年以来，学校理工科专业录取最低分（或投档分数）在 80%以上的省份进入“985 高校”前 15 强。理科录取平均分高于重点线 100 分的省份的比例逐年提高，2013 年达到 72%；硕士研究生生源中 45.1%来自“985 高校”，而 2008 年为 40%，提高了 5 个百分点；博士研究生生源中 64% 来自“985”高校。学校保持本科生就业率超过 97%，研究生就业率超过 98%，各项指标在全国重点高校中保持前列。学生创新创业活动取得进步，2013 年第十三届全国“挑战杯”大学生课外学术科技作品竞赛团体总分位列第三，这是有史以来的最好成绩。研究生的培养质量有了新提升，全国百篇优秀博士学位论文近几年也榜上有名，打破了多年徘徊的尴尬局面。

四是科研实力更加雄厚。2013 年科研经费总投入 20.51 亿元，是 2007 年的 3.2 倍。2013 年获批国家自然科学基金 191 项，获批经费 1.47 亿元，是 2007 年的 9 倍多，项目数量和经费数量均达到历史新高。2013 年 SCI 收录论文数 935 篇，是 2007 年的 2.6 倍；2012 年、2013 年共获批两项创新研究群体项目，获得国家人文社科基金数持续位居部属高校第一；累计获得 20 项国家科学技术奖，创历史最高纪录。2013 年获国家技术发明一等奖 1 项，实现了历史上零的突破。

五是平台建设步伐加快。2008 年以来，新增国家级科技平台 4 个，分别是冲击环境材料技术国家重点实验室、复杂系统智能控制与决策国家重点实验室、电动车辆工程实验室和国家阻燃材料工程技术研究中心，省部级科技平台从 11 个增加到 33 个，增长了 2 倍，其中包括北京市首个北京实验室——新能源汽车北京实验室，新增国家级教学中心 2 个、省部级实验教学中心 8 个。

六是国际交流更加深入。海外合作院校规模由 2007 年分布在 37 个国家和地区的 113 所发展到目前遍及六大洲 57 个国家和地区的 200 余所。本科生国际交流项目参加人数分别是 2007 年的 5 倍和 4 倍多；研究生派出人次是 2007 年的 4 倍多。

七是体制机制改革力度加大。我们为加强大学生素质教育，成立了基础教育学院；为加强科学研究，成立了科学技术研究院；为发挥学术骨干的作用，建立了学部制度；为加强理科建设，成立了数、理、化三个学院；为推进学科交叉融合，先后成立了火炸药研究院、新能源汽车研究院、地面无人系统研究院、两化融合发展研究院等研究单位；为落实和扩大基层单位自主权，在物理学院开展职称评定试点工作；为加强拔尖创新人才培养，推出了“明精计划”，等等。

八是基础条件建设取得了比较大的进展。中关村建设的 2 万多平方米的信息实验楼去年已经投入使用；23.8 万平方米的国防科技园楼群初现端倪，今年 8 月前全部结构封顶，明年将投入使用，为学校下一步发展提供有力保障；2 万多平方米的机电工程实验楼也已经开始启动建设。良乡校区的工业生态楼已经投入使用。还有，让兄弟学校羡慕的良乡校区 1 252 套团购住宅楼本学期期末将交付住户。

九是党建和思想政治工作取得新成绩。我们结合学校的实际情况，提出了“围绕中心抓党建，抓好党建促发展”和“在改革中完善，在创新中发展”的党建思路，使“德育答辩”和“党群零距离”等一批党建品牌活动项目的内涵进一步深化，创新了活动载体，开展了“德育小导师”“党建工作室”“五个三比”以及“德学理工”等活动。同时，我们加大了校园文化建设的力度，确定了校训、校风和学风；提出了“三服务”理念、“四句话”的育人目标和“五句话”服务行为规范；建立了校史馆、徐特立纪念馆以及钱学森塑像等校园文化实物景观；出版了部分学科专业史，使北京理工大学精神文化体系逐步完善，学校的优秀历史文化传统得到了进一步继承和弘扬。2012 年学校获得了“北京市高校先进党组织”称号。

以上九个方面的数据和实例展现出的成绩让我们为之欣喜，而那些数据之外的变化——广大干部和教师的思想观念在转变、激情进取的劲头在不断提升、干事创业的思路越来越开阔、真抓实干的作风不断增强，这些变化更让我们为之振奋。

总体来说，学校近年来取得的成绩是实实在在的，受到了各方面的好评，在国内外声誉和社会影响力也在不断提升。学校于 2012 年首次进入 QS“亚洲 100 强”和“世界 500 强”，在入选的 19 所中国内地高校中并列第 13 位，在工信部高校中排名第二。

近年来，一些来学校检查指导工作的领导同志，一些兄弟单位的同仁，也包括我们的一些校友，都对学校的发展建设给予了充分肯定，都认为近年来学校的发展建设变化很大，特别是学校在内涵建设上有了质的飞跃。虽然他们的评价有客气的成分、有鼓励的因素，但是，他们对我们的主张、做法和成就是给予了充分肯定的。

分析学校所取得这些成绩的原因，主要有两方面：一方面既得益于中央和上级组织、兄弟单位、广大校友和社会各界的关心、支持和帮助，也得益于学校历届领导班子带领全校师生员工艰苦奋斗给我们打下了良好的发展基础；另一方面是近年来，特别是学校第十三次党代会以来，学校领导班子审时度势，在继承和发扬传统的同时，提出了新的办学理念、新的奋斗目标、新的发展战略，采取了新的政策措施，并带领全校广大党员干部和师生员工改革开放、激情进取、努力奋斗的结果。

二、系统地回顾学校近年来的办学探索和实践

“以史为鉴，可以知兴替。”在这里让我们回顾一下学校近年来的发展历程，主要是让大家客观、全面地了解我们对办好一所大学的认识和理解，以及我们在建设一流理工大学过程中的一些探索和实践。

2008 年年初，我回到北京理工大学做党委书记工作，我感到担子很重，有如履薄冰之感，不敢有丝毫懈怠之念，全身心地投入工作。因为，之前我在北理工工作过，在我心目中，北理工是我们党创建的第一所理工科大学，具有光荣的传统、很好的发展底蕴和鲜明的国防特色，历来都是国家重点建设的大学，在上届领导班子和全校师生员工的共同努力下，学校进入了国家重点建设的“211”和“985”高校行列，为我们新一届领导班子的工作打下了良好的基础。但是，我也注意到，由于当时兵器行业系统的发展遇到困难和问题，作为与兵器行业紧密相连的北理工，学校的投入受到了影响，而且，由于长期局限于兵器系统，学校发展尚不够开放，同时，受“行政化”和“官本位”“小富即安”等不良思想观念的影响，在校风、教风、工作作风和政策拿捏上存在一些问题和不足。所以，学校在内涵发展上，特别是在师资队伍建设、学科专业建设、科学研究和成果转化等方面与兄弟学校相比，有比较明显的差距。再加上兄弟院校之间的激烈竞争，作为学校的主要领导，我深深感到，要实现我们的发展目标，按部就班地干、不紧不慢地走，肯定是不行的。因此，我和校长及领导班子同志一道，坚持“边调查研究、边思考总结、边推动落实”，注重在理念上引领大家解放思想、更新观念，注重在政策措施上向基层一线和学术骨干倾斜，注重在内涵建设上下功夫，鼓励师生员工激情进取、大胆探索，推动学校科学发展。

（一）我们认识到大学的第一要务是育人，必须坚持以人才培养为根本任务。我们结合学校实际情况提出了具体的育人目标，即培养具有“高远的理想、精深的学术、强健的体魄、恬美的心境”，有创新精神、实践能力和社会责任感的社会主义合格建设者和接班人。同时，在育人的具体实践中，我们按照教学和管理“一体化”思路，强化教务部门和学生管理部门的合作，为提高本科生培养质量搭建良好的平台。我们提出了立体式、网络化教育的理念，倡导集合校内外各方面力量共同育人，例如，支持基础教育学院建立网上“家校彩虹”平台，与家长共同育人。我们强调，要让学生快乐地学习、健康地成长、多样化成才，积极支持和推动学生的创新创业活动。我们强调教学改革，选择武器、信息、航天三类学科和专业作为试点，探索“本硕博贯通培养模式”，培养未来国防科技领军人才。

（二）我们认识到教师是学校发展建设的主力军，必须突出教师的主体地位，发挥教授治学作

用。按照这个思路，学校采取了一系列政策措施，调动教师的积极性。例如，在岗位津贴调整和发放中，强调向学术骨干倾斜，正职校领导低于院士，副职校领导低于“长江”“杰青”；为解决教职工的住房困难，我们积极争取和上级及有关单位联系并筹措资金，组织在良乡校区附近团购住房，并在具体选购时，一视同仁，校领导与教师一起参加摇号排队；为解决教师的教学、科研和办公用房紧张问题，我们把主楼、后勤办公楼、老一号楼和出版楼都腾出来用于教学科研之用。同时，为强化学术权力，发挥教授的作用，我们成立了以学术骨干为主体的学部，将学科、学术建设方案和有关激励政策的制定、把关交给学部。实践证明，这样做效果比较好，初步形成了具有我校特色的学部制度。

（三）我们认识到学校是学术文化单位，必须要克服行政化和官本位思想。为此，我们宣传“食堂理论”，创造性地提出了“干部为教师服务，教师为学生服务，所有工作为人才培养服务”的“三服务”工作理念，强调“教书育人、管理育人、服务育人”，要求干部“以服务的心态搞好管理”，要求机关工作人员养成“起身迎送，把话听完，态度明确，抓紧办理，必有回音”的工作习惯和修养。在实际工作和生活中，领导减少应酬、减少会议，挤出更多的时间到教师和学生中间去进行座谈交流，帮助解决实际问题，并和教职工一块在食堂就餐，不搞特殊化；还经常带着有关教授和基层同志到有关部委、军兵种和军工集团及所属单位去推进合作工作。

（四）我们认识到大学要开放发展，必须突破传统思维观念的束缚。我们提出了“四个跳出”的理念，即“跳出北理工看北理工”“跳出兵器看兵器”“跳出军工看全国”“跳出国门看世界”；提出了“两个始终瞄准”，即“始终瞄准世界科技教育发展前沿，始终瞄准国家重大战略需求”；提出了“三个走进”的观念，即“走进国际科技教育前沿、走进国家经济社会主战场、走进基层和群众”；提出了“强地、扬信、拓天”的特色发展思路等，力求不断攀登科技教育高峰，不断创新出更多高水平的科研成果，不断培养出更多拔尖创新人才，为推动经济社会发展和国防现代化提供支持。

（五）我们认识到发展要有新突破，必须在体制机制改革上下功夫。我们针对制约学校发展的关键问题，大力推动体制机制创新。按照理工并重、工理管文协调发展的思路，调整学院建制，设立4大类20个专业学院；为进一步服务基层教师，调整了部分机关的职能，组建教学促进与教师发展中心；为提高设备和场地利用率，整合资源，组建纳米中心等公共实验平台；为方便学生的学习和生活，组建学生事务服务中心；面向校内外招聘学院院长，引进了一批管理能力强、学术水平高的管理骨干和学术骨干；为促进学科交叉和协同创新，组建各类不同学科、不同学院组成的研究院或研究中心；为推动科技成果转化和产学研合作及创新创业人才培养，探索试点学科性公司；为调动基层单位的积极性，开展职称改革试点，等等。这些措施的出台极大地推动了学校的发展。

（六）我们认识到党的建设是学校发展的有力保障，必须“在改革中完善，在创新中发展”，把“围绕中心抓党建，抓好党建促发展”落到实处。具体实践中，书记和校长紧密配合，积极推进学校“6+1”发展战略的贯彻落实，坚决防止党建和中心工作两张皮问题的出现。同时，为落实党委领导下的校长负责制，总结多年来的党建工作经验，组织制定了党委常委会、校长办公会和党群工作会的会议制度，有力地推动了学校领导班子的制度建设。

同时，在党建工作中注意与时俱进、推陈出新。不断深化德育答辩工作，总结推广了“德育小导师”活动的成功经验，进一步完善了德育答辩工作体系。支持保卫处党支部和离退休教职工党委联合成立“北理同心党建工作室”，既解决了年轻保安的思想教育问题，也使离退休老同志得到了年轻人的照顾，实现了“双赢”。深入总结学校“党群零距离”活动，进一步提出了“五个三比”的具体措施，做到党建活动的分层次、全覆盖。

（七）我们认识到学校要稳定快速发展，必须调动各方面的积极性和创造性。为激发党员领导干部工作的热情，我们创造环境、条件和机遇，让他们到更加广阔的岗位上去锻炼。近年来，我们先后把8位同志输送到国家部委和北京市机关及高校等单位局级岗位任职，把24位同志输送到国家机关和北京市有关单位处级岗位任职，既发挥了他们的特长，也为学校管理干部的发展拓展了空间；我们推出“职员制”改革，让一些长期没能获得发展或者发展受到局限的干部有了发展空间；为稳定辅导员队伍，我们出台了专职学生干部职务晋升的文件，为其发展提供了平台。

为发挥民主党派和党外人士在学校发展建设中

的作用，近年来，我们加大了民主党派建设的力度，使民主党派成员有了较大的发展，组织有了成倍的增长。同时我们还安排有关人士到校外领导岗位上挂职，调动了他们的工作积极性和创造性。

为解决以往对校友工作重视不够的问题，我们专门聘请退下来的焦书记担任学校对外工作委员会的主任，专门做校友的工作；为加强对学术委员会的领导，我们聘请退下来的匡校长做学术委员会的领导工作。

（八）我们认识到一流的大学要有一流的文化，必须继承和发扬传统并与时俱进。我们认真回顾了学校 70 多年的发展历史，对各个重要发展时期的特点进行了分析、研究，特别是对学校的办学理念、传统、精神进行了思考，对学校的学科专业史进行了调研。组织校训、校风、学风的研讨和认定工作；组织学科专业史的编撰和出版工作；组织开展校史研究，并建成校史馆、徐特立纪念馆、钱学森塑像等，比较好地展示了学校 70 多年办学历程的全貌。为增强学校的学术文化氛围，我们已经连续六年成功举办了“科技工作茶话会”，增强了科研与学术氛围，大大地激发了各学院党员干部和教师投入科研与学术的热情。

以上“八个认识、八个必须”，是我们近年来对办好北京理工大学的认识和体会，也是我们对近年来办学实践的总结。通过对学校近年来的办学探索和实践的系统回顾，让大家客观、全面地了解我们对办好一所大学的认识和实践，使大家进一步统一思想，进一步增强建设世界一流理工大学的信心。

三、实事求是地看待学校发展中存在的问题和不足

虽然学校近年来取得了很好的成绩，但是在改革和发展过程中难免还存在一些问题和不足。明其病理才能对症下药。我们要充分认识和明白产生这些问题和不足的原因。只有把好脉，找出影响学校发展的症结所在，才能用对药，推动学校又好又快地发展。查找问题和不足的方法有很多种，我赞成像“万言书”和“呼吁书”中提到的，可以与北航和哈工大等兄弟高校作比较，有比较才有鉴别，才能引起我们的反思。我曾先后在北航、北理工、哈工大工作过，对这三所学校比较了解，到北理工后，也一直关注北航、哈工大的发展。因此，与这些学校比较，我有一些体会，可以与大家做一些交流。

实事求是地讲，这三所学校各有所长，也各有所短。但是，就综合实力来讲，我认为北理工与北航和哈工大比，还是存在差距的，而且在某些关键性指标上的差距很大，如学科建设、科研获奖和师资队伍建设等。

先拿北航来比较。俗话说，“冰冻三尺，非一日之寒”。记得 2002 年我在北理工工作时，曾经参加过一个调查，主要是在我校干部教师中了解学校工作存在哪些问题和不足。调查中，因为北航和北理工两校刚刚同台汇报完“211”建设项目完成的情况，很多教师和干部都不约而同地拿北理工与北航作比较，认为我们存在差距，特别是在人才队伍、学科建设、科学研究和科研产出方面的差距更大一些。当时没有量化指标作比较，这里拿 2007 年的数据作比较，也可以说明问题。首先，看国家重点学科，2007 年，北航有 8 个重点学科，我们只有 4 个，北航是我们的 2 倍。其次，看科研获奖情况，2000 年以来，北航几乎平均每两年至少有一个国家一等奖，到目前已有 9 个。而我校是 1992 年 1 个，今年年初 1 个，总共只有 2 个，北航是我们的 4. 5 倍。最后，看师资队伍，2007 年，“长江学者”，北航是 20 个，北理工是 10 个，北航是我们的 2 倍；“杰青”，北航是 20 个，北理工是 5 个，北航是我们的 4 倍。还有，同年毕业于同一学科领域并留校工作的中青年教授，北航的教授已经入选院士了，而我们的教授才刚刚当上“长江特聘教授”或“杰青”不久。

上面说的是，我们与北航相比的一些有形的、可以量化的差距。我以为，那些看似无形的差距更应当引起我们的重视。例如，在办学理念上的差距，学校文化氛围上的差距，政策措施拿捏上的差距。

近年来，北航的同志说起北航的发展都情不自禁地谈起当年沈校长的贡献。我和沈校长在一个班子里共过事，比较了解他的特点，并从他的身上学到了很多好的办学理念和工作经验。我总结沈校长治学理校的特点是“学术中心，教授本位，二八率导向”。

“学术中心”是指学校的所有工作都围绕学术和学科转，都为其保驾护航。“教授本位”，沈校长曾说过，“要培养一个好的教授很难，应该给他们比较好的待遇和保障”。“二八率导向”是指要把有限的资源重点投给 20% 的学术骨干。

这里我仅举北航在岗位津贴设定和住房分配方

面的两个例子。先说定岗贴，2000 年前后，各高校都在定岗位津贴，北航定了 32 个一岗。其中，一岗中只有校长、书记两个名额，其他 30 个都是学者，管理者和学者的比例是 1 ∶ 15。再说分房子，2000 年前后，北航盖了一栋面积比较大的楼房，共 24 户，行政领导只有四位（书记、校长和两位老校长，其中一位还是老红军）入住，其他的 20 户全部分给院士、长江学者，管理者和学者之比是 1∶5。这些从侧面体现了北航的“学术中心、教授本位和二八率导向”的办学特点。

在一些人看来，沈校长的这些主张不全面，甚至有些偏颇。但是，正是当年沈校长的主张和坚持，才为北航的后续发展奠定了人才基础。在北航，年轻的学者都比较安心在教学科研岗位上工作，争取当教授、做学问。近年来，获得国家一等奖及入选院士的中青年学术骨干，其中包括在北京市当政协副主席的两位党外教授，都是当年沈校长关心、支持和帮助的重点人物。回想起来，也很不容易，毕竟，当年沈校长的这些主张与坚持并不是被所有人理解和接受的，甚至遭到一些人的强烈反对，曾有人往他家的门锁孔里灌胶水，还有人往走夜路回家的沈校长身上倒茶水，可见冲破传统观念和做法是需要付出代价、也需要很大的勇气和担当的。

再看看哈工大的情况。在重点学科、师资力量和科研获奖等指标方面，我们与哈工大比较，差的就更多一些。这里就不赘述了。主要看它的特点。哈工大的特点是“服务为本，执着敬业，支持干事”。

“服务为本”，体现在历届校长、书记的行动上，特别是杨校长和吴书记，人们称之为“吴杨时代”。他们带头为学术骨干服务，做到对于学术骨干的事是随叫随到。实质上，他们本人都是学术大家，特别是吴书记，他是我国焊接领域的著名专家，但是，为教授服务他们从来没二话。

“执着敬业”，在哈工大，教授们都有一股干事业的拼搏劲头，很多学术骨干几乎常年泡在实验室中，而且绝大部分教授都执行着“5+2”和白加黑的作息时间表。人们都说，每一个与哈工大相关学科的科研学术会议上都有哈工大教授参与。为了跑项目，由哈尔滨通往北京的每一列火车上、每一架飞机上都有哈工大教授的身影。这和领导带头干有很大关系，老张副校长为争取航天总公司机关的支持，出差北京每天到机关上班，为办公室打水扫地，分担事务性工作。另一位老强副校长为给学校争取科研任务，经常坐在航天总公司机关干部家属楼下蹲点堵人。他们的做法让机关的同志感动不已，不能不支持他们的工作。

“支持干事”，在哈工大，只要是干事创业都会得到领导的支持。有一位何教授当年都六十好几了，还牵头创建了一个新的学科方向——空间环境科学方向，那是在杨校长的亲自支持和帮助下完成的。谭教授是一个颇受争议的学者，但是她的执着敬业精神让人佩服，学校为了支持她的科研，配给她的团队一栋楼做实验室，她和她的团队不负众望，前几年获得了国家技术发明一等奖。去年年底，马教授和夫人谭教授获得国防科技发明特等奖，但他们当年为解决实验用房也经历了很多困难，什么“老婆夫妻店”等说法都有，学校认为他们的项目是个有前途的项目，就下决心顶住压力给予支持，在动物园试验区给了他们很大的实验室面积。已经退休的老教授写书、讲课、指导研究生的不在少数，我比较熟悉的一位 85 岁的老教授寒假前打电话告诉我，他才送走最后一名博士生。

以上讲的北航和哈工大的特点，是我个人对这些学校特色的理解，主观因素偏多，不一定全面，但都是我亲眼所见、亲身经历或亲耳所闻，今天讲出来同大家交流，也供大家参考。

由此也可以看出，一所好大学之所以能走在其他大学的前面，很重要的原因就是他们在大学精神的理解和办学理念的凝练方面，在校园学术文化氛围的营造方面，在有利于学术骨干发展政策的制定方面，在保持脚踏实地的作风和激情进取的劲头等方面，特色是鲜明的，成效是显著的。

而相比之下，尽管近年来我们也在不断调整并有了很大的进步，但是还存在差距，还要解放思想，还要激情进取，还要改革开放。

四、以改革创新精神推动学校又好又快发展

“穷则变，变则通，通则久。”发展遇到了问题，问题分析透彻了，就要直面问题，采取改革的措施，使发展更加顺畅。改革本身是一个不断整合各种思想观念、调整各种利益关系的过程，矛盾是必然存在的，而且将会贯穿发展的全过程。“改革是由问题倒逼而产生，又在不断解决问题中而深化”，因此要解决这些矛盾和问题，唯一的出路和选择仍然是改革。

改什么？怎么改？首先要明确大学的改革观。我认为有什么样的大学本质观，就有什么样的大学改革观，以及由此而形成的大学改革的理论、政策和策略。从大学的性质来看，大学是学术单位、文化单位，不是行政部门；从大学的功能角度上来看，大学的第一要务是育人；从大学运行管理的角度来看，大学的本质是学术本位。因此，大学的改革应以转变工作作风为前提，以人才培养为核心，以强调大学的学术为本位，以实施综合改革为切入点。

（一）改革首先要解决“四风”问题，突出领导带头、立行立改。去年下半年开展的党的群众路线教育实践活动取得了很好的效果。上学期末，我们召开了教育实践活动总结会，制定了整改方案，也提出了一系列的整改措施。俗话说，“一分部署、九分落实”。我们一定要履行好我们对师生所做的庄严承诺，学校领导班子和党员领导干部，特别是主要领导，要率先垂范，切实履行好第一责任人的职责，以高度负责的态度，投入足够的时间、精力，带头把整改落实抓紧抓好，亲自谋划部署，亲自跟进督办，亲自制定整改“路线图”，坚决按照时间节点，真正把整改责任扛在肩上、落在实处，给师生员工一份满意的答卷。这里还要强调的是，我们一定要从只重说得好听、写得好看，不重实践、不重落实的思想作风中解放出来。要从只向上负责、只为领导负责的“官本位”思维定式中解放出来。特别是，我们有一些干部还是习惯看领导眼色行事，例如，有些人在办事前先揣摩领导是什么意图，办事中要观察领导是什么举动，办完事要看领导是什么态度，总结时要求领导表扬或提到自己，完全是一种“唯上是从”的劲头。一定要引导党员干部以服务的心态做好管理工作，切实做到“心要向下想、眼要往下看、腿要朝下跑、事要为下办”，用实实在在的行动摈弃“四风”的影响。

（二）改革要强化育人理念，把培养人才作为学校的首要任务。思想观念的转变是强化大学育人作用的基础和前提，近年来，我们着力在这方面大力推进，提出了“四句话”的育人目标，提出了“三服务”的理念，都是在引导广大领导干部和教职员工解放思想、更新观念、大胆探索、推动学校在人才培养上有新的发展。通过努力，取得了比较好的效果。因此，下一步我们还要继续坚持并深化“四句话”的育人目标和“三服务”的理念，还要继续解放思想，从满足现状、自我感觉良好的思想状态中解放出来，要引导教师把主要精力放在不断深化和创新人才培养模式上，在科研和社会服务工作中，不断提炼新知识、新理念并融入日常教学中，为学生成长成才服务；要引导干部真心实意地关心教师、关爱学生，为教师和学生搞好服务，使所制定的各项政策、采取的各种改革措施都要坚持立德树人、坚持以学生多样化成才为目标，为培养具有强烈的社会责任感、创新精神和实践能力的高层次人才而努力工作。

（三）改革要简政放权，突出大学的学术本位。大学是学术性组织，学术权力是大学的核心，树立“学术本位”是大学管理的基本原则。综观国内外一流大学，都是“小机关、大学院”。学院才是学校教学与科研的实体。要通过进一步简政放权，促进管理重心下移，让学院等基层单位充满活力。简政放权、重心下移既是一种办学理念的更新，也是一种管理方式的改革。要把简政放权作为改革的大方向，进一步理清学校机关与学院等基层单位之间的关系。学校机关的主要工作是宏观调控和搞好服务，具体在以下三个方面多做些工作：一是多走进基层、多走近师生员工，多了解实际情况，把政策制定好，把指标分配好，把资源调剂好，把质量监控好；二是在日常工作中多帮助学院师生等基层单位同志解决一些实际问题；三是多走出校门，多走进上级部门，多走入兄弟单位，帮助学院等基层单位争取更多的政策支持和资源投入。通过进一步降低管理重心，进一步简政放权，进一步服务师生，调整管理跨度，规范管理行为，从而调动和发挥学院等基层单位的积极性和主动性，让学院等基层单位成为自主发展、自主负责的办学主体。

——稳步扩大职称评审试点范围。学校将物理学院作为职称评定试点学院，开展了以校内外同行评价为主的职称评定试点工作，取得了很好的效果。下一步，要扩大试点范围，选择有条件、积极性高的学院，稳步推广。下放权力的同时，还要将配套的保障条件下放到学院，保证有责、有权、有保障，这样学院的积极性才能得到保证，学院改革的效果才能凸显。

——加大基层考核和岗位津贴发放权。近年来，学校已经逐步下放了干部、教师和工勤人员的年度考核权和部分岗位津贴发放权，使考核和津贴发放更符合实际、更有成效。下一步还要继续加大岗位津贴发放与基层考核结果挂钩的比例，以防止

“大锅饭”问题的出现。

——探索下放经费统筹使用权。下移管理重心的同时，应当考虑下放财务统筹权。前段时间校领导和一些院长进行了交流，大多数人认为，学校的经费管理模式过于条条化，经费的拨付大部分由相关主管部门负责，专款专用，学院院长没有统筹自主支配权。建议对各部门分配到学院的钱，学院能有一定的统筹支配权。学校财务部门要会同有关部门一道，开展调研，想办法，让有需求的学院有一定的统筹使用经费，以便集小钱办大事。还要探索在有条件的单位，如继续教育学院，试行两级财务管理体制，预算制管理、派驻财务人员等办法，由学院自主“理财”，进而推动其更好更快地发展。

（四）改革要统筹兼顾，突出“6+1”发展战略的协同和互动。近年来，我们推动实施“6+1”发展战略，取得了很大的成绩，但是也存在一些问题和不足，主要是缺乏“6+1”发展战略的协同和互动，更多的是单兵独进，在某些方面进行恶补，只在某个方向或者某个领域弥补学校发展的短板，尚未形成整体协同推进的局面。下一步要实现学校又好又快地发展，就要统筹考虑，以科学发展观为指导，更加注重改革的系统性、整体性、协同性，特别是强化“6+1”发展战略的协同和互动。

——在学科建设上，要加强理工融合、多学科交叉，不断拓展传统学科的新内涵。这里特别强调一下，要重视加强理科建设，加强理工交叉与融合。要咬住理科发展、理工融合不放松，逐步形成理科支撑工科提炼和解决科学问题、工科支持理科特色发展的格局。发展理科、实现理工交叉融合，不仅仅是数理化等学院的事情，也是所有工科学院的事情，要统筹考虑，在人才培养、师资队伍建设、平台建设、资源投入上给予倾斜；同时，还要拓展传统学科的新内涵。学校的传统学科建设，像兵器、光电、车辆、信息、电子等学科，要打破行业、地域、军兵种等局限，充分发挥拥有传统优势学科话语权的优势，加强内涵建设，以开放的心态，在提升内涵的基础上，拓展学科外延。

——在队伍建设上，数量和质量都要上去，要用特殊办法，舍得花大价钱，培养和引进高层次学术人才，尤其是要在青年高端学术人才培养和引进上发力，为实现“大师云集”的局面奠定基础；要在团队建设上下功夫，实践证明，要想冲击国际科技教育前沿，完成国家重大需求任务，单兵作战几乎是不可能的，必须发挥团队的作用、加大团队建设的力度。在干部队伍建设方面，要改革和完成干部选拔方式，要不唯票、不唯分、不唯资历选拔任用干部，要从严管理干部，实现素质能力双提升，为“战将成群”奠定基础。同时，在人的精神面貌方面的激励还要加强，要使干部更加勇于担当，使教师更加勇于创新。

——在人才培养上，要继续扩大大类招生范围，鼓励学生多样化成才，加大学生转专业分流的力度；要落实学校的育人目标，学校的育人目标与学生德智体美全面发展的需求相吻合。德和智是大家容易关注的，但是体美容易忽视，我们要强化体育课和课外锻炼，改进美育教学，提高学生审美和人文素养，使得学生身心健康、体魄强健。作为研究型大学，应注重培养科学研究型的人才，还要进行课程体系改革创新，尝试开展研究型课程的教学，在课程设置上应该突出基础课和专业基础课；同时，要鼓励学生积极参加创新实践活动，实现学生课内和课外相结合、相促进，进而提高学生的科学素养和实践动手能力。

——在科学研究上，基础研究与应用研究要并重，质和量都要关注，量不能掉下来，质要下功夫跟上去，“质”“量”要齐飞。要在科学问题的研究方面、在技术创新方面、在探索和预研方面下功夫。去年，学校在国家技术发明一等奖方面有了突破，今后还要以国家科技奖项为牵引，积极做好培育工作，争取国家奖的新突破；“2011”协同创新更不能落后，举全校之力大力推进；还要加强平台建设，特别是国家重点实验室的建设，以国家重点实验室建设为重点，加大资金支持、人力投入等，推动重点实验室建设。

——在国际化建设上，要加大推进力度，做好政策引导，逐步形成教师国际化、学生国际化、管理国际化、教材教学方法及教学模式国际化相互促进、相互协调发展的局面。特别是在教师的国际化方面，要加大教师和国际学者交流的力度，鼓励教师在国际一流的学术组织、学术期刊等任职；学校要与国际一流的专家学者进行合作研究、合作培养人才；要加强与国际一流大学的合作，利用现有资源，创办国际合作大学或者学院。

——在体制机制创新上，近年来我们在体制机制的改革上要快一些，我们建立了一些交叉研究平台，如火炸药研究院等；组建了一些服务平台，如教学促进与教师发展中心等；成立了一些科技成果转化平台，如学科性公司等。而在运行机制的改革上还尚显不足，下一步要在机制改革上发力。另外，我们经常强调学校机关要将管理中心下移，要简政放权，但是也要考虑到，放权不能只下放干事权而不下放条件保障权，那也不会调动学院等基层单位的积极性和创造性。

——在党建和思想政治工作上，还是要把“在改革中完善，在创新中发展”和把“围绕中心抓党建，抓好党建促发展”落到实处，作为学校党建和思想政治工作的指导思想；还是要把进一步提高学校党建和思想政治工作水平和工作质量作为今年和今后一段时间的中心任务。今年党建和思想政治工作除了做好日常工作之外，要把学习贯彻党的十八届三中全会精神和习近平总书记的一系列重要讲话精神作为工作重点。同时，结合学校党建和思想政治工作的实际，筹备召开“党建和思想政治工作会”，系统梳理和总结学校近几年党建工作取得的成绩、存在的问题和不足，提出今年和今后一段时间学校党建和思想政治工作的总体思路和具体任务，进而为提高学校党建和思想政治工作的水平和质量奠定良好的基础。

——在资源利用和建设上，要想尽办法，做好资源的统筹协调，提高资源使用率。目前看来，学校的办学资源既存在短缺的问题，又存在利用率不高的问题。因此，一方面，要做好现有资源的优化利用工作，要通过行政和经济的办法，提高中关村和良乡校区以及西山实验区资源的利用率。同时，也要考虑把珠海校区和秦皇岛分校等资源使用好。另一方面，要加大基础建设力度。中关村校区的容量已经饱和，只能是拆旧建新了。今后要以良乡校区建设为重点，加大推进力度。总之，要采用非常手段、非常办法，切实解决因资源紧张影响学校发展这一瓶颈问题。

各位代表，老师们、同学们、同志们，实践一再证明，要克服当前的困难，要有大的发展，必须从观念、思路、政策上进行改革。改革“只有进行时没有完成时”。我们要坚定理念自信、目标自信、战略自信、政策自信，凝聚共识、激情进取，用改革的办法来解决发展中的矛盾和问题，为推进学校又好又快地发展、为实现建设世界一流理工大学的目标而努力奋斗！

把握规律　深化改革　全力推进一流理工大学建设

——北京理工大学校长胡海岩在七届七次教代会和十二届七次工代会暨2014年学校工作会上的讲话

（2014年2月26日）

各位代表，老师们，同志们：

受学校党委委托，我向大会报告工作。报告分三个部分：一是2013年度工作总结；二是深化对研究型大学发展规律的认识；三是2014年度工作要点。

一、2013年度工作总结

（一）圆满完成两项重点工作

1. 党的群众路线教育实践活动

在中央部署和中央督导组指导下，扎实开展党的群众路线教育实践活动。党委常委深入学习和调研，征集各方意见850多条，梳理出11个方面的突出问题；党委常委召开了高质量的民主生活会，带头开展批评和自我批评，并指导基层单位开好民主生活会；制定了涵盖42项内容的整改方案，包括建立健全25项制度；财务处、图书馆、体育馆、医院等单位积极改进工作，提高了服务质量。中央督导组反馈，参加总结大会的219位师生代表对校领导班子总体评价较好以上的比例达到95.6%。

2. “十二五”规划中期检查

重点检查校第十三次党代会确立的“6+1”发展战略实施情况，结合全国一级学科整体水平评估结果及“985工程”三期建设情况，查找存在的主要问题。通过检查，进一步提高了全校上下对规划工作和学科建设的认识，梳理了存在的主要问题，制定了责任落实方案。对“985工程”三期建设项目进行了系统总结，建设项目在验收中获得好评，获得国家下达的绩效奖励经费 4 900 万元。

（二）扎实推进各项工作

1. 学科和专业建设

在学科建设方面，进一步明确了“聚焦主干学科，强化理科支撑，突出特色文科”的建设方案；在全国一级学科整体水平评估中，学校工科总体位居全国第 15 名，理科、文科的进步显著；获批工业和信息化部重点学科 15 个，其中两化融合类学科 8 个、支撑性基础学科 5 个、交叉学科 2 个，获批数量位居部属高校前列。

在专业建设方面，获批工业和信息化部重点专业 10 个；新增教育部“卓越工程师教育培养计划”专业 4 个，使学校进入计划的专业增加至 18 个，覆盖所有工科学院；承担的教育部专业综合改革项目推进顺利。

2. 师资队伍建设

在领军人才队伍培育方面，姜澜、黄强、赵维谦教授入选国家“万人计划”，王兆华教授入选“国家百千万人才工程”，龙腾、姚裕贵、肖益民教授入选教育部“长江学者奖励计划”，王成、曲良体教授荣获国家杰出青年科学基金；此外，3 人获北京市高校教学名师奖，1 人入选首批科技部“创新人才推进计划”中青年领军人才；34 人入选教育部本科专业教学指导委员会；2 人分别入选“徐特立讲座教授”和“徐特立特聘教授”。

在优秀青年教师培养方面，1 人入选国家“青年千人计划”，5 人获国家优秀青年科学基金；17 人入选教育部“新世纪优秀人才支持计划”，入选人数连续两年位居部属高校首位；76 人入选北京高等学校“青年英才计划”。

3. 人才培养

在教育教学模式创新方面，实施“明精计划”，成立“徐特立学院”并招收了首批优秀学生，论证和启动一批具有探索性的基础课、综合交叉课建设；获批北京高等学校教育教学改革立项 5 项；获北京市高等教育教学成果奖一等奖 9 项、二等奖 13 项；完成 4 个专业的工程教育专业认证。

在教材建设方面，着力建设精品教材和视频公开课；完成 2 门精品视频公开课建设；获北京市高等教育精品教材 15 部、经典教材 1 部；入选首批工业和信息化部“十二五”规划教材 27 部、专著 5 部；获“兵工优秀教材奖”5 项。

在研究生教育方面，着力提高培养质量；组织召开首次全校研究生导师工作会议，明确了今后一个时期的研究生教育工作主要任务；匡镜明教授指导的武楠荣获全国优秀博士学位论文奖，王越教授指导的孟祥意荣获全国优秀博士学位论文提名奖；此外有 4 篇论文被评为北京市优秀博士学位论文，获奖数量明显提升。

在学生综合素质培养方面，提升实践创新的层次和覆盖面；荣获第十三届全国“挑战杯”大学生课外学术科技作品竞赛团体总分第三名，“中国青少年科技创新奖”，全国大学生数学建模竞赛本科组唯一最高奖——“IBM SPSS 创新奖”，第六届全国大学生创新创业年会“最佳创意项目”第一名、“我最喜爱的项目”第一名；以科学与艺术融合为特色参加“五月的鲜花”全国大学生文艺汇演并取得佳绩。

在本科招生方面，积极推进按大类招生改革；理科录取平均分与重点线分差超过 100 分以上的省份增加至 21 个，录取最低分与重点线分差高于 2013 年的省份达 21 个，录取分数线在 21 个省份进入“985 工程”高校前 15 强；文科录取最低分与重点线分差高于 2013 年的省份达 23 个。

在研究生招生方面，努力提高生源质量；硕士生来自“985”高校的比例达到 45.1%，来自“211”高校的比例为 62.2%，同比分别提高 2.5% 和 4.1%。

在就业工作方面，针对严峻就业形势采取应对举措，本科生就业率达 97.13%，研究生就业率达 98.21%；到世界 500 强企业、国家重点建设行业、重点部门、重点单位就业的毕业生占参加就业人数的 61%。

4. 科学研究

在创新平台建设方面，自动化学院为主建设的“复杂系统智能控制与决策”国家重点实验室培育基地通过了科技部的验收，获批运行；以材料学院为主申报的“国家阻燃材料工程技术研究中心”获批进行建设；新增 4 个省部级实验室（中心）及教育部“国防科技创新与教育发展战略研究基地”；组织通过“爆炸科学与技术国家重点实验室”等 5 个国家和省部级科研平台的评估、验收工作。

在基础研究方面，王西彬、付梦印教授主持申报的国防“973”项目成功获批；学校获批国家自然科学基金项目 191 项，经费 1.47 亿元，包括陈杰教授领衔的创新研究群体项目、宁建国教授主持的重大项目、姜澜教授主持的重大研究计划集成项目，获批经费数和项目数均创历史新高；获批国家级社科基金项目9项，数量位居部属高校第一；获批教育部博士点基金课题35项、北京市哲学社科规划项目9项。

在国防科技方面，新获批“探索一代”重大研究项目3项、民用航天项目5项、火炸药科研专项项目3项；作为总师单位新承担2项研制任务，承担型号研制任务61项。

在科技产出方面，吴嗣亮教授主持完成的“高速交会目标相对定位测量技术”荣获国家技术发明奖一等奖，实现学校历史上零的突破；吴锋教授主持完成的“高性能二次电池新型电极、电解质材料与相关技术”荣获国家技术发明奖二等奖；学校作为合作单位获国家科技进步奖3项；作为牵头单位获省部级科学技术奖一等奖6项，其中自然科学奖2项、技术发明奖1项；获批专利授权近500项；发表论文被SCI收录935篇；在中国智能车未来挑战赛中获得第一名。

5. 办学国际化

在教育国际化方面，争取西班牙桑坦德银行、韩国三星集团等跨国企业资助学生赴海外学习；超额完成教育部下达的与国外高水平大学联合培养博士生计划；研究生出国（境）交流人数比上年增长14%；本科生出国（境）交流人数达到年招生数的21.97%，比上年增加12.39%；新获批会计学专业中英合作办学项目并招收首届学生；两所孔子学院均运行良好，扩大了学校的国际影响力。

在科研国际化方面，龙腾教授领衔的团队获批国家“111引智基地”资助；学校获批国际科技合作项目11项，经费1 056万元；举办国际学术会议14场和双边学术研讨会3场；资助100余位教师出国（境）参加国际学术会议；聘请包括来自美、英等国9位外籍院士在内的273人次境外专家来校讲学和开展合作科研。

在留学生培养方面，构建东非、东欧、东南亚三个海外生源基地，争取政府投入使奖学金总额突破千万元，来校学习的留学生达到863人；通过推动全英文教学的专业和学科建设，显著增加招收攻读学位的留学生人数；与法国巴黎电子与机械学院、印尼雅加达理工大学分别签署了“1+1”硕士生双学位、“2+2”本科双学位项目协议，实施留学生双学位教育。

6. 体制机制改革

在推进协同创新方面，围绕重点培育的“安全与防护协同创新中心”和“北京电动车辆协同创新中心”，组织相关部门与两个中心进行互动，探讨体制机制创新的举措；通过数轮专题工作会、校外专家咨询会、协同创新中心理事会等方式，制定和审定了相关的体制机制改革文件体系；积极向教育部、北京市政府领导汇报工作进展，争取获得上级支持；部署资源调整，推进两个中心的实质性建设。

在深化人事制度改革方面，召开师资队伍建设工作会，出台了《人才队伍建设若干意见》，启动人才强校战略“2132”工程；探索专业技术职务评聘机制改革，逐步实施高级专业技术职务岗位预聘制度；进一步深化教师队伍分类评价机制建设，实现“人岗相适”；进一步优化完善职员评审程序。

在推进教育教学改革方面，全面实施大类专业招生改革；新设立“徐特立英才班”和数学、物理、化学菁英班等，吸引优秀生源，促进拔尖创新人才的培养。

在深化校内管理改革方面，根据教育部制定的《高等学校大学章程暂行管理办法》，对学校章程报批稿进行修改，召开了4次座谈会、四易其稿，将在此次会议范围内最终征求意见；为推进国际合作教育，重组了继续教育学院和国际教育学院；为提高仪器设备使用成效，基本建成面向全校的微纳技术实验室，通过建设“仪器设备开放共享平台”，已有300台套40万元以上的大型仪器设备入网对外开放共享；完成了4个学科性公司的可行性论证，其中3个已经批准设立。

7. 党建和思政工作

在党建工作方面，进一步加强对基层党组织工作的指导，夯实组织基础；完成了机械与车辆学院党委等8个基层党组织的换届工作；完善全校教职工党支部党员信息库建设；组织征集全校党支部优秀创新案例，获得北京高校基层党建创新案例一、二等奖各1项，并获得优秀组织奖。

在思政工作方面，改进和落实学校领导及中层干部联系学生班级工作制度；继续坚持德育答辩制度，巩固德育工作成果；继续开展“德学理工计划”，打造育人品牌；深入推进“青年马克思主义者培养工程”；将校史教育有机融合到本科新生的入学教育中。

8. 和谐校园建设

在办学资源建设和配置方面，中关村校区国防科技园项目进展顺利，通过精心安排实验室搬迁，确保了机电实验中心项目的开工建设；西山实验区阻燃材料国家工程中心建设顺利竣工；良乡校区三期建设用地65万平方米获北京市政府批复；良乡校区工业生态楼、大学生公寓（六）号C栋、篮球场、动力中心等建设项目已基本竣工，留学生公寓已开工建设；完成了一批修购项目，改善了办学环境；信息学院迁入新楼，6个学院增加了部分教学科研用房面积。

在校园信息化建设方面，启动了办公自动化平台建设工作；制定了学校《数字校园信息平台建设规划》《机构编码标准》《机构编码表》，梳理出学校各类机构803个；推出新版的校园网主页；实现了信息化办文办会以及会议场所的信息化管理，开发了“掌上北理”手机应用；有效地推进了工业和信息化部电子公文传输网、北京市政务网接入工程。

在坚持为师生办“实事好事”方面，完成了年初拟定的7项关系师生员工生活方面的实事好事，获得了师生的好评；着力解决教职工子女入学、入托问题，增加教职工的体检项目和覆盖面，坚持每周为教职工提供廉价蔬菜；努力提高离退休教职工的收入，继续为全校金婚夫妇举行金婚庆典。

在校务公开、民主管理方面，积极发挥工会、教代会、学代会等的民主管理、民主监督作用；首次召开提案处理信息发布会，使所有教代会提案人和提案受理单位负责人直接交流，实现了教代会提案网上公示和答复；推出学生权益信息中心权益热线，完善学生组织人人、微博、微信等新媒体平台，搭建了与学生沟通的重要桥梁。

在平安校园建设方面，“六大体系”建设取得显著成效，形成了具有特色的“平安校园”，顺利通过了北京市委教育工委组织的验收。

二、深化对研究型大学发展规律的认识

党的十八届三中全会对全面深化改革做出了重要部署。教育部、财政部贯彻三中全会精神，制定了《关于实施全面推进世界一流大学和高水平大学建设行动的意见》（简称“推进行动”），决定统筹“985工程”“211工程”建设，推进一批大学全面深化改革，提升治理能力，到2020年前后，有若干所大学跻身世界一流大学行列，一批大学整体水平和国际影响力跃上一个新台阶，成为国际知名、特色鲜明的高水平研究型大学。

对我校来说，实施上述“推进行动”就是要谋划好改革和发展之路，到2020年将学校建设成国防科技特色鲜明、理工为主的亚洲一流大学。面对这样的任务，我们既要看到，通过连续三期的“985工程”和“211工程”建设，学校综合实力显著提升，具备了实现上述目标的必要条件；同时又要看到，学校发展已进入改革攻坚期和深水区，既面临思想观念的障碍，也面临利益固化的藩篱。全校干部、教师要深化对研究型大学发展规律的认识，把握改革的正确方向，探索科学发展之路。

（一）研究型大学应以育人为第一价值追求

在人类历史上，“大学”一词源于拉丁语“Universitas”，其含义是“教师和学生的共同体”。现代大学是按学科门类培养人才和开展研究的学术机构。随着人类知识体系的不断扩充，大学覆盖的学科越来越多。这导致人们日益关注“大学之大”，而经常忽略了“大学之学”。

事实上，“大学之学”是大学的本质，它源于两千多年前希腊学者柏拉图在雅典讲学的阿卡德米（Akademus）学园。这是古希腊学者追求和探索真理、自由和平等交流、分享和传授知识的乐园，由其演变成的“Academy”特指犹如“象牙塔”的学术团体。它提醒着人们，大学要以学术为基，要以育人为本，要保持源自“象牙塔”的大学精神。

从19世纪初由德国教育家洪堡倡导教学与研究并重，到20世纪在美国兴起大学服务社会，大学功能不断扩充，但“大学之学”始终是大学的本质。例如，美国哈佛大学第25任校长博克在1984年出版的《走出象牙塔》一书中，曾呼吁大学适应政治、经济、社会发展的趋势；但他若干年后撰写《回归大学之道——重塑大学教育的目标》时，则警告“醉心于追求利润”将对教育体制造成伤害，称其是“聚敛财富和道德缺失的噩梦”。

我国近代高等教育诞生于“象牙塔”之外，创建之初正值中华民族危难之时，致力于“教育救国”和“科技救国”，难免带上实用主义烙印。19世纪50年代，模仿苏联工程教育模式建立和改造而成的工科大学更是如此。改革开放以来，特别是伴随着招生规模剧增、教师薪酬与工作量挂钩、大学建设工程化，我国大学日渐远离“象牙塔”，呈

现出过多的世俗、功利、行政色彩。

虽然人们对于当代大学和“象牙塔”的关系争论颇多，但世界一流大学无不守护和弘扬来自“象牙塔”的大学精神。不断改革的是办学手段，而永恒不变的是大学精神。在办学的核心价值取向上，世界一流大学以学术为基、以育人为本，所从事的科学研究与人才培养必须互利，科学研究的出发点和落脚点都在于培养一流人才。

因此，建设研究型大学的要点在于如何守护和弘扬大学精神，难点在于如何使人才培养和科学研究达到和谐统一，使育人成为学校的核心价值取向和永恒追求。

我校建校 70 多年来，几代北理工人共同绘制了一幅精彩的历史画卷。在这幅画卷中，不缺少面向国家需求的行动、面向行业的研究、面向工程的开发等精彩画面，而学术为基、育人为本的画面则不够绚丽夺目，甚至有令人担忧之处。例如，我校教师和校友中的院士人数、培养的全国优秀博士学位论文数等落后于同类大学；又如，我校教授为本科生授课人数偏少、教学投入与科技投入之比偏低；再如，部分干部和职工缺少主动服务师生的责任和行动，不少教授将自己与青年教师、研究生的关系勾勒为“老板”与“伙计”关系，许多学生将自己与学校的关系理解为教育消费者与服务提供商的关系。弘扬大学精神、强化“大学之学”已成为学校下一步改革和发展必须解决的首要问题。

因此，学校党委将张德江同志的题词“坚持一切从提高教学质量出发，一切从培养学生全面发展出发，一切从奉献伟大祖国出发”写入了学校章程总则，提出了“三服务”等理念。在今后的改革和发展中，学校要大力落实这些理念，加大在人才培养方面的人力、物力、财力、政策、舆论支持；干部、教师、职工都要将自己的职业理想厘定到人才培养这个第一价值取向上，要共同引导和教育学生从教育消费者转变为学校的主人，成长为大学精神的传承者。

（二）研究型大学应以长时间尺度谋划发展

从系统科学角度看，研究型大学是一类非常复杂的动态系统。决定这类系统品质的因素有许多，既有非学历教育、应用研究、社会服务等快变因素，更有人才培养、基础研究、文化传承等慢变因素。根据系统科学理论，上述慢变因素是决定研究型大学品质的根本因素，主导着其整体演化行为。

世界一流大学的发展普遍经历了上百年、数百年的历史积淀。唯有将这种历史积淀转化为熏陶一代代学子的无形动力，才能推动大学发展长盛不衰，铸造大学的灵魂。纵览全球，那些历史悠久、创新活跃的理工科大学，其立校之根基都在于有放眼长远的学科专业规划、瞄准前沿的基础研究、不断探索中的新研究领域，从而能够引领世界科技革命的方向，为国家发展和人类文明作出历史性贡献。

例如，MIT 表述其发展战略为：“致力于研究基础科学，但应在把研究、学习和行动整合成一体的新模式中处于领先地位。”“致力于学术、探究和批判精神，并擅长把工业、政府和学术界联合起来，共同探索、解决世界面临的主要问题。”又如，我校“985 工程”建设参照系佐治亚理工学院（Georgia Tech），其从事基础研究和应用基础研究的学者比例、投入力度都远在我校之上，其学术定位是“通过研究和教育贡献，以帮助建立指导技术未来的科学、技术和政策”，强调“进一步发展已位居世界领先的研究领域，并走向新的领先领域”。

因此，建设研究型大学绝非一日之功，对其建设进行考察、评价和谋划应该采用长时间尺度；衡量理工类研究型大学成功与否，需着重考察其基础研究和理工结合的水平。

我校今天的办学成就和社会影响，是几代师生奋斗的结果，体现了长期办学的积累。我们今天的工作，有些可很快见到成效，但更多的则要等若干年后才见成效。19 世纪 50~60 年代，如果我们的前辈满足于在苏联专家指导下建立起的常规兵器专业，不去克服困难创建火箭、导弹、雷达等专业，学校就没有今天的地位。当前，如果我们不瞄准世界科技发展的前沿，不谋划未来的尖端武器发展，不打牢学术研究的基础，学校就不会有未来的地位。

鉴于研究型大学的品质受慢变因素支配，我们要高度重视发展战略研究，重视建设和发展规划，尤其是重视学科和专业规划。要进一步加强基础研究，特别是理科建设，加强新兴和交叉学科建设。要大幅提高理科教师的比例，大力促进理工结合，为发展未来尖端武器和高新技术奠定学术基础。既要充分认识理工结合的必要性和重要性，又要清醒认识这项工作的长期性和艰巨性。通过理工结合来突破发展瓶颈刻不容缓，但理工结合取得成效绝非一蹴而就，必须从长计议。

（三）研究型大学必须坚持走开放发展之路

当今世界，经济全球化、教育国际化乃大势所趋。以印度为例，通过与国际高度接轨的培养模式，仅在 2007 年就向跨国公司输送了 35 万名工程师，到 2015 年预计将高达 140 万人。面对这样的大趋势，我们必须考虑未来的毕业生是否具有国际化视野、拥有跨文化思维，能够参与国际交流、合作与竞争。

近年来，我国的一流大学无不努力推进办学国际化，借鉴海外先进的办学理念和教育经验、促进教师融入国际主流的研究领域和方向、为学生提供多元的文化资源和学习资源。例如，清华大学、北京大学等招聘了一批世界著名学者从教；又如，上海交通大学与美国密歇根大学成功开展人才培养合作；特别值得一提的是，国防特色最鲜明的国防科技大学正加速探索其国际化发展之路。

高等教育界的共识是，若一所大学定位于服务某个行业，则至多是该行业的一流大学。要建设世界一流大学，必须在办学定位上面向世界，凝聚来自全世界的优秀学生、优秀教师、优秀管理人员，并从理念和制度等多个层面鼓励现有学生、师资、管理队伍走向国际化。

因此，建设研究型大学必须面向现代化、面向世界、面向未来，走开放和改革之路；封闭必然导致衰败和消亡，守旧必然导致衰败和消亡。

回顾我校历史，只有坚持自力更生和开放办学相统一，才能又好又快地发展。新中国成立初期，我校在苏联专家指导下建设起国防科技专业，这无疑是在当时国情背景下对外开放的成果。改革开放之后，学校走开放办学之路，引进的吴嗣亮、王富耻、吴锋等教授已分别在高速交会目标测量、穿甲材料、绿色电池材料等领域取得重要科技成果，提升了学校的学术水平。近年来，学校加大开放力度，新引进的一批优秀中青年教师开辟了深空探测、仿人机器人、飞秒激光制造、精密测量、生物力学、低维纳米器件、能源和农业政策等新的研究领域，为学校将来的发展奠定了基础。

开放办学带来的不仅是人才和技术，还有内外对比之后发现差距所在所引发的观念更新和改革举措。例如，我校年度科技投入已达 20 亿元，远远超过韩国科学技术学院、印度理工学院等亚洲一流理工大学，但我校的原创性科技成就、博士生培养质量尚不如这些学校。通过比较和分析，我们认识到必须在教师分类管理、研究生培养模式、学术评价体系、科技投入政策等方面进行综合改革。

对于以上认识，建议全校干部和教师进一步讨论和深化，贯穿于今后的改革和发展之中。我们必须强化育人观念、优化教风学风，以育人为第一价值追求来谋划改革和发展；必须着眼长远发展、瞄准世界前沿，以长时间跨度来谋划改革和发展；必须扩大开放办学、推进系统改革，通过汇聚全球优质资源来谋划改革和发展。

三、2014 年度工作要点

2014 年工作的总体思路是：深入学习贯彻党的十八大、十八届三中全会精神，谋划到 2020 年的建设与发展；以学术为基、育人为本，开放办学，推进改革，提升办学水平。

（一）重点工作

1. 深入学习贯彻党的十八届三中全会精神

组织全校党员领导干部、广大师生通过各种形式认真学习、深刻领会、贯彻落实党的十八届三中全会和习近平总书记的一系列重要的讲话精神，结合党的群众路线教育实践活动整改工作，进一步坚定改革决心、增强改革信心；要结合学校实际，把握研究型大学的发展规律，深入研究今后一个时期在学科专业、人才队伍、教育教学、科学研究、开放办学、体制机制等各方面的综合改革，以深入改革破解现实发展中的难题，以深入改革赢得进一步发展的先机，以深入改革凝聚起全校师生员工建设亚洲一流理工大学的力量。

2. 启动新一轮“985 工程”建设

认真学习和领会教育部、财政部《关于实施全面推进世界一流大学和高水平大学建设行动的意见》，按照统筹“985 工程”和“211 工程”建设的要求，结合对学校“十三五”发展规划的论证，做好“推进行动”的规划和启动工作。在建设过程中，通过全面深化改革，强化治理能力，推进重点工作，推进工业和信息化部部署的“一提三优”工程二期建设，促使学校整体办学水平和国际影响力跃上一个新台阶，到 2020 年建设成为特色鲜明、理工为主的亚洲一流大学。

3. 努力推进协同创新工作

要进一步理解国家实施“高等学校创新能力提升计划”的意义，充分发挥学校的特色和优势，汇聚资源和力量，加快“2011 协同创新中心”的建设和运行，使学科建设、人才培养、科学研究三者融为一体，培养一批拔尖创新人才，产出一批重大标志性成果；要全力做好“安全与防护协同创新中心”“北京电动车辆协同创新中心”的国家认定申报工作。

（二）主要工作

1. 立足长远，大力提升学科水平

一是科学规划学科建设。瞄准世界科技发展前沿和国家重大战略需求，进一步优化学科布局与结构。结合“十二五”规划中期检查结果，在确定重点建设的学科及层次基础上，大力推动落实修订后的学科建设规划。

二是加强学科内涵建设。按照学科特色发展战略和梯次划分，强化重点学科建设，针对世界科技前沿和国家重大战略需求深化学科方向的凝练，提高学科方向的前沿性；实施博士、硕士学位授权学科和硕士专业学位授权类别动态调整；启动学位授权点定期评估工作，对整体水平不高的学科点进行关停并转。

三是做好多学科协调发展。通过扩大师资队伍规模、增加科技投入、加强人才培养等举措，进一步加强理科建设；研究和制定政策措施，促进理科与工科密切合作，开展协同育人和创新；按照学科梯次划分，建设精品文科；支持文科围绕学校改革和发展开展政策研究和咨询，营造浓郁的校园人文氛围。

2. 引培并举，强化人才队伍建设

一是加强高层次人才队伍建设。启动人才强校战略“2132”工程，通过实施“卓越学科带头人发展计划”和“杰出学术带头人支持计划”，推进高层次人才队伍和创新团队建设。做好各类高层次人才的规划和申报工作，统筹好人才培养和人才引进的关系，兼顾好高端引领和整体推进的关系，全面提升教师队伍的核心竞争力和可持续发展能力。

二是抓好中青年教师队伍建设。统筹实施“拔尖青年学者引育计划”“优秀青年教师资助计划”“青年教师学术启动计划”等各层次教师支持计划。

三是促进教职员工队伍协调建设。以专任教师队伍建设为主，统筹协调学生教育管理队伍、技术支撑队伍、行政管理队伍建设。积极做好外籍专业教师的聘用工作，完善国际化薪酬体系和外籍教师评估考核制度，鼓励支持整建制模式引进外籍教师团队。

3. 全员育人，提升人才培养质量

一是营造良好的育人条件和氛围。完善教学准入制度，通过修订职称政策，制定奖励措施，大力推动教授为本科生上课，推动教学和科研协同育人；加强校内实践创新创业基地建设，巩固深化校企、校所人才培养合作；制定全校各专业的新版教学计划；实施专业建设水平提升计划，对所有专业进行定位和规划；启动迎接教育部本科教学审核评估工作，通过三年时间的努力为迎评奠定坚实基础。

二是推进人才培养模式改革。进一步丰富分类培养的内涵，完善各类培养模式，突出实践创新教学；推进网络化环境下的教学改革，进一步扩展已有的数字移动教学管理系统，启动“幕课”试点课程；在保持和扩大学生出国规模的同时，提升出国学习和实践的质量；做好四个全英文专业的试点改革工作。

三是加强研究生教育改革。扎实推进“明精计划”“徐特立学院”的改革试点工作，突出培养拔尖创新人才；进一步明晰和强化学术型和专业型分类培养的意义和目标；进一步加强研究生导师队伍的教风、学风建设，特别是加强课堂教学秩序建设，提高教学质量；高度重视博士研究生的培养工作，着力解决普遍延期毕业问题，控制导师招生规模，提升培养质量。

四是继续提高招生和就业质量。深入推进大类招生改革，加强优秀生源基地建设，建立招生宣传长效机制；加强就业工作队伍建设，维护和拓展就业渠道，做好就业指导与服务，推进职业发展与就业指导课程体系建设。

五是加强学生思想政治教育和学术道德教育。着力培育学生的主人翁意识和责任感、使命感，加强对学生思想动态的调研，针对需求开展引领服务，帮助学生树立正确的人生观、价值观、世界观。

六是深化继续教育改革。促进学历、非学历继续教育的融合与发展，积极发展职业学历教育，建设网上应用技术学院；力争将教育培训中心建设成为法人实体。

4. 优化结构，提升科学研究水平

一是完善科研工作结构。科学规划和布局，促使基础研究、应用基础研究、应用研究和科技转化等组成更加科学合理；强化基础研究，抓好国家重大基础研究计划、国家自然科学基金等基础研究工作，推动提炼理工结合、交叉发展的科学问题；巩固国防特色，丰富兵器科技等优势学科内涵，拓宽

科技服务面，实现地、信、天、海多领域协调发展；大力推动科技成果的转化与应用，提升效益。

二是加强科技创新平台建设。提前谋划国家级科技创新平台的建设规划；对省部级科技创新平台布局进行优化，争取在数学、管理、人文与社会科学领域建设新的省部级科技创新平台；制定完善国家重点实验室（中心）、国家工程实验室、国防科技重点实验室以及省部级重点实验室（中心）等科技创新平台的管理与运行机制，提高建设水平和效益。

三是促进高水平科技产出。研究和制定以“志向高远、解决重大问题”为导向的学术评价体系，激励教师从事原创性研究，撰写精品论文和著作，走上国际学术讲台，进入国际学术组织任职；保证国家及总装重大项目任务的落实；积极谋划和培育新的国家科学技术奖项；不断推动专利技术的实际转化。

5. 量质并重，推进办学国际化

一是提升办学国际化能力。积极推进学院和学科的办学国际化能力建设，提高学院领导、学术带头人对办学国际化的理解和认识；努力提高教师中来自海外的博士、博士后的比例，大幅增加外籍教师的数量；继续推进本科生、研究生国际交流合作网络平台、科研与学术交流网络平台等建设；建设好孔子学院，发挥其区域辐射作用。

二是加速办学国际化进程。进一步提升教师参与国际学术交流合作、海外培训的规模和水平，积极支持教师申请各类国际科技合作项目，开展实质性、深度合作；继续扩大学生的国际交流规模，支持本科生、研究生赴世界名校分别从事毕业设计和合作研究。

三是进一步扩大留学生规模。积极推进全英文授课专业建设和留学生教育趋同化管理；进一步开拓海外高层次招生平台；争取在校留学生规模超过千人。

6. 深化改革，推动体制机制创新

一是加大绩效分配制度改革。继续推进教师分类管理，做到教师分类和专业技术职务晋升的统一、教师分类和考核评价的统一，为各类优秀人才提供成长空间；试行教师专业技术岗位预聘制度，建立岗位流转聘用制度；下放考核自主权，简化考核程序；逐步开展学院/部处考核奖励。

二是推进人事制度改革。结合“2011 协同创新中心”建设，建立动态开放、任务驱动、协同融合的人力资源管理运行制度；打造协同聚集、与国际接轨的人才特区聘用体系、薪酬体系和考核体系，增强对国内外优秀人才的吸引力和凝聚力。

三是创新科技管理机制。完善科研组织模式和科研服务体系；进一步加强智库建设，深度参与国家重大战略规划的论证与咨询工作；探索新型学科性公司机制，发挥其平台作用，支持学科性公司与学校共同承担国家重大科研项目；在大学科技园、合作研发实体、独立研发实体、战略联盟机制、人员互用机制等方面推进创新。

四是完善学术委员会工作。根据教育部最近颁布的《高等学校学术委员会规程》，修订《北京理工大学学术委员会章程》，理顺校学术委员会与其他学术管理机构的关系，使其统筹行使学术事务的决策、审议、评定和咨询等职权；完成第九届校学术委员会换届工作。

7. 突出重点，加快条件保障建设

一是加快基础设施建设和资源配置。抓紧推进国防科技园、机电实验中心、留学生公寓的建设；积极推进良乡校区大学生工程实践训练中心、文化体育中心、3 号学生食堂、中关村校区理工研发大厦、北院住宅的报建工作；着力推动京外火炸药试验基地建设；推进办学资源成本核算，做好良乡校区工业生态楼启用工作，统筹推进数学、物理、化学、化工等学院的搬迁工作。

二是推进学校信息化建设。积极推进数字校园建设，推进移动平台信息系统建设、网上“一站式”服务平台建设；整合校园一卡通数据，全面推动学校基础数据库建设与数据集中共享；推进校园网基础环境建设，扩大校园无线网络覆盖范围。

三是加强各类服务保障工作。做好校园安全稳定工作；重点完善涉密课题组的保密条件建设，推进涉密计算机技防系统的升级改造；积极争取财政资金，推进预算执行；加强图书、档案服务能力建设；加强专业实验室和教学实验室建设，推进专业认证，大力推动大型仪器设备的开发共享；继续提高后勤服务保障水平，推进能源节约工作，建设高效特色的社区卫生服务体系。

8. 齐心协力，抓实党建思政工作

一是巩固党的群众路线教育实践活动成效，做好党建创优工程迎评工作。切实抓好《整改方案》《专项整治工作方案》《制度建设方案》所确定的各项工作，提高广大师生员工对学校工作的满意度。坚持在改革中完善、在创新中发展，全面加强党的建设，扎实做好迎接工业和信息化部对学校的党建创优工程评审工作。

二是加强干部队伍建设和党建工作。扎实推进干部教育培训、干部交流和挂职锻炼，重视干部的实践锻炼；认真贯彻落实《党政领导干部选拔任用工作条例》，加强干部管理监督；加强基层党组织建设和党建创新，努力探索创新基层党建工作的新模式和新途径；做好党建工作会筹备工作。

三是加强反腐倡廉工作。聚焦中心任务，加强反腐败体制机制创新和制度保障；持之以恒纠正“四风”，加大对违纪违法党员干部的审查力度，保持惩治腐败高压态势；进一步落实责任制，开好年度党风廉政建设工作会议，强化对党员干部的监督、管理和教育。

四是加强宣传文化工作。建立教师个人简介自主发布网络平台；着力推动学术文化、人才文化、创新文化等主题文化建设，营造尊师重教的文化氛围。

五是加强统战、群团、离退休等工作。加大党外代表人士的培养、挂职锻炼、选拔使用力度，发挥民主党派在学校建设中的作用；进一步发挥工会教代会的作用，维护教职工的切身利益；继续深化“信仰·青春·阳光”主题教育活动，实施“青年马克思主义者培养工程”，提升共青团基层组织建设和思想引领工作实效；加强对“双高”“空巢”等特殊群体的帮扶，进一步发挥离退休教职工的作用；继续广泛开展宣传校友、服务校友、凝聚校友的工作。

老师们、同志们，著名教育家、北京大学老校长蒋梦麟曾说过，“强国之道，不在强兵，而在强民。强民之道，惟在养成健全之个人，创造进化的社会”。北京理工大学的发展，承载着国家和社会的期望，承载着数万学子和家庭的梦想，责任重大。在新的一年中，希望大家共同努力，进一步把握高等教育和科学技术的发展规律，客观认识面临的形势和挑战，坚持以育人为中心，深入推进各项改革，沉下心来，踏实工作，为实现建设世界一流理工大学的梦想而不懈奋斗！

全面谋划综合改革、加速建设一流大学

——北京理工大学校长胡海岩在2014年年中工作会议上的讲话

（2014年9月5日）

老师们、同志们：

受学校党委委托，我向大会报告工作。报告分三个部分：一是回顾上半年工作；二是以综合改革推进一流大学建设；三是部署下半年工作。

一、上半年工作回顾

（一）重点工作

一是深入学习贯彻党的十八届三中全会精神。校党委中心组开展专题学习，并通过暑期务虚会深入研讨推动综合改革，形成了主要工作思路。通过编发《办公》特刊、开辟校园网“周末学习园地”专栏等，引导广大师生关注高等教育改革走向。

二是“争创一流”计划顺利启动。统筹“985工程”和“211工程”建设要求，对学科、学术队伍、人才培养、条件、国际交流等建设项目进行了充分论证，启动了首批建设项目。

三是协同创新取得重大进展。全力推进协同创新中心的培育和运行，建立富有特色、运行高效、机制灵活、相对独立的中心组织架构和管理运行制度，积极推进先行先试。经过不懈努力，“北京电动车辆协同创新中心”通过了教育部组织的四轮评审，已稳居获批之列。“安全与防护协同创新中心”获批为工业和信息化部协同创新中心。

（二）学科建设

一是结合“十二五”规划中期检查结果，修订了《“十二五”学科建设规划》，确定了学校近期学科建设目标。

二是重新遴选了学科责任教授小组成员。针对学校确定的第一、二、三梯次的24个一级学科点，开展遴选工作，共设立了133个学科方向，遴选出130位成员。

（三）队伍建设

一是努力推进人才强校的“2132”工程。制定相关文件，相关加强对“青年千人计划”入选者的支持，实施“青年教师学术启动计划”；新入选国家“万人计划”第一批百千万工程领军人才1人、国家“千人计划”创新人才长期项目1人、国家“中青年科技创新领军人才”1人、“科技北京”百名领军人才培养工程1人。

二是推进绩效津贴改革。调整基础绩效津贴与奖励绩效津贴比例，修订绩效津贴改革分配方案，探索开展学院/部处考核奖励机制。

三是完善非事业编制人员聘用流转机制。制定合同到期人员流转解决方案，加强对非事业编制人员聘用工作的合规合法性要求，积极推进任务外包工作，聘用人员的学历层次明显提升。

（四）人才培养

一是学科专业建设稳步推进。电子信息工程、材料科学与工程、测控技术与仪器、安全工程通过专业认证。建设视频公开课6门，其中4门通过了2014年第一阶段遴选。与中国大学Mooc网签订Mooc项目5门，近期将陆续开课。召开全英文专业教学研讨会，总结经验、查找问题、推进工作；启动飞行器设计、车辆工程、化学等全英文硕士专业建设。

二是积极推动拔尖创新人才培养。首次推出博士生“校内联合交叉培养”项目；设立专项招生计划，支持协同创新中心培养博士生；积极推进与科研院所联合培养博士生，增加博士生招生计划。

三是学生素质教育工作稳步推进。大力实施“青年马克思主义者培养工程”和大学生“德学”骨干培养计划。开展“信仰·青春·阳光”主题教育活动，获批团中央实施的重点工作创新试点项目1个。推出“寻找北理体育达人”“走下网络，感受书香”等多种形式的大学生活动，为学生营造良好的校园氛围。

四是生源质量稳中有升。在已向社会公开本科录取最低分的23个省份中，学校在21个省份进入“985工程”高校前15强；尤其在北京市的录取分数及名次均取得十余年来最好成绩。录取硕士生中来自“985”高校人数占比45.1%，来自“211”高校人数占比62.2%，保持了较好水平。

五是毕业生就业工作顺利完成。截至7月初，本科生就业率为96.82%，研究生就业率为97.79%，高职生就业率为91.35%，全员就业率为96.98%。到世界500强企业、国家重点建设行业等就业的毕业生占参加就业人数的61.55%。

（五）科学研究

一是科技产出质量不断提升。2个项目分别通过了国家自然科学二等奖、国家技术发明二等奖的终审；4个项目分别被初评为国防技术发明一等奖、国防科技进步一等奖。

二是基础研究工作不断推进。作为牵头单位，获批973项目5项（其中青年973项目1项）；获批国家自然科学基金委创新群体项目1项、国家杰出青年科学基金2项、国家优秀青年科学基金4项、重点项目1项、重点国际合作项目1项；获批国家社科基金4项，其中重点项目1项。

三是提升科技创新平台水平。获批北京市工程技术研究中心2个。积极筹备申报“智能弹药”“水中爆炸”国防科技重点实验室，“中国当代艺术品鉴定评估”文化部重点实验室，“国家阻燃材料与制品质量监督检验中心”等。

四是扎实推进国防科研。3项“探索一代”项目通过终审；“火炸药科研专项”中2个牵头项目、4个参与项目通过评审，进入研制阶段；学校首个作为总师单位主持的项目经国务院、中央军委军工产品定型委员会批准设计定型。与海军装备研究院签订了协调创新战略合作协议。

五是产学研工作不断深入。与中国电子科技集团公司签署了战略合作协议；新建北京理工大学牡丹江技术转移中心，积极参与甘肃省承接产业转移系列活动；新建中国轻工业数据智能联合实验室等产学研合作平台；与IBM公司共建了大数据及分析技术中心。

（六）办学国际化

一是国际合作取得重大成果。与莫斯科大学、深圳市人民政府签署协议，将在深圳举办具有独立法人资格的中俄高等教育合作办学机构——深圳北理莫斯科大学。

二是积极推动本科生教育国际化工作。获国家留学基金委批准支持的优秀本科生国际交流项目19项，共77人。实施“国防拔尖创新人才海外毕业设计专项计划”，选拔28名优秀本科生赴海外完成毕业设计。与香港科技大学等校开展学生交换项目，获批教育部“香港与内地师生交流计划”重点项目3项。

三是研究生教育国际化工作成果显著。国家高水平公派研究生入选人数与质量再创新高，资助赴海外深造的博士和硕士研究生共计86名。

四是学校国际影响力显著提升。在2014年QS亚洲大学排名中，学校位居第79位，排名提升了10位，在中国大陆高校中排名第17位。由团市委等主办的“中俄青年友好交流年”——中俄大学生交流活动在校举办，扩大了学校影响力。

（七）条件保障与服务

一是基础建设与资源调整有序推进。完成良乡校区三期基础设施建设项目、大学生工程实践训练中心、文化体育中心的立项评估；中关村校区机电实验中心、良乡校区留学生公寓年初已开工建设，年内将完成结构封顶；国防科技园的7栋大楼已全部完成结构封顶。完成了“十一五”固定资产投资全部项目的竣工验收。完成良乡校区生态楼使用分配方案，完成化学学院机关、数学学院整体搬迁工作。

二是信息化建设渐露新貌。建成“数字迎新”系统，迎新网已上线运行。学校办公系统已完成功能测试；学校办公系统互联互通工作将打通学校目前众多管理信息系统间的数据屏障，实现数据自动交互，提高学校各项办学数据的集成度。

三是服务保障工作进一步加强。完成学生公寓首批1 289台空调的招标和安装工作，显著改善了学生住宿条件。积极做好教职工团购良乡住宅的后续工作，为验房收房提供了便利条件。委托附属中学承办附属小学，缓解了教职工的后顾之忧。提高了离退休职工紧急救助金总额，预发离退休生活补贴。开展慢病规范化管理工作，聘请校外专家来校坐诊。开展全校保密工作大检查，完成涉密计算机技防系统升级改造工作。加强校园“网格化”安全管理，破获3起校园违法犯罪案件。全面清理整顿并初步遏制了校园“小广告”的蔓延。

（八）党建与思想政治工作

一是扎实推进党的群众路线教育实践活动整改工作。整改方案41项任务中已完成37项，制度建设计划24项任务中已完成21项，专项整治方案11项任务中已完成10项。制度建设取得重要进展，制定的《北京理工大学章程》已获得教育部核准；修订出台了《党委全会、党委常委会、校长办公会、党群工作会有关规定》《北京理工大学信息系统管理办法》等一系列文件。

二是进一步推进党风廉政建设。制定《2014年党风廉政建设和反腐败工作任务与分工》，落实责任制，开展党风廉政宣传教育月活动。上半年实施或审结审计项目43项，完成对人文与社科学院SQA项目公款私存问题的立案调查。

三是加强宣传和文化工作。完成校园网主页、新闻网改版，完成英文二级网站设计，建设了“i北理”微信平台并正式运行。制作《2014年北京理工大学巡礼》等近10部专题视频，完成上年度“感动北理”和“十大新闻”的评选工作。

四是加强统战、群团、离退休工作。加强党外代表人士的队伍建设，举办第8期党外代表人士研讨班。推进工会建设，吴嗣亮教授荣获“全国五一劳动奖章”，管理与经济学院荣获“全国模范教职工小家”称号，信息学院、继续教育学院荣获“北京市先进教职工小家”称号，光学精密仪器课群研究型教学团队荣获北京市“三八”红旗集体称号，“电动车辆国家工程实验室”荣获“北京市职工创新工作室”称号。加大对离退休老同志的关爱，提高其生活补贴标准，设立心理健康咨询室。

二、以综合改革推进一流大学建设

5月份，教育部召开部分大学校长座谈会，就实施“高等学校争创一流行动”征求意见。7月份，教育部召开直属高校工作咨询会议，研讨贯彻落实党的十八大和十八届三中全会精神，全面深化高等教育改革。这两次会议的主题归结为一点，就是全面深化高等教育综合改革，加快推进一流大学建设。

对我们来说，这既是机遇，更是挑战，攸关学校今后的长远发展。全校干部和教师务必要深入学习刘延东副总理在教育部直属高校工作咨询会议上的讲话精神，结合教育部即将启动的“高等学校争创一流行动”，用综合改革的思路来谋划学校下一步的发展。

在校党委暑期务虚会上，党委常委已经就深化综合改革问题进行了深入交流，并达成了高度共识。学校今后的发展能否跟上时代的潮流，关键在于我们能否正视自身存在的问题并下定决心推进综合改革，关键在于全校师生员工能否同心同德共同拥护改革，并推动改革取得预期成效。在此，我主要谈三个问题：为什么改？改什么？怎么改？

（一）为什么改？

首先，改革是国家发展的紧迫要求。习近平总书记指出：35年来，我们用改革的办法解决了党和国家事业发展中的一系列问题。同时，在认识世界和改造世界的过程中，旧的问题解决了，新的问题又会产生，制度总是需要不断完善，因而改革既不可能一蹴而就、也不可能一劳永逸。十八届三中全会针对全面深化改革所作出的一系列深度部署，清楚地预示了国家和社会即将通过全面深化改革，开启一个全新的时代。

其次，改革是高等教育发展的客观需要。我国高等教育历经30年的改革与发展，发生了历史性变化，进入了一个全新的历史阶段。高校结构的多样化、水平的差异化、人民群众教育诉求的个性化不断增强，新情况、新问题、新矛盾不断涌现，全面深化高等教育综合改革，是破解新时期高等教育深层次矛盾的必然要求。不改革，就会丧失发展机遇，被时代的车轮所抛弃；不率先改革，就会丧失先机，永远跟在世界名校后面望洋兴叹。

再次，改革是学校自身发展的客观需要。按照学校的发展目标，到2020年将建设成国防科技特色鲜明、理工为主的亚洲一流大学。面对这样的任务，我们既要看到，通过连续三期的“985工程”和“211工程”建设，学校综合实力显著提升，具备了实现上述目标的必要条件；同时又要看到，学校在人才培养、科学研究、人事分配、资源利用上受到若干制约，如不全面深化综合改革，很难摆脱当前相对封闭、依赖资源投入的发展模式，人才培养质量和科技创新能力将很难有新的全面提升，制度和文化建设将很难有新的实质性进步，学校将难以成为人民满意的大学。

（二）改什么？

习近平总书记指出，改革是由问题倒逼而产生，又在不断解决问题中而深化。所以，我们首先要有强烈的问题意识，坚持问题导向，有什么问题就改什么。同时，也要意识到，当前的改革已不同于以往的单项改革，必须是全面、综合、深入、内涵式发展的改革，涉及价值争论、利益博弈、体制改造、机制转换等诸多复杂问题。面对这些复杂问题，我们要善于抓住“牛鼻子”，以重大问题为导向，抓住重大关键问题进行研究解决，由此带动解决其他一系列矛盾和问题。

这次教育部直属高校工作咨询会议提出了当前高等教育综合改革的五项重点任务：办学体制改革、管理体制改革、人才培养机制改革、人事制度改革、科学研究体制改革。就我校来说，亟须研究解决的是人才培养机制、科学研究机制、人事分配机制、资源分配机制等改革。

在人才培养方面最突出的问题是，教师和学生的积极性均未充分调动起来，不少教师的教学质量不高、教学方法不当。具体表现是：学生入学时的学业成绩不错，但入学后的学习动力逐年下降；教师善于从事工程和应用研究，对教学重视不够，甚至应付教学，把研究生作为自己承担任务的伙计使用；学院对学生的专业引导不够，学生的专业认同感不强。因此，部分学生对学校感情淡漠，将自己与学校的关系理解为教育消费者与服务提供商的关系，将自己与导师的关系勾勒为“伙计”与“老板”的关系，学习积极性不高、学术创新欲望不强；不少学生在学习上得过且过，优秀学生毕业时纷纷考研到外校。

在科学研究方面最突出的问题是，缺乏创新意识、战略眼光、未来谋划。具体表现是：优势学科的研究方向老化、缺乏创新，大部分研究以跟踪国外为主；大部分学科的产出效益不佳，论文数量多但质量不高，他人引用率很低；许多教授和团队满足于在已有的研究领域内打转，不能把自身的研究与创一流学科、出原创成果紧密结合起来；不少教授仍然是个体户式经营、家庭作坊式研究，满足于小富即安，建设成效差。因此，尽管学校年度科技投入已达20亿元，远远超过韩国科学技术学院、印度理工学院等亚洲一流理工大学，但在原创性科技成就、博士生培养质量等方面明显不如这些学校。

在人事分配方面最突出的问题是，人事分配制度还不够科学完善，尚未发挥好激励约束作用。具体表现是：学校将绩效津贴打包下发到学院等基层单位后，很多单位是按照等级、职称等进行分配的，干好干差一个样，形同新的大锅饭和福利；有些单位试图将绩效津贴与工作量挂钩，但仅仅起到了刺激承担可量化工作的作用，导致若干教师霸着所主讲的课程不放、产出大量低水平论文等。因此，绩效津贴既没有起到激励高水平的教学的作用，也没有起到激励高水平的研究的作用，甚至引发若干绩效津贴分配中的矛盾，严重挫伤了教师的工作动力和积极性。

在资源分配方面最突出的问题是，资源浪费和效率低下。具体表现是：传统公用房管理采用统建统分、无偿使用的方式，导致办公、教学和科研用房资源分配不均、松紧不一，部分单位存在公房供给和实际需求不匹配、公房资源占有量与实际贡献率不匹配的现象；部分单位领导班子软弱无力，单位内部山头林立，相互争占资源，造成资源利用率低下；由于历史原因，还造成许多单位用房分散，部分退休多年的教师，尤其是稍有名气的教授仍然保留办公室，多占的房屋清退不及时等问题。因此，重点实验室建设、学科建设、人才引进等工作往往因为教学和科研用房问题而受阻，不仅影响了资源使用效率，也影响了教师工作的积极性，并制约着学校的重点建设规划。

（三）怎么改？

高等教育综合改革具有系统性、艰巨性和长期性的特点，是一项涉及长远、牵动全局的重大任务。在改革过程中，必须坚持以下几个原则。

一是育人为本。育人是大学的根本任务，是我们的第一价值追求。我们的改革要围绕育人来开展并促进人才培养工作。要通过改革，培养具有国家使命、国际视野和全球领导力的拔尖创新人才，为实现两个百年战略目标提供人才和智力支撑。

二是提高质量。提高质量是现阶段办学的要务，我们的改革要着眼于调动各方面积极因素，切实增强办学活力，促进学校内涵式发展，努力提高建设成效、办学质量和水平。

三是系统谋划。要用系统科学的思想来思考、设计和谋划整体改革，改变传统的、局部的调整和修补。既要充分考虑学校内部各改革要素之间的内在联系，将各项改革有机组合并产生整体效应；还要考虑校内改革与校外其他领域改革的全面协调，实现两者耦合共进、相得益彰。

四是统筹兼顾。既要加强顶层设计，整体推进，又要突出重点，抓主要矛盾，达到牵一发而动全身的效果。既要立足解决当前的突出问题，又要谋划长远，尽可能考虑到改革在将来会产生的影响。

五是双管齐下。坚持推进综合改革和党风廉政建设双管齐下，把惩治和预防腐败的要求寓于改革发展之中，以深化改革推进党风廉政建设和反腐败工作创新和制度保障，以扎实有效的党风廉政建设为全面深化综合改革提供有力的政治保证。

刘延东同志强调，“高等教育综合改革的关键就是推进现代大学制度建设”。针对前面提到的当前亟须解决的人才培养机制、科学研究机制、人事分配机制、资源分配机制问题，我们要在以下几方面进行综合改革。

一是优化学科布局，建设一流学科。要按照学校学科特色发展战略和梯次划分，强化重点学科建设，针对世界科技前沿和国家重大战略需求，进一步做好学科规划、聚焦学科方向，邀请校内外专家深入研讨，凝练出学校未来着力研究的若干重大科学问题和工程技术问题。围绕这些方向，打破学科壁垒，大力促进理工结合，促进学科交叉融合，进而确立学科、队伍、平台建设重点，建设一流和前沿学科、培育战略性新兴学科，为发展未来的前沿科学、高新技术和尖端武器奠定基础。要集中资源建立公共大平台，构建高水平学科平台和基地，产出有重大影响的原创性成果和工程应用研究成果。与此同时，停办若干师资力量弱、生源质量平平、发展态势不佳、对提高学校整体水平影响不大的学科专业，积极争取调整若干博士授权学科，将有限的人力、财力和物力向优势学科专业集中。

二是完善奖惩机制，不断加大教学环节的投入。要进一步修订完善人才培养方案、课程建设、实践教学、质量保障、成绩与学籍管理、教学成果与奖励等教学规章制度体系，加强教学秩序巡视、课堂教学质量评价、教学事故处理、教学督导等工作，建立完善过程性评价与终结性评价相结合的学生网上评教制度，严格实行教学质量公示和问责制。要加大本科教学工作量和教学质量在专业技术岗位聘用、教师绩效考核和津贴分配体系中的比重，大幅度增加教学经费投入，大力推动教授为本科生上课，推动教学和科研协同育人。要对学术评价、职称评审等环节进行改革，在评价中大幅度提高课堂教学效果、课外育人实践、学生评价反馈等方面的权重。要认真总结近年来实施“明精计划”“课外科技创新”等教育教学改革取得的经验，推进更大范围的人才培养改革；通过增加小班教学比重、增设高端交叉课程、引导研究型学习、推进“慕课”教学、加强创业教育等模式，提高人才培养质量。

三是瞄准国家重大战略需求，推进科研体制机制创新。要继续坚持两个始终瞄准，引导教师安心学术，长期持续开展原始创新研究，从追踪性研究转移到原创性研究上，在服务满足国家战略需求的同时，引领国际学术前沿，产出一流科研成果。要进一步优化科研管理和组织模式，制定新的科研管理政策，引导、鼓励教师突破院系概念和学科壁垒，加强科研协同合作，深入交叉融合，组建多学科、多团队、产学研用一体化的协同创新研究队伍，提高解决重大技术和社会问题的能力。要进一步改革和完善学术评价机制，根据研究类别建立以创新质量和实际贡献为核心、各有侧重的评价标准体系，尊重差异、鼓励创新、宽容失败。要进一步重视加强高水平科研平台的建设，从政策和资源上给予重点支持，积极与国内外著名高校合作，努力建设一批高水平联合实验室。

四是强化激励约束，深化人事制度改革。要继续深入推进教师分类管理、分类评价，细分岗位，分别制定评价标准，实行以质量和绩效为导向的分类评价，做到教师分类和专业技术职务晋升的统一、教师分类和考核评价的统一，为各类优秀人才提供成长空间。要对主要从事教学的教师单独进行职称评定。要建立岗位流转聘用制度，对考核不合格的教师坚决辞退、转岗或降级聘用。要加大绩效津贴分配制度改革，下放考核自主权，简化考核程序，逐步开展学院/部处考核奖励。要加大教师绩效奖励力度，逐步提高绩效奖励在教师总收入中的比例。

五是推进资源配置改革，提高使用效率。要在努力增加办学资源的同时，下力气改革现有的资源分配格局，在建立健全学校土地、房屋、大型仪器设备等重要公共资源统筹使用机制的基础上，以成本补偿方式提高使用效率，发挥现有资源的最大效益。要制定新的学科分类用房标准，促使学院提高实验室利用率，激励学院按照规划向良乡校区搬迁。要针对部分大型仪器和设备利用率不高等问题，完善大型仪器设备网上预约和使用监控功能，培养相关的高水平实验技术人员。要在科研资源的配置上，从以项目为中心转向以人为中心，从支持项目转向支持重点实验室、实验基地、公共平台等的建设和运行。

三、下半年工作部署

现结合第二部分提出的工作思路，重点聚焦存在的问题，对下半年工作提出要求。

（一）以综合改革的思路制定发展规划

将学校“十三五”规划制定工作与“争创一流行动”的愿景和要求紧密结合起来，全面启动“十三五”教育事业发展规划和校园规划编制工作，大力推进“争创一流行动”2014 年度计划的实施，启动“争创一流行动”的 2015 年度计划，以及 2014—2020 年规划编制工作。各部门和学院要结合学校上述工作，制定好专项规划。

要将争创一流大学与综合改革融合起来，注重从顶层谋划综合改革，谋求全局和长远的优化。从现代大学制度建设入手，抓住顶层制度设计这个关键环节，继续推进完善一系列制度体系，为改革铺路。对于基础条件好、主动提出改革方案的学院和单位，鼓励先行先试，给予更多办学自主权。

（二）大力推进学科内涵发展

一是大力提升学科国际化水平。强化重点学科建设，通过 2014 年“一流学科对接计划”，分三个层次支持重点学科；前两个层次的学科应与世界一流学科、国际知名学科进行对接，在学科对接机制、人才培养、学术交流及科研合作等方面制定切实可行的对接方案；探索实施学科国际化评估。

二是进一步完善学科规划。对一级学科建设规划进行修订，注重学科内涵建设，注重与“争创一流行动”的结合。巩固理科的良好发展势头，强力推进理工融合，开展协同育人和协同创新；按照学科梯次划分，着力建设精品文科。

三是调整学科资源，实现优势资源集中。在前期对学科专业进行评估和分类的基础上，调整学科专业布局，将有限的人力、财力和物力向有优势和有发展潜力的学科专业集中。

（三）切实提高人才培养质量

一是改革教学评价，提升本科教学的积极性。对学术评价、职称评审等环节进行改革，提高对课堂教学效果、课外育人实践、学生评价反馈等方面的权重；以本科课程教学质量分级制度的推行为手段，进一步建立激励教师投入本科教学积极性的机制，提高教授上讲台的比例。

二是强化立德树人、教书育人的价值导向。设立本科生三年级开学教育、德育答辩中期检查等手段，加强德育和价值观引领；发挥教师，尤其是研究生导师的引领和楷模作用；进一步调动工作主动性，实现全校各部门、各学院全员育人，全面提高学生的综合素质。

三是推进人才培养模式改革。认真总结近年来实施“明精计划”“徐特立学院”等教育教学改革取得的经验，深入开展拔尖创新人才和协同创新人才培养的模式研究；通过增加小班教学比重、增设高端交叉课程、引导研究型学习、推进“慕课”教学、加强创业教育等模式，提高人才培养质量；推动博士招生考试改革，扩大单独组织考试的学院数量，加强专业学位研究生创新实践基地建设工作。

（四）改革完善科研管理机制

一是凝练重大问题和重点发展领域。瞄准世界科技发展前沿和国家重大战略需求，凝练学校未来着力研究的若干重大科学问题和工程技术问题，如高效毁伤及其防护、地面无人机动平台、电动汽车与高能电池等，确立理工结合的攻坚模式，进而确立学科、队伍、平台建设重点。

二是进一步完善学术评价体系。坚持创新导向和质量导向，鼓励教师自主治学、严谨治学；在学术评价中，弱化量化考核功能，研究和制定以“志向高远、解决重大问题”为导向的学术评价体系；激励教师从事原创性研究，撰写精品论文和著作，走上国际学术讲台，进入国际学术组织任职；推进大学智库建设，将服务国家重大战略决策的咨询性建议和成果纳入学术评价指标；以科学的科研评价体系，实现“学术发展”与“教师发展”。加强学术道德建设，整治学风，严肃处理学术不端行为，以儆效尤。

三是大力推进协同创新。继续创新和完善体制机制，保障“北京电动车辆协同创新中心”获批后有效运行。全力做好“安全与防护协同创新中心”的培育和运行工作，争取早日获得教育部认定。

四是进一步完善科研服务体系。充分尊重教师的学术兴趣、学术取向和学术创新能力，通过项目管理、经费预算使用的咨询与管理、科研管理信息化等服务机构和平台，逐步实现对教师有针对性的个性化、全方位服务。

五是探索产学研机制创新。探索新型学科性公司机制，在国防科技园、合作研发实体、战略联盟机制等方面推进创新；进一步提高科技产出质量，促进科技成果向现实生产力转化。

（五）推进人事制度与激励制度改革

一是继续推进人事评聘制度改革。按照是否具有国际竞争力制定新入职教师的准入门槛，面向海内外公开招聘遴选优秀青年人才，实施“预聘制”。制定《外籍教师聘用管理办法》，完善国际化薪酬体系和外籍教师评估考核制度，支持整建制模式引进外籍教师团队。

二是强化教师分类评价、分类管理。进一步完善教学类、研究类岗位分别评审的实施细则，做到依岗位类别申报、评审、聘任专业技术职务，实现“人岗相适”；鼓励公共课教师向教学为主的岗位转岗，鼓励引进的优秀人才和承担重大科研项目的教师向科研为主的岗位转岗。进一步完善对教学为主岗、科研为主岗的评价标准和薪酬标准。帮助教师科学规划职业生涯，引导教师在职业发展上从项目导向转变为育人导向、学术导向。

三是统筹规划和调整薪酬体系。对绩效津贴改革分配方案进行修订，调整基础绩效津贴与奖励绩效津贴的比例；提高教学津贴在绩效津贴中的比例，学校将在津贴发放、考核评价指标方面体现鲜明的奖惩导向。

四是建立多元的人才管理机制。结合协同创新中心的工作，逐步建立机制灵活、相对独立的协同创新中心组织架构和人力资源管理运行制度，在岗位设置、人员聘用、薪酬分配、绩效考核和学衔认定等方面授予协同创新中心充分的自主权；推进“人才特区平台—交叉学科研究中心”的建设，完善“学术特区”组织架构和基本制度的建立。

五是推动辅导员队伍的发展。在职员评聘工作中，进一步完善实行过渡申报条件，强化答辩制度，实行多级公示制度和有限申报次数制度，完善一线辅导员申报职员的认定办法。

（六）加强条件保障建设和资源配置

一是推进用房资源调整。制定新的学科分类用房标准，重点支持重点学科、重点实验室、重大专项用房，继续集中同类学科的核心办学资源，发挥公用房的资源调整功能；修订《学院用房成本核算办法》，制定《机关用房成本核算办法》，加强成本核算，继续推进学院科研用房契约协议用房管理工作，提高实验室利用率；完成工业生态楼内部的建设及使用分配方案，完成化学学院的整体搬迁和安置工作。

二是继续推进校园信息化建设。统筹各类信息化建设平台，继续推进“数字校园”建设，推行办公自动化和公文处理信息化系统，努力实现全校“一站式”办公和数据共享统一；构建图书馆资源共建和共享体系，完善“卓越联盟”图书馆知识服务平台。

（七）进一步推进党建工作

一是继续深入学习党的十八届三中全会精神，尤其是习总书记一系列重要讲话的精神。以专题网站、报告解读、组织学习、骨干宣讲、撰写理论文章等形式，构建全方位学习体系，引导广大党员领导干部和师生员工深入学习，为推动深化综合改革打好思想基础。

二是加快教育实践活动的整改落实工作。要在上学期整改工作的基础上，严格按照整改方案进行一项项检查，完成一件，群众满意一件，销号一件。力争9月份完成所有整改任务，让广大师生见到实效。

三是保证顺利通过保密资质审查认证复查。要高度重视保密认证复查工作，各单位要在 7 月份预审结果的基础上深入自查整改，以高质量的准备工作迎接 9 月下旬进行的现场认证，确保顺利通过。

四是做好迎接党建创优工程检查的准备工作。工业和信息化部党建创优工程检查组将在本学期进校检查评估，各单位要提前做好准备，争取以优异成绩通过。同时，要按照中共中央办公厅印发的《关于加强基层服务型党组织建设的意见》，推进服务型党组织建设，让每一个党组织带头攻坚克难，让每一位党员带头创先争优，为争创一流汇聚能量。

五是切实抓好党风廉政建设。深入贯彻落实中央十八届三中全会和中纪委三次全会精神，落实党风廉政建设主体责任和监督责任。加强引导，使各级党委主要领导树立起第一责任人的意识。落实中央八项规定精神，坚决反对“四风”，严禁公款送礼和其他违规违纪行为。加强纪检工作，尝试在校内开展巡查制度，逐步探索巡查工作的运行机制。办结人文与社科学院公款私存案，对主要责任人进行党纪、政纪处理。

老师们、同志们，在全校师生共同努力下，上半年学校的工作取得显著进步。下半年，我们要敢于正视不足，努力推进改革，圆满完成各项工作，为建设世界一流理工大学再聚力量、再谱新篇！

重要文件

北京理工大学关于印发《北京理工大学机构编码规范》和《北京理工大学机构编码表》的通知

校发〔2014〕21 号

各学院、处级单位：

根据学校信息化建设的需要，学校信息平台建设工作小组制定了《北京理工大学机构编码规范》（以下简称“规范”），并按照规范编制了《北京理工大学机构编码表》（以下简称“机构编码表”），报请学校信息化工作领导小组审定同意后，现印发。

“规范”规定的机构编码和“机构编码表”用于全校各类管理信息系统，是管理信息系统数据交换的基础。各单位应当遵照“规范”和“机构编码表”对所管理的管理信息系统进行整理。不符合“规范”和“机构编码表”的，不得接入学校统一的管理信息系统。

特此通知。

北京理工大学

2014 年 5 月 30 日

北京理工大学机构编码规范

一、概述

《北京理工大学机构编码规范》是针对学校各组织机构标识的编码规范，是学校管理信息系统建设、实施和维护的重要标准。其制定有利于提高学校信息的处理效率，促进信息交流和信息资源共享，提升信息利用率。

《北京理工大学机构编码规范》由学校信息化工作委员会制定，由学校办公室按照本规范制定《北京理工大学机构编码表》并公布实施。

二、适用范围

本规范规定的机构编码和发布的机构编码表用于全校各类管理信息系统，是管理信息系统数据交换的基础。

各管理信息系统应当遵照本规范对其涉及机构信

息按照机构编码表进行编码和整理。不符合本规范和机构编码表的，不得接入学校统一的管理信息系统。

三、原则及依据

编码遵循唯一性、稳定性、规范性、可扩充性、兼容性和实用性的原则，主要依据如下：

1. 以全校各类实体机构为基础。但为方便实际管理工作，校级委员会、领导小组等专项工作机构，学院实验室及其他一些机构一并编码。

2. 参照《关于印发〈北京理工大学 2012—2015 年人员编制方案〉的通知》（党发〔2013〕2 号）和《关于公布 2012—2015 年学校科级机构设置及干部职数的通知》（党发〔2012〕33 号）等文件中的单位名称、层级关系编制单位编码，并按照一定关系在学校党委的指导下排布组织机构顺序。

3. 学院代码按照《关于公布学院名称及代码的通知》（办发〔2009〕1 号）、《关于公布数学学院、物理学院、化学学院名称和代码的通知》（办发〔2011〕51 号）及其他相关文件执行。

4. 编码长度及单位类别码参考《高等学校管理信息集》。

四、规则

学校机构编码为六位数字码，由类别码、二级单位码、内设机构码组成。

第一位	第二位	第三位	第四位	第五位	第六位
类别码					
二级单位码			内设机构码		

其中，第一位为类别码。包含类别码在内的前三位为二级单位码，由学校信息化工作委员会负责编制和维护。第四至六位为内设机构码，由二级单位根据本规范申请使用，学校办公室审定，并报学校信息化工作委员会备案。全部六位构成全校各机构的统一编码。

1. 类别码

分为 1-党政管理、群团组织部门，2-学院及教学部门，3-直属、后勤服务部门，4-产业及其他部门，5-本科班级，6-研究生班级，9-专项工作机构。其余数字码保留备用。

2. 二级单位码

党政管理、群团组织部门类（类别码 1 类），直属、后勤服务部门类（类别码 3 类），分别自 101 和 301 起顺序编码。

学院及教学部门类（类别码 2 类）编码按已有学院代码前缀类别码 2 组成，其他教学单位使用 230~280，顺序编码。此外，281~299 为已编机构编码的二级单位用于教学的二位教学代码（81~99），不再用于机构编码。

产业及其他部门类（类别码 4 类）用于资产经营公司和驻外研究院等隶属于学校的独立法人单位或其他单位，自 401 起顺序编码。

专项工作机构类（类别码 9 类）用于学校成立的各类校级委员会、领导小组等，含类别码在内的前四位为其单位码。

3. 内设机构码

内设机构码 000，代表二级单位本身，001 代表该单位相应党组织，002 代表该单位行政机构，003~099 为学校认定的挂靠于二级单位管理的各类部门。

自 101 起，一般情况下，划分 101~199 为党政管理单位科室、学院机关等学校认定的科级机构，201~499 为学院系、教研室等部门，或等同部门。501~899 为各类重点实验室、学院实验室、研究所，及其他部门。

后勤集团的内设机构码根据其组织结构，按实际情况参照前述编制方式编码。专项工作机构类的内设机构码（剩余两位）为其下设分支机构组织，00 代表专项工作机构本身。

4. 班级编码

本科班级和研究生班级（类别码 5 类、6 类）用于编排本科班级号码和研究生班级号码，长度不受机构编码六位限制，但编码第二位、第三位为相应学院及教学部门的二位教学代码。具体编码方式：本科班级在现行编码方案前缀类别码 5，由教务主管部门负责编制和维护；研究生班级参照本科班级编码方案制定并前缀类别码 6，由研究生主管部门负责编制和维护。

五、变更

机构编码应当按照学校关于机构设置调整的有关文件精神，及时调整。基本原则为新增的自现有编码后追加，撤销的同时撤销编码，名称变更职能不变的不变动编码，名称变更职能同变动的参照新增情况重新编码。空码不补位。

二级单位涉及新增、撤销、名称变更的，由学校办公室根据基本原则提出变更方案，报学校信息化工作委员会审定，其排序则由学校办公室按照实际情况插入现有排序中，以发布的机构编码表中的序号为准。

内设机构调整的，由二级单位根据调整情况按照本规范提出变更方案，报学校办公室审定，并最终报学校信息化工作委员会备案。涉及跨二级单位内设机构调整的，由新承担职能的单位提出变更方案，原单位该内设机构编码撤销。

六、使用

二级单位码（含类别码）和内设机构码共六位共同构成了学校各机构编码，但根据情况可单独使用二级单位码（前三位）。

学院及教学部门编码（类别码2类）中除类别码外的二位编码用于学号、班号等涉及教学活动的编码。

各管理信息系统可根据实际情况按照系统内涉及的机构范围，全部或部分使用机构编码。

数据仓库类管理信息系统在使用编码时，应当酌情前缀四位年份码或其他方式以便历史数据存档等数据管理。

除管理信息系统，其他使用机构编码和组织机构排序的，可参照本规范和机构编码表执行。

七、附则

本规范由学校信息化工作委员会负责最终解释，并自发布之日起施行。

关于印发《北京理工大学校内出版物管理办法》的通知

办发〔2014〕42 号

各学院、处级单位：

经校领导同意，现将《北京理工大学校内出版物管理办法》印发给你们，请遵照执行。

北京理工大学学校办公室

2014 年 7 月 1 日

北京理工大学校内出版物管理办法

为规范我校校内出版物的管理，进一步做好学校宣传思想文化工作，依据国家新闻出版署《内部资料性出版物管理办法》及其他有关规定，结合我校实际，特制定本办法。

第一条 本办法所称的校内出版物，是指学校和学校下属各单位、学生社团组织等在学校内部出版的报型、刊型等类型的出版物，不包括经国家正式批准的出版物。

第二条 党委宣传部（新闻中心）是校内出版物的管理部门，负责审核、批准校内出版物的创刊、停刊和变更，核发校内出版物刊号等。

第三条 校内出版物实行主办单位负责制。依照“谁主办，谁负责”的原则，各主办单位应明确责任人，严格把关，未经审查，不得印发。主办单位对负责的出版物负有以下责任：指导刊物编辑部坚持正确的舆论导向；审核刊物编辑部的办刊宗旨、工作方针及宣传报道计划和刊发的稿件；加强采编队伍的建设和管理，确保印刷品的质量；决定刊物的主编人员；决定刊物的发放范围及发行量；对刊物违反国家和学校相关法规和规章制度而发生的严重错误和其他重大问题，承担相应责任。

第四条 校内出版物实行两级审批制。在提交至党委宣传部（新闻中心）审批办理出版登记手续之前，以学校名义出版的校内出版物须报分管该部门的校领导审核同意；以学校下属单位名义出版的校内出版物须报经本单位负责人审核同意；校级学生社团组织出版的校内出版物须报经主管单位负责人审核同意；学院学生社团组织出版的校内出版物须报经学院党委负责人审核同意；两个及以上单位合办的校内出版物，须经牵头单位负责人审核同意。

第五条 校内出版物不得刊载下列内容：

（一）反对宪法确定的基本原则的。

（二）危害国家的统一、主权和领土完整的。

（三）危害国家的安全、荣誉和利益的。

（四）煽动民族分裂，侵害少数民族风俗习惯，破坏民族团结的。

（五）泄露国家秘密的。

（六）宣扬淫秽、迷信或者渲染暴力，危害社会公德和民族优秀文化传统的。

（七）侮辱或者诽谤他人的。

（八）法律、法规规定禁止的其他内容的。

（九）违反学校基本规章制度的。

第六条 校内出版物不得使用“××报”“××刊”或“××杂志”等字样，必须在封面上注明“内部资料，免费交流”字样以及“校内出版物刊号”编号，不得省略或假冒、伪造。校内出版物所设的有关机构，不具有法人资格。

第七条 校内出版物有下列行为之一的，由党委宣传部（新闻中心）在全校通报并责令其停止该行为，主管及主办单位应予以整改；情节严重的，责令其停止出版，并吊销其校内出版物刊号；违反法律的，由相关负责人承担责任：

（一）出版物不符合本办法第五条、第六条要求的。

（二）出版物侵犯他人著作权的。

（三）未经批准擅自出版的。

第八条 本规定由党委宣传部（新闻中心）负责解释。

第九条 本规定自印发之日起实施。

关于印发《北京理工大学相关科研项目经费预算调整管理细则（试行）》的通知

办发〔2014〕45 号

各学院、处级单位：

经校领导同意，现将《北京理工大学相关科研项目经费预算调整管理细则（试行）》印发给你们，请遵照执行。

北京理工大学学校办公室

2014 年 7 月 3 日

北京理工大学相关科研项目经费预算调整管理细则（试行）

为进一步加强我校科研项目过程管理，规范我校承担的相关国家科技计划项目经费预算调整审批程序，提高管理水平和效率，根据《关于调整国家科技计划和公益性行业科研专项经费管理办法若干规定的通知》（财教〔2011〕434 号）、《关于民口科技重大专项项目（课题）预算调整规定的补充通知》（财教〔2012〕277 号）和《国务院关于改进加强中央财政科研项目和资金管理的若干意见》（国发〔2014〕11 号）等文件规定，结合我校情况，制定本管理细则。

一、本细则适用范围

本细则所指的国家科技计划项目层次分为三个级别，分别为项目级、课题级、子课题级。所称项目、课题及子课题经费预算细项科目之间的互相调整，是指在我校承担的项目、课题及子课题研究过程中，由于研究任务的具体需要，在经费来源预算和支出预算总额度保持不变的情况下，预算细项科目之间费用安排的相互调整。

本细则规定的预算调整管理，适用于按照预算制管理的项目、课题及子课题经费。具体所适用的项目、课题及子课题包括国家重点基础研究发展计划（民口“973”计划）、国家高技术研究发展计划（民口“863”计划）、国家科技支撑计划（以下简称“支撑计划”）、国家民口科技重大专项（以下简称“民口重大专项”）、国际科技合作与交流专项（以下简称“国际合作专项”）、国家重大科学仪器设备开发专项（以下简称“仪器专项”）和公益性行业科研专项等其他国家科技计划项目经费预算调整的原则、要求及范围，应依照相关上级主管部门制定的相关规定执行，其调整程序参照本细则执行。

二、预算调整管理原则及要求

（一）项目、课题及子课题经费预算的调整，应以研究任务的实际需要为依据，在明确调整理由和调整方案的基础上，按照“调整需求明确，调整理由充分，调整方案合理，调整权限合规”和

“先报批、再调整”的原则，在研究任务开展的过程中进行申请与审批管理。

（二）项目、课题及子课题经费总预算、年度预算的调整，间接费用以及直接费用中设备费或基本建设费的调整，牵头单位与合作单位之间的预算调整，变更承担单位的调整等，需要科技部或相关上级主管部门审批，依照财教〔2012〕277号或财教〔2011〕434号之规定执行。

（三）项目级别的经费预算细项科目之间费用安排的相互调整，需要学校审批；课题级别的调整，需要学校审批，并报项目级单位备案；子课题级别的调整，需要学校审核后报送课题级单位审批。以上项目、课题及子课题的经费预算细项科目之间费用安排的相互调整的审批，科技部或相关上级主管部门将在中期财务检查或财务验收时予以确认。

（四）项目级和课题级的经费预算调整须在任务开展过程中进行，原则上只允许调整一次；子课题级的调整，应根据研究任务需要，依照课题级组织单位的相关规定执行。对于已经安排财务决算、决算审计的经费，学校不再受理其预算调整申请。

（五）学校与外单位共同承担的项目或课题为不同法人单位之间经费预算细项科目的相互调整，须按照单位公函的形式进行流转。学校作为合作单位的项目或课题，须以公函形式报牵头组织单位审批或备案，牵头组织单位根据有关审批权限复函学校；学校作为牵头组织单位的项目或课题，须根据有关审批权限复函合作单位。

（六）项目、课题及子课题经费预算调整申请经相关审批单位及校内批准后，学校科研部门、财务部门更新相关信息，课题组将审批材料纳入项目、课题及子课题经费的财务决算、财务检查资料，并严格按照调整后的预算执行。

三、预算细项科目的调整范围及限制

（一）项目和课题经费直接费用中材料费、测试化验加工费、燃料动力费、出版/文献/信息传播/知识产权事务费等费用预算可以调增，也可调减。

（二）项目和课题经费直接费用中设备费、劳务费、专家咨询费的预算一般不予调增，可以调减。调减费用额度可用于课题研究其他直接费用的开支。

（三）项目和课题经费直接费用中会议费、差旅费、国际合作与交流费三项预算之间可以调剂使用，在不突破三项支出预算总额的情况下可以调增，也可以调减。调减费用额度可用于课题研究其他直接费用的开支。

（四）民口重大专项和仪器专项的项目、课题及子课题经费的间接费用预算可以调整，其他国家科技计划的间接费用预算不得调整。

（五）子课题经费直接费用中细项科目预算之间的相互调整，必须按照课题级组织单位制定的相关规定申请各细项科目预算的调增或调减。

四、预算调整的管理程序

（一）课题组在开展课题研究任务、执行经费预算的过程中，若因论证阶段费用测算不准确、工作任务细节调整，或者市场价格变化等原因，需要进行课题经费细项科目预算额度调整的，应当在适当的阶段详细地测算各项费用满足研究任务的需要，制订完整的课题经费细项科目预算调整方案，并详细说明变化原因。

（二）课题组制订经费预算调整方案以后，由所在学院科研主管领导审签。

（三）经学院科研主管领导审签后，课题经费预算调整方案连同批复任务书（预算书）或签订的合同书报科学技术研究院项目主管审查，主管领导审批。学校作为合作单位的课题组，需将学校内部的预算调整审批材料以公函形式报送牵头组织单位审批或备案，如需牵头组织单位审批，应以公函形式复函我校。

（四）课题组持经科学技术研究院审批后的预算调整方案到财务处预算管理科办理课题经费预算调整备案及管理信息更新手续。

（五）课题组妥善保存课题经费预算调整申报及审批材料，以备课题经费结题结算、审计和检查之需。

（六）仪器专项项目、课题及子课题经费预算总预算的调整，直接费用中的设备费、间接费用的调整，牵头单位与合作单位之间的预算调整，变更承担单位的调整，还需要向项目技术专家组进行报批。

五、附则

（一）本细则如遇与国家相关制度相抵触的，执行国家规定。

（二）本细则由科学技术研究院和财务处负责解释。

关于印发《北京理工大学文件格式标准及样板》的通知

办发〔2014〕54号

各基层党委、党总支、直属党支部，各学院、处级单位：

经校领导同意，现将《北京理工大学文件格式标准及样板》印发给你们，请遵照执行。

北京理工大学学校办公室

2014年7月3日

北京理工大学文件格式标准

（2014年9月1日正式施行）

一、总体要求

1. 纸型。公文用纸一般使用纸张定量为60 g/m^2 ~ 80 g/m^{2}的胶版印刷纸或复印纸。纸张白度80% ~ 90%，采用GB/T 148—1997中规定的A4型纸，其成品幅面尺寸为：210 mm×297 mm。

2. 版面。公文用纸天头（上边距）为37 mm，下边距35 mm，订口（左白边）为28 mm，右边距26 mm，版心尺寸为156 mm×225 mm。一般每面排22行，每行排28个字，并撑满版心，特定情况可以作适当调整。如无特殊说明，公文中文字的颜色均为黑色。

3. 印刷和装订。双面印刷，页码套正，两面误差不超过2 mm。印品着墨实、均匀；字面不花、无断划。采用骑马订或包本装订方式左侧装订。

二、公文格式要素

版心内的公文格式各要素划分为版头、主体、版记三部分。公文首页红色分割线以上的部分称为版头；公文首页红色分割线（不含）以下、公文末页首条分割线（不含）以上的部分称为主体；公文末页首条分割线以下、末条分割线以上的部分称为版记。

页码位于版心外。

三、版头

1. 份号。如需标注份号，一般用6位3号阿拉伯数字，顶格编排在版心左上角第一行。

2. 密级和保密期限。如需标注密级和保密期限，一般用3号黑体字，顶格编排在版心左上角第二行；保密期限中的数字用阿拉伯数字标注，并与密级间用实心五角星隔开。需标注保密期限时，密级的二字之间不空字；不需标注保密期限时，密级的二字之间空1字。

3. 紧急程度。如需标注紧急程度，一般用3号黑体字，顶格编排在版心左上角；如需同时标注份号、密级和保密期限、紧急程度，按照份号、密级和保密期限、紧急程度的顺序自上而下分行排列。

4. 发文机关标志。下行文由发文机关全称或者规范化简称加“文件”二字组成，上行文及平行文使用发文机关全称或者规范化简称。发文机关标志居中排布，上边缘至版心上边缘为35 mm，使用小标宋体字，颜色为红色，以醒目、美观、庄重为原则。联合行文时，如需同时标注联署发文机关名称，一般应当将主办机关名称排列在前；如有“文件”二字，应当置于发文机关名称右侧，以联署发文机关名称为准上下居中排布。

我校发文规格及发文机关标志对应如下：

上行文：

学校党委文件为“中共北京理工大学委员会”；

学校行政文件为“北京理工大学”。

平行文（函）：

学校党委文件为“中共北京理工大学委员会”；

学校行政文件为“北京理工大学”；

学校办公室文件为“北京理工大学学校办公室”。

下行文：

学校党委文件为“中共北京理工大学委员会文件”；

学校行政文件为“北京理工大学文件”；

学校令文件为“北京理工大学令”；

学校办公室文件为“北京理工大学学校办公室文件”。

其他：

学校会议纪要文件为“北京理工大学会议纪要”；

各部处文件（××××代表部处名称）：

“北京理工大学××××”（如：北京理工大学基建处）；

“北京理工大学××××党委”（如：北京理工大学宇航学院党委）。

5. 发文字号。用3号仿宋字体编排在发文机关标志下空2行位置，居中排布。年份、发文顺序号用阿拉伯数字标注；年份应标全称，用六角括号“〔〕”括入；发文顺序号不加“第”字，不编虚位（即1不编为01），在阿拉伯数字后加“号”字。上行文的发文字号居左空一字编排，与最后一个签发人姓名处在同一行。

以学校令和公告形式制发的公文，单独编号。其中，令跨年度续编，公告分年度编号。其他规格文件发文字号如下（其中X为部处代字、Y为年份、Z为文号）：

学校党委文件为“北理工党委〔Y〕Z号”（上行文）、“北理工党委函〔Y〕Z号”（平行文）、“北理工党委发〔Y〕Z号”（下行文）；

学校行政文件为“北理工X〔Y〕Z号”（上行文）、“北理工X函〔Y〕Z号”（平行文）、“北理工发〔Y〕Z号”（下行文）；

学校办公室文件为“办〔Y〕Z号”（上行文）、“办函〔Y〕Z号”（平行文）、“北理工办发〔Y〕Z号”（下行文）。

各部处文件为“X〔Y〕Z号”（上行文）、“X函〔Y〕Z号”（平行文）。

6. 签发人。编排在发文机关标志下空2行居右空一字位置。由“签发人”三字加全角冒号和签发人姓名组成。“签发人”三字用3号仿宋体字，签发人姓名用3号楷体字。如有多个签发人，签发人姓名按照发文机关的排列顺序从左到右、自上而下依次均匀编排，一般每行排两个姓名，回行时与上一行第一个签发人姓名对齐。

7. 版头中的分隔线。发文字号之下4 mm处居中印一条与版心等宽的红色分隔线（高度为0.35 mm）。党口文件中间为2号字的实体五角星，两边线长分别为72 mm。

四、主体

1. 标题。一般用2号小标宋体字，编排于红色分隔线下空二行位置，分一行或多行居中排布；回行时，要做到词意完整，排列对称，长短适宜，间距恰当，标题排列应当使用梯形或菱形，不得使用沙漏形和长方形。公文标题中除法律、法规、规章名称加书名号外，一般不用标点符号。（如：中共北京理工大学委员会关于×××××的请示，北京理工大学关于×××××的报告，北京理工大学学校办公室关于×××××的通知）。

2. 主送机关。一般用3号仿宋体字，编排于标题下空一行位置，居左顶格，回行时仍顶格，最后一个机关名称后标全角冒号。有多个主送机关时，同级同类机关之间用顿号，同级不同类机关之间用逗号，一般同一系统按照先外后内、先大后小的顺序排列，两个以上系统按照党、政、军、群的顺序排列。如主送机关名称过多导致公文首页不能显示正文时，应当将主送机关名称移至版记。

3. 正文。一般用3号仿宋体字，编排于主送机关名称下一行，每个自然段左空二字，回行顶格。文中结构层次序数依次可以用“一、”“（一）”“1.”“（1）”标注；一般第一层用3号黑体字、第二层用3号楷体字、第三层及以下均用3号仿宋体字标注。公文首页必须显示正文，当无法显示正文时，可以通过上移标题（即发文机关标志下空1行或不空行）或调整行距来实现。

4. 附件说明。如有附件，在正文下空一行左空二字用3号仿宋体编排“附件”二字，后标全角冒号和附件名称。如有多个附件，使用阿拉伯数字标注附件顺序号（如“附件：1. ×××××”）；附件名称后不加标点符号。附件名称较长需回行时，应当与上一行附件名称的首字对齐。

5. 发文机关署名、成文日期和印章。发文机关署名用3号仿宋体，成文日期用阿拉伯数字表全年、月、日，不编虚位（即1不编为01）。当公文排版后所剩空白处不能容下印章或签发人签名章、成文日期时，可以采取调整行距、字距的措施解决。

（1）加盖印章的公文

成文日期一般右空四字编排，印章用红色，不得出现空白印章。

单一机关行文时，一般在成文日期之上、以成文日期为准居中编排发文机关署名，印章端正、居中下压发文机关署名和成文日期，使发文机关署名和成文日期居印章中心偏下位置，印章顶端应当上距正文（或附件说明）一行之内。联合行文时，一般将各发文机关署名按照发文机关顺序整齐排列在相应位置，并将印章一一对应、端正、居中下压发文机关署名，最后一个印章端正、居中下压发文机关署名和成文日期，印章之间排列整齐、互不相交或相切，每排印章两端不得超出版心，首排印章顶端应当上距正文（或附件说明）一行之内。

（2）加盖签发人签名章的公文

单一机关制发的公文加盖签发人签名章时，在正文（或附件说明）下空二行右空四字加盖签发人签名章，签名章左空二字标注签发人职务，以签名章为准上下居中排布。在签发人签名章下空一行右空四字编排成文日期。

联合行文时，应当先编排主办机关签发人职务、签名章，其余机关签发人职务、签名章依次向下编排，与主办机关签发人职务、签名章上下对齐；每行只编排一个机关的签发人职务、签名章；签发人职务应当标注全称。

签名章一般用红色。

6. 附注。用3号仿宋字居左空二字加圆括号“（）”编排在成文日期下一行。请示、函等用于请示、商洽工作事项的上行、平行公文，应在附注位置标注发文机关联系人及联系电话。

7. 附件。应当另面编排，并在版记之前，与公文正文一起装订。“附件”二字及附件顺序号用3号黑体字顶格编排在版心左上角第一行。附件标题居中编排在版心第三行。附件顺序号和附件标题应当与附件说明的表述一致。附件格式要求同正文。如附件与正文不能一起装订，应当在附件左上角第一行顶格编排公文的发文字号并在其后标注“附件”二字及附件顺序号。

五、版记

1. 版记中的分隔线。版记中的分隔线与版心等宽，首条分隔线和末条分隔线用粗线（推荐高度为0.35 mm），中间的分隔线用细线（推荐高度为0.25 mm）。首条分隔线位于版记中第一个要素之上，末条分隔线与公文最后一面的版心下边缘重合。

2. 抄送机关。如有抄送机关，一般用4号仿宋体字，在印发机关和印发日期之上一行、左右各空一字编排。“抄送”二字后加全角冒号和抄送机关名称，回行时与冒号后的首字对齐，最后一个抄送机关名称后标句号（其他规定参考主送机关）。

如需把主送机关移至版记，除将“抄送”二字改为“主送”外，编排方法同抄送机关。既有主送机关又有抄送机关时，应当将主送机关置于抄送机关之上一行，之间不加分隔线。

3. 印发机关和印发日期。印发机关和印发日期一般用4号仿宋体字，编排在末条分隔线之上，印发机关左空一字，印发日期右空一字，用阿拉伯数字将年、月、日标全，年份应标全称，月、日不编虚位（即1不编为01），后加“印发”二字。

版记中如有其他要素，应当将其与印发机关和印发日期用一条细分隔线隔开。

六、页码

一般用4号半角宋体阿拉伯数字，编排在公文版心下边缘之下，数字左右各放一条一字线；一字线上距版心下边缘7 mm。单页码居右空一字，双页码居左空一字。公文的版记页前有空白页的，空白页和版记页均不编排页码。公文的附件与正文一起装订时，页码应当连续编排。

七、公文中的横排表格

A4纸型的表格横排时，页码位置与公文其他页码保持一致，单页码表头在订口一边，双页码表头在切口一边。

八、公文中计量单位、标点符号和数字的用法

公文中计量单位的用法应当符合GB 3100、GB 3101和GB 3102（所有部分），标点符号的用法应当符合GB/T 15834，数字用法应当符合GB/T 15835。

九、公文的特定格式

1. 信函格式。发文机关标志使用发文机关全称或者规范化简称，居中排布，上边缘至上页边为30 mm，推荐使用红色小标宋体字。联合行文时，使用主办机关标志。

发文机关标志下4 mm处印一条红色双线（上粗下细），距下页边20 mm处印一条红色双线（上细下粗），线长均为170 mm，居中排布。

如需标注份号、密级和保密期限、紧急程度，应当顶格居版心左边缘编排在第一条红色双线下，按照份号、密级和保密期限、紧急程度的顺序自上而下分行排列，发文字号顶格居版心右边缘编排在第一条红色双线下。

标题居中编排，与其上最后一个要素相距二行。第二条红色双线上一行如有文字，与该线的距离为4 mm。

首页不显示页码。

版记不加印发机关和印发日期、分隔线，位于公文最后一面版心内最下方。

2. 命令（令）格式。发文机关标志由发文机关全称加“命令”或“令”字组成，居中排布，上边缘至版心上边缘为20 mm，推荐使用红色小标

宋体字。

发文机关标志下空二行居中编排令号，令号下空二行编排正文。

3. 纪要格式。纪要标志由“×××××纪要”组成，居中排布，上边缘至版心上边缘为 35 mm，推荐使用红色小标宋体字。

标注出席人员名单，一般用 3 号黑体字，在正文或附件说明下空一行左空二字编排“出席”二字，后标全角冒号，冒号后用 3 号仿宋体字标注出席人单位、姓名，回行时与冒号后的首字对齐。

标注请假和列席人员名单，除依次另起一行并将“出席”二字改为“请假”或“列席”外，编排方法同出席人员名单。

纪要格式可以根据实际制定。

十、部处代字

参照学校各部处代字表。

十一、式样

学校党委、行政上行文参照版式 1；学校党委、行政下行文参照版式 2；学校办公室下行文参照版式 3；学校党委、行政平行便函参照版式 4、5；各部处上行、平行文参照版式 6、7；会议纪要参照版式 8；学校令参照版式 9；发文稿纸参照版式 10。

关于印发《北京理工大学因公临时出国经费管理办法（试行）》的通知

办发〔2014〕68 号

各学院、处级单位：

经校领导同意，现将《北京理工大学因公临时出国经费管理办法（试行）》的通知印发给你们，请遵照执行。

北京理工大学学校办公室
2014 年 9 月 19 日

北京理工大学因公临时出国经费管理办法（试行）

第一章 总 则

第一条 根据《财政部 外交部关于印发〈因公临时出国经费管理办法〉的通知》财行〔2013〕516 号文件、《财政部 中国民用航空局〈关于加强公务机票购买管理有关事项的通知〉》财库〔2014〕33 号文件精神，为了进一步规范我校因公临时出国经费管理，加强预算监督，提高资金使用效益，保证外事工作的顺利开展，特制定我校因公临时出国经费管理办法。

第二条 本办法所指因公临时出国经费，是指学校各单位为更好地执行管理职能，完成工作目标，由财政性资金列支的出国经费。

第三条 学校各单位因公组派临时出国团组应当坚持强化预算约束、优化经费结构、厉行勤俭节约、讲求务实高效的原则，严格控制因公临时出国规模，规范因公临时出国经费管理。

第二章 预算管理和计划管理

第四条 因公临时出国经费应当全部纳入预算管理，并按照下列规定执行：

（一）学校各单位应当加强因公临时出国经费的预算管理，严格控制因公临时出国经费总额，科学合理地安排因公临时出国经费预算。

（二）学校各单位应当加强预算硬约束，认真贯彻落实厉行节约的要求，在核定的年度因公临时出国经费预算内，务实高效、精简节约地安排因公临时出国活动，不得超预算或无预算安排出访团组。确有特殊需要的，按规定程序报批。

第五条 出访团组实行计划审批管理，并按照下列规定执行：

（一）学校各单位应当认真贯彻中央有关外事管理规定，科学制订年度因公临时出国计划，认真履行因公临时出国计划报批制度，严格控制因公临时出国团组人数、国家数和在外停留天数，正确执行限量管理规定。明确责任，谁派出、谁负责。

（二）因公临时出国应当坚持因事定人的原则，不得因人找事，不得安排照顾性和无实质内容的一般性出访，不得安排考察性出访。

（三）学校国际交流合作处负责因公临时出国计划的审核审批管理，严格把关，对违反规定、不适合成行的团组予以调整或者取消，严格履行把关职责。

第六条 出国经费的支付，应当严格执行各项经费开支标准，不得擅自突破。应当严格按照国库集中支付制度和公务卡管理制度及其他经费管理制度的有关规定执行。

第七条 出访团组应当在当年 11 月 30 日前填报出国计划表，由国际交流合作处和财务处分别出具审签意见，明确审核责任。出国任务、出国经费预算未通过审核的，不得安排出访团组。其中，由行政办公经费列支的出国经费预算应列入单位年度预算方案，经财务处汇编预算，党委常委会审批后执行。

财务处以预算批复形式下达各单位当年出国费总额。各单位根据预算批复的出国费总额整理年度出国计划。整理后的年度培训计划一式两份，一份留存单位，另一份报财务处备案，用作报销单位出国费的证明。未列入年度出国计划的，财务处不予报销。

第三章 经费管理

第八条 因公临时出国经费包括：国际旅费、国外城市间交通费、住宿费、伙食费、公杂费和其他费用。

（一）国际旅费，是指出境口岸至入境口岸旅费。

（二）国外城市间交通费，是指为完成工作任务所必须发生的，在出访国家的城市与城市之间的交通费用。

（三）住宿费，是指出国人员在国外发生的住宿费用。

（四）伙食费，是指出国人员在国外期间的日常伙食费用。

（五）公杂费，是指出国人员在国外期间的市内交通、邮电、办公用品、必要的小费等费用。

（六）其他费用，是指出国签证费用、必需的保险费用、防疫费用、国际会议注册费用等。

第九条 国际旅费按照下列规定执行：

（一）选择经济合理的路线。出国人员应当优先选择由我国航空公司运营的国际航线，由于航班衔接等原因确需选择外国航空公司航线的，应当事先报经单位和财务部门审批同意。不得以任何理由绕道旅行，或以过境名义变相增加出访国家和时间。

使用财政拨款资金购买机票的，在选择航空公司时，应当选择直达目的地国家（地区）的国内航空公司航班出入境，没有直达航班的，应当选择国内航空公司航班到达的最临近目的地国家（地区）进行中转。由于航班衔接等原因（如中转超过一次）确需选择外国航空公司航线的，应当事先报经国际交流合作处和财务处审批同意。

（二）按照经济适用的原则，选择优惠票价，并尽可能购买往返机票。

（三）因公临时出国购买机票，须由本单位通过公务卡或银行转账方式支付，不得以现金支付。财务处根据《航空运输电子客票行程单》等有效票据注明的金额予以报销。

使用财政拨款资金购买公务机票的，应优先购买通过政府采购方式确定国内航空公司航班优惠机票，报销时以标注有政府采购机票查验号码的《航空运输电子客票行程单》作为凭证；政府采购机票优惠率的变动情况，将在政府采购机票管理网站（www. gpticket. org）上发布。

（四）出国人员应当严格按照规定安排交通工具，不得乘坐民航包机或私人、企业和外国航空公司包机。

（五）部级人员、院士可以乘坐飞机头等舱、轮船一等舱、火车高级软卧或全列软席列车的商务座；司局级人员或二级及以上教授可以乘坐飞机公务舱、轮船二等舱、火车软卧或全列软席列车的一等座；其他人员均乘坐飞机经济舱、轮船三等舱、火车硬卧或全列软席列车的二等座。所乘交通工具舱位等级划分与以上不一致的，可乘坐同等水平的舱位。所乘交通工具未设置上述规定中本级别人员可乘坐舱位等级的，应乘坐低一等级舱位。上述人员发生的国际旅费据实报销。

（六）出国人员乘坐国际列车，国内段按国内差旅费的有关规定执行；国外段超过 6 小时以上的按自然（日历）天数计算，每人每天补助 12 美元。

第十条 出国人员根据出访任务需要在一个国家城市间往来，应当事先在出国计划中列明，并报国际交流合作处和财务处批准。未列入出国计划、未经国际交流合作处和财务处批准的，不得在国外城市间往来。出国人员的旅程必须按照批准的计划执行，其城市间交通费凭有效原始票据据实报销。

第十一条 住宿费按照下列规定执行：

（一）出国人员应当严格按照规定安排住宿，部级领导、院士可安排普通套房，住宿费据实报销；司局级及其他人员安排标准间，在规定的住宿费标准之内予以报销。

（二）参加国际会议等的出国人员，原则上应当按照住宿费标准执行。如对方组织单位指定或推荐酒店，应当严格把关，通过询价方式从紧安排，超出费用标准的，须事先报经国际交流合作处和财务处批准。经批准，住宿费可据实报销。

第十二条 伙食费和公杂费按照下列规定执行：

（一）出国人员伙食费、公杂费可以按规定的标准发给个人包干使用。包干天数按离、抵我国国境之日计算。

（二）根据工作需要和特点，不宜个人包干的出访团组，其伙食费和公杂费由出访团组统一掌握，包干使用。

（三）外方以现金或实物形式提供伙食费和公杂费接待我代表团组的，出国人员不再领取伙食费和公杂费。

第十三条 出访团组对外原则上不搞宴请，确需宴请的，应当连同出国计划一并报批，宴请标准按照所在国家一人一天的伙食费标准掌握。

出访团组与我国驻外使领馆等外交机构和其他中资机构、企业之间一律不得用公款相互宴请。

第十四条 出访团组在国外期间，收受礼品应当严格按有关规定执行。原则上不对外赠送礼品，确有必要赠送的，应当事先报经国际交流合作处和财务处审批同意，按照厉行节俭的原则，选择具有民族特色的纪念品、传统手工艺品和实用物品，朴素大方，不求奢华。

出访团组与我国驻外使领馆等外交机构和其他中资机构、企业之间一律不得以任何名义、任何方式互赠礼品或纪念品。

第十五条 出国签证费用、防疫费用、国际会议注册费用等凭有效原始票据据实报销。根据到访国要求，出国人员必须购买保险的，应当事先报经国际交流合作处和财务处批准后，按照到访国驻华使领馆的要求购买，凭有效原始票据据实报销。

第十六条 出国人员须凭有效票据填报出国费用报销单，用中文注明开支内容、日期、数量、金额等，由经办人签字后，财务处予以报销。具体流程为：出国人员回国报销费用时，国际交流合作处对因公临时出国团组提交的出国任务批件、护照（包括签证和出入境记录）复印件进行认真审核，财务处对经国际交流合作处审核盖章后的出国费用报销单，严格按照批准的出国团组人员、天数、路线、经费预算及开支标准审核各种报销凭证。

第十七条 财务处根据出国经费预算，结合实际购汇需求，核定学校购汇数额，通过财政部批准的人民币资金账户，向外汇指定银行购买外汇。

第四章 监督检查

第十八条 对出国人员违反本办法规定，有下列行为之一的，除相关开支一律不予报销外，按照《财政违法行为处罚处分条例》等有关规定严肃处理，并追究有关人员责任：

（一）违规扩大出国经费开支范围的。

（二）擅自提高经费开支标准的。

（三）虚报团组级别、人数、国家数、天数等，套取出国经费的。

（四）使用虚假发票报销出国费用的。

（五）其他违反本办法的行为。

第五章 附 则

第十九条 各院、部，处因公临时赴香港、澳门、台湾地区的，适用本办法。

第二十条 对与我新建交或未建交国家，相关经费开支标准暂按照经济水平相近的邻国标准执行。

第二十一条 本办法由国际交流合作处、财务处负责解释。

第二十二条 本办法自发布日施行。

关于印发《北京理工大学会议费管理办法》的通知

办发〔2014〕69 号

各学院、处级单位：

经校领导同意，现将《北京理工大学会议费管理办法》的通知印发给你们，请遵照执行。

北京理工大学学校办公室
2014 年 9 月 19 日

北京理工大学会议费管理办法

第一章 总 则

第一条 为贯彻中共中央、国务院关于厉行节约制止奢侈浪费行为和精简会议的有关精神，进一步控制和精简会议，加强学校经费管理，节约会议费开支，依据财政部《中央和国家机关会议费管理办法》财行〔2013〕286 号文件的相关规定，结合学校实际情况，特制定本办法。

第二条 各单位应本着实事求是、厉行节约、遵从预算的原则，建立健全会议审批管理制度，编制年度会议计划，合理安排会议费支出，严格控制会议数量、会期、规模，注重会议质量，提高会议效率。

第三条 各单位举、承办会议应该与学校教学、科研及管理活动紧密相关，经费的使用应当与所举办的活动具有相关性，确保经费开支真实性。

第四条 会议费开支经费渠道包括：财政拨款、学校教育事业收入、科研经费。

第五条 本办法适用于学校各单位举、承办会议。其中教育行政类会议（使用教育事业经费开支的会议）需编制会议年度计划，科研类会议（使用科研经费开支的会议）需编制会议通知。使用财政拨款举办的国际会议，按照《在华举办国际会议费用开支标准和财务管理办法》财行〔2012〕1 号执行。

第二章 会议管理

第六条 学校各单位举、承办教育行政会议应编制年度会议计划表，列明会议名称、会议内容、时间、地点、参会人数、会议预算金额及列支渠道等，报请分管校领导审批并在本单位年度预算中单独列明。

各单位举办科研会议由科学技术研究院出具会议通知。

第七条 各单位应当根据经校领导审批、财务处预算批复后的年度会议计划执行当年的教育行政类会议安排。如果因会议内容发生变化，预算要进行调整或新增会议，需在会议召开前向分管校领导报告，按年度会议计划内容说明情况并补录计划。

第八条 会议应当在四星级以下（含四星）定点饭店召开，会期一般不得超过 3 天（含会议报到和离开时间）。传达、布置类会议会期一般不得超过 1 天。如因工作需要，会期超过规定，各单位应在编制会议计划时予以标注说明。

第九条 各单位召开会议应当改进会议形式，充分运用电视电话、网络视频等现代信息技术手段，降低会议成本，提高会议效率。

第十条 教育行政类会议计划及预算审批程序如下：

各单位应在每年 11 月 30 日前根据下年工作计划，提前预计教育行政类会议召开情况，编写年度会议计划，经分管校领导审批，报财务处汇总学校会议费计划。其中，由行政办公经费列支的会议费预算列入单位年度预算，经财务处汇编预算，党委常委会审批后执行。

财务处以预算批复形式下达各单位当年教育行政类会议费总额。各单位根据预算批复的会议费总额整理年度会议计划。整理后的年度会议计划一式两份，一份留存单位，另一份报财务处备案，用作报销单位会议费的证明。未列入年度教育行政类会议计划的，财务处不予报销。

第十一条 会议严禁发放纪念品。

第三章 会议经费开支范围和报销标准

第十二条 会议费使用范围：会议场地租赁费、交通费、办公用品费、文件资料的印刷费、宣传费等；按规定开支的房租费、伙食费以及其他相关费用。其中交通费是指用于会议代表接送站，以及会议统一组织的代表考察、调研等发生的交通支出。

第十三条 根据财政部《中央和国家机关会议费管理办法》，结合我校实际情况，制定会议费开支标准如下：

（一）会议费开支实行定额控制，各项费用之间可以调剂使用。定额标准是会议费开支的上限。

会议费定额控制标准如下（单位：元/人天）

住宿费	伙食费	其他费用	合计
240	130	80	450

（二）会议住宿费在定额控制标准以内凭据报销。会议召开地代表原则上不安排住宿。工作人员除必须住会的以外，不安排住宿。参会人员在 50 人以内且无外地代表的会议，原则上在单位内部会议室召开，不安排住宿。

（三）如果会议没有安排与会议内容相关的集体活动，不得由旅行社代开住宿费及餐费发票。

（四）会议费定额控制标准中“其他费用”包含：会议场地租赁费、交通费、文具、文件资料的印刷费、宣传费等。

（五）会议需要发生的专家咨询费必须单列，报销时填报酬金申报表并附专家签到表（可用会议签到表替代，外请专家单独列表，表内含工作单位、职称、联系方式和签字）。以会议形式组织的咨询或评审，专家咨询费或评审费的开支一般参照如下标准：

高级专业技术职称人员 500~800 元/人天、其他专业技术人员 300~500 元/人天。会期超过两天的，第三天及以后的咨询费标准参照高级专业技术职称人员 300~400 元/人天、其他专业技术人员 200~300 元/人天执行；

以通讯形式组织的咨询，专家咨询费的开支一般参照高级专业技术职称人员 60~100 元/人次、其他专业技术人员 40~80 元/人次的标准执行。

（六）各单位举办会议不能够采用电视电话、网络视频召开的会议实行定点管理。校外召开会议应当到定点饭店召开，按照协议价格结算费用。学校国际交流中心、招待所可视为定点会议场所。

会议定点饭店或限额标准，请查询财务处网站主页。

（七）会议以在京单位为主的会议不得到京外召开，不得到党中央、国务院明令禁止的风景名胜区召开。

第十四条 各单位在会议结束后应当及时结算，汇总票据，集中办理报销手续。会议费在开支范围内凭发票报销，票据日期应在会议期间。财务部门要严格按规定审核会议费开支，对超范围、超标准开支的经费不予报销。

第十五条 会议费报销附件应包括：

（一）经批准的年度会议计划。

（二）会议通知（包含会议议程）。

（三）参会人员签到表。

（四）金额在一万元以上的，还需提供会议服务单位提供的费用原始明细单据、电子结算单等凭据（如通过其他机构组织会议，还须附与其他机构签订的委托协议或合同等相关资料）。

第十六条 各单位对外支付会议费，应当以银行转账或公务卡方式结算，禁止以现金方式结算。

第四章 监督检查和责任追究

第十七条 各单位负责人对其所举、承办的会议承担监管责任，会议所使用经费的项目负责人承担直接责任。相关责任人应切实加强会议费的管理，严禁借会议名义组织会餐或安排宴请；严禁套取会议费设立“小金库”；严禁在会议费中列支公务接待费。

各单位应严格执行会议用房标准，不得安排高档套房；会议用餐严格控制菜品种类、数量和分量，安排自助餐，严禁提供高档菜肴，不安排宴请，不上烟酒；会议会场一律不摆花草，不制作背景板，不提供水果。

不得使用会议费购置电脑、复印机、打印机、传真机等固定资产以及开支与本次会议无关的其他费用；不得组织会议代表旅游和与会议无关的参观；严禁组织高消费娱乐、健身活动；严禁以任何名义发放纪念品；不得额外配发洗漱用品。

第十八条 违反本办法规定，有下列行为之一的，依法依规追究会议举办单位和相关人员的责任：

（一）计划外召开会议的。

（二）以虚报、冒领手段骗取会议费的。

（三）虚报会议人数、天数等进行报销的。

（四）违规扩大会议费开支范围。

（五）违规报销与会议无关费用的。

（六）其他违反本办法行为的。

有前款所列行为之一的，由纪委监察部门视情况给予党纪政纪处分；涉嫌犯罪的，移送司法机关处理。

第十九条 本办法由财务处负责解释。

第二十条 本办法自发布之日起实行。

关于印发《北京理工大学差旅费管理办法（试行）》的通知

办发〔2014〕70 号

各学院、处级单位：

经校领导同意，现将《北京理工大学差旅费管理办法（试行）》的通知印发给你们，请遵照执行。

北京理工大学学校办公室
2014 年 9 月 19 日

北京理工大学差旅费管理办法（试行）

第一章　总　则

第一条　为贯彻落实财政部《关于印发〈中央和国家机关差旅费管理办法〉的通知》（财行〔2013〕531 号）、《财政部　中国民用航空局〈关于加强公务机票购买管理有关事项的通知〉》财库〔2014〕33 号文件精神，按照通知中“不参照公务员法管理的事业单位参照本办法执行”的要求，结合学校实际情况，制定本办法。

第二条　差旅费是指师生员工临时到常驻地以外地区公务出差所发生的城市间交通费、住宿费、伙食补助费和市内交通费。

公务差旅实行审批制度。出差前填写“出差申请表”，明确时间、地点和单位、出差人员，以及出差目的、任务等，由部门负责人批准。各单位负责人或科研课题负责人要认真执行出差审批程序，从严控制出差人数及天数，认真审核出差申请表、报销单内容；严格差旅费预算管理，控制差旅费支出规模；严禁无实质内容、无明确公务目的的学习交流及考察调研等差旅活动，严禁以任何名义和方式变相旅游。

第三条　城市间交通费和住宿费在规定标准内凭据报销，伙食补助费和市内交通费实行定额包干制。

第四条　一般情况下，国家法定节假日期间出差发生的城市间交通费、住宿费不能报销。

若出差期间部分日期与国家法定节假日重叠，分以下两种情况管理：

（1）出差期间遇国家法定节假日，利用节假日就近省亲或办理私人业务的，出差伙食补助及市内交通费按照出差天数扣减与国家法定节日重叠天数计算发放。

（2）出差期间遇国家法定节假日，未停止公务活动，持续进行的，需提供课题任务书、进行公务活动的证明，如会议纪要或调研报告等，可按实际天数发放出差补助。

第五条　无住宿费发票原则上不能报销差旅费。确因特殊情况无住宿费发票的，需提供“无住宿费情况说明”及相关证明材料，经单位负责人确认准予报销。

出差参加会议或培训，由主办方管理食宿的，报销往来交通费和出发当日、回程当日的伙食补助及市内交通费。

第六条　旅游景点等风景名胜区的差旅费不能报销。

第二章　城市间交通费

第七条　城市间交通费是指师生员工因公到常驻地以外地区出差乘坐火车、轮船、飞机等交通工具所发生的费用。

第八条　出差人员应当按照规定等级乘坐交通工具，凭据报销城市间交通费。未按规定等级乘坐交通工具的，超支部分自理，并且不能以公款报销。

出差人员乘坐交通工具的等级见下表：

级别＼交通工具	火车（含高铁、动车、全列软席列车）	轮船（不含旅游船）	飞机	其他交通工具（不含出租小汽车）
部级及相当职务人员（指院士）	火车软席（软座、软卧）、高铁/动车商务座，全列软席列车一等软座	一等舱	头等舱	凭据报销
司局级及相当职务人员（指正高级专业技术职称）	火车软席（软座、软卧）、高铁/动车一等座，全列软席列车一等软座	二等舱	经济舱	凭据报销
其余人员	火车硬席（硬座、硬卧）、高铁/动车二等座，全列软席列车二等软座	三等舱	经济舱	凭据报销

部级及相当职务人员出差，因工作需要，随行一人可乘坐同等级交通工具。

第九条 到出差目的地有多种交通工具可选择时，在不影响公务、确保安全的前提下，应当选乘经济便捷的交通工具。

第十条 使用财政拨款资金购买公务机票的，应优先通过政府采购方式确定的国内航空公司航班优惠机票。报销时以标注有政府采购机票查验号码的《航空运输电子客票行程单》作为报销凭证。政府采购机票代理商及优惠情况将在政府采购机票管理网站（www. gpticket. org）上发布。

乘坐飞机的，尽可能选择低价机票，原则上不得购买全价机票。对于各航空公司低于政府采购优惠票价的团队价格或促销价格机票，购票人可以购买，但不再享受政府采购优惠。民航发展基金、燃油附加费可凭据报销。

第十一条 乘坐飞机、火车、轮船等交通工具的，每人次可购买交通意外保险（所乘当次交通工具的保险费用）一份，凭据报销。

第十二条 城市间交通费票证部分缺失（如单程票），需提供由单位负责人审签过的票证丢失说明，仅报销单程票和住宿费。如果住宿费发票明细能证明具体住宿日期及期间的，可发放伙食补助及市内交通费。

第十三条 特殊情况如确需自驾车出差，须在出差申请表中写明自驾车出差理由、乘车人数、起止日期、途经地点，目的地等，并经由单位负责人审签后，准予报销过路过桥费及合理范围内的汽油费。过路过桥费票据按照出差行程顺序粘贴报销。

自驾车出差，不再发放市内交通费。

第三章 住宿费

第十四条 住宿费是指师生员工因公出差期间入住宾馆（包括饭店、招待所，下同）发生的房租费用。

第十五条 部级人员或院士出差可在标准范围内住普通套间，其余人员出差可在标准范围内选住单间或标准间。

第十六条 因公出差人员应当在职务级别对应的住宿费标准限额内，凭据报销住宿费。未按规定等级住宿的，超标部分自理，且不能以公款报销。

第四章 伙食补助费

第十七条 伙食补助费是指对师生员工在因公出差期间给予的伙食补助费用。

第十八条 伙食补助费按出差自然（日历）天数计算，按规定标准包干使用。

出差人员由接待单位统一安排伙食的，不实行包干办法，出差人员应向接待单位缴纳伙食费，回校如实申报，在包干限额内凭据报销。

第五章 市内交通费

第十九条 市内交通费是指师生员工因公出差期间发生的市内交通费用。

第二十条 市内交通费按出差自然（日历）天数计算，每人每天80元包干使用。

第六章 监督问责

第二十一条 各院、处，部及科研课题组应当加强对本部门师生员工出差活动和经费报销的内控管理，确保出差活动真实、合规；票据真实、完整、合法。院、处、部领导对特殊情况的说明负有审查责任。

第二十二条 出差活动是否真实与合规，差旅费报销凭证的来源是否合法，财务人员有责任进行核查。对违规报销个人探亲、旅游费用，虚构出差事件，虚开票据，转嫁报销差旅费的，将追缴违规款项，并视情况予以通报。对直接责任人和相关负责人，报请其所在院、处、部按规定给予行政处分。情节严重的，报请学校纪委处理。

第七章 附 则

第二十三条 外出参加会议、培训，举办单位统一安排食宿的，会议、培训期间的食宿费和市内交通费由会议、培训举办单位按规定统一开支；往返会议、培训地点的差旅费及往返当日的补助由所在单位按照规定报销。

第二十四条 住宿费、机票支出等按规定用公务卡或银行转账方式结算。

第二十五条 本办法自2014年1月1日起施行。北京理工大学令第14号《北京理工大学差旅费管理办法》同时废止。

第二十六条 本办法由财务处负责解释。

关于印发《北京理工大学培训费管理办法（试行）》的通知

办发〔2014〕71号

各学院、处级单位：

经校领导同意，现将《北京理工大学培训费管理办法（试行）》的通知印发给你们，请遵照执行。

北京理工大学学校办公室
2014年9月19日

北京理工大学培训费管理办法（试行）

第一章 总 则

第一条 为规范培训工作，提高培训效率和质量，加强培训费管理，节约培训费开支，按照财政部、中共中央组织部、国家公务员局关于印发《中央和国家机关培训费管理办法》的通知（财行〔2013〕523号）的要求，结合我校具体情况制定本办法。

第二条 本办法所称培训，是指使用财政拨款资金在境内举办的，培训对象为教职工的三个月以内的岗位培训、任职培训、专门业务培训、初任培训等。

第三条 学校各单位举办培训活动应当坚持厉行节约、反对浪费的原则，保证培训质量，节约培训资源，提高培训经费使用效益。

第二章 计划和预算管理

第四条 单位年度培训计划及预算审批程序如下：

各单位应在每年11月30日前根据下年工作计划，提前预计培训开展情况，编写年度培训计划（包括培训名称、对象、内容、时间、地点、参训人数、所需经费及列支渠道等），经分管校领导审批，报财务处汇总学校培训费计划。其中，由行政办公经费列支的培训费预算列入单位年度预算，经财务处汇编预算，党委常委会审批后执行。

财务处以预算批复形式下达各单位当年培训费总额。各单位根据预算批复的培训费总额整理年度培训计划。整理后的年度培训计划一式两份，一份留存单位，另一份报财务处备案，用作报销单位培训费的证明。未列入年度培训计划的，财务处不予报销。

第五条 年度培训计划一经批准，原则上不得调整。因工作需要确需临时增加培训及调整预算的，报单位负责人、分管校领导审批。

第三章 开支范围和标准

第六条 培训费是指开展培训直接发生的各项费用支出，包括住宿费、伙食费、培训场地费、讲课费、培训资料费、交通费、其他费用。

（一）住宿费是指参训人员及工作人员培训期间发生的租住房间的费用。

（二）伙食费是指参训人员及工作人员培训期间发生的用餐费用。

（三）培训场地费是指用于培训的会议室或教室租金。

（四）讲课费是指聘请师资授课所支付的必要报酬。

（五）培训资料费是指培训期间必要的资料及办公用品费。

（六）交通费是指用于接送以及统一组织的与培训有关的考察、调研等发生的交通支出。

（七）其他费用是指现场教学费、文体活动费、医药费以及授课教师交通、食宿等支出。

第七条 培训费实行综合定额标准，分项核定、总额控制。综合定额标准如下：

单位：元/人天

住宿费	伙食费	场地费和讲课费	资料费、交通费和其他费用	合计
180	110	100	60	450

综合定额标准是培训费开支的上限，各项费用之间可以调剂使用。培训费应在综合定额标准以内结算报销。

15 天以内的培训按照综合定额标准控制；超过 15 天的培训，超过天数按照综合定额标准的 80% 控制；超过 30 天的培训，超过天数按照综合定额标准的 70% 控制。上述天数含报到撤离时间，报到和撤离时间分别不得超过 1 天。

第八条 讲课费执行以下标准（税后）：

（一）副高级技术职称专业人员每半天最高不超过 1 000 元。

（二）正高级技术职称专业人员每半天最高不超过 2 000 元。

（三）院士、全国知名专家每半天一般不超过 3 000 元。

其他人员讲课参照上述标准执行。

第四章 培训组织

第九条 学校各单位开展培训应当在开支范围和标准内，择优选择党校、行政学院、干部学院、部门行业所属培训机构、高校培训基地以及组织人事部门认可的培训机构承担培训项目。

第十条 组织培训的工作人员控制在参训人员数量的 5% 以内，最多不超过 10 人。

第十一条 禁止事项：

严禁借培训名义安排公款旅游；

严禁借培训名义组织会餐或安排宴请；

严禁组织高消费娱乐、健身活动；

严禁使用培训费购置电脑、复印机、打印机、传真机等固定资产以及开支与培训无关的其他费用；

严禁在培训费中列支公务接待费、会议费；严禁套取培训费设立“小金库”。

培训住宿不得安排高档套房，不得额外配发洗漱用品；培训用餐不得提供高档菜肴和烟酒；7 日以内的培训不得组织调研、考察、参观。

第十二条 学校各单位组织培训应尽量利用网络、视频等信息化手段，大力推行干部选学、在职自学等方式，降低培训成本，提高培训效率。

第五章 报销结算

第十三条 报销培训费，应当提供培训通知、实际参训人员签到表、讲课费签收单以及培训机构出具的原始明细单据、电子结算单等凭证。

财务处应当严格按照规定审核培训费开支，对未履行计划审批程序的培训以及超范围、超标准开支的费用不予报销。

第十四条 讲课费、小额零星开支以外的培训费用，应当按照国库集中支付和公务卡管理的及其他经费开支的有关制度执行，采用银行转账或公务卡方式结算，不得以现金方式支付。

第十五条 培训费由培训举办单位承担，纳入预算管理，在各单位日常公用经费或专项经费中列支。

第六章 监督检查

第十六条 学校各单位应当将培训的项目、内容、人数、经费等情况，以适当方式进行公开。

第十七条 财务处、学校纪委、审计室等有关部门对各单位培训活动和培训费管理使用情况进行监督检查。主要内容包括：

（一）培训计划的编报是否符合规定。

（二）培训费开支范围和开支标准是否符合规定。

（三）培训费报销和支付是否符合规定。

（四）是否存在虚报培训费用的行为。

（五）是否存在转嫁、摊派培训费用的行为。

（六）是否存在向参训人员乱收费的行为。

（七）是否存在其他违反本办法的行为。

第十八条 对于检查中发现的违反本办法的行为，由纪委监察部门视情况给予党纪政纪处分；涉嫌犯罪的，移送司法机关处理。

第七章 附 则

第十九条 本办法由财务处负责解释。

第二十条 本办法自办法发布之日起施行。

北京理工大学学生经济资助工作条例

第 99 号令

为贯彻落实《中共中央国务院关于进一步加强和改进大学生思想政治教育的意见》（中发〔2004〕16 号）、《国务院办公厅关于建立健全普通本科高校高等职业学校和中等职业学校家庭经济困难学生资助政策体系的意见》（国发〔2007〕13 号）、《教育部 财政部关于印发〈高等学校勤工助学管理办法〉的通知》（教财〔2007〕7 号）等文件精神，结合我校实际，特制定本条例。

第一章 总体原则

第一条 学校的各项资助政策，适用于接受普通高等学历教育的学生。

第二条 学校建立和完善了“以国家助学贷款为主体，奖助学金、勤工助学、学费减免、困难补助、学费补偿等为辅助渠道”的学生资助体系，全力打造多方位、全过程的服务型资助平台，深化资助育人工作，提高资助效益。学校鼓励家庭经济困难的学生通过国家助学贷款的方式来解决学费问题，另外学校依据学生家庭经济情况的认定等级，视困难程度给予国家助学金、社会捐助类助学金、困难补助和勤工助学等方式的资助。

第三条 北京理工大学始终坚持“扶贫励志，助学育人”的资助工作理念，恪守“决不让任何一名学生因家庭经济困难而辍学”的庄严承诺。

第二章 组织机构和管理体制

第四条 学校成立学生经济资助工作领导小组，全面负责学生资助工作。领导小组由学校主管学生工作的党委副书记、副校长担任组长，主管财务工作的副校长担任副组长，校学生工作处、财务处、教务处、研究生工作处、招生就业工作处、校团委等部门负责人及各学院主管学生工作的副书记、副院长为领导小组成员。学生工作处学生资助办公室具体负责学生资助政策的实施和各项工作的开展，在学校学生经济资助工作领导小组的领导下开展工作。按教育部规定，学校每年从学费收入中按 10% 的比例提取经费，用于经济困难学生的资助工作（包括办公经费），并列入年度预算，保障全校学生资助管理工作的正常运转和实施。

第五条 学生经济资助实行学院和学校两级管理。学院负责经济困难学生资格的审定及各类资助名单的初审。学生工作处学生资助办公室负责年度资助计划的制订、资助经费的统筹安排和分配以及各类资助名单的最后审定。财务处负责经费的核算、发放等。

第三章 家庭经济困难学生的认定

第六条 各学院要充分了解和掌握在校经济困难学生的基本情况，做好经济困难学生的资格认定和相关管理工作。

第七条 在读全日制本科学生，符合下列条件和情况的，可以确定为家庭经济困难学生或家庭经济特别困难学生（统称为经济困难学生），作为我校允许资助的对象。

（1）家庭收入低或无固定经济收入，学生本人在校的基本学习、生活得不到经济保障，每月可获得的全部生活费用在 450 元以下的确定为经济困难学生。

（2）家庭经济特别困难，每月可获得的全部生活费用在 250 元以下的确定为特困生。

第八条 学校通过如下程序确认经济困难学生：

1. 认定范围

家庭经济困难学生认定的范围为我校注册有正式学籍，因家庭经济困难需要资助并主动向学校递交家庭经济困难学生认定申请的普通全日制本科学生。

2. 初次家庭经济困难认定等级认定程序

（1）本人申请：需要申请认定家庭经济困难的在校本科学生，须准备家庭所在地民政部门（民政所、民政局、民政办公室、社会事务办公室、街道办事处）加盖公章的《高等学校学生及家庭情况调查表》（请同学自行保留复印件），连同《北京理工大学家庭经济困难学生认定申请表》一同提交所在学院。

（2）学院量化测评：学院认真查阅学生填写的家庭经济情况调查表，并通过个别访谈、日常观察等方式，审核学生家庭经济困难信息，参照国家及学校政策，初步确定学生的经济困难等级。

（3）班级民主评议：各班成立以班主任（或辅导员）为班级评议小组组长、以学生代表为成员的班级认定评议小组（学生代表应具有广泛的代表性，不少于班级总人数的 15%），负责本班民主评议工作。本着“公开、公平、公正”的原则和对同学负责的态度，各班要组织有班委会参加的专题班会（是否全体学生参与由班委会决定）对提出申请的学生进行民主评议，结合量化测评结果，综合分析学生学习、生活、日常表现及个人经济收入等情况，经过民主评议，确定学生的家庭经济困难认定等级。

（4）学院民主评议：学院成立以分管学生工作的院领导为组长，以学院学生工作办公室主任（或副主任）、辅导员、学生会主要干部为成员的认定工作小组（一般不少于 5 人），负责本院认定的具体组织和审核工作。学院根据量化测评结果及班级民主评议小组组长意见，结合学生在校期间的学习、生活及日常表现等情况，确定家庭经济困难学生名单及等级。

（5）公示调整：学院民主评议后在学院范围内对认定结果公示 5 天。学生如对公示结果有异议，有权提请学院予以解释，学院在 3 个工作日内给予答复。如情况属实，予以调整。

（6）学校审定：公示调整无异议后，各学院将认定学生名单提交学生工作处。学生工作处学生资助办公室汇总、审核各学院所报家庭经济困难学生名单，报学校学生资助工作领导小组审批后，建立全校家庭经济困难学生信息库，并将认定结果发布至各学院备案。

3. 非初次家庭经济困难认定等级认定程序

对上一学年已认定为家庭经济困难的学生，新学年如家庭经济状况未发生大的变故，则维持原认定等级不变，学生与学院须按照学生资助办公室通知核实电子版名单；如需对认定等级进行变轻等级认定，需与辅导员说明情况，由辅导员汇总电子版名单上报；如进行更困难等级变更，则需按照初次认定程序进行，并由学院上报变更名单及材料。

第九条 学院和学校要及时建立、更新经济困难学生的基本情况和资助情况。在此基础上设立经济困难学生档案，作为对经济困难学生资助的主要依据。

第十条 各学院要经常性地了解本学院经济困难学生的基本情况，关心他们的生活和学习，帮助学生正确面对困难和挫折，教育学生树立正确的人生观和价值观。如有因家境好转不再需要学校资助，或因突发事件（如家庭变故、事故等）而导致生活困难等情况的，要及时做好经济困难学生名单的调整和资助工作。

第四章 资助体系的具体构成

第十一条 北京理工大学“经济困难学生资助体系”包括国家助学贷款、奖助学金、勤工助学、减免学费、临时困难补助、社会捐助、学费和贷款补偿等资助部分。国家助学贷款、奖助学金是资助经济困难学生的主渠道，其他项目作为辅助手段。

第十二条 国家助学贷款分为校园地国家助学贷款及生源地信用助学贷款两类；以上贷款是指由商业银行向经济困难的全日制本专科生、研究生发放的，用于支付学费和生活费并由教育部门设立“助学贷款专户资金”给予贴息的人民币贷款。国家助学贷款属于商业性贷款，其贷款利率按中国人民银行公布的法定贷款利率和国家有关利率政策执行。自 2004 年 10 月起，国家助学贷款实行借款学生在校期间的贷款利息全部由财政补贴，毕业后的贷款利息全部由贷款学生本人承担的办法。北京理工大学国家助学贷款的具体实施依据《北京理工大学国家助学贷款实施办法》执行。

第十三条 奖助学金的设立是为了促进学生德智体美全面发展，鼓励学生勤奋学习，解决实际困难，使其成为社会主义事业的建设者和接班人。奖助学金包括国家奖学金、国家励志奖学金、国家助学金、本科生奖学金、社会捐助类奖学金；“徐特立奖学金”是我校最高荣誉奖学金。国家奖学金、国家励志奖学金、国家助学金的实施依据《北京理工大学国家奖学金、国家励志奖学金、国家助学金实施办法》执行，本科生奖学金的实施依据《北京理工大学本科生奖学金实施办法（试行）》（第 82 号校长令）执行，社会捐助类奖学金的实施依据相应奖学金的章程执行。

第十四条 勤工助学是学生利用业余时间，通过劳动付出获得合理报酬，以资助学生个人完成学业的活动，是关心和服务经济困难学生的有效途径。学校提倡学生勤工助学尽量与学生专业学习相结合，广泛开展科技开发、科技服务、科技咨询等社会有偿服务活动，学校的教学、科研、后勤、管理等部门应热情支持学生的勤工助学活动，并为学生创造条件，提供勤工助学机会。学生从事勤工助学活动，应在节假日和课余时间进行，原则上每周最长工作时间为 20 小时，每个岗位勤工助学酬金最高不超过 800 元/月。北京理工大学勤工助学工作的具体实施依据《北京理工大学学生勤工助学活动管理规定》执行。

第十五条 减免学费是为了减轻因经济条件所限、不能全部缴纳学费的学生的经济负担，帮助他们顺利完成学业，是解决特困生经济困难的辅助措施。北京理工大学减免学费的实施依据《北京理工大学关于对经济困难学生减免学费的实施办法》执行，主要针对孤残学生及烈士子女、优抚家庭子女等家庭经济特别困难的学生。

第十六条 临时困难补助主要作为应急性资助手段，解决临时出现经济困难学生的困难。临时困难补助实行校、院两级管理，学生工作处根据年度预算和各学院本科学生比例将经费划拨给各学院，由各学院审批和发放院级临时困难补助；校级临时困难补助由学生工作处负责审批、发放。

第十七条 社会捐助指捐助人临时捐赠的、面向经济困难学生的各种捐助，其资助经费主要尊重捐助人的意愿，按照学校有关规定发放。

第五章 各资助项目间的关联

第十八条 国家助学贷款面向全校经济困难学生；国家奖学金奖励特别优秀的学生，国家励志奖学金奖励家庭经济困难、品学兼优的学生，国家助学金面向家庭经济困难的学生；本科生奖学金面向全校本科生，社会捐助类奖学金面向全校学生；勤工助学面向全校所有学有余力的学生，并在同等条件下优先考虑家庭经济困难学生；减免学费主要面向经济特别困难的本科生；临时困难补助主要面向家庭或个人突发意外的学生；社会捐助主要尊重捐助人的意愿，并面向经济特别困难学生。

第十九条 “绿色通道”和“向学生送温暖”是学校资助工作中的特色活动。“绿色通道”面向经济困难新生，在新生入校时一站式办理缓缴学费、缓缴住宿费、临时借款手续等，其经费从学校临时困难补助经费中支出。“向学生送温暖”面向经济特别困难学生，在每年寒假前举行，校党政领导向学生发放学生春节回家往返车票补助和慰问品，其经费从临时困难补助经费中支出。学生在获得其他资助后，须首先偿还“绿色通道”的临时借款，借款须在入学当年年底还清。

第二十条 所有申请励志类奖学金、助学金及减免学费的学生须经过北京理工大学家庭经济困难等级认定为 D 或 C 或 B 类（D 为特殊困难，C 为困难，B 为一般困难），助学金申请发放主要依据学生家庭困难程度，并综合考虑学生个人学习态度及学习成绩。

第二十一条 原则上，奖学金不可兼得，助学金不可兼得；奖学金与助学金可以兼得。具体情况依照学校政策及奖助学金规章制度执行；同一学年内，获得国家奖学金的家庭经济困难学生可以同时申请并获得国家助学金，但不能同时获得国家励志奖学金；获得国家奖学金或国家励志奖学金的学生不能同时获得社会捐助奖学金；同一学年内，家庭经济困难学生原则上只能申请并获得一项助学金（含社会捐助类助学金）。

第二十二条 本年度获得励志类奖学金及各类助学金的学生自动编入学生服务大队，并自获得资助后起必须坚持参加公益性的社会活动或劳动；学生服务大队下设励志中队（由学生资助办公室指导）和各学院服务中队（由各学院指导），励志类奖学金与助学金兼得的学生仅参加励志中队。励志类奖学金获奖学生、各项助学金获助学生、获得减免学费及临时补助的学生的公益服务时间不得少于 12 小时；学生工作处依据《北京理工大学学生服务大队章程》每学年进行优秀服务大队队员的评选及表彰。

第二十三条 学院须对获得资助的学生及其公益服务时间进行备案，并报学生工作处存档。

第二十四条 针对经济困难学生专设的社会捐助奖学金只面向家庭经济困难学生。

第二十五条 各类奖助学金的评审应保持“公平、公开、公正”的原则，邀请学生党风监督员代表参加并监督评审过程，并且在尽量减少学生信息的情况下进行公示，每位参与材料整理和评审的工作者应严格保密学生信息。

第二十六条 学校对学生获得的资助实行总量控制，以平衡资助点与面的关系。

第六章 院级奖助学金的管理

第二十七条 学院级奖学金、助学金须在学生工作处学生资助办公室备案（包括协议、章程、办法等），并明确奖助学金的定性归类及奖助学生范围、标准等。

第二十八条 学院按照学院级奖助学金的协议及章程规定独立组织奖助学金的评审、公示及发放，并邀请学生党风监督员代表参加并监督评审过程。

第二十九条 学生工作处对学院级奖助学金有指导和监督的职责。

第七章 其 他

第三十条 本条例及相关条款自2014年1月1日起实行，由学生工作处负责解释。原《关于印发〈北京理工大学学生经济资助工作条例（试行）〉的通知》（校办字〔2006〕35号）同时废止。

北京理工大学家庭经济困难学生认定工作实施办法

第100号令

第一章 总 则

第一条 为切实做好我校家庭经济困难学生的认定和资助工作，加强对家庭经济困难学生资助工作的管理，公开、公平、公正，合理地分配资助资源，帮助家庭经济困难学生顺利完成学业，根据教育部、财政部《关于认真做好高等学校家庭经济困难学生认定工作的指导意见》（教财〔2007〕8号）等文件精神，结合我校实际情况，制定本办法。

第二条 本办法适用于我校全日制本科学生。

第三条 本办法中家庭经济困难学生是指学生本人及其家庭所能筹集到的资金，难以支付其在校学习期间的学习和生活基本费用的学生。

第四条 家庭经济困难学生认定工作应坚持实事求是、确定合理的原则，实行由学生本人申请、民主评议和学校评定相结合的办法。

第二章 认定机构

第五条 学校成立学生资助工作领导小组，全面领导我校家庭经济困难学生的认定工作；学生工作处具体负责组织和管理全校经济困难学生的认定工作，并建立家庭经济困难学生信息库。

第六条 学院成立认定工作组，由分管学生工作的学院领导任组长，学院学生工作组成员担任成员，负责认定的具体组织和审核工作。

第七条 班级成立认定民主评议小组。以班级为单位，成立由辅导员、班主任、学生代表共同组成的认定民主评议小组，负责对班级提出“家庭经济困难学生认定申请”学生初步认定的民主评议，并出具评议意见。认定民主评议小组成员中，学生代表由班级民主推荐产生，应具有广泛的代表性，人数按班级人数合理配置，一般不少于班级总人数的15%，班长、团支书和生活委员一般为固定代表。

第三章 认定标准

第八条 对家庭经济困难学生的认定工作，参照本年度全国各省低收入家庭测算及北京市居民最低生活保障标准，并在全面了解学生家庭经济收入、人员组成、成员健康状况及学生在校学习生活平均消费情况的基础上进行。

第九条 家庭经济困难学生认定标准分为一般困难、困难及特殊困难三个档次。严格按照家庭困难程度认定；原则上，困难等级认定结果中，“B一般困难”学生比例占困难学生总数的15%，“C困难”学生占80%，“D特殊困难”学生占15%。

（一）认定为家庭经济一般困难学生的基本条件

1. 父母一方或双方失业，并缺少经济来源。

2. 父母年龄均在60岁以上。

3. 学生本人或家庭成员长期患病治疗且开销较大的。

4. 家庭中老、幼、病、残无经济收入成员多。

5. 孤儿，有“有固定收入亲友”资助。

6. 其他情况导致家庭经济一般困难。

（二）认定为家庭经济困难学生的基本条件

1. 家庭人口在5人以上（不含已婚及已工作子女），家庭成员中有两个及两个以上正接受非义务教育。

2. 学生本人或家庭突遭不幸（如家庭遭遇自然灾害，学生本人及家庭成员突发意外事故）。

3. 学生本人或家庭成员患重大疾病，需长期支付高额费用。

4. 来自老少边穷地区，经济条件差，家庭无固定经济来源。

5. 父母离异且未再婚，无固定工作，缺少经济来源的。

6. 其他情况导致家庭经济严重入不敷出。

（三）认定为家庭经济特殊困难学生的基本条件

1. 孤儿、烈士子女、优抚家庭子女等无直接经济来源。

2. 父母一方或双方大部分或完全丧失劳动能力，经济收入少且无资助。

3. 单亲家庭且无经济来源。

4. 城市低保户、农村特困户及艰苦边远地区学生，很少或无经济来源。

5. 其他情况导致家庭经济特别困难。

第十条 家庭经济困难学生需填写《高等学校学生及家庭情况调查表》，由家庭所在地乡、镇或街道民政部门核实证明，由经办工作人员签名、加盖公章并提供有效联系电话，以证明家庭经济状况。如有下列情况，需提供相关材料：

1. 孤儿、残疾、烈士子女、优抚家庭提供相关证件复印件。

2. 城镇低保户或特困户，提供《城乡居（村）民最低生活保障金领取证》复印件和发放当年补贴的造册登记表复印件。

3. 父母或其他家庭成员因病丧失劳动力，提供县级及以上的医疗单位疾病证明。

4. 其他需提供的相关证明。

第四章 认定程序

第十一条 家庭经济困难学生认定工作必须严格工作制度，规范工作程序，做到公开、公平、公正。

第十二条 家庭经济困难学生认定工作每学年9月份进行一次。学校学生资助工作领导小组、学生工作处、学院认定工作组、班级认定民主评议小组，按照各自的职能分工，认真、负责地共同完成认定工作。

第十三条 学校在向录取的新生寄送录取通知书时，同时寄送《北京理工大学学生及家庭情况调查表》。在每学年结束之前，对需要进行家庭经济困难认定申请的在校学生，发放《高等学校学生及家庭情况调查表》。需要申请认定家庭经济困难的新生及在校学生要根据个人情况如实填写《高等学校学生及家庭情况调查表》，并持该表到学生家庭所在地乡、镇或街道民政部门加盖公章，以证明其家庭经济状况。

第十四条 班级认定民主评议小组负责收集《高等学校学生及家庭情况调查表》和《北京理工大学家庭经济困难学生认定申请表》，按照学校部署，启动认定工作。

第十五条 班级认定民主评议小组根据学生提交的《高等学校学生及家庭情况调查表》和《北京理工大学家庭经济困难学生认定申请表》，以学生家庭人均收入对照本办法第三章认定标准，结合学生日常消费行为，以及影响其家庭经济状况的有关情况，认真进行民主评议，初定班级各档次的家庭经济困难学生，出具评议意见，报学院认定工作组进行审核。

班级认定民主评议小组进行评议时应着重考虑孤儿、残疾、烈士子女、优抚家庭子女，以及家庭成员长期患重病、家庭遭遇自然灾害或突发事件等特殊情况的学生。

第十六条 学院认定工作组认真审核班级认定民主评议小组评议的初步结果。如出现异议，应要求班级认定民主评议小组重新评议，并做好更正或解释说明工作。

第十七条 学院认定工作组审核通过后，要将家庭经济困难学生名单及档次在学院内公示5个工作日，公示时应公布有效反馈方式和方法，若有异议，认定工作组应在接到异议材料的3个工作日内予以答复，对学院认定工作组的答复仍有异议，可向校学生工作处提请复议，校学生工作处应在接到复议提请的3个工作日内予以答复，复议答复经校分管领导批准为最终答复。

第十八条 已被学校认定为家庭经济困难的学生再次申请认定时，如家庭经济状况无显著变化，在由班级认定民主评议小组进行评议时，可只提交《北京理工大学家庭经济困难学生认定申请表》；如重新申请认定档次，须重新提交新的《高等学校学生及家庭情况调查表》。

第十九条 各学院应按照《高等学校学生及家庭情况调查表》和《北京理工大学家庭经济困难学生认定申请表》，建立学院家庭经济困难学生信息库，及时更新，动态管理。

第二十条 学生工作处负责汇总和复核各学院送报的家庭经济困难学生认定名单，报校学生资助工作领导小组审批确定，确定名单公示 5 个工作日无异议，建立全校家庭经济困难学生动态信息库，作为各项资助工作开展的依据。家庭经济困难学生认定有效期为一年，从公示结束之日起计算，到期后重新认定。

第五章　认定工作的监督检查

第二十一条　有下列情形之一的，其认定申请可以不予批准：

1. 月支出费用高于在校学生基本生活学习平均费用。

2. 有高档、奢侈消费现象。

3. 其他不合理高消费情况。

第二十二条　家庭经济困难学生在享受学校困难资助期间，不履行下列义务，学校可以取消其认定资格。

1. 隐瞒真实情况，弄虚作假，不如实提供家庭经济情况。

2. 没有及时告知家庭经济状况已显著改善。

3. 不参加学校安排的公益性活动。

第二十三条　学生工作处和学院认定工作组，通过信件、电话、实地走访等方式，不定期地、随机核实部分已认定家庭经济困难学生的情况。如发现弄虚作假，一经核实，取消认定，收回资助资金，情节严重的，学校依据有关规定进行严肃处理。

第二十四条　学生工作处对各学院认定进行复核，认定错误率将与辅导员的考核相挂钩，出现认定错误率超过 20% 的辅导员，本年度考核不得评为“A 类”辅导员。

第六章　附　则

第二十五条　各学院要加强学生的诚信教育，教育学生如实提供家庭情况，及时告知学院家庭经济状况变化情况。如学生家庭经济状况已显著改善，学院应在进行家庭经济困难学生认定工作和后续资助工作中及时做出调整。

第二十六条　学生工作处和各学院应对认定为家庭经济困难的学生的生活及学习状况进行监督，并采取相应的资助措施，保证家庭经济困难学生的基本学习和生活水平。

第二十七条　各学院可根据本办法，结合学院实际制定具体实施细则。

第二十八条　本办法自 2014 年 1 月 1 日起实施，其他相关文件与本办法不一致者，以本办法为准。

第二十九条　本办法由学生工作处负责解释。

北京理工大学毕业生学费和国家助学贷款代偿实施细则

第 101 号令

一、总则

第一条　为贯彻落实《财政部　教育部关于印发〈高等学校毕业生学费和国家助学贷款代偿暂行办法〉的通知》（财教〔2009〕15 号）文件要求，引导和鼓励我校毕业生面向中西部地区和艰苦边远地区基层单位就业，减轻家庭经济困难学生偿还国家助学贷款负担，制定本细则。

第二条　毕业生到中西部地区和艰苦边远地区基层单位就业、服务期在 3 年以上（含 3 年）的，其学费由国家补偿。在校学习期间获得国家助学贷款（含国家助学贷款和生源地信用助学贷款，下同）的，补偿的学费优先用于偿还国家助学贷款本金与其全部偿还之前产生的利息。

第三条　学校根据国家政策对获得学费和国家助学贷款代偿资格的毕业生采取逐年代偿资助的办法，学生毕业后每年代偿学费或国家助学贷款总额的 1/3，3 年代偿完毕。

第四条　毕业生每学年补偿学费和代偿国家助学贷款的金额最高不超过 6 000 元。毕业生在校学习期间每年实际缴纳的学费或获得的国家助学贷款低于 6 000 元的，按照实际缴纳的学费或获得的国家助学贷款金额实行代偿。毕业生在校学习期间每年实际缴纳的学费或获得的国家助学贷款高于 6 000 元的，按照每年 6 000 元的金额实行代偿。

毕业生代偿学费和国家助学贷款的年限，按照国家规定的相应学制计算。

二、资助范围和条件

第五条 本办法中毕业生是指我校全日制本专科生（含高职）、研究生应届毕业生。定向、委培以及在校期间已享受学费减免政策的学生除外。

第六条 本办法中，西部地区是指西藏、内蒙古、广西、重庆、四川、贵州、云南、陕西、甘肃、青海、宁夏、新疆等 12 个省（自治区、直辖市）。

中部地区是指河北、山西、吉林、黑龙江、安徽、江西、河南、湖北、湖南、海南等 10 个省。

艰苦边远地区是指除上述地区外，国务院规定的艰苦边远地区（共 634 个县、市）。

第七条 本办法中的基层单位是指：

（1）中西部和艰苦边远地区县以下机关、企事业单位，主要指乡（镇）政府机关、农村中小学、国有农（牧、林）场、农业技术推广站、畜牧兽医站、乡镇卫生院、计划生育服务站、乡镇文化站、乡镇企业等。在县城中学从事教育工作、县城医院从事医务工作和县政府派出街道（社区）从事社会管理工作可以纳入补偿代偿申请范围。县政府所属部、局、委、办等机关单位除外。

（2）工作现场地处中西部和艰苦边远地区县以下的中央单位艰苦行业生产第一线，主要指气象、地震、地质、水电施工、煤炭、石油、航海、核工业等艰苦行业生产第一线。针对上述行业，工作现场可适度放宽到县政府所在地。

对于化工、电力、航天、邮政、交通、机械制造、冶炼加工、土建施工、高新科技等艰苦行业生产第一线。针对上述行业，工作现场不包含县政府所在地。

通信、金融、烟酒等行业不属于代偿资助范围。

西藏自治区除拉萨市市辖区以外可以报送。

三、申请及评审程序

第八条 符合条件的毕业生，按以下程序申请学费和国家助学贷款代偿：

（一）学生申请。毕业生在与单位签订三方协议或劳动合同后，向所在学院提交学费和国家助学贷款代偿申请材料：《学费和国家助学贷款代偿申请表》、到中西部地区和艰苦边远地区基层单位服务 3 年以上的就业协议（三方协议）以及相关证明材料。

（二）学院初审。各学院学生工作组审核学生申请材料，为学生出具评审推荐意见。

（三）学校评审。学生工作处会同财务处、招生就业工作处、研究生工作部审核各学院报送学生申请材料，确定我校毕业生获得学费和国家助学贷款代偿推荐名单。

（四）公示名单。学生工作处将推荐名单在全校范围内进行为期一周的公示。

（五）上报名单。6 月 20 日和 12 月 30 日前，学生工作处将公示后无异议的推荐名单分两批上报教育部全国学生资助管理中心。

（六）还款手续。推荐的代偿资助毕业生在与中国银行签订还款计划时，需注明已申请国家助学贷款代偿资助。

（七）公布名单。学校接到教育部全国学生资助管理中心的批复后，第一时间公布获资助学生名单，并向其发放或邮寄《北京理工大学毕业生国家助学贷款代偿资助获准通知书》和《北京理工大学与获代偿资助学生就业单位联系协议书》（以下简称《协议书》）。

（八）签订协议。收到代偿资助通知书 15 日内，获代偿资助毕业生将其所在就业单位签署后的《协议书》返还给学校学生工作处。

（九）实施资助。学校每年根据就业单位反馈信息向教育部全国学生资助管理中心申请后续拨款。收到财政拨款后代为偿还给毕业生国家助学贷款经办银行或返还给毕业生本人。

第九条 若毕业生毕业时无法确定具体工作地点，存在二次分配问题，毕业生可在就业后，从工作单位出具《二次分配就业证明书》，在当年 11 月 30 日前，向本人所在学院提交学费和国家助学贷款代偿申请材料：《学费和国家助学贷款代偿申请表》、就业协议（三方协议）、《二次分配就业证明书》。按照第八条流程进行申请。

第十条 获资助毕业生要于每年 5 月 31 日前将就业单位人事部门出具的《高校毕业生当年在职在岗情况证明》邮寄给学校学生工作处，经审批通过后，可继续享受当年的资助。

四、相关事宜

第十一条 为加强对受助学生的管理，学校及各学院要建立获学费和国家助学贷款代偿毕业生信息档案，并与就业单位和贷款毕业生建立定期联系制度，主动了解并定期通报毕业生的工作情况，以便学校和经办银行及时掌握获资助学生的动态情况。

第十二条 除因正常调动、提拔、工作需要换岗而离开中西部地区和艰苦边远地区基层单位外，对于未满3年服务年限，提前离开中西部地区和艰苦边远地区基层单位的毕业生，毕业生应及时向学校申请取消学费和国家助学贷款代偿资格。

对于取消学费代偿资格的毕业生，学校应及时将有关情况通知教育部全国学生资助管理中心和贷款经办银行。教育部全国学生资助管理中心从当年开始停止对其学费的代偿。余下的国家助学贷款本息改由毕业生本人偿还。

对于不及时向学校提出取消学费和国家助学贷款代偿资格申请，不与银行重新签订还款计划书、提前离岗的毕业生，一律视为严重违约，国家有关部门要将其不良信用记录及时录入国家金融业统一征信平台相关数据库。

第十三条 对于弄虚作假的毕业生，一经查实，除收回国家代偿资助资金外，将按有关规定追究相关责任。

第十四条 本细则自2014年1月1日起执行，由学生工作处负责解释。原《北京理工大学毕业生学费和国家助学贷款代偿暂行办法》（校学发〔2007〕6号）同时废止。

北京理工大学本科生国家奖学金、国家励志奖学金和国家助学金实施办法

第102号令

根据《国务院关于建立健全普通本科高校高等职业学校和中等职业学校家庭经济困难学生资助政策体系的意见》（国发〔2007〕13号）、《普通本科高校、高等职业学校国家奖学金管理暂行办法》、《普通本科高校、高等职业学校国家励志奖学金管理暂行办法》和《普通本科高校、高等职业学校国家助学金管理暂行办法》，结合学校实际，特制定我校国家奖学金、国家励志奖学金和国家助学金的实施办法。

一、总则

国家奖学金是为了激励普通本科高校、高等职业学校和高等专科学校学生勤奋学习、努力进取，在德、智、体、美等方面全面发展，由中央政府出资设立的奖励特别优秀学生的奖学金。

国家励志奖学金是为了激励普通本科高校、高等职业学校和高等专科学校的家庭经济困难学生勤奋学习、努力进取，在德、智、体、美等方面全面发展，由中央和地方政府共同出资设立的，奖励资助品学兼优的家庭经济困难学生的奖学金。

国家助学金是为了体现党和政府对普通本科高校、高等职业学校和高等专科学校家庭经济困难学生的关怀，由中央与地方政府共同出资设立的，用于资助家庭经济困难的全日制普通本专科（含高职、第二学士学位）在校学生的助学金。

二、评选标准、范围

国家奖学金奖励我校全日制本科二年级以上（含二年级）特别优秀的本科生，奖励标准为每人每年8 000元。

国家励志奖学金奖励资助我校全日制本科二年级以上（含二年级）中品学兼优的家庭经济困难学生，奖励资助标准为每人每年5 000元。

国家助学金以资助家庭经济困难学生的生活费用为目的，资助我校全日制本科学生中的家庭经济困难学生，资助标准为每人每年3 000元。

同一学年内，获得国家奖学金的家庭经济困难学生可以同时申请并获得国家助学金，但不能同时获得国家励志奖学金。

同一学年内，获得国家奖学金或国家励志奖学金的学生不能同时获得社会捐助奖学金。

三、国家奖学金的评选条件

1. 热爱社会主义祖国，拥护中国共产党的领导。

2. 自觉遵守宪法和法律，遵守学校各项规章制度，无违纪记录。

3. 诚实守信，道德品质优良。

4. 学习态度端正，学风严谨，成绩优秀，学年学习成绩（包括必修课和专业选修课）优良率85%以上，无不及格科目，专业综合排名5%以内。

5. 身体健康，积极参加体育锻炼和文娱活动，体育成绩达标；讲究个人卫生和公共卫生，所在宿舍卫生达标。

6. 每学期均获得二等以上（含二等）优秀学生奖学金。

7. 获得一次以上校“优秀学生”或“优秀学生干部”等荣誉称号。

四、国家励志奖学金的评选条件

1. 热爱社会主义祖国，拥护中国共产党的领导。

2. 自觉遵守宪法和法律，遵守学校各项规章制度，无违纪记录。

3. 诚实守信，道德品质优良。

4. 学习态度端正，学风严谨，成绩优秀，学年学习成绩（包括必修课和专业选修课）优良率 70% 以上，无不及格科目。

5. 身体健康，积极参加体育锻炼和文娱活动，体育成绩达标；讲究个人卫生和公共卫生，所在宿舍卫生达标。

6. 学年获得一次二等，一次三等以上（含三等）优秀学生奖学金。

7. 获得一次以上校“优秀学生”或“优秀学生干部”等荣誉称号。

8. 家庭经济困难，生活俭朴。

9. 已认定为我校家庭经济困难学生。

五、国家助学金的评选条件

1. 热爱社会主义祖国，拥护中国共产党的领导。

2. 自觉遵守宪法和法律，遵守学校各项规章制度，无违纪记录。

3. 诚实守信，道德品质优良。

4. 勤奋学习，积极上进，成绩合格。

5. 身体健康，积极参加体育锻炼和文娱活动，体育成绩达标；讲究个人卫生和公共卫生，所在宿舍卫生达标。

6. 家庭经济困难，生活俭朴。

7. 已认定为我校家庭经济困难学生。

六、申请及评审程序

1. 国家奖学金、国家励志奖学金、国家助学金按学年申请和评审。每年 9 月份开始国家奖学金、国家励志奖学金、国家助学金的申请和评审工作，9 月 30 日前完成国家励志奖学金和国家助学金的申请工作，10 月 31 日前学校将国家奖学金和国家励志奖学金评审结果报工业和信息化部审批，11 月 15 日前将国家助学金政策落实情况报工业和信息化部审批。

2. 根据国家奖学金、国家励志奖学金、国家助学金申请条件，我校学生向所在学院提出申请，并提交《国家奖学金申请表》、《北京理工大学国家励志奖学金申请表》、《北京理工大学国家助学金申请表》、申请人基本情况简要介绍、《北京理工大学学生申请国家励志奖学金、国家助学金自律承诺》、学年成绩单、获奖证书复印件等申请材料。

3. 各学院对申请国家奖学金、国家励志奖学金、国家助学金学生材料进行初选审查，将学生申请表、基本情况介绍、自律承诺、成绩单、获奖证书复印件、申请国家奖学金学生基本情况介绍的电子档、《普通高等学校国家奖学金获奖学生初审名单表》、《普通高等学校国家励志奖学金获奖学生初审名单表》、《普通高等学校国家助学金获奖学生初审名单表》等材料报学校奖助学金评审委员会办公室。

4. 学校奖助学金评审委员会负责评审，审查候选者情况，并及时召开评审大会，对评委提出质疑的同学可以进行现场答辩，最后以投票方式确定获奖名单。

5. 学校奖助学金评审委员会办公室负责将推荐名单在校内进行公示，公示时间一周，无异议后将获奖名单备案表报送工业和信息化部、教育部审批。

七、管理与发放

1. 严格执行各项管理办法及《北京理工大学学生经济资助工作条例（试行）》，家庭经济困难学生在校期间累计获得无偿资助（不包括国家助学贷款）金额超过 12 000 元者不能申请国家助学金。

2. 国家奖学金、国家励志奖学金、国家助学金的评审工作实行公示制。学校及各学院要坚持公开、公平、公正和适当向军工特色专业倾斜的原则严格评审，并在报送评审名单及有关推荐材料之前，将评审名单向全院师生公示，以防止不正之风，杜绝弄虚作假行为。

3. 申请国家励志奖学金、国家助学金的学生要签订《自律承诺》，经济困难学生在享受经济资助的同时，必须承担相应的义务。

4. 获得国家励志奖学金、国家助学金的学生必须自觉履行《自律承诺》，凡出现下列行为之一者，学校将停发国家励志奖学金、国家助学金。

（1）中途退学，自办理退学手续下月起停发。

（2）自费出国或以其他方式离开学校，自离校通知下达之日起停发。

（3）学习成绩出现不及格者，自下学期初停发。

（4）凡受到校级警告以上处分者，自处分下达之日起停发。

（5）隐瞒家庭经济情况、弄虚作假者，一经发现一律取消资格，并视情节轻重给予必要的纪律处分。

5. 根据规定，国家奖学金、本科生国家励志奖学金一次性发放给获奖学生；本科生国家助学金分学期发放给学生，每学期 1 500 元，所有资金直接打入学生银行卡。

八、其他

1. 本实施办法自 2014 年 1 月 1 日起施行，原实施办法同时废止。

2. 本实施办法由学生工作处负责解释。

北京理工大学
关于对经济困难学生减免学费的实施办法

第 103 号令

为体现党和国家对家庭经济困难学生的关心和爱护，减轻确因经济条件所限，不能全部交纳学费的学生的经济负担，帮助他们完成高等教育，并顺利完成学业，根据国家和有关部门的文件精神，结合我校实际情况制定本办法。

第一条 减免对象

减免学费的对象为国家计划内招收的全日制本科学生中家庭经济困难学生（主要指孤残学生、烈士子女、优抚家庭子女及家庭经济情况特别困难学生）。

第二条 减免条件

（一）学生本人应具备以下基本条件。

1. 热爱祖国，拥护中国共产党的领导，自觉遵守国家法律和校纪校规，有良好的道德品质。

2. 尊敬师长，团结同学，学习刻苦，积极上进，诚实守信。

3. 关心集体，积极参加社会实践和公益活动。

4. 生活简朴，不铺张浪费，无不良嗜好。

（二）学生家庭需具备以下条件之一。

1. 父母均已去世，确无经济来源的孤儿。

2. 烈士子女等优抚对象中，家庭经济状况在当地社会保障线以下者。

3. 由于父母重病、残疾丧失劳动能力等原因，造成家庭经济困难，家庭收入在当地社会最低保障线以下者。

4. 由于家庭遭受突发意外造成家庭经济困难，无力承担学费的学生。

5. 其他特殊情况者。

第三条 减免额度

孤儿、残疾学生、烈士子女和其他符合政策减免条件者，家庭经济十分困难，得不到经济支持，视情况减免其当年全部或部分学费。

第四条 申请减免程序

1. 每学年第一学期开学初，由学生本人提出减免学费申请，填写《减免学费申请表》（一式两份），并附上学生家长家庭所在县、乡（镇、街道）开具的家庭收入证明。

2. 各学院对提出申请的学生经济情况进行审核，签署审核意见后，将学生材料报学生工作处汇总。

3. 学生工作处评审小组审核通过后，报主管校长批准。

4. 学生工作处负责将各学院学费减免情况通知各学院和财务处。

第五条 凡具有下列情况之一者，取消学费减免资格并视情节严重予以处分。

1. 触犯国家法律，受到法律制裁者；收到警告及警告以上处分者。

2. 生活奢侈，铺张浪费，弄虚作假，瞒报谎报家庭经济状况者。

3. 有其他问题需要追究者。

第六条 本办法自 2014 年 1 月 1 日起施行。由学生工作处负责解释。原《北京理工大学关于对经济困难学生减免学杂费的实施办法》同时废止。

北京理工大学学生勤工助学活动管理规定

第 104 号令

第一章 总 则

第一条 为加强对勤工助学活动的管理，保障学生的合法权益，帮助贫困家庭学生克服生活困难，培养学生自立自强精神，有效提高学生整体素质，根据教育部《普通高等学校学生管理规定》《关于进一步做好高等学校勤工助学工作意见的通知》，原国家教委、财政部《关于在普通高等学校建立勤工助学基金的通知》（教财〔1994〕35 号）和北京市有关文件的精神，结合我校实际情况制定本条例。

第二条 本条例所述学生是指在本校正式注册并参加正常学习的专科生、本科生、硕士研究生和博士研究生。

第三条 勤工助学活动是指学生在学校的组织下利用课余时间，通过劳动取得合法报酬，用于改善学习和生活条件的社会实践活动。勤工助学是学校学生资助工作的重要组成部分，是提高学生综合素质和资助家庭经济困难学生的有效途径。

第四条 勤工助学活动坚持“立足校园、服务社会”的宗旨，按照学有余力、自愿申请、信息公开、扶困优先、竞争上岗、遵纪守法的原则，在遵守国家法规和学校规定、维护校园风貌又不影响学生正常学习的前提下有组织地进行。

第五条 勤工助学活动由学校统一组织和管理。任何单位或个人未经学校学生资助管理机构同意，不得聘用在校学生打工。学生私自在校外打工的行为，不在本办法规定之列。

第二章 岗位设立

第六条 岗位设立分类：校内学生勤工助学活动分为两类。

第一类，由各院、系、部、处出资的勤工助学活动；

第二类，固定设岗，由学校勤工助学基金出资的勤工助学活动。

第七条 岗位设立要求。

（一）用工单位设立的岗位不能与学生的学习时间产生冲突。

（二）要求安全、无毒、无害，学生力所能及。

（三）不能替代校内教职员工的本职工作。

（四）学校各部门、各学院要为学生勤工助学创造必要条件。

第三章 招聘与录用

第八条 第一类勤工助学，用人单位应与被用学生签订正式合同，一式两份，双方保存备查。所需的经费由用人单位从相应的项目中开支，用人单位负责人签章后，报学生工作处审批。第二类勤工助学，由学生工作处负责规划，根据勤工助学基金情况，确定全校勤工助学岗位，再根据各学院和部门的设岗需求，下达勤工助学岗位指标。

第九条 为了体现招聘工作“公平、公正、公开”的原则，学生工作处学生资助办公室将用工单位的招聘岗位名称、用工人数、职责范围、劳动时间、劳务报酬、招聘条件、招聘时间等情况通过校园网、海报等渠道公开发布，便于学生选择报名。

第十条 用工单位在录用时应根据用工需要、学生个人自愿、家庭经济困难学生优先的原则录用，对某些技术含量高、要求有一定管理才能和特殊专业的、家庭经济困难学生中无人胜任的岗位，可适当考虑其他同学参加。

第十一条 学生上岗前，用工单位必须对其进行短期培训，进行安全、技术、岗位要求和职业道德的教育。

第十二条 学生上岗后，必须遵守用工单位的劳动纪律，按要求完成工作任务。若与用工单位发生纠纷，由学生资助办公室协调解决。

第十三条 勤工助学岗位的安排应充分考虑到学生的专业学习时间，避免影响学生学业。各单位聘用学生勤工助学的用工时间（每位学生参加勤工助学时间），一天不超过 6 小时；一周累计不超过 20 小时；一个月累计不超过 60 小时。

第四章　酬金发放

第十四条　每个勤工助学岗位发放酬金总额不超过800元/月，具体由用工单位根据岗位的工作时间、劳动强度、劳动性质和每月酬金额度确定。

第十五条　学生勤工助学劳酬每月发放一次（含学院、部门设置的临时岗位）。具体程序是：学生工作处每月初发布酬金申报通知，各用人单位根据通知要求上报，学生工作处完成审核汇总后将发放数据送财务处发放至学生银行卡中。

第五章　工作要求

第十六条　随着校内体制改革的进一步深入，招生收费制度的改革将对学生生活产生很大影响。因此，勤工助学工作显得更为重要。为此，各单位要高度重视，切实加强勤工助学工作。

第十七条　勤工助学工作要广开渠道，不能只靠学校财政支持。各单位要积极想办法，多方筹措资金，使学生通过勤工助学活动解决生活中的实际困难。

第六章　附　则

第十八条　本条例由北京理工大学学生工作处负责解释。

第十九条　本条例自2014年1月1日起实施。

北京理工大学毕业生应征入伍服义务兵役学费补偿国家助学贷款代偿学费资助暂行办法

第105号令

第一章　总　则

第一条　为鼓励学校毕业生积极应征入伍服役，提高兵员征集质量，推进国防和军队现代化建设，根据《高等学校学生应征入伍服义务兵役国家资助办法》（财教〔2013〕236号）有关精神，制定本办法。

第二条　从2013年起，学校根据国家政策对应征入伍服义务兵役的高等学校毕业生施行学费补偿国家助学贷款代偿。在校期间获得国家助学贷款（含校园地国家助学贷款和生源地信用助学贷款，下同）的，学费补偿款必须首先用于偿还助学贷款本金及其全部偿还之前产生的利息（以下简称国家助学贷款本息）。

第三条　本办法中毕业生指我校全日制普通本专科（含高职）、研究生、第二学士学位毕业生。在校期间已享受免除全部学费政策的学生、定向生、委培生、国防生以及从学校毕业生中直接招收的士官等其他形式到部队参军的毕业生不包括在内。

第二章　补偿或代偿的标准，年限及方式

第四条　学校根据国家政策对每名毕业生应征入伍前在校期间每学年学费补偿或国家助学贷款代偿的金额，按实际缴纳的学费或获得的国家助学贷款金额计算，每人每年最高不超过6 000元。

第五条　毕业生在校学习期间每学年实际缴纳的学费或获得的国家助学贷款本息低于6 000元的，按照学费和国家助学贷款本息两者就高的原则，实行补偿或代偿。

第六条　学校对本科、专科（高职）、研究生补偿学费或代偿国家助学贷款本息的年限，分别按照国家规定的相应学制计算。

毕业生在校学习时间低于相应学制规定年限的，按照实际学习时间计算。在校学习时间高于学制规定年限的，按照学制规定年限计算。

专升本，本硕连读、中职高职连读、第二学士学位毕业生补偿学费或代偿国家助学贷款本息的年限，分别按照完成本科、硕士、高职和第二学士学位阶段学习的实际时间计算。

第七条　学校对获得补偿学费和代偿国家助学贷款本息资格的应征入伍服义务兵役的毕业生，按照上述原则和金额实行一次性补偿或代偿。

第三章　申请与审核

第八条　应征入伍服义务兵役的毕业生，按以下程序申请学费补偿和国家助学贷款本息代偿：

每年被确定为预征对象的高校毕业生按照规定填写《应届毕业生预征对象登记表》，并向学生工

作处资助办公室递交《高校学生应征入伍学费补偿国家助学贷款代偿申请表》。

资助办公室对被确定为预征对象的毕业生补偿学费和代偿国家助学贷款本息的条件资格、具体金额及相关信息资料进行初审，确认无误后，在《高校学生应征入伍学费补偿国家助学贷款代偿申请表》上加盖公章，连同《应届毕业生预征对象登记表》一起交给学生本人。

毕业生到入学前户籍所在地报名应征时将《应届毕业生预征对象登记表》及《高校学生应征入伍学费补偿国家助学贷款代偿申请表》交当地县人民政府征兵办公室。

征兵办公室批准毕业生应征入伍后，向其发放《应征入伍通知书》，并会同同级教育行政部门对应征入伍的毕业生申请补偿学费和代偿国家助学贷款本息等情况进行复核。确认无误后，分别在《高校学生应征入伍学费补偿国家助学贷款代偿申请表》上加盖公章。

毕业生本人或委托家人等将《应征入伍通知书》复印件及《高校学生应征入伍学费补偿国家助学贷款代偿申请表》原件寄送到学生工作处资助办公室。

学校在收到上述材料后汇总审核，并确定当年应征入伍毕业生享受补偿学费和代偿国家助学贷款本息的最终名单以及具体金额。及时将补偿代偿款发放至学生或电汇至银行偿还助学贷款。

按照全国学生资助管理中心要求上报相关材料。

第四章 预算下达、补偿或代偿的实施

第九条 应征入伍毕业生和在校生按照以下程序实施学费补偿和国家助学贷款本息代偿：

应征入伍毕业生补偿学费、代偿国家助学贷款本息，由学校先行垫付，全国学生资助管理中心审核无误后拨付至学校。

学校在汇总审核无误工作完成 15 个工作日内，向申请补偿学费的学生补偿学费；对于申请助学贷款代偿的学生，由学校代替学生按照还款协议，向银行偿还其在本校办理的国家助学贷款本息，并将银行开具的偿还国家助学贷款本息的凭据交寄学生本人或其家长。

入学前在户籍所在地的县（市、区）办理了生源地信用助学贷款的应征入伍毕业生，在收到代偿资金 1 个月内，根据与银行签订的还款协议，由学生本人或家长（或其他法定监护人）一次性向银行偿还生源地信用助学贷款本息。

如应征入伍在校生和毕业生补偿的学费不足以偿还高校国家助学贷款或生源地信用助学贷款的，应征入伍毕业生应继续按照还款协议，将剩余部分国家助学贷款偿还经办银行。

第五章 管理与监督

第十条 因本人思想原因、故意隐瞒病史或违法犯罪等行为造成退兵的高校学生，取消补偿学费和代偿国家助学贷款资格，并收回已发放代偿款。

第六章 附 则

第十一条 本办法由北京理工大学学生工作处负责解释。

第十二条 本办法自 2014 年 1 月 1 日起实施，原实施办法同时废止。

北京理工大学应征入伍在校生服义务兵役学费补偿国家助学贷款代偿学费资助暂行办法

第 106 号令

第一章 总 则

第一条 为鼓励高等学校学生积极应征入伍服役，提高兵员征集质量，推进国防和军队现代化建设，根据《高等学校学生应征入伍服义务兵役国家资助办法》（财教〔2013〕236 号）有关精神，制定本办法。

第二条 从 2013 年起，学校根据国家政策对应征入伍服义务兵役的高等学校在校生施行学费补偿国家助学贷款代偿及退役复学后学费减免。

在校期间获得国家助学贷款（含校园地国家助

学贷款和生源地信用助学贷款，下同）的，学费补偿款必须首先用于偿还助学贷款本金及其全部偿还之前产生的利息（以下简称国家助学贷款本息）。

第三条 从 2011 年秋季学期开始，对退役一年以上，参加全国统一高考被我校录取的自主就业退役士兵实施教育资助政策。

第四条 本办法在校生指我校全日制普通本专科（含高职）、研究生、第二学士学位在读学生。在校期间已享受免除全部学费政策的学生、定向生、委培生、国防生等不包括在内。本办法退役士兵指退役一年以上，参加全国统一高考被我校录取的自主就业退役士兵。

第二章 补偿或代偿的标准、年限及方式

第五条 学校根据国家政策对每名在校生在校期间每学年学费补偿或国家助学贷款代偿的金额，按实际缴纳的学费或获得的国家助学贷款金额计算，每人每年最高不超过 6 000 元。获得国家助学贷款的在校生应征入伍后，国家助学贷款停止发放。

第六条 学生在校学习期间每学年实际缴纳的学费或获得的国家助学贷款本息低于 6 000 元的，按照学费和国家助学贷款本息两者就高的原则，实行补偿或代偿。

第七条 补偿学费或代偿国家助学贷款本息的年限，分别按照国家规定的相应学制计算。

专升本、本硕连读、中职高职连读、第二学士学位在校生补偿学费或代偿国家助学贷款本息的年限，分别按照完成本科、硕士、高职和第二学士学位阶段学习的实际时间计算。

第八条 应征入伍的在校生退役复学后，可以按规定申请获得学费减免。

国家对申请学费减免的退役复学的学生每学年减免学费金额，最高不超过 6 000 元。每学年学费标准高于 6 000 元的，按照 6 000 元的金额进行资助；每学年学费标准低于 6 000 元的，按照实际学费收费金额进行资助。

第九条 对获得补偿学费和代偿国家助学贷款本息资格的应征入伍服义务兵役的在校生和退役复学学生，按照上述原则和金额，实行一次性补偿或代偿。

第十条 国家对退役士兵学费资助按照学年进行，学生每次只能申请当年的学费资助；申请金额按照学费标准，每人每年最高不超过 6 000 元，学费不足 6 000 元者，按照实际学费金额申请。

第三章 申请与审核

第十一条 应征入伍服义务兵役的在校生，按以下程序申请学费补偿和国家助学贷款代偿：

（一）每年应征报名的在校生登录大学生网上预征报名系统，填写相关信息，下载打印《高校学生应征入伍学费补偿国家助学贷款代偿申请表》并提交学生资助办公室。

（二）学生资助办公室对被确定为预征对象的在校生学费补偿和国家助学贷款代偿的条件资格、具体金额及相关信息资料进行审核，确认无误后，在《高校学生应征入伍学费补偿国家助学贷款代偿申请表》上加盖公章，提交海淀区人民政府征兵办公室。

（三）在校生按照有关规定在海淀区参加征兵体检政审，被批准入伍的，由海淀区人民政府征兵办公室向其发放《入伍通知书》，并在《高校学生应征入伍学费补偿国家助学贷款代偿申请表》上加盖公章。

（四）学生在入伍参军前将《高校学生应征入伍学费补偿国家助学贷款代偿申请表》原件和《入伍通知书》复印件交至学生资助办公室。

（五）学校在收到上述材料后进行汇总审核，确定当年应征入伍高校在校生享受学费补偿和国家助学贷款代偿政策的最终名单以及具体金额并及时发放资助款，支出款项由学校先行垫付。

（六）学校汇总整理材料上报全国学生资助管理中心。

第十二条 应征入伍服义务兵役的在校生退役复学后，按照以下程序申请学费资助：

（一）每年退役复学的学生，到学校报到后向学校提出学费资助申请，填写并提交《高校学生退役复学学费减免申请表》和退出现役证书复印件。

（二）学校在收到上述材料后，会同海淀区人民政府征兵办公室对学生申请资格进行认定。汇总审核后确定当年退役复学学生享受学费减免的最终名单以及具体金额并提交至相关部门。

（三）学校汇总整理材料上报全国学生资助管理中心。

第十三条 退役士兵入学后，按照以下程序申请学费资助：

（一）退役士兵入学后，向学校提出学费资助申请，如实填写《普通高等学校退役士兵学费资助申请表》相关信息，并提供退役士兵证复印件。

（二）学校在收到上述材料后，对学生申请资格进行认定。审核汇总后，整理材料报送至全国学生资助管理中心。

第四章 预算下达、补偿或代偿的实施

第十四条 应征入伍在校生按照以下程序实施学费补偿和国家助学贷款本息代偿：

（一）应征入伍在校生补偿学费、代偿国家助学贷款本息及退役复学学生学费减免资金，由学校先行垫付，全国学生资助管理中心审核无误后拨付学校垫付资金。

（二）学校在汇总审核无误工作完成15个工作日内，向申请补偿学费的学生补偿学费；对于申请助学贷款代偿的学生，由学校代替学生按照还款协议，向银行偿还其在本校办理的国家助学贷款本息，并将银行开具的偿还国家助学贷款本息的凭据交寄学生本人或其家长。

（三）入学前在户籍所在地的县（市、区）办理了生源地信用助学贷款的应征入伍在校生，在收到代偿资金1个月内，根据与银行签订的还款协议，由学生本人或家长（或其他法定监护人）一次性向银行偿还生源地信用助学贷款本息。

（四）如应征入伍在校生补偿的学费不足以偿还高校国家助学贷款或生源地信用助学贷款的，该生应继续按照还款协议，将剩余部分国家助学贷款偿还经办银行。

（五）应征入伍在校生自入伍日起停发校园地国家助学贷款和生源地信用助学贷款。

第十五条 退役士兵按照以下程序实施学费资助：

（一）退役士兵学费资助由全国学生资助管理中心审核批准后，将资助款划拨至学校。

（二）学校收到资助款后于10个工作日内为学生办理学费充缴或退费手续。

第五章 管理与监督

第十六条 因本人思想原因、故意隐瞒病史或违法犯罪等行为造成退兵的高校学生，取消补偿学费和代偿国家助学贷款资格，并收回已发放代偿款。

第六章 附 则

第十七条 本办法由北京理工大学学生工作处负责解释。

第十八条 本办法自2014年1月1日起实施，原实施办法同时废止。

北京理工大学本科生临时困难补助管理办法

第107号令

第一章 总 则

第一条 为进一步加强家庭经济困难学生资助工作，规范学生临时困难补助管理与使用，充分发挥临时困难补助的应急救助功能，根据（国发〔2007〕13号）文件精神，结合我校实际，制定本办法。

第二条 临时困难补助主要用于帮助我校学生解决学习、生活中遇到的突发性、临时性、特殊性的经济困难，保证他们顺利完成学业。

第三条 临时困难补助的经费来源。事业收入中按比例提取的专项经费；政府部门划拨的学生临时困难补助专项经费。

第二章 经费管理与使用

第四条 学生处每学年按本科生比例向各学院划拨临时困难补助额度，由各学院自行掌握使用，其余部分由学生处统一掌握。按照经费归属及使用权限，学校临时困难补助分为校级临时困难补助和院级临时困难补助两类。

第五条 校院临时困难补助的使用范围和标准。校级临时困难补助由学校统一集中使用，具体资助项目设立、类型、条件、额度等由学校相关主管部门统筹确定；院级临时困难补助由学院根据学生实际困难情况灵活使用，院级困难补助标准由学院视学生实际困难程度确定。

第六条 临时困难补助的使用原则和要求：

（一）专款专用。临时困难补助经费只能用于帮助家庭经济困难学生解决学习、生活上临时出现的困难，任何单位和个人不得挪作他用。对弄虚作假者，将视情节轻重追究相关人员责任。

（二）合理补助。临时困难补助不能平均使用，应根据学生实际情况，合理确定补助金额，原则上每人每次最高补助数额不超过 1 000 元，每人每年累计获得校院补助次数不超过 2 次。

（三）规范使用。受助学生必须按照申请的用途合理使用临时困难补助，以解决学习、生活中的困难，不能用于超出正常标准的生活费用支出，违规使用者，一经查实，学生处有权收回补助，并对相关人员进行批评教育直至纪律处分。

第三章 申请、审批与发放

第七条 临时困难补助的申请条件。我校全日制本专科学生中符合下列条件者，可以申请临时困难补助：

（一）努力学习，生活俭朴，品行端正，无违纪行为和不良诚信记录。

（二）学生本人或家人身患大病、重病或者遭受意外伤害，个人经济来源受到很大的影响，学习、生活所必需的基本生活费用难以得到保证者。

（三）家庭出现突然变故，个人经济来源受到很大的影响，学习、生活所必需的基本生活费用难以得到保证者。

（四）遭遇其他突发性、特殊性经济困难，确需资助者。

第八条 具有下列情形之一的，学校可以不予补助，或取消其受助资格并责令其退还已领的补助金额：

（一）有高消费行为，或抽烟、酗酒、铺张浪费的。

（二）受到学校违纪处分的。

（三）在申请困难补助过程中弄虚作假，影响资助工作正常开展的。

（四）学习不思进取，出现多门挂科现象的。

第九条 临时困难补助的申请与审批：

（一）学生本人需向所在院系辅导员提交困难补助书面申请、并提供相关证明。

（二）学院辅导员和学院学生工作干事对申请临时困难补助学生的情况进行核实，确定补助类别。

（三）学院主管领导审批。

（四）学生处学生资助办公室审批、汇总、备案。

第十条 支取临时困难补助，原则上 1 万元以下须由学生处处长签字批准，1 万元以上须由学校主管学生工作校长签字批准，方能支取。

第十一条 临时困难补助的发放方式：学生处学生资助管理中心统一汇总发放报表，经由学校相关职能部门主管领导审批后，由学校财务处统一将补助金统一划入受助学生个人账户。

第四章 附 则

第十二条 本办法由学生工作部（处）负责解释。

第十三条 本办法自 2014 年 1 月 1 日起施行。

北京理工大学学生纪律处分条例

第 108 号令

第一章 总 则

第一条 为加强学校管理，维护学校正常的教学、工作和生活秩序，优化人才成长环境，形成良好的校风，教育广大学生遵纪守法，培养学生具有高远的理想、精深的学术、强健的体魄、恬美的心境，根据《中华人民共和国教育法》《中华人民共和国高等教育法》《普通高等学校学生管理规定》《高等学校校园秩序管理若干规定》《高等学校学生行为准则》《公民道德建设实施纲要》以及其他有关规定，结合我校实际情况，制定本条例。

第二条 本条例适用于在我校正式注册接受学历教育的研究生、本科生、本科预科生。其他类型学生参照执行。

第三条 已入学报到，尚处在学籍审查期的新生，参照本条例执行。

第四条 学校对学生的处分，应当做到程序正当、证据充分、依据明确、定性准确、处分适当。对学生的处分应当坚持公平、公正、公开的原则，坚持批评教育与违纪处分相结合的原则。

第二章 处分的种类和适用

第五条 学生有义务遵守国家的法律法规和学校的各项管理规定，依法接受学校的管理。对有违法、违规、违纪行为的学生，学校视情节轻重应当给予批评教育或纪律处分。纪律处分有下列五种：（一）警告；（二）严重警告；（三）记过；（四）留校察看；（五）开除学籍。

第六条 毕业年级学生违纪不给予留校察看处分，对本应适用留校察看处分者，可视违纪情节给予记过或开除学籍处分。

第七条 凡受违纪处分者，应同时给予下列处理：

（一）享受奖学金者，由纪律处分委员会讨论决定是否停发或收回其奖学金。

（二）在处分解除前不得参加各类荣誉奖项和各类奖学金的评选。

（三）享受助学贷款和助学金者，按助学贷款和助学金的有关规定执行。

第八条 对于受到纪律处分的学生，表现良好可申请解除处分。

受到警告、严重警告纪律处分的，可在处分满三个月后由本人提出解除警告或严重警告处分的申请；受到记过处分的，可在处分满六个月后由本人提出解除记过处分的申请；受到留校察看处分的，可在处分满一年后由本人提出解除留校察看处分的申请。

解除处分的申请由纪律处分委员会受理。

第九条 学生违反校规校纪，有下列情形之一，可以从轻处分：

（一）情节显著轻微。

（二）属于初犯，能主动承认错误，如实交代错误事实，检查认真深刻，确有悔改表现。

（三）确系他人胁迫或诱骗，并能主动揭发，认错态度好。

（四）其他可以从轻处分的情形。

第十条 学生违反校规校纪，有下列情形之一的，应当从重处分：

（一）造成严重后果。

（二）故意隐瞒、歪曲或捏造事实，妨碍有关部门、单位调查。

（三）对有关人员打击报复、威胁或恫吓。

（四）在校期间曾受过一次处分，再次违纪。

（五）拒不承认错误。

（六）同时有两种（含）以上违纪行为。

（七）违纪群体中的为首者、组织者、策划者、煽动者。

（八）伙同校外人员，违反法律法规、校规校纪。

（九）造成人身伤害，不积极施救或不及时支付相关治疗费用和赔偿的。

（十）其他应予从重处分的情形。

第三章 违纪行为的认定和处分

第一节 严重的违法违纪行为

第十一条 学生有下列情形之一，可以给予开除学籍处分：

（一）违反宪法，反对四项基本原则、破坏安定团结、扰乱社会秩序的。

（二）触犯国家法律，构成刑事犯罪的。

（三）违反治安管理规定受到处罚，性质恶劣的。

（四）由他人代替考试、替他人参加考试、组织作弊、使用通信设备作弊、再次作弊及其他作弊行为严重的。

（五）剽窃、抄袭他人研究成果，情节严重的。

（六）违反学校规定，严重影响学校教育教学秩序、生活秩序以及公共场所管理秩序，侵害其他个人、组织合法权益，造成严重后果的。

（七）两次受到记过（含）以上处分，再次违纪的。

第十二条 对于尚在学籍审查期的新生，有符合第十一条规定情形之一的，可以取消其入学资格。

第二节 侵犯人身权利的行为

第十三条 寻衅滋事、打架斗殴的：

（一）虽未动手打人，但用言辞侮辱或其他方式触犯他人，引起事端或激化矛盾，造成打架后果者，视情节轻重，给予警告以上处分。

（二）动手打人未造成伤害后果者，给予严重警告以上处分；致他人伤者，视其伤害程度，给予记过以上处分。

（三）策划、怂恿他人打架斗殴，未造成打架后果者，视其情节，给予严重警告以上处分；造成打架后果者，视其情节，给予记过以上处分。

（四）以“劝架”为名偏袒一方，促使斗殴事态发展者，视造成后果的程度，给予严重警告、记过或留校察看处分。

（五）打架后，继续纠集他人报复或寻衅闹事者，给予记过以上处分。

（六）持械打架者，视其情节、后果，给予留校察看以上处分。

（七）为他人打架提供器械者，视其情节、后果，给予记过以上处分。

（八）打群架者，视其情节、后果，给予记过以上处分。

第十四条 对检举人、揭发人实行恐吓、威胁、打击报复的，给予记过以上处分。

第十五条 以各种方式恐吓他人、威胁他人安全、干扰他人正常生活的，视情节给予警告以上处分。

第十六条 对他人、组织进行侮辱或诽谤，侵害他人、组织合法权益的，视情节给予警告以上处分；经教育不改者给予留校察看以上处分。

第十七条 有下列损害学校声誉情形之一的，给予警告以上、留校察看以下处分：

（一）未经允许，公开在招牌、广告、海报、文件等有关宣传材料上使用学校的名称或标识，造成不良影响的。

（二）未经允许，以学校、院系等机构或学生组织等名义对外发布公告、新闻，或作出不负责任承诺，造成不良影响的。

（三）未经允许，以学校、院系等机构或学生组织等名义在社会上参加活动，造成不良影响的。

（四）有其他损害学校声誉的行为，造成不良影响的。

第三节 侵犯公私财产的行为

第十八条 有下列侵犯公私财物行为之一，被依法免予刑事处罚或未受公安部门处罚者，视其情节轻重，给予严重警告以上处分。

（一）偷窃、骗取、抢夺、侵占公私财物的。

（二）敲诈、勒索公私财物的。

（三）故意损坏公私财物的。

（四）破坏公共设施的。

第十九条 明知是赃物而窝藏、销毁、转移或买卖者，被依法免予刑事处罚或未受公安部门处罚者，视情节轻重，给予警告以上处分。

第二十条 擅自倒卖或非法转让学校科技成果的，视其情节、后果，给予记过以上处分。

第四节 违反教学、科研纪律的行为

第二十一条 违反考试纪律，未构成作弊者，给予警告或严重警告处分；构成作弊者，给予记过或留校察看处分；集体作弊（三人以上联合作弊）者，给予留校察看以上处分。

协助他人作弊者，给予记过或留校察看处分。

第二十二条 违反学术道德，弄虚作假，剽窃、抄袭他人研究成果者，视其情节给予记过以上处分。

第二十三条 在学校各类评比、表彰、奖助学金评定等评选和认定过程中提供虚假信息者，视情节轻重，给予警告以上处分。

第二十四条 学生无故不参加学校组织的教育教学活动者，视时间长短给予相应处分：

（一）连续不参加教育教学活动 2 天者，给予警告处分。

（二）连续不参加教育教学活动 3~6 天者，给予严重警告处分。

（三）连续不参加教育教学活动 7~10 天者，给予记过处分。

（四）连续不参加教育教学活动 11~13 天者，给予留校察看处分。

（五）连续不参加教育教学活动 14 天以上者，给予开除学籍处分。

第五节 其他破坏社会、学校管理秩序的行为

第二十五条 参与传销、非法组织、封建迷信活动，从事或参与有损大学生形象和社会公德的活动者，视情节给予警告以上处分。

第二十六条 组织或参与非法宗教活动、在学校进行宗教活动者，给予警告或严重警告处分，造成恶劣影响者给予记过以上处分。

第二十七条 违反消防安全管理制度者：

（一）违章用电用火，造成安全隐患者，视情节给予警告或严重警告处分；对屡教不改者，给予记过或留校察看处分。

（二）违章用电或其他违章行为造成火警、火灾事故的，视情节轻重给予记过以上处分。

（三）因过失引起火灾的，视情节轻重分别给予记过或留校察看处分。

（四）挪用消防设施、器材和标志，占用和阻塞消防通道或违反其他防火规定者，视情节给予警告以上处分。

第二十八条 在学校管辖的学生公寓私自留宿外人者，给予警告以上处分；出租宿舍床位者，给予警告以上处分，并追缴非法所得；在宿舍内留宿异性或在异性宿舍留宿者，视其情节给予严重警告

以上处分；有其他严重违反道德规范和社会风纪行为并造成不良影响的，视其情节，给予警告以上处分。

第二十九条 违反保密规定，泄露国家秘密或有关保密对象的，视其情节给予严重警告以上处分。

第三十条 利用计算机及网络等手段故意制作、复制、传播有害信息，盗取他人或组织账号、密码和信息资料进行违法违纪活动，危害网络系统安全运行者和信息安全者以及利用网络诬陷、造谣、诋毁他人或组织声誉者，视其情节轻重，给予记过以上处分。

第三十一条 在违纪事件调查处理过程中，故意作伪证者，给予严重警告以上处分。

第三十二条 其他违反学校管理规定，影响学校教育教学秩序、生活秩序以及公共场所管理秩序的，可参照本条例中相类似条款，视情节轻重及影响程度给予相应处分。

第四章 处分的决定和程序

第三十三条 对学生进行处分的主体是北京理工大学，执行部门为学生纪律处分委员会。

第三十四条 学生对于学校的处分有权进行陈述和申辩。学校必须充分听取学生的意见，对学生提出的事实、理由和证据，应当进行审查；学生提出的事实、理由或者证据成立的，学校应当采纳。学校不得因为学生申辩而加重处分。

第三十五条 学生纪律处分委员会由以下人员组成：

（一）主任1人，副主任2人，均由校领导担任。

（二）学校办公室、法律事务室、纪委监察室、保卫处、学生工作处、研究生院、教务处、人事处、招生就业工作处、团委等部门负责人。

（三）教师代表1人，由教代会产生。

（四）本科生和研究生代表各1人，由学生会和研究生会推荐产生。

第三十六条 学生纪律处分委员会应根据违纪涉及事项的轻重、繁简、难易程度，依照回避原则，组织不少于5名的与违纪事件无利害关系的委员举行会议。

学生纪律处分委员会会议成员人数必须是单数。

第三十七条 纪律处分委员会设办公室，办公室设在学生工作处和研究生工作部。

第三十八条 给予警告、严重警告、记过处分，由学生纪律处分委员会决定；给予留校察看处分，由学生纪律处分委员会审议，主管校长批准；给予开除学籍处分，由学生纪律处分委员会审议，校长办公会批准。

第三十九条 出现以下情况，参会委员可对纪律处分委员会的决定提出异议，并再次按程序召开纪律处分会进行讨论：

（一）会议决定中认定事实的主要依据不足。

（二）会议决定中适用的规定条款确有错误。

（三）纪律处分委员会违反处分程序，可能影响处分公正性。

第四十条 学生违纪处分程序：

（一）给予学生违纪处分时，由相关单位填报《学生纪律处分呈批表》一式两份，并附有其他旁证材料和相关材料，提交纪律处分委员会进行讨论。

（二）纪律处分委员会办公室负责对材料的完整性进行审核，并在审核通过后30个工作日内组织召开会议审议并作出处分决定。

（三）纪律处分委员会应按处分决定的批准权限进行处理，所有处分由学校出具处分决定书。学生处分决定书应当包括处分和处分事实、理由和依据，并告知学生可以提出申诉及申诉的期限。

（四）在纪律处分决定书公布前，由被处分人所在学院将处分决定书送达被处分学生。

（五）除涉及个人隐私等特殊情况外，处分决定书应当由纪律处分委员会在校内相应范围公布。给予警告、严重警告处分的，在相关学院公布违纪学生处分决定；给予记过以上处分的，在学校范围内公布违纪学生的处分决定。

（六）违纪学生的处分通知由学生所在学院告知学生家长。

（七）学生所有违纪材料，由相关单位上交学生纪律处分委员会备案。

（八）受处分学生是中国共产党党员的，在作出处分决定后，纪律处分委员会应将其违纪情况报所在党组织；是共青团员的，应将情况通报院系团组织。

第四十一条 处分决定书的送达和生效：

处分决定书应当在决定作出后的10个工作日内送达受处分学生本人，并由其本人在送达回执上签收。如本人拒绝签字，则由学校工作人员在送达回执上说明拒绝签字的情况，并由在场的两名见证人签字，视为送达。

如处分决定书无法直接送达学生本人，可以公告送达。公告送达可以在学校指定的公告栏上张贴公告，或者在学校指定的网站上发布公告。自公告发布之日起，经过 10 个工作日，即视为送达。学校工作人员应当如实记录公告送达的过程，并由两名见证人签字证明。

处分决定书送达之日起生效，如送达后受处分人提出申诉，则决定书暂停执行，由申诉结果决定执行情况。

第四十二条 受留校察看及以下处分的学生，如提出解除处分申请，由学生所在学院负责考察，纪律处分委员会负责审核批准。在考察期间无违纪表现者，经本人提出申请后，可按期解除处分；有明显进步表现者，可提前解除处分，提前解除处分申请应由学生所在学院提出。

第四十三条 被开除学籍的学生，在处分决定送达后十个工作日内办理离校手续。逾期不办的，由学生所在学院指定人员代为办理并记录在案。其善后问题，按学校学籍管理的有关规定处理。

第四十四条 学校对学生的处分决定，如实装入学生本人档案和学校的文书档案。

第四十五条 被处分学生对处分决定有异议的，自决定书送达之日起 5 个工作日内，可以向学校学生申诉处理委员会提出书面申诉。有关申诉的程序及具体规定，遵照《北京理工大学学生校内申诉管理规定》。

第五章 附 则

第四十六条 本规定中所称“以上”“以下”，均包括本项。“以上处分”为直至开除学籍处分。

第四十七条 本规定于 2013 年 8 月 22 日由校长办公会审议通过。

第四十八条 本规定于 2014 年 1 月 15 日起开始实行，原《北京理工大学学生纪律处分条例》(第 41 号校长令) 同时废止。

第四十九条 本规定由学生工作处、研究生工作处负责解释。

北京理工大学学生校内申诉处理办法

第 109 号令

第一章 总 则

第一条 为规范学生校内申诉制度，保证学校处理行为的客观、公正，保障学生的合法权益，根据《普通高等学校学生管理规定》(2005 年 9 月 1 日实施) 和有关法律法规，制定本规定。

第二条 本规定所称的申诉，是指学生对学校作出的涉及本人权益的处理决定存有异议，要求予以变更或撤销。

第三条 本规定适用于在我校正式注册接受学历教育的研究生、本科生、本科预科生。其他类型学生参照执行。

第四条 学生提出申诉应当坚持严肃、认真、诚实的原则。

第五条 学校处理学生申诉应当坚持公开、公正、实事求是和有错必纠的原则。

第二章 申诉处理机构

第六条 北京理工大学学生申诉处理委员会(简称申诉委员会) 是学校处理学生申诉的机构。

第七条 申诉委员会由以下人员组成：

(一) 主任 1 人，副主任 2 人，均由校领导担任。

(二) 学校办公室、法律事务室、纪委监察室、保卫处、学生工作处、研究生院、教务处、人事处、招生就业工作处、团委等部门负责人。

(三) 教师代表 1 人，由教代会产生。

(四) 本科生和研究生代表各 1 人，由学生会和研究生会推荐产生。

第八条 申诉委员会应根据申诉涉及事项的轻重、繁简、难易程度，依照回避原则，组织不少于 5 名的与申诉事件无利害关系的委员对学生申诉进行复查。

申诉委员会会议成员人数必须是单数。

第九条 申诉委员会设办公室，办公室设在学生工作处，学生工作处处长任办公室主任。

办公室负责接收、审查、受理申请书，通知当事人参加听证，派员担任审议记录，起草会议纪要，制作并送达申诉决定书，保管申诉卷宗等。申诉委员会办公室受申诉委员会委托有权要求相关部门对申诉过程中的审核调查工作予以协助和配合。

第三章 申诉的处理

第十条 处理决定的当事人及其书面委托代理人，有权就该处理决定提出申诉。

第十一条 学生对学校作出的涉及本人权益的下列处理决定存有异议，须自决定送达之日起五个工作日内提出申诉。

（一）对学生本人作出的警告、严重警告、记过、留校察看、开除学籍等纪律处分。

（二）法律、法规规定可以提出申诉的其他事由。

第十二条 学生提出申诉时，应当向办公室递交申诉申请书，并附上学校作出的处理决定（复印件）。

申诉申请书应当载明下列内容：

（一）申诉人的姓名、班级、学号、联系电话、通信地址及其他基本情况。

（二）申诉的事项、理由及要求。

（三）提出申诉的日期。

第十三条 对学生提出的申诉，办公室应当在接到申诉申请书之日起三个工作日内，区别不同情况作出如下处理：

（一）予以受理，同时告知申诉人。

（二）申诉材料不齐备或理由不充分，限期补正。过期不补正的视为不再申诉。

第十四条 申诉受理的条件：

（一）申诉人认为原处分或处理决定适用规定错误的。

（二）申诉人认为原处分或处理决定程序不符合规定的。

（三）申诉人提出原处分或处理决定认定的事实不清或有新的证据证明原决定认定事实错误的。

（四）申诉人认为原处分或处理决定裁量不当的。

第十五条 有下列情形之一的，申诉申请不予受理：

（一）超过规定的申诉期限的。

（二）申诉人或申诉事由不符合第十四条之规定的。

（三）申诉人对已经申诉过的处分决定再次申诉的。

第十六条 对决定予以受理的申诉，申诉委员会应当自决定受理申诉之日起，十五个工作日内作出对申诉的处理决定。

对于不予受理的申诉申请，申诉委员会办公室应当书面告知申诉人，并说明不予受理的理由。

第十七条 申诉委员会根据实际情况可采取书面审查或开听证会的方式处理申诉。

采取书面审查方式的，申诉委员会也应对相关当事人进行询问，开展必要的查证。

申诉委员会决定采取听证会方式进行调查的，应按照第四章的有关规定和程序进行。

第十八条 申诉委员会要根据实际情况提出处理意见，区别不同情况，作出下列决定：

（一）原处理决定正确的，维持原处理决定。

（二）原处理决定依据不当或者处理明显不当的，需要改变原处理决定的，由申诉委员会发回原处理部门重新研究决定。

第十九条 申诉处理决定书应包含以下内容：

（一）申诉人的姓名、（原）班级、（原）学号和其他基本情况。

（二）申诉的事项、理由和要求。

（三）原处理决定所认定的事实、理由和适用的有关规定。

（四）学生申诉处理委员会认定的事实、理由和适用的有关规定。

（五）申诉结论。

（六）作出结论的日期。

第二十条 申诉处理决定书应当在决定作出后的 10 个工作日内送达申诉学生本人，并由其本人在送达回执上签收。如本人拒绝签字，则由学校工作人员在送达回执上说明拒绝签字的情况，并由在场的两名见证人签字，视为送达。

如申诉处理决定书无法直接送达学生本人，可以公告送达。公告送达可以在学校指定的公告栏上张贴公告，或者在学校指定的网站上发布公告。自公告发布之日起，经过 10 个工作日，即视为送达。学校工作人员应当如实记录公告送达的过程，并由两名见证人签字证明。

第二十一条 在未作出申诉处理决定前，学生可以撤回申诉。要求撤回申诉的，必须以书面形式提出。申诉委员会或办公室在接到关于撤回申诉的申请书后，终止申诉程序。

第四章 听证程序

第二十二条 申诉委员会根据申诉人或其代理

人的请求，或认为应该实施听证程序的，可实施听证程序。对当事人没有请求的听证，在实施听证前应征得申诉人或代理人同意。

第二十三条 申诉人委托代理人参加听证程序的，应向申诉委员会出具书面委托书。

第二十四条 听证由申诉委员会主任或者副主任负责主持；申诉委员会主任或者副主任因故无法参加会议的，由主任指定申诉委员会委员担任。

申诉委员会委员是涉及处理决定的相关部门工作人员的，不得担任听证主持人。

第二十五条 听证主持人就听证活动行使下列职权：

（一）决定举行听证的时间、地点和参加人员。

（二）决定听证的延期、中止或者终结。

（三）询问听证参加人。

（四）维护听证秩序，对违反听证秩序的人员进行警告，对情节严重者可以责令其退场。

第二十六条 听证主持人在听证活动中应当公正地履行主持听证的职责，保证当事人行使陈述权、申辩权。

第二十七条 参加听证的当事人和其他人员应按时参加听证，遵守听证秩序，如实回答听证主持人的询问，依法举证。

第二十八条 听证会的一般程序如下：

（一）听证主持人宣布听证开始，核对申诉人，宣布案由，宣布参加听证的人员名单及职务。

（二）告知申诉人有关申诉的权利和义务，询问申诉人是否提出回避申请。

（三）作出处分或处理的经办人就有关事实和依据进行陈述。

（四）申诉当事人或其代理人就事实、理由、证据或依据进行申辩，并可以出示相关证据材料。

（五）经听证主持人允许，听证参加人可以就有关证据进行质问，也可以向到场的证人发问。

（六）有关当事人作最后陈述。

（七）听证主持人宣布听证结束。

第五章　附　则

第二十九条 本规定于2013年8月22日由校长办公会审议通过。

第三十条 本规定自2014年1月15日起实行。原《学生校内申诉管理规定》（校办字〔2005〕86号）废止。

第三十一条 本规定由北京理工大学学生工作处负责解释。

北京理工大学信访工作管理办法

第110号令

第一章　总　则

第一条 为了加强和规范北京理工大学信访工作，提高工作质量和效率，保障信访人的合法权益，维护信访秩序，根据国务院《信访条例》（国务院令第431号）和《工业和信息化部信访工作管理办法》（工信厅办〔2013〕176号），结合学校工作实际，制定本办法。

第二条 本办法所称信访，是指信访人（公民、法人或者其他组织）通过书信、电话、传真、走访等形式，向学校反映情况，提出建议、意见或者投诉请求，依法应由学校处理的活动。

第三条 学校信访工作坚持属地管理、分级负责，谁主管、谁负责的原则；坚持依法、及时、就地解决问题与疏导教育相结合的原则；坚持预防矛盾激化和化解矛盾相结合的原则；坚持公开、便民的原则；坚持双向规范的原则。

第四条 本办法适用于学校各学院、部、处级单位办理信访事项。

第二章　信访工作机构和职责

第五条 在学校党委和行政领导下，设立北京理工大学信访工作领导小组，统一领导学校信访工作。信访工作领导小组由有关校领导担任正副主任，成员包括学校主要部门负责人。

信访工作领导小组的主要职责是：落实上级信访工作的有关精神，检查学校贯彻党和国家有关信访工作的方针、政策情况，研究处理信访工作中的复杂疑难问题和重要信访事项，指导学校信访工作的开展。

第六条　信访工作领导小组下设信访办公室，是信访日常工作单位，具体负责信访业务工作，其主要职责是：

（一）受理、转办与学校职责有关的信访，接待和协调接待来访人员。

（二）研究分析并及时向校领导和上级信访部门报告学校信访情况，提出工作建议。

（三）会同有关学院、部、处级单位共同研究处理有关信访问题，协调处理重要信访事项。

（四）指导学院、部、处级单位信访工作，督促检查各单位对信访事项的处理情况。

（五）受理校领导批转的和上级信访部门交办的信访事项。

（六）整理信访形成的有关文字资料并及时归档。

（七）组织信访业务培训，不断提高信访工作人员的政策水平和业务能力。

第七条　各学院、部、处级单位承办本单位职责范围内的信访事项。

各单位应各负其责、相互配合，及时协调处理和化解矛盾纠纷。

各单位应明确信访工作负责人和信访工作联络员，信访工作负责人应由本单位的主要负责人担任。

各学院、部、处级单位的信访职责是：

（一）受理本单位职责范围内的信访事项，接待来访人员，需要时安排人员配合信访办公室接待来访人员，听取诉求，按照相关规定予以处理。

（二）承办校领导批转的和信访办公室转交的信访事项。

（三）将信访事项办理结果书面答复或告知信访人，并报送结果至信访办公室。

（四）按照学校有关规定，做好矛盾纠纷排查化解工作并按期将排查结果上报学校。

（五）研究分析本单位信访情况，做好重大决策信访风险评估，从源头上预防和减少信访问题。

第三章　信访处理

第八条　学校建立统一领导、部门协调，统筹兼顾、标本兼治，各负其责、齐抓共管的信访工作格局；采取联席会议、建立排查调节与处理机制、建立信访督查工作制度等方式，及时化解矛盾和纠纷；科学、民主决策，依法履行职责，从源头上预防导致信访事项的矛盾和纠纷。

第九条　学校信访工作实行首问负责制。各学院、部、处级单位对信访人直接向本单位提出的信访事项首问负责；对由校领导批转以及经信访办公室转交的、属本单位职责范围的信访事项要认真负责，按《信访条例》规定受理、办理和答复信访事项；对于涉及多个单位的信访事项，由牵头单位负责，其他相关部门协助配合，牵头单位由信访领导小组批示。

第十条　信访办公室收到信访事项，要进行统一登记、编号，并区分情况进行处理。

（一）属于学校职责范围的信访事项，应当自收到信访事项 2 日内（以信访办公室收信章日期为准，下同）填写《信访事项办理情况登记表》，根据信访事项转交有关单位处理或上报相关校领导批示。

（二）不属于学校职责范围的信访事项，应当自收到信访事项之日 15 日内，出具信访事项不予受理告知单，并告知信访人向有权处理的机关提出。

第十一条　承办单位在收到信访办公室《信访事项办理情况登记表》后，应按照《信访条例》有关规定调查处理，提出答复意见，并书面告知、答复信访人。同时，办理结果和答复情况需填写在《信访事项办理情况登记表》的相应栏中，与相关材料一并返回信访办公室。

第十二条　承办单位对直接受理的信访事项应按《信访条例》有关规定办理，属本单位职责范围内的，应当予以登记，并在 5 个工作日内告知信访人予以受理；如果属本单位职责范围以外的，应在 5 个工作日内转交信访办或应受理单位。

第十三条　承办单位应当自受理信访事项之日起 60 日内办结；情况复杂的，经单位负责人批准，可以适当延长办理期限，但延长期限不得超过 30 日，并提前告知信访人延期理由，同时通报信访办公室。

第十四条　承办单位对联名信可向来信中指定的联系人或代表答复。

第十五条　对需要加盖学校信访专用章告知、答复信访人的，承办单位应当自受理信访事项之日起 55 日内将代拟的答复函送达信访办公室。

第十六条　无地址、无联系方式、内容不清、无参考价值，以及不需要再处理的重复信件，可作暂存件处理。信访办公室及承办单位应简略登记、存放、定期整理销毁。

第十七条 信访人对答复或复查意见不服的，可以请求复查或复核。

（一）信访人对有关单位做出的信访答复意见不服的，可在收到答复意见之日起 30 日内书面请求复查，并将复查申请交信访办公室。

（二）信访办公室收到信访人提出的复查请求后，将答复意见及复查申请上报答复单位的主管校领导复查。主管校领导复查后，信访办公室应当自收到复查请求之日起 30 日内提出复查意见，并予以书面答复。

（三）信访人对复查意见不服的，可自收到复查意见之日起 30 日内，向信访工作领导小组书面申请复核，复核申请交信访办。信访工作领导小组复核后，信访办公室应当自收到复核请求之日起 30 日内提出复核意见。

信访人对复核意见不服，仍以同一事实和理由提出信访请求的，信访办公室、有关单位和信访领导小组不再受理。

第十八条 信访接待时应对信访人姓名、身份、通信方式进行记录和核实，听取信访人的陈述，查看提供的材料，询问以往信访过程和处理情况，做好接待文字记录。

第十九条 对时限性较强的信访事项，应按照急事急办原则，采取电话、传真等方式，及时分转相关单位处理。

第二十条 对突发性集体上访事件，按照北京理工大学处置突发性集体及群体上访事件的有关规定执行。

第四章 信访事项督查督办

第二十一条 对属于学校职责范围的信访事项未按相关规定办理的，信访办公室负责依照《信访条例》和国家信访局有关规定督查督办。

第二十二条 可采取电话、发函、约谈承办单位承办人等方式督查督办。

第五章 信访工作人员基本要求

第二十三条 认真学习贯彻执行党和国家的路线、方针、政策和法律、法规，以及工信部和学校有关规定，坚持原则，依法、及时、合理处理信访人的诉求。

第二十四条 畅通信访渠道，为信访人反映情况，提出意见、建议或投诉请求提供便利条件。

文明接访，尊重信访人，耐心倾听信访人员的叙述，仔细查看来访人员携带的材料，认真做好接待记录，填写《群众来访登记表》。

恪尽职守，秉公办事，查明事实，分清责任，及时妥善处理，不得推诿、敷衍、拖延。

做好来访群众的宣传教育工作，教育和引导信访人以理性合法的方式表达利益要求，依法维护自身合法权益，自觉维护信访工作秩序。

第二十五条 严格执行信访工作纪律，不得擅自将信访材料、信访统计数据等信息扩散或透露给无关人员；不得将信访人的检举、揭发材料及有关情况透露或转给被检举、揭发的单位或人员；不得擅自向信访人表态，或透露内部工作情况。

第二十六条 不得接受信访人赠送的礼品、礼金或有价证券。

第二十七条 与信访人或信访事项有直接利害关系的，应当回避，不得干扰或擅自办理信访事项。

第六章 信访工作问责

第二十八条 学校建立信访工作责任追究制度，对在信访工作中因未认真执行本办法的规定激化矛盾或因排查化解不当造成集体上访等严重后果的直接责任人员，将追究其责任，并对其单位的年度考核实行一票否决。

第二十九条 在信访工作中违反《信访条例》等有关规定的，按照《关于违反信访工作纪律处分暂行规定》等有关规定责令检查或在一定范围内予以通报批评；情节严重的，追究有关责任人员的责任，报请有关部门给予纪律处分，构成犯罪的，移交司法机关依法追究刑事责任。

第七章 附 则

第三十条 本办法自发布之日起施行。2008 年下发的《北京理工大学信访工作实施细则》（校办发〔2008〕10 号）同时废止。

第三十一条 对于相关专项工作，学校另有规定的，按相关文件执行。

第三十二条 其他未尽事宜参照国务院《信访条例》和《工业和信息化部信访工作管理办法》执行。

第三十三条 本办法由信访办公室负责解释。

北京理工大学本科生管理规定

第 111 号令

第一章 总 则

第一条 为维护北京理工大学（下称学校）正常的教育教学秩序和生活秩序，保障学生身心健康，促进学生德、智、体、美全面发展，依据教育法、高等教育法、普通高等学校学生管理规定（教育部第 21 号令）以及其他有关法律、法规，制定本规定。

第二条 本规定适用于学校对接受普通高等学历教育的本科生的管理。

第三条 学校坚持以培养人才为中心，按照国家教育方针，遵循教育规律，不断提高教育质量；坚持依法治校，从严管理，健全和完善管理制度，规范管理行为；坚持强化管理与加强教育相结合，不断提高管理水平，努力培养社会主义合格建设者和可靠接班人。

第四条 学生应当努力学习马克思列宁主义、毛泽东思想、邓小平理论和“三个代表”重要思想，确立在中国共产党领导下走中国特色社会主义道路、实现中华民族伟大复兴的共同理想和坚定信念；应当树立爱国主义思想，具有团结统一、爱好和平、勤劳勇敢、自强不息的精神；应当遵守宪法、法律、法规，遵守公民道德规范，遵守《高等学校学生行为准则》，遵守学校管理制度，具有良好的道德品质和行为习惯；应当刻苦学习，勇于探索，积极实践，努力掌握现代科学文化知识和专业技能；应当积极锻炼身体，具有健康体魄。

第二章 学生的权利与义务

第五条 学生在校期间依法享有下列权利：

（一）参加学校教育教学计划安排的各项活动，使用学校提供的教育教学资源。

（二）参加社会服务、勤工助学，在校内组织、参加学生团体及文娱体育等活动。

（三）申请奖学金、助学金及助学贷款。

（四）在思想品德、学业成绩等方面获得公正评价，完成学校规定学业后获得相应的学历证书、学位证书。

（五）对学校给予的处分或者处理有异议，向学校或者教育行政部门提出申诉；对学校、教职员工侵犯其人身权、财产权等合法权益，提出申诉或者依法提起诉讼。

（六）法律、法规规定的其他权利。

第六条 学生在校期间依法履行下列义务：

（一）遵守宪法、法律、法规。

（二）遵守学校管理制度。

（三）努力学习，完成规定学业。

（四）按规定缴纳学费及有关费用，履行获得贷学金及助学金的相应义务。

（五）遵守学生行为规范，尊敬师长，养成良好的思想品德和行为习惯。

（六）法律、法规规定的其他义务。

第三章 学籍管理

第一节 入学与注册

第七条 凡按国家招生规定由本校录取的新生，应持“北京理工大学录取通知书”及有关证件，按规定日期来校办理入学手续。因故不能按期报到者，应事先书面向校招生办公室请假，并附相关证明，请假一般不得超过两周。未请假或请假逾期者，除因不可抗力等正当事由外，视为放弃入学资格。

第八条 新生入校后，应在指定时间到校医院进行体检复查。学校将以三个月为观察期，作为对新生身体是否符合《普通高等学校招生体检工作指导意见》体检标准中的观察时限。观察期结束后对身体合格的学生准予注册，取得学籍。复查及观察期间发现有不符合体检标准的，学校可根据情况予以处理，直至取消入学资格。

第九条 新生在体检复查及观察期间发现患有疾病者，经学校指定的二级甲等以上医院（下同）诊断，如不宜在校学习，但经过治疗在一年内可达到招生体检标准者，暂不予注册，由本人申请，经学校批准，可保留入学资格一年并应在规定期限内离校，否则不再保留入学资格。

保留入学资格的学生不具有学籍。保留入学资格的学生，必须在下一学年新生入学前向学校申请入学，持二级甲等以上医院诊断证明，经校医院复检达到入学体检标准者，可按新生入学对待，重新办理入学手续。如未达到入学体检标准或逾期未申请办理入学手续者，取消入学资格。

第十条 凡弄虚作假、徇私舞弊取得学籍者，无论何时，一经查实，将立即取消学籍，并予以退回档案。

第十一条 每学期开学，学生应按学校规定时间办理注册手续，确认学籍。每学年第一学期须缴齐当年学费后方可注册。未经注册的学生，不得参加学校一切教学活动。因故不能按时注册者，必须办理请假或暂缓注册手续，未请假或请假未获批准连续两周以上者，视为放弃学籍，由各学院报学校，按自动退学处理。

家庭经济确有困难的学生可以申请国家助学贷款或者其他形式资助，办理有关手续后注册。

第二节 学制与学习年限

第十二条 参照《中华人民共和国高等教育法》和教育部有关规定，本科各专业学制（在校学习时间）一般为四年，按国家特殊招生政策招收的学生学制可延长至五年。

第十三条 学生可分阶段完成学业，但不能超过学校规定的在校最长学习年限（含休学）。最长年限为学制加两年，时间自学生入校之日起计算。

第十四条 申请提前毕业的学生，须在拟毕业年份前一年的九月底前提出书面申请和修读计划，经所在学院审核后，报学校批准，列入毕业年级，届时达不到毕业要求，按结业生离校。

第十五条 符合延长在校学习时间的学生若需延长，须在第七学期中（11月份）提出书面申请与修读计划，经所在学院审核后，报学校批准。

第十六条 结业生可在最长学习年限内申请回校以旁听方式学习其未修或未及格的课程（含实验、实践环节），并参加考试，也可以直接申请参加相应考试。逾期不再受理申请。

第三节 考核与成绩记载

第十七条 学生每学期所选的必修课、选修课，以及实践性教学环节（如实习、实验、课程设计、毕业设计或论文等），都必须按时参加考核。

考核分为考试与考查。考试课原则上要通过结课考试以百分制评定成绩，考查课可以不组织结课考试，成绩一般用五级记分制（即优、良、中、及格、不及格）评定成绩。成绩及格者，取得规定的学分。成绩及学分均记入学生成绩记载表，并归入本人档案。

第十八条 对学期考核不及格的课程实行重修或重考。

第十九条 学生必须严格遵守考核纪律，不得旷考、作弊。凡擅自缺考（即旷考）者，该课程成绩按“0”分记。凡严重违反考核纪律或者作弊者，该课程考核成绩无效，记为“0”分。

第二十条 学生可根据校际协议跨校修读课程。跨校修读的课程成绩、学分经学校审核后予以承认。

第四节 专业分流、转专业与转学

第二十一条 学校按专业大类录取的学生，根据学科专业特点，可在第三学期前、第五学期前进行专业分流，或在第七学期、第八学期通过毕业设计（论文）确定专业方向。

第二十二条 学校按专业大类录取的学生，原则上根据本人志愿同时按照综合成绩排名选择所在专业大类内的专业。

第二十三条 学生具备下列条件之一者，可申请转专业：

（一）学习成绩名列专业年级前10%的学生可在第三学期初申请在全校范围内选择专业（亦须满足转入专业设定的条件），学习成绩名列专业年级前15%的学生可在第五学期初申请在专业大类中选择专业。

（二）确有拟转入专业的特长和兴趣，转专业后更能发挥其专长。

（三）入学后发现某种疾病或生理缺陷，经学校指定的二级甲等以上医院检查证明确属不宜在原专业学习，但尚能在拟转入专业学习。

（四）确有特殊困难，不转专业则无法继续学习。

第二十四条 经学生同意，学校根据社会对人才需求情况的发展变化，必要时可以调整学生所学专业。

第二十五条 有下列情况之一者，不予转专业：

（一）本科一、三年级及三年级以上学生。

（二）中外合作办学专业学生。

（三）正在休学的学生。

（四）教育部明确规定不允许转专业的特殊学生。

第二十六条 国防生转专业由中国人民解放军

驻北京理工大学后备军官选拔培训办公室向学校提出申请，经批准后教务处负责办理相关手续。

第二十七条　学生一般应在本校完成学业。如患病或确有特殊困难，无法继续在本校学习的，可以申请转学。

第二十八条　学生有下列情形之一，不得转学：

（一）入学时间不满一学期。

（二）由招生所在地的下一批次录取学校转入上一批次学校、由低学历层次转为高学历层次。

（三）定向、委托培养。

第五节　休学与复学

第二十九条　因各种原因需暂停学业或不能正常学习者，可申请休学。

休学时间以一学年为单位。休学时间不计入在校学习时间，但累计不得超过二年，休学次数最多为二次。

第三十条　学生有下列情况之一者，应予休学：

（一）因病经校医院诊断必须停课休养、治疗时间占一学期总学时三分之一以上。

（二）一学期请病假、事假（含个人办理出国留学）缺课累计超过该学期上课总学时三分之一。

（三）因其他特殊原因被所在学院认定为必须休学。

第三十一条　学生应征参加中国人民解放军（含中国人民武装警察部队），可保留学籍至退役后一年以内。

第三十二条　休学学生必须办理休学手续，休学期间不得参加教学活动，学校保留其学籍。学生休学期间，不享受在校学习学生的待遇。学校不对学生在休学、保留学籍期间发生的事故负责。学生因病休学，其医疗费按学校相关规定办理。

第三十三条　休学期满的学生，应于学期开学前向所在学院申请复学。经相关部门审查合格，方可复学。

第三十四条　学生在休学期间，如有严重违法乱纪行为，按《北京理工大学学生纪律处分条例》处理。

第三十五条　取消学籍、退学的学生不得申请复学。

第六节　退　学

第三十六条　学生有下列情况之一，应予退学：

（一）在一学期内所取得的学分低于该学期教学计划规定学分三分之一（含三分之一）以下。

（二）在校期间未取得学分累计达到30学分及以上。

（三）经学校指定医院诊断，患有疾病或意外伤残无法继续在校学习。

（四）休学期满逾期两周未提出复学申请或申请复学经复查不合格。

（五）未请假或请假未经批准连续15天未参加学校规定的教育教学活动。

（六）超过学校规定期限未注册而又无正当事由。

（七）本人申请退学。

第三十七条　对学生做出退学处理，应当由学生所在学院填写退学处理申报表并附相关材料，教务处审核后报校长办公会研究决定。

对经校长办公会决定予以退学的学生，学校向本人出具退学决定书并直接送达本人，同时报教育行政部门备案。无法直接送达的，在校内公告栏和校园网上公告，自公告发出之日起，经过60日，即视为送达。

第三十八条　本人申请退学，应当向所在学院提交书面申请，学院签署意见，教务处审核后报主管校长批准。

第三十九条　学生对退学处理有异议，可按照《北京理工大学学生校内申诉处理办法》向学校学生申诉处理委员会提出书面申诉。

第七节　毕业、结业与肄业

第四十条　学生在规定的学习年限内修完教育教学计划规定内容，达到毕业要求，准予毕业并授予学士学位，发给毕业证书和学士学位证书。

第四十一条　学生在学校规定的学习时间内，未达到毕业要求，准予结业，发结业证书。在最长学习年限内，允许学生结业后通过旁听或直接参加学校课程考试等方式完成学业，达到毕业要求可换发毕业证书并授予学士学位。

第四十二条　学满一学年以上退学的学生，可获得肄业证书。学习不满一年者、开除学籍者发给学习证明。

第四十三条　双学士学位、第二学士专业、辅修专业相应证书的发放按学校相关规定办理。

第四十四条　对违反国家招生规定入学者，不发给学历证书、学位证书；已发的学历证书、学位证书，学校予以追回并报教育行政部门宣布证书无效。

第四十五条　毕业、结业、肄业证书和学位证书遗失或损坏，经本人申请，学校核实后出具相应的证明书。证明书与原证书具有同等效力。

第四章　校园秩序与课外活动

第四十六条　学校维护校园正常秩序，保障学生的正常学习和生活。学生应当自觉遵守公民道德规范，自觉遵守学校管理制度，创造文明、整洁、优美、安全的学习和生活环境。详见《北京理工大学学生校园生活与课外活动管理规定》。

第四十七条　学生会是学生参与学校民主管理的组织形式，学校支持和保障学生会等学生组织依法参与学校民主管理。

第四十八条　任何组织和个人不得在学校进行宗教活动。

第四十九条　学生可以在校内组织、参加学生团体。学生成立团体，应按《北京理工大学学生社团管理条例》有关规定提出书面申请，报学校批准。学生团体应当在宪法、法律、法规和学校管理制度范围内活动，接受学校的领导和管理。

第五十条　学校提倡并支持学生及学生团体开展有益于身心健康的学术、科技、艺术、文娱、体育等活动。学生进行课外活动不得影响学校正常的教育教学秩序和生活秩序。

第五十一条　学生举行大型集会、游行、示威等活动，应当按法律程序和有关规定获得批准。对未获批准的，学校将依法劝阻或者制止。

第五十二条　学校鼓励、支持和指导学生参加社会实践、社会服务和开展勤工助学活动，并根据实际情况给予必要帮助。学生参加勤工助学活动，应当遵守法律、法规以及学校、用工单位的管理制度，履行勤工助学活动的有关协议。详见《北京理工大学学生勤工助学活动管理规定》。

第五十三条　学生使用计算机网络，应当遵循国家和学校关于网络使用的有关规定，不得登录非法网站、传播有害信息。详见《北京理工大学网络信息工作管理办法》。

第五十四条　学生应当遵守学校关于学生住宿管理的规定。详见《北京理工大学学生公寓管理规定》。

第五章　奖励与处分

第五十五条　学校对在德、智、体、美等方面全面发展或者在思想品德、学业成绩、科技创造、锻炼身体及社会服务等方面表现突出的学生，给予表彰和奖励。

第五十六条　学校对学生的表彰和奖励采取授予“优秀学生”称号或者其他荣誉称号、颁发奖学金等多种形式，给予相应的精神鼓励或者物质奖励。我校学生奖励办法参见《北京理工大学本科生奖学金实施办法》《北京理工大学关于评选优秀学生、优秀学生干部和先进班集体的规定》《北京理工大学关于评选优秀毕业生的规定》等相关文件。

第五十七条　对有违法、违规、违纪行为的学生，学校给予批评教育或者纪律处分。

第五十八条　学校对学生的处分，应当做到程序正当、证据充分、依据明确、定性准确、处分适当。对学生的处分应当坚持公平、公正、公开的原则，坚持批评教育与违纪处分相结合的原则。详见《北京理工大学学生纪律处分条例》。

第五十九条　纪律处分的种类分为：

（一）警告。

（二）严重警告。

（三）记过。

（四）留校察看。

（五）开除学籍。

第六十条　凡受违纪处分者，应同时给予下列处理：

（一）享受奖学金者，由纪律处分委员会讨论决定是否停发或收回其奖学金。

（二）在处分解除前不得参加各类荣誉奖项和各类奖学金的评选。

（三）享受助学贷款和助学金者，按助学贷款和助学金的有关规定执行。

第六十一条　学生违反校规校纪，有下列情形之一，可以从轻处分：

（一）情节显著轻微。

（二）属于初犯，能主动承认错误，如实交代错误事实，检查认真深刻，确有悔改表现。

（三）确系他人胁迫或诱骗，并能主动揭发，认错态度好。

（四）其他可以从轻处分的情形。

第六十二条　学生违反校规校纪，有下列情形之一的，应当从重处分：

（一）造成严重后果。

（二）故意隐瞒、歪曲或捏造事实，妨碍有关部门、单位调查。

（三）对有关人员打击报复、威胁或恫吓。

（四）在校期间曾受过一次处分，再次违纪。

（五）拒不承认错误。

（六）同时有两种（含）以上违纪行为。

（七）违纪群体中的为首者、组织者、策划者、煽动者。

（八）伙同校外人员，违反法律法规、校规校纪。

（九）造成人身伤害，不积极施救或不及时支付相关治疗费用和赔偿的。

（十）其他应予从重处分的情形。

第六十三条 学生有下列情形之一，可以给予开除学籍处分：

（一）违反宪法，反对四项基本原则、破坏安定团结、扰乱社会秩序的。

（二）触犯国家法律，构成刑事犯罪的。

（三）违反治安管理规定受到处罚，性质恶劣的。

（四）由他人代替考试、替他人参加考试、组织作弊、使用通信设备作弊、再次作弊及其他作弊行为严重的。

（五）剽窃、抄袭他人研究成果，情节严重的。

（六）违反学校规定，严重影响学校教育教学秩序、生活秩序以及公共场所管理秩序，侵害其他个人、组织合法权益，造成严重后果的。

（七）两次受到记过（含）以上处分，再次违纪的。

第六十四条 学生对于学校的处分有权进行陈述和申辩。

第六十五条 学校对学生作出开除学籍处分决定，由学生纪律处分委员会审议，校长办公会批准。

第六十六条 对学生作出处分，学校应出具处分决定书。处分决定书包括处分和处分事实、理由及依据，并告知学生可以提出申诉及申诉的期限。

第六十七条 学校设立学生申诉处理委员会，受理学生对取消入学资格、退学处理或者纪律处分的申诉。详见《北京理工大学学生校内申诉处理办法》。

第六十八条 学生对学校做出的涉及本人权益的处理决定存有异议，须自决定送达之日起五个工作日内提出书面申诉。

第六十九条 对决定予以受理的申诉，申诉委员会应当自决定受理申诉之日起，15 个工作日内作出对申诉的处理决定。

对于不予受理的申诉申请，申诉委员会办公室应当书面告知申诉人，并说明不予受理的理由。

第七十条 学生对申诉处理决定有异议的，在接到学校申诉处理决定书之日起 15 个工作日内，可以向北京市教育委员会提出书面申诉。

第七十一条 被开除学籍的学生，由学校发给学习证明。学生在处分决定送达后 10 个工作日内办理离校手续，档案、户口退回其家庭户籍所在地。逾期不办的，由学生所在学院指定人员代为办理并记录在案。

第七十二条 对学生的奖励、处分材料，学校应当真实完整地归入学校文书档案和本人档案。

第六章 附 则

第七十三条 对接受成人高等学历教育的学生、港澳台侨学生、留学生的管理参照本规定实施。

第七十四条 本规定自颁发之日起施行。原《北京理工大学本科学生学籍管理规定》《北京理工大学学生违纪行政处分规定》同时废止。其他有关文件规定与本规定不一致的，以本规定为准。

第七十五条 本规定由教务处、学生工作处负责解释。

北京理工大学加强中组部“青年千人计划”工作实施办法（试行）

第 112 号令

第一章 总 则

第一条 为全面推进实施人才强校战略“2132”工程，加强海外高层次青年人才引进和支持力度，夯实学校可持续发展的后备高层次人才基石，提升学校核心竞争力和可持续发展能力，参照中组部《青年海外高层次人才引进工作细则》，结合学校发展实际和学科建设需求，特制定本办法。

第二条 “青年千人计划”为学校重点引进的人才类型，在“学校人才工作领导小组”的统筹指导下，结合学校重点支持和优先发展学科，针对世界一流大学或研究机构的教学和科研人员，重点引进在高新技术领域和新兴交叉学科方面学术基础扎实、学术视野宽阔、具有发展潜力的青年人才。

第二章 聘任条件

第三条 “青年千人计划”引进对象和条件：

（一）热爱社会主义祖国，热爱教育事业，恪守高等学校教师职业道德规范，具有良好的师德师风、学术道德。

（二）属自然科学或工程技术领域，年龄一般不超过40周岁，重点引进35岁以下的优秀青年人才。申报时一般应未全职在国内工作；已经在国内工作的，回国时间应在一年内。

（三）在海外知名高校取得博士学位，原则上有3年以上的海外科研工作经历；在国内取得博士学位的，原则上应在海外从事教学或研究工作5年以上。

（四）属所从事科研领域同龄人中的拔尖人才，有成为该领域学术或技术带头人的发展潜力，能把握本学科领域的发展方向和战略规划，具有较强的团结协作和拼搏奉献精神，以及组织、管理和领导学术队伍的素质和能力。

第三章 支持措施

第四条 按照中组部《青年海外高层次人才引进工作细则》规定，由中央财政给予“青年千人计划”入选者（以下简称“青年千人”）每人人民币50万元补助，根据“青年千人”所在学科领域、能力水平等情况，给予科研经费补助人民币100万~300万元。

第五条 学校根据“青年千人”学术水平和业绩，聘任其为教授，按引进高层次人才认定博士生导师资格，并在博士生招生工作中予以适当支持。

第六条 “青年千人”聘期内采用协议年薪制，年薪由基础年薪和奖励年薪组成。基础年薪标准为20万元；根据任务目标完成情况和取得的学术成果，奖励年薪标准为10万~15万元。

第七条 “青年千人”享有良乡校区引进人才住房购房权，限购一套80㎡左右两居室。

第八条 学校和所在学院为“青年千人”开展教学和研究工作配备必要的实验办公条件。学校根据“青年千人”所在学科和现有平台建设情况，参照国家标准，按不超过国家科研经费补助标准配套科研启动经费。

第九条 鼓励“青年千人”从海外引进优秀博士生作为工作助手，倡导“青年千人”积极利用学校现有科技创新团队资源，融入现有团队。

第四章 考核管理

第十条 获批入选“青年千人计划”后，半年内全职来校工作。学校与“青年千人”签订聘任合同，聘期五年，明确聘期岗位目标和工作任务，实行合同管理。对于不能按时到岗或在岗时间不足、不能履行合同者，学校将终止合同。

第十一条 聘期内采用年度考核与聘期考核相结合的管理方式。年度考核主要考核到岗时间和工作进展情况，根据年度考核结果，核定奖励年薪额度，并提出工作建议和意见；聘期结束时，学校组织专家组进行整体考核，以发表高水平、高影响力的学术论文，获得重要科研项目，入选更高层次国家人才计划等为主要指标，考核合同履行及作用发挥情况。

第五章 其 他

第十二条 各学院、学科责任教授和高层次人才积极通过学术交流、项目合作、师生资源等方式发掘和选拔优秀的海外青年学者申报“青年千人计划”，并对到岗开展工作的“青年千人”给予积极支持。学校将对推荐成功获选“青年千人”的学院给予奖励。

第十三条 各学院应积极关注进入面试环节，但未能入选的“青年千人计划”候选人，推荐以其他方式引进。凡我校推荐的“青年千人计划”候选人，学校承担其回国答辩期间的国际往返差旅费。

第十四条 “青年千人”不再重复享受海外学者、青年教师培育津贴等学校发放的津贴。

第十五条 本办法经校长办公会议讨论通过，自发布之日起施行。

第十六条 本办法由人事处负责解释。

北京理工大学专业技术职务和管理职员评聘纪律规定

第 113 号令

第一章 总 则

第一条 为严肃学校专业技术职务和管理职员评聘工作纪律，维护正常评审秩序，确保评审质量，促进学术道德建设，特制定本规定。

第二条 专业技术职务和管理职员评聘工作遵循公开、公平、公正的原则，按照国家政策和学校专业技术职务评聘办法、管理职员制实施办法及相关规定开展申报、评审、聘用等工作。

第三条 本规定适用于申报专业技术职务和管理职员岗位的人员（以下简称申报人），学校和学院各类评审委员会成员（以下简称评审委员）以及校专业技术职务和管理职员评聘办公室、各部门、各学院相关工作人员（以下简称工作人员）。

第二章 纪律要求

第四条 申报人应按照实事求是的科学精神和严谨的治学态度进行专业技术职务和管理职员岗位申报，严格按照文件规定提供真实准确的申报材料。

申报人不得提供与事实不符的学术经历、学术成果、管理业绩等材料；不得以任何形式私自向评审委员或工作人员递送与评审有关的材料；不得向有关人员递送礼金、礼品等财物。

第五条 评审委员应作风正派、办事公道、认真负责、出以公心，做到客观、公平、公正。

评审委员不得在评审工作中徇私舞弊，不得泄露评审过程中的有关信息，不得私自接受申报人自行递送的材料，不得接受任何与专业技术职务和管理职员评聘有关的宴请和礼金、礼品等财物。

第六条 工作人员要做好组织服务工作，坚持原则、严守纪律，主动接受监督。

工作人员不得徇私舞弊，不得泄露评审过程中的有关信息，不得接受任何与专业技术职务和管理职员评聘有关的宴请和礼金、礼品等财物。

第七条 专业技术职务和管理职员评聘实行回避制度，在岗位聘用工作中涉及本人或其直系亲属的，相关评审委员、工作人员须主动回避。

第八条 专业技术职务和管理职员评聘实行评审公示制度，各基层单位和学校在评审过程中对申报人及申报相关信息进行公示。

第三章 违纪行为的认定

第九条 纪委监察室是专业技术职务和管理职员评聘工作的纪律监督机构，负责监督本纪律规定的执行。专业技术职务和管理职员评聘工作办公室及各单位相关人员应积极配合纪委监察室的调查工作。

第十条 教职工可举报申报人、评审委员、工作人员违反本规定的行为，时效为当年专业技术职务或管理职员评聘工作起始至评审结果公布后的30 天内。

第十一条 纪委监察室及相关工作人员有责任为举报人保密，任何单位及个人不得对举报人进行打击报复。

第十二条 举报必须以事实为依据。对以举报为名，故意捏造事实诬告他人的校内举报人，由学校有关职能部门根据相关规定处理。纪委监察室调查审议，确认举报失实的，应当维护被举报人的名誉及其他权益。

第四章 违纪行为的处理

第十三条 违反本规定的专业技术职务申报人，经查实后取消当年专业技术职务申报资格；违反本规定的管理职员岗位申报人，经查实后取消当年及下一年度管理职员岗位申报资格。违反本规定的评审委员，经查实后撤销其委员资格，三年内不再聘任。违反本规定的工作人员，经查实后不再参与评聘工作。

第十四条 申报人、评审委员被认定为学术不端行为的，按照《北京理工大学关于学术不端行为认定和处理规定（试行）》（北京理工大学令第53号）进行处理。

第十五条 申报人、评审委员、工作人员如违反行政纪律的，按学校行政纪律处分条例处理；如违反相关法律法规，按国家法律规定处理。

第五章　处理意见的申诉

第十六条　涉及被处理的个人或单位对专业技术职务或管理职员评聘处理意见可以提出申诉。申诉需要在处理意见形成后 30 天以内进行，同时必须提供补充证据和正式书面申诉报告，由纪委监察室召集相关单位人员组织听证。听证会议的决议为校内申诉的最终决议。

第十七条　认定为学术不端行为、违反行政或法律法规的，申诉程序按相应文件、法规规定执行。

第六章　附　则

第十八条　本规定经校长办公会议讨论通过，自发布之日起施行，原 2006 年 5 月 23 日颁布的《北京理工大学专业技术职务评审工作的若干纪律规定》（校办字〔2003〕26 号）停止施行。

第十九条　本规定由纪委监察室、人事处负责解释。

北京理工大学关于设立学科责任教授小组的实施办法

第 114 号令

学科建设是学校发展的基础，学科实力与水平是学校办学实力和办学水平的重要标志。高水平大学建设的核心，体现在一流学科的建设。为切实加强我校学科建设，培养学科创新团队，充分发挥学科团队在学科建设中的主导作用，提高人才培养质量，增强学科核心竞争力，使学科能够协调、可持续地发展，学校决定设立学科责任教授小组。

一、学科责任教授小组设置的学科范围

经国务院学位委员会批准的博士学位授权一级学科点、硕士学位授权一级学科点（按最高层次，不重复设置），以及学校自主设置的学科点。

二、学科责任教授小组的构成

1. 学科责任教授小组由每个学科方向 1 人组成，一级学科授权点设立 4～6 个学科方向，学校自主设置的学科点设立 3～4 个学科方向。小组成员应体现老中青相结合的年龄结构，同时要注重成员的学缘结构。小组成员原则上不能在两个学科点兼任，确有必要可在学校自主设置的学科点兼任。

2. 学科责任教授小组成员应有高度的责任感、高尚的品格、较高的学术水平、较大的学术影响力、较强的凝聚力和号召力，热心学科建设工作，能够团结并带领本学科梯队共同推进学科的建设与发展，能够与其他学科的人员团结协作。

3. 博士学位授权一级学科点的学科责任教授小组成员一般应至少完整培养过一届博士研究生；硕士学位授权一级学科点和学校自主设置学科点的学科责任教授小组成员一般应具有正高级职称。

4. 学科责任教授小组成员的任期年限原则上每届为 4 年，换届时每个小组应有 1/4 以上的成员从上届成员中续聘，但续聘人员数一般不超过 2/3。如学科点发生变化时须对成员作相应调整；如遇人员变化时，可作增补或更换。

5. 学科责任教授小组设 1 名组长，由小组成员民主选举产生。

6. 学科责任教授小组设联络员 1 名，由小组成员推荐，可为非小组成员；联络员主要负责该学科点的日常学科建设相关工作。

三、学科责任教授小组的职责

1. 负责制定本学科的发展与建设规划，凝练学科方向，具体实施学科建设与发展工作。

2. 做好本学科的学术梯队建设，要汇聚、培养学科创新团队，做好学术骨干的选拔与培养工作，做好导师队伍的建设工作。

3. 负责人才培养工作，注重提高培养质量。

4. 负责组织本学科人员论证、申报、承担国家及部委的重大和重点科研项目，特别是基础研究项目。

5. 负责组织论证、实施本学科平台的建设，要构筑高水平的学科大平台，为人才培养、科技创新提供条件保障。

6. 负责组织本学科的国际化工作，积极推进学科的办学国际化能力建设。

7. 对本学科建设或学校学科发展中存在的问题，向学院、学校提出解决办法与意见；对学院、学校学科建设的发展提出建议。

8. 完成学科其他建设工作。

四、学科责任教授小组成员的遴选方法与程序

1. 采取自主申报与推荐相结合的方式向拟申请学科的牵头学院提出申请。

2. 各学院组织学院领导、学部委员以及所牵头学科的主要人员，通过听取申请人的汇报并以无记名投票的方式进行初步遴选。

3. 学校对初步遴选出的学科责任教授小组成员人选进行公示，广泛征求意见。

4. 各学部审定学科责任教授小组成员并报学校备案，由学校发文公布。学部审定未通过的学科责任教授小组成员应由有关学院重新组织遴选。

五、附则

1. 本实施办法于通过之日起开始实施，北京理工大学第 45 号令（2010 年 5 月 17 日发文）同时废止。

2. 本实施办法由北京理工大学发展规划处负责解释。

北京理工大学型号研制项目管理办法

第 115 号令

第一章　总　则

第一条　为了规范我校型号研制工作，加强型号研制的过程管理，保证型号研制质量，根据装备研制主管部门的相关政策、规定，结合学校实际制定本办法。

第二条　型号研制项目包括总装备部、国家国防科技工业局和各军兵种直接下达给我校的型号研制项目，以及上级主管部门批准立项的与企事业单位合作开展的型号研制项目。外贸产品研制项目和现役装备改造项目参照本办法执行。

第三条　承担型号研制任务，是学校服务于国防建设的重要职责和光荣使命，我校各单位要高度重视型号研制工作，以高度的政治责任感、使命感和协作精神确保高质量完成研制任务。

第四条　型号研制项目必须纳入科研生产质量管理体系，按照质量管理体系要求开展研制工作。

第二章　职责与分工

第五条　科学技术研究院（以下简称“科研院”）是学校型号研制项目的归口管理单位，其型号科研与生产办公室对型号研制行使管理职责。科研院负责型号研制项目管理的主要内容包括：负责组织编制学校型号科研规划、计划及学校相关管理政策和办法的编制，负责列入计划的型号研制、军贸科研项目的策划、申报、过程管理与合同审核；检查型号研制工作情况、督促研制进度；协调解决型号研制过程中出现的问题；联系与沟通上级机关、军方与研制项目主管军代室；负责组织外协合格供方评价与选择；协助学院完成型号研制的各项组织实施；协助、督促相关职能部门和学院制定相关的型号研制管理实施细则。

第六条　学院是型号研制工作的具体组织单位。负责本单位型号研制实施计划的制定和具体组织工作；负责研制过程质量监控、研制进度监督与协调；负责制定各项相关现场管理制度、安全生产

制度等管理文件；负责向学校质量部门提交检验产品的组织工作。

第七条 项目组负责型号研制工作的具体实施。负责研制过程控制、管理、设计开发、产品实现、检验试验和交付，并按照军品研制标准对科研过程、试验过程进行控制和管理。

第八条 财务处是型号研制项目经费的财务管理与会计核算部门。按照项目经费独立核算、专款专用的原则，依法组织项目经费使用的财务管理与会计核算业务，落实项目经费的预算编制、使用监督、决算审查等管理职责。

第九条 实验室与设备管理处是研制设备、外购器材管理工作的归口单位。负责监视与测量设备周期检测管理工作；负责组织外购合格供方评价与选择；负责制定外购器材采购管理办法。

第十条 人事处是型号研制人力资源管理归口单位。负责组织各学院制定武器装备研制人员岗位职责与考核管理办法；负责组织对科研人员、检验人员进行校院两级岗位培训，并对培训计划的实施和培训效果进行检查、评价。

第十一条 档案馆负责型号研制项目设计定型后全套文件材料的归档及管理工作，并制定相关的管理办法及实施细则。

第十二条 保密处是型号研制项目保密工作管理归口部门，负责指导监督学院、项目组开展项目保密管理工作。

第十三条 质量管理办公室负责型号研制的全过程质量归口管理工作。负责产品的检验和试验、产品质量评审；负责组织、参与产品的不合格品审理、重大质量问题和重大质量事故的分析、协调与处理；参与项目的阶段性检查与验收。

第三章　项目申请与立项

第十四条 根据国家武器装备发展的需要，结合我校军工科研的基础、特点和优势，学校有计划地组织开展型号研制项目的论证和申请立项工作。

第十五条 学校组织相关学院及人员，对申请型号研制的项目进行调研，编制可行性论证报告，经审查后报上级主管部门或总体单位。

第十六条 型号研制项目须进行合同评审，评审通过后签订项目合同。

第十七条 型号研制项目合同的签订按照总装备部、国家国防科技工业局和各军兵种等上级主管部门的相关政策、规定以及《北京理工大学科研项目管理办法》执行。

第四章　项目组织与运行保障

第十八条 根据总装备部、国家国防科技工业局和各军兵种等上级主管部门的相关政策、规定，型号研制项目成立行政指挥、设计师、质量师和工艺师等四师系统。四师系统的相关人员组成由学校推荐，报上级主管部门或总体单位批准。

（一）行政指挥系统

行政指挥系统是由行政总指挥、副总指挥和项目指挥组成，主要负责项目研制的组织指挥、计划调度及人、财、物的保障工作。

（二）设计师系统

设计师系统是由总设计师、副总设计师、主任设计师和主管设计师组成，负责研制过程中的技术设计、产品试制、试验验证和技术协调、技术决策等工作。

（三）质量师系统

质量师系统是由总质量师、副总质量师、主任质量师和主管质量师组成，质量师系统在行政指挥系统的统一领导下，按照有关法规、标准开展质量管理工作。

（四）工艺师系统

工艺师系统是由总工艺师、副总工艺师、主任工艺师和主管工艺师组成，工艺师系统对项目研制工艺技术负责，从工艺上确保项目的研制质量。

由学校作为总师单位的型号研制项目，应根据要求设立型号项目管理办公室、总设计师办公室（挂靠科研院）。型号项目管理办公室主任一般由科研院型号项目主管领导担任，总设计师办公室主任一般由项目组指定具体负责人担任。

第十九条 学校各相关职能部门和学院应以高度的责任感和使命感，做好各项管理、保障工作，并将其列入年度工作计划。

第二十条 由学校作为总师（副总师）单位的重点型号研制项目，各相关职能部门和学院应采取切实有效的措施，强化项目相关管理环节并做好条件保障工作：

（一）科研院型号科研与生产办公室应当指定专人专项负责，并加强项目过程管理。

（二）质量管理办公室应加强对型号研制项目的质量监督，积极介入研制过程开展质量管理工作。

（三）财务处应设立专项报账窗口，加强财务会计结算管理。

（四）实验室与设备管理处应加强外购合格供方管理、测量设备检定等工作。

（五）保密处应指导、监督项目相关人员的保密培训，重点提高人员保密意识，强化保密手段，并督促外场试验的保密管理。

第五章　项目过程管理

第二十一条　型号研制过程划分为五个阶段：论证阶段、方案阶段、工程研制阶段、设计定型阶段和生产定型阶段。

（一）论证阶段：在充分调研的基础上，学校组织相关学院及人员参与立项论证报告的编制。

（二）方案阶段：学校组织开展研制方案的论证，并组织进行原理样机的设计、试制与验证，在关键技术已得到解决、研制方案切实可行的基础上，编制研制方案论证报告，经上级主管部门或总体单位组织评审通过后，转入工程研制阶段。

（三）工程研制阶段：根据型号研制任务书和研制合同的要求，学校组织开展设计、试制和产品验证工作，并按照总装备部、国家国防科技工业局和各军兵种等上级主管部门以及我校的相关政策、规定进行管理。

（四）设计定型阶段：工程研制完成后，学校会同型号研制相关单位以及军事代表室向定型主管部门提出型号设计定型申请，开展设计定型试验和部队适应性试验，以确认达到有关规定的要求。

（五）生产定型阶段：完成小批试产并经验证符合要求后，学校会同相关单位以及军事代表室向定型主管部门提出武器装备生产定型申请，开展生产定型工作。

设计定型、生产定型工作的组织实施按国务院、中央军委《军工产品定型工作规定》执行。

第二十二条　学校组织相关学院及人员，按照总装备部、国家国防科技工业局和各军兵种等上级主管部门的相关政策、规定以及军工产品质量管理体系的要求开展型号研制的过程管理，对其设计、开发、验证、确认等全过程进行有效控制，确保型号研制质量和研制任务的顺利完成。

第二十三条　型号研制中的软件产品，包括计算机程序、数据、文档以及固化在硬件中的程序和数据，应对其策划与研制过程实施软件工程化管理。

第二十四条　型号研制项目的标准化及可靠性、维修性、保障性、测试性、安全性和环境适应性等方面的要求，参照《国家军用标准制定工作暂行规定》《武器装备可靠性和维修性管理规定》等相关法规文件执行。

第二十五条　型号研制项目应开展风险识别和评估工作，做好项目风险应对与控制。

第二十六条　学校应组织相关学院及人员按合同规定及时提交全套技术文件资料，如实编报项目财务决算，进行项目定型审查工作。

第二十七条　项目根据要求进行外场试验时，应履行申报审批制度，填报《北京理工大学外场试验申请表》及《北京理工大学外场试验保密审批表》。

第二十八条　型号研制项目人员管理，按照总装备部、国家国防科技工业局和各军兵种等上级主管部门的相关政策、规定以及北京理工大学人事管理办法等执行。

第二十九条　型号研制项目及人员的保密工作，按照国家、总装备部和国家国防科技工业局和各军兵种等上级主管部门的相关政策、规定以及北京理工大学保密工作规章制度等执行。

第六章　项目经费管理

第三十条　型号研制项目经费依照《国防科研项目计价管理办法》（〔1995〕计计字第1765号）、《国防科研试制费管理规定》（装计〔2006〕132号）相关规定，按照《北京理工大学科研经费管理办法》（学校令第21号）进行使用和管理。

第三十一条　到校项目经费，包含项目研制成本和项目收益两部分。其中，项目收益是指国防科研项目价款扣除研制成本费用后的差额部分。对于研制周期两年以上的项目，通过项目经费考核的，可预提不超过考核节点到账经费总额3%的收益；未通过项目经费考核的，不得预提项目收益，待项目任务完成并经财务验收后，按规定统一结算总收益。

第三十二条　项目研制成本包括从项目论证到试生产阶段所发生的设计费、材料费、外协费、专用费、试验费、固定资产使用费、劳务费和管理费八项内容。

第三十三条　项目研制过程中所发生的论证费、调研费、计算费、评审费，技术资料购买、复印或翻译费用，设计用品购置费用，以及设计跟产等费用归集为设计费。

第三十四条 项目研制过程中必须消耗的各种原材料、元器件和辅助材料，以及外购成品的购买、运输和整理筛选等费用，包括专用新材料、专用器件的研制和试验等费用，归集为材料费。

第三十五条 项目研制过程中，因单位自身的技术、工艺或设施条件限制，必须通过外部协作方式完成某项具体任务而发生的协作费用，归集为外协费。

第三十六条 项目研制过程中用于配置专用测试仪器设备的购置、运输、安装调试等费用，自制仪器设备的工料等费用，专用工艺装备的购置、定制研究等费用，根据研究任务对现有设施条件进行的单项价值 10 万元以下的零星技术改造或零星土建工程费用，样品样机实物的购置费用，直接开支的标准、计量、情报等技术基础费用，统一归集为专用费。

第三十七条 项目研制过程中用于工艺试验、仿真试验、综合匹配试验、例行试验、可靠性试验、阶段性试验、定型试验、储存试验，以及打靶、发射、试飞、试航、试车等各种试验验证费用，包括试验过程中所消耗的动力燃料费用，陪试品、消耗品费用，外场试验技术保障，以及参试人员补助费用等，归集为试验费。

其中，凡是通过与试验基地之间签订试验保障技术协议或技术合同的费用，需在技术协议或合同中载明合同费用的具体明细。

除差旅以外的试验品运输与交通保障性费用，可以通过与第三方服务商的服务合同载明服务内容，落实相关保障性费用。

试验环节所需的各种临时设施、器材、材料或用品，根据采购发票据实报销。

试验过程中临时组织的各种技术研究或技术协调会议，根据会议纪要、签到表等据实报销会议所需的场地、伙食、住宿、交通、专家差旅费及咨询费等费用。

外场试验期间所发生的城市间交通费、城市住宿费、市内交通费和在途伙食费补助，按照差旅费报销管理办法据实报销或补助。

外场试验期间，参试人员补助费用标准为伙食补助 100 元/（人·天），外场试验补助 200 元/（人·天），合计 300 元/（人·天），不重复享受差旅费报销中的伙食补助和市内交通包干补助。

第三十八条 对于项目研制应当分摊的固定资产使用费，按照《北京理工大学科研经费间接费用管理办法（暂行）》（学校令第 74 号）之规定进行年度摊销和管理使用。

第三十九条 按照项目研制过程中实际承担的研制任务情况，按月实际发放给学生或聘用人员的劳务性费用，归集为劳务费。

第四十条 学校采取计提方法计列项目管理费。项目经费入账时，以到账经费额扣减分承包经费为基数，以 12% 的比例计列项目管理费，用于开支项目单位的间接性研制成本费用。

第四十一条 项目经费使用与管理其他事项，依照《北京理工大学科研经费管理办法》（学校令第 21 号）、《北京理工大学科研经费间接费用管理办法（暂行）》（学校令第 74 号）之规定执行。

第七章 项目成果管理

第四十二条 学校鼓励对型号研制中的技术成果进行鉴定，并申报各类奖励。具体工作按照总装备部、国家国防科技工业局和各军兵种等上级主管部门的相关政策、规定以及《北京理工大学科技成果管理办法》执行。

第四十三条 型号研制项目在实施过程中，项目组应及时进行工作总结、图像资料的收集整理，对能形成自主知识产权的发明创造，应及时采取相应的知识产权保护措施。具体工作按照总装备部、国家国防科技工业局和各军兵种等上级主管部门的相关政策、规定以及《北京理工大学专利工作管理办法》执行。

第四十四条 型号研制项目转产和核心技术转让统一由科研院组织实施，不得私自转产、转让。

第四十五条 学校相关学院及人员应及时做好型号研制项目技术文件、资料的整理和归档工作。项目设计定型后经科研院备案，报学校档案馆归档。

第八章 附 则

第四十六条 本办法自发布之日起实行。

第四十七条 本办法由科研院负责解释。

北京理工大学博士研究生兼职学生工作岗位人员管理办法（试行）

第 116 号令

第一章 总 则

第一条 为充实学生工作力量，组建灵活、多层次的学生工作队伍，优化人员构成，调动在校博士研究生参与学生教育、管理、服务的积极性，学校根据学生工作需求，设置博士研究生兼职学生工作岗位。

第二条 博士研究生兼职学生工作岗位人员纳入研究生助管体系。聘用原则为总量控制、按需设岗，公开招聘、择优聘用，严格考核、合理流动。

第三条 博士研究生兼职学生工作岗位以中关村校区为主，良乡校区直管学院可按需设置岗位。

第二章 岗位设置、任职条件和工作职责

第四条 全校博士研究生兼职学生工作岗位总数根据学校年度计划确定，每岗 1 人。每位博士研究生在一个聘期内只能受聘 1 个岗位。受聘人员所带学生不多于两个自然班。

第五条 博士研究生兼职学生工作岗位聘期为 1 学年，可连续聘任。

第六条 任职条件：

1. 我校正式注册的在读博士研究生。

2. 思想政治素质优良，作风正派，热爱学生，责任心强，有工作热情和奉献精神，在校期间未受过纪律处分；对部分学生思想政治教育岗位要求中共党员。

3. 具有从事学生教育、管理、服务的工作能力。每周投入工作时间不少于 15 小时。

4. 学业情况良好，导师书面同意博士研究生申报兼职学生工作岗位。

5. 身体和心理健康，符合岗位需求。

第七条 工作职责：

1. 协助学院学生工作组开展学生思想政治教育工作，帮助学生树立正确的世界观、人生观、价值观，帮助学生养成良好的道德品质。

2. 协助学院学生工作组开展学业指导、专业引导工作，帮助学生养成良好的学习习惯和专业志向。

3. 协助学院学生工作组做好学生心理排查和安全稳定工作，做好信息的上传下达，搭建学校和学生之间的沟通桥梁，配合校、院处理学生中发生的重大事件。

4. 协助学院学生工作组做好学生奖、助、勤、贷、免等相关工作。

5. 完成本职工作内的其他学生工作相关内容。

第三章 聘用与解聘

第八条 每学年末，学生工作处根据学校岗位总数（每年约 30 个岗位），在全校范围内公布岗位需求和相关聘任要求。

第九条 各单位按照确定的岗位数量，采用博士研究生自由申报并学院推荐相结合的方式进行选拔聘用，经学生工作处审核并报主管领导批准后，报学校人事处和研究生院备案。

第十条 经过选拔后聘用的博士研究生，须参加学生工作处、用人单位组织的业务培训，考察合格后方可上岗。

第十一条 博士研究生兼职学生工作岗位人员无特殊情况不得擅自离岗，因个人原因确需离岗的，向用人单位提前提出申请，经用人单位同意后方可离岗，并报送学生工作处、人事处和研究生院备案。用人单位根据需要可按照相关程序重新选拔聘用博士研究生兼职学生工作岗位人员。

第十二条 发生下列情况之一，学校、用人单位可解除与上岗博士研究生的聘用关系，并报学生工作处备案：

1. 因身体状况、学习状况等不能继续履行岗位职责的。

2. 聘用期间受到学校处分的。

3. 其他不能履行工作职责的情况。

第四章　考核与津贴标准

第十三条　各用人单位负责博士研究生兼职学生工作人员日常工作的指导、考勤、督促、检查和考核工作。

第十四条　博士研究生兼职学生工作人员在聘期内要按照岗位职责的要求完成工作内容。各用人单位每学年根据博士研究生兼职学生工作人员考勤记录、工作时长、完成质量、实际效果等综合评价，出具书面考核意见，报学生工作处备案。

第十五条　岗位津贴由学校出资支付，标准为 20 000 元/（岗・年），每个聘期按 10 个月计算。每月按照津贴标准的 80% 发放薪酬，每学期考核合格者一次性发放剩余 20%，考核不合格者不予发放，对表现特别优秀者可适当奖励。

第五章　附　则

第十六条　本办法自印发之日起开始实施。

第十七条　本办法由学生工作处负责解释。

北京理工大学会计学（中外合作办学）本科生管理规定（暂行）

第 117 号令

第一章　总　则

第一条　本规定依据《中华人民共和国中外合作办学条例》及其实施办法、《北京理工大学本科生管理规定》、瑞丁大学有关规定和《英国瑞丁大学与中国北京理工大学会计学学士学位合作协议》，结合学生管理的实际情况制定。

第二条　本规定适用于北京理工大学与瑞丁大学合作举办的会计学专业（专业代码“120203KH”，以下简称“本专业”）的学生（以下简称“学生”）。

本规定未作规定的，根据具体情况，适用《北京理工大学本科生管理规定》（北京理工大学第 111 号令）和瑞丁大学的有关规定。

第二章　课　程

第三条　本专业培养方案包括两大类课程，一类是北京理工大学和瑞丁大学共同认可的课程（以下简称“R 类课程”），二类是北京理工大学所要求的其他课程（以下简称“B 类课程”）。

第三章　学籍管理

第一节　学　籍

第四条　学生的瑞丁大学学籍管理执行瑞丁大学的有关规定，学生的北京理工大学学籍管理执行北京理工大学的有关规定。

第五条　学生的 R 类课程成绩或英语成绩没有达到瑞丁大学的要求，取消其瑞丁大学学籍。

第六条　《北京理工大学本科生管理规定》第三十六条中的学分包括 R 类课程和 B 类课程应修学分。

第七条　学生被瑞丁大学或北京理工大学任一方取消学籍，自愿选择继续在本专业学习的，应当向符合学籍管理规定的另一校方提出保留学籍、继续学习的书面申请。

申请经符合学籍管理规定的校方确认后，该学生按本规定第八条或第九条的规定继续在该专业学习。

第八条　仅具有北京理工大学学籍的学生只能在原专业（专业代码：120203KH）继续学习培养方案中余下的所有课程，包括 R 类课程和 B 类课程。

第九条　仅具有瑞丁大学学籍的学生，在北京理工大学以培训生的身份继续学习培养方案中的 R 类课程。

第二节　考核与成绩记载

第十条　R 类课程按照瑞丁大学的课程考核评分体系评定成绩，B 类课程按照北京理工大学的课程考核评分体系评定成绩。

第十一条 R 类课程成绩直接记入瑞丁大学学生成绩记载表，经换算后记入北京理工大学学生成绩记载表（换算办法具体见换算的相关规定），B 类课程成绩直接记入北京理工大学学生成绩记载表。

第十二条 对于具有北京理工大学和瑞丁大学双重学籍的学生，B 类课程实行重修或重考；R 类课程实行补考，每门课程补考只限一次。

第十三条 对于仅具有北京理工大学学籍的学生，R 类课程实行重修或重考。

第四章 毕业和学位

第十四条 第四学年去瑞丁大学学习的学生，在完成瑞丁大学的所有学业之后，须回到北京理工大学完成毕业论文答辩及其他的毕业要求。

第十五条 学生具有瑞丁大学学籍，达到瑞丁大学学士学位授予要求，授予瑞丁大学学士学位。

第十六条 学生具有北京理工大学学籍，达到北京理工大学本科毕业要求和符合学位授予条例，颁发北京理工大学毕业证书并授予北京理工大学学士学位。

第五章 学费（培训费）

第十七条 学生应当按照本专业的学费标准按学年缴纳学费，共缴纳四年。

第十八条 仅具有北京理工大学学籍的学生，执行会计学（中外合作办学）专业的学费标准。

第十九条 仅具有瑞丁大学学籍的学生应当缴纳培训费，其标准为本专业的学费标准扣除北京理工大学同类专业（非本专业）学生学费标准的剩余部分。

第二十条 每一届学生执行该届招生简章公布的学费标准。因休学等原因不能与原年级同级参加教学活动的学生，按照所在新年级其招生简章公布的标准缴纳学费。

第二十一条 第四学年去瑞丁大学学习的学生，按照瑞丁大学当年的国际学生标准缴纳学费。

第六章 附 则

第二十二条 本办法由国际教育学院负责解释。

第二十三条 本规定自公布之日起施行。

北京理工大学捐赠奖励实施办法

第 118 号令

为引导和激励学校各单位和个人积极争取社会教育捐款，拓宽学校筹资渠道，同时加强项目绩效管理，发挥捐赠项目的社会效益，促进学校教育、科研事业发展，北京理工大学设立捐赠奖励专项经费，对各单位和个人争取的教育捐赠项目实行奖励。

为加强捐赠奖励工作的管理，根据《公益事业捐赠法》《高等学校财务制度》等有关法律法规的规定，制定本实施办法。

第一条 北京理工大学设立捐赠奖励专项经费，用于捐赠项目绩效管理，深入开展筹资工作，发放筹资工作奖励，以及其他与教学、科研相关的事项。

第二条 北京理工大学教育基金会和学校相关部门组成评审小组，负责对捐赠项目奖励进行评审。评审小组办公室设在教育基金会办公室，负责收集和备案捐赠项目资料和捐赠奖励专项经费的统筹管理。

第三条 捐赠奖励专项经费由学校财务年度预算统筹安排，捐赠奖励总额一般不高于财政配比资金到款额度的 30%。

第四条 认定条件和标准：

本办法认定的捐赠收入指我校通过基金会（包括但不限于北京理工大学教育基金会）接受的实际到账的货币资金。仪器设备、建筑物、书画等实物捐赠，未变现股票、股权，基金运作利息等投资收入，均不包括在内。还须同时满足以下条件：

1. 单笔到账 10 万元（含 10 万元）以上的捐赠项目。

2. 非行政、事业类单位的捐赠项目。

3. 捐赠收入符合相关规定，来源必须合法，且不附带任何政治目的及其他意识形态倾向。

其他项目申报捐赠奖励专项经费须报评审小组办公室审批。

第五条 评审和发放程序：

1. 每年五月，由评审小组办公室负责组织上一周期捐赠奖励专项经费评审工作。

2. 捐赠奖励专项经费发放额度原则上不超过项目当期到款额度的30%。

3. 捐赠奖励专项经费发放以捐赠项目筹资团队或个人所在学院、部、处、系、所、教研室、实验室、课题组等为对象。发放对象须填制《北京理工大学捐赠奖励登记表》及相关材料，送评审小组办公室备案。

4. 评审小组办公室负责备案材料收集工作。办公室根据捐赠项目利用公共资源情况、项目绩效管理计划和实施情况以及年度捐赠奖励专项经费总额，综合统筹考虑，提出初步意见，报评审小组审批。

5. 评审小组负责审定捐赠奖励专项经费年度分配计划。

第六条 财务处根据评审小组决议建立专户对捐赠奖励专项经费进行管理。

第七条 捐赠奖励专项经费要建立项目负责人制度，确保专项经费按预算执行，并接受学校有关部门的监督。

第八条 本办法由北京理工大学教育基金会办公室负责解释。

第九条 本办法自通过之日起执行。此前发布的有关准则、规定与本办法不一致的，依照本办法执行。

北京理工大学研究生学业奖学金管理暂行办法

第119号令

第一章 总 则

第一条 为适应建设创新型国家对高层次人才的需求以及我校建设国际知名的高水平研究型大学的需要，进一步完善研究生教育投入机制，推动研究生教育教学改革，促进创新人才培养和研究生培养质量的提高，根据国家有关文件精神，结合学校实际情况，特制定本办法。

第二条 研究生学业奖学金由国家拨款支付，用于奖励学业成绩优良的研究生，全面激发研究生教育的创新活力，提高人才培养质量。

第三条 获得奖励的研究生须具有中华人民共和国国籍。研究生可参评的奖学金以评定时学生学籍所在的培养层次为准。

第二章 评审组织机构和职能

第四条 研究生学业奖学金评审由学校奖学金评审领导小组进行总体协调和指导，由主管校领导任组长，成员包括研究生院、学生工作处、纪委、财务处负责人和研究生导师代表。负责制定学校研究生学业奖学金评审实施细则；制定名额分配方案；统筹领导、协调、监督本校评审工作；裁决学生对评审结果的申诉。办公室设在研究生院。

第五条 各学院应成立研究生学业奖学金评审委员会，由学院主要领导担任主任委员，学科责任教授、主管学生工作的副书记、研究生导师代表、专职学生工作干部、研究生代表（未申报当年学业奖学金）任委员。委员会负责制定学院研究生学业奖学金评审细则；组织研究生提交申请、初步评审、汇总上报等工作。

第三章 奖励标准、比例与基本条件

第六条 研究生学业奖学金的参评对象为学校纳入全国研究生招生计划的、基本学制内的在籍全日制研究生。

本办法对2014年9月以后入学的研究生施行。

第七条 全校研究生的获奖学生比例参照当年国家财政拨款比例，学校另行制定。学校奖学金评审领导小组在此基础上依据各学院研究生规模、培养质量以及上一年度研究生学业奖学金执行情况制定年度名额分配方案。

第八条 获得研究生学业奖学金的基本条件：

1. 热爱社会主义祖国，拥护中国共产党的领导。

2. 遵守宪法和法律，遵守高等学校规章制度。

3. 诚实守信，道德品质优良。

4. 积极参与科学研究和社会实践，学习成绩优良。

第九条 有下列情况之一者，取消研究生学业奖学金参评资格：

1. 受到学校处分者，处分期内取消参评资格。

2. 学术行为不端者。

3. 在科研工作中造成重大事故及损失者。

4. 研究生在校期间擅自出国者。

5. 本学年度无故不缴纳学费、逾期不注册者。

6. 其他应该取消参评资格的情况。

第四章 评审方式

第十条 研究生学业奖学金的评审由各学院研究生学业奖学金评审委员会组织开展。委员会应根据本学院的实际情况，制定学院学业奖学金评定细则，在组织评审前应将学院评审细则进行公示，并报学校奖学金评审领导小组备案。

第十一条 评审时可参照《北京理工大学关于博士、硕士学位申请者发表学术论文的规定》（校学位〔2012〕5号），作为对论文质量考查的依据。评审过程中应尊重本学院基层学术组织、研究生导师的推荐意见。

第十二条 一年级研究生的学业奖学金，由学院评审委员会直接评定，其他年级研究生的学业奖学金经学生本人向所在学院评审委员会提出申请并提交相关支撑材料后，学院评审委员会分年级评定。

第十三条 各学院评审委员会确定本单位获奖学生名单后，应在学院内进行不少于3个工作日的公示。公示无异议后，提交学校奖学金评审领导小组进行审定，审定结果在全校范围内进行不少于2个工作日的公示。

第十四条 研究生学业奖学金的评审工作，坚持公开、公平、公正、择优的原则，严格执行国家有关教育法规和学校规章制度，杜绝弄虚作假。

第五章 发放管理与监督

第十五条 研究生学业奖学金每年由学校一次性发放给获奖学生。研究生获得学业奖学金情况记入学生学籍档案，并颁发荣誉证书。

第十六条 学校评审领导小组及各学院评审委员会要加强对研究生学业奖学金的资金管理，做到专款专用，不得截留、挤占、挪用。

第十七条 对研究生学业奖学金评审结果有异议者，可在各学院公示阶段向所在学院评审委员会提出申诉，评审委员会应及时研究并予以答复。如对学院做出的答复仍存在异议，可在学校公示阶段向学校奖学金评审领导小组提请裁决。

第十八条 评审结束后，发现研究生有弄虚作假、违反学术诚信的行为，一经查实，取消该生在校期间奖学金评审资格，收回该生已获得的奖金及证书，并根据《北京理工大学学生纪律处分条例》进行处理。相关工作人员在评审工作中出现违反本办法行为的，将追究其行政责任。

第六章 附 则

第十九条 本办法由研究生院负责解释。

北京理工大学研究生国家助学金管理暂行办法

第120号令

第一章 总 则

第一条 为适应建设创新型国家对高层次人才的需求以及我校建设国际知名的高水平研究型大学的需要，进一步完善研究生教育投入机制，推动研究生教育教学改革，促进创新人才培养和研究生培养质量的提高，根据国家有关文件精神，结合学校实际情况，特制定本办法。

第二条 研究生国家助学金由国家拨款支付，用于补助研究生基本生活支出。

第二章　资助范围与标准

第三条　研究生国家助学金的资助范围为学校纳入全国研究生招生计划的基本学制内的所有全日制在籍研究生（有固定工资收入的除外）。获得资助的研究生须具有中华人民共和国国籍。

第四条　在资助范围内的研究生，每学期注册后自动获得研究生国家助学金。

第五条　研究生国家助学金资助标准为：博士研究生每生每年 12 000 元，硕士研究生每生每年 6 000 元。资助标准的界定以研究生学籍所在的培养层次为准。

第三章　发放方式

第六条　研究生国家助学金在基本学制内在校期间按月发放。

第七条　研究生在基本学制内，由于出国、疾病等原因办理保留学籍或休学等手续的，暂停对其发放研究生国家助学金，待其恢复学籍后再行发放。

第四章　发放管理与监督

第八条　学校严格执行国家相关财经法规和本办法的规定，对研究生国家助学金实行分账核算，专款专用，不允许任何组织和个人截留、挤占、挪用，并自觉接受财政、审计、纪检监察、主管机关等部门的检查和监督。

第五章　附　则

第九条　本办法自 2014 年 9 月 1 日起施行。

第十条　本办法由研究生院负责解释。

北京理工大学教职工代表大会提案处理工作管理规定

第 121 号令

第一章　总　则

第一条　为进一步完善北京理工大学教职工代表大会（以下简称“教代会”）制度，推进教代会提案处理工作的制度化、规范化与科学化，根据《中华人民共和国高等教育法》《中华人民共和国工会法》《教育部学校教职工代表大会规定》和《北京高等学校教职工代表大会工作规程（试行）》，结合本校实际情况，制定本规定。

第二条　教代会提案是代表在广泛征集教职工意见、经过调查研究的基础上，就学校改革发展建设及教职工普遍关心的问题，按照规定程序，提请教代会讨论，并转交学校相关部门答复处理的书面意见和建议。

第三条　提案工作是教代会行使参与学校民主管理和民主监督职能，促进学校管理和决策民主化、科学化的重要渠道，是教代会代表履行职责、行使民主权利的一项重要内容，是广泛调动教职工积极性、激发教职工主人翁责任感、群策群力建设高水平研究型大学的重要途径。

第四条　教代会提案处理工作坚持以邓小平理论和“三个代表”重要思想为指导，坚持科学发展观，围绕中心，服务大局，提高质量，讲求实效，努力提高提案征集、处理质量，为推动学校科学发展服务。

第二章　组织机构及职责

第五条　教代会提案处理工作委员会是教代会常设主席团下设的负责提案工作的专门机构，具体负责提案的征集、审查、立案、办理分工、督办、检查、反馈、评比等工作。

第六条　提案处理工作委员会成员由教代会换届时选举产生，任期与教代会届期相同。

第七条　提案处理工作委员会应当履行下列基本职责：

（一）制订年度提案工作计划。

（二）组织各代表团征集提案。

（三）对征集的提案进行立案审查。

（四）确定立案提案的办理分工。

（五）督促承办单位认真办理提案，检查承办单位的答复意见和落实情况。

（六）将提案办理的答复意见和落实情况及时向提案人反馈，并征集提案人对处理结果的意见。

（七）向教代会作关于提案征集工作与提案处理工作的报告。

（八）评选优秀提案和提案处理先进单位。

第八条 教代会提案处理工作委员会除履行以上基本职责外，还应结合工作实际不断创新提案处理工作方式方法，探索应用网络技术平台、新兴媒体平台作为提案处理的载体，探索促进提案办理单位与提案人之间良好沟通的新渠道。

第九条 教代会提案处理工作委员会负责开发和维护提案处理网上工作平台，用于处理在教代会召开期间征集的代表提案；在教代会闭会期间，用于向教职工代表广泛征求意见。对于学校涉及师生员工切身利益的重大决策，可通过网络平台或者召开座谈会向广大师生员工征集意见，师生员工也可通过网络平台提出意见和建议。

第十条 教代会提案处理工作委员会下设办公室，负责提案的分类、分发、转办、协调和汇总工作，办公室设在校工会。

第三章 提案征集

第十一条 教代会提案征集工作由教代会常设主席团领导，由教代会提案处理工作委员会协调教代会筹备工作委员会，组织各代表团向各位代表征集提案。

第十二条 工会代表有资格向教代会提案，具体要求同教代会代表提案一样。

第十三条 代表提案应符合以下条件：

（一）提案应符合党和国家方针、政策、法律法规的有关规定。

（二）提案应符合学校实际，属于本校职权范围内能处理的问题。

（三）提案应在广泛听取教职工意见以及调查研究的基础上提出，具有一定的普遍性、科学性和可行性。

（四）提案内容符合规定格式，提案措辞简要、明确、严肃、严谨。

第十四条 提案处理工作委员会汇总提案征集情况，负责向教代会常设主席团汇报，并向大会作关于本届（次）提案征集情况的报告。

第四章 提案审查与立案

第十五条 各代表团团长应当对本代表团代表提出的提案及时进行形式审查，审查通过后提交提案处理工作委员会。提交提案应有提案人和附议人签字确认的原件，用于备案；此外按照提案处理工作委员会的具体要求，配合完成其他填报工作。

第十六条 提案处理工作委员会对各代表团提交的提案进行汇总、审查、整理，并决定提案是否立案。

第十七条 提案立案的原则除应满足第十一条规定的条件外，还包括：

（一）提案应立意明确，反映问题真实、具体、清晰。

（二）提案应围绕学校改革发展建设，反映学校全局性工作。

（三）提案应涉及多数教职工切身利益，反映教职工关心的热点和难点问题。

（四）提案应一事一议、一案一表。

（五）提案人和附议人必须是教代会正式代表。

（六）提案由一人提出，附议人不少于五人。

（七）提案要素齐全，包括提案人基本信息、附议人名单、提案标题、情况分析、具体建议等。

第十八条 符合下述条件之一者不予立案：

（一）不符合党和国家方针、政策、法律法规的问题。

（二）内容涉及国家机密的问题。

（三）不属于本校处理职权范围内的问题。

（四）不符合技术规范、缺乏可操作性的提案。

（五）举报或揭发问题的（此类内容应向纪检监察部门反映）。

（六）只针对解决个人具体问题且无普遍性的（此类问题可向有关部门或信访部门反映）。

（七）与本届往次教代会提案内容基本相同的、学校已经明确答复或正在办理过程中的事宜。

第十九条 同届（次）教代会提出的内容基本相同的提案不同时立案，进行并案处理，原提案人作为共同提案人。

第二十条 经提案处理工作委员会审查合格的提案，应予立案。立案提案要进行统一编号，分类登记。经审查立案的提案应在全校范围内进行公示。

第二十一条 提案的分类应满足全面、合理、准确、精简的原则，共分为学科科研与人才培养、制度改革与管理服务、思政教育与文化体育、办公条件与资源配置、人事师资与福利待遇、后勤保障与综合治理六大类。

第二十二条 经提案处理工作委员会审查不合格的提案，不予立案。对不予立案的提案应向提案人说明理由，并在全校范围内进行公示。

第五章 提案办理

第二十三条 提案处理工作委员会负责拟定立案提案的办理分工，报主管学校领导批准，并由主管学校领导召集相关承办单位开会讨论，明确各项提案的承办责任。

第二十四条 涉及两个或两个以上承办单位办理的提案，提案处理工作委员会应当确定主办单位和协办单位，主办单位一般不多于一个。

第二十五条 承办单位应当重视教代会提案，保证提案办理质量，做到领导全面负责，专人具体负责，健全相关制度，严格办理程序。

第二十六条 坚持主办单位牵头负责制度。提案经过分工确认后，应由主办单位牵头负责答复和落实。主办单位应主动联系协办单位共同落实答复意见和提案内容，主动加强与提案人的沟通，主动征询提案人对办理提案的意见。如在提案办理过程中，需要协办单位以外的单位进行配合的，应由主办单位主动协调相关单位协助解决。

第二十七条 坚持满意答复制度。承办单位在收到提案后三个月内应向提案处理工作委员会通报办理结果，并保证作出明确的、令提案人满意的答复意见。对提案所涉及的问题，凡有条件解决的，要及时落实，作出“已经落实”的答复；因条件所限一时不能解决，要列入规划，创造条件，逐步落实，作出“正在落实”或“暂缓落实”的答复；确实无法解决的，需向提案人解释清楚，作出“无法落实”的答复。

第二十八条 坚持重点难点提案上报制度。对于承办单位无法落实的、但意义重大的重点难点提案，提案处理工作委员会应上报学校党委常委会或校长办公会讨论研究，确需教代会讨论、决定的问题应列为大会议题。

第六章 办理结果检查、反馈与评比

第二十九条 提案处理工作委员会负责检查、督促提案的落实工作，汇总落实情况和反馈意见。

第三十条 承办单位办理提案的结果，由提案处理工作委员会进行审核，并报告主管学校领导。

第三十一条 提案办理结果审核通过后，提案处理工作委员会应将提案办理结果在全校范围内进行公示，向提案人及教代会代表征询反馈意见。对于满意度较低的提案，经提案处理工作委员会审查后将转承办单位再次办理。

第三十二条 提案处理工作委员会总结年度提案处理工作情况，负责向教代会常设主席团汇报，并向下届（次）大会作关于年度教代会提案处理工作的报告。

第三十三条 提案处理工作委员会负责拟定优秀提案、提案处理先进单位获奖名单，报教代会常设主席团审议，对获奖者在下届（次）大会上进行表彰奖励。

第三十四条 优秀提案应符合以下条件：

（一）提案内容对于学校改革和发展意义重大。

（二）提案建议具有较强的科学性、针对性与可操作性，能够有效解决学校的实际问题。

第三十五条 提案处理先进单位应符合以下条件：

（一）尊重提案人参与学校民主管理、民主监督的权利，充分重视提案承办工作，能够主动落实提案办理的各项制度。

（二）承办提案数量较多，或因办理提案涉及开展的工作量较大。

（三）提案办理结果质量较高，代表反馈满意率高。

第七章 附 则

第三十六条 本规定由教代会提案处理工作委员会负责解释。

第三十七条 本规定从发布之日起施行。

北京理工大学研究生奖助学金实施方案

第 122 号令

第一章 总 则

第一条 为适应建设创新型国家对高层次人才的需求以及我校建设国际知名的高水平研究型大学的需要，进一步完善研究生教育投入机制，推动研究生教育教学改革，促进创新型人才培养和研究生培养质量的提高，根据国家有关文件精神，结合学校实际情况，特制定本方案。

第二条 本方案旨在建立健全以国家投入为主、研究生合理分担培养成本，学校、学院、导师多渠道筹集经费的研究生教育投入机制。完善激励机制，全面激发研究生教育的创新活力，提高人才培养质量。

第三条 适用本方案的研究生奖助学金包括：研究生国家奖学金、研究生国家助学金、研究生学业奖学金、北京理工大学研究生助学金、研究生教学助理（简称助教）岗位津贴、研究生管理助理（简称助管）岗位津贴和研究生科研助理（简称助研）津贴。

第四条 获得资助的研究生须具有中华人民共和国国籍。研究生可参评的奖助学金以评定时学生学籍所在的培养层次为准。

第五条 研究生奖助体系中各类评审、资助工作由学校奖学金评审领导小组进行总体协调和指导。

第二章 研究生国家奖学金

第六条 研究生国家奖学金由中央财政出资设立，用于奖励表现优异的全日制研究生。

第七条 研究生国家奖学金奖励标准为：博士研究生每生每年 3 万元，硕士研究生每生每年 2 万元。

第八条 研究生国家奖学金每年评审一次，奖励人数以当年教育部分配的名额为准。

第九条 研究生国家奖学金的评审和管理参照《北京理工大学研究生国家奖学金评审办法（试行）》（学校第 92 号令）执行。

第三章 研究生国家助学金

第十条 研究生国家助学金由国家拨款支付，用于补助研究生基本生活支出。

第十一条 研究生国家助学金的资助对象为纳入全国研究生招生计划的、基本学制内的全日制研究生（有固定工资收入的除外）。

第十二条 研究生国家助学金资助标准为：博士研究生每生每年 12 000 元，硕士研究生每生每年 6 000 元。

第十三条 研究生国家助学金的发放和管理参照《北京理工大学研究生国家助学金管理暂行办法》（学校第 120 号令）执行。

第四章 研究生学业奖学金

第十四条 研究生学业奖学金由国家拨款支付，用于奖励学业成绩优良的研究生，支持他们更好地完成学业。

第十五条 研究生学业奖学金的参评对象为 2014 年 9 月之后入学的纳入全国研究生招生计划的基本学制内的全日制研究生。

第十六条 研究生学业奖学金每年评审一次，奖励标准和比例以当年下发通知为准。

第十七条 研究生学业奖学金的评审和管理参照《北京理工大学研究生学业奖学金管理暂行办法》（学校第 119 号令）执行。

第五章 北京理工大学研究生助学金

第十八条 北京理工大学研究生助学金由学校出资设立，用于补助研究生基本生活支出。

第十九条 北京理工大学研究生助学金的资助对象为 2014 年 9 月之后入学的纳入全国研究生招生计划的全日制研究生（按照 B 类标准缴纳培养费的研究生和有固定工资收入的研究生除外）。

第二十条 北京理工大学研究生助学金的资助

标准为：博士研究生每生每年 10 000 元，硕士研究生每生每年 4 000 元。

第二十一条 北京理工大学研究生助学金在研究生基本学制内在校期间逐月发放，每年按照 10 个月发放。

第二十二条 凡在学期间有下列情况之一的，停发北京理工大学研究生助学金：

1. 违反学校规章制度受到纪律处分期间。
2. 学术行为不端。
3. 研究生期间自行出国。
4. 休学期间。
5. 学生退学。
6. 不能按要求完成培养计划，由导师提供书面意见的情况。

需停发北京理工大学研究生助学金的研究生，由学院报学校奖学金评审领导小组审批，批准后从次月开始停发。

第二十三条 因为受到纪律处分停发北京理工大学研究生助学金的研究生，可以按照《北京理工大学学生校内申诉管理规定》进行申诉，如申诉结果为未受处分，全额补发北京理工大学研究生助学金。

第二十四条 因各种原因学籍变动者，按照其变动情况发放。

第六章 研究生助教和助管岗位津贴

第二十五条 研究生助教和助管岗位津贴由学校出资支付，用于调动研究生参与科学研究和社会实践的积极性。

第二十六条 研究生助教和助管主要从一、二年级的非定向研究生中产生。

第二十七条 助教和助管岗位的设置、津贴标准和管理办法另行制定。

第七章 研究生助研津贴

第二十八条 研究生助研津贴用于强化导师责任，充分发挥导师项目资助制在调动研究生参与科学研究和社会实践过程中的促进作用。

第二十九条 博士研究生助研津贴的发放和管理参照《北京理工大学博士研究生科研助理津贴发放办法》（研函〔2014〕029 号）执行。

第三十条 硕士研究生助研津贴由导师根据学生的学习和科研情况自行发放。

第八章 附 则

第三十一条 本方案自 2014 年 9 月 1 日起施行。

第三十二条 原《北京理工大学博士研究生普通奖学金实施办法（试行）》《北京理工大学硕士研究生普通奖学金实施办法（试行）》《北京理工大学全日制专业学位（双证）研究生奖学金实施办法（试行）》《北京理工大学研究生新生奖学金实施办法（试行）》同时废止。

第三十三条 本方案由研究生院负责解释。

北京理工大学外籍教师聘用管理办法（试行）

第 123 号令

第一章 总 则

第一条 为全面推进我校师资队伍国际化发展步伐，加大国际合作与交流力度，充分发挥外籍教师在教学科研、学科建设和人才培养工作中的重要作用，提高聘请效益，根据国家有关文件规定，结合学校实际，制定本办法。

第二条 聘请外籍教师应紧密围绕学校建设世界一流大学的总体目标，遵循协同规划、广开渠道、突出重点、择优选聘、保证质量、注重效益的原则。

第三条 本办法所称外籍教师是指受聘期限一年（含）以上的教学研究型外籍教师和教学型外籍教师，不含按国家人才计划到校工作的外籍人士以及按事业编制管理体制聘用的华侨及外籍华裔。

第四条 教学研究型外籍教师主要来我校从事开展合作研究、学科（专业）建设、国际科研平台建设、联合培养研究生、承担本科生和研究生教学等工作；教学型外籍教师主要来我校从事本科生基础课、研究生基础课和语言类课程等教学工作。

第二章 聘用基本条件

第五条 聘请外籍教师应满足以下基本条件：

（一）在其本国及曾居住国无法律纠纷。

（二）具有良好的个人品质，严谨求实的科学（学术）作风，健康向上的心理素质和善于合作的团队精神。

（三）身体健康，年龄原则上在65周岁以下。

（四）教学研究型外籍教师原则上应具有博士学位和副教授（或助理教授）以上职称，在所从事的专业领域具有一定的学术造诣，有得到同行公认的学术成就，专家本人愿意在学术交流、合作研究、联合培养研究生、承担本科生和研究生教学等方面与我校合作。

（五）外籍专业类教学型教师应具有博士学位并有3年以上的教学资历；语言类教学型教师应具有学士以上学位，受过语言教学的专门训练并持有专业证书，有3年以上语言教学资历，能够按照学校要求承担外语教学。

第三章 聘用程序

第六条 外籍教师聘用主要按照需求计划申报、计划评审下达、公开招聘、签约上岗的程序进行。

（一）每年度9月份各学院提出下一年度聘请外籍教师计划。

（二）学校核准外籍教师聘用计划。

（三）学校面向海内外公开发布招聘信息。

（四）校专业技术岗位聘用委员会设立外籍教师招聘考核小组，外籍教师招聘考核小组对应聘人选进行评估、面试，确定拟聘人选，提出岗位、薪酬等聘用意见。

外籍教师招聘考核小组主要由校领导、学院院长、学院学术带头人、学部委员以及人事处、国际交流合作处、研究生院、教务处、科学技术研究院等职能部门负责人组成。

（五）学校审批聘用人选并报北京市外国专家局备案。

（六）签订聘用合同，明确工作目标。

第四章 专业技术职务岗位聘用

第七条 外籍教师的专业技术职务岗位聘用原则上参照本校教师岗位评聘工作执行。

专业技术职务岗位聘用条件参照学校专业技术职务岗位申报基本条件执行，拟聘人员应达到相应专业技术职务岗位的学术水平。

工作聘期四年以下的，专业技术职务聘期与工作聘期时间一致；工作聘期四年以上的，专业技术职务聘期为四年，到期续聘程序与首次聘用一致。

外籍教师专业技术职务岗位聘用工作与学校年度专业技术职务评聘工作同期进行，每年5~7月开展，由本人提出申请后按学院推荐、学部评审、学校专业技术职务评聘委员会评审的程序进行。

已有原单位专业技术职务任职资格的拟聘用人员和拟聘用的毕业生、博士后的专业技术职务岗位聘用可参照学校“专业技术职务认定规定”执行。

第五章 薪酬福利待遇

第八条 外籍院士等高层次人才的薪酬实行面议制，教学研究型外籍教师实行协议年薪制，教学型外籍教师实行协议月薪制。

第九条 学校根据聘用合同年限依法为外籍教师购买医疗保险。

第十条 外籍教师的休假与我校事业编制教职工的休假同步，执行我校事业编制教职工请假考勤制度。

第六章 工作评价

第十一条 外籍教师的工作评价与学校教职工考核工作同步进行，采取年度评价和聘期评价相结合的方式，主要以聘用合同中明确的工作目标为评价依据。评价结果作为是否续聘或解聘的依据。

第十二条 外籍教师的工作评价由各学院牵头，会同教务处、研究生院、科学技术研究院、人事处等职能部门共同完成。

第十三条 各学院要定期形成外籍教师聘用效益自评报告，聘用效益将作为各学院聘用名额分配的主要依据。

第七章 外籍教师纪律

第十四条 外籍教师须遵守中华人民共和国的有关法律、法规和学校规章制度，尊重中国文化传统和风俗习惯。

第十五条 外籍教师聘期内应全职在校工作，按照合同约定履行工作职责。不得从事与其身份不符的活动，不得以任何形式向社会和学生做涉及我国政治思想、社会状况、经济和科技秘密、特殊生物资源以及违反规定的调查。

第八章　附　则

第十六条　外籍教师利用学校资源获得的一切知识成果，属职务发明范畴，其产权均属北京理工大学所有，不得擅自将研究成果转让。

第十七条　港澳台人才和聘用期限为一年以下的外籍教师的聘用管理参照本办法执行。

第十八条　本办法自公布之日起试行，由人事处与国际交流合作处负责解释。

北京理工大学非事业编制人员聘用管理办法

第 124 号令

第一章　总　则

第一条　为深化人事制度改革，合理配置人力资源，提高用人效益，构建灵活、多元、完善的用人机制，根据《中华人民共和国劳动法》《中华人民共和国劳动合同法》和国家、北京市有关政策规定，制定本办法。

第二条　本办法所称的非事业编制人员，系指不占用学校事业编制，因教学、科研、管理、教辅等工作需要，与学校建立劳动关系或劳务关系，签订劳动合同、劳务协议或者通过劳务派遣公司派遣的各类聘用人员。

第三条　非事业编制人员聘用原则为：编制调控、按需设岗，公开招聘、择优聘用，分类管理、项目优先，严格考核、合理流动。

第四条　学校根据用人单位需求、人员类别以及岗位类别确定非事业编制人员的聘用方式。

固定期限合同适用于在法定工作年龄之内与学校签订劳动合同的全职工作人员；项目聘用合同适用于以完成一定工作任务为目的阶段性岗位聘用人员；劳务协议适用于与其他单位有劳动关系、已办理社会保险的兼职工作人员以及正常享受退休工资的退休返聘人员；劳务派遣适用于用工期限 2 年以上，用人单位需要通过劳务派遣公司进行劳务派遣的工作人员。

学校鼓励各单位使用自有经费聘用非事业编制人员；鼓励科研、物业管理等各项工作采用项目外包、以签订项目（物业）承包合同的形式完成。

第五条　学校按照“谁使用、谁负责”的原则，明确各用人单位的聘用责任和要求，依法规范非事业编制人员的聘用管理，维护学校与聘用人员的合法权益。

第六条　本办法所称的用人单位是指各学院、机关职能部处、直（附）属单位等。后勤集团、资产经营公司等独立核算或独立法人单位依据国家、北京市有关规定，参照本办法制定本单位人员聘用管理规定，自行承担一切法律和经济责任。

第二章　聘用管理

第七条　人事处（人才交流中心）是全校非事业编制人员聘用的归口管理部门，负责制定全校非事业编制岗位的用人规划，协同科学技术研究院、教务处、研究生院、实验室与设备管理处、学生工作处等职能部门做好教学、科研、教辅、学生工作岗位非事业编制人员的编制核定、聘用审批和分类管理，指导和监督各用人单位规范、合法用工。

第八条　财务处是全校非事业编制聘用人员经费的归口管理部门，负责审定各用人单位（项目组）聘用人员经费预算，核拨聘用人员的各项费用。

第九条　用人单位是非事业编制聘用人员管理的具体责任单位，负责建立和完善非事业编制人员聘用管理规章制度，明确一名负责人负责本单位非事业编制人员的管理工作。

用人单位须在学校核定的编制范围内制定本单位非事业编制岗位人员招聘计划、岗位任职条件和岗位职责；参与非事业编制人员公开招聘及合同签订工作；建立非事业编制人员考勤档案，组织年度考核及聘期考核，按期提出续聘或解聘的意见；根据岗位审批情况承担聘用人员的相关费用。

第十条　通过劳务派遣方式聘用非事业编制人员累计达10人（含）以上的单位，经学校审批授权后，可自行与具有合法资质的劳务派遣公司签订劳务派遣协议，规范要求，依法用工。

第十一条　用人单位、聘用人员应认真履行聘用合同（协议），按规定办理合同（协议）的变更、解除、终止手续。

1. 聘用期满后，劳动合同、劳务协议或劳务派遣协议即行终止，同时用人单位须在聘期结束前三十日书面通知聘用人员。

2. 如因考核不合格或其他原因，需要提前解除劳务关系或者劳动关系的，提出解除一方须提前三十日书面通知对方，并协商相关事宜。

3. 符合学校规定续聘条件的，聘期期满前六十日，用人单位根据工作需要、考核情况决定是否继续聘用非事业编制人员，并办理相应审批手续。

第十二条　用人单位在对非事业编制人员的聘用和管理过程中，不得出现以下行为，否则，学校将予以追究无限法律和经济责任：

1. 未经学校批准擅自聘用非事业编制人员。

2. 擅自与非事业编制人员订立或更改合同。

3. 未经学校授权擅自与劳务派遣单位订立劳务派遣协议。

4. 擅自改变聘用人员薪酬及社会保险费用标准和转拨方式。

5. 其他违法违规行为。

第三章　岗位设置

第十三条　岗位设置原则：

教辅岗位、一般管理岗位按照工作需要、编制缺编的原则进行设置。

教学、科研岗位依据教学任务、科研项目任务需要的原则设置以完成一定工作或项目任务为目的的阶段性岗位，工作或项目任务完成后聘用岗位自然取消。

第十四条　岗位类别、聘用方式及聘期。

（一）岗位类别

C-1岗位：高层次人才聘用岗位，主要指从事高层次教学科研工作，实行协议制薪酬待遇的岗位，包括双聘院士、国家级教学名师、讲座教授等高端专业技术人才和学校教学科研工作急需的其他高层次人才。

C-2岗位：项目聘用岗位，主要指为完成学校教学、科研工作中的专项任务设置的阶段性工作岗位，包括项目研究人员、科研助理、专职教员、教学助理、实验助理等。

C-3岗位：教辅及其他服务性岗位，主要指从事实验、工程、图书资料、档案等教学辅助工作及其他服务性工作的岗位。

C-4岗位：管理岗位，主要指在学校机关职能部门或学院机关从事党政管理工作的岗位。

C-5岗位：学生工作岗位，主要指从事学生教育管理工作的岗位，包括专兼职辅导员（含保资人员）、兼职组织员、兼职协理员等。

C-6岗位：指从事教学、科研、管理、教辅等工作的各类退休返聘人员，包括享受正常退休工资的学校事业编制内退休人员以及校外退休人员。

C-7岗位：在站博士后，指受聘于学校各博士后科研流动站从事科研项目工作的博士后人员。

（二）聘用方式

岗位类别	聘用方式（具体聘用方式需根据岗位类型及人员情况进行确定）			
	固定期限合同	劳务协议	劳务派遣	项目聘用合同
C-1岗位		√		√
C-2岗位		√		√
C-3岗位	√	√	√	√
C-4岗位	√	√	√	√
C-5岗位	√	√	√	√
C-6岗位		√		
C-7岗位	√			

（三）聘用期限

固定期限合同和劳务派遣期限一般为三至五年，试用期不超过六个月；项目聘用方式聘期视工作或项目任务需要而定，无试用期；劳务协议期限按照工作需求确定。退休返聘人员的聘期一般为一年，期满后可根据工作需要和身体情况申请续聘，最长不超过五个聘期。

第四章　薪酬待遇

第十五条　聘用非事业编制人员所需各项经费采取学校教育事业经费、各用人单位自筹经费等方式支付，经费列支按相关财务制度规定执行。

学校教育事业经费原则上用于以下三种人员聘用所需经费的支付：

1. 基本教育规模编制缺编单位聘用的非事业编制人员。

2. 学校聘用到 C-1 岗位的双聘院士、国家级教学名师、讲座教授等高端专业技术人才。

3. 学校因专项任务聘用的高端管理人才或专业技术人才。

使用自筹经费的用人单位，要做好聘用人员所需各项费用的预算工作，每年初预缴年度费用总额；计算用工成本时，除聘用人员薪酬外，还应包括单位应缴纳的社会保险、住房公积金等。

第十六条　学校教育事业经费聘用人员的薪酬结构及标准由人事处根据不同岗位性质、岗位职责，综合考虑聘用人员的学历、工作经验、工作业绩以及人才市场行情等情况确定。使用自筹经费聘用人员的薪酬标准，由各用人单位在遵守国家以及学校有关规定的基础上参考学校文件制定，并报人事处审批备案。

C-1 岗位聘用人员的薪酬实行协议工资制度，可根据所聘人才层次和工作性质，选择性实行月薪制、季薪制或年薪制。

C-2 至 C-5 岗位聘用人员，其薪酬结构一般由基础工资、绩效工资、福利性补贴和年终奖金等四部分组成；其中基础工资、绩效工资与福利性补贴按月发放；年终奖金年底核发，各用人单位根据聘用人员的实际工作业绩及考核结果进行分配。

C-6 岗位聘用人员的薪酬以返聘费的形式按月（或按季、年）发放，返聘费标准由学校根据所聘岗位性质和承担的工作任务等情况确定。

C-7 岗位聘用人员的薪酬标准按照学校博士后相关管理文件执行。

第十七条　各用人单位可根据非事业编制岗位聘用人员的工作年限、工作业绩和考核情况，报学校审批同意后在一定范围内调整其薪酬标准；同时学校将根据事业发展、收入分配制度改革以及社会人力资源市场工资变化等情况，对非事业编制岗位聘用人员薪酬体系及其标准进行适时调整。

第十八条　聘期内 C-2 至 C-5 岗位聘用的非事业编制人员实行社会化管理，纳入社会保险体系，按规定享受养老、医疗、失业和工伤保险等待遇，不享受校内事业编制人员养老、医疗等福利待遇。

受聘人员应依法参加基本社会保险，单位缴纳部分根据经费来源渠道分别由学校及用人单位承担，个人缴纳部分由学校从其工资中代扣代缴。

第十九条　非事业编制人员在聘期内享受国家规定的公休假、年休假、婚假、产假等休假权益，寒暑假期间工作安排由用人单位与非事业编制人员根据岗位情况约定，并写入合同（协议）。

第二十条　C-2 至 C-5 岗位非事业编制人员受聘期间可自行参加劳务派遣公司或人才中介服务机构组织的社会化专业技术职务任职资格评定，从事教学科研工作的非事业编制人员（不含返聘人员）经用人单位同意及其人事档案所在单位委托，可向学校申请参加学校的专业技术职务评定。

第二十一条　C-2 至 C-5 岗位非事业编制人员可将党团组织和工会会员关系转入学校，参加学校的党团组织和工会活动。

第二十二条　学校为非事业编制聘用人员按需发放校园“一卡通”，聘期内凭其进出校门和工作场所，享有图书借阅、食堂就餐等相关待遇，聘期结束按规定收回。

第二十三条　根据队伍建设发展的需要，对于部分表现突出的非事业编制长期聘用人员，学校择优选拔一定比例的人员转入事业编制或签订无固定期限聘用合同。

第五章　附　则

第二十四条　具有北京市城镇户口的 C-2 至 C-5 岗位非事业编制人员，其人事档案应按照北京市人力资源和社会保障局有关规定办理个人存放或集体委托存放手续。其他 C-2 至 C-5 岗位非事业编制人员由个人自行将人事档案存放于户口所在地的人才中介服务机构。

第二十五条　学校及用人单位为非事业编制人

员建立工作档案，包括劳动合同（劳务协议）、考勤记录、考核记录、奖惩记录、重要事项送达签收单等。

第二十六条 如聘用双方发生劳动争议，可首先向学校劳动争议调解委员会提出调解。如发生劳动（劳务）纠纷或诉讼，用人单位须承担直接责任，并经学校授权后进行处理；处理纠纷或诉讼所发生的费用以及所造成的经济赔偿，由用人单位承担。用人单位如因违法、违约给学校造成经济损失或不良影响，学校将追究相关责任人的责任。

第二十七条 C-1、C-7 岗位聘用的高层次人才及博士后人员，同时执行学校相关政策。

第二十八条 本办法自印发之日起施行，由人事处负责解释。原《北京理工大学流动编制聘用人员管理办法（试行）》（校人发〔2007〕9 号）、《北京理工大学流动编制人员管理办法实施细则（试行）》（校人发〔2007〕23 号）、《中共北京理工大学委员会关于印发〈非事业编制人员聘用管理办法（暂行）〉的通知》（党发〔2010〕42 号）、《北京理工大学非事业编制人员聘用管理办法》（校第 63 号令）和《北京理工大学非事业编制人员聘用管理办法》（校第 86 号令）废止，原有非事业编制人员纳入本办法进行管理。

北京理工大学教职工处分与申诉规定

第 125 号令

第一章 总 则

第一条 为进一步加强人事管理，规范教职工行为，保证学校各项工作的顺利进行，根据《事业单位工作人员处分暂行规定》（人社部 监察部第 18 号令）、《关于事业单位工作人员和机关工人受处分工资待遇处理有关问题的通知》（人社部发〔2012〕68 号）、《事业单位工作人员申诉规定》（人社部发〔2014〕45 号）及《北京理工大学章程》，结合学校实际，制定本规定。

第二条 教职工违法违纪，应当承担纪律责任的，依照本规定给予处分。

第三条 给予教职工处分，应当坚持公正、公平和教育与惩处相结合的原则，应当与其违法违纪行为的性质、情节、危害程度相适应。

第四条 给予教职工处分，应当事实清楚、证据确凿、定性准确、处理恰当、程序合法、手续完备。

第五条 教职工涉嫌犯罪的，应当移送司法机关依法追究刑事责任。

第六条 本规定中的教职工，是指我校事业编制工作人员。

第二章 违法违纪行为及处分

第七条 处分的种类为：

（一）警告。

（二）记过。

（三）降低岗位等级或者撤职。

（四）开除。

第八条 受处分的期间为：

（一）警告，6 个月。

（二）记过，12 个月。

（三）降低岗位等级或者撤职，24 个月。

（四）在受处分期间受到新的处分的，其处分期为原处分期尚未执行的期限与新处分期限之和，但是最长不得超过 48 个月。

第九条 违法违纪行为及其适用处分。

（一）有下列违反政治纪律行为之一的，给予记过处分；情节较重的，给予降低岗位等级或者撤职处分；情节严重的，给予开除处分：

1. 散布损害国家声誉的言论，组织或者参加旨在损害国家利益的集会、游行、示威等活动的。

2. 组织或者参加非法组织的。

3. 接受境外资助从事损害国家利益或者危害国家安全活动的。

4. 接受损害国家荣誉和利益的境外邀请、奖励，经批评教育拒不改正的。

5. 违反国家民族宗教法规和政策，造成不良后果的。

6. 非法出境、未经批准获取境外永久居留资格或者取得外国国籍的。

7. 携带含有依法禁止内容的书刊、音像制品、电子读物进入国（境）内的。

8. 其他违反政治纪律的行为。

有前款第1项至第3项规定的行为，但属于不明真相被裹挟参加、经批评教育后确有悔改表现的，可以减轻或者免予处分。

（二）有下列违反工作纪律行为之一的，给予警告或者记过处分；情节较重的，给予降低岗位等级或者撤职处分；情节严重的，给予开除处分：

1. 在执行国家重要任务、应对公共突发事件中，不服从指挥、调遣或者消极对抗的。

2. 破坏正常工作秩序，给国家或者公共利益造成损失的。

3. 违章指挥、违规操作，致使人民生命财产遭受损失的。

4. 发生重大事故、灾害、事件，擅离职守或者不按规定报告、不采取措施处置或者处置不力的。

5. 在项目评估评审、产品认证、设备检测检验等工作中徇私舞弊，或者违反规定造成不良影响的。

6. 泄露国家秘密的。

7. 泄露因工作掌握的内幕信息，造成不良后果的。

8. 采取不正当手段为本人或者他人谋取岗位，或者在事业单位公开招聘等人事管理工作中有其他违反组织人事纪律行为的。

9. 其他违反工作纪律失职渎职的行为。

有前款第6项规定行为的，给予记过以上处分。

（三）有下列违反廉政纪律行为之一的，给予警告或者记过处分；情节较重的，给予降低岗位等级或者撤职处分；情节严重的，给予开除处分：

1. 贪污、索贿、受贿、行贿、介绍贿赂、挪用公款的。

2. 利用工作之便为本人或者他人谋取不正当利益的。

3. 在公务活动或者工作中接受礼金、各种有价证券、支付凭证的。

4. 利用知悉或者掌握的内幕信息牟取利益的。

5. 用公款旅游或者变相用公款旅游的。

6. 违反国家规定，从事、参与营利性活动或者兼任职务领取报酬的。

7. 其他违反廉洁从业纪律的行为。

有前款第1项规定行为的，给予记过以上处分。

（四）有下列违反财经纪律行为之一的，给予警告或者记过处分；情节较重的，给予降低岗位等级或者撤职处分；情节严重的，给予开除处分：

1. 违反国家财政收入上缴有关规定的。

2. 违反规定使用、骗取财政资金或者社会保险基金的。

3. 擅自设定收费项目或者擅自改变收费项目的范围、标准和对象的。

4. 挥霍、浪费国家资财或者造成国有资产流失的。

5. 违反国有资产管理规定，擅自占有、使用、处置国有资产的。

6. 在招标投标和物资采购工作中违反有关规定，造成不良影响或者损失的。

7. 其他违反财经纪律的行为。

（五）有下列违反职业道德行为之一的，给予警告或者记过处分；情节较重的，给予降低岗位等级或者撤职处分；情节严重的，给予开除处分：

1. 利用专业技术或者技能实施违法违纪行为的。

2. 有抄袭、剽窃、侵吞他人学术成果，伪造、篡改数据文献，或者捏造事实等学术不端行为的。

3. 利用职业身份进行利诱、威胁或者误导，损害他人合法权益的。

4. 利用权威、地位或者掌控的资源，压制不同观点，限制学术自由，造成重大损失或者不良影响的。

5. 在申报岗位、项目、荣誉等过程中弄虚作假的。

6. 工作态度恶劣，造成不良社会影响的。

7. 其他严重违反职业道德的行为。

有前款第1项规定行为的，给予记过以上处分。

（六）有下列违反社会公德行为之一的，给予警告或者记过处分；情节较重的，给予降低岗位等级或者撤职处分；情节严重的，给予开除处分：

1. 制造、传播违法违禁物品及信息的。

2. 组织、参与卖淫、嫖娼等色情活动的。

3. 吸食毒品或者组织、参与赌博活动的。

4. 违反规定超计划生育的。

5. 包养情人的。

6. 有虐待、遗弃家庭成员，或者拒不承担赡养、抚养、扶养义务等的。

7. 其他严重违反公共秩序、社会公德的行为。

有前款第2项、第3项、第4项、第5项规定行为的，给予降低岗位等级或者撤职以上处分。

（七）根据学校人才培养、科学研究等办学职能，教职工在学术不端、教学事故、保密保卫、安全生产以及其他专项业务工作中违法违纪行为的定性和处分，在相关业务职能部门或专门委员会制定的具体办法中予以明确规定。

（八）被依法判处刑罚的，给予降低岗位等级或者撤职以上处分。其中，被依法判处有期徒刑以上刑罚的，给予开除处分。

第十条 同时有两种以上需要给予处分的行为的，应当分别确定其处分。应当给予的处分种类不同的，执行其中最重的处分；应当给予开除以外多个相同种类处分的，执行该处分，但处分期应当按照一个处分期以上、两个处分期之和以下确定。

第十一条 两人以上共同违法违纪，需要给予处分的，按照各自应当承担的责任，分别给予相应的处分。

第十二条 有下列情形之一的，应当从重处分：

1. 在两人以上的共同违法违纪行为中起主要作用的。

2. 隐匿、伪造、销毁证据的。

3. 串供或者阻止他人揭发检举、提供证据材料的。

4. 包庇同案人员的。

5. 法律、法规、规章规定的其他从重情节。

第十三条 有下列情形之一的，应当从轻处分：

1. 主动交代违法违纪行为的。

2. 主动采取措施，有效避免或者挽回损失的。

3. 检举他人重大违法违纪行为，情况属实的。

第十四条 主动交代违法违纪行为，并主动采取措施有效避免或者挽回损失的，应当减轻处分或者免予处分。

违法违纪行为情节轻微，经过批评教育后改正的，可以免予处分。

第十五条 基层单位有违法违纪行为，应当追究纪律责任的，依法对负有责任的领导人员和直接责任人员给予处分。

第三章 处分期间的聘岗、考核及工资待遇

第十六条 处分期间的聘岗和考核：

（一）受到警告处分的，在受处分期间，不得聘用到高于现聘岗位等级的岗位；在作出处分决定的当年，年度考核不能确定为优秀等次。

（二）受到记过处分的，在受处分期间，不得聘用到高于现聘岗位等级的岗位，年度考核不得确定为合格及以上等次。

（三）受到降低岗位等级处分的，自处分决定生效之日起降低一个以上岗位等级聘用；在受处分期间，不得聘用到高于受处分后所聘岗位等级的岗位，年度考核不得确定为基本合格及以上等次。

（四）受到开除处分的，自处分决定生效之日起，终止其与学校的人事关系。

（五）受到记过以上处分的，在受处分期间不得参加专业技术职务任职资格评审、职员职级评审或者工勤技能人员技术等级考试（评审）。应当取消专业技术职务任职资格或者职业资格的，按照有关规定办理。

第十七条 处分期间的工资待遇：

（一）在职教职工受处分的工资待遇处理和退休教职工被追究违纪责任后退休费待遇处理的办法按照《关于事业单位工作人员和机关工人受处分工资待遇处理有关问题的通知》（人社部发〔2012〕68号）的有关规定执行。

（二）在职教职工受处分期间与校内聘用有关的绩效津贴处理办法：

1. 受警告处分的在职教职工，从作出处分决定的次月起停发3个月绩效津贴。

2. 受记过处分的在职教职工，从作出处分决定的次月起停发6个月绩效津贴。

3. 受降低岗位等级的在职教职工，从作出处分决定的次月起按新聘（任）岗位的绩效津贴标准停发9个月绩效津贴。

4. 实行绩效工资后，按国家相关政策另行规定。

（三）在职教职工受开除处分的，从作出处分决定的次月起，取消原工资待遇。

第四章 处分的权限和程序

第十八条 按照干部人事管理权限，对违纪教职工给予警告、记过、降低岗位等级处分的，由学校决定并报工业和信息化部备案；开除处分由学校

提出并报工业和信息化部审批。

第十九条 对违纪教职工的处分，按照以下程序办理：

（一）对教职工违法违纪行为初步调查后，需要进一步查证的，经有关领导同意后立案，根据业务分工成立由纪委监察室或相关业务职能部（处）、专门委员会牵头的案件调查组进行调查，教职工所在基层单位应当积极协助调查。案件调查组形成调查报告并提出处分建议意见。

（二）案件调查组牵头单位将对教职工违法违纪行为的调查情况及处分建议、意见报校长办公会议审定。

（三）印发处分决定，将处分决定以书面形式通知受处分教职工和有关单位，存入个人档案并在一定范围内宣布。

第五章 处分的解除

第二十条 教职工受开除以外的处分，在处分期间有悔改表现，并且没有再出现违法违纪情形的，处分期满，经学校批准后解除处分。

教职工在受处分期间终止或解除聘用合同的，处分期满后，自然解除处分。

第二十一条 教职工在受处分期间有重大立功表现，按照有关规定给予个人记功以上奖励的，经批准后可以提前解除处分。

第二十二条 教职工处分的解除或者提前解除，按照以下程序办理：

（一）处分期满后，受处分教职工提交书面报告，汇报个人受处分期间思想及工作情况。

（二）案件调查组牵头单位、用人单位对受处分教职工在受处分期间的表现情况进行全面了解，并形成书面报告，提出是否到期解除处分的建议意见。

（三）案件调查组牵头单位签署具体意见后报校长办公会议审定。

（四）印发解除或提前解除处分决定，将解除或者提前解除处分决定以书面形式通知本人，存入个人档案并在原宣布处分的范围内宣布。

第二十三条 处分解除后，教职工的工资待遇按新聘职务和岗位确定，考核、竞聘上岗和晋升工资按照国家和学校有关规定执行，不再受原处分的影响。但是，受到降低岗位等级或者撤职处分的，不视为恢复受处分前的岗位等级和工资待遇。

第六章 复核和申诉

第二十四条 受到处分的教职工对处分决定不服的，可以自知道或者应当知道该处分决定之日起三十日内向学校纪委监察室书面提出申请复核或申诉。

第二十五条 复核、申诉期间不停止处分的执行。教职工不因提出复核、申诉而被加重处分。

第二十六条 有下列情形之一的，应当撤销处分决定，重新作出决定：

（一）处分所依据的事实不清、证据不足的。

（二）违反规定程序，影响案件公正处理的。

（三）超越职权或者滥用职权作出处分决定的。

第二十七条 有下列情形之一的，应当变更处分决定：

（一）适用法律、法规、规章错误的。

（二）对违法违纪行为的情节认定有误的。

（三）处分不当的。

第二十八条 复核或申诉后应当撤销或变更处分决定的，由纪委监察室提请校长办公会审议决定。

第二十九条 教职工的处分决定被变更，需要调整该人员的岗位等级或者工资待遇的，应当按照规定予以调整；教职工的处分决定被撤销的，应当恢复该人员的岗位等级、工资待遇，按照原岗位等级安排相应的岗位。

被撤销处分或者被减轻处分的教职工工资待遇受到损失的，应当予以补偿。

第七章 附　则

第三十条 已经退休的教职工有违法违纪行为应当受到处分的，不再作出处分决定。但是，应当给予降低岗位等级或者撤职以上处分的，相应降低或者取消其享受的待遇。

第三十一条 本规定未尽事宜按《事业单位工作人员处分暂行规定》《事业单位工作人员申诉规定》等有关文件规定执行。

第三十二条 本规定自公布之日起施行，原《北京理工大学行政纪律处分规定》（校人发〔2007〕33号）废止。同时，其他涉及教职工处分的文件应与本文件精神保持一致。

第三十三条 本规定由人事处负责解释。

北京理工大学处级领导干部经济责任审计结果公示暂行办法

第 126 号令

第一条 根据《北京理工大学章程》、《北京理工大学内部审计工作规定》（北京理工大学令第 87 号）、《北京理工大学经济责任审计规定》（党发〔2013〕9 号）和《北京理工大学贯彻落实〈高等学校信息公开办法〉的实施意见》（北京理工大学令第 49 号），为提高审计监督的公开性和有效性，促进学校经济管理规范化和管理水平的提高，学校建立经济责任审计结果在党委委员和纪委委员中进行公示的制度并制定本办法。

第二条 本办法所称经济责任审计结果是指由组织部委托、审计室实施的处级领导干部履行经济责任的审计结果。

第三条 公示范围为党委委员和纪委委员。

第四条 经济责任审计结果一般以《审计结果报告》形式公示《审计报告》中“基本情况”“发现的问题或审计建议”“审计评价”等主要内容。委托社会审计机构进行审计的项目，由审计室出具的《审计意见书》一并公示。

第五条 公示形式为：由审计室负责将《审计结果报告》和《审计意见书》专送各位委员阅并收回，委员阅后提出意见。

第六条 委员应对公示内容保密，不得对公示内容进行复制、摘抄和对外发布。

第七条 《审计结果报告》经主管校领导审查同意和校长批准后进行公示。

第八条 必要时，经主管校领导同意和校长批准，《审计报告》可以全文公示，或批转相关部门阅。

第九条 《审计结果报告》公示后，有委员提出需要时，审计室可以另送《审计报告》全文至相关委员阅。

第十条 本办法自 2015 年 1 月 1 日起施行，由审计室负责解释。

04

机构与干部

学校机构设置

管理部门

学校办公室（挂靠单位：法律事务室、附属小学）

校友会办公室（挂靠单位：对外工作委员会）

机关党委	学生工作部（处）	招生就业工作处	基建处	离退休工作处
党委组织部/党校	发展规划处	国际交流合作处	良乡校区管理处	后勤集团
党委宣传部/新闻中心	研究生院	国有资产管理处	留学生中心	教育基金会办公室
党委统战部/信访办公室	研究生工作部	实验室与设备管理处	档案馆	总参驻北理工选培办
纪委/监察室、督办室	教务处	财务处	网络服务中心	
保卫部（处）	科学技术研究院	学部办公室	居民管理委员会	
保密部（处）	人事处	审计室	图书馆	

附属及产业单位

校医院	资产经营有限公司	出版社	科技园

群团组织

校工会	校团委（挂靠单位：艺术教育中心）

学院及教辅单位

宇航学院	材料学院	人文与社会科学学院	秦皇岛分校	中山研究院
机电学院	化工与环境学院	马克思主义理论教研部	继续教育学院	火炸药研究院
机械与车辆学院	生命学院	法学院	现代远程教育学院	微纳技术中心
光电学院	数学学院	外国语学院	国际教育合作学院	地面无人系统研究院
信息与电子学院	物理学院	设计与艺术学院	高等职业技术学院	两化融合发展研究院
自动化学院	化学学院	基础教育学院	珠海学院	
计算机学院	管理与经济学院	体育部	珠海研究院	
软件学院	教育研究院（学术期刊办公室、教学促进与教师发展中心）			

各委员会及机构领导小组

北京理工大学第十三届党委名单

党委书记： 郭大成（8 月免） 张 炜（8 月任）

党委副书记： 胡海岩 赵长禄（11 月任常务副书记） 李和章

党委常委：（按姓氏笔画为序）

孙逢春 李和章 杨 宾 杨志宏（11 月任）

杨树兴 杨蜀康 张 炜（8 月任） 陈 杰（4 月任）

项昌乐（11 月任） 赵 平 赵长禄 赵显利（12 月免）

胡海岩 郭大成（11 月免）

党委委员：（按姓氏笔画为序）

丁刚毅 于 倩（女） 王悦音（女） 龙 腾 仲顺安

孙逢春 李和章 李金林 杨 宾 杨志宏（11 月任）

杨树兴 杨蜀康 张 炜（8 月任） 张红峻 陈 杰

项昌乐 赵 平 赵长禄 赵显利（12 月免）

郝志强 胡海岩 姚利民（11 月免） 郭大成（11 月免）

黄风雷

北京理工大学第十三届纪委名单

纪委书记： 杨蜀康

纪委副书记： 李燕月（至 6 月 10 日） 张 英（自 6 月 11 日起）

纪委委员： 李燕月 赵荣娣（女） 代方震 李振键 杨惠萍

曲 虹（女） 李盼兴 李晋平 邓玉林 张 英

张振华 杨志坚 杨蜀康

北京理工大学第八届学术委员会委员名单

主任委员： 匡镜明

副主任委员： 赵长禄 胡更开

名誉主任委员： 王 越

委员：（按姓氏笔画为序）

毛二可 王 鲁 邓玉林 宁汝新 付梦印 朱东华

刘 莉 刘福水 吕 昕 张乃仁 张红峻 李金林

李科杰 李艳秋 吴 锋 吴树敬 匡镜明 苑士华

杨东平 杨亚非 杨荣杰 陈 杰 周立伟 胡长文

胡更开　赵长禄　赵宏康　赵跃进　高　利　徐兴忠
徐更光　郭　平　陶　然　黄风雷　盛新庆　焦清介

秘　书：徐文国

北京理工大学第十届学位评定委员会委员名单

主　席：胡海岩

副主席：孙逢春　王涌天

委　员：（按姓氏笔画为序）

丁刚毅　王涌天　邓玉林　龙　腾　冯长根　曲三强　伍清河
仲顺安　孙　良　孙逢春　李加荣　李和章　李京廉　李泽生
杨荣杰　杨建明　何海燕　胡更开　胡海岩　姜　澜　姚裕贵
黄风雷　黄河燕　盛新庆　韩伯棠　翟杰全

秘　书：罗爱芹

北京理工大学学部第二届委员会委员名单

（始于 2013 年 6 月 14 日）

机械与运载学部

委员：（按姓氏笔画为序）

冯顺山　左正兴　白春华　刘　莉　刘福水　张庆明　季葆华　林　程
苑士华　姜　澜　胡更开　项昌乐　高　利　崔平远　黄风雷　黄　强
焦清介

信息与电子学部

委员：（按姓氏笔画为序）

丁刚毅　王军政　王涌天　石　峰　龙　腾　伍清河　刘大可　吕　昕
吴嗣亮　李艳秋　汪　渤　赵跃进　夏元清　陶　然　高春清　黄河燕
薛　唯

理学与材料学部

委员：（按姓氏笔画为序）

冯长根　刘　颖　孙克宁　孙　良　庆　宏　曲良体　吴　锋　张向东
李加荣　李泽生　李　春　李树奎　杨荣杰　姚裕贵　胡长文　唐晓英
郭书祥

人文与社科学部

委员：（按姓氏笔画为序）

马永霞　王兆华　曲三强　朱东华　何海燕　李京廉　李林英　李　健
杨建明　胡瑞法　贾晓明　董沛武　韩伯棠　翟杰全　魏一鸣

北京理工大学校友总会第五届理事会组成名单

（始于 2010 年 9 月 25 日）

名誉会长：李　鹏　曾庆红　叶选平

名誉理事：（按汉语拼音排序）

步正发　崔乃夫　何光远　洪　虎　贺敬之（女）　黄墨滨

郝　岩　韩延林　贾朝群　焦文俊　匡镜明　林汉雄　令狐安
李　伦　刘玉堤　赖仪一　刘振起　阮崇武　王云龙　谢绍明
赵东宛　张俊九　张学东　曾宪林　贺光辉　胡　珍　李　彦
刘雅芝（女）　彭士禄　佘建明　王凤清（女）
王金城　王　昕（女）　魏敏学　徐　驰　于光远
杨　铿　张今强

会　　长：胡海岩

常务副会长：杨　宾

副 会 长：陈传书　陈　强　陈善如　杜玉波　范伯元　方　新（女）
冯长根　龚立群　龚　克　郭亚夫　郭建华　胡海岩
靳　诺（女）　李士祥　李燕潭　李惠玲（女）　刘绍忠
梁君言　柳秀导　马中学　唐　森　许　勤　熊大新
赵凤桐　臧献甫　张文栋　赵显利　赵亚平　邹名高

秘 书 长：杨　宾（兼）

副秘书长：常　伟　陈　浩　褚志平　段丽萍（女）　胡关勃　蒋　菁
蓝建国　李茂强　马　泳　缪玲玲（女）　苏　青　苏维富
谭伟平　汪平涛　王千鹏　王　黎（女）　王　勇　阎长荣
张富泉

理　　事：鲍克明　陈传书　陈　强　陈善如　陈立光　陈平中（女）
陈　浩　陈俊武　程兴伟　曹星星（女）　常　伟
楚士晋　褚志平　崔　军　杜玉波　杜　璇（女）
段丽萍（女）　范伯元　方　新（女）
冯长根　高　敏　高天利　耿悦彬　龚　克　龚立群
郭亚夫　郭建华　郭　斌　郭鸿宝　郭立本　胡海岩
胡石明　胡三民　胡关勃　何鸿波　黄毅诚　江云龙
姜泽栋　蒋　菁　靳　诺（女）　孔祥胜　匡　吉
雷亚萍（女）　李士祥　李兵凯　李光福　李惠玲
李建设　李茂强　李世宽　李献璐（女）　李晓春
李燕潭　李佑成　李原森　柳秀导　刘　晋　刘绍忠
刘永刚　刘玉堤　刘跃东　吕红献　楼仁海　卢玉林
卢正大　蓝建国　梁君言　马　泳　马中学　缪玲玲（女）
欧阳辉　彭恕伟　戚叔纬　苏　青　苏维富　苏晓东
宋海龄　宋　伟　宋新林　宋跃进　盛自强　孙海涛
谭伟平　唐　斌　唐　森　田福安　田国仁　汪平涛
王世显　王　黎（女）　王广训　王敏正　王晓鹏
王　勇　王之任（女）　王志宏　王千鹏　魏其新
吴晓琳　谢光选　熊大新　许　勤　徐更光　徐建强
肖　谦　闫鹏程　严沛然　严　奇　阎长荣　杨　宾
杨战军　仪垂杰　袁志敏　赵凤桐　臧献甫　张建东
张文栋　张　斌　张　昕　张彩斌　张飞碧　张富泉
张汉东　张　宏　张鸣岐　张世安　张素澄　张文东
张宜发　张印才　张　振　赵显利　赵亚平　赵承庆
赵晓晨　赵洪文　赵同济　赵子婴（女）　邹名高
郑广平　钟祥礼　周春山　周京石　周思永　周勇刚

朱华荣　朱　正　祖　静　辛建中

执行理事： 陈　强　程兴伟　郭亚夫　黄毅诚　何鸿波　胡石明　胡关勃　胡三民　江云龙　蒋　菁　孔祥胜　匡　吉　李惠玲（女）　李燕潭　卢玉林　梁君言　马　泳　马中学　缪玲玲（女）　盛自强　宋　伟　苏维富　苏　青　苏晓东　唐　森　田国仁　田福安　王世显　王千鹏　吴晓琳　徐更光　杨战军　张　昕　张富泉　张　宏　张素澄　张文栋　张世安　赵承庆　赵亚平　赵晓晨　邹名高

（理事共150名，其中执行理事：42名）

北京理工大学第四届董事会组成名单

（始于2010年9月26日）

名誉董事长： 李　鹏　曾庆红　叶选平　倪志福

董　事　长： 郭大成

常务副董事长： 杨　宾

副董事长（按拼音排序）：

曹建国　陈立光　林天福　聂晓夫　欧亚平　尚吉永　唐南军　王庆宗　杨树兴　杨　卓　袁　洁　袁志敏　邹乃睿

董　事（按拼音排序）：

陈　杰　陈树清　陈治海　成　龙　丁树奎　邓维平　邓少生　邓　宏　高福波　管小康　郝　虹　黄木祥　黄　峥　何云钦　蒋敬旗　姜泽栋　兰　戈　李保平　李春明　李　庆　李　良　李维昌　李照智　李建国　李宇丹　梁培康　刘　博　刘芳亮　刘中会　刘　晋　刘尔琦　鲁楚平　龙　平　柳秀导　罗岳华　罗晓阳　缪文民　彭仁刚　秦亚良　邱晓华　乔玉华　乔　龙　任陵柏　宋跃进　苏　中　苏立航　谭子英　谭志昕　吴会杰　吴护林　王炳申　王庆利　王韬光　王文明　王吉舟　肖先国　夏建中　许质武　谢　冰　杨葆华　袁光顺　余凤辉　赵　刚　赵怀义　张连成　张金鹏　张　健　张征宇　郑广平　钟自奇　周方洁

秘　书　长： 杨　宾（兼）

副秘书长： 段丽萍　任世宏

注：原董事72名，增加后86名。

各委员会、领导小组负责人及成员名单

序号	机构名称	主　任	副主任	成员或成员单位	日常工作设置单位
1	思想政治工作领导小组	张　炜	赵　平 杨蜀康 李和章	学校办公室、组织部、宣传部、统战部、纪委监察室、学生工作部、研究生院、研究生工作部、教务处、科学技术研究院、人事处、工会、团委、马克思主义理论教研部负责人、各学院分管领导 其中： 党建和党员教育：组织部负责 教工思想工作：宣传部负责 本科生思政工作：学生工作部负责 研究生思政工作：研究生工作部负责 思想政治课：马克思主义理论教研部	组织部 宣传部 学生工作部 研究生工作部 马克思主义理论教研部
2	党建工作研究会	张　炜	赵　平 杨蜀康 赵显利 李和章	下设党建研究会、徐特立教育思想研究会暨延安精神研究会 党建研究会成员：学校办公室、组织部、宣传部、统战部、纪委监察室、学生工作部、研究生工作部、学院分管领导 徐特立教育思想研究会暨延安精神研究会成员：学校办公室、组织部、宣传部、学生工作部、研究生院、研究生工作部、教务处、校友会办公室、工会、团委、教育研究院负责人	组织部：党建研究会 教育研究院：徐特立教育思想研究会暨延安精神研究会
3	保密委员会暨密码工作领导小组	张　炜	胡海岩 杨树兴 赵显利 李燕月	学校办公室、宣传部、纪委、保卫部、保密部、研究生院、科学技术研究院、人事处、国际交流合作处、实验室与设备管理处、财务处、档案馆、网络服务中心负责人，学院分管领导	保密部
4	依法治校工作暨普法教育领导小组	张　炜 胡海岩	赵　平 赵显利 李和章	下设依法治校工作小组、普法教育小组 依法治校小组成员：学校办公室、法律事务室、宣传部、纪委监察室、学生工作处、研究生工作部、科学技术研究院、人事处、国有资产管理处、财务处、审计室、工会负责人 普法教育小组成员：学校办公室、法律事务室、宣传部、纪委监察室、保卫部、保密部、学生工作部、研究生工作部、科学技术研究院、人事处、国有资产管理处、实验室与设备管理处、财务处、工会、团委、网络服务中心、居民管理委员会、资产经营公司负责人，人文学院分管领导	学校办公室：依法治校 宣传部：普法教育

续表

序号	机构名称	主　任	副主任	成员或成员单位	日常工作设置单位
5	党风廉政建设和反腐败工作暨联席会议领导小组	张　炜 胡海岩	杨蜀康	杨宾、赵平、赵长禄、孙逢春、杨树兴、赵显利、李和章，学校办公室、组织部、宣传部、纪委监察室、人事处、国资处、财务处、审计室、工会负责人	纪委监察室 学校办公室
6	重大工程领导小组	张　炜 胡海岩	杨　宾 赵　平 杨蜀康 赵长禄 孙逢春 杨树兴 赵显利 李和章	下设："985工程"小组、"211工程"小组、"一提三优工程"小组、"2011工程"小组 "985工程"小组成员：学校办公室、发展规划处、研究生院、教务处、科学技术研究院、人事处、国际交流合作处、国有资产管理处、实验室与设备管理处、财务处、基建处、良乡校区管理处负责人 "211工程"小组成员：学校办公室、发展规划处、研究生院、教务处、科学技术研究院、人事处、国有资产管理处、实验室与设备管理处、财务处负责人 "一提三优"工程小组成员：学校办公室、组织部、宣传部、保卫部、保密部、学生工作部、发展规划处、研究生院、研究生工作部、教务处、科学技术研究院、人事处、招生就业工作处、国际交流合作处、国有资产管理处、实验室与设备管理处、财务处、基建处、良乡校区管理处、工会、团委、档案馆、图书馆、网络服务中心、后勤集团负责人 "2011工程"小组成员：学校办公室、发展规划处、研究生院、教务处、科学技术研究院、人事处、财务处、国际交流合作处、国有资产管理处、财务处、校团委负责人，机械与运载学部、信息与电子学部主任，理学与材料学部、人文与社科学部主任主要负责人	"一提三优工程"由学校办公室牵头 "985工程"、"211工程"由发展规划处牵头 "2011工程"办公室设在科学技术研究院 其中： 学校办公室：体制机制创新、办学水平提升 发展规划处：学科建设 研究生院：研究生教育 教务处：本科生教育、公共服务体系建设 组织部：党的建设 科研院：平台基地建设 实设处：条件支撑建设 人事处：人才队伍建设 国际交流合作处：国际交流合作
7	岗位设置和聘用领导小组	张　炜 胡海岩	杨蜀康 赵长禄	成员：杨宾、杨蜀康、杨树兴、赵显利，学校办公室、组织部、纪委监察室、研究生院、教务处、科学技术研究院、人事处、财务处、工会负责人 下设专业技术岗位聘用工作小组、管理和工勤技能岗位聘用工作小组 专业技术岗位聘用工作小组成员：略 管理和工勤技能岗位聘用小组成员：略	人事处

续表

序号	机构名称	主　任	副主任	成员或成员单位	日常工作设置单位
8	国际合作工作委员会	胡海岩	赵长禄 孙逢春 李和章	下设孔子学院工作分委员会、“111”计划工作小组 孔子学院工作分委员会成员：国际交流合作处、孔子学院、教务处、人事处、财务处、人文学院、外国语学院 “111”计划工作小组成员：学校办公室、研究生院、科学技术研究院、人事处、国际交流合作处负责人	孔子学院：孔子学院工作 国际交流合作处：“111”计划工作
9	招生就业工作领导小组	胡海岩	杨蜀康 孙逢春 赵显利 李和章	下设本科生招生工作小组、研究生招生工作小组、推免生遴选工作小组、招生工作监察小组、毕业生就业工作小组 本科生招生小组成员：招生就业工作处、学生工作处、教务处负责人 研究生招生小组成员：研究生院、教务处负责人，学院分管领导 推免生遴选小组成员：教务处、研究生院招生处、学生工作处、团委负责人 招生工作监察小组成员：纪委监察室、信访办公室、财务处、审计室负责人、党风监督员 毕业生就业工作小组成员：学校办公室、党委宣传部、保卫部（处）、学生工作部（处）、研究生院、研究生工作部、教务处、招生就业工作处、财务处、团委、后勤集团	研究生院：研究生招生 招生就业处：本科生招生、毕业生就业 教务处：推免生遴选 纪委监察室：招生工作监察
10	经营性资产管理委员会	胡海岩	赵　平 杨树兴	杨宾、赵长禄、陈杰、李燕月，发展规划处、科学技术研究院、财务处、人事处、国有资产管理处、实验室与设备管理处、资产经营公司、科技园负责人	资产公司

续表

序号	机构名称	主　任	副主任	成员或成员单位	日常工作设置单位
11	学生教育委员会	胡海岩	孙逢春 李和章	下设“明精计划”工作小组、研究生教学指导分委员会、本科生教学指导分委员会、卓越工程师计划教学分委员会、基础教育教学指导分委员会、继续教育教学指导分委员会、国际教育教学指导分委员会、体育和艺术教育指导分委员会、研究生教学事故处理小组、本科生教学事故处理小组 “明精计划”工作小组成员：胡海岩、孙逢春、赵显利、李和章，其中组长由胡海岩兼任 研究生教学指导分委员会成员：研究生院、研究生工作部、实验室与设备管理处、团委负责人，学院分管领导 本科生教学指导分委员会成员：学生工作处、教务处、招生就业工作处、实验室与设备管理处、团委负责人，各学院分管领导。成员：郭彦懿、李振键、史天贵、蔺伟、仲顺安、林海、徐瑾、杨刚、曹峰梅、唐胜景、焦清介、唐水源、黄一帆、薛正辉、廖晓钟、郑军、闫达远、李树奎、冯金生、李勤、陈一宏、胡海云、张小玲、董沛武、贾利军、张艳丽、李京廉、杨新、程杞元、孟光云。秘书：林海 卓越工程师计划教学分委员会成员：仲顺安、张景瑞、唐胜景、王宁飞、焦清介、韩峰、唐水源、左正兴、黄一帆、郝群、薛正辉、徐晓文、廖晓钟、夏元清、郑军、牛振东、闫达远、李树奎、金海波、冯金生、李加荣、李勤、唐晓英、张青山、庞海芍、林海、曹峰梅、曹福辉（内蒙古617厂）、李朝辉（安徽丰原集团有限公司）、肖先国（中国兵器第203所）、解一文（信息产业部十一所）、姚全斌（北京微电子技术研究所）、赵智江（时代集团公司）、陈永红（赛尔集团） 基础教育教学指导分委员会成员：韩伯棠、杨东平、申大维、梅凤翔、李惠生、董国耀、罗伟雄、张忠廉、张春林、张青山、孙华飞、叶云屏、龚绍文、庞海芍。秘书：程杞元 继续教育教学指导分委员会成员：林海、徐瑾、焦清介、唐水源、黄一帆、薛正辉、廖晓钟、郑军、闫达远、陈一宏、胡海云、董沛武、李健、贾利军、张艳丽、李京廉、杨新、李小平、吴树敬、水小平、高利、骆珣、高飞、赵福堂、丁洪生。秘书：明道福、张立华 国际教育教学指导分委员会成员：郝志强、仲顺安、王庆林、李振键、郭彦懿、蔺伟、魏一鸣、董沛武、仇芳、魏素艳、陈一宏、李京廉、贾利军、梅文博、蒋志湘。秘书：蒋志湘（兼） 体育和艺术教育指导分委员会成员：学校办公室、宣传部、保卫处、学生工作处、研究生工作部、教务处、团委、体育部负责人，学院分管领导 研究生教学事故处理小组成员：陈晋南、陈朔鹰、郝洪涛、郝志强、罗爱芹、盛新庆、张英。在处理过程中，根据具体需要，增加相关学位（学术）委员会代表、教师代表2~3名。秘书：阎岩 本科生教学事故处理小组成员：郭彦懿、韩宝玲、郝志强、杨刚、张青山、张英、仲顺安。在处理过程中，根据具体需要，增加相关学院、校学位（学术）委员会代表、教师代表2~3名。秘书由教务处指定	研究生院：“明精计划”、研究生教学、研究生教学事故处理 教务处：本科生教学、卓越工程师计划教学、本科生教学事故处理 基础教育学院：基础教育教学 继续教育学院：继续教育暨远程教育学生教学 国际教育学院：国际合作会计专业教学 体育部、团委：体育生和艺术生教学

续表

序号	机构名称	主 任	副主任	成员或成员单位	日常工作设置单位
12	实验室工作委员会	胡海岩	杨 宾 杨树兴 赵显利	下设实验室建设工作分委员会、重点实验室建设与管理分委员会 实验室建设工作分委员会成员：发展规划处、研究生院、教务处、科学技术研究院、人事处、国有资产管理处、实验室与设备管理处、财务处、学院分管领导负责人 重点实验室建设与管理分委员会成员：组织部、发展规划处、研究生院、科学技术研究院、人事处、国有资产管理处、实验室与设备管理处、财务处负责人	实验室与设备管理处：实验室建设工作 科学技术研究院：重点实验室建设工作
13	专业技术职务评审委员会	胡海岩	郭大成 赵长禄	下设高级专业技术职务评审分委员会、中级专业技术职务评审分委员会 高级专业技术职务评审分委员会成员：略 中级专业技术职务评审分委员会成员：略	人事处
14	节能工作暨节约型学校建设工作领导小组	杨 宾	赵平 赵显利	学校办公室、宣传部、学生工作处、发展规划处、研究生院、研究生工作部、教务处、人事处、国有资产管理处、实验室与设备管理处、财务处、基建处、良乡校区管理处、工会、团委、网络服务中心、后勤集团负责人	国有资产管理处
15	医疗卫生领导小组	杨 宾	杨蜀康 赵显利	下设计划生育小组、公费医疗小组 计划生育小组成员：纪委监察室、学生工作处、研究生工作部、人事处、基建处、工会、居民管理委员会、后勤集团、校医院负责人 公费医疗小组成员：学生工作处、研究生工作部、教务处、人事处、财务处、离退休工作处、校医院负责人	校医院
16	爱国卫生与绿化暨市场整治委员会	杨 宾	赵 平	学校办公室、宣传部、保卫处、发展规划处、国有资产管理处、财务处、良乡校区管理处、工会、网络服务中心、居民管理委员会、后勤集团、校医院负责人	后勤集团
17	学生工作委员会	李和章	孙逢春 赵显利	下设奖学金评审小组、学生申诉处理暨学生纪律处分分委员会、学生心理疾病预防与危机干预工作小组、大学生创业实践基地建设工作小组、大学生文化素质教育基地建设工作小组、学生竞赛工作小组 奖学金评审小组成员：学校办公室、纪委监察室、学生工作部（处）、研究生院、研究生工作部、教务处、科学技术研究院、招生就业工作处、财务处、教育基金会办公室、校友会办公室、团委等部门负责人，机械与运载学部、信息与电子学部、理学与材料学部、人文与社科学部的学部负责人，各学院院长、主管学生工作的副书记、副院长 学生申诉处理暨学生纪律处分工作小组成员：学校办公室、法律事务室、纪委监察室、保卫处、学生工作处、研究生院、研究生工作部、教务处、人事处、招生就业工作处、团委负责人以及教师代表和学生代表 学生心理疾病预防与危机干预工作小组成员：宣传部、保卫处、学生工作部、心理健康教育与咨询中心、研究生院、研究生工作部、教务处、后勤集团、校医院负责人，各学院主管学生工作的副书记、副院长 大学生创业实践基地建设工作小组成员：学生工作处、研究生工作部、教务处、科学技术研究院、招生就业工作处、实验室与设备管理处、校团委、资产经营公司、马克思主义理论教研部、教育研究院负责人 大学生文化素质教育基地建设小组成员：宣传部、学生工作部、研究生工作部、招生就业工作处、实验室与设备管理处、校团委、艺术教育中心、后勤集团、教育研究院、教学促进与教师发展中心负责人 学生竞赛工作小组成员：学校办公室、宣传部、学生工作部、研究生院、研究生工作部、教务处、科学技术研究院、人事处、实验室与设备管理处、校团委、资产经营公司、各学院相关负责人	学生工作部、研究生工作部：奖学金评审、学生申诉处理、学生纪律处分 心理健康教育与咨询中心：学生心理疾病预防与危机干预 团委：大学生创业实践、大学生文化素质教育、学生竞赛

续表

序号	机构名称	主　任	副主任	成员或成员单位	日常工作设置单位
18	考核工作委员会	张　炜 胡海岩	杨蜀康 赵长禄	杨宾、赵平、孙逢春、杨树兴、赵显利、李和章	学校办公室
19	国家安全领导小组	张　炜 胡海岩	杨　宾	学校办公室、宣传部、保卫部、保密部、学生工作部、研究生工作部、科学技术研究院、人事处、国际交流合作处、留学生中心负责人	保卫部
20	维护稳定和处置突发事件领导小组	张　炜 胡海岩	胡海岩 杨　宾 孙逢春 李和章	学校办公室、宣传部、统战部、保卫部、保密部、学生工作部、研究生工作部、招生就业工作处、国际交流合作处、实验室与设备管理处、工会、团委、留学生中心、网络服务中心、居民管理委员会、离退休工作处、后勤集团负责人	学校办公室
21	人才工作领导小组	张　炜 胡海岩	胡海岩 杨　宾 杨蜀康 赵长禄	学校办公室、组织部、纪委监察室、发展规划处、研究生院、教务处、科学技术研究院、人事处、国有资产管理处、实验室与设备管理处、财务处负责人	人事处
22	党的群众路线教育实践活动领导小组	张　炜	胡海岩	杨宾、赵平、杨蜀康、赵长禄、孙逢春、杨树兴、赵显利、李和章	领导小组办公室
23	离退休工作领导小组	张　炜	杨宾 赵显利	学校办公室、组织部、宣传部、保卫处、人事处、国资处、财务处、工会、居民管理委员会、离退休教职工党委、离退休工作处、校医院负责人	离退休教职工党委
24	精神文明和文化建设领导小组	张　炜	胡海岩 赵　平	学校办公室、宣传部、学生工作部、研究生院、研究生工作部、教务处、科学技术研究院、人事处、国有资产管理处、校友会、良乡校区管理处、工会、团委、网络服务中心、居民管理委员会、图书馆、离退休工作处、后勤集团、体育部负责人	宣传部
25	财经领导小组	胡海岩	张　炜 杨　宾	纪委书记、财务处处长	财务处
26	发展和规划领导小组	胡海岩	杨　宾 赵　平	学校办公室、发展规划处、研究生院、教务处、科学技术研究院、人事处、国有资产管理处、实验室与设备管理处、基建处、良乡校区管理处、良乡校区基本建设办公室、后勤集团、继续教育学院负责人	发展规划处
27	高校共建项目领导小组	胡海岩	杨树兴	学校办公室、研究生院、教务处、科学技术研究院、人事处、国际交流合作处、实验室与设备管理处、财务处负责人	学校办公室
28	北京理工大学校友总会	胡海岩	杨　宾	名誉会长：李　鹏　曾庆红　叶选平；秘书长：杨宾（兼）；副秘书长：段丽萍	校友会办公室
29	校务公开工作领导小组	胡海岩	赵显利	学校办公室、组织部、宣传部、纪委监察室、学生工作处、研究生院、教务处、科学技术研究院、人事处、招生就业工作处、国际交流合作处、国有资产管理处、实验室与设备管理处、财务处、基建处、校工会、网络服务中心、离退休工作处、继续教育学院、资产经营公司负责人	学校办公室
30	住房管理委员会	杨　宾	赵显利	学校办公室、法律事务室、纪委监察室、人事处、国有资产管理处、财务处、工会、居民管理委员会负责人；学院代表、教代会代表、党风廉政监督员代表	工会

续表

序号	机构名称	主　任	副主任	成员或成员单位	日常工作设置单位
31	社会治安综合治理委员会	杨　宾	赵　平 赵显利 李和章	郝志强、包丽颖、刘明奇、李爱英、代方震、董兆波、郭彦懿、郝洪涛、曲大成、史天贵、郭守刚、张剑军、汪滢、刘景胜、宋希博、戴斌、栗苹、罗佳、霍俊斌、李志强、赵宏宇	保卫处
32	防控传染性疾病和食品安全领导小组	杨　宾	孙逢春 李和章	宣传部、保卫处、学生工作处、研究生工作部、团委、网络服务中心、后勤集团、校医院负责人	校医院
33	治理教育乱收费工作领导小组	杨　宾	杨蜀康	学校办公室、纪委监察室、研究生院、教务处、招生就业工作处、国有资产管理处、财务处、审计室、后勤集团、继续教育学院负责人	财务处
34	北京理工大学校史工作委员会	赵　平	赵长禄 赵显利	学校办公室、宣传部、学生工作部、研究生工作部、人事处、校工会、档案馆、马列主义教研部、教育研究院等单位负责人	宣传部
35	珠海校区工作委员会	赵　平	刘淑艳	孙逢春，杨树兴，研究生院、科学技术研究院、珠海学院负责人	珠海学院
36	信息化工作委员会	赵　平	赵显利	学校办公室、宣传部、保卫处、保密处、学生工作处、发展规划处、研究生院、研究生工作部、教务处、科学技术研究院、人事处、招生就业工作处、国有资产管理处、实验室与设备管理处、财务处、良乡校区管理处、档案馆、网络服务中心、图书馆、后勤集团负责人	网络服务中心
37	图书馆工作委员会	赵　平	张永发 郭　巧	顾问：王越（院士）、徐更光（院士）、毛二可（院士）、周立伟（院士）、朵英贤（院士）、汪顺亭（院士）、才鸿年（院士） 委员（按汉语拼音排序）：安建平、陈杰、陈鹏万、崔平远、崔宇红、邓玉林、丁刚毅、冯长根、郭巧、韩宝玲、韩伯棠、韩棋、郝洪涛、郝群、胡长文、黄风雷、姬勇、贾利军、李加荣、李金林、李京廉、李寿平、李小平、李镇、栗平、蔺伟、牛振东、盛新庆、田玉斌、万小利、汪本聪、王军政、王蓉、杨海、张建卫、张青山、张永发、赵平、仲顺安 委员会秘书：马丽	图书馆
38	民族宗教工作领导小组	杨蜀康	孙逢春 李和章	宣传部、统战部、保卫部、学生工作部、研究生工作部、教务处、人事处、国际交流合作处、校团委、留学生中心、网络服务中心、居民管理委员会、离退休工作处、后勤集团负责人	统战部
39	信访工作领导小组	杨蜀康	赵长禄 赵显利	学校办公室、法律事务室、组织部、信访办（统战部）、保卫处、学生工作部、研究生工作部、教务处、科学技术研究院、人事处、招生就业工作处、国有资产管理处、财务处、校工会、居民管理委员会、离退休工作处、基础教育学院、继续教育学院负责人	信访办（统战部）
40	机构、编制和分配制度改革领导小组	赵长禄	杨　宾 杨蜀康 赵显利	学校办公室、组织部、研究生院、教务处、科学技术研究院、人事处、国有资产管理处、财务处负责人	学校办公室
41	档案工作领导小组	赵长禄	赵显利	学校办公室、组织部、宣传部、纪委、保卫处、保密处、发展规划处、研究生院、教务处、科学技术研究院、人事处、国际交流合作处、国有资产管理处、实验室与设备管理处、财务处、基建处、档案馆、网络服务中心	档案馆

续表

序号	机构名称	主　任	副主任	成员或成员单位	日常工作设置单位
42	社区工作委员会	赵显利	郑　炎	保卫处、居管会、离退休工作处、后勤集团、校医院	居管会
43	国防生选拔培训领导小组	赵显利	李和章 尤　静	组织部、宣传部、保卫部、学生工作部、研究生院、教务处、招生就业处、财务处、团委、校医院、国防生选培办的负责人；担负国防生培养任务的所有学院任职副书记、副院长（宇航学院、机电学院、机械与车辆学院、光电学院、信息与电子学院、自动化学院、计算机学院、软件学院、法学院、外国语学院、数学学院、管理与经济学院、基础教育学院）	选培办
44	《北京理工大学年鉴》编纂委员会	赵显利	郝志强	顾问：张炜、胡海岩 学校办公室、机关党委、组织部、宣传部、统战部、纪委监察室、保卫部、保密部、学生工作部、发展规划处、研究生院、教务处、科学技术研究院、人事处、招生就业工作处、国际交流合作处、国有资产管理处、实验室与设备管理处、财务处、审计室、校友会办公室、基建处、良乡校区管理处、校工会、校团委、留学生中心、档案馆、网络服务中心、居民管理委员会、高职学院、图书馆、离退休工作处、后勤集团、校医院、秦皇岛分校、教育研究院、基础教育学院、体育部、继续教育学院、国际教育学院、资产经营公司、出版社主要负责人	学校办公室
45	安全生产领导小组	赵显利	杨　宾	学校办公室、宣传部、保卫处、学生工作处、研究生工作部、科学技术研究院、国有资产管理处、实验室与设备管理处、西山实验区、基建处、良乡校区管理处、工会、团委、网络服务中心、居民管理委员会、后勤集团、资产经营公司负责人	实验室与设备管理处
46	劳动人事争议调解委员会	赵显利	杨蜀康 赵长禄	王建光（执行副主任）、韩宝玲（执行副主任）、郝志强、洪瑾、姜金凤、廖力、刘海燕、史天贵、王建光、王建国、王丽静、杨刚、张笈、张艳丽、张英	校工会
47	高校对口支援房山农村经济社会发展领导小组	李和章		学校办公室、教务处、科学技术研究院、实验室与设备管理处、良乡校区管理处、继续教育学院、产业办公室、附属小学负责人	良乡校区管理处
48	教学促进与教师发展中心工作指导委员会	李和章	赵长禄	教务处、人事处、工会、网络服务中心、教育研究院等单位负责人	教育研究院
49	军训工作领导小组	李和章	杨　宾	有关校长助理、学校办公室、宣传部、学生工作部、武装部、教务处、财务处、良乡校区管理处、校团委、网络服务中心、后勤集团、校医院、后备军官选拔培训办公室等部门主要负责人，基础教育学院、各专业学院分管学生工作的副书记、副院长	武装部
50	良乡校区管理委员会	姚利民	郭守刚 徐承俊 王悦音	学校办公室、保卫处、学生工作处、教务处、国有资产管理处、实验室与设备管理处、财务处、良乡校区管理处、良乡校区基建办公室、团委、网络服务中心、图书馆、校医院、基础教育学院负责人	良乡校区
51	北京理工大学对外工作委员会	焦文俊		由校党委聘任退二线的老领导和不再担任领导职务的处级干部开展工作	校友会办公室
52	关心下一代工作委员会	张敬袖	赵显利 李和章	团委、社区党工委、离退休教职工党委、离退休工作处、学院分管领导，其中离退休教职工党委书记任秘书长	离退休教职工党委

学校学术机构负责人及成员名单

序号	机构名称	主任	副主任	成员或成员单位	日常工作设置单位
1	第八届学术委员会	匡镜明	赵长禄 胡更开	名誉主任委员：王越 委员：（按姓氏笔画为序） 毛二可、王鲁、邓玉林、宁汝新、付梦印、朱东华、刘莉、刘福水、吕昕、张乃仁、张红峻、李金林、李科杰、李艳秋、吴锋、吴树敬、匡镜明、苑士华、杨东平、杨亚非、杨荣杰、陈杰、周立伟、胡长文、胡更开、赵长禄、赵宏康、赵跃进、高利、徐兴忠、徐更光、郭平、陶然、黄风雷、盛新庆、焦清介 秘书：徐文国	科学技术研究院
2	第十届学位评定委员会	胡海岩	孙逢春 王涌天	丁刚毅、王涌天、邓玉林、龙腾、冯长根、曲三强、伍清河、仲顺安、孙良、孙逢春、李加荣、李和章、李京廉、李泽生、杨荣杰、杨建明、何海燕　胡更开、胡海岩、姜澜、姚裕贵、黄风雷、黄河燕、盛新庆、韩伯棠、翟杰全 秘书：罗爱芹	研究生院
3	第六届学报（自然科学版）编委会	匡镜明	冯长根 杨树兴 梅凤翔	编委：安建平、曹传宝、崔占忠、邓玉林、冯长根、冯增国、高世桥、葛渭高、韩伯棠、郝群、贾云得、焦清介、胡海岩、匡镜明、李金林、李前树、刘莉、那日苏、马彪、马朝臣、毛二可、梅凤翔、倪国强、宁汝新、庞思勤、盛新庆、石峰、孙逢春、孙雨南、唐水源、汪渤、王建中、王鲁、王宁飞、王涌天、王玉霞、王越、魏雪霞、伍清河、徐更光、张建民、赵长禄、赵宏康、赵秀珍、周立伟、周智明 执行编委：贾云得、焦清介、李前树、那日苏、梅凤翔、宁汝新、盛新庆、王涌天、伍清河、赵秀珍	学术期刊办公室
4	第二届学报（社会科学版）编委会	郭大成	赵和平 杨　宾 侯光明 赵　平	编委：侯光明、郭大成、孔昭君、李健、李志祥、刘云、那日苏、王文生、吴树敬、席巧娟、夏恩君、徐磊、杨宾、杨亚非、翟杰全、张乃仁、赵和平、赵平 总编：那日苏 主编：赵和平 执行主编：徐磊	学术期刊办公室
5	科学技术协会第四届委员会	才鸿年	杨树兴	常务委员：丁刚毅、于倩、才鸿年、王渝、王倩莹、安建平、闫有清、何海燕、张增一、张庆明、张幽彤、周立伟、庞思勤、姜澜、姚利民、赵之平、赵长禄、姬勇、徐强、徐文国、谭信、谭立群	科学技术研究院
6	延安精神研究会	郭大成	侯光明	人文学院分管领导，宣传部、教务处、研究生院、学校办公室、组织部、党校、学生工作部、研究生工作部、团委、工会、校友会办公室负责人	人文学院
7	徐特立教育思想研究会	郭大成	侯光明	人文学院分管领导，宣传部、教务处、研究生院、学校办公室、组织部、党校、学生工作部、研究生工作部、团委、工会、校友会办公室负责人	人文学院

领导干部名单

校级领导干部名单

姓名	性别	现任职务	分管工作
郭大成（—2014.09）	男	党委书记	党委全面工作
张　炜（2014.09—）	男	党委书记	党委全面工作
胡海岩	男	校长、党委副书记	行政全面工作
杨　宾	男	副校长	负责保卫、国家安全、国有资产、财务、校友联络、后勤服务、公共卫生工作
赵　平	男	副校长	负责宣传和教职员工思想政治教育、基本建设、信息管理、图书资料、珠海校区工作
杨蜀康	男	纪委书记	负责党风廉政建设、纪检、监察、党校、统战、信访、审计工作；协助党委书记负责党建、领导班子和干部队伍建设工作
赵长禄	男	副校长	负责师资队伍、人事管理、国际交流与合作、留学生、档案工作
孙逢春	男	副校长	负责研究生招生、教学、培养与管理、学术建设、继续教育、远程教育工作
杨树兴	男	副校长	负责科研管理、科技实验室建设、产学研合作工作
赵显利	男	副校长	负责本科生招生、学生就业指导、工会和教代会、社区服务、离退休工作
李和章	男	党委副书记、副校长	负责学生思想教育与管理、人民武装、本科教学、体育、共青团、艺术教育工作
陈　杰	男	副校长	负责保密、督办、发展规划、学科建设、实验室与设备工作

校长助理名单

姚利民

学院、机关部处、直属单位、后勤产业负责人名单

单　位	职　务	姓　名
宇航学院	院长	胡更开
	党委书记	于　倩
	副院长	唐胜景
		荣吉利
		王宁飞
		崔平远
	副书记、副院长	肖　雄

续表

单　位	职　务	姓　名
机电学院	院长	焦清介
	党委书记	栗　苹
	副院长	韩　峰
		张庆明
		门建兵
		王亚斌
	副书记、副院长	杨瑞伟
	副书记	陈　军
机械与车辆学院	院长	项昌乐
	党委书记	阎　艳
	常务副院长	唐水源
	副院长	左正兴
		胡纪滨
		左建华
		姜　澜
	副书记、副院长	范文辉
新能源汽车研究院（挂靠机械与车辆学院）	副院长	王文伟
光电学院	院长	薛　唯
	党委书记	郝　群
	副院长	赵长明
		许廷发
		黄一帆
	副书记、副院长	邹　锐
信息与电子学院	院长	龙　腾
	党委书记	安建平
	副院长	徐晓文
		薛正辉
		杨　静
		何遵文
	副书记、副院长	党　华
自动化学院	院长、党委书记	王军政
	副院长	廖晓钟
		汪　渤
		刘昕戈
		夏元清
		刘向东
	副书记、副院长	潘　峰

续表

单　位	职　务	姓　名
计算机学院	院长	黄河燕
	党委书记	魏名山
	副院长	牛振东
		黄　华
		郑　军
	副书记、副院长	赵　满
软件学院	院长	丁刚毅
	党委书记	李　波
	副院长	胡昌振
		闫达远
	副书记、副院长	王树良
材料学院	党委书记	陈鹏万
	常务副院长	刘　颖
	副院长	李树奎
		庞思平
		金海波
	副书记、副院长	张舰月
化工与环境学院	院长	孙克宁
	党委书记	张振华
	副院长	陈　实
		李加荣
		冯金生
		王振华（2014.01—）
	副书记、副院长	周明宇（2014.01—）
生命学院	院长	邓玉林
	党委书记	李汉军（—2014.04） 刘存福（2014.04—）
	副院长	唐晓英
		李　勤
	副书记、副院长	周连景（—2014.01） 刘晓俏（2014.01—）
数学与统计学院	院长	陈振庆
	党委书记	高伟涛
	常务副院长	田玉斌
	副院长	陈一宏
		史福贵
	副书记、副院长	衡　靖

续表

单　位	职　务	姓　名
物理学院	院长	葛墨林
	党委书记、常务副院长	汪本聪
	副院长	胡海云
		姚裕贵
	副书记、副院长	姜　艳（—2014. 01） 杨艳波（2014. 01—）
微纳技术中心（挂靠物理学院）	常务副主任	邹炳锁
化学学院	院长	胡长文
	党委书记	赵文祥
	副院长	张小玲
		支俊格
	副书记、副院长	栗　兴
管理与经济学院	院长	魏一鸣
	党委书记	李金林
	副院长	孔昭君
		董沛武
		王兆华
		孟凡臣
	副书记、副院长	仇　芳
两化融合发展研究院（挂靠管理与经济学院）	常务副院长兼管理与经济学院副院长	朱东华（常务副院长：—2014. 10）
	副院长兼管理与经济学院副院长	颜志军
人文与社会科学学院	院长	李　健
	党委书记兼马研部主任	张红峻（—2014. 10） 娄秀红（2014. 10—）
	副院长	贾利军
	副书记、副院长	徐贵宝
马克思主义理论教研部（挂靠人文与社会科学学院）	副主任	李林英（—2014. 5）
马克思主义学院	副院长	李林英（2014. 5—）
法学院	院长	曲三强
	党总支书记	刘存福（—2014. 04） 杨　海（2014. 04—2014. 10）
	党委书记	杨　海（2014. 10—）
	副院长	张艳丽
		李寿平
	副书记、副院长	张　巍（—2014. 10）

续表

单　位	职　务	姓　名
外国语学院	院长	李京廉（2014. 01—）
	书记	陈大明
	副院长	姜爱红
		张莱湘（2014. 01—）
	副书记、副院长	吴文君
设计与艺术学院	院长	杨建明
	书记	郭　宏
	副院长	杨　新
		姬　勇
	副书记、副院长	孙　飞
基础教育学院	党委书记	王悦音（—2014. 03） 姚利民（2014. 03—）
	常务副院长	张青山
	副院长	朱光辉
	副院长兼教务处副处长	程杞元
	副书记、副院长兼学工部（处）副部（处）长、武装部副部长	肖　坤
	校团委副书记学院团委书记	陆宝萍
体育部	主任	董兆波
	书记兼副主任	韩　棋
	副主任	张鹏增
		孟光云
继续教育学院/现代远程教育学院	院长	张剑军
	党总支书记	罗　佳
	副院长	李小平
		明道福
国际教育学院	院长	梅文博
	副院长兼继教学院党总支副书记	蒋志湘
教育研究院	院长	何海燕（2014. 01—）
	党总支书记兼副院长	庞海芍
	副院长兼学术期刊办公室主任、《学位与研究生教育》杂志社社长	周文辉
学术期刊办公室（挂靠教育研究院）	副主任	徐　磊
		范春萍

续表

单 位	职 务	姓 名
学校办公室	主任	郝志强
	副主任	王学普
		从 磊
	副主任兼党委常委会、校长办公会秘书	周 波
	书记秘书	刘博联（—2014. 10） 张宏亮（2014. 10—）
	校长秘书	张 博
法律事务室（挂靠学校办公室）	主任	王建国
机关党委	书记	包丽颖
	副书记	张淑玲
党委组织部/党校	部长、党校常务副校长	张 笈
	副部长	李 灵
	副部长、党校副校长	李德煌（—2014. 07）
	正处级组织员	王悦音（2014. 03—）
	副处级组织员	奚英伦（2014. 01—）
党委宣传部/新闻中心	部长、新闻中心主任	刘明奇
	副部长兼校史馆馆长	王 民
	副部长、新闻中心副主任	王 征
		张爱秀
党委统战部/信访办公室	部长、信访办主任	姜艳
	副部长、信访办副主任	叶旭萍
纪委监察室	纪委副书记、监察室主任兼督办室副主任	张 英
	正处级纪检员	金 军
	副主任	孙 萍
督办室（与监察室合署办公）	校长助理兼督办室主任	李燕月（—2014. 05）
	正处级督办员	李爱英
	正处级督办员	高世桥
保卫部（处）	部（处）长	代方震
	副部（处）长	薛 捷
		赵宏宇
保密部（处）	部（处）长	董兆波（—2014. 01） 郑 重（2014. 11—）
	副部（处）长	郑 重（—2014. 11）
学生工作部（处）/党委武装部	部（处）长、武装部部长兼心理健康教育与咨询中心主任	郭彦懿
	副部（处）长	许 欣
	副部（处）长、武装部副部长	徐 建

续表

单 位	职 务	姓 名
心理健康教育与咨询中心（挂靠学生工作处）	副主任	李旭珊
发展规划处	处长	李 镇
	副处长	周连景
		常 非
		王 茹
研究生院	常务副院长兼培养处处长	盛新庆（—2014. 03）
	学位与学部办公室主任	罗爱芹
	研究生招生处处长	肖文英
	学位与学部办公室副主任	杨东晓（2014. 01—）
	研究生培养处处长	罗爱芹（2014. 03—）
	研究生培养处副处长	陈昆明
		张景瑞
	研究生招生处副处长	薛 伟
	研究生工作处处长	郝洪涛
	研究生工作处副处长	马晓宁（2014. 01—）
党委研究生工作部（与研究生院研究生工作处合署办公）	部长	郝洪涛
	副部长	马晓宁（2014. 01—）
教务处	处长	仲顺安
	副处长	徐 瑾
		林 海
		曹峰梅
	副处长兼基础教育学院副院长	杨 刚
科学技术研究院	常务副院长兼“2011”计划办公室主任、地面无人系统研究院院长	陈 杰（—2014. 07） 王 鲁（2014. 07—）
	副院长兼国防科研部部长	王 鲁
	高新技术科研部部长兼“2011”计划办公室副主任	张 瑜
	科技合作部部长	王 伟
	综合科研部部长	胡晓珉
	高新技术科研部副部长	胡 俊
	基础科研部部长	马少鹏
	国防科研部副部长	杨 帆
火炸药研究院（挂靠科学技术研究院）	火炸药研究院常务副院长兼科学技术研究院火炸药部部长	刘云飞
地面无人系统研究院（挂靠科学技术研究院）	副院长	刘旭东

续表

单　位	职　务	姓　名
人事处/高层次人才办公室	处长	韩宝玲
	副处长	陈　珂
		侯爱军
招生就业工作处	处长	李振键
	副处长	张　东
		林骥佳
国际交流合作处	处长	王庆林（—2014. 10）
	副处长	高　珊
		邢清清
孔子学院（加）（挂靠国际交流处）	中方院长	喻佑斌（—2014. 10）
孔子学院（尼）（挂靠国际交流处）	中方院长	姜丽蓉
国有资产管理处	处长	曲大成
	副处长	刘艾艾
		谷千军
		张　玮
实验室与设备管理处	处长兼分析测试中心主任	史天贵
	副处长	赵保军（2014. 07—）
		刘照同
		马　涛
分析测试中心（挂靠实验室与设备管理处）	副主任	彭绍春
财务处	处长	任世宏
	副处长	周　勇
		王　蓉
		徐纯林
教育基金会办公室（挂靠财务处）	主任	罗　雪
审计室	主任	卢　忱
	副主任	郭一源
校友会办公室	主任	段丽萍
	副主任	付大军
基建处	处长	郭守刚
	副处长兼总工程师	王　欣
	副处长	许　冰
		于晓勇
		杨冬虎
良乡校区管委会	校长助理兼良乡校区管委会主任	姚利民

续表

单　位	职　务	姓　名
良乡校区管委会办公室（良乡校区管理处）	处长	徐承俊
	副处长兼保卫部（处）副部（处）长	霍俊斌
	副处长	赵小贺
良乡校区学生服务中心（挂靠良乡校区管理处）	主任	曲虹
校工会	常务副主席	王建光
	副主席	郝晓玲
		张百海
校团委	书记兼艺教中心主任	蔺　伟
	副书记	方　蕾
		周明宇（—2014. 01） 荀曼莉（2014. 01—）
艺术教育中心（挂靠校团委）	副主任	王立群
离退休工作处/离退休教职工党委	处长	刘　川
	书记	娄秀红（—2014. 10）
	副处长	范友联
	副书记、副处长	饶晓炜
图书馆	馆长	张永发
	书记兼副馆长	徐文国
	副馆长	崔宇红
		姚文莉
校医院	院长	成筱鹏
	书记	房建国
	副院长	刘海燕
		孙胜林
留学生中心	主任	汪　滢
	副主任	赵　坤
档案馆	馆长	杨　晖（—2014. 10）
	副馆长	魏　丽
网络服务中心	主任	陈朔鹰
	副主任	李　凌
		李志强

续表

单　位	职　务	姓　名
居民管理委员会	主任	刘景胜
	副主任	李建国
社区党工委	常务副书记	郑　焱
附属小学	校长	王越人（2014.04—2014.07）
	常务副校长	王越人（2014.07—）
	直属党支部书记	李振江
高职学院	副院长	张德平
秦皇岛分校	校长	万小利
	直属党支部书记	时春山
	副书记、副校长	康　明
后勤集团	总经理	李晋平
	书记、纪委书记	巫后新
	常务副总经理	宋希博
	副书记	姜金凤
	副总经理	吴坤明
		陈　洋
	总工程师	王文焕
	餐饮服务中心主任	孙金峰
	商业服务中心主任	李锋博
资产经营有限公司	总经理	杨志坚
	书记、纪委书记	戴　斌
	副总经理兼科技园总经理	和培仁
	副总经理兼出版社社长	林　杰
珠海校区	常务副主任	刘淑艳
珠海学院	常务副院长兼书记	庞思勤
	副书记兼纪委书记	赵粤生
	副院长	陆　晨
		黄晓鹏
	副书记、副院长	李绍勋
	纪委副书记、监察室负责人	袁力和

续表

单位	职务	姓名
珠海研究院	副院长	矫庆泽
		程灏波
中山研究院	院长	魏平
	副院长	邵立伟（2014. 03—）

05

学　院

宇航学院

【概况】 北京理工大学宇航学院（School of Aerospace Engineering，以下简称“宇航学院”）成立于2008年12月，设有飞行器工程、飞行器控制、发射与推进工程和力学四个系，及深空探测技术、分布式航天器系统技术、空间柔性结构动力学与控制和无人飞行器自主控制四个研究所。学院负责航空宇航科学与技术和力学两个一级学科博士点和两个博士后流动站建设，其中飞行器设计学科是国家重点培育学科，力学学科是北京市和工信部一级重点学科。学院研究方向有飞行器总体设计、飞行动力学与控制、航天器系统与自主技术、宇航推进技术、空间结构动力学与控制、材料和结构设计与评价、高超声速流体力学和航天发射技术。

2014年，学院有教职工137人，专任教师125人，其中教授34人，副教授60人，具有博士学位的教师有106人。学院有本科生908人，硕士研究生429人，博士研究生275人。

学院设有2个国家级课外大学生实习基地、1个国家级虚拟仿真实验室，2个北京市实验示范教学中心，1个国防科工委研究生创新基地，1个国家级教学团队。教师中有国家级教学名师1人，北京市教学名师4人。学院负责“飞行器动力学与控制”教育部重点实验室建设，拥有1个国家自然科学基金委创新群体（力学学科），1个国防科技创新团队（航空宇航学科与技术学科），教师中有中国科学院院士1名，国家杰出青年基金获得者3名，“511”人才3名，教育部新世纪优秀人才支持计划6名。

2014年，新进教师4人；2人晋升教授，6人晋升副教授；完成2名“长江学者”、1名“青年千人”的推荐工作；1人入选学校预聘制计划。

（胡更开）

【学科建设】 按照航空宇航科学与技术学科和力学学科（2013—2020）发展规划，梳理学科发展现状，完成航空宇航科学与技术学科和力学学科学位授权点评估摸底。对“航空宇航科学与技术”和“力学”学科进行梳理，制定发展规划和目标。聚焦和凝练两个学科重要的科学与技术问题。重新遴选航空宇航科学与技术学科和力学学科责任教授小组成员。

（崔平远）

【教学工作】 本科生工作围绕深化课程体系改革、开展科研实训、推进企业协同和国际参与展开。研究生工作围绕学院研究生招生和培养质量开展。

继续“飞行器设计与工程”卓越工程师培养计划专业建设，通过在国家大学生校外实践教育基地进行毕业设计、聘请国内外具有工程经验的教师授课等方式，提升学生的实践能力和国际化视野，首届学生完成学业。组织召开北京理工大学—中国空间技术研究院国家级工程实践教育中心建设及产学研合作研讨会。

学院制定《关于资助教学研究与教学改革项目的办法》，每年投入5万元资助学院本科生、研究生教学研究与教学改革项目。在学校第十批教育教学改革项目中，学院教师获批重点项目1项，支持项目9项，研究型课程3门。《理论力学Ⅰ、Ⅱ》和《飞行器系统概论》获批“十二五”本科国家级规划教材；《力学专业程序实践》获第十一届校级优秀教材一等奖、《航天测试技术》获二等奖；共出版教材6部。

作为主要完成单位的“基于创新能力型人才培养的实践教学体系构建”项目获国家级教学成果奖二等奖。武器系统国家级虚拟仿真实验教学中心建设获批。

全年共选送23名本科生赴海外6个国家进行毕业设计，其中6人获国家留学基金委资助。完成2015年27名本科生赴海外毕业设计的导师对接和选派，其中17名本科生获国家留学基金委资助。继续聘请国外知名教授为学生讲授课程，学院有5门课程分别由德国慕尼黑工业大学、俄罗斯萨马拉航空航天大学和加拿大多伦多大学的教授讲授。共招收国外留学研究生6人。

学院举办“力学与航空宇航科学与技术前沿”夏令营。开展研究生教学改革，研究生精品课程立项建设2项，获批研究生教学团队立项建设1项，获批学位与研究生教育发展研究课题立项建设3项。推进研究生培养国际化，继续鼓励研究生参加境外国际学术交流，有27名博士和7名硕士参加了境外国际学术会议，5名学生出国联合培养，招收6名国外留学研究生，开设3门全英文研究生课程。

（唐胜景、王宁飞）

【科研工作】型号研制项目QCD通过一级定委审议通过批准设计定型，并完成首批生产任务，交付军方验收。学院教师以大系统总设计师的身份承担的型号研制项目SXZDHJD已完成初样机鉴定试验。型号研制项目SD1A完成正样机任务，进入设计定型阶段，完成半实物仿真。HJD完成设计定型试验和定型审查。完成航天五院大型柔性太阳翼地面零重力展开系统。

学院与船舶716所合作项目进行靶场试验。学院与东方红卫星公司就小行星探测签署合作协议，与上海805所达成合作意向共建航天器动力学与控制实验室。

2014年，学院教师获国家技术发明二等奖1项，国防科技进步一等奖2项，国防科技进步三等奖1项。参与获得自然科学二等奖1项。学院获批国家自然科学基金项目14项，获批立项国防973项目1项；学院科研总经费到款额2.2亿元，发表SCI收录论文93篇，EI收录论文112篇，专利授权56项，专利受理38项。

（荣吉利）

【实验室建设】武器系统国家级虚拟仿真实验教学中心正式批准并启动建设，申请并完成中心建设项目140万元。航空航天工程北京市实验教学示范中心通过验收，申请并完成中心建设项目100万元。

2014年，学院和中航智科技有限公司合作成立学校“无人飞行器自主控制研究所”，申请北京市重点支持研究建设项目经费500万元。

（荣吉利）

【党建工作】2014年，学院领导班子学习党的十八届三中全会、四中全会，中央纪委十八届四中全会领导讲话和会议公报，领会中央精神以及改革重点，在政治上和党中央保持一致。

组织学院完成群众路线整改总结和“一提三优工程”党建工作验收。完善《关于加强基层党支部工作的实施意见》等党建工作指导文件，起草《学院领导班子联系党支部的实施办法》，落实学院领导参加支部活动共计16次。协助和指导分管学院班子成员落实整改方案，13条整改措施按照时限要求按期完成。

学院全面梳理学生学习生活的现状，提出加强学生培养和教育的一揽子办法和措施，召开党支部书记会议，要求支部的组织活动要结合重要工作，发挥教师在教育学生中的引导作用。组织全体党员赴盘山抗日烈士纪念馆开展革命传统教育。

组织完成学院保密资格认证的复检工作。组织开展2次学院内部保密自检、邀请外校专家指导工作，对学院一级保密工作档案和台账进行整理和完善，对全学院保密计算机和涉密介质的档案整理、使用记录、台账登记、硬件保证进行深入的检查，督促各课题组开展清理工作，完成专家检查。

组织学院开展综合改革调研和发动。召开综合改革座谈会，归纳整理综合改革意见和建议。

（于　倩）

【学生工作】2014年，学院制定《关于加强宇航学院学生工作的若干办法》，鼓励全体教职工加强与学生的全方位联系，做到师生共建、共情、共荣。主办北京理工大学第二届宇航科技文化节，共计1 000多名学生参加。举办北京理工大学第七届结构设计大赛，有584名学生参赛。举办第四届飞行器创新大赛，征集作品54件。

以宇航科技创新实践基地和航模队为载体，学院有26个重点项目，5个支持项目获北京理工大学大学生创新训练计划立项，组织辅导43名学生参加全国航空航天模型锦标赛，获一等奖1项、二等奖4项、三等奖8项。第二届全国未来飞行器设计大赛中，学院学生作品获特等奖。“航模队持续发展实践”获学校“德学理工”二期十佳项目。

举办学院第一届研究生学术论坛，论坛共收到70余篇稿件，评选出了12篇优秀论文。中国科学院空间应用工程与技术中心在学院设立“太空应用”奖学金。

2014年，学院毕业研究生就业率为98.94%；毕业本科生就业率为99.04%。

（肖　雄）

【对外交流】完成《宇航学院学术交流与合作实施办法（试行）》。获批国家外国文教专家重点项目3项、常规项目5项。申请学校资助出国

（境）参加国际学术会议 7 人次。主办中国宇航学会深空探测技术专业委员会第十一届学术年会。邀请国内外专家学者来学院讲学和短期合作 52 人次，师生进行国内外访问交流 69 人次，其中学生 53 人次，教师 16 人次。上报 2015 年学院公派出国申请 127 项，处级 8 项，外国文教专家重点项目 7 项，一般项目 12 项。上报 2015 年国际交流、合作研究及国际会议计划。

谋划“飞行器动力学与控制”111 创新引智基地，进行了国外专家的联系、筛选及国内研究队伍的组建工作。

与法国巴黎天文台签订《小行星探测任务合作协议》。

（崔平远）

【工会教代会工作】工会组织开展各种各样的教职工活动，包括爬山、郊游、健步走、拔河、羽毛球比赛等集体活动。关心教职工生活，如参加老教师金婚庆典、看望生病教职工等。教代会积极参与学院的改革发展和建设过程，对学院的发展思路与计划、绩效津贴及其他教职工关注的事项提出意见和建议。

（唐胜景）

机电学院

【概况】北京理工大学机电学院（School of Mechatronical Engineering，以下简称“机电学院”）前身为成立于 1954 年的第二机械系。学院设有无人飞航工程系、机电系统工程系、力学工程系、能源与动力工程系、探测与控制工程系、安全工程系和智能机器人研究所。学院建有爆炸科学与技术国家重点实验室，机电工程与控制国防科技重点实验室和仿人机器人与系统教育部重点实验室，主持建设兵器科学与技术和安全科学与工程一级学科，参与建设力学和机器工程一级学科。学院设有武器系统与工程、弹药工程与爆炸技术、探测制导与控制技术、特种能源技术与工程、机械电子工程、安全工程和工程力学 7 个本科专业，在兵器工程和安全工程两个领域招收专业硕士。

2014 年，学院有教师 209 人，其中院士 2 人、“千人计划” 3 人、“长江学者（杰出青年）” 4 人；学生 1 571 人，其中研究生 1 092 人、本科生 479 人。

（焦清介）

【党建工作】2014 年，学院党委共有 51 个党支部，其中教师党支部 9 个，学生党支部 42 个。党员 828 人，其中在职党员 160 人，学生党员 668 人，入党积极分子 480 人。发展党员 77 人。

学院党委全年完成 19 项整改任务。学院党委以党政联席会议学习为主，以寒暑假务虚会、集中学习、干部在线学习和自学为辅，学习党的路线、方针、政策和习近平同志的重要讲话。学院党委完善民主集中制度、“三重一大”决策机制，坚持涉及学院发展的重大问题通过集体讨论决策。领导班子建立“谈心交心”制度，每年集中开展一次谈心活动，与联系系所的主任至少谈心 1 次。严格执行“八项规定”，建立自查与检查相结合制度，每年集中检查一次。健全学院廉政风险监督体系与岗位责任体系，实施对重点领域、重点人员进行重点监督的“三重点”做法。

开展“四个一”活动，即院领导班子成员每学期每人联系一个系（所）、一个党支部开展一次专题调研活动，联系一个班级至少听 2 次课。党务院务公开、重大决策征求群众意见、教代会常委会议事等制度建设。制定《机电学院机关工作人员管理制度》《机电学院系所运行经费使用管理办法》《机电学院机关工作人员年终考核办法（含非事业编）》等规章制度。完成学院专业史志的编纂工作。

（陈 军）

【学科建设】学院瞄准国家安全和国防建设的重大战略需求，突出学科特色，强化学科优势，确立“拓总体、强毁伤、扬探测、健能源、兴安全”的学科发展战略（2.0 版）。2014 年，学院组织教师参与制定、补充完善学科发展规划，分析凝练国家级重点实验室、国家重点学科和 2011 协同创新中心的研究方向。以两个卓越工程师专业的验收认证为契机，完善本科专业建设发展规划。

（焦清介）

【教学工作】实施以质量标准建设、专业综合改革、加强教学督导、创新能力培养为主要内容的"本科教学提升工程"。学院召开研讨会，从课程设置、教学安排、教学内容选取、实践教学环节等各方面完善修订本科生培养方案。

完成学院本科教学督导组换届。督导组10名专家对所有课程进行全面听课、督导，累计听课160门/次/人。督导组对青年教师教学基本功初赛、毕业设计中期检查以及毕业设计二次答辩等工作进行全面督导。指导学生参加"广数杯"京津冀毕业设计大赛，参赛作品获二等奖。

结合学校本科教学审核评估工作、安全工程专业认证工作、首批卓越工程师培养计划专业认证和验收工作，对学院本科生教学档案进行整理、完善。制定、修订学院本科教学文件，形成文件汇编。

（焦清介）

【科研工作】2014年，学院获批国家自然科学基金14项，其中青年科学基金7项。5月，联合学校地面无人系统研究院召开陆军地面无人系统发展研讨会，制定《陆军地面无人系统技术发展路线》。8月，学院与海军装备研究院舰船所和系统所分别签署共建协议，联合成立水中武器与技术研究中心。

学院组织教师开展×××毁伤技术重大专项条保项目论证工作，配合火炸药研究院完成"×××毁伤技术重大专项条保项目"的论证与申报。推进非核毁伤基础研究实验基地建设。修订和完善《机电学院科研成果奖励制度》，建立以科研成果产出为导向的科研评价体系。学院以"探索一代、预研一代"为切入点，以国防973项目、×××毁伤技术重大专项和国家自然基金重大项目为抓手，培育以团队为第一获奖单位、团队核心为第一获奖人的奋斗目标。

2014年，学院多次召开青年教师交流会，组织青年教师交流教学经验、分享科研心得，并聘请学校资深专家为青年教师在科研项目申报、自然基金申请书撰写等方面提供有益的指导和帮助。

（王亚斌）

【实验室建设】3月，修订完善《爆炸科学与技术国家重点实验室自主课题管理规定》和《爆炸科学与技术国家重点实验室开放基金管理规定》。组织"水中bz与fh技术"和"智能dy"国防科技重点实验室的申报工作。

爆炸科学与技术重点实验室在3—5月组织论证2015—2017年实验室仪器设备建设方案。7月重点实验室组织专家对2011年度自主课题进行验收。

2014年，学院配合火炸药研究院和发展规划处完成京外实验基地选址及方案论证工作，完成京外实验基地的选址方案论证。东花园露天试验场完成基地尾工的验收备案。

（张庆明、门建兵）

【队伍建设】学院加大高端人才培养和引进力度，注重提高教师国际化水平。其中，吴景龙教授入选第十批"千人计划"创新人才长期项目。2014年，学院教师有2名教师晋升正高职称，8名教师晋升副高职称。学院专职教师队伍中，正高专业技术职称57人，副高级专业技术职称64人。

学院有1个教育部"长江学者"创新团队、3个国防科工局创新团队、1个高等学校学科创新引智计划。2014年，接收毕业生8人，其中管理岗1人，教学科研岗7人；4人具有海外经历，其中博士毕业院校为世界排名前100名海外大学的青年教师2人。5人获得2014年教师出国（境）参加国际学术会议资助。

2014年，博士后进站4人，出站4人。3名博士后获得中国博士后科学基金面上资助，其中一等资助1名，二等资助2名。

学院组织教师申报2014年"北京理工大学优秀青年教师资助计划"、2014年度"青年教师学术启动计划"、2014年"青年拔尖人才支持计划"和2014年度北京理工大学教师资格认定等工作。

学院制定《机电学院职称评聘初评办法》《机电学院教学科研岗教师聘任办法》《机电学院管理岗位聘任办法》《机电学院职员评聘初评办法》。实施学院、系以及学科方向带头人分工负责的人才培养与引进责任制，打造"大师+团队"的人才队伍。

（焦清介）

【学生工作】2014年，学院开展"社会主义核心价值观"和"中国梦"等主题教育活动，开展专题讲座2场，主题党日84场，主题团日100余场。

学院以二级党校为依托，开展校内外专家授课、党支部授课、党员自学和考试，2014年，学院党校毕业学生近100人。

2014年，学院有44人获国家奖学金，2人获"徐特立奖学金"，2人获"北京市三好学生"称号，5 人获学校“优秀学生标兵”称号，一班级获“北京市先进班集体”称号，两班级获学校“优良学风班”称号。

学院“开展科普宣讲活动，打造北理工志愿服务名片”获学校十佳项目；学院组织“志愿公益服务”“专题社会调研”等 5 个类别近 50 个团分赴青海、江苏、贵州等地开展暑期社会实践活动。其中胡斌斌等赴青海加汝尔小学科普支教团获得全国暑期“三下乡”实践活动优秀项目、学校暑期社会实践特等奖。学院获得“先进组织单位”称号；在学校第十一届“世纪杯”竞赛中，学院获得两项特等奖，并获总成绩第二。

2014 年，学院获校运动会团体总分第三名、学生男子团体第二名、女子团体第四名、精神文明奖。获学校“共青杯”篮球赛第一名。

2014 年，本科生签约率为 93.06%，就业率为 98.37%；研究生签约率为 98.6%，就业率为 99.54%；学院获学校“就业工作先进集体”称号。

（杨瑞伟）

【交流与合作】10 月 20—22 日，爆炸科学与技术国家重点实验室主办“2014 年国际实验力学秋季会议暨国际强动载及其效应研讨会”，来自美国、俄罗斯、日本、澳大利亚等 15 个国家和地区的 148 名代表参加了会议。12 月 20—21 日，爆炸科学与技术国家重点实验室承办中国科协第 287 次青年科学家论坛。本年度学院选派十余名教师出国进修，共邀请不少于 15 名国外著名专家来学院讲学。

（焦清介）

【工会工作】2014 年，学院工会获评学校先进单位，连续 14 次获学校先进单位称号。

学院教代会代表团参加北京理工大学七届七次教代会十二届七次工代会，提案 11 件。4 月，机电学院第二届教职工代表大会暨第二届工会会员代表大会召开，大会选举产生了新一届教代会常委和工会委员。组织教师为学院“机电学生成长书屋”捐书。学院制作了八版宣传资料在远志楼工会橱窗展出，向学校工会投稿 16 篇。

组织学院教职工参加北京理工大学第五十二届春季运动会，获团体操一等奖、团体总分第四名。组织学院教师参加学校各类比赛，其中羽毛球赛获学校第三名。组织金秋健步走登山活动。

2014 年，组织 1990 级毕业 20 周年返校活动、2000 级毕业 10 周年返校活动、1964 级校友相聚 50 周年返校活动。

（陈　军）

机械与车辆学院

【概况】北京理工大学机械与车辆学院（School of Mechanical Engineering，以下简称“机械学院”）成立于 2002 年。学院拥有机械工程一级学科、动力机械及工程二级学科 2 个国家重点学科；拥有车辆工程、动力机械及工程、机械制造及其自动化、精密微纳制造 4 个国防特色学科，其中机械制造及其自动化是北京市重点学科；拥有光机电微纳制造 1 个北京市交叉学科，机械工程、工业与系统工程两个工业和信息化部重点学科；拥有装甲车辆工程、车辆工程、机械工程及自动化 3 个国家级特色本科专业，装甲车辆工程 1 个国防重点本科专业，工业工程 1 个国防紧缺本科专业。有机械工程、车辆工程、动力工程、工业工程四个专业学位（工程硕士）授予领域；有机械制造及其自动化、工业工程、载运工具运用工程、动力机械及工程等 18 个硕士学位授权点；有机械设计及理论、车辆工程、工业与系统工程、人机与环境工程等 10 个博士点；有机械工程、动力工程与工程热物理、交通运输工程、航空宇航科学技术 4 个博士后流动站。

教师队伍中，获得教育部“长江学者”5 人、国家杰出青年科学基金 1 人、“973”首席专家 5 人、青年“973”负责人 1 人、“万人计划”获得者 1 人、“千人计划”获得者 2 人、国家科学优秀青年基金 1 人、“新世纪百千万人才工程”3 人、教育部“新世纪优秀人才支持计划”14 人、国防科技“511”学术带头人 5 人、国家级教学名师 1 人、北京市教学名师 4 人，入选“国家青年拔尖人才支持计划”1人、“科技北京百名领军人才培养工程”2人；获“国防科技创新团队”4个、国家级教学团队1个、教育部创新团队2个、北京市优秀教学团队2个。

2014年，学院有教职工310人，其中专职教师209人，博导58人，教授56人、副教授及副高职称人员125人。学院在校本科生1 752人，研究生1 046人，其中硕士研究生671人、博士研究生375人。

（鄂　嵋）

【学科建设】2014年，学院向学部提交5个重大工程技术问题——无人车系统、电动车辆、高端装备的形性耦合制造工程、军车高强化动力系统和高效可持续替代燃料内燃机；1个重大科学问题——非硅微纳制造。暂停交通运输学科专业招生。

组织学科责任教授访问美国普渡大学、俄亥俄州立大学、密歇根大学机械工程学科，对学科研究方向、研究生培养模式和课程设置、学科评估指标体系进行调研。完善了学科带头人负责制和青年教师培养工作相关制度。共组织4人申报“长江学者”。林程教授获科技部创新人才推进计划“中青年创新人才”；刘检华教授入选“国家青年拔尖人才支持计划”；王震坡教授获“科技北京百名领军人才”。一篇论文获“2014年度中国百篇最具影响国际学术论文”。

2014年，建设地面无人机动平台、微小型动力系统、3D打印技术3个新型交叉平台研究队伍。

（姜　澜）

【教学工作】机械工程、车辆工程专业通过了中国工程教育专业认证。“跨学科实践教学的国际化平台建设”获批北京市教改立项。共获批学校第十批教改立项（第二批次）13项；“超精密加工”等5门研究型课程在第十批教改立项（第二批次）中继续获得资助；在学校第十批教改立项（第三批次）申报中学院共提交31项。《机械设计基础（第三版）》等3本教材入选“十二五”普通高等教育本科国家级规划教材；《应用统计学数据处理与综合实验》等6本教材获批工信部“十二五”规划教材立项；《汽车电子学基础》等11本教材获批北京理工大学“十二五”规划教材立项；《交通工程学》等6本教材获北京理工大学第十一届“优秀教材”。韩占忠、杨薇获学校2014年度“T-MORE优秀教师奖”。

2014年，建立教师教学质量、专业建设质量跟踪、反馈及持续改进机制，实施本科教学专项绩效奖励政策。完善专业基础课及专业课实验教学课程体系与实验实践教学内容；完成学院实验课教学大纲及实验指导书汇编。建设热工与流体实验、机械工程、汽车学3个本科实验教学实验室和1个大学生机械创新设计中心；完成北京市交通与车辆实验教学示范中心验收。

（冯慧华）

【研究生培养】2014年，实现“985”“211”高校的推免生数量比上一年度增加近50%。编制和启动硕士研究生“机械工程”专业全英文培养方案。系统筹划并实施“推进计划”研究生培养专项建设，新增承担5项研究生教改项目。

加强研究生学位论文质量监控，1人获全国机械工程优秀博士学位论文“上银奖”。组织第十二届研究生学术论坛，征集学术论文122篇，选拔优秀学术论文10篇，国内外科学家进行学术报告或对研究生学术论文进行点评，各项活动参加人数千余人次。

（左正兴）

【科研工作】2014年，学院实现科技投入经费2.66亿元，其中国家自然科学基金项目到校经费1 224万元，国家重大基础研究项目（973项目）到校经费2 756万元，基础研究类项目经费达6 000万元以上。学院当量科研经费3.03亿元。共发表学术论文500余篇，其中EI收录287篇，SCI收录125篇，授权发明专利53项。以第三完成单位获得国家科技进步二等奖1项，以第一完成单位获部级自然一等奖1项、发明二等奖2项，科技进步二等奖3项。

9月，“北京电动车辆协同创新中心”获国家教育部最终认定。学院共获批自然科学基金项目17项，总计获批资助经费1 269万元。面上项目11项，青年科学基金3项。龚建伟副教授团队的“城区真实交通环境无人驾驶车辆关键技术与平台研究”项目获批自然基金重点项目。

张之敬教授作为首席科学家的“×××精密结构体微应力集成组装理论与方法”获国防“973”项目立项。学院“青年千人计划”周天丰教授作为首席科学家的“玻璃微纳阵列高效超精密模压制造基础研究”获青年“973”项目立项。学院作为副总师单位承担新型×××装甲车辆研制任务；作为副总师单位承担×××装甲装备可靠性增长专项项目研制任务。完成学院承担的3项国防重点型号项目研制任务。

（胡纪滨）

【实验室建设】承担“机械与车辆学院安全生产网格化管理体系研究”“安全教育课程模块化教学体系规划与设计”等安全生产研究课题4项。通过工信部组织的安全生产评估检查。对部分实验室硬件条件、内外环境、文化建设等进行整治和建设，确保电动车辆协同创新中心认定、机械工程、车辆工程专业认证、西山实验区雨水控制综合整治工程、国防技术先进加工实验室建设工程等重点工作顺利完成。

（左建华）

【人才队伍及对外交流】2014年，学院与中国科学院电工研究所、中国电工技术学会联合主办IEEE亚太交通电气化会议；主办“2014年远东无损检测新技术论坛”，主办第5届国际绿色智能交通系统与安全学术会议，主办第5届北京理工大学—东京工业大学机械工程学术交流会；承办第21届工业工程与工程管理国际学术会议，承办第5届工业工程企业应用高峰论坛。

签订中波e-Bus项目样车协议。一人获批教育部2014年中国香港与内地高校师生交流计划项目。2014年，共有14名教师参与国际访学项目，聘请3名外籍兼职教授。共有127名学生参与出国访学、交换生、国外毕业设计、暑期学校等各类国际化项目；本科毕业生出国深造共计116人；接收留学生24人。

（唐水源）

【学生工作】2014年，学院荣获“北京市高校德育工作先进集体”称号；学生工作组教师承担教育研究或教育改革课题9项；专职学生工作干部荣获北京市荣誉称号4人；学院获校主题教育活动优秀组织奖、“心理健康节”评比一等奖、校“德育答辩工作先进单位”称号。

学院个性化奖学金体系全年执行金额187.5万元，新增引导学风建设的班级奖学金1个。举办“青春飞扬的季节”大型文艺汇演活动；榜样团队大学生方程式车队受到《人民日报》、新华网、《中国科学报》等媒体报道十余次。组建89个寒暑期社会实践团开展社会实践活动，参与学生389人，并荣获北京市级优秀成果奖1项、校级优秀成果奖3项、校级社会实践优秀实践团员4人；在四川省汶川县建造了300平方米的机械科普展厅。

2014年，投入学生科技创新创业专项资金200余万元，共培育各类项目129项；在校“世纪杯”创意创新创业作品竞赛中获“优胜杯”；全年参与科技创新活动的学生达600人，获国家级竞赛二等奖以上的作品共计43项、167人次，获国家级竞赛三等奖和省级竞赛一等奖的作品共计14项、55人次，获省级竞赛二、三等奖的作品共计6项、29人次。本科生发表学术论文十余篇，申请专利（受理）19项。机械创新设计大赛获得全国一等奖、二等奖各5项；“挑战杯”创业计划竞赛1项获得全国银奖、1项获得北京市铜奖；大学生方程式汽车大赛两个组别均获得中国赛第二名；节能竞技大赛获得纯电动组高校第一名。成功组织举办第二届就业发展论坛。全年共举办各类就业指导专题活动20余场；组织专场招聘会63场，组织毕业生参加各类型招聘会256场；“笑迎职场”就业指导品牌活动举办了8期，共近千人参与。走访了20余家用人单位，并与6家单位签订了共50个暑期实习生项目岗位。本科生签约率达94.63%，研究生签约率为99.66%。开展毕业生薪金满意度调查并建立薪酬资料库。学院获学校就业工作评估一等奖，获学校招生宣传工作评估一等奖。

（范文辉）

【党建工作】2014年，工业和信息化部党建创优工程（二期）专家组入校对学院进行实地考察走访；坚持开展“党群零距离”活动，同时在教师党支部开展“比师德、比育人、比成果”活动，以共产党员的先锋模范作用带领广大师生努力工作、开拓进取。

学院31项整改任务台账中有7项全部完成，10项完成建章立制并持续推进，14项按照整改计划的时间节点推进。

以“党政机构共同调整，系部中心全力配合”为原则进行机构改革，构建与行政机构相适应的“党委—党总支—党支部”基层机构。学院为开展支部活动提供经费支持；全院教育事业经费中的40%用于学生德育工作，同时配以学生活动、共青团主题教育活动、研究生教育、教育教学改革等专项经费支持专项活动。

学院党委重视领导班子思想政治建设，坚持理论中心组学习制度和领导班子民主生活会制度；完成2014年党风廉政建设和反腐败工作任务分工中的各项任务。在教师中以“师德建设”为重点开展思想政治工作。建立学院分党校，组织了2期学生党课，培训入党积极分子63人；探索形成院领导主讲党课的工作机制；发展学生党员79人；学院学生党员比例为40%。学院召开第二届教职工代表大会扩大会议；举办青年教师基本功选拔赛，6名教师获一等奖；组织教师参加学校各类文体活动，支持学院足球队、羽毛球队等开展活动；筹集经费安排女教工专项体检，探望和慰问患病住院教职工，对生活有困难的职工积极帮助，春节前开展对劳模、老教授进行慰问活动等。电动车辆国家工程实验室获“市级职工创新工作室”称号。

向离退休教师汇报学院工作。完善校友信息平台，校友信息采集工作卓有成效；发动校友捐资，形成固定奖助学金模式；组织1974级、1980级等各年级校友返校活动20余场，返校校友300余人。

建立学院保密管理体系。按期完成保密检查、自查；签订年度责任书；核对涉密台账；统计并上报年度学院保密普查信息；组织完成百余台涉密计算机防护系统升级工作；完成年度4次审计和2次风险自评估报告等工作。学院成立保密专项工作小组，完成各级各次保密检查8次。

学院改革按照年级、班级划分党支部、团支部的组织形式，将研究生党支部、团支部设立在研究所中。

（阎　艳）

【学院体制机制改革】2014年，组织完善“学院—系—所（实验室、研究中心）”的管理体制，完成系（部、中心）行政、党总支和支部的换届工作。推进教职工的分类管理，完善教职工考核评价办法。

（项昌乐）

光电学院

【概况】北京理工大学光电学院（School of Optoelectronics，以下简称“光电学院”）前身为成立于1953年的光学仪器设计与制造专业，现由光学工程、仪器科学与技术两个一级学科和物理电子学二级学科组成。学院下设光电成像技术与系统教育部重点实验室、颜色科学与工程国家重点学科专业实验室、精密光电测试仪器及技术北京市重点实验室、北京市混合现实与新型显示工程技术研究中心。学院设有测控技术与仪器、光电信息科学与工程2个本科专业，拥有光学工程、仪器科学与技术、物理电子学三个博士学位授权点、博士后流动站，拥有光学工程、物理电子学两个国家级重点学科。

2014年，学院有教职工134人，其中专任教师108人，博士生导师48人（含兼职5人），教授35人、副教授49人，具有博士学位的教师100人。2014年，毕业445人，其中，研究生219人（博士生33人，硕士生186人），本科生226人；招生495人，其中，研究生265人（博士生56人，硕士生209人），本科生230人；在校生1 633人，其中，研究生729人（博士生243人，硕士生486人），本科生904人。

（郝　群、郭明娟）

【党建工作】2014年，光电学院党委共有33个支部、其中教师党支部6个、学生党支部27个；共有党员488人，其中在职党员72人，学生党员416人；有入党积极分子230人，发展党员47人。2014年，学院1名教师获“北京高校优秀共产党员”称号。

2014年，学院党委组织党的群众路线教育实践活动，征求意见、剖析和查摆问题，制定《整改任务方案》，进行整改任务的落实与总结。迎接工信部“党建评优”检查工作，总结梳理光电学院党建工作的制度和经验、做法；坚持勤政和廉政相结合，加强党风廉政建设，建立建全党风廉政建设领导机制、决策机制及相关制度，制定和完善政务公开制度，执行“三重一大”制度；学院党委牵头完成学院研究所行政班子、党支部的换届工作；配合学校完成圆满保密资格审查认证复审工作。

组织1980级校友毕业30周年、1990级校友毕业20周年返校活动；举行光电学院42811奖学金（33万元）捐赠仪式。

（郝　群、邹　锐）

【学科建设】学院拥有光学工程、仪器科学与技术两个一级学科和物理电子学二级学科，其中，光学工程、物理电子学为国家级重点学科。落实

"光电学院 2012—2016 年发展规划"。学院与海淀区中海投公司设立光电技术研究院作为成果转化和技术产业化主体，于 9 月注册北京理工光电技术研究院有限责任公司，探索"实验室→工研院→产业园"的三级发展模式。2014 年度，入选国家"万人计划"（百千万工程领军人才）1 人，获得国家级优秀青年科学基金 1 人，聘请兼职教授 1 人，新进青年教师 4 人。

（郝 群、崔小虹）

【教学工作】 2014 年，学院教师牵头获得国家级教学成果奖二等奖 1 项，获得中国学位与研究生教育学会研究生教育成果奖二等奖 1 项；"光学精密仪器课群研究型团队"被评为北京市三八红旗集体；获批校级教改立项项目 4 项、研究生教学团队重点建设项目 1 项；获得北京理工大学校级优秀博士学位论文 4 篇，优秀硕士学位论文 8 篇；学院研究生发表 SCI 检索论文 80 余篇；学院教师在国内外教学会议、学术期刊上共发表教学论文 5 篇，参加国际教学会议 3 次。1 人获"北京市师德先进个人"称号。

2014 年，学院教师指导学生获得第六届全国大学生机械创新设计大赛一等奖 4 项。举办学校"第四届全国光电设计竞赛"校内选拔赛，有 20 名本科生次获得全国竞赛奖励。学院扩展与企业的合作交流，新增北京 CBC 集团公司、扬州 5308 厂、天津 8358 所等多个学生实践基地。学院派出交换、联合培养学生共计 28 人，其中博士生 8 人、本科生 20 人。

（黄一帆）

【科研工作】 2014 年，学院到校总经费达 7 466.65 万元。其中，横向科研经费 2 900.46 万元，自然科学基金经费 1 139.15 万元，国家重大专项、仪器专项经费 678.18 万元。SCI 收录论文 80 余篇，申请专利 60 余项，授权 55 项，获教育部技术发明一等奖 1 项。2014 年，共获得 15 项国家自然科学基金资助，金额 1 858 万元，批准项目数全校排第 4，批注资助金额全校排第 2，资助项目数全校排第 8。其中获得国家自然科学基金重大仪器专项 1 项，国际（地区）合作与交流 1 项，优秀青年科学基金 1 项。

（许廷发、邓瑞平）

【实验室建设】 2014 年，学院完善工信部教学实验示范中心"光电教学实验中心"的基本条件建设。学院申报"工程光学校级虚拟仿真实验教学中心"并获批。学院对三个省部级重点实验室进行重点建设，在 7 号教学楼新增 800 平方米用于研究实验。

（黄一帆）

【学生工作】 2014 年，学院学生工作围绕人才培养目标，坚持"育人为本、德育为先"的宗旨，将学生工作融入学院人才培养体系。发展本科生党员 34 名、研究生党员 7 名，完成"德学理工二期"结题报告 2 篇、申报"德学理工三期"项目 1 项、申报北京市委教工委"首都大学生思想政治课题"1 项、发表学生工作论文 2 篇。学院硕士党支部获北京市优秀奖，4 名学生获北京市级优秀个人称号，2 个团支部被评为首都大学"先锋杯优秀团支部"，3 个班集体被评为北京理工大学"优良学风班"。研究生 214 人获校级奖学金，奖金总额 172.9 万元；本科生 41 人获校级奖学金，奖金总额 23.7 万元；14 人获院级奖学金，奖金总额 7 万元；获得各类助学金 92 人，资助总额 28.2 万元。学院教师指导学生参加第十一届"世纪杯"课外科技创新竞赛项目 22 个，获特等奖 1 项、一等奖 2 项、二等奖 3 项、三等奖 7 项；有 8 支团队参加全国光电设计竞赛，获全国二等奖 1 项、三等奖 4 项，最亮风格奖 1 项。学院组织学生暑期社会实践团 35 个，189 名学生参加，获 2014 年首都大学生暑期社会实践优秀成果奖 1 项，校级实践团二等奖 3 项、三等奖 1 项。2014 届本科毕业生签约率为 90.09%，在国内及出国读研的毕业生比例为 66.38%，就业率为 98.28%；研究生签约率为 98.26%，就业率为 98.26%。学院获 2014 年学校招生宣传工作先进单位一等奖及就业工作先进单位一等奖。

（邹 锐、盛 筠）

【交流与合作】 2014 年，学院共接待美、德、俄、英、日、新加坡等国及港澳台地区的教授及同行专家来访 23 个团组。举办学术讲座 16 次，其中短期引智项目 1 次。派出教师赴美国、德国、英国、意大利、法国、加拿大、瑞士、澳大利亚、以色列、西班牙、日本等国家访问交流 65 人次。主办或承办国际学术会议 4 次，主办国际光电技术与应用系列创新研讨会，100 余人参会，其中外宾 16 人，来自 5 个国家和地区；承办第八届全息及相关技术国际学术大会，70 余人参会，其中外宾 39 人，来自 6 个国家和地区，学院博士生藏金亮获最佳学生论文奖；承办第二届 PROLITH 光刻仿真技术研讨会，50 余人参会，其中 5 人来自美国；承办北京理工大学光电学院—明导电子光电联合实验室成立仪式和国际技术交流会，12 人参会，其中 2 人来自美国。学院与澳大利亚斯维本科技大学共同建立全息与微纳光子学联合实验室。北京理工大学—东京大学生产技术研究所信息光学联合实验室举行揭牌仪式。

（赵长明、崔小虹）

【奖励情况】学院获国家级教学成果奖二等奖 1 项，中国学位与研究生教育学会研究生教育成果奖二等奖 1 项，学院“光学精密仪器课群研究型教学团队”获“北京市三八红旗集体”称号，一人获“北京市师德先进个人”称号，一人获“北京高校优秀共产党员”称号，一人获教育部科技发明一等奖。

（黄一帆）

信息与电子学院

【概况】北京理工大学信息与电子学院（School of Information and Electronics，以下简称“信息学院”），前身为电子工程系（五系）。1953 年建立雷达设计与制造专业，是中国首批建立的从事雷达、遥控遥测专业教学与科研工作的单位之一。1956 年建立无线电工程系，1971 年更名为电子工程系，2002 年由原电子工程系等 4 个系组建信息科学技术学院，院内保留电子工程系（一院五系），2008 年年底重组为信息与电子学院。

学院拥有信息与通信工程和电子科学与技术 2 个具有一级博士学位授予权的一级学科，其中信息与通信工程为国家重点一级学科，电子科学与技术为北京市重点一级学科；有博士后流动站 2 个、博士点 8 个、硕士点 8 个。学院设有电子信息工程、通信工程、信息对抗技术、电子科学与技术 4 个本科专业。学院下设信号与图像处理研究所、通信技术研究所、微波技术研究所、微电子技术研究所、专用处理器研究所、雷达技术研究所、雷达与对抗技术研究所、信息安全与对抗技术研究所、电工电子教学实验中心（国家级教学实验示范中心）等单位。

2014 年，学院有教职工 220 人，其中院士 2 人、“千人计划” 1 人、教育部“长江学者” 3 人、“国家杰青” 2 人、“973” 技术首席 1 人，教授 37 人、副教授 80 人，博士生导师 45 人、硕士生导师 167 人。2014 年，毕业学生 739 人，其中，研究生 359 人（博士生 55 人，硕士生 304 人），本科生 380 人。招生 851 人，其中，研究生 407 人（博士生 337 人，硕士生 70 人），本科生 444 人。在校生 2 120 人，其中，研究生 1 201 人（博士生 337，硕士生 864 人），本科生 919 人。

（范哲意）

【党建工作】2014 年，学院党委深入开展党的群众路线教育实践活动。学院党委完成 5 个教工党支部换届。学院党委牵头制定《信息与电子学院 2014 年德育工作实施方案》，从思想建设、组织建设、队伍建设、文化建设、学风建设五个方面指导学生教育工作。开展党建教育活动，实现 48 个学生党支部的全覆盖，全年参与人数达 8 219 人次，“党建导师”“时事论坛”“党员责任区”等活动学生党员参与比例达 100%。组织 7 期院级党课、4 期党群零距离活动、8 期形式政策教育、6 期“信仰 · 青春 · 阳光”主题教育活动等党建团学活动。开展学术讲座、科技竞赛、实践志愿类工作。举办“21 世纪学科前沿”系列学术讲座，邀请国际知名学者、院士进行高端学术交流报告。举办“大学生创新创业训练计划”系列讲座，聘请企业管理和研发人员担任“企业导师”，开展创新创业培训。

（李淑云）

【学科建设】2014 年，“硅基高速片上系统”北京市工程技术研究中心获批。龙腾教授入选“创新人才推进计划”中青年科技创新领军人才及“科技北京”百名领军人才培养工程，并获批为国务院学位委员会第七届学科评议组成员。吴嗣亮教授获“全国五一劳动奖章”“全国模范教师”“全国优秀科技工作者”荣誉称号。

（刘　莲）

【本科教学工作】2014 年，电子信息工程、电子科学与技术、通信工程三个专业通过中国工程教育专业认证。2014 年，开设理论课教学班 252 个，授课学生 22 035 人次，实践教学环节培养学生约 12 000 人次。“信息安全与对抗理论”课程入选第三批精品资源共享课，“微电子电路基础”入选学校慕课（MOOCs），9 月开课。学院高飞教授入选第十届“北京市高等学校教学名师”。

2014 年学院本科教学重点工作包括保证学院本科教学运行的高质量、高效率、平稳有序；推进本科教学国际化；推进课外大学生创新创业实践体系的建立和运行。三部教材获批工信部教材规划立项；在 2012 级组建第一届“信息科技菁英班”并运行；成立新一届教学指导委员会并修订 2015 版培养方案；完成 2013 级大类招生专业分流工作；举行学院第九届青年教师教学基本功比赛；多项教改项目获批学校第十批教改立项（第二批次）项目；启动学生课外创新创业实践活动；师生应邀赴台湾中原大学暑期访学；组织外国留学生参加“TOP CHINA”暑期学校项目；设立信息与电子学院奖教金并开展第一次评奖；制定学院教师承担教学任务的规定和新的教学工作量计算方法；设立学院教改项目；中英合作办学班恢复招生；组织参加四项国家级大学生学科知识竞赛，举办两项校级竞赛；在本科教学规范化方面出台举措，涵盖课堂教学、实验教学、毕业设计、实习实践、创新创业训练、考试考核、教学质量监控与反馈、教学档案归集；完成 2014 年推进行动本科教学建设项目申报和执行，获批建设经费 150 万元。

（陆　军）

【研究生培养】学院举办暑期夏令营、组织专家宣传、面试，并根据学科、专业情况制定优秀生源招生政策。2014 年，学院“985”院校及国家重点学科的生源比例达到 59%，比 2013 年提高 4 个百分点。共接收外校推免生近 100 人，其中来自“985”高校和国家重点学科 55 人。针对 2015 年博士招生“申请—考核制”，学院成立博士招生工作领导小组和工作小组；制定学院 2015 年博士招生考试方案；加强题库建设，公示考试及录取办法，提高学院博士生招生工作的规范性；委托学院研究生教育督导组对招生考试过程进行巡视，加强对学院博士生招生工作的监督与指导。45 名考生获得参加 2015 年博士生考试资格，其中硕博连读生 24 人、公开招考生 21 人。

“研究生教育督导组”对招生过程巡视、检查；对研究生课堂教学质量监督、检查；对研究生开题、中期考核、答辩等环节督导；进行院内研究生论文盲评及评优。

获得全国优秀博士学位论文奖 1 项（2013 年评奖，2014 年公布；获奖学生：武楠，导师：匡镜明）；获得全国优秀博士学位论文提名奖 1 项（2013 年评奖，2014 年公布；获奖学生：孟祥意，导师：王越）。对 2014 年夏季毕业的所有硕士生及 2015 年春季毕业的 10% 的硕士生进行论文查重，合格率为 89%，对不合格的论文进行二次查重。

研究生教研教改工作中申报课题 33 项，获批立项 13 项，其中包括研究生精品课程立项建设 3 项，专项研究生课程建设 1 项，研究生教学团队建设 1 项，研究生教育教学研究与管理 1 项，全英文专业建设 1 项，共计项目经费约 70 万元。举办 2014 年全国博士生论坛，获批 30 万元。无线通信创新研究教育基地，2012—2014 年共计获批约 80 万元。

在全英文教学专业建设中鼓励和支持教师根据现行培养方案开设英文教学课程，接收留学生；建立“电子与通信工程”硕士学位全英文专业；学院开设全英文专业基础或专业课程扩展至 11 门。

2014 年，学院研究生参加各种长短期境外访学交流项目达 58 人次；博士学位留学生 8 人，硕士学位留学生 26 人。

2014 年，成立研究生教育优秀工程（二期）迎评工作领导小组和工作小组，进行自查，完成学院自评报告。

桂小琰、陈志明老师在“第四届（2014 年）大学生集成电路设计大赛”中被评为优秀指导教师。在“第四届（2014 年）大学生集成电路设计大赛”中，研究生获特等奖 3 人、二等奖 3 人。

（刘　琨）

【科研工作】2014 年，学院共有 333 个科研项目经费到校，科研经费累计超过 2.35 亿元，共有 124 位教师承担了科研项目。国家自然科学基金获批 14 项，经费 3 101 万元。发表 SCI 论文数 99 篇，申请专利 185 项，授权专利 98 项。吴嗣亮教授课题组“无线电×××××测量技术与应用”获 2014 年国家科学技术发明一等奖；吴嗣亮教授获 2014 年度何梁何利基金科学与技术进步奖。

（郭　君）

【实验室建设】学院教学科研实验室面积约 1.8 万平方米，实验设备资产总值约 1.95 亿元。学院建有多元信息系统国防重点学科实验室、卫星导航电子信息技术教育部重点实验室、嵌入式实时信息处理技术北京市重点实验室、毫米波与太赫兹技术北京市重点实验室、分数域信号与系统北京市重点实验室、硅基高速片上系统北京市工程技术研究中心6个省部级学科科研实验平台和电工电子教学实验中心（国家级实验教学示范中心）、信息系统与安全对抗实验中心（工信部实验教学示范中心建设单位）和电子信息技术实验中心（校级实验教学示范中心）3个教学实验中心，以及多个校企联合实验室。

（范哲意）

【学生工作】2014年，学院学生工作的总体思路是“坚定理想信念，立足修德实践，构建具有学院特色的‘全员·全时·全方位’三全育人工作体系”，重点培养学生的社会责任感、创新精神和实践能力，依托“德育小导师”“学术班主任”“党建导师”等载体形式，开展明圆打工子弟学校支教、主题教育讲座、团日活动创意大赛、金牌毕业生评选等特色活动，学生参与活动超过15 000人次。

2014年，学院专职学生工作干部发表核心期刊文章4篇，参与各级课题8项，参加国家级培训1人次、市级培训4人次、校级培训4人次，获得市级、校级荣誉14人次。学院辅导员队伍对学生共进行深度辅导1 640人次。2011级本科生深度辅导437人次，2012级本科生深度辅导495人次，覆盖率达到100%；硕士生及博士生深度辅导708人次，占学生总人数的59%。开展安全离校教育1次，参与人数为437人。

2014年，学院本科生就业率为97.63%，研究生就业率为100%，获评学校就业工作先进集体；完成在天津、海南和广东等地的招生宣传工作，获评校招生宣传工作先进集体。在大学生数学建模竞赛、大学生电子设计竞赛等赛事中获得国际级奖项1人次，国家级奖项79人次，北京市级奖项60人次。在“世纪杯”竞赛中，学院申报科技类参赛项目38个，创业类参赛项目21个，创意类参赛项目47个，总参赛人数达318人，获得科技类一等奖2个、二等奖8个、三等奖9个，创业项目“基于云计算技术的加密版权保护高清网络直播平台”获创业类银奖。2014年，增设中科院电子所助学金，年奖助金额6.8万元。

（哈 楠）

【交流与合作】2014年，学院共接待国外11个国家48次39人来访，派出参观访问交流12个国家23人次。举办首届中欧气象雷达国际学术会议，并续签IET教育合作伙伴协议。2014年“电子科学与技术”国际化教育专业稳定运行，与23所国外知名大学开展学生交换项目，学院学生参加各种长短期境外访学交流项目达113人次。

（富景馨）

自动化学院

【概况】北京理工大学自动化学院（School of Automation，以下简称“自动化学院”）前身为成立于1960年的自动控制系，相关专业最早开设于1953年。2008年年底成立自动化学院。学院现有控制科学与工程一级学科博士点和电气工程一级学科硕士点，有自动化、电气工程与自动化两个本科专业。拥有复杂系统智能控制与决策国家重点实验室培育基地、自动控制系统北京市重点实验室、复杂系统智能控制与决策教育部重点实验室、导航、制导与控制教育部工程中心。

2014年，学院有教职工127人，其中专任教师115人，包括中国工程院院士1人、长江学者2人、杰出青年基金获得者2人、科技部中青年科技创新领军人才1人、中组部青年拔尖创新人才1人、北京市教学名师2人、国家百千万人才2人、国防工业“511”人才3人、教育部新世纪优秀人才10人。有教育部长江学者创新团队2个，国防科技创新团队1个。学院共有教授25人、副教授52人，其中博士生导师24人，具有博士学位的教师有100人。

2014年，毕业学生440人，其中研究生190人（博士生21人，硕士生169人），本科生250人。

招收学生 484 人，其中研究生 221 人（博士生 35 人，硕士生 186 人），本科生 263 人。在校生 1 030 余人，其中研究生 463 人（博士生 133 人，硕士生 330 人），本科生 567 余人。

（袁 丹）

【学科建设】学院有两个一级学科，控制科学与工程一级学科为博士点，电气工程一级学科为硕士点。其中控制科学与工程一级学科下有五个二级学科：分别是控制理论与控制工程、导航制导与控制、模式识别与智能系统、系统工程、检测技术与自动化装置。控制理论与控制工程二级学科 2001 年被评为国家级重点学科，2007 年再次被评为国家重点学科；导航、制导与控制二级学科 2007 年被评为国家重点培育学科；模式识别与智能系统二级学科 2002 年被评为国防科工委重点学科。控制科学与工程一级学科 2008 年被评为北京市一级重点学科。

2014 年，学院申报自动化专业国际工程认证并获批准，其中在全国 2014 年电气信息类共 13 个参加认证的学校中，北京理工大学是唯一一个获得六年资质的学校。王美玲教授受聘为 2013、2014 年度长江学者特聘教授；获批科技部中青年科技创新领军人才 1 人；获批中组部青年拔尖创新人才 1 人；获批国家自然科学基金优秀青年基金 1 人；出国进修半年及以上返回教师 5 人，新派出教师 4 人；引进国外博士毕业并直接竞聘副教授 1 人。

（卢亚丽）

【教学工作】2014 年，学院聘请六位离退休教授作为顾问定期监督检查各教学环节；新任课教师全部采取试讲和专家评审方式上岗；鼓励、支持教师积极参加指导学生各种科技创新活动；对本科二年级学生继续实行“导师制”。鼓励教师探索教学改革和教学研究，新获批北京市教改项目 1 项，承担省部级教改项目 3 项、校级教改项目 19 项，发表教改论文 11 篇，获校级优秀教材奖 1 本。

开展本科生国际化班建设，制订和完善英文教学大纲，开展英文授课经验交流。派出 8 名本科生赴国外著名高校做毕业设计，25 名本科生赴国外进行短期交流，23 名本科生在国外进行 1～2 年交流；在校本科留学生人数 10 名。

举办研究生学术论坛并聘请 2 位院士和十多位国内外著名学者开办学术讲座；对学院优秀博士生进行表彰和奖励；对硕士学位论文进行 30% 盲审，博士论文全部盲审。加强对博士生中期检查和博士学位论文预答辩审查力度。结合研究生院博士招生改革，制定学院招生办法。获自动化学会第一届优秀博士论文 1 篇。

结合教育部保送研究生政策的变化，通过面对面为学生介绍学科方向和导师、组织学生参观科研实验室并进行包括远程面试在内的多种有效的面试方式，使“985”高校生源占 70%。

举办第三届研究生学术论坛，邀请包括院士、国内外著名学者在内的 22 名高层次专家作学术报告。2014 年，留学研究生 21 名，其中博士生 8 名，硕士生 13 名。

（袁 丹）

【科研工作】2014 年，陈杰教授牵头的项目“分布式协同控制的混合智能优化与稳定性”获 2014 年度国家自然科学二等奖。学院获国防科技进步二等奖 1 项、北京市科学技术二等奖 1 项。陈杰教授作为首席科学家获批国防“973”项目 1 项；王美玲教授获批国家自然科学基金国家重大科研仪器研制项目 1 项（790 万元）；任雪梅教授获批国家自然科学基金重点项目 1 项（350 万元）；邓志红教授获批国家自然科学基金优秀青年基金 1 项（100 万元）；其他类基金包括面上和青年共 9 项，总经费 1 720 万元。

科研总经费 2. 8 亿元，人均 230 万元。其中各类基金等基础研究项目 2 860 万元，国防预研项目 1 040 万元，型号研制项目 1 230 万元，科技合作项目 2 100 万元。

发表学术论文 320 余篇，其中 SCI 论文 65 篇，EI 论文 181 篇，其中 ESI 高被引论文 11 篇。获批国家授权发明专利 29 项，受理 34 项。出版专著、译著 9 部，出版教材 1 本。

（尹爱军）

【实验室建设】2014 年，“复杂系统智能控制与决策”国家重点实验室通过科技部和工信部专家组验收，进入建设行列。

学院在七号楼楼顶建成由 4 台小型风机和 60 平方米太阳能电池板组成的风光互补发电系统，为教学科研提供实验平台，为实验室提供绿色能源。扩大实验中心对外交流，全年接待国内外 300 多人交流参观。

（赵京玉）

【党建工作】2014 年，学院党委有党支部 37 个，其中教师党支部 8 个，学生党支部 29 个（其中本科生党支部 6 个，硕士研究生党支部 19 个，博士研究生党支部 4 个）。学院共有党员 550 名，其中教师党员 83 人，学生党员 467 人。2014 年，学院发展党员 55 名，其中本科生 42 名，硕士研究生 11 名，博士研究生 2 名，本科生党员比例为 19.8 %，研究生党员比例为 60%。

2014 年，学院党委认真学习党的十八届三中、四中全会精神，完成党的群众路线教育实践活动整改方案的制定与落实；举行学院第二次党代会，选举产生了新一届党委。

学院党委认真组织学院领导、党委委员和团队负责人开展党风廉政学习教育，与团队负责人签订党风廉政、综合治理责任书。落实“三重一大”、院务公开、党政联席会议等制度，完成保密自查和保密复审。全年安全、保密、保卫工作达标；定期组织青年教师举办学术沙龙活动，组织青年教师去国内高校、研究所和国有企业参观、交流；发挥工会、教代会的作用，组织运动会、爬山、羽毛球赛、足球赛等文体活动。关心慰问重病教工、困难学生和全体离退休人员。

（袁　丹）

【学生工作】2014 年，学院以“思想为重、学生为本、创新为先”为指导开展学生工作，把学生思想教育工作放在第一位，在学生心理健康教育工作上采取集体教育和个别教育相结合的方法，通过面对面谈话、集体辅导、计算机网络等多渠道交流方式做好部分特殊学生的教育和思想政治工作。全年围绕学习困难、就业困难、保研就业辅导等方面开展针对性一对一谈话 650 人次，处理心理干预事件 0 起；开展毕业生就业工作辅导教育 3 次，440 人参与；安全离校教育 1 次，440 人参加。

2014 年，学院共有 60% 的学生参加科技竞赛项目，获国家（国际）一等奖 27 人次、二等奖 39 人次、三等奖 25 人次；获省部级一等奖 20 人次、二等奖 12 人次、三等奖 29 人次。学院连续第三年获学校“世纪杯”总分第一名。

（李　君）

【对外交流】2014 年，学院主办 2014 多智能体系统分布式协同控制国际学术研讨会，邀请 10 位本领域国际知名学者作大会报告；组织承办全国“飞思卡尔”大学生智能车华北赛区大赛，共有来自华北五省 77 所高校的 1 200 余名学生参加。

教师出国参加包括 IFAC、ACC、CDC 等本领域高水平国际学术会议 12 人次。师生参加中国控制会议、中国自动化大会等国内本领域高水平的学术会议 50 人次。

学院组团对柏林工大、瑞典皇家理工进行访问，完成一流学科对接计划；接待英国谢菲尔德大学、芬兰阿尔托大学、荷兰代尔夫特理工大学、瑞典皇家理工学院、柏林工业大学等代表团访问。

（袁　丹）

【通过自动化专业国际工程认证】10 月 27 日至 10 月 29 日，中国工程教育认证协会联合专家组对学院自动化专业进行工程教育认证现场考查，专家组对部分管理人员、教师、在校学生、毕业校友和用人单位进行访谈，对自动化学院实验中心、SMC 学生实践实习基地进行考察，并查阅试卷、实习报告、毕业设计论文，调阅抽查部分课程材料。通过多方面、全方位的现场考查，专家组对自动化专业建设给予肯定，学院通过了自动化专业国际工程认证。学校是电气信息类 2014 年唯一一个获得六年资质的学校。

（袁　丹）

计算机学院

【概况】北京理工大学计算机学院（School of Computer Science，以下简称“计算机学院”），前身为 1958 年成立的计算机专业。1980 年成立计算机科学工程系，2005 年成立计算机科学与技术学院，2009 年更名为计算机学院。学院有计算机科学与技术博士后流动站，计算机科学与技术、软件工程 2 个一级学科博士学位授权点；计算机科学与技术、软件工程、生物医学工程 3 个一级学科硕士学位授权点；模式识别与智能系统、情报学2个二级学科学位授权点；计算机科学与技术、物联网工程两个本科专业。计算机应用技术为北京市重点学科，计算机软件与理论为国防特色重点学科，空间生物信息技术为国防重点交叉学科。学科研究方向包括软件理论与工程、高性能嵌入式计算、网络与信息安全、语言信息处理与社会计算、智能感知与媒体计算、图形学与仿真计算等。

2014年，学院有教职工108人，其中专任教师86人。专任教师中有教授19人、副教授27人，博士生导师22人，具有博士学位的教师比例达到70%。在校本科生917人（包括留学生、访学学生），硕士研究生446人，博士研究生179人。

（蒋本珊）

【学科建设】2014年，学院凝练计算机科学与技术一级学科的学科队伍和研究方向，遴选出语言信息处理与社会计算、图像计算与机器智能、软件理论与工程、网络与信息安全、图形学与仿真计算、高性能与嵌入式计算6个学科方向的责任教授。参与学校“十三五规划”若干重大科学问题和工程技术问题凝练，提出关于“面向国家安全的跨媒体大数据处理”重大工程问题的建议。

学院有1个国家级工程实践教育中心、3个省部级重点实验室及工程中心。北京市海量语言信息处理与云计算应用工程技术研究中心在2014年度北京市重点实验室、工程中心三年绩效评估考核中获得优秀。

2014年，引进青年教师3名，新增教授1名、副教授2名，新聘博士生导师3名。黄华教授入选2014年度国家杰出青年科学基金。沈建冰教授获霍英东教育基金会资助，2名青年教师入选2014年国家留学基金委青年骨干教师出国研修项目。

10月，学院召开智能信息技术北京市重点实验室学术年会。11月，北京理工大学计算机学院和北京市海量语言信息处理与云计算应用工程技术研究中心联合承办第三届全国社会媒体处理大会。同月，学院承办“CCF YOCSEF工业控制系统安全”学术报告会。12月，学院主办第六届可信系统国际会议（INTRUST 2014）。此外，学院教师邀请国际专家学者来校进行学术交流、学科对接和研究生联合指导等工作20余人次。李凡副教授及其团队的两篇学术论文分别在第32届IEEE国际性能计算和通信会议、第十届IEEE国际移动Ad Hoc和传感器系统国际会议上获最佳论文奖。

（蒋本珊）

【教学工作】2014年4月，学院完成首届学生大类分流，制订本科生大类招生人才培养计划，规划大类课程体系及专业核心课程，完成239名大类招生学生专业分流及卓越计划学生选拔工作。

学院围绕国家高等工程教育发展战略需求，落实本科卓越工程师计划，推进校企联合协同育人工作，建立东软集团校外实训基地，签署校企“卓越工程师人才培养合作协议”，利用暑假小学期学生到实训基地完成课程实践。修改完善计算机科学与技术、物联网工程卓越计划的培养方案，强化“计算机新技术专题”等课程工程元素，邀请微软集团、中电集团、中标软、中科院等国内外著名企业和科研院所具有工程经验的专家教授参与课程内容建设及课程讲授工作。2014年1月，召开“软件工程综合训练”课程——校企联合卓越工程师计划人才培养研讨会。“软件工程综合训练”作为一门实践性很强的课程列入卓越计划重点建设课程，通过与计算机行业企业深度合作，选派卓越计划学生60人分成4个大组深入公司实践，校企双方合作建立案例教学、场景教学、交互式教学，从理论到实践对学生进行培养。

1月，召开本科教学综合改革研讨会；5月，学院主办“全国普通高等院校物联网技术与应用及人才培养论坛”；9月，召开“计算机类专业教学质量国家标准”研讨会；此外，学院还主办了“大学计算机课程实验教学改革”研讨会。

学院鼓励教师参与高等学校优质课程教学资源共建共享工作，获批第二批本科国家级规划教材1项，获批北京理工大学第十一届优秀教材2项，获批北京市高等教育精品教材1项，获批教育部大学计算机课程改革项目规划教材1项。MOOC课程“C语言程序设计”首批在教育部爱课程网上线，截至2014年年底，在线学习人数10 631人。首批开设研究性课程《C语言程序设计》，进行翻转课堂小班教学改革探索与实践。在“中国大学MOOC”平台上线MOOC课程“面向对象软件开发实践”，上线不到一个月，学习人数接近7 000人。学院教师申报教学研究教学改革项目，获批教育部2014年产学合作专业综合改革项目1项，校级教改及研究型课程立项6项，教改重点课题1项。

2014年，接收推免生较2013年增加30余名，共录取学术学位硕士研究生61名（其中，来自

"985"高校48名)，专业学位硕士研究生18名。

博士生在国际权威专业期刊和顶级会议发表论文多篇，2名博士生获学校博士生创新项目资助；新申请并获批校研究生院研究生优秀教学团队1个，研究生教学示范课程3门，研究生教育教学改革项目3项，校内交叉联合培养博士生项目3项；学院博士研究生在海外参加联合培养项目12名。12月，学院举办计算机科学与技术研究生论坛。

（蒋本珊）

【科研工作】2014年，学院坚持"强化基础、着力前沿、协同创新、持续发展"的科研发展思路，共申报国家自然科学基金34项，获批国家自然科学基金11项（含国际合作1项），资助率为44%，资助率位居全校第二，批准项目数位居全校第七，获批总经费966万元，总经费居全校第五。

学院获批国家杰出青年基金和"863计划"课题各1项；2014年全年科研经费为3 231.59万元，完成学校下达的3 230万元的科研指标；学院教师发表被SCI检索收录论文44篇、A类会议论文3篇，获授权发明专利21项。

2014年，黄河燕教授荣获全国优秀科技工作者称号。

（蒋本珊）

【实验室建设】2014年，学院依托北京市计算机实验教学示范中心及计算机基础部成功申报大学计算机虚拟仿真国家级实验教学中心，并开展虚拟实验教学。完成物联网专业实验室二期建设。完成基于云计算的计算机实验教学示范中心（一期）建设及良乡机房整体改造。云平台服务器机房建成，良乡6个机房升级改造全部完成。

学院开展实验系列人员定岗定编工作，招聘3名非事业编制人员从事实验教辅工作。

（蒋本珊）

【党建工作】2014年5月，学院召开党员大会，选举产生新一届党委委员。学院组织党的群众路线教育实践活动整改工作的自查和总结工作。组织社会主义新农村建设参观、卢沟桥抗日战争纪念馆参观、师生联合羽毛球赛、师生联合登山活动等集体活动。11月，学院代表队第五次蝉联教职工"京工杯"羽毛球比赛冠军。

学院学生党校、团校举办"弘毅工程"学生党员骨干培训班。开设院党课，组织学生党支部支委党务培训，组织新党员宣誓等。2014年，学院发展新党员57名，预备党员转正47名。

学院严格执行保密工作，加大内部自检力度，按照学校的要求进行认证准备工作。

学院积极与离退休老同志进行沟通，听取他们对学院工作的意见和建议，逢年过节对老同志进行看望和慰问。2014年，学院共接待5批校友返校。

（蒋本珊）

【学生工作】2014年，学院完善和传承"飞行计划""知味讲坛""计忆辉煌"等特色工作，通过传帮带，促进学生努力学习。学院精心组织新生入学教育，通过朋辈教育、专家指导、推优学优，形成系统的低年级本科生教育和引导的工作体系，学生的专业兴趣普遍提升，专业基础课成绩大幅提高，2014年学生不及格率为4.2%。学院通过年级大会、学困生指导、本科生进实验室等方式，引导学生由良乡校区过渡到中关村校区学习和生活。学院针对毕业生开展模拟考研、出国留学交流会等活动，开设考研教室，本科生升学率为50.8%。

学院本科生就业率为97.38%，研究生就业率为99%。学院获学校"招生宣传工作先进单位"荣誉称号。

学院组织学生科技创新集训3次，参加集训学生140余人，组织双选会2场，承办学校第九届"华瑞世纪"程序设计大赛，在两校区共吸引了代表队222支，参赛学生共计598名。学院动员和组织师生申报并获批国家、北京市大学生创新实验项目18项，获各类学生科技创新活动资助近60万元，获国际级、国家级竞赛奖励24项，省部级竞赛奖励5项，获奖学生94人次，本科生发表学术论文2篇。2014年，学生参加第38届ACM/ICPC国际大学生程序设计竞赛世界总决赛（World Final），取得世界排名第45名；获第39届ACM国际大学生程序设计竞赛亚洲区赛金牌2项（其中一项同时获得赛区季军，取得2015年世界赛资格）、银奖1项、铜奖5项；参加第七届全国大学生信息安全竞赛，获一等奖10项、三等奖1项；参加首届全国高校物联网应用创新大赛，获一等奖2项和二等奖1项，竞赛作品成为大会唯一展示项目。

（蒋本珊）

【对外交流】学院鼓励本科生赴国外知名大学进行暑期实践、访学、交换生、项目实践、毕业设计和双学位学习等国际化交流活动，参加国际化交流学生人数达40余人。6月，学院新建本科留学生"2+2"全英文专业，本科前两年留学生在其所在国家完成相关课程的学习，后两年到北京理工大学计算机学院学习，完成专业课程和毕业设计等培养环节，学业合格后可获得双学位。目前已与印尼高校签订了“2+2”合作协议。12月，召开本科留学生培养研讨会。2014年，学院有本科留学生47人，其中学位留学生42人、访学留学生5人，占全校本科留学生的21.4%。采取中文及英文两种语言授课，分为大班教学和小班教学两种模式。

学院巩固和推进同悉尼科技大学量子计算与智能系统中心等国际著名学术机构的合作关系，持续开展科研项目与人才培养合作，共同发表优秀学术论文。学院博士研究生在海外参加联合培养项目共12名（其中，在读联合培养双博士学位研究生4名，其他联合培养博士研究生8名），博士研究生毕业获双博士学位1名。同时，学院扩大与日本高知工科大学合作内容，续签合作协议并签署开展硕士研究生交流合作项目；与美国匹兹堡大学信息学院洽谈“1+2”本硕连读合作协议。2014年，学院有研究生留学生43名（其中，在读博士留学生17名，在读硕士留学生26名）。学院留学生总数居全校专业学院第二位。

学院开展本科留学生全英文课程建设，选派具有海外博士学习经历的教师为全校大一留学生开设大学计算机基础全英文课程。学院为高年级本科留学生提供小班授课，深受留学生的欢迎。同时，学院增设全英文课程，推动全英文试点专业建设。1月，学院召开全英文教学研讨会，增设全英文课程5门。学院已开设全英文硕士研究生课程7门（其中，国家级来华留学生英语授课品牌课程1门）、全英文博士课程6门和双语课程15门（教材和讲义为100%英文材料，英语授课覆盖率在50%以上）。

（蒋本珊）

软件学院

【概况】 北京理工大学软件学院（School of Software，以下简称“软件学院”），成立于2002年3月，在软件工程一级学科下有软件工程基础、软件服务工程、软件安全技术和智能数字表演4个二级学科。2014年，软件学院设软件工程系、数字媒体技术系、信息安全技术系、软件服务工程系、软件测试中心四个系一个中心。学院有软件工程、软件工程（数字艺术方向）、软件工程（信息安全方向）三个方向的本科专业，拥有软件工程专业博士、硕士授权点，拥有数字表演与仿真技术北京市重点交叉学科及数字表演专业硕士授权点，软件工程、数字媒体技术、网络信息安全三个教育部特色专业实验室，信息安全技术国防科技工程中心、数字媒体技术北京市实验教学示范中心、数字表演与仿真技术北京市重点实验室及软件安全技术北京市重点实验室四个省部级重点实验室（工程中心），1个联合建立的网络等级保护关键技术国家工程实验室。

2014年，学院有教职工59人，其中专任教师49人。专任教师中，有博士生导师3人，教授8人、副教授17人，其中具有博士学历的教师33人。2014年，学院毕业生1 118人，其中，研究生937人（双证硕士生80人，单证硕士生857人），本科生181人；招生421人，其中，工学博士7人，全日制双证硕士生102人（工学硕士9人，工程硕士93人），在职单证硕士生136人，本科生176人；在校生4 563人，其中，工学博士21人，全日制双证硕士生225人（工学硕士25人，工程硕士200人），在职单证硕士生3 555人，本科生762人。

（孟 春）

【党建工作】 2014年，学院党委有21个支部，其中教师党支部4个、学生党支部17个；有党员193人，其中在职党员42人，学生党员151人；入党积极分子86人，发展对象35人。全年发展党员34人，转正党员45人。

4月2日，软件学院召开党的群众路线教育实践活动总结报告会。4月20日，软件学院党委在怀柔组织学院教工开展党日植树活动。9月11日，学院召开关于学校年中工作会报告讨论会。11月

18 日，学院迎接工信部党建创优工程验收审核。11 月，学院党委接受落实党风廉政建设责任制情况检查。

（徐韵韵）

【学科建设】2014 年，学院选举 3 名学科责任教授小组成员，负责学科建设发展的相关工作。学院将“智能、安全、创意”作为学科发展的方向，以软件安全、数据智能作为优先发展的领域，开展工程理论、技术和服务等产学研一体化协同创新工作。

学科责任教授小组组织学院副高职称以上人员进行学科建设发展问题研讨，总结若干软件工程学科“十三五”期间重大科学问题和工程技术问题。

2014 年，软件安全技术北京市重点实验室通过北京市验收。

2014 年，学院与 IBM 公司共同建设北京理工大学—IBM 大型主机卓越中心和北京理工大学—IBM 大数据技术中心，获得的 IBM Z10 市场价值超过 10 亿元人民币，大数据软件工具平台超过 1 000 万元。中心服务学校大数据分析相关专业方向的学科建设和人才培养，开展大数据平台软件技术、面向领域的大数据分析两个方面的研究，促进大数据驱动的跨学科研究和产学研协同创新。

6 月，北京理工大学与中国轻工业联合会共同成立中国轻工业数据智能联合实验室，依托软件学院学科平台在中国轻工业云数据中心、食品安全追溯、基于增强现实和大数据技术的智能穿戴、轻工软件产品评测等几个新兴信息科学领域开展合作。

（孟　春）

【教学工作】2014 年，教学工作的基本思路是稳定教学规模，提高教学质量，加强办学特色；目标是计划内本科生规模略有增加，计划内研究生规模保持不变，GCT 工程硕士研究生规模有所增长，留学生规模有所增长，逐步提高办学质量；重点是把握好学生培养质量与办学效益的关系。

（刘　姝）

【科研工作】2014 年，学院 28 个科研项目到校经费共计 484. 1 万元。其中横向科研项目 20 项，到校经费 354. 3 万元；国家自然科学基金 4 项，到校经费 68. 8 万元；其他部级项目 4 项，到校经费 61 万元。科研项目立项共计 26 项，其中横向科研项目 21 项，国家自然科学基金 2 项，其他部级基金 3 项。学院承担的重大项目有成都智慧会展大数据中心建设及研发、基于大数据技术的东城区信息化数据挖掘分析与软件智能测试、基于演化学习的名人识别技术与名人库构建研究和空间大数据挖掘的关键技术研究项目。

2014 年，学院参与的有影响力的国际、国内会议 6 次。

软件学院科研成果一览表

序号	成　果　名　称	负　责　人
1	会议论文 *Program Verification by Reachability Searching on Dynamic Call Tree*，2014 International Conference on Advanced Data Mining Applications	彭图
2	会议论文 *Multi-angle Evaluations of Test Cases Based on Dynamic Analysis*，2014 International Conference on Advanced Data Mining Applications	彭图
3	《空间数据挖掘理论与应用》获得第五届中华优秀出版物奖（国家图书奖）	李德仁　王树良　李德毅
4	国家自然科学基金“空间大数据挖掘的关键技术研究”（61472039）（2015. 01—2018. 12），84 万元	王树良
5	国防预研基金“××技术”，30 万元	王树良
6	2014. 12—2019. 11，数据新技术产学研合作武汉讯华科技，50 万元	王树良
7	2014. 03—2015. 03，云能投工业园公共服务的大数据关键技术，48 万元	王树良
8	2014 产学合作专业综合改革项目 IBM 公司建设课程《大数据挖掘理论与实践》，4 万元	袁汉宁

（徐韵韵）

【实验室建设】2014 年，学院新增各种设备 105 台套，总金额 3 116 724. 82 元。完成设备和家具的核查工作，两项核对率均达到95%以上。

2014年，学院实验教学实验室安排了本科生、研究生上机课时565机时、8 329人次、18门课程的上机实验。实验教学实验室承担IBM公司组织的大数据实践技能培训40人、32小时，微软公司组织的Windows8和VS2013应用开发全国师资培训45人、16小时。

暑假期间，实验教学实验室进行网络系统改造。软件工程专业数据智能中心获批学校立项并建设完成，招标总金额149. 785万元。

（陈领起）

【学生工作】2014年，学院学生工作办公室从完善和补充学生工作制度、完善和补充学生相关管理文件和执行办法、保持和建设优秀的学生工作队伍工作文化及保持和建设学生群体优秀的思想引领和群体文化四个方面加强学生工作队伍建设。学院获大学生科技创新计划国家级项目1项，北京市级项目3项；学生发表SCI论文3篇，申请国家技术发明专利2项；建设北京理工大学软件创新创业基地，基地学生共有241人次获得科技竞赛奖励，其中，国家级特等奖16人次，国家级一等奖102人次，国家级二等奖52人次，国家级三等奖44人次。学院本科生就业率为100%，签约率为89. 6%，上研率为48. 9%；研究生就业率与签约率均为100%。本科生平均年薪为9. 12万元，硕士研究生平均年薪为12. 9万元，在国企以及大型IT、互联网公司就业的学生比例占80%以上。

2014年，学院学生党课更名为“新青年”论坛。2014年，共举办两届大赛，共计培训党员入党积极分子400余人次。学院在本科生年级开展班团风采大赛，吸引本科毕业年级7个班级团支部参赛，通过演讲、视频展示与班级文艺表演等方式加强基层组织建设，加强班级凝聚力。2014年，学院继续发展足球社、游泳社、羽毛球社、篮球社、乒乓球社等10个学生兴趣爱好型社团，社团共开展社团活动40余次，吸引了共700余人次参与。

学院设有优秀学生干部、优秀党员、软件之星优秀毕业生、科技创新优秀团队和优秀学生等软件学院的特色奖励。学院多次召开各类困难学生座谈会，为全体同学提供谈话辅导，对需要关注的学生实行学院领导、就业指导老师、班主任和就业服务者“四对一”帮扶。学院设置咨询中心，为有疑惑的学生提供一对一的咨询、辅导与帮助。

（陈杰浩）

【交流与合作】2014年，学院派出2名本科生赴德国卡尔斯鲁厄大学做毕业设计。接待6名法国图尔大学的访问学生（本科生）来华做实习研究。与荷兰莱顿大学签订了学生交换协议。招收第二届国际硕士研究生，共16名学生，分别来自俄罗斯、土耳其、法国和肯尼亚等9个国家。

（赵丰年）

材料学院

【概况】北京理工大学材料学院（School of Materials，以下简称“材料学院”）于2002年6月由北京理工大学原化工与材料学院高分子材料与工程专业、机械工程与自动化学院的材料科学与工程专业、材料成型及控制工程专业及学校材料研究中心组建而成。学院拥有材料科学与工程一级学科下属材料学、材料加工工程、材料物理与化学全部二级学科的硕士学位、博士学位授予权。材料科学与工程一级学科为北京市重点学科，材料学二级学科为教育部重点培育学科。学院建有材料科学与工程博士后流动站。学院设有高分子材料与工程、材料科学与工程、材料化学、材料成型及控制工程、电子封装技术5个本科专业，建有国家级“冲击环境材料技术重点实验室”及教育部“火安全材料与技术工程研究中心”。

2014年，学院有教职工118人，其中专任教师98人师（博士生导师36人，教授28人、副教授43人，具有博士学历的教师86人）。2014年学院毕业研究生137人（博士生33人，硕士生104人），本科生毕业140人；招生329人，其中，研究生162人（博士生43人，硕士生119人），本科生167人；在校生791人，其中，研究生490人

（博士生 202 人，硕士生 288 人），本科生 301 人。

（孙克宁）

【学科建设】学院制定“推进行动计划”实施目标及建设重点和梯次，确定学院的学科发展、人才培养、队伍建设、平台建设等具体建设任务。

确定材料科学与工程北京市一级重点学科 2014 年建设项目内容，把北京市材料科学与工程一级重点学科建设经费主要用于对北京市科技经济发展有贡献和有望作出较大贡献的学科方向，并获批一项对北京市经济发展有望作出贡献的重大项目。本年度完成了对学院重大科学问题和工程问题的归纳。

（刘　颖）

【本科教学工作】学院 5 个本科专业中有 4 个专业为工科专业，需要进行全国工程教育专业认证。学院以此为契机，全面加强本科教学质量工程建设，强化管理，提升水平，与国际接轨。2013 年完成了材料科学与工程本科专业认证的申报和专家现场考察工作；2014 年获正式通知，该专业通过了全国工程教育专业认证，有效期 6 年。

学院以一切有利于学生发展为原则，实施专业分流，结合“分层次，多目标，个性化”特点的材料专业本科人才大类培养方案的修订，探索大类招生、适时分流、专业互通、大类培养的本科人才培养模式。

电子封装技术本科专业在实验室和校外培养基地建设、师资队伍建设和培养计划修订等方面取得实质进展，推动了本科实践教学培养模式的改革及强化工程实践能力的培养，完善了与企业合作的人才培养方式。

学院与西班牙马德里理工大学建立了合作关系，共同开展本科生人才培养。

（李树奎）

【研究生培养工作】举办第三届北京理工大学材料学院“先进材料”全国优秀大学生暑期夏令营，夏令营人数达到 68 人，全部来自于“211”以上的学校。

硕士研究生生源质量进一步提高，来自“211”以上学校的比例超过 60%。

组织完成博士研究生招生改革，完成《2015 年材料学院博士招生工作办法》，试点实行“申请考核制”。2014 年，研究生培养与课程建设教改立项 5 项，其中重点项目 2 项，教学团队建设项目 1 项。

研究制定材料学院研究生奖学金评定细则，完成 2014 年学院研究生国家奖学金及助学金的评定工作。

授予国内博士学位 33 人、国内硕士学位 104 人，授予外籍留学生硕士学位 1 人、博士学位 3 人。

（金海波）

【科研工作】2014 年，材料学院科研经费首次突破 9 000 万元，授权专利数 73 项，发表 SCI 收录论文 194 篇，其中 SCI 一区论文 32 篇；主持的“973”项目顺利通过国家验收；荣获国防技术发明一等奖，获公安部科技进步三等奖 1 项（参加）。

（庞思平）

【实验室建设】申报国家级阻燃材料与制品质量监督检验中心（北京）获批。对本科专业实验室进行整合，成立材料实验教学中心，获批北京理工大学实验教学示范中心。

（庞思平）

【人事工作】2014 年，2 人晋升正高职，3 人晋升副高职。全院正高职人数 27 人，副高职人数 42 人。

（刘　颖）

【国际交流工作】开展学生交换的国外知名大学数达到 3 所，人才培养国际合作项目数 3 项；建立实质合作关系的国外机构数量达到 4 个；与国外知名大学联合培养学生 3 人。专任教师赴国外讲学、国际会议做报告人次达到 49 人；邀请国外知名大学学者来学校讲学、报告人次达到 47 人。

（金海波）

【党建工作】2014 年，学院党委（党总支）共有 19 个支部，其中教师党支部 6 个、学生党支部 13 个；有党员 389 人，其中教工党员 75 人，学生党员 314 人；有入党积极分子 59 人，发展党员 47 人。

学院党建思想政治工作坚持服从和服务于学院人才培养、学科建设、科研研究等中心工作。制定《材料学院 2014 年党风廉政建设和反腐败工作任务分工一览表》和《北京理工大学材料学院廉政风险监督体系一览表》，明确党风廉政建设和反腐败工作任务的内容和责任领导，班子成员自觉履行“一岗双责”。学院以“严明纪律，弘扬正气”为主题，展开党风廉政建设宣传教育月的活动。学院分期举办党风廉政建设专题讲座，提高党员干部的思想认识水平。完成党的群众路线教育实践活动要求的整改和自查。

加强对党员干部和党支部的管理，发挥党员的先锋模范作用和党的基层组织的战斗堡垒作用。

（刘 亮）

【学生工作】学院坚持“以先进的思想引领学生，以创新的精神培养学生，以和谐的文化感染学生，以切实的行动服务学生”。构建“党建带团建、团建促党建”工作框架，促进学院党团组织全面发展。实施学生党员“先锋工程”，开展入党积极分子培训，组织“红色变形记”党员体验日、党员理论学习、党群零距离等活动，提高学生党员的理论水平和政治素养。学院2013硕2党支部与北京民防浩天救援队党支部开展共建活动，获北京“红色1+1”示范活动优秀奖。深入开展“信仰·青春·阳光”主题教育活动。“奋斗的青春最美丽”和“学习践行记心间，核心价值我代言”主题团日活动调动了每个团员的积极性。

2014年本科生上研率50%，全体毕业生就业率达94%。设立“AMS”“大光”“红宇”奖助学金，总计十余万元。

重点打造“育材微讲堂”，“学术下午茶”“材来才往”“材满今宵”晚会，材料文化节，研究生学术论坛，“一战到底”百科知识竞赛，“I运动”阳光健身季等品牌活动。同时，组织学生积极参与学校各项活动，获得“一二·九”歌咏比赛二等奖、学校研究生辩论赛第三名等优秀成绩。

2014年，学院“关注留守儿童”暑期社会实践团获北京市优秀社会实践团队、学校暑期社会实践特等奖团队，“贫困地区公益人士流失现象”调研报告获北京市优秀实践成果。

（刘 艳）

化工与环境学院

【概况】北京理工大学化工与环境学院（School of Chemical Engineering and Environment，以下简称“化工学院”）成立于2002年7月，主要由化学工程与技术和环境科学与工程两个一级学科组成。2014年，学院下设环境科学工程北京市重点实验室、动力电池与化学能源材料北京市工程研究中心、化学电源与绿色催化北京市重点实验室、北京理工大学新医药研究开发中心、北京理工大学精细化学品研究中心和工业生态研究所等8个实验室。学院设化学工程与工艺、制药工程、过程装备与控制工程、环境工程、能源化学工程5个本科专业；拥有化学工程与技术、环境科学与工程两个一级学科及检测技术与自动化装置等硕士学位授权点，化学工程与技术一级学科、环境工程二级学科和检测技术与自动化装置等博士学位授权点，化学工程与技术一级学科博士后流动站。其中，二级学科应用化学为国家重点学科，化学工程与技术一级学科为工业和信息化部重点基础学科，环境工程二级学科为工业和信息化部重点交叉学科。

2014年，学院有教职工87人，其中专任教师72人。专任教师中，博士生导师20人，教授22人、副教授29人，具有博士学历的教师66人。毕业生291人，其中，博士生27人（含留学生3人），硕士生127人，本科生137人（含留学生4人）。共招生303人，其中，博士生30人（含留学生4人），硕士生132人（含留学生4人），本科生141人。在校生829人，其中，博士生150人（含留学生8人），硕士生339人（含留学生4人），本科生340人（含留学生4人）。

（孙克宁）

【学科建设】2014年，完成学院化学工程与技术一级学科、环境工程二级学科博士点，环境科学与工程一级学科硕士点和化学工程、制药工程、环境工程三个专业硕士点的自评工作计划。

（李加荣）

【本科生教学】化学工程与工艺本科专业通过了工程教育专业认证。修订2013版本科专业教学计划和教学大纲。邀请3名国内领域专家在良乡校区为大一学生作行业进展报告。修订学院年终绩效考核分配方案，提高教学工作在年终绩效中的比例。化工原理实验室进行了设备更新，完成精馏实验设备的购置升级。完成化学工程与工艺专业实验室建设方案及专业实验课程的教学内容设计，完成微型催化反应评价装置的搭建。组织教师到大连理工大学化工学院、合肥工业大学化学化工学院调研。

（冯金生、王振华）

【研究生教学】学院组织申报并获批校级研究生教学团队、课程、实验和创新能力及网络化课程建设的教学教改立项4项，其中研究生新型能源化学与工程技术团队1项，全日制专硕研究生创新实验1项，实践创新平台资源共享课程建设2项。学院成立研究生复试领导工作小组，制定《化工与环境学院2015年度接收推免硕士研究生的工作基本规范》，采用集中复试、电话、视频等多种灵活机动方式进行复试，录取“211”以上生源的学生28名。学院2015年度博士生招生调整为申请考核制，结合学院化学工程与技术一级学科、环境工程二级学科博士点的学科情况和学院博导的实际要求，确定学院采用基本报关和综合面试相结合的方式，即两个学科点分别只考英语和一名专业课外加综合面试进行选拔。工程硕士培养中，国营375厂招收录取18人、国营805厂补录3人，学院与企业联合培养博士生合计达31人。学院申请两名外教参与两门化工核心基础课的研究生教学。学院提交化学工程与技术和环境科学与工程两个一级学科点研究生教学的培养方案。

（李加荣）

【科研工作】2014年，学院在研科研项目90多项，全年到校科研经费近1 600万元；国家自然科学基金申请19项，获批8项，获批金额500万元。学院两人获得青年基金资助，六人获得面上基金资助。

吴锋教授的科研团队获国家科技发明二等奖（第一完成单位）；完成第三期的“973”项目的申请，获批总经费3 500万元。孙克宁教授的教育部长江学者创新团队和化学电源与绿色催化北京市重点实验室，围绕航天机动平台高比能量锂离子单体电池材料及制备工艺开展技术攻关，设计并开发单体容量超过50 Ah的大容量矩形锂离子电池，电池容量56 Ah、能量密度达到250 Wh/kg。在常压中温固体氧化物燃料电池（SOFC）发电系统研究方面，独立开发出“流延共烧结”技术制备单体电池，使中国成为少数掌握该技术的国家之一，实现中国SOFC的跨越式发展，单体电池功率及功率密度等达到国际先进水平。二甲醚及其催化剂项目成功进行产业化。

2013年，学院发表SCI论文124篇，EI论文超过100篇，申请国家专利26项。

2014年，学院获得北京市科委和北京市教委80万元的项目资助和学校30万元的项目资助，资助重点实验室开放基金项目十多项。

完成学校2014年度保密资格复查工作。

（陈　实、冯金生）

【实验室建设】完成良乡工业生态楼规划方案。争取建设经费，改善实验教学硬件条件，按学科方向和学院整体发展规划进行资源优化配置，建立教学、科研仪器专管共用和共管共用管理制度和运行机制，提高了实验室和仪器的使用效率。建立健全实验室安全管理机制，保证教学、科研实验的安全有序进行。获学校实验室建设费用40万元。学院进入实验室的研究生全部参加安全培训，覆盖面达到了100%。坚持实验室定期检查制度，发现问题及时解决和处理。保证学院实验室安全有序地运行，全年安全无事故。

（冯金生）

【党建工作】2014年，学院有党员454人，其中，预备党员64人，学生党员395人（本科生党员58人，研究生党员337人）；教工党支部5个，学生党支部26个，其中，本科生党支部4个，研究生党支部22个；积极分子174人，发展学生党员55人。

学院召开党委会10次；召开支部书记会议9次。召开党政联席会议5次，研究部署本单位党建工作4项。完成学院党员领导干部党的群众路线教育活动的各项工作。查摆剖析的党建工作突出问题7项；整改落实了7项。开展“党员联系宿舍”“助学零距离”等品牌活动。推动开展服务基层工作，实验室安全建设、职工之家和学生活动室建设取得进展。为教职工开展服务7项；为学生开展服务5项。开展本单位党员教育活动10次；组织生活会2次。开展党建“知心工程”，开展学生思想政治教育活动6次、青年教师思想政治教育活动43次，与高层次人才谈心谈话10次。开展良乡校区工业生态楼的搬迁工作。完成党支部换届。

（张振华）

【学生工作】按照“德学理工”计划，开展各类思想教育活动。以班主任工作为纽带，以青年教师和青年学生成长为主线，加强参与和互动，做好学生的教育和培养工作。以德育答辩、深度辅导为载体，开展德育活动，了解学生的思想动态，帮助学生成长成才。“以信仰青春阳光”主题教育活动为载体，开展党建团学工作，以文艺体育、理论学习、探索讨论等方式加强青年学生的理论学习，丰富青年学生的课余生活。鼓励学生参与名家讲座，邀请团市委副书记杨海滨、人民大学教授王向明等为学生开展讲座。在山西省进行招生宣传工作，走访重点高中，为考生和家长答疑解惑；做好毕业生就业工作，整理学生信息，开展一对一谈话，核对就业方案，并认真进行总结和评估。2014 年，学院本科毕业生 133 人，签约率达到 92.48%，就业率达到 95.49%；研究生毕业生 150 人，签约率为 78.67%，就业率为 97.33%。学院被评为本年度就业先进单位。做好评奖评优和奖贷勤助等服务管理工作。引导学生投身社会实践，暑期共派出实践团队 30 余支。3 支实践团队获得优秀实践团队奖，学院获评社会实践先进工作单位。

（周明宇）

【对外交流】2014 年，邀请英国女王大学 David Ronney 教授讲授“化学工艺设计”本科课程，并组织青年教师听课学习。接待境外学者讲学 6 人次，教师参加国际会议 10 人次，本科生访学项目 3 人、短期境外实习 5 人。中青年教师出国参加中长期交流访问 4 人次，中长期出访回国 3 人次。

（冯金生）

生命学院

【概况】北京理工大学生命学院（School of Life Science，以下简称“生命学院”）正式成立于 2002 年，当时为生命科学与技术学院，2008 年更名为生命学院。目前，学院设有三系、二所、一中心，即以教学为核心的生物工程系、生物医学工程系和药学系，以科学研究为主的空间生物与医学工程研究所和现代生物与医药工程研究所，以培养学生创新素质为目标的生物实验教学中心。

2014 年，学院一人获国家自然科学基金基础青年基金资助，一人荣获国际自然科学基金优秀青年基金资助。学院 1 名教师晋升教授，2 名教师晋升副教授，3 名教师认定副教授。学院教师 80 人，其中专任教师达 65 人。具有博士学位的青年教师占专任教师比例超过 85%，具有长期国外学习、工作经历的教师超过 70%。2014 年，青年教师出国中长期交流访问 3 人次，短期交流访问 12 人次。

（庄力霞、徐涛涛）

【学科建设】重点加强国防重点学科和新兴交叉学科的建设。空间生物与医学工程为学校生命科学特色学科。做好工信部新兴交叉学科“融合医学工程”的建设。2014 年，学院新增博士生导师 1 人，全职博士生导师人数达到 15 人，硕士生导师达到 61 人。

（陈亚娟）

【本科教学工作】2014 年，学院本科生按生物科学大类招生，将生物工程、生物医学工程和生物技术三个专业一年级课程进行调整。重点建设“基础生物学实验”“生物分离工程实验”“核磁共振”“光电检测技术”，对课程内容和授课方式进行研讨，购置设备。2011 级学生进入卓越工程师计划实习阶段，生物工程专业 9 名学生、生物医学工程专业 15 名学生到企业实习并在企业完成部分课程学习和毕业设计（论文）工作。承担校级第十批教改立项 5 项，申报教改项目 9 项。大学生创新计划 5 项列入国家级立项，1 项列入北京市级立项。组织教师对三个专业 2015 年建设规划进行研讨，确定重点建设内容。

（杨建梅）

【科研工作】2014 年，学院科研深化基础研究，瞄准国家重大需求，加强以重点实验室为龙头的科学研究平台建设，全面提升学院科学研究水平。学院到校经费 3 800 万元。其中，国家重大专项 11 项，国家自然科学基金 17 项，国家“973”、“863”、支撑计划 16 项，科技合作项目 13 项；发表论文 197 篇，其中 SCI 收录 71 篇，EI 收录 30 篇；申请专利 29 件。

学院建立和完善了科研电子档案，进行各种类辅导和信息通报；组织青年教师恳谈会，让专家与学院领导和项目申报者开展交流、座谈、指导和咨询。在科研项目管理中，加强保密管理工作，无泄密事故。

（李秀珍）

【实验室建设】2014 年，生物实验教学中心通过北京市的验收。建设虚拟仿真实验教学系统，获批为校级虚拟仿真实验教学中心。学院开展安全生产月活动，组织教师参观消防安全馆并进行急救知识和操作的训练；分批次对本科生和研究生进行涉及危险化学品使用的安全培训。2014 年，申报实验室管理和安全方面课题 5 项。完成学院资产核查。发表实验室管理和安全相关论文 3 篇，2 篇论文获得北京市实验室安全征文二等奖。

（李秀珍、徐涛涛）

【党建工作】2014 年，学院党委共有 22 个党支部，其中教师党支部 7 个，学生党支部 15 个；党员 246 人，其中教工党员 40 人，学生党员 206 人；入党积极分子 121 人，发展党员 43 人。

完成群众路线教育实践活动整改总结阶段各环节任务。坚持“三重一大”、党政联席会议等决策制度，对学院综合改革、教学科研、人事财务等重大事项进行了讨论。制定党风廉政建设工作方案和任务分工，签订党风廉政建设责任书，加强党风廉政建设。通过学习教育、会议部署、现场检查等方式加强保密工作。开展党务公开，接受党员监督。开展实地参观、摄影展览、观看录像、知识竞赛等主题教育活动，增强党员的政治意识、大局意识、忧患意识和责任意识。开展党员师生“三比”活动，提升党员干部服务师生的意识、能力和水平。发挥学院共产主义实践会的基层优势与覆盖面广的特点，开创“自选套餐式”党课培训新模式。举办系列活动，帮助学生建立正确的个人规划，明确未来的发展。

深入挖掘“健康、快乐、团结、发展”的学院文化内涵，以会议、参观、深秋歌会、迎新和毕业晚会、运动会、健步走等活动为载体强化文化立院、文化强院的理念，充分发挥先进文化对全院师生思想的引领和启迪，增强学院文化软实力。支持工会履行各项职能，围绕服务青年教师、慰问困难职工、组织文体活动等方面开展活动十余次；积极支持共青团组织开展生态科考、学术论坛等各项活动。

（陈亚娟）

【学生工作】2014 年，学院开展文化素质教育活动，营造良好的学院气氛；加大实践创新力度，打造学院品牌项目；本着“拥抱自然、体验社会、感受文化、孕育创新”的指导思想，学院加强生态科考“精品社会实践”工作，确定“中国湿地”的考察主线，组织生态科考团赴山东东营、宁夏沙湖和云南腾冲进行湿地科考。拓宽学生实践工作思路，将暑期实践转变为日常实践，结合专业知识背景，吸引学生参与编辑《湿地美丽中国行》（上、下册）科普书籍。

学院组织了多场求职培训和经验分享会。2014 年本科生就业率为 97.25%；研究生就业率为 100%。

（王一飞、刘惠康）

【对外交流】2014 年，学院接待来自美国、加拿大、德国、英国、日本等国家的知名专家 40 多人次，举办专场学术讲座 20 多场。8 月，学院主办自主式微型生物医学用机电一体化和机器人技术国际研讨会。学院获得外国专家局资助常规项目 9 项，“海外高层次人才引进计划”专家引智专项 2 项。学院教师出国进行学术交流、参加学术会议及带队参加国际竞赛共计 36 人次，分别出访了美国、日本、德国、法国、新加坡等国家。与英国贝尔法斯特女王大学商讨合作办学，达成本科生“3+1”人才培养计划。

（徐远清）

【体制机制建设】学院制定《学院中长期发展规划》以及人事、师资、教学、科研、学生、党建等相关管理制度等配套文件，完善规划实施的监测、评估、考核等制度体系。建立选用德才兼备的高层次人才的用人机制；完善研究所、系的职能，建立合理的管理制度、分配制度、用人制度。建立绩效津贴分配制度。

建立“三位一体两结合”的管理体制，即教学单位、科研所与专业学科点三位融合为一体；教学与科研相结合，师资队伍建设与学科建设相结合，促成科研内容转化为教学题材、科研成果转化为创新实验教学项目，实现“系管教学、所管科研”的双轨体制。体制与机制的创新有力地推动了学院学科建设、教学平台建设、科学研究及人才培养等方面的工作。

（徐远清、徐涛涛）

数学学院

【概况】北京理工大学数学与统计学院（School of Mathematics and Statistics，以下简称“数学学院”）前身为理学院数学系。2011年6月成立数学学院，2013年9月更名为数学与统计学院。学院由数学和统计学2个一级学科组成，下设数学系、应用数学系、概率统计系和数学实验中心。学院设数学与应用数学、统计学、信息与计算科学3个本科专业，拥有数学、应用统计学2个硕士学位授权点，数学、统计学2个博士学位授权点，设有数学博士后流动站。

2014年，学院有教职工90人，其中专任教师83人。专任教师中，博士生导师16人，教授20人、副教授32人，具有博士学历的教师77人。毕业生164人，其中，研究生55人（博士生13人，硕士生42人），本科生109人。招生162人，其中，研究生59人（博士生16人，硕士生43人），本科生103人。在校生568人，其中，研究生171人（博士生63人，硕士生108人），本科生397人。

（吴克友）

【党建工作】2014年，学院党委围绕思想建设、组织建设、作风建设和党风廉政建设的目标，做好党的群众路线教育实践活动整改总结工作。围绕学院中心工作，学院党委在全院范围内开展“党员服务师生”系列活动五期，组织学院党员分批与学生及青年教师进行交流指导。学院党委参加中组部在学校试点开展的基层党委书记述职工作。组织各党支部召开专题组织生活会；开展“如何做好党支部书记”、十八大精神、党风廉政宣传教育和党的群众路线教育等活动。召开党风廉政宣传教育学习会；认真开展党风廉政建设宣传教育月活动，组织参观高等教育领域职务犯罪警示教育展。

（衡 靖）

【学科建设】2014年，学院坚持贯彻“立足国内、面向国际”的发展思路，紧密围绕数学和统计学两个一级学科的十大重点发展方向，明确学科负责人的责任和工作内容，明确十大研究方向科研团队，统筹规划学科建设、师资队伍建设和人才培养等方面的工作。

2014年，学院与中国科学院数学与系统科学研究院应用数学研究所联合举办学术年会，加强双方在运筹与优化、概率论与数理统计、非线性微分方程等领域的交流与合作。学院邀请国内外著名学者40余人次。

发展两个一级学科与美国华盛顿大学数学学科、美国佐治亚理工大学统计学学科的合作关系，在教师科技合作、博士生联合培养、学科国际评估等方面开展合作。2014年，数学学科再次进入QS世界大学数学专业排名151~200位，位列QS世界大学数学学科排名国内高校第9位，进一步扩大了学校数学学科的国际知名度。

2014年，组织申报“千人计划”2人，新增教授1名、副教授2名、北京市教学名师1名、北京理工大学优秀青年教师1名，有效地充实了师资队伍的力量。

（田玉斌）

【教学工作】2014年，学院开展教学管理、教改、课程和团队建设工作。承担各类本科生课程共199门，752个学分；研究生课程45门，101学分。深化教学管理体制改革，落实大课负责人和本科专业责任教授责任制，建立本科教学质量监控体系，对青年教师进行听课、座谈等指导，提高教师的教学水平。学院重视青年教师的培养，鼓励青年教师投入教学。在学校2014年青年教师基本功大赛中，学院有1名教师获得二等奖。

在学校第十批教改立项中，学院获批1项重点项目、1项一般项目、2项支持项目。

学院建立助教制度，聘请数学系研究生批改作业。对高等数学期中考试50分以下的学生单独组织辅导班进行辅导。

（吴克友）

【科研工作】2014年，学院科研经费达1 250万元，其中，横向科研经费400万元，纵向科研经费850万元。科研项目国家自然科学基金在研17项，其中，新申请国家自然科学基金9项。共发表SCI论文55篇，EI论文22篇。聘请海内外名家举办“数通古今，学贯中外”学术讲座27次。举行小型学术交流会5次。举办以“宽之藉数，厚以博学”为题的数学学院第三届研究生学术论坛。在

ESI 排名中，学院位列全球 188 名。

（史福贵）

【实验室建设】数学实验中心为全校本科生开设“数学试验”“蒙特卡罗模拟”“R 软件与统计分析”“SPSS 软件与数据分析”“SAS 软件与数据分析”“数学建模”六门数学与统计学实践课程。2014 年，全校有 180 余队（540 多人）参加校级数学建模竞赛；在美国大学生数学建模竞赛中，学校有 5 个队获一等奖，28 个队获二等奖；在全国大学生数学建模竞赛中，获 8 个全国二等奖、12 个北京市一等奖。数学实验中心积极开展数学、统计学与其他学科的交叉科学研究，根据国家战略需求，承担多项国家级和省部级科研项目，科研水平和竞争能力大幅提高。

（陈一宏）

【学生工作】2014 年 7 月，学院完成从两校区纵向管理到学院整建制搬迁到良乡校区的过渡。学院建立健全学生党支部及各级团学组织，培养了一支优秀的学生骨干队伍；举办“我与教授面对面”两校区交流活动 11 期，受众 1 000 余人次；组织学院第三届研究生学生论坛；举办第二届数学分析基础知识邀请赛；举办“数通古今学贯中外”系列高水平学术讲座 20 余期。“我与教授面对面”活动获得学校“德学理工”计划十佳项目。

2014 年，学院有 121 人获得“徐特立奖学金”、国家奖学金等各类社会捐助奖助学金；学生获得国际级、国家级、市级、校级各类学科竞赛奖项 50 余项。学院共组织暑期社会实践团队 18 个，获得校级三等奖 2 项、市级荣誉 1 项。

2014 年，本科生一次签约率为 84. 26%，就业率为 96. 30%（其中升学率为 69. 45%）；研究生一次签约率为 98. 15%，就业率为 98. 15%。就业工作获得学校就业先进单位一等奖。

（衡　靖）

【交流与合作】2014 年，学院推进“一流学科对接计划”，与美国佐治亚理工大学统计学科开展科技合作、教师互访和博士生联合培养，与美国华盛顿大学数学系建立起中青年教师持续访问计划。继续推进与英国曼彻斯特大学“2+2”本科生联合培养计划。

学院教师深入开展与美国华盛顿大学、美国佐治亚理工大学、美国北卡州立大学、澳大利亚悉尼大学、意大利墨西拿大学等相关教授的科技合作，双方持续发表多篇科技合作论文。

学院邀请来自美国、法国、意大利、加拿大、荷兰、澳大利亚等国家的知名学者 32 人次来院开展学术交流与合作，派出 23 人次教师出国开展国际科技交流与合作。

学院派出 10 名本科生赴美国、英国和加拿大一流大学进行学习与交流；开展联合学习计划，派出 3 名博士生分别赴美国佐治亚理工大学、加拿大滑铁卢大学、加拿大英属哥伦比亚大学；组织“概率论与数理统计”暑期班活动，邀请 4 位国际知名学者为学院研究生开设 1 个月的暑期班课程。至 2014 年年底，共接收境外留学生 8 名到学院攻读数学和统计学博士学位。

（田玉斌）

【顺利完成学院的整体搬迁】2014 年 9 月，学院完成从中关村校区到良乡校区的整体搬迁，搬迁后，学院办公用房、教学、科研和实验用房面积显著改善。

（吴克友）

物理学院

【概况】北京理工大学物理学院（School of Physics，以下简称“物理学院”）前身为理学院物理系，正式成立于 2011 年 6 月。学院下设原子分子簇科学教育部重点实验室（与化学学院共建）、微纳技术实验室、静电研究所、纳米光子学与超精密光电系统北京市重点实验室 4 个实验室。学院设应用物理学 1 个本科专业，拥有物理学一级硕士学位授权点，理论物理、凝聚态物理 2 个二级博士学位授权点，1 个博士后流动站。拥有理论物理工信部重点学科。

2014 年，学院有教职工 69 人，其中专任教师 59 人。专任教师中，博士生导师 13 人，教授 16 人，副教授29人，具有博士学历的教师47人。2014年毕业生82人，其中，研究生48人（博士生10人，硕士生38人），本科生34人。招生137人，其中，研究生77人（博士生26人，硕士生51人），本科生60人。在校生464人，其中，研究生208人，（博士生90人，硕士生118人），本科生256人。

（姚　远）

【党建工作】学院领导班子以党的群众路线教育实践活动为契机，完善理论中心组学习，增强政治意识、大局意识、忧患意识和责任意识，提高政治敏锐性和政治鉴别力，提升理论水平和服务意识。通过领导班子联系基层，集中解决群众反映的问题。发挥学院党委的政治核心作用：一，重大事项坚持民主集中制原则，确保决策的民主化和科学化；二，积极落实和完成学校的重大工作部署。领导班子继续开展批评与自我批评，加强谈心交心。班子成员不断加强自身党风廉政建设，并接受党员和群众的监督。

充分发挥学院党委的政治核心作用，进一步落实好党政联席会等议事决策规则有关制度。在招生、财务、师资招聘、职称评聘等重大事项上，坚持民主集中制原则，确保决策的民主化和科学化。制定党风廉政建设工作任务分工，签订党风廉政建设责任书。

正确把握工会工作与教育改革、发展、稳定的关系，开展多种活动，调动教职员工的积极性、主动性和创造性，团结和动员广大教职员工为学院中心工作贡献力量。

5月，学院组织全体教师在怀柔开展团队建设活动。11月，组织教职工40多人参加在昌平蟒山举办的定向体验式登山活动。活动活跃了学院教职工的业余生活，增强了学院教职工队伍的凝聚力。

（王晶晶）

【学科建设】学院有博士生导师18人（含兼职4人），硕士生导师46人；建有纳米光子学与超精密光电系统重点实验室北京市重点实验室，与化学学院共建原子分子簇科学教育部重点实验室。

1月，学院教师刘玉龙参加在新加坡举办的“全球青年科学家峰会”。4月，学院组织研究生课程授课教师参加由研究生院组织的“研究生精品课”建设立项活动，何建锋老师的“原子和分子物理学新进展”课程获学校2014年研究生精品课程建设资助。6月3日，召开北京理工大学与昆明物理研究所、西南技术物理所联合培养博士研究生研讨会。6月，学院举行第一届博士生论坛，共有16名来自不同研究方向的博士生就本领域的最新研究成果作了学术报告。7月，学院举办“北京理工大学物理学院第三届暑期学术夏令营”，吸引了来自延边大学、内蒙古大学、济南大学等多所高校的2010级优秀大学生参加本次夏令营活动。9月，学院接收外校推免生3人。9月，学院继续深化博士研究生招生改革，取消笔试，将博士招生考试分两次进行。10月，学院制定《物理学院学业奖学金评选办法》《物理学院研究生国家奖学金评选办法》《物理学院研究生学术成果认定办法》，规范学业奖学金、国家奖学金评审程序。12月，学院协助中科院物理所举办全国博士生学术论坛，并推荐2名博士生在该论坛上作学术报告，3名博士生在论坛中展示了学术会议海报。2014年，学院共邀请14人次校外专家到学校开办讲座。

（刘伟光）

【教学工作】2014年，学院本科教学工作的基本思路是“以教学稳定为基础，以教学质量为核心，以教学改革为动力，以教学建设为保障”，重点是课程建设。

1月3日，学院教学工作委员会召开新版本科培养方案修订启动会。对学院应用物理学本科专业的培养方案及教学课程的层次化进行讨论和研究，并提出工作实施方案。

学院开展2010级本科毕业设计（论文）检测，共抽检15人，占毕业生人数的45%。

教育部高等学校大学物理课程教学指导委员会在7—10月开展全国高等学校教学研究立项项目申报与评审工作，学院一人获得立项。

学校对第十批教改立项项目和预立项项目（含27项研究型课程建设项目）进展情况进行了阶段检查评审，学院1项已立项项目进展顺利，继续执行；3项预立项项目被认定为第十批教改立项（第二批）正式立项项目，其中1项研究型课程建设项目继续执行，1项教改项目升级为研究型课程建设项目。

3月14日，学院举办青年教师教学基本功比赛。1名教师参加“中国大学MOOC课程建设工作”研讨会；3名教师参加“2014年全国高等学校物理基础课程教育”学术研讨会，并作“大学物理课堂与演示实验室远程互动教学的实践”报告；1名教师带领学生参加第八届全国高校物理实验教学研讨会；4名教师参加2014年全国高等学校大学物理及大学物理实验骨干教师培训班；2名学生参加“2014 年大学物理教学与资源建设”研讨会；1 名教师参加“走进高校系列活动”——诺贝尔物理奖报告会。

5 月 8 日，“爱课程”网中国大学 MOOC 平台正式开通，北京理工大学大学物理课程入选 MOOC 首批建设课程。其中《大学物理——电磁学》《大学物理——近代物理》上线开课。

北京理工大学大学物理教学团队 6 名教师开展“物理之妙里看‘花’”课程建设，并通过教育部 2014 年精品视频公开课遴选。

完成 2010 级本科生论文答辩。2014 年应届毕业生 34 人全部取得理学学士学位。完成研究生推免工作，8 名同学获 2015 年免试攻读硕士学位研究生候选人。

学院有 9 个项目获国家级立项，5 个项目获北京市级立项。

一名老师参加第一届全国高等学校物理基础课程青年教师讲课比赛（北京赛区）并获二等奖；在校第九届 T—more 优秀教师奖的表彰中，一名老师获得“课堂教学类”优秀教师奖三等奖；一名老师在北京理工大学第九届“我爱我师”评选活动中入选“学生最喜爱的十位老师”。

（胡海云）

【科研工作】2014 年，学院获批国家自然科学基金项目 5 项，共计经费 369 万元；其他方面经费 61 万元；获批总经费共计 430 万元。共发表 SCI 论文 73 篇。其中与外单位合作以通信作者在《物理评论快报》(*Physical Review Letters*) 发表论文一篇；与国外合作在《自然通讯》(*Nature Communication*) 上发表论文一篇。举办“博约”学术论坛 14 期，“博约”学术沙龙 20 期，40 余名研究生在“博约”学术沙龙作学术报告，800 余人次的老师和同学参加了学术活动。学院教师参加国际、国内重要科学研究会议 30 余人次。

（江兆谭）

【实验室建设】物理实验中心承担全校各专业每年 3 000 余名本科生“大学物理实验”及“近代物理实验”课程等教学任务。教学团队有实验教师 15 名、实验技术人员 8 名。

微纳技术实验室继续开展相关建设，招聘事业编技术人员一人、非事业编实验人员一人。完成设备调试或外围条件建设，完成消防验收。开展对外测试，包括 SEM、激光光谱，快速退货炉等。并在微纳技术实验室（校微纳技术中心）举行纳米光子学与超精密光电系统北京市重点实验室年会。

物理实验中心被评为北京理工大学先进实验室；一人被评为社会管理综合治理先进个人。物理实验中心组织并指导的北京理工大学代表队在第五届全国大学生物理学术竞赛上获二等奖；指导学生在第八届全国物理实验教学研讨会学生论文比赛中获得二等奖、三等奖各一项；组织并指导的北京理工大学代表队在第六届北京市大学生物理实验竞赛上获一等奖 2 项、二等奖 1 项、三等奖 1 项以及最佳组织奖。

（史庆藩、刘瑞斌）

【学生工作】2014 年，学院有本科生 256 人、硕士研究生 118 人、博士研究生 92 人。学院各项工作均紧紧围绕“人才培养”这一核心开展。学院有团员 424 人；本科生党员 36 人，党员比例为 14%；研究生党员 100 人，党员比例为 47.6%。学院坚持“重在培养，规范操作，党团衔接”的原则，定期开展学生“推优入党”工作并严格确保“推优”的数量和质量。以党员先锋、德育答辩、红色“1+1”开展党支部的学习交流活动。学院党委牵头、以党（团）支部为单位实现对接，积极增进教师与学生、高年级与低年级同学之间的互动和交流。

“依托平台建设攀登德学教育新高峰”的“德学理工计划”项目获批。2014 年，学院 13 人获得国家奖学金，7 人获得社会捐助奖学金，1 人获得“徐特立奖学金”；6 人获得研究生国家奖学金。学院“严济慈奖学金”获奖 14 人。学生及班级荣获北京理工大学优秀学风班 1 个、优秀学生宿舍 1 个、优秀学生标兵 2 人、优秀学生 14 人、优秀学生干部 2 人、优秀研究生标兵 1 人、优秀研究生 12 人、优秀研究生干部 3 人、优秀研究生班级 1 个等。

（王晶晶）

【交流与合作】2014 年，学院接待外宾 16 人次，教师长期出访 2 人，短期出访 15 人。诺贝尔物理学奖获得者 Frank Wilcaek 教授访问学校，并举办了公共报告、学生座谈、学术交流等活动。

学院与加拿大滑铁卢大学物理系建立合作关系，2 名本科生参加了“2+2”项目。“千人计划”讲座教授 Antti Niemi 与合作团队教师何剑锋联合成功申请 Bulgaria-China Bilateral 项目，共计 25 万元人民币，项目经费主要用于资助双方专家的学术交流往来。学院通过学校重点引智项目引进日本理化学研究所（RIKEN）Fujikawa 教授与学院赵清教授小组对压缩感知在量子物理中的应用进行讨论并取得研究成果。

以姚裕贵教授为主要申请人的“推进行动”国际化专项一流学科与 MIT 物理学一流学科对接计划项目获批。组织 6 名教师参加 2014 年全英文、双语教师教学研讨会，安排 15 名留学生参加全英文大学物理和物理实验课程，与澳洲国立大学进一步洽谈课程对接并进行了各相应课程的试卷交流。接收香港科技大学、台湾辅仁大学大三学生交换生；1 名学生赴加拿大参加科技夏令营。

（胡海云、周格羽）

化学学院

【概况】北京理工大学化学学院（School of Chemistry，以下简称“化学学院”）始建于 20 世纪 50 年代的北京中法大学和华北工学院时期。2002 年从原化工与材料学院调整至理学院，2011 年 6 月在理学院化学系的基础上组建了化学学院。学院下设四个系和一个研究所：无机化学系、有机化学系、分析化学系、物理化学系、化学物理研究所（学校原学科特区）。学院设化学和应用化学两个本科专业，拥有化学一级学科博士、硕士学位授权点和化学一级学科博士后流动站。物理化学学科为工业和信息化部重点学科，应用化学专业为工业和信息化部重点专业。此外，本学科还与材料学院共建高分子化学与物理工业和信息化部重点学科，部分教师参与了应用化学二级学科（国家重点学科）博士点的建设。

学院有教职工 70 人（含非事业编制人员 8 人），其中专任教师 49 人。专任教师中，博士生导师 25 人，教授/研究员 23 人、副教授/副研究员 18 人，具有博士学历的教师 47 人。有“长江学者奖励计划”特聘教授 3 人，国家杰出青年科学基金获得者 2 人、国家青年千人计划入选者 2 人、国家长期“千人计划”入选者 1 人、国家短期“千人计划”入选者 1 人、教育部跨/新世纪优秀人才 4 人、北京市教学名师 1 人。本年毕业 136 人，其中研究生 85 人（博士生 26 人，硕士生 59 人），本科生 51 人。招生 158 人，其中，研究生 100 人（博士生 36 人，硕士生 64 人），本科生 58 人。在校生 572 人，其中，研究生 315 人（博士生 139 人，硕士生 176 人），本科生 257 人。

（张 静）

【党建工作】2014 年，化学学院党委共有 17 个支部其中教师党支部 5 个，学生党支部 12 个；党员 204 人，其中教工党员 41 人，学生党员 204 人；入党积极分子 70 人，发展党员 28 人。全院深入学习贯彻党的十八大精神，深化改革，不断推进工作创新，大力加强党建与思想政治工作，加强基层党组织建设和党员教育管理工作，充分发挥了党委的政治核心监督保证作用、党支部的战斗堡垒作用和党委的先锋模范作用。学院深入推进学生党建工作，开展了知心工程、成才表率等一系列党员先锋工程活动，使得学生在服务中成长、成才。

（王 琳）

【学科建设】学院设化学和应用化学两个本科专业，拥有化学一级学科博士、硕士学位授权点和化学一级学科博士后流动站。物理化学学科为工业和信息化部重点学科。学院与材料学院共建高分子化学与物理工业和信息化部重点学科，与化工环境学院共建应用化学国家重点二级学科。2007 年获批的教育部和国家外专局特种分子纳米科学与技术“111”学科创新引智基地，2014 年获滚动支持建设。

2014 年新增“长江学者”2 人，长期“千人计划”到岗工作 1 人，引进优秀博士和博士后 6 人，师资队伍结构明显改善。截至 2014 年年底，学院有“长江学者”3 人（含国家杰青 2 人）、国家“千人计划”入选者 4 人（其中长期 1 人、短期 1 人、青年千人 2 人）、新世纪百千万人才工程国家级人选 1 人、国家优青 1 人、教育部跨/新世纪优秀人才 4 人，获霍英东教育基金 2 人、北京市教学名师 1 人、徐特立特聘教授和讲座教授各 1 人；一人获 2014 年度“创新人才推进计划”中青年科技创新领军人才答辩资格，国家各级各类人才计划入选者占教师总数的 23%。

化学学院瞄准国际化学科学前沿和国家重大需求，设置了六个主要研究方向：无机合成与先进材料，纳米材料的分子设计与结构调控，有机与生物功能分子的设计、合成与性能，光谱色谱分析与化学生物传感，化学微观过程及生物功能分子的理论设计，电化学与绿色催化化学。

（张　静）

【教学工作】2014 年，学院修订培养方案，制定新版本科化学专业培养方案、培养目标、教学大纲，并加强理论课和实验课课程教学督导。开设了面向全校 11 个学院 31 个本科专业的化学类课程 107 门，完成了 12 494 个学时的教学任务。学院教授给本科生上课率达 90%。

2014 年化学类招生全部纳入“科教协同育人计划”；组织 2012 级、2013 级化学菁英班 30 余名学生，利用暑期到中科院化学所开展科研实践，极大地激发了学生的专业兴趣；建立并完善了新生专业教育、一二年级本科生参加教师科研组会制、三四年级本科生导师制等制度。积极进行课程建设与教改工作，推进试讲、听课制度。建设面向全校各专业本科生的视频公开课 1 门；承担校教改项目 4 项；启动建设 1 门研究型课程；建设研究生实验类资源共享课程 3 门；继续加强落实新教师试讲制度、青年教师助教制度、督导组随堂听课制度。

成功举办了卓越联盟高校化学学院院长论坛暨本科教学专题研讨会和首届卓越联盟大学生化学实验竞赛。4 月，组织召开了首届卓越联盟高校化学学院院长论坛暨本科教学专题研讨会；10 月，发起并顺利承办了首届卓越联盟高校大学生化学新实验设计及化学实验技能竞赛，举办了卓越联盟高校化学实验教学研讨会；7 月，学院组织参加了全国大学生化学实验竞赛，获得二等奖 1 项、三等奖 2 项，参赛选手全部获奖；10 月，组织参加了“卓越杯”大学生化学新实验设计及化学实验技能赛，获技能赛二等奖 1 名，三等奖 2 名；参加新实验设计赛，获一等奖 2 项，二等奖、三等奖各 1 项，参赛选手全部获奖。吸引优秀研究生生源，提高研究生培养质量。启动 2014 年博士招生改革试点，全面实行考核制；举办第二届“化学与应用化学”暑期夏令营，吸引优秀生源。2014 年学院博士生一人获“徐特立奖学金一等奖”。

（赵　玥）

【科研工作】科研总经费连续三年突破历史创新高。2014 年到校科研总经费 1 346 万元，到校科研经费突破历史创新高。截至 2014 年年底，在研项目 50 余项，其中自然科学基金 41 项、“973”课题 3 项、国防预研 3 项。2014 年获批国家自然科学基金 9 项，经费总额 662 万元，其中面上 7 项，青年 2 项，批准率为 47.4%。2014 年年底，教师人均承担国家自然基金项目数列全校第一。获批国防预研项目 1 项，经费 500 万元；获批北京市自然科学基金 2 项，合作研究科研项目 8 项。2014 年度，化学学院发表 SCI 论文 100 余篇，其中Ⅱ区及以上的论文 50 余篇，在化学、材料及综合类的一区、二区的顶尖期刊上发表论文数呈上升趋势。学院获批专利 6 项，申请专利 25 项，是化学学院成立历年来的新高。杨国昱教授和曲良体教授入选爱思唯尔（Elsevier）2014 年中国高被引学者（Most Cited Chinese Researchers）榜单（化学领域与材料科学领域）。

（支俊格）

【实验室建设】2014 年 11 月，顺利召开了原子分子簇科学教育部重点实验室和光电转化材料北京市重点实验室 2014 年学术委员会会议。2014 年 12 月，基础化学教学实验北京市示范中心通过了建设 5 年期的评估验收工作，总评分 93.6，五年来实验室的建设以及取得的成效得到了验收专家的高度认可。簇科学创新平台、研究生创新平台及基础化学中心修购专项经费购置的仪器设备都正常运行，在学生培养和科学研究中发挥着重要的作用。大型仪器设备进入学校实设处的测试平台，更好地发挥其效用。

（支俊格）

【资产管理】良乡校区的工业生态楼于 2014 年 8 月正式交工，化学学院在工业生态楼的 6—9 层，1 层和地下 1 层为工业仪器设备测试平台；6 月召开了化学学院整体搬迁至良乡的全院教职工动员大会，并成立了化学学院搬迁领导小组；9 月份通过了办公用房的分配方案，审议通过了《化学学院良乡校区补贴发放办法》和《化学学院公用房使用成本核算管理办法》。10 月，化学学院机关整体搬迁至良乡，教师领取办公室的钥匙入住工业生态楼办公；12 月，工业生态楼通风改造招标完成。

（支俊格）

【学生工作】2014 年，学院组织开展了“奋斗的青春最美丽”“我为社会主义核心价值观代言”等主题团日活动，“今朝绘蓝图、明日逞天下”等德育答辩系列活动，“满载阳光、播种希望”微暖志愿者系列活动，“光影追忆、忆古望今”读书沙龙活动以及社会实践活动等。进一步加强了“化学基础与前沿”学生科技创新实践基地的建设，组织了多场学术报告及文献查找、论文写作、仪器操作等方面的培训交流，支持培育了 10 个学生创新团队和本科生创新课题；组织开展了“推广科学文化”科普宣讲比赛，承办了 2014 年“徐特立科学营”；组队参加了各级各类化学竞赛和学校“世纪杯”，获得优异成绩；组织开展了“乐以化学”学风建设系列活动，“与大师面对面”“院长谈化学”“书记聊大学”以及专业引导、参观实验室、优秀学长经验交流会等专业教育活动，“五一八、我十八”成人礼心理健康系列活动，“学长，一路走好”“诚信”等毕业教育系列活动，并开展了丰富多彩的文体活动。

进一步完善了《低年级本科生早操制度》《本科生学业预警制度》《本科生集体自习制度》《低年级本科生旁听课题组会制》《高年级本科生导师制》《本科生成绩分析制度》《奖学金评定细则》《低年级本科生查课查寝制度》等。认真统计建立了“五困学生”台账和应急预案。学生获得多项国家级奖学金、社会捐助奖学金和各类荣誉称号。

开展了班主任培训、新生班干部、团干部培训等活动，实施“第三届学院精英培训计划”，开展了“薪火相传、实干负责”新生班干部培训、“孙子兵法”社团干部交流学习、“担起责任与学生组织同行”学生干部就职典礼等活动。

（栗 兴）

【交流与合作】2014 年，学院与美国、英国、奥地利、加拿大等国家的 7 个国际著名大学或研究机构建立了稳定的国际交流合作关系。招收联合培养博士研究生 10 名，合作中累计在国际著名期刊联合发表论文 20 余篇。建设化学专业全英文硕士课程。组织建设了 13 门（36 学分）化学专业全英文硕士课程并开始招生。在“111 引智基地项目”资助下，派出 1 个团出访美国著名大学和研究机构，开展学术交流及人才招聘活动；接待来访并举办学术讲座 9 人次。教师参加国际会议作学术报告 9 人次；开展境外学生交流项目 4 项，派出本科生 4 名、博士生 5 名，接收境外交换生 2 名；有 4 名教师出国访学。

（张 静）

【主办卓越联盟高校化学学科发展暨本科教学专题研讨会】2014 年 4 月 27 日首届卓越联盟高校化学学科发展暨本科教学专题研讨会在学校召开。卓越联盟九所大学（北京理工大学、重庆大学、大连理工大学、东南大学、哈尔滨工业大学、华南理工大学、同济大学、天津大学和西北工业大学）的化学学院或相关学院的领导和专家共 36 人出席了研讨会。研讨会上，专家们积极交流、热烈讨论，分享了各高校的化学学科发展、本科专业建设以及举办化学实验竞赛的成功经验。

（张 静）

【主办首届“卓越杯”大学生化学新实验设计及化学实验技能竞赛】2014 年 10 月 10—12 日，卓越联盟高校首届“卓越杯”大学生化学新实验设计及化学实验技能竞赛在北京理工大学良乡校区举行。来自北京理工大学、重庆大学、大连理工大学、东南大学、哈尔滨工业大学、华南理工大学、同济大学、天津大学和西北工业大学等卓越联盟九所高校近 200 名参赛选手参加了本次竞赛。竞赛分为新实验设计赛和实验技能赛。新实验设计展示了学生的科研创新能力，设计作品融合了基础性、科学性、创新性。实验技能赛全面检验了学生的规范操作和综合运用能力，强化规范化学实验技能，检验了化学实验教学质量。

（田 柳）

管理与经济学院

【概况】北京理工大学管理与经济学院（School of Management and Economics，以下简称“管理学院”）成立于 1980 年。2014 年，学院设有管理工程系、管理科学与物流系、国际贸易与金融系、应用经济系、技术经济与战略管理系、会计系、市场营销系、组织与人力资源管理系、公共管理系共9个系。学院有管理科学与工程、工商管理、应用经济学三个一级学科博士点，其中管理科学与工程、工商管理是北京市重点学科，管理科学与工程为工信部重点学科。管理科学与工程、工商管理两个学科均设有博士后流动站。学院设有能源与气候经济学、国民经济动员学两个交叉学科博士点和硕士点；拥有管理科学与工程、工商管理、应用经济和公共管理四个一级学科硕士点；拥有MBA、EMBA、工程管理、工程硕士（项目管理、物流管理等方向）、国际商务、MPAcc、MPA共7个专业的硕士学位授予权。学院设国际经济与贸易、公共事业管理、会计学、市场营销、信息管理与信息系统、工商管理6个本科专业。学院下设管理与经济实验教学中心、能源与环境政策研究中心、高技术监测研究中心、国防动员研究中心等15个研究中心和实验室。

2014年，学院有教职工140人（包括两名外教），其中专任教师124人。专任教师中，博士生导师39人，教授33人、副教授50人，具有博士学历的教师111人（包括两名外教）。学院有教育部“长江学者”特聘教授1名，国家杰出青年基金获得者2名，国家级教学名师1名，“万人计划”入选者1名，国家优秀青年基金获得者2名，国家“百千万人才工程”入选者2名，中国青年科技奖获得者2名，“教育部新世纪优秀人才计划”入选者12名。

2014年，学院毕业学生1 277人，其中研究生1 003人（博士生35人，学术型硕士生175人，MBA 531人，EMBA 46人，工程硕士174人，MPA 42人），本科生274人。招生1 095人，其中研究生900人（博士生50人，学术型硕士生162人，MBA 354人，EMBA 16人，工程硕士220人，MPA 98人），本科生195人。在校生3 968人，其中，研究生2 829人（博士生345人，学术型硕士生495人，MBA 833人，EMBA 218人，工程硕士728人，MPA 210人），本科生1 139人。

（颜志军）

【学科建设】2014年，管理科学与工程学科列入学校“学科推荐计划”重点建设的8个学科。学院制定了管理科学与工程的学科推进计划方案。北京重点学科管理科学与工程和工商管理通过市重点学科项目考核，审核结果为优秀。能源经济与气候政策、国民经济动员学科等交叉学科在国内外具有较大的影响力。RePEc数据库统计结果表明，学院环境经济学在680个中国注册的机构中排第一（全球排107名），能源经济学在680个中国注册的机构中排第二（全球排120名）。2014年，学院完成6个学科的博士和硕士英文培养方案的修订、研究生导师的资格确认和招生确认工作（硕士导师102人）以及硕士和博士研究生首次助学金和国家奖学金的评审工作。学院组织选派博士生参加2014年国家高水平公派联合培养。

（颜志军）

【教学工作】2014年，学院为本科生共开设114门课程，110名教师承担本科生的教学任务，学生评教优良率平均达到92%。78%的应届毕业论文进行了数据库查重检测。6月和12月，共受理和安排参加大学英语四级考试人数507人，六级考试人数455人。《管理统计学》（第二版）、《管理统计学应用与实践——案例分析与统计软件应用》入选第二批“十二五”本科国家级规划教材。《项目管理教程》被评为第十一届校级优秀教材一等奖。《市场营销管理》（第四版）、《员工关系管理：中国职场的人际技能与自我成长》被评为第十一届校级优秀教材二等奖。2014年，学院获国家和北京市级大学生创新项目立项13项，校级大学生创新项目立项24项。2014年，学院启动新版本科生培养方案的制定工作。宏观经济学、微观经济学、运筹学、管理信息系统、人力资源管理5门本科课程获得“推进行动”计划的资助，进行慕课建设。工商管理双学位学生继续实行两校区开班上课。2014年，学院安排2011、2012级教学班共291名学生涉及25门次课程的教学及考试工作；2010级114人获得管理学学位证书；2012级工商管理双学位招生148人；2013—2014第2学期完成2011级工商管理和市场营销专业和2013级会计学和工商管理类专业学生的分流工作；公共事业管理专业继续推行“2+2”模式，在全校范围内招收2012级学生21人。学院聘请3位外教为国贸全英文教学班学生授课国际市场研究、国际商务战略、人力资源管理、管理学原理4门课程。2013—2014（1）学期，2012级国际班33名学生赴美国河滨分校、德国拜罗伊特大学、德国雷根斯堡大学、德国慕尼黑工业大学、德国帕特伯恩大学学习。2014级国际班二次招生最终录取38名学生。2014年度，学院共有105名学生参加涉及德国、美国、澳大利亚、韩国等国家或地区的 21 个交流交换项目，共接收德国、波兰、韩国等国交换生 19 名。接收本科留学生 19 人，硕士留学生 34 人，博士留学生 14 人。

（颜志军）

【科研工作】2014 年，学院科研经费签约金额 2 440.808 万元。全年到款经费 1 842.446 8 万元，获批国家自然科学基金项目 18 项，其中重点项目 1 项、优秀青年基金 1 项、青年基金 9 项、面上项目 5 项、国际合作 1 项、专项基金 1 项，基金经费 951 万元，在学校经费数排名第 5，较往年提高 4 位，批准项目数排名第一，较往年提高 5 位。获批教育部人文社科基金 1 项，北京市自然科学基金 3 项，其中青年项目 1 项，一般项目 2 项。梁巧梅老师获得 2014 年全国优秀青年基金资助；侯光明老师科研团队获第四届管理科学奖；韩伯棠老师入选国家 2014 年第一批“万人计划”；赵先老师获得霍英东教育基金会第十四届高等院校青年教师奖三等奖。2014 年度管理与经济学院共有 5 名老师的文章入选全国百篇优秀案例，并获得优秀组织奖。由学院技术创新联合实验室与北京东方灵盾科技有限公司联合申报的“科技创新管理与专利分析”北京市国际科技合作基地经组织答辩及专家评审，顺利入选第三批北京市国际科技合作基地名单，成为学校第一个文科类省部级国际科技合作基地。

（颜志军）

【实验室建设】管理与经济实验教学示范中心有大教室兼会议室、金融实验室、计算机实验室、研讨室、办公室、服务室等，总面积 1 168 平方米。2014 年，投资 460 万元完成多功能跨专业经管综合实验平台建设（主要包括企业决策模拟实验室、复杂系统建模与仿真实验室、两化融合战略分析实验室和 ERP 沙盘模拟实验室）。实验中心有 Wind 资讯金融终端、CVSource 中投数据终端、国泰安全球金融资讯分析系统、模拟交易撮合系统、中国创新企业金融研究数据库、国际 500 强企业金融研究数据库、人才管理和人力资源测评、沙盘模拟及能力提升系统、ED、POEM 等软件，并针对数据库资源开展培训。2014 年实验中心配备 Blackboard 网络教学平台。实验中心周一至周日早八点到晚十点半开放，2014 年，提供计划内上机实验共计 0.8 万机时。中心有 4 个研讨室，工位共计 66 个，提供学院博士研究生、留学生学习及科研上机，全年共计 6.5 万机时。中心 240、241 大教室全年完成 80 余场各类讲座、培训及会议，近 6 000 使用人次，接待政府、科研机构、海内外著名院校专家学者参观学习访问 70 次。

（颜志军）

【党建工作】2014 年，学院有 47 个党支部，其中学生党支部 36 个，教师党支部 11 个。有党员 857 人，全年发展新党员 90 人。管理学院党委被评为“北京市先进基层党组织”。

2014 年，学院党委安排布置学院党风廉政建设和反腐败工作任务及分工，认真落实党风廉政建设责任制，组织领导班子成员学习中央关于加强廉政建设的有关文件，检查廉洁自律情况。学院党委按照“围绕中心抓党建，抓好党建促发展”的工作思路，扎实推进学校和学院已经确定和正在进行的重点工作。2014 年，主持完成北京理工大学党建研究课题，以青年教师党员队伍建设为研究对象，结合学院的党建特点，提出创新青年教师党员队伍建设的工作机制。学院领导班子及成员认真参加党的群众路线教育实践活动，聚焦“四风”突出问题，完成了各个阶段的目标任务。

2014 年，学院党委开展管理与经济学院党员先锋工程计划。建立健全学生党支部的理论学习制度，加强对学生党员参加学习培训的督促和检查，成立党员先锋讲师团，开展学生党支部支委成员业务理论培训，每学期末都会组织重大理论成果和时事政策进行知识竞赛，成功举办“学习两会精神”党章党史知识竞赛，学生党支部以“我眼中的成才表率”为主题开展组织生活会，开展“共建活动”行动计划，实施“服务先锋”行动计划。

（颜志军）

【学生工作】2014 年，学院开展专业辅导、周末小讲堂、学术研讨室、学术诚信教育等活动，获北京市先进班集体 1 个。开展心理健康教育，组织心理排查、心理健康讲座、学生干部心理辅导工作坊、感恩节等活动，关注学生心理健康，保持阳光心态，确保学生整体稳定。深入开展社会主义核心价值观教育，加强思想引领，以“奋斗的青春最美丽”“我为社会主义核心价值观代言”为主题开展主题团日、专题研讨、征文等活动，获校级主题教育活动优秀品牌项目 1 项，北京市社会主义核心价值观征文比赛一、二、三等奖各 1 项；组织开展“理论名家讲堂”、社会观察沙龙、时政论坛等活动；组织开展青春榜样选树与十佳大学生评选活动，产生院级榜样50余人、校级榜样1人（学校共7人）。加强学生党团建设，开展党课学习、团校培训、团支部等级评定等活动，夯实团学干部队伍，获首都大中专院校“先锋杯”优秀团支部2个。开展“先锋工程”系列活动，通过理论学习、服务实践、党员承诺、民主评议等，实现党员教育和管理的闭环模式，获北京高校红色“1+1”优秀奖。鼓励学生创新创业实践，组织并培育作品参赛，获大学生科技创新重点培育项目国家级3项，北京市级10项，校级29项；获“创青春全国大学生创业实践赛”银奖1项、MBA专项赛铜奖1项，“大智慧杯”高校金融精英挑战赛全国一等奖1项，首都高校物流设计方案大赛三等奖1项；获学校“世纪杯”竞赛特等奖1项、一等奖2项、二等奖6项、三等奖6项。组织开展第五届“秋实杯”暑假社会实践活动，共发实践团54支，获首都大学生暑期社会实践优秀团队1个、优秀成果1个，校级社会实践特等奖1项、二等奖2项。鼓励学生投身志愿公益，开展志愿支教、大型会议志愿服务等各类志愿服务18项，参与人数400余人；开展创业教育，举办青年创业基金高校社团联盟例会北京理工大学站“从成长走向成功”、海飞丝创业大咖面对面、新航道创始人胡敏分享十年创业经验等活动。开展职业生涯教育，并与德育答辩、就业指导相结合，针对不同年级，邀请社会知名人士、中央部委公务员、人力资源专家、优秀校友、资深培训师等，举办大型生涯启蒙讲座4场、团体辅导工作坊4次、大型就业指导讲座3次、一对一咨询与深度辅导千余次，覆盖全体在校学生，指导学生完成职业生涯人物访谈千余份。加强校园文化建设，举办文艺晚会、趣味运动会、班级对抗赛、篮球赛、三走活动、“一二·九”环湖赛与环校义跑等，蝉联学校运动会团体项目总分第一名，获“一二·九”大合唱三等奖。以学院体育特长生为主力的北理工足球队在国内、国际各大赛事中屡获佳绩。

（颜志军）

【对外交流】 2014年，学院引进国外优质教学、科研资源，邀请来自著名大学的专家学者来院进行学术访问，累计邀请专家26人，包括美国沃什波恩大学、美国乔治梅森大学、瑞士日内瓦大学、德国康斯坦茨应用技术大学、韩国首尔国立大学等。到访的著名国内外学者包括工程院原副院长杜祥琬院士、美国得克萨斯大学达拉斯分校Sethi Suresh Pal院士，伦敦大学国王学院王明珠博士、西安科技大学副校长张金锁教授、国家电网能源研究院凤振华博士等。学院积极组织和承办了一系列国内外高水平学术会议，包括2014年技术创新管理与信息化国际会议、第五届能源经济与管理学术年会、十六届西湖中小企业研讨会暨创新驱动与国际化论坛、第四届科技应对气候变化南南合作国际研讨会。

（颜志军）

【通过国际AMBA再认证】 9月，学院通过国际MBA协会的再认证。2014年9月22—23日，国际MBA协会选派了以AMBA国际认证主席、利兹大学商学院前院长Andrew Lock教授为主席的4人专家组到学校进行了为期两天的再认证评估，围绕MBA/EMBA项目的发展，从学院的发展战略、MBA/EMBA的定位与发展战略、师资发展、学生的管理、课程设置与管理、资源保障等方面对学院进行了全面的考察，并组织了教师、学生、校友及雇主等的多场座谈会，专家对于学院MBA/EMBA项目在2011年认证的基础上取得的成绩给予了充分的肯定，并建议给予为期5年的认证资格。

（郝建华）

【管理与经济学院创新与成长论坛暨MBA教育20周年活动】 10月19日，北京理工大学管理与经济学院创新与成长论坛暨MBA教育20周年活动在中心教学楼一层报告厅举行。学校秉承“以我为主，博采众长，融合提炼，自成一家”的办学思想，在MBA师资队伍建设、案例教学、实践教学以及国际化等方面不断提高。

（郝建华）

人文与社会科学学院、马克思主义学院

【概况】北京理工大学人文与社会科学学院（School of Humanities and Social Sciences，以下简称“人文学院”）是北京理工大学的主要教学单位。学院以良乡为主要教学工作区，承担全校本科生5门公共基础必修课（15学分）和年均30余门的通识教育选修课；承担全校博士生公共课1门，硕士生公共课2门，以及马克思主义理论、理论经济学、科学技术史、心理学4个专业的硕士研究生培养任务和经济学、社会工作2个本科生专业的培养任务。

2014年，学院有教职工75人，专任教师65人。专任教师中，教授12人、副教授26人，其中拥有博士学位的教师54人，占专任教师队伍的83%。2014年，毕业学生161人，其中硕士生34人，本科生127人。入学159人，其中研究生35人，本科生124人。

2014年5月，马克思主义理论教研部更名为马克思主义学院。

（张毅翔）

【学科建设】学院拥有经济学和社会工作2个本科专业，拥有马克思主义理论、科学技术史、理论经济学、心理学4个一级学科硕士学位授权点和科学技术哲学二级学科硕士学位授权点。2014年，崔建霞老师获批北京市教学名师称号，学院北京市教学名师人数增至3名。学院新增3名专任教师，其中1名来自莫斯科国立大学。1位教师晋升教授，2位教师晋升副教授。

（张毅翔）

【教学工作】“思想道德修养与法律基础”（第一批国家级精品资源共享课程）和人文素质公共课“语文素养”两门课程在教育部“爱课程”网站正式上线。学院成立北京理工大学社会实践技能提升工作基地和人文学院学生实践创新创业基地，同时成立学生学术实践中心，下设办公室、学术部、实践部、读书会四个部门，主要负责学院学生的实践、学术等活动及读书交流分享活动。

季雨获批全国高校思想政治理论课教学能手；学院连续5年获首都高校思想政治理论课学生社会实践优秀组织奖，指导的学生社会实践论文获得一等奖、二等奖各一项。

（张毅翔）

【科研工作】2014年，学院获批国家社科基金重点项目1项、一般项目2项，国家自然科学基金1项，获批国家基金项目数稳定在4项。学院到校经费超过430万元，在研科研经费达2 200万元。

2014年，学院老师发表论文共90篇，其中在学术刊物发表论文71篇，在学术会议及其他渠道发表19篇，SSCI、EI、CSSCI及中国社会科学文摘收录32篇。出版学术专著9部。

（张毅翔）

【实验室建设】2014年，学院原新媒体校级实验室被北京市批准为北京市互动媒体艺术工程技术研究中心。学院结合学科特色积极服务于社会，成立校办院管的新型智库“国家战略研究中心”，定期出版刊物《战略与政策》，并报送国家相关部门。

（张毅翔）

【党建工作】2014年，学院党委围绕十八届三中全会精神，加强学院党建和思想政治工作。认真贯彻落实十八届中央纪委三中全会精神和年度学校党风廉政建设工作会议精神，学习贯彻十八届三中、四中全会精神和习近平总书记系列重要讲话的精神，继续深入开展党的群众路线教育实践活动，巩固活动开展实效。认真开展党员教育，深入学习“中国梦”、社会主义核心价值观、习近平总书记“五四”讲话精神，提升学生党员的理论水平，坚定理想信念；依托党员先锋工程落实“五个一”要求，加强党员队伍的建设，完善学生党员考核机制，督促学生党员不断进步，发挥党员先锋模范带头作用。2014年，学生入党积极分子130人，全年发展学生党员36人。2014年，学院教工党员比例为77%，本科生党员比例为12%，研究生党员比例为45%。

（徐贵宝）

【学生工作】2014年，学院开展“我为社会主义核心价值观代言”主题团日活动。积极开展主题讲座、经典研读、时事论坛等活动，践行社会主义核心价值观，践行习近平总书记五四讲话精神。加强党员与入党积极分子的培训，以主题讲座为架构完善党员培训体系。以社会实践基地为依托，推进学生社会实践活动的开展。2014 年，本科生共发表学术论文 97 篇，获“大学生创新计划”国家级、北京市级立项 19 项，占全校的 1/9；获得校级大学生创新项目计划立项 44 项，位居全校第二；在校第十一届“世纪杯”竞赛中再次夺得优胜杯、博雅杯，并获得优秀组织奖。

2011 级研究生开展德育答辩；2010 级本科生各班级开展德育答辩；2013 级学生进行德育开题；2012 级学生进行德育中期检查汇报。

（徐贵宝）

【对外交流】2014 年，学院国际交流与合作又获重大进展：与英国剑桥大学艺术、人文与社科中心签署合作协议，首批师生访问剑桥大学。

学院共与 50 余所境外高校和 2 个境外机构组织开展了学术科研和国际交流合作；与加拿大多伦多大学、萨斯喀彻温大学签署了“2+2”合作协议，与澳大利亚国立大学、加拿大瑞纳森学院的“2+2”项目也正在协商之中。

2014 年，学院本科生海外交流访学比例为 79.71%。近 30 名本科毕业生赴海外知名大学学习深造，其中美国哥伦比亚大学 2 人、波士顿大学 2 人，英国华威大学 2 人，法国图卢兹大学 3 人，还有伦敦大学帝国理工学院、澳大利亚墨尔本大学等高校。

（张毅翔）

法学院

【概况】北京理工大学法学院（School of Law，以下简称“法学院”）成立于 2008 年，前身为 1994 年 5 月成立的北京理工大学人文社会科学学院法律系。学院现有教职工 47 人，其中专任教师 41 人（包括教授 8 人、副教授 16 人，博士生导师 8 人）。学院现有在校本科生 300 人，研究生 180 人。学院可培养法律经济学、空间活动法律与政策方向博士，有法学一级学科硕士学位授权，下设理论法学、民商法学、国际法学、环境与资源保护法学、诉讼法学五个硕士学位授权点，同时有法律硕士专业学位授权及法学双学位、法学二学位授予权。学院设有北京理工大学法律援助中心、北京理工大学法律诊所等教学机构。

（王福亮）

【学科建设】2014 年，学院科研总经费达 400 万元，出版著作 7 部，发表学术论文 48 篇，其中核心期刊 30 篇。获得各类教学及科研成果奖 14 项。学院获教育部社科基金 2 项，北京市社科基金 3 项，其中重点项目 1 项。

学院先后赴上海交通大学、东南大学、中南大学、湖南大学、西安交通大学、西北政法大学等大学调研法学学科建设经验，并召开专门会议，制定《法学学科发展规划（2014—2020 年）》。同时，积极引进教学科研人才，完善学科体系。空间活动法律与政策方向首次招收博士生，学院实现了从本科到博士的全面学科教育体系。

（王福亮）

【人才培养】学院建成了良乡校区模拟法庭，完善了学院实践教学的硬件设施，为两校区实践教学的开展和交流奠定了基础。学院注重加强案例教学、研讨学教学、探究式学习。落实了法律诊所与法律援助中心教学管理制度。开展了有关模拟法庭比赛、英语辩论赛、知识产权征文赛等活动，学生参加第六届全国大学生版权征文竞赛，获本科生一等奖 1 名、二等奖 1 名、三等奖 3 名、鼓励奖 3 名以及组织奖；Manfred Lachs 国际空间法模拟法庭竞赛中国区赛获亚军；北京市大学生模拟法庭获得二等奖；“北外杯”知识产权模拟法庭竞赛获得优秀奖和最佳书状奖；斯泰森国际环境法模拟法庭亚洲赛区竞赛获最佳辩手奖。

（王福亮）

【教学工作】推进“校内外联合培养机制”。2014 年，在原有与海淀区法院、房山区法院、海淀区司法局等 15 个校外“法学教育实践基地”的基础上，拓展房山区检察院校外实践基地。召开校内外导师联席会议，聘任50位校外导师，完善了学院“校内校外联合培养机制”。

实行完全学分制。2014年，结合学校完全学分制改革，依据卓越法律人才培养目标，制定《2014法学专业培养计划》，改革法学专业学生培养模式，强调自主创新学习。同时，开设“法学专业导论”课程，编制《法学院本科教育教学指导手册》，对新生专业学习予以引导。

教育教学改革立项6项，经费共计23万元，包括北京理工大学第十批教改立项（8万元），北京市教委产学研共建项目（9万元），法律诊所教改立项（6万元）。共获得学科竞赛和创新奖6项，其中1项国家一等奖，4项部级一等、二等、三等奖。共出版教材5本，其中曲三强主编的《现代知识产权法概论》（北京大学出版社2014年版）获得北京市高等教育精品教材奖（部级）。

学院调整法学硕士教学计划，开展法学实习；推进硕士研究生科研和实践创新活动。

（王福亮）

【党建工作】学院党委组织班子成员学习讨论十八届三中、四中全会精神，打牢思想根基，凝聚学院发展共识。组织学院班子成员和教师骨干学习研讨2014学校年中工作会报告；召开“2014年教学科研工作研讨会”。邀请发展规划处、物理学院等单位领导介绍激发学院内在改革动力的经验。加强与院长和副职领导的沟通，形成相互支持、相互补台的默契；支持副职领导独立开展分工工作，支持本科教学和研究生教学质量督查工作，召开座谈会听取广大学生意见，同时积极支持和参与学院的各项学生工作。

学院一名辅导员获“北京市十佳优秀辅导员”荣誉称号（排名第四）。学院组织编写财务报账工作指南，申请项目课题工作指南。支持“党团小组”工作，并入编学校2014年党建评优特色材料。

学院获批成立中共北京理工大学法学院党委。

（王福亮）

【学生工作】学院成立科技创新协会，多次邀请专家、教授针对学生科技创新能力培养进行专门讲授以及重点帮扶。学生申报创新项目多次获校级“世纪杯”和全国、北京市“挑战杯”奖项。

统筹安排学生前往海淀法院、良乡法院、北京理工纬铂知识产权代理有限公司、大栅栏街道办事处等法学实践教育基地，开展实习实践活动。

（聂宁宁）

【对外交流】2014年，学院出国进行长期合作交流的教师5人，短期出国参加学术会议的教师20人次。出国交流学生10人次，其中攻读学位的学生4人。申报留学基金项目“科技+法律”创新人才培养，获留学基金资助法学院6名研究生出国攻读学位和联合培养。邀请来自世界知名高校的学者15人次访问学院，并开设40余场讲座。

2014年，学院承办Manfred Lauchs国际空间法模拟法庭世界总决赛，举办中美空间法与政策学术论坛、中韩知识产权法律学术交流会、2014年亚太空间合作组织空间法律与政策论坛。

（王福亮）

外国语学院

【概况】北京理工大学外国语学院（School of Foreign Languages，以下简称“外语学院”）成立于2006年3月。学院设有英语、日语、德语和西班牙语四个本科专业，外国语言文学硕士一级学科、翻译硕士专业学位（MTI）和汉语国际教育专业硕士3个硕士授权点。学院设有外语自主学习中心实验基地，下辖3个实验室。

2014年，学院有教职工112人，专任教师99人（其中教授7人、副教授36人，具有博士学位的教师30人）。2014年毕业生131人，其中，研究生39人，本科生92人。招生151人，其中，硕士研究生43人，本科生108人。在校生522人，其中，硕士研究生107人，本科生415人。

（易伟明）

【党建工作】2014年，学院党委有14个支部，其中教师党支部6个，学生党支部8个；党员174

人，其中教工党员59人，学生党员115人；入党积极分子178人，发展党员31人。

2014年，学院党委在学习、调研、对照检查和民主生活会的基础上制定整改方案并递交“外国语学院党的群众路线教育实践活动工作总结”。6月，根据学校安排，对学院整改方案建立台账管理模式，一共设立了17张台账账单，内容包括大力推动重大战略部署的落实、加强师资队伍建设、坚持服务学生发展、完善财务和科研经费等管理办法、优化调整家具和电脑等资源管理、积极推进对外合作、加强党风廉政建设等。11月，配合学校完成了工信部对党建工作的评估。

学院班子按照《外国语学院2014年党风廉政建设和反腐败工作任务和责任分工》，部署学院年度党风廉政建设和反腐败工作计划并进行了任务分解，明确了领导班子成员和系、部负责人的党风廉政建设责任。书记和院长负责推进廉政反腐责任制、干部教育和选拔、重点部门和岗位人员教育、重点工作的管理和监督、信访和矛盾化解等工作；副书记负责落实推进廉政反腐的宣传，保障学校等上级机关的重大决策部署在学院贯彻落实；科研副院长负责落实推进科研经费的使用监管、教育收费等方面的工作。

（易伟明）

【学科建设】2014年，学院有研究生导师30人，其中教授7人、副教授24人，具有博士学位的研究生导师6人，具有硕士学位的研究生导师23人。导师队伍年龄结构合理，30~40岁的占30%，40~50岁的占50%，50岁以上的占20%。专业外语研究生的师生比为1∶3，公共外语研究生的师生比为1∶150。在导师指导下，学生发表学术论文40余篇。

学院成立了由北京大学、北京外国语大学、清华大学、北京师范大学等高校学者组成的学院发展咨询委员会，为学院发展提供咨询和建议。在组织外语学术文库出版的过程中，委员会起到了思想库、智囊团作用。

（易伟明）

【教学工作】学院承担全校的大学英语、研究生英语和博士生英语的公共课教学。大学四级英语通过率始终保持在90%以上。

马文艳老师在北京市高等教育学会第五届青年教师教学基本功比赛中获一等奖，刘睿老师在西安第二届外研社“教学之星”大赛中获二等奖，并获北京理工大学第九届T-more优秀教师教学类三等奖。毕晓宁老师指导的学生获北京大学生演讲比赛三等奖。弓军、刘露老师指导的学生获海峡两岸口译大赛华北赛区三等奖2个。王玉雯老师组织、指导的研究生获2014北京市研究生英语演讲比赛优秀组织奖和二等奖。李建华老师指导的学生获全国高校日本知识大赛二等奖，其本人获杰出指导教师奖。赵宏凌老师指导的学生获2014“外研社杯”全国英语写作大赛（北京赛区）一等奖。学院教师主编的《德语泛读教程》和《大学实用英语词汇教程》分获北京理工大学第十一届优秀教材一等奖和二等奖。姜爱红教授的科研课题获批2014年度教育部人文社会科学研究立项。曹莉老师的科研项目获2014全国翻译教学指导委员会科研项目立项。在北京理工大学第十届教改立项的第一和第二批次申请中，学院教师获批并已完成教改立项10项。

学院组建“明精计划学术用途英语课程改革”教学与科研团队。该团队在叶云屏教授的带领下已完成三个级别的讲义编写工作和课程授课。学术用途英语（理工类）已在实验班、精英班，拓展选修课中初步推广，本科生600人参加了学习。

为配合2015版教学计划的修订工作，学院领导及各专业负责人先后到北京航空航天大学、四川大学、重庆大学、西南大学、复旦大学、同济大学、山东大学、吉林大学和东北师范大学调研学习，多次参加高等学校大学英语教学改革与发展学术研讨会，吸取各校的先进经验。学院组织大学英语教学改革研讨会，对大学英语的学分和课程设置进行研讨。

2012级英语专业四级考试通过率97.78%，日语专业四级考试通过率为93.75%，德语专业四级考试通过率为97%。

西班牙语专业2013级和2014级新生入学，西班牙语教学计划完成，课程建设顺利开展。邀请全国西班牙语研究会会长、北京外国语大学西班牙专业博士生导师郑书九教授为学院西班牙语外聘责任教授。与西班牙阿尔卡拉大学签署校级合作协议，并互派交换生。

日语系举办第五届北京市大学二年级日语演讲比赛；英语系主办第二届北京理工大学英国议会制辩论赛暨外研社全国辩论赛预选赛；大学英语教研室组织“外研社杯”全国英语写作大赛北京理工大学初赛和北京理工大学英语演讲比赛。学院与国际交流合作处联合承办为期三周的LINK U 暑期英语强化项目，共有120名本科、硕士和博士研究生入选并参加了该项目学习。

（易伟明）

【科研工作】2014年，学院各类科研经费合计50余万元，科研立项20余项，其中“现实与陌异——德语现实主义小说中的非范式元素研究”获得教育部人文社科基金项目。

12月16日，学院组织召开外国语学院第一届学术研讨会，27名教师作学术报告。

学院出版了2014年《北京理工大学学报》（哲学社会科学版）增刊。组织学院研究生导师和教师撰写学术论文，聘请院内外专家校阅评审。

（易伟明）

【实验室建设】外语自主学习中心组建于2003年，现有大学英语网络自主学习中心、研究生公共英语网络自主学习中心、专业外语网络自主学习中心3个实验室。实验中心占地总面积890平方米，设备总值近700万元。中心为全校17个学院、60个专业、7 000多名本科生进行实验教学，为全校48个硕士专业的2 300多名硕士研究生开设实验课程。年覆盖总人数达10 000人以上。

2014年，学院获批50万元专项修购资金，用于良乡无线听音系统的升级改造。

（易伟明）

【学生工作】学院重视第二课堂和第一课堂的结合，在学生工作中注重发挥专业老师和班主任的作用和力量；重视校内和校外的结合，请毕业院友作报告，要求学生参加社会实践，了解社会；重视中关村和良乡校区的结合，发挥中关村校区高年级学生对良乡校区低年级学生的传帮带作用。重视学生整体教育和个体辅导相结合，工作中注重根据学生的特点开展教育工作，关注重点特殊学生，对其进行谈心和指导。

学院开展品学论道活动，利用“朋辈效应”开展传帮带。2014年共举办“品学论道”活动20余场，遴选主讲人90余人，受众覆盖大一、大二和大三全体学生。开展“巴别塔学术讲坛系列讲座”，增加专业老师对学生们专业引导，帮助学生们培养专业意识。学生党建依托共产主义学习实践会和党支部等学生组织来开展活动。学院领导给学生上党课，举行时事论坛、辩论赛、社会观察沙龙等。开展红色“1+1”活动，与房山苏庄二里社区进行共建活动8次，并荣获校级优秀组织奖；与中央民族大学进行交流活动。出台《外国语学院团支部推优暂行办法》，在党员发展过程中征求学生、班主任、辅导员等多方的建议。

完成“五困排查”、各类奖学金评定、评奖评优工作。开展2014年外国语学院趣味运动会、“一二·九”大合唱、暑期社会实践、北京理工大学英语演讲比赛、深秋歌会初赛、研究生新年元旦晚会、圣诞晚会及年度表彰大会、长阳国际音乐节志愿服务、2014APEC志愿服务等。

在暑期社会实践成果中，学院获二等奖1项，周芳集老师获校先进工作者，汪亚莉老师获优秀指导老师。外国语学院护航者协会获校级十佳社团，1人获校级青春榜样，1人获校级十佳团员。2012级英语一班获北京市优秀班集体，2人获北京市“三好学生”。

给学生举办就业讲座，将就业工作重心前移。通过各种渠道向学生发布信息30余条，请资深猎头来为学生开办简历制作等讲座。

（吴文君）

【交流与合作】2014年，学院有对外学术联合研究中心1个（北京理工大学德国语言文化研究中心）、国别研究中心1个（加拿大研究中心），并分别与德国、奥地利、英国、日本的高等学校建立合作关系。

2014年，日语系与东京工业大学留学生中心签订合作意向备忘录；与立命馆大学语言情报研究科签订院级协议。西语系分别与西班牙阿尔卡拉大学的语言学院以及奥维耶多大学的文哲系建立合作项目，商讨签订双方师生交流协议。德语系与德国卡尔斯鲁厄理工学院语言中心和预科部签订共同举办德国高校入学语言测试（DSH）以及卡尔斯鲁厄理工学院专业选拔测试的协议。

2014年，英语、日语、德语专业先后聘请十余名国外高校专家、学者作学术交流和短期讲学。学院派出教师出国研修5人，出国参加国际学术会议9人。学院开展与境外合作院校的学生交流项目有11项，派出本科生32名、硕士研究生12名。

（易伟明）

设计与艺术学院

【概况】北京理工大学设计与艺术学院（School of Design and Arts，以下简称“设计学院”）前身为1984年成立的工业设计系，是国内最早设置工业设计学科体系的设计院系之一。历经30余年的实践与探索，学院在设计教育领域不断发展壮大，较早地成为教育部工业设计教学指导委员会委员单位。为顺应高度发展的社会现实对多领域、多样化艺术人才的发展需求，自2000年起，学院相继成立了多个专业系部，并于2002年正式建立学院，逐步形成了依托理工、设计与艺术相结合的综合性专业发展格局。2009年，学院正式更名为北京理工大学设计与艺术学院。学院有工业设计系、视觉传达设计系、环境艺术设计系、文化遗产系、造型艺术系、传统工艺美术系和艺术理论研究部。学院研究机构有艺术与设计综合实验室、防务装备设计研究中心、人因工程与交互设计实验室、车辆造型设计工作室、数字交互设计实验室、雷士照明光环境设计研究院等。

2014年，学院有教职工80人，其中专任教师64人。专任教师中，博士生导师1人，教授6人、副教授24人，具有博士学历的教师19人。毕业265人，其中研究生118人（博士生4人，硕士生114人），本科生147人。招生273人，其中研究生138人（博士生4人，硕士生134人），本科生135人。在校生972人，其中研究生389人（博士18人，硕士生371人），本科生583人。

（李　爽）

【教学工作】2014年，学院加强教学督导工作，制定重点课程、集体听课、集中讨论的工作细则，由六位督导组成员共同听取“立体构成”课程三位老师的授课内容，对整体状况进行总结，为今后教学内容的修改及教师授课的基本状况提供参考。学院完成本科生毕业设计开题、网上师生确认选题、毕业设计中期检查、毕业答辩等相关工作，各系完成毕业设计总结，汇总各系的毕设文档，总结全院毕业设计内容，汇编成册上交教务处。

3月，学院学术型研究生毕业79人；6月，专业学位研究生工业设计工程毕业18人、艺术硕士毕业17人，研究生共毕业114人并获得硕士学位。学院完成专业学位研究生（艺术硕士和工业设计工程硕士）实习时间的汇报和总结，并对学生在实习中有较大收获、对实践有较大影响的精选案例进行分析。学院完成保研工作的动员、评选、笔试、面试及录取工作，共有21名学生符合推免研究生资格，接收全国其他“985”“211”高校的免推研究生22名。

2014年，学院宗明明教授获“中国工业设计十佳教育工作者”，教师巩超参加北京理工大学教师基本功大赛并获得二等奖。

（李　爽）

【学科建设】2014年，学院针对自身师资队伍的结构特点组建博士生导师团队，完成了院志《与设计同行（1984—2014）——北京理工大学设计与艺术学院建院30周年》的撰写。学院3名教师晋升副教授专业技术职务。专业教师发表中文核心期刊论文8篇，其他刊物论文4篇；出版专著1部，教材3部；获各类奖项6项，其中获美国工业设计师协会（Industrial Designers Society of America）奖2项；设计、绘画作品参展共计54人次。

（李　爽）

【科研工作】2014年，学院共签订科研合同22项，签订合同经费共计364.5万元，包括中国万宝工程公司科威特项目工业设计、OT13型多功能手持热像仪造型及结构设计、空间站物资管理分系统色彩设计等。完成各类基金项目的申报11项，获批7项（含校基础基金5项），获批教育部科技委战略研究重大项目1项，获批北京市社会科学基金项目1项。

（姬　勇）

【实验室建设】2014年，学院完成中关村校区中心教学楼11层教学区域的环境改造工程，使工业设计系、环境艺术设计系、文化遗产系办公环境得到改善，并兼具教学、实验、科学研究及学术交流功能。学院对良乡校区理学楼C座的教学空间进行重新规划和改造，创建良乡校区资料室。

学院加强实验室人员梯队建设，引进2名实验室教辅人员，参与实验室教学辅助和科学研究工作。

（姬　勇）

【党建工作】2014年，学院党委有党支部19个，其中教工党支部3个，本科生支部3个，研究生支部13个；党员287名，其中教工党员34名，学生党员254名（正式党员199名，预备党员55名）。

2014年，学院党委把加强领导班子思想建设和作风建设作为学院班子建设的主要任务，加强制度体系建设，进一步完善“三重一大”“领导班子议事规则”“院务公开”等制度。2014年是设计与艺术学院建院30周年，在学院筹备并举办的“新思维——设计与艺术发展国际论坛”活动中，学院党委认真审查、细致谋划，保证论坛活动坚持节俭原则，并体现学院学术和专业水平。

12月23日，学院党委召开全体党员大会。学院党委向全体党员作工作报告，并通报学院党费收缴、使用和管理情况。会议推选王东声、孙飞（女）、张帆、欧阳哲、周岩（女）、郝亚维（女）、宫晓东（女）、郭宏、姬勇（按姓氏笔画为序）9位同志当选新一届学院党委委员。

学院党委通过开展德育答辩、“画说”品牌活动及精品讲座等，建立并完善学生思想政治教育的内容和形式。学院党委与校纪委监察室、校党委宣传部和校团委共同举办了以“践行三严三实，推进作风建设”为主题的“中国梦·画新风”廉政宣传作品征集活动，在两校区举办了“中国梦·画新风”优秀作品展。

（李　爽）

【学生工作】2014年，学院继续践行“艺术为栈，设计为用，德学结合，融会贯通”的工作理念。学院师生代表北京理工大学参加“第七届国际大学生雪雕大赛”，作品《雾醒时分》获大赛一等奖；2011级本科生党支部与密云县西田各庄镇白道峪村党支部开展以“践行核心价值观，共筑出彩中国梦”为主题的红色“1+1”活动，获北京市示范活动三等奖；低年级党支部积极与北京市石景山区依翠园北党总支开展以“心系依翠北，魅力设计情”为主题的红色“1+1”活动，获北京市示范活动优秀奖。

学院邀请北京大学于希贤教授、意大利佛罗伦萨美术学院GIANNI POZZI教授、洛可可集团总裁贾伟、德国奥芬巴赫造型艺术大学产品设计学院院长法兰克·泽普内（Frank Zebner）教授、中央美术学院殷双喜教授、中央美术学院美术馆馆长王璜生教授等嘉宾来学院作学术讲座。

学院举办了“北京·东西——国际学生创作作品展”“校园文化剪纸设计艺术展”“若梦——主题摄影展”“金秋写生作品展”“风景对面——教师绘画作品展”“韩国东西大学师生设计作品展”以及“中国梦·画新风——廉政教育宣传作品征集活动优秀作品展”“大学·青春·人生——德育答辩主题展览”等。

学院成立“艺起来”文体俱乐部，先后在两校区开展了“阳光跑跑团”、主题读书会等活动。学院开展寒暑期社会实践，在唐山、景德镇、稷山、密云等地开展社会实践，建立了2个校级实践基地。

（欧阳哲）

【对外交流合作】2014年，学院邀请德国奥芬巴赫造型艺术大学法兰克教授、美国休斯敦大学工业设计系冯峰教授等6名海外知名专家教授交流讲学。

学院派出邱越、梁绸、申华平3名教师前往海外高校进行访问学者项目，选拔35名学生赴德国、俄罗斯等国家和地区交流学习，招收海外留学生2名。

学院组织接待了来自澳大利亚、新加坡、韩国、美国、德国、日本等国家和地区的学术访问来宾17批次31人。

（姬　勇）

06

人才培养

本科教育

【概况】全校本科教学管理工作主要由教务处承担，下设综合科、教务科、教研科、质量科和本科生国际教育办公室。教务处2014年在保障本科教学工作正常运行的同时，紧紧围绕提高人才培养质量，积极推进人才培养模式改革，着力优化专业结构和人才培养类型结构，着力创新人才培养模式，着力培养学生的创新创业和实践能力，着力加强质量保障体系建设，大力培养应用型人才、复合型人才和拔尖创新人才。

2014年，中关村、良乡校区专家共听课1 000余次，编印了两个学期的专家听课小结汇编。全年两个学期对100余套试卷进行了常规试卷抽查。全年两个学期对所有开设课程进行了期初、期中、期末教学检查。进行了两个学期的学生评教资料整理分析工作，参评学生为全体本科生的98%，对每个学院按分数和授课教师职称进行了统计公示，同时对2 000多门课、20万条学生评教数据记录进行整理，印发了两期学生评教资料。对大一、大二学生进行实时评教，升级本科生实时评教系统，每学期分三次评教。修改制定本科学生网上评教指标。修改调整全英文教学专业学生调查问卷，对部分全英文授课课程进行学生问卷调查，发放问卷1 200余份，并对调查结果进行统计。为全校公共基础课聘任了170名研究生助教。

（杨亚楠）

【教学运行及监控】2014年，在校本科生近15 000人。全年安排课程将近2 000门，教学班3 700多个，教师1 400多人次。调停课全年总计1 165条。处理学籍变动学生约500人次，大类分流学生3 253人次，制作学生证、学生卡片各4 000多个，制作毕业证书、学历证书约7 000本。处理结业学生换发毕业证书、补发学位证书300多人次。2014年共处理2 212条成绩核查申请，其中，2013—2014学年第二学期共处理1 059条，2014—2015学年第一学期共处理1 153条。组织督导组专家听课1 000多门次，抽查116门课程试卷，组织6次全校范围所有课程的教学检查。组织2014年3月和9月两次全国计算机等级考试；组织2014年6月和12月两次全国大学英语四、六级考试。

（杨亚楠）

【教学建设】2014年，管理学院韩伯棠入选“万人计划”第一批教学名师；人文学院崔建霞、信息学院高飞、数学学院陈一宏3位教师获批北京市高等学校教学名师；软件学院赵丰年等8人获得北京理工大学第九届T-more优秀教师奖（课堂教学类）。化学工程与工艺、车辆工程、机械工程及自动化、自动化4个专业顺利通过教育部全国工程教育专业认证，全校共有11个专业通过工程教育认证；第一批正式加入卓越工程师教育培养计划专业的330名学生毕业；作为兵器类专业主任委员单位，牵头组织完成兵器类专业教学质量国家标准研制工作；委托麦可思数据（北京）有限公司进行2013届毕业生社会需求与培养质量半年后跟踪评价；宇航学院胡更开主讲的“力学导论”、物理学院胡海云主讲的“物理之妙里看花”、机械学院闫清东主讲的“坦克的发展与创新”、化学学院李晖主讲的“走进晶体世界”共4门课程入选教育部2014年度精品视频公开课；“大学物理”“微积分Ⅰ”“C语言程序设计”“微电子电路基础”4门慕课（MOOC）课程展开全面建设。2014年，我校《理论力学Ⅰ》等15项选题被列为第二批“十二五”本科国家级规划教材（其中1种成套教材为两校合编），获批立项数量在工信部所属院校中名列第二，取得了优异成绩。同年，学校开展第十一届校级优秀教材评选工作，共评出《力学专业程序实践》等26种校级优秀教材，其中一等奖11种，二等奖15种。大学生机械创新实践中心获批北京市高等学校示范性校内创新实践基地。

北京理工大学荣获第十届北京市高等学校教学名师奖人员名单

序号	姓　名	所在学院
1	崔建霞	人文学院
2	高　飞	信息学院
3	陈一宏	数学学院

北京理工大学入选“万人计划”第一批教学名师人员名单

姓　名	所在学院
韩伯棠	管理学院

北京理工大学第九届 T-more 优秀教师奖（课堂教学类）获奖名单

序号	姓　名	所在学院	获奖等级
1	赵丰年	软件学院	一等奖
2	韩占忠	机械学院	二等奖
3	王宏洲	数学学院	
4	冯艳全	物理学院	三等奖
5	杨　薇	机械学院	
6	高　飞	信息学院	
7	刘　睿	外国语学院	
8	李　果	管理学院	

北京理工大学 2014 年工程教育认证专业一览表

序号	专业名称	所在学院	有效期	认证年度
1	车辆工程	机械学院	6 年	2014 年
2	机械工程及自动化	机械学院	3 年	2014 年
3	自动化	自动化学院	6 年	2014 年
4	化学工程与工艺	化工学院	3 年	2014 年

北京理工大学入选教育部 2014 年度精品视频公开课名单

序号	课程名称	所在学院	主讲教师
1	力学导论	宇航学院	胡更开
2	坦克的发展与创新	机械学院	闫清东
3	物理之妙里看“花”	物理学院	胡海云
4	走进晶体世界	化学学院	李　晖

北京理工大学 2014 年度慕课（MOOC）课程建设名单

序号	课程名称	所在学院	主讲教师
1	微电子电路基础	信息学院	桂小琰
2	C 语言程序设计	计算机学院	李凤霞
3	微积分 I	数学学院	徐厚宝
4	大学物理	物理学院	胡海云

北京理工大学入选第二批“十二五”普通高等教育本科国家级规划教材书目

序号	教材名称	主要作者	出版社
1	理论力学Ⅰ——基本教程	梅凤翔、尚玫	高等教育出版社
	理论力学Ⅱ——专题教程		
2	机械设计基础（第3版）	荣辉、付铁、杨梦辰	北京理工大学出版社
3	电动车辆动力电池系统及应用技术	王震坡、孙逢春	机械工业出版社
4	工业设计人机工程（第2版）	阮宝湘、董明明、邵祥华	机械工业出版社
5	机械原理	张春林、赵自强	机械工业出版社
6	应用光学（第4版）	李林	北京理工大学出版社
7	自动控制原理及应用	陈祥光、黄聪明	清华大学出版社
8	传感器与检测技术（第2版）	陈杰、黄鸿	高等教育出版社
9	网络信息安全与对抗	罗森林、王越、潘丽敏	国防工业出版社
10	C语言程序设计教程（第3版）	李凤霞	北京理工大学出版社
	C语言程序设计教程习题与上机指导（第3版）	王树武	北京理工大学出版社
11	飞行器系统概论	唐胜景、郭杰、李响	国防工业出版社
12	信息安全对抗系统工程与实践	罗森林、高平、苏京霞、潘丽敏	高等教育出版社
13	管理统计学（第2版）	李金林、赵中秋、马宝龙	清华大学出版社
	管理统计学应用与实践—案例分析与统计软件应用	李金林、马宝龙	清华大学出版社
14	员工关系管理	刘平青	机械工业出版社
15	新大学化学（第3版）	曲保中、朱炳林、周伟红（第一作者为吉林大学）	科学出版社
	新大学化学学习导论（第2版）	黄如丹	科学出版社

北京理工大学第十一届优秀教材目录

序号	教材名称	主要作者	出版社	获奖等级
1	力学专业程序实践	马少鹏、聂建新、马沁巍	北京理工大学出版社	一等奖
2	交通工程学	王武宏	人民交通出版社	一等奖
3	机械制图（第3版）	张京英、张辉、焦永和	北京理工大学出版社	一等奖
	机械制图习题集（第3版）			
4	阵列天线分析与综合	薛正辉、李伟明、任武	北京航空航天大学出版社	一等奖
5	计算机组成原理（第3版）	蒋本珊	清华大学出版社	一等奖
6	大学计算机实验	李凤霞、陈宇峰、李仲君、赵三元、史树敏	高等教育出版社	一等奖
7	数学物理方程与特殊函数	闫桂峰、张琼、姜海燕	电子工业出版社	一等奖
8	项目管理教程	骆珣、陈翔、刘军丽	机械工业出版社	一等奖
9	民事诉讼法	张艳丽	北京大学出版社	一等奖
10	德语泛读教程（上、中、下）	姜爱红、梁珊珊	高等教育出版社	一等奖
11	Rhino 3D产品造型与设计	李光亮、金纯	水利水电出版社	一等奖
12	航天测试技术	刘向阳	国防工业出版社	二等奖
13	机电系统控制原理及应用	王正杰、王玥、吴炎烜	北京理工大学出版社	二等奖
14	汽车学	刘昭度	高等教育出版社	二等奖
15	机械控制工程基础	张之敬	北京理工大学出版社	二等奖
16	现代加工技术（英文版）	周兰英，姜澜，等	北京理工大学出版社	二等奖
17	功率电子学原理及其应用	程夕明	电子工业出版社	二等奖

续表

序号	教材名称	主要作者	出版社	获奖等级
18	数据挖掘理论与技术	罗森林、马俊、潘丽敏	电子工业出版社	二等奖
19	自适应控制	董宁	北京理工大学出版社	二等奖
20	大学数学	李炳照、王宏洲	清华大学出版社	二等奖
21	市场营销管理（第 4 版）	王秀村、王月辉	北京理工大学出版社	二等奖
22	员工关系管理：中国职场的人际技能与自我成长	刘平青等	机械工业出版社	二等奖
23	七个怎么办——马克思主义与当代社会	崔建霞、翟杰全，等	北京理工大学出版社	二等奖
24	民法学	赵秀梅	法律出版社	二等奖
25	大学实用英语词汇教程	张莱湘、毕晓宁、张晨花，等	北京理工大学出版社	二等奖
26	网络信息资源检索与科技论文写作	康桂英、赵飞、吕瑞花、张敏	电子工业出版社	二等奖

北京理工大学入选 2014 年北京市高等学校示范性校内创新实践基地建设项目名单

基地依托单位	基地主持学院
北京理工大学大学生机械创新实践中心	机械与车辆学院

（杨亚楠）

【教学成果】2014 年，北京理工大学荣获国家级教学成果奖二等奖一项；5 个项目获批北京高等学校教育教学改革立项。

北京理工大学第十三届优秀教育教学成果奖获奖名单

成果名称	完成人	申报部门	获奖等级
基于创新能力型人才培养的实践教学体系构建	郝群、李和章、曹峰梅、唐胜景、李凤霞、罗庆生、明道福、朱光辉	北京理工大学	二等奖

北京理工大学获批 2014 年北京高等学校教育教学改革立项名单

序号	项目名称	负责人	项目申请学校	类别
1	突出创新能力培养，强调个性发展和体现全面发展的“54321”创新实践教育保障体系研究	罗森林	北京理工大学	面上
2	跨学科实践教学的国际化平台建设	丁洪生	北京理工大学	面上
3	以工程能力培养为导向的自动化专业实验教学的研究与实践	廖晓钟	北京理工大学	面上
4	MBA 教育国际化体系构建与培养模式研究	余晓泓	北京理工大学	面上
5	北京市共享课程资源建设模式研究	郑国民	北京师范大学、北京交通大学 北京航空航天大学、北京理工大学	重点 联合 委托

（杨亚楠）

【大学生创新创业训练计划】2014 年，学校组织申报国家、北京市和校级大学生创新项目，经评审确定 81 项国家级大学生创新训练项目和 91 项北京市级大学生创新训练项目。组织 2012 年度立项的国家级、北京市级大学生创新计划项目结题验收，评选出“2014 年度北京理工大学年度十佳项目”。

2014 年我校选送的“基于人体工学的可穿戴式增力套装”和“大角度水下矢量推进式多功能机器人”创新项目参加了由教育部、科技部联合主办的“全国大学生创新创业年会”的展示与竞赛，同时获得本次年会“我最喜爱的十件作品”和“十个优秀创新项目”两项大奖。截至 2014 年年底，我校连续七届、累计 12 项创新作品获奖，位居全国高校第一。

2014 年第七届全国大学生创新创业年会北京理工大学获奖项目名单

序号	项目名称	项目组别	指导教师	奖项名称
1	基于人体工学的可穿戴式增力套装	创新项目	罗庆生、韩宝玲	十个优秀创新项目
				我最喜爱的十件作品
2	大角度水下矢量推进式多功能机器人	创新项目	罗庆生	十个优秀创新项目
				我最喜爱的十件作品

北京理工大学 2014 年度十佳优秀大学生创新项目名单

序号	项目名称	负责人	指导教师
1	基于人体工程学的穿戴式增力套装	肖中阳	韩宝玲
2	“天戟”多用途机器人战车	张泽政	罗庆生
3	静脉信息增强投影系统	周睦清	周雅、胡晓明
4	基于物理学与人体经络学相结合的理疗仪器研制	刘晓	史庆藩
5	蛋清生物模拟矿化合成荧光银纳米簇	杜步婕	吕桂琴、黄如丹
6	利用新型非稀土纳米晶荧光粉提高传统白光 LED 显色性能的研究	周青超	钟海政
7	4 株丝状真菌降解金霉素菌渣毒性特性的研究	陈海波	赵东旭
8	壁面自主移动平台	李超	韩宝玲
9	群机器人围捕的设计与实现	王晨	高琪、张婷
10	关于南水北调工程相关环境保护法律制度的完善——以中线工程为例	岳烨	罗丽

（杨亚楠）

【国际化人才培养】 2014 年，本科生国际交流以提高层次和质量为重点，开展与澳大利亚国立大学访学项目、英国杜伦大学访学项目、法国图卢兹第一大学访学项目、美国加州大学洛杉矶分校暑期研究项目和英国牛津大学奥利尔学院暑期学校项目等。2014 年，26 名国防类专业学生参加了国防拔尖创新人才本科生海外毕业设计专项计划。同时，学校制定了国际化人才海外毕业设计专项并开始实施。电子科学与技术、机械工程、自动化、国际经济与贸易四个本科生国际化专业已有四批学生，专业相关课程采用全英文或双语教学，达到 86 门次，其中聘请外教 16 人，有少量国际学生插班上课。2014 年派出 4 名教师出国（境）参加专题教学培训。其他专业聘请外教 2 人。

2014 年实施 109 项本科生出国（境）交流项目，包括双学位 6 项、访学（修学分）13 项、交换生 33 项、毕业设计 21 项、暑期学校 8 项、语言学习 3 项、交流活动 13 项、实习实践 7 项、国际比赛 3 项、国际会议 2 项，涉及 20 个国家和地区。2014 年出国（境）交流本科生为 768 人次，占年级平均在校生的 20.92%，项目数为 109 项，比 2013 年增加了 18 项。学校获国家留学基金委优秀本科生资助项目 19 项，77 个名额，比 2013 年增加 20 个。20 名同学获得中国人民对外友好协会资助短期赴日参访。

2014 年本科生参加境外学习和活动项目及人数

序号	项 目 名 称	出境人次	备 注
1	爱尔兰都柏林大学交换生	3	国家留学基金委资助 3 人
2	澳大利亚国立大学双学位	25	
3	澳大利亚昆士兰大学语言文化项目	7	
4	澳大利亚悉尼科技大学交换生	1	国家留学基金委资助 1 人
5	澳大利亚悉尼科技大学管理技能培训	1	

续表

序号	项 目 名 称	出境人次	备 注
6	德国柏林工业大学交换生	7	
7	德国柏林工业大学暑期学校	35	
8	德国拜罗伊特大学交换生	6	
9	德国达姆施塔特工业大学交换生	2	国家留学基金委资助 1 人
10	德国德累斯顿工业大学交换生	6	
11	德国汉诺威大学交换生	8	国家留学基金委资助 2 人
12	德国卡尔斯鲁厄理工大学毕业设计	2	
13	德国卡尔斯鲁厄理工大学交换生	15	国家留学基金委资助 9 人
14	德国雷根斯堡大学交换生	8	
15	德国鲁尔大学毕业设计	2	
16	德国马格德堡大学交换生	3	
17	德国慕尼黑工业大学毕业设计	6	国家留学基金委资助 6 人
18	德国慕尼黑工业大学交换生	14	国家留学基金委资助 1 人
19	德国慕尼黑工业大学暑期学校	1	
20	德国帕德博恩大学交换生	6	
21	德国斯图加特大学毕业设计	1	
22	德国斯图加特大学交换生	2	国家留学基金委资助 1 人
23	德国亚琛工业大学交换生	15	国家留学基金委资助 10 人
24	俄罗斯莫斯科国立包曼技术大学毕业设计	3	
25	俄罗斯萨马拉航空航天大学毕业设计	7	
26	法国巴黎电力与机械专业学校毕业设计	6	
27	法国图尔大学工程师学院毕业设计	12	
28	法国图尔大学工程师学院访学	12	
29	法国亚眠高等电子与电工技术工程师学院毕业设计	2	国家留学基金委资助 2 人
30	韩国昌源管理与经济学院体优班寒假冬训	13	
31	韩国第八届中韩大学生秋季交流	1	
32	韩国汉阳大学夏令营	7	
33	韩国建国大学交换生	3	
34	韩国斯泰森国际环境法模拟法庭竞赛东亚赛区选拔赛	5	
35	荷兰埃因霍芬理工大学交换生	2	国家留学基金委资助 2 人
36	荷兰代尔夫特理工大学毕业设计	3	
37	荷兰鹿特丹应用科技大学、法国巴黎大学商学院国际周及学术研讨会	9	
38	加拿大信息技术与综合系统数学组织（Matics）实习	3	
39	加拿大英属哥伦比亚大学暑期学校	4	
40	加拿大多伦多大学毕业设计	2	
41	加拿大滑铁卢大学双学位	7	
42	加拿大西安大略大学毕业设计	2	

续表

序号	项　目　名　称	出境人次	备　　注
43	美国北卡罗来纳州立大学暑期实践	1	
44	美国东北大学交换生	1	国家留学基金委资助 1 人
45	美国赴美带薪实习	17	
46	美国哥伦比亚大学暑期学校	24	
47	美国加利福尼亚州圣地亚哥国际信息显示会议	1	
48	美国加州大学伯克利分校访学	16	
49	美国加州大学伯克利分校暑期学校	66	
50	美国加州大学河滨分校访学	8	
51	美国加州大学洛杉矶分校 CSST 暑期研究项目	2	
52	美国加州大学圣地亚哥分校访学	5	
53	美国加州大学圣地亚哥分校寒假英语培训	23	
54	美国卡内基梅隆大学毕业设计	1	
55	美国麻省理工学院国际遗传工程机器设计竞赛（iGEM）	20	
56	美国普渡大学盖莱默校区访学	5	
57	美国青年师生赴美社会调研	18	
58	美国史蒂文斯理工学院访学	1	
59	美国史蒂文斯理工学院交换生	2	国家留学基金委资助 2 人
60	美国史蒂文斯理工学院双学位	3	
61	美国亚利桑那州立大学访学	1	
62	美国伊利诺伊理工大学访学	1	
63	美国伊利诺伊理工大学双学位	7	
64	美国伊利诺伊理工大学肯特法学院访学	3	
65	美国伊利诺伊理工大学毕业设计	2	
66	摩洛哥 ACM/ICPC 大学生程序设计竞赛世界总决赛	4	
67	日本第十五届“走进日企 感受日本”中国大学生访日团	6	中国对外友好协会（日本企业）资助 6 人
68	日本东京工业大学毕业设计	1	
69	日本东京工业大学交换生	2	
70	日本立命馆大学交换生	2	
71	日本早稻田大学访学	5	
72	日本中日青年志愿者交流活动	14	中国对外友好协会（日本企业）资助 14 人
73	瑞典林雪平大学交换生	5	国家留学基金委资助 5 人
74	台湾成功大学交换生	3	
75	台湾淡江大学交换生	1	
76	台湾淡江大学“两岸青年东西文化论坛”	4	
77	台湾东华大学交换生	3	
78	台湾辅仁大学交换生	3	
79	计算机学院师生赴台湾地区走访暑期社会实践	5	

续表

序号	项目名称	出境人次	备注
80	台湾交流参访活动（宋庆龄基金会）	4	
81	台湾交通大学交换生	3	
82	台湾科技大学交换生	1	
83	台湾“清华大学”交换生	2	
84	台湾台北科技大学交换生	2	
85	台湾云林科技大学交换生	3	
86	台湾政治大学法学夏日学院交流活动	11	
87	台湾中山大学毕业设计	3	
88	台湾中山大学交换生	1	
89	台湾中原大学毕业设计	7	
90	台湾中原大学产业及学术/创新及创业体验营	11	
91	台湾中原大学暑期实训营	38	
92	土耳其安塔利亚市管理与经济学院体优班寒假冬训	14	
93	西班牙马德里理工大学毕业设计	1	
94	西班牙桑坦德银行—康米亚斯基金会暑期西班牙语学习项目	3	
95	香港城市大学交换生	4	
96	香港理工大学交换生	6	
97	香港协青社实习	32	
98	香港中文大学毕业设计	4	
99	新加坡南洋理工大学毕业设计	2	
100	以色列理工大学暑期学校	2	
101	意大利都灵理工大学双学位	7	国家留学基金委资助4人
102	英国杜伦大学访学	1	
103	英国剑桥大学暑期教学及课程实习	16	
104	英国伦敦大学伯贝克学院访学	3	
105	英国曼彻斯特大学双学位	3	
106	英国牛津大学奥利尔学院暑期学校	10	
107	英国女王大学访学	1	
108	英国西英格兰大学毕业设计	4	
109	中教国际德国短期研修项目	4	
合计		768	

（杨亚楠）

【学科竞赛】2014年全校学生共参加的学科知识竞赛有70项，7 407人次参赛，2 023人次获奖，获得各类奖项889项。其中参加省部级以上竞赛的有4 713人次，1 437人次（其中国际级186人次，国家级628人次，省部级623人次）获奖，获得各类奖项567项（其中国际级40项，国家级165项，省部级362项）。

在2014第六届全国大学生机械创新设计大赛第七届首都高校机械创新设计大赛中，学校一共21个队（99人）参加北京赛区的比赛，全部获奖，其中一等奖16项，二等奖4项，三等奖1项，同时获得优秀组织奖。北京市比赛一等奖获奖比例为24%，学校一等奖获奖比例为76%，继续在北京市高校中位居前列。有10项作品报送全国赛，5项获得一等奖，5项获得二等奖。

在2014年中国大学生方程式汽车大赛中，学校派出2支队伍共计45人参加比赛，除“中国大学生车手挑战赛冠军”奖项外，其余国家级奖项均以组队形式获得。其中，燃油组总成绩全国第二、国际第二名，成本与制造分析全国第二，高速避障全国第三，耐久赛全国第二，节能效率全国第二；纯电动组总成绩全国第一、国际第二名，赛车设计全国第一，市场营销报告全国第二，直线加速全国第二，高速避障全国第一。

（杨亚楠）

基础教育

【概况】北京理工大学基础教育学院（School of Liberal Arts，以下简称“基础教育学院”）成立于2008年7月，负责学校工科12个学院本科生一、二年级的教育教学和学生管理，下设学院办公室、学院团委、机械与运载学部、信息与电子一学部、信息与电子二学部、理学与材料学部和学生公寓管理中心。2014年，学院共有教职工45人，学生5 500多人。

学院坚持以思想政治教育、品德培育为引领，以学风建设、学业质量为重点，以党团建设为推动力，以学习型社团、科技活动为平台的办院理念，主要开展了以下几个方面的工作：① 引导学生树立正确的世界观、人生观、价值观，以主题教育、社会实践和志愿服务等为载体，教育学生爱国敬业、诚实守信、平等友爱、民主法制、追求真理，使学生成为德智体全面发展的优秀人才。② 培养学生学习的兴趣和积极性，为学生的自主学习、发展兴趣提供空间。引导学生树立良好的学风，为学生提供学习辅导和各种培训活动，帮助学生打牢基础知识，努力提高学生基础知识学习的合格率。③ 做好大学生创新基地的建设，积极开展学生创新实践活动；组织多种形式和内容的学术讲座和名家讲坛，积极配合各专业学院做好专业导航，组织各项学科竞赛等活动。④ 贯彻以学生为本的管理理念，坚持公平、公正、公开的原则，为学生提供良好的人文环境和优质的服务，以爱心、诚心和热心关心每一位学生，做学生的知心朋友，成为学生健康成长的保护人和指导者。⑤ 负责良乡校区学生公寓的运行和管理，营造舒适、便捷、文明的居住环境，顺利通过中质协质量保证中心专家组的年度审核。

（齐海军）

【党建和思想政治工作】2014年，学院党委下辖4个学部党总支和学院机关党支部、管理处党支部，共有12个学生支部和6个教工支部。6月末党员人数356名；12月末党员人数211名。

认真开展学院分党校工作，院党课和学部党课相结合，聘请专家授课、院领导授课和实践环节共计24学时，共有1 200余名入党积极分子和400余名学生党员参加了学习和教育。2014年，学院发展预备党员157名，审批预备党员转正74人，对6名预备党员取消了预备党员资格。学院制定了《基础教育学院学生党员发展实施办法》，明确了学生党员发展和转正的具体条件。

学院指导开展学生党员先锋工程，增强学生党支部的活力。各支部开展党员述职和承诺活动，要求学生党员每学期对学习、生活和工作等方面进行汇报，做出承诺并接受同学的监督；开展党员服务先锋队活动，进行党员宿舍区巡查，举办微积分期中考前串讲、数学英语学习交流会，对教学楼、图书馆和食堂进行巡查，提示财物安全风险；划定并落实党员责任区，开展党支部对接班团支部、党员联系宿舍和困难学生。强化教工党员的责任和意识，推动服务型教工党支部建设，提出围绕学生成长发展和自身建设开展教工党支部工作，开展读书提升计划、新老辅导员“1+1”计划、教工联系孤残或单亲学生计划和文体活动计划。

学院群众路线教育实践活动整改方案规定的20项任务全部完成。

（齐海军）

【教育创新】学院领导和辅导员深入课堂、深入学生，了解学生的学习状况，帮助学生解决学习中的问题。教学院长每学期至少听课10次，其他领导每学期至少听课2次。学院领导与全体辅导员抽查2013级、2014级学生到课率和迟到率，配合学校从教师教风、学生学风两方面抓教学质量。组织2013级、2014级本科生评教活动。协助各专业学院完成大类分专业工作。

联系计算机学院、数学学院和物理学院，聘请教师为学习能力较弱的学生开设各种辅导讲座，参加辅导讲座的学生补考通过率显著提高；与教务处、学生工作处一起成立学生学业指导中心，采取教师辅导、学长点拨等方式帮助学习有困难的学生提高学习效率；学生前两年基础课学习的及格率达到95%以上，多门课程及格率达98%；举办基础课学习优秀表彰活动，全年共表彰集体奖39个、个人奖651名；通过聘请校内外优秀教师，为学校徐特立学院学生单独授课。

建立高端交叉课程；制定宇航、机械、电子信息和自动化四个方向的本科培养方案；对徐特立学院学生完成2013级学生分流。

以学习型社团为依托，将竞赛培训向提高科学素养转化，加强学习型社团指导，邀请相关专业教授以及有关学院的老师指导各协会开展工作；举办学校大学数学、大学物理、数学建模竞赛、物理实验竞赛、大学化学实验竞赛、ACM竞赛；组织学生参加国际区域性或全国2014年数学建模竞赛、大学物理实验竞赛、大学化学实验竞赛、大学数学竞赛、大学物理竞赛和ACM竞赛等。

聘请社科院栾贵川研究员等校外专家、学者来校开设通识选修课，举办讲座，培养学生的人文素养；聘请北京大学国家级精品课程“几何学”负责人莫小欢教授、哈尔滨工业大学“大学物理”负责人杨学栋教授为学校本科生主讲“解析几何”和“大学物理”等课程；邀请校内外专家为学生干部及辅导员们进行工作内容和方式指导。

2014年，学院大学生科技创新实践基地进行修缮和改造升级；完成2013年校级大学生创新训练计划项目结题和评优工作，2013年校级项目正式立项484项，2014年5月中期检查审核通过214项，56项参加争优答辩，最终评审出“智能越障玻璃幕墙清理机器人”和“分布式飞行阵列”等15项优秀作品，并予以展示；在2014年学校“党建创优工程”验收迎评工作中，专家组考察基地，并对基地的建设工作和创新成果给予高度评价。

（齐海军）

【学生工作】学院继续加强学生学业和学风建设，夯实学生成长成才基础，努力培养学生“高远的理想、精深的学术、强健的体魄、恬美的心境”。

定期开展辅导员经验心得交流会，模块化培训新辅导员，坚持学部主任周例会、辅导员月例会制度。2014年，学院辅导员申报、参与和完成“德学理工”、教改立项等课题9项，发表各类工作论文23篇，其中获批首都大学生思想政治教育支持课题1项，德学理工二期十佳项目获奖1项，学校党建研究优秀课题2项；辅导员获得市级荣誉表彰10人次，校级荣誉表彰15人次，其中1人次获得全国辅导员职业能力大赛华北区一等奖；参加北京市级学习培训13人次，校级学习培训24人次。

学院按照学生工作处要求建立突发事件预警机制和处理基本流程；建立“五困一特”学生台账，重点关注跟踪心理问题学生。2014年，因急性阑尾炎、腹泻、骨折、摔伤、高烧等突发疾病的学生达100余人次。因心理问题出现妄想、躁狂、抑郁等事件17人次，视情况办理休学6人次。

学院200个团支部开展“奋斗的青春最美丽”主题团日活动，覆盖率达100%；举办“博雅讲堂”“院长论坛”“名家论军工”等讲座、第四届团支部技能风采大赛、时事论坛等活动；围绕“五四”“九一八”“一二·九”等重大历史纪念日，组织开展参观纪念馆、国庆观升旗、接力长跑、歌咏比赛等活动；在中国第一个“国家宪法日”当天，开展“尊重宪法法律权威，提高学法守法意识”系列宣传教育活动。

组织开展第五届“读书月”、宿舍文化节、暑期欢乐周、学风教育、考风考纪教育等活动；组织开展“周末工程”系列活动、“青春活力运动季”、“第一支舞”台式大学舞会、“环保多米诺，指尖的跳跃”、“月光华尔兹”、第二届智力运动会等，引导学生“走下网络，走出宿舍，走向操场”。

为房山国际长走大会、房山科普庙会等活动提供志愿服务1 000余人次；组织502人次志愿者赴宜春里、东风、杏花东里、碧桂园、富燕、星城、苏庄二里、加州水郡等8个对接社区青年汇开展活动49次，社区参与青年人数达489人次；此外，学院绿风、世界树、三叶草、微尘等志愿服务组织定期组织志愿者赴民仁小学、温馨家园、社区以及在校园内开展义务支教、爱老助残、电脑义诊、整理图书等活动。

（齐海军）

研究生教育

【概况】研究生院是学校组织实施研究生教育工作的管理机构，其主要职能是全面贯彻国家教育方针，执行国家研究生教育与学位工作的有关法规和政策，在学校统一领导下，总体规划、统筹管理、宏观把握学校关于学位与研究生教育的改革与发展，通过研究生教育的两级管理体制对院系的研究生教育工作进行业务指导、协调服务、监督考评。

研究生院下设招生处、培养处、学位与学部办公室、党委研究生工作部。2014 年，研究生院有工作人员 33 人，其中正式编制 26 人，非事业编制 6 人，退休返聘 1 人。研究生院设置正处级岗位 4 个、副处级岗位 5 个、正科级岗位 5 个。

（康　慨）

【研究生招生】2014 年，共招收博士研究生 674 人，其中硕博连读生 211 人，本科直博生 75 人。与昆明物理研究所、中国工程物理研究院、电信科学技术研究院、中国航天科工集团公司第三研究院、中国航空研究院、西安近代化学研究所、西南技术物理研究所、中国空间技术研究院、中国航天科工集团第三研究院第 31 研究所 9 家联合培养单位招收联合培养学生 37 人。并招收工程博士专业学位学生 20 人。北京电动车辆协同创新中心、安全与防护协同创新中心共招生 17 人。通过校内联合交叉培养项目招生 19 人。共涉及 22 个一级学科专业、5 个二级学科专业、2 个自主设置二级学科专业、2 个交叉学科专业、先进制造和电子与信息 2 个工程博士招生领域。博士研究生中来源于“985”高校的学生有 418 人（包括本直博生和硕博连读生），占录取比例的 62.02%；来源于“211”高校的学生有 492 人（包括本直博生和硕博连读生），占录取比例的 73.00%。

2014 年，共招收硕士研究生 3 118 人（其中强军计划 18 人，少数民族骨干计划 6 人），共涉及 73 个专业（其中，学术型专业 43 个，专业学位 30 个）。学术型一级学科授权 37 个，二级学科授权 1 个；自主设置二级学科 1 个、交叉学科 4 个。硕士研究生中来自“985”高校的比例为 45.1%，来自“211”高校的比例为 61.8%。接收推免生 727 人，占招生人数的 23.3%。

（康　慨）

【研究生培养】对教务运行管理加强信息化建设，确保选课、登录成绩、培养环节审核等活动有序进行。对统招统分学生，利用研究生管理系统，统一排课选课。对于工程硕士、同等学力、中职等培养类型学生，针对其上课时间、地点灵活的特点，采取异地授课、不定期抽查的方式。

2014 年度共安排教学班 1 821 个，其中包含约 20 门校公选课程，增加多种层次的英语公共课。对于公选课，统一安排课程考试；对于专业课，采取巡考方式进行监督。组织了 2014 年 6 月和 12 月两次全国大学英语四、六级考试的报名和考场巡视工作。

增加对研究生课程教学秩序的检查力度和密度。聘请专家、查课人员等对课堂秩序进行检查。

2014 年，学校统招统分毕业人数为 11 117 人，其中，博士研究生 3 238 人，硕士研究生 7 879 人。

5 月，研究生院启动“北京理工大学学位与研究生教育发展研究课题”立项申报，共收到申报项目 130 项，共评选出 50 项课题正式立项，其中重点项目 8 项，面上项目 29 项，培育项目 13 项。学校举行研究生教育教学成果评选，评选特等奖 3 名、一等奖 7 名、二等奖 16 名。2014 年，学校获首届“中国学位与研究生教育学会研究生教育成果奖”一等奖和二等奖各 1 项。

本年度，共检测 952 篇博士学位论文。检测重合比例最高为 52.5%，最低为 0。上学期送审的 235 名博士生学位论文中，合格人数为 218 人，合格率达到 93%；下学期送审的 165 名博士生学位论文中，合格人数为 153 人，合格率达到 93%。

本年度，硕士学位论文盲评共抽检 138 人，其中双证生 124 人、单证生 14 人。未交 12 人，实交 126 人，每人送审两份论文，共送盲审论文 252 本。盲审未通过者 7 人。

2014 年，在北京市教委的资助下建设产学研联合研究生培养基地 6 个。

北京理工大学2014年产学研联合研究生培养基地名单

序号	基地名称	承建学院
1	车辆与动力技术产学研交流教育创新基地	机械与车辆学院
2	无线通信创新研究教育基地	信息与电子学院
3	移动互联网产业人才培养产学研基地	软件学院
4	产学研联合培养化学工程与技术一级学科专业学位硕士研究生基地	化工与环境学院
5	城中村改造村民可持续发展利益保障研究与实习基地	管理与经济学院
6	法律硕士校内外联合培养基地	法学院

2014年，学校启动全日制硕士专业学位研究生课程建设立项，要求申报的课程须有行（企）业专家参与并讲授部分或全部课程。经教师申报、专家评审、主管领导审批，共评选出14门课程正式立项，其中重点项目10项，一般项目4项。

北京理工大学2014年专业学位研究生课程建设名单

序号	课程名称	负责人	学院
1	移动通信新技术	王　华	信息与电子学院
2	软件体系结构	刘　辉	计算机学院
3	高级网络原理与技术	薛静锋	软件学院
4	高分子与阻燃材料成型加工	张爱英	材料学院
5	化学化工类研究生创新实验	李加荣	化工与环境学院
6	运作管理	张　祥	管理与经济学院
7	财务管理	肖淑芳	管理与经济学院
8	管理经济学	王怀豫	管理与经济学院
9	项目管理实务	陈　翔	管理与经济学院
10	知识产权法律实务	杨华权	法学院
11	图像采集与处理	李　静	自动化学院
12	统计调查	杨国孝	数学学院
13	财务分析与经营决策	孙利沿	管理与经济学院
14	心理健康教育课程与教学论	张建卫	教育研究院

2014年，各种形式出国（境）交流的研究生达596人次。其中，国家留学基金委公派研究生项目中，学校研究生入选86人（联培64人、攻博10人、攻硕2人、专项10人）；学校申报的“开放型经济新体制下‘科技+法律’创新人才的培养项目”成功获得了国家留学基金委“2014年创新型人才国际合作培养项目”的批准；5位博士生导师获得“国家留学基金委2014年博士生导师短期出国交流项目”的资助，赴国外院校及科研机构进行交流。

生命学院参加iGEM国际竞赛的两支参赛队伍获得1项金奖和1项银奖的好成绩。

制定新的联合培养博士生的校内资助标准，加强学生创新成果对资助金额的反馈机制。

2014年，学校研究生国际化工作继续以双博士项目为契机，带动共同授予学位的联合培养模式的建立，促进学校间的交流与合作。2014年，学校与法国鲁昂大学新签订双博士培养项目。

2014年，3名研究生参加学校与澳大利亚悉尼科技大学2010年签署的双博士项目学习。11名研究生赴西班牙马德里理工大学进行半年的交换学习，其中10名研究生获桑坦德银行—北京理工大学学生访学奖学金，1名研究生获马德里理工大学访学奖学金；10名研究生赴以色列理工大学参加暑期学术夏令营，1名参加过2013年此项目的博士生赴以色列理工大学进行博士联合培养。

2014年学校共派出13名教师到国外知名院校进行教学培训及观摩。派出的教师部分回国并开设相应全英文课程。

北京理工大学 2014 年出国培训教师名单

序号	所在学院	姓 名	专业名称	派出时长	申请国外院校名称
1	宇航学院	张 尧	飞行器设计	6 个月	约克大学（加拿大）
2	机械与车辆学院	陈潇凯	车辆工程	6 个月	美国密歇根大学
3	机械与车辆学院	龙震海	机械工程	6 个月	美国斯坦福大学
4	机械与车辆学院	解丽静	机械工程	6 个月	加拿大多伦多大学
5	机械与车辆学院	郑宏飞	动力机械及工程	3 个月	丹麦技术大学
6	信息学院	王 华	信息与通信系统	3 个月	澳大利亚新南威尔士大学
7	信息学院	房丽丽	电磁场与微波技术	6 个月	英国伦敦大学皇后玛丽学院
8	自动化学院	戴亚平	控制科学与工程	3 个月	澳大利亚悉尼科技大学
9	计算机学院	施重阳	计算机科学与技术	6 个月	悉尼科技大学
10	化学学院	卢士香	化学	6 个月	法国里尔一大
11	管理学院	陈宋生	会计学	6 个月	肯塔基大学
12	教研院	杨世荣	心理学	4 个月	华盛顿大学
13	信息学院	张 焱	通信与信息系统	6 个月	赫瑞瓦特大学

2014 年，学校邀请 29 名境外知名教授来学校 授课。

北京理工大学 2014 年邀请境外授课教师名单

序号	所在学院	专业名称	教师姓名	职称	来自院校（公司）名称
1	法学院	法学	Bart Brown	教授	美国伊利诺伊理工大学
2	管理与经济学院	工商管理	Alain Cognard	教授	ESCP 欧洲工商管理学院
3		工商管理	Eric Martinot	教授	新西兰惠灵顿维多利亚大学
4		工商管理	Greg Hulse	教授	美国加州州立大学
5		工商管理	蔡宪唐	教授	中国台湾中山大学
6		工商管理	盛世斌	教授	美国伯明翰阿拉巴马大学
7		工商管理	Stefan Hauptmann	教授	曼彻斯特大学商学院
8		工商管理	Peter Sloane	教授	德国帕德邦大学
9	化工学院	化学工程与技术	David Rooney	教授	英国女王大学
10		化学工程与技术	Conor Hamill	讲师	英国女王大学
11	化学学院	化学	J. P. Reid	教授	英国布里斯托尔大学
12	软件学院	软件工程	李 锐	副教授	荷兰莱顿大学
13		软件工程	邬 江	高级工程师	美国 Oracle 公司
14	信息与电子学院	信息与通信工程	Ali H. Sayed	教授	美国加州大学洛杉矶分校
15	宇航学院	流体力学	Carlos Martel	教授	西班牙马德里大学
16		流体力学	Tu Shuangzhang	教授	美国杰克逊大学
17		飞行器设计	伊什科夫	教授	俄罗斯国立萨马拉航空航天大学
18		飞行器设计	Ward Heylen	教授	比利时鲁汶大学
19		飞行器设计	Kenneth CHAN	首席科学家	The Aerospace Corporation

续表

序号	所在学院	专业名称	教师姓名	职称	来自院校（公司）名称
20	机械与车辆车学院	机械工程	Bernd Robert Höhn	教授	德国慕尼黑工业大学
21		机械工程	Luis Bernal	教授	美国密歇根大学
22		机械工程	Chris Chunting Mi	教授	美国密歇根大学
23		机械工程	Leyi Wang	教授	加拿大蒙特利尔麦吉尔大学
24		机械工程	刘凤山	高级研究员	加拿大国立研究院
25		机械工程	罗开红	教授	英国伦敦大学
26		机械工程	田国弘	讲师	英国纽卡斯尔大学
27		车辆工程	郭九大	教授	长安北京汽车研究院副院长
28	自动化学院	控制科学与工程	平泽宏太郎	教授	日本早稻田大学
29		控制科学与工程	Witold Pedrycz	教授	加拿大阿尔伯塔大学

（康　慨）

【研究生学位】2014 年，学位授予人数共计 9 516 人。其中，博士学位授予人数 500 人，硕士学位授予人数 4 409 人，学士学位授予人数 4 607 人。

北京理工大学 2014 年学位授予情况　　人

合计		博士学位				硕士学位				学士学位				
授予人数	专业学位授予人数	授予人数	学历教育人数	同等学力申请学位人数	专业学位授予人数	授予人数	学历教育人数	同等学力申请学位人数	专业学位授予人数	授予人数	普通高等教育学士学位授予人数	成人高等教育学士学位授予人数	来华留学生学士学位授予人数	专业学位授予人数
9 516	2 500	500	500	0	0	4 409	1 822	87	2 500	4 607	3 612	961	34	0

（康　慨）

【党建与思政教育】2014 年，研究生工作部加强研究生思想政治教育、全面推动学习型党组织建设、研究生学术科技文化氛围营造、研究生服务管理体系建设、研究生德育工作新体制新机制探索，基本完成年度工作任务。对 2014 级研究生开展新生入学教育，针对思想信念、法制纪律、学术道德、心理健康和安全保密等方面举办多场讲座，增强研究生的法制意识、主动维护学校安全稳定的意识和严格遵守保密原则的意识。至年底，共有 573 名研究生参加了校级党校学习，其中 501 名研究生经考核合格，获得结业证书。

实施党员先锋工程，开展党支部书记轮训，以讲座形式对全校 22 个研究生培养单位的 336 个支部书记及支部骨干进行系列培训。同时开办研究生党员骨干培训班，进行思想引领、人格熏陶、能力提升、素质拓展、实践调研、反思提高六个板块的系统培训，包括名家讲座、素质拓展、课题调研、实地考察等内容。

将“科学道德与学术诚信”课程作为硕士研究生、博士研究生的公共必修课程，列入研究生培养方案。

（康　慨）

【资助与奖励】完成 2014 年国家奖学金、“徐特立奖学金”、新生奖学金等各项奖学金的评审和发放，评选优秀研究生标兵 77 人，优秀研究生 674 人，优秀研究生干部 155 人，先进研究生班集体 64 个，优秀毕业研究生 348 人。

（康　慨）

【学术、科技、文化活动】开展研究生科技创新项目立项，提供项目资金 50 万元，支持项目 55 个。全年有 12 个学院举办了研究生学术论坛活动，提交学术论文 569 余篇，录用 335 余篇。邀请国家大工程项目负责人和尖端科学技术大师举办“名家讲坛”系列讲座和“21 世纪学科前沿”系列学术讲座。其中院士讲座 18 场，高水平学术报告 359 场，共计有 8 000 人次参加了报告活动。

（康　慨）

招生与就业

【概况】2014年，学校总体生源质量继续保持稳中有升，在向社会公开录取最低分的23个省份中，北京理工大学在20个省份进入全国高校前20强，21个省份进入“985工程”高校前15强，22个省份进入以工科为主的高校前10强。

2014年，学校本科生就业率为96.79%，研究生就业率为98.20%，高职生就业率为92.37%，全员就业率为97.21%，完成了学校党委确定的就业率目标。

（尹　力）

【生源质量】2014年，学校共招收各类本科新生3 686人。在全国31个省份中，理工类录取最低分与重点线分差高于或等于去年的省份达23个。在全国29个省份中（注：江苏总分480分、上海总分600分，分制不同，不在统计之列）录取平均分与重点线分差超过100分以上的有22个（占76%），超过80分以上的有27个（占93%）。学校在江苏、浙江、福建、湖北、湖南、广东、广西、海南等南方省份学校的生源质量大幅提升，其中江苏、湖北、广西最低分排名均提高1 000名左右。学校在绝大部分省份录取最低分排名进入该省考生总数前1%，河北、安徽、山东、河南等生源大省进入前0.5%。

在全国30个省份中（注：西藏未招普通一批文史类考生），文史类录取最低分与重点线分差高于或等于2013年的省份达27个。在全国28个省份中（注：江苏、上海、西藏不在统计之列），录取平均分与重点线分差超过50分以上的有23个（占82%）。

北京理工大学2014年在各省、市、自治区本科生录取分数情况一览表

省份	理工				文史			
	最高分	最低分	平均分	重点线	最高分	最低分	平均分	重点线
北京市	681	640	652	543	634	618	625	565
天津市	644	615	628	516	594	588	590	523
河北省	683	661	670	573	623	614	619	563
山西省	641	620	627	534	571	564	567	526
内蒙古	649	620	633	501	612	592	601	525
辽宁省	652	642	646	526	622	613	616	552
吉林省	671	650	658	555	621	615	618	560
黑龙江	653	634	640	529	622	617	619	541
上海市	481	461	468	423	477	460	465	444
江苏省	382	374	376	345	370	360	363	333
浙江省	710	674	679	597	673	670	673	621
安徽省	616	594	602	489	596	584	589	541
福建省	644	620	629	506	626	620	623	561
江西省	628	602	609	526	577	568	571	524
山东省	682	670	675	572	641	636	638	579
河南省	658	634	643	547	590	583	586	536
湖北省	643	610	616	533	582	574	577	535
湖南省	647	615	626	522	628	621	624	562
广东省	637	610	618	560	622	610	615	579
广西区	643	615	623	520	616	593	605	550
海南省	785	744	753	606	777	744	759	666
重庆市	626	593	605	514	626	605	615	555
四川省	631	605	612	540	596	585	590	551

续表

省份	理工				文史			
	最高分	最低分	平均分	重点线	最高分	最低分	平均分	重点线
贵州省	629	600	610	484	633	622	626	569
云南省	654	595	630	525	627	606	618	565
西藏区	611	600	604	460	—	—	—	500
陕西省	657	630	636	503	622	610	615	548
甘肃省	639	516	605	516	604	578	591	543
青海省	599	550	573	406	554	534	542	473
宁夏区	622	590	601	473	590	580	583	517
新疆区	649	610	619	475	608	596	604	516

（尹　力）

【招生宣传】2014 年，学校在编制报考指南、宣传海报、各省份宣传单页、招生宣传口袋书、喜报等宣传材料基础上，凝练特色并推出以“选择北京理工，共筑强国梦想”为主题的“选择北京理工大学的十大理由”。为提前锁定优秀生源相对集中的重点中学，学校在重点生源大省将招生宣传启动时间由每年 4 月提到前一年 12 月，在全国部分省份实行满足考生专业志愿的招生政策。学校通过举办校园开放日、开设电话热线、各类访谈等，为考生和家长提供咨询服务；同时学校积极与各大新闻媒体合作，扩大社会影响力，吸引优秀生源。学校共派出 300 余人次的招生宣传队伍分赴全国各地重点中学。在各省份填报志愿期间，各宣传组接待来访累计 2 000 余人；招生办公室开通 4 部座机及全国 30 个省份招生宣传组咨询手机 50 部，接听咨询日均 3 000 余个；全校各宣传组外出参加各类大型招生咨询活动 240 余场。

（尹　力）

【特殊类型招生】2014 年，学校招收国防生 125 人、外语类保送生 3 人、艺术特长生 12 人、高水平运动员 17 人、贫困地区专项计划 183 人、内地西藏班和新疆班 37 人、港澳台学生 6 人。在自主选拔录取综合复试中，学校采取面试前随机抽签的方式确定各面试专家组对应考生、面试过程全程录像、面试专家手机关机并统一管理等措施，确保选拔工作的公平与公正。

（尹　力）

【2014 毕业生就业情况】2014 年，学校共有各类毕业生 7 210 人，全员就业率 97. 21%。到世界 500 强企业、国家重点建设行业、重点部门、重点单位就业的毕业生占直接就业人数的 61. 69%。本科以上层次毕业生到国防科技工业与部队就业人数占直接就业人数的 27. 81%。

北京理工大学 2014 年一次性就业率及为国防系统输送毕业生统计表

一次性就业率/%			为国防系统输送毕业生数/人		
本科生	研究生	高职生	本科生	硕士生	博士生
96. 79	98. 20	92. 37	323	644	257

（尹　力）

【职业发展教育与就业指导】开设“水煮三国话求职”系列讲座；举办“第三届职场直通车”真实面试大赛；与中央电视台新闻中心等单位共同举办大学生就业公益行动“就业有‘位’来”走进北理工活动；整合各类就业指导讲座资源，定位四大系列，即“就业那些事儿”就业政策与派遣知识系列、“赢在起跑线”求职技巧系列、“职场指南针”职前培训系列和“水煮三国话求职”系列。举办“就业那些事儿”系列讲座 12 场、“赢在起跑线”系列讲座 10 场、“职场指南针”系列讲座 9 场、“水煮三国话求职”系列讲座 4 场。

（尹　力）

【就业市场开拓与实践基地建设】举办大中型招聘会 20 场、小型招聘会 367 场，参会单位达 1 285 家。天津、沈阳、顺德等地方政府组织本地区重点企事业单位走进校园开展招聘。为引导毕业生“上大舞台，干大事业”，学校通过对接收往届毕业生的用人单位进行梳理，整合 5 000 家用人单位信息库，筛选 100 家重点单位在就业信息网上公布，并与相关学院走访中航工业洪都集团等 15 家重点单位。在就业信息网新“单位零距离”栏目中，将校友体会整理成文，实名制集中发表。

（尹　力）

【就业队伍建设与调查研究】落实“一把手”工程，各学院成立“一把手”负责的就业工作领导小组，配备由班主任、就业负责人、就业导师、研究生导师、学科带头人组成的就业指导老师队伍。针对就业队伍举办“职业生涯规划师 TTT 认证培训”和就业知识与政策的专题讲座。编制 2014 年度毕业生就业白皮书。

（尹　力）

【创业指导】学校以北京理工大学—易才大学生创业中心为依托，努力做好创业指导服务工作。学校编印了《北京理工大学大学生创业指导手册》，并编写了《北京理工大学校友创业故事集》一书。全年举办大型创业咨询会 1 场、创业讲座 3 场，为 9 个团队进行专门辅导，参与毕业生达 800 人次。2014 届毕业生有 16 名创业，41 名在校生注册公司。向北京市教委推荐了 5 个学生创业团队，其中 3 个团队获共计 30 万元的经费资助，并取得优先免费入驻高校大学生创业园（良乡园）的资格。学校获北京市教委“北京地区高校示范性创业中心建设”项目，并获经费支持。

（尹　力）

思想政治教育与管理

【概况】学生工作部（处）是学校党委领导下的学生教育、管理和服务机构，党委武装部、心理健康教育与咨询中心与学生工作部（处）合署办公，下设综合办公室、教育科、管理科、心理健康教育与咨询中心、学生资助办公室。2014 年，学生工作部（处）、武装部、心理健康教育与咨询中心全面贯彻落实党的十八大精神，深入推进“中国梦”主题教育活动，学习宣传贯彻党的十八届三中、四中全会精神，配合学校进行深化改革，同时把握深入开展党的群众路线教育实践活动的契机，围绕学校的中心工作，努力提高学生教育、管理、服务工作的成效。

（吕　晶）

【思想政治教育】依托红色“1+1”“党群零距离”等活动平台，指导学生党支部结合专业特色开展共建活动；结合“学史明志”党员骨干实践活动，将学党史、学校史融入十八大精神学习中。做好校级积极分子培训，开展新生党员入校培训、党员骨干培训，提高学生党员队伍的素质，强化学生基层党组织的凝聚力、吸引力和战斗力。

开展“先锋工程”系列活动，完善学生党员教育培训体系，为每个党支部配备一名理论学习导师，开展理论学习、参观考察、志愿服务及实践锻炼等培训活动，要求党员填写理论学习和实践锻炼纪实手册。依托“聆听智慧”名家论坛、“嘉言堂”、时事论坛等品牌活动，逐步形成理工特色校园文化体系。通过集中教育与分散教育相结合、课堂授课与实际活动相结合，开展信仰、法治、学业、健康、和谐五大教育。依托形势政策宣讲团开展形势政策宣讲活动，引导学生自觉关注时事、学习时事、思考时事。关注学生的思想动态，掌握学生的思想动态，维护学校稳定大局，促进和谐校园的建设。

（刘文红）

【学生日常管理与服务】坚持教育与管理相结合，开展《学生管理规定》教育，实施新版《北京理工大学学生纪律处分条例》和《北京理工大学学生校内申诉处理办法》。2014 年，召开学生纪律处分会议 6 次，学生纪律处分委员会对共计 52 人次的纪律处分事宜进行讨论，其中开除学籍 2 人、留校察看 4 人、记过 14 人、严重警告 1 人、警告 1 人、继续考察 1 人、解除纪律处分 29 人。

评选先进班集体 25 个、优良学风班 46 个、优良学风宿舍 113 个。其中 1 个班获评北京市“我的班级我的家”优秀示范班集体，学校荣获优秀组织奖。

宿舍走访工作常态化、制度化，印发《北京理工大学学生宿舍走访制度（试行）》，组织辅导员、班主任集体走访宿舍 20 余次，舍监人数达到 46 名。

在各敏感时段和特殊时段开展 24 小时在岗值班工作，全年共计值班 2 000 余人次。建立学生信息员队伍，定期召开例会。完成学生 2014 年元旦活动经费发放、2014 年本科生毕业典礼、学生公交 IC 卡办理及学生团体保险、大病医疗保险办理，协助做好学生宿舍安装空调调查工作，制作 2014 年毕业纪念册，协助做好 2014 年学生搬迁等各项工作。

（车辉泉）

【心理健康教育】2014 年，心理健康教育与咨询中心为学生举办心理健康教育大型讲座，实现点对点全面覆盖。加强心理健康教育课程建设，发挥课堂教育与宣传主渠道的作用，加强心理委员体系建设。深化“5. 25”大学生心理健康节系列活动，推出心理健康类活动 53 项，并获市级荣誉四项。面向 2014 级学生开展新生心理健康节系列教育活动。推出“心语茶吧”“心影赏析”等系列活动。运用微博、论坛、微信、橱窗、海报、手册等多样化宣传方式，更新微博，网络论坛，发放《辅导员、班主任心理工作手册》《班级心理委员心理工作手册》《新生心理发展与适应指导手册》等专业指导手册。对心理委员、心理骨干采用进阶式培训。举办辅导员心理工作培训、研究生导师心理工作培训、新生家长主题培训。增设“心理潜能开发与训练”“生活教育”等通识选修课。完善心理健康教育机构的管理机制与制度化建设，加强个别咨询服务，完善督导工作制度，提高咨询员业务水平，定期开展专业督导，参加国内外学术会议，发表论文 6 篇。建立“五困”学生排查体系，11 ~ 12 月，对本科新生与研究生新生进行心理健康状况普查，针对不同学生群体开展个别咨询、团体辅导、专题讲座等多种宣传教育活动。完成心理素质拓展基地建设。

（汪明春、苏瑞锐）

【学生资助】2014 年，3 662 名学生通过学校家庭经济困难等级认定。共评选各类奖学金 17 项，奖励学生 1 215 人次，奖励金额 742. 5 万元。评定各类助学金 11 项，资助学生 2 746 人，资助金额 831. 44 万元。评定本科生奖学金 822. 76 万元，奖励学生 12 295 人次；评定实验班奖学金 61. 48 万元，奖励学生 878 人次。为 391 名同学办理校园地助学贷款，贷款金额 311. 54 万元；为 1 857 名学生办理国家助学贷款放款手续，放款金额 1 229. 67 万元；为 798 名学生办理生源地贷款放款手续，放款金额达 524. 83 万元。为 19 人申请并办理基层就业学费和国家助学贷款代偿，总金额 38. 5 万元；为 25 人申请并办理服义务兵学费补偿贷款代偿共计 34. 5 万元；为 19 名家庭特别困难学生减免学费共计 10. 35 万元。2014 年，共发放资金 11. 048 3 万人次，合计金额达 3 732. 766 万元。

实施北京理工大学本科生体质计划，将体育测试成绩纳入奖学金评选。

开办微信平台“微助北理”发布信息，重要通知和公示均在校园网主页发布，并且通过京工世纪论坛在线解答学生的问题并发布信息，宣传国家和学校的资助政策，进行奖助学金评选通知和奖助学金公示工作。

学生资助工作管理系统上线使用，实现奖助学金网上申报和查询功能。

完善校园服务和指导体系，解决学生学习、学业问题，成立学业指导中心，开展学生学业指导服务。开展“周末工程之故事影院”活动，依托第七放映室于每周五及“五一”、“十一”和元旦等节假日晚上在七号楼报告厅放映电影。

开展勤工助学双选会。

开辟新生入学“绿色通道”；开展寒假“向学生送温暖”活动；开展励志先锋评选，并组织励志先锋暑期社会实践。组织中国扶贫基金会金利来服装捐赠接收活动；组织宋庆龄基金会暑假和寒假两岸交流志愿者招募活动，并派师生赴台参加交流活动。组建第十届学生服务大队开展公益活动。

（孙西艳）

【国防教育】通过专家报告、文体活动等形式，融国防教育于军训过程中，培育学生的爱校、爱军、爱党、爱国情怀，在思想、纪律、作风等方面为大学生活打好基础。开展国防教育工作，配合国防生选培办举办国防知识讲座 3 场；将国防教育宣传与征兵工作相结合，入伍学生共计 18 人。拥军优属，开展春节慰问军烈属活动；安置 2014 年退役学生返校复学。

（吕　晶）

【学生工作队伍建设】完成 2014 年保资留校人员聘任工作；开展第三届辅导员专业技能大赛，引导辅导员专业能力发展方向；完成年度辅导员考核工作。

完成 2013—2014 年度班主任工作考核，编印优秀班主任工作经验总结材料。加强组织员、协理员队伍建设，拟定《北京理工大学大学组织员、协理员工作管理规范》草案；配合关工委，对组织员、协理员进行专题培训。

6 月，辅导员培训研修基地完成对周边 7 所高校新入职辅导员的培训工作。11 月，基地开展专题培训，完成对 40 所高校近 90 名辅导员的培训工作。

（党　莹）

【德育答辩】做好 2013 级学生德育开题、2012 级学生中期检查和 2010 级学生毕业答辩工作，编纂《大学 青春 人生——2013 届本科毕业生德育答辩优秀论文集》，举办第九届“大学 青春 人生”优秀学生事迹报告会；推进辅导工作、学校领导及中层干部联系学生班级工作制度和“德育小导师”试点工作。制作的《大学 青春 人生》优秀学生事迹报告会光盘将于 2015 年发行出版并发放给 2015 级本科新生。

（刘文红）

继续教育

【概况】北京理工大学继续教育学院（School of Continuing Education，以下简称“继续教育学院”）为成人高等教育所设。北京理工大学成人高等教育始于 1956 年，经过多年的发展和建设，现建制为三院一中心一基地，即继续教育学院、远程教育学院、职业技术教育学院、北京理工大学教育培训中心、全国重点建设职业教育师资培养培训基地。2014 年，学院有员工 63 人，其中正式员工 25 人，合同聘用员工 38 人。学院现有成人高等教育（夜大、函授）、现代远程教育、研究生教育、继续教育培训、职业教育师资培养培训等多种办学类型；办学层次包括研究生教育、本科和专科教育，远程和成人高等教育在册生 42 806 人，研究生 312 人（含博士研究生 1 人）。

（王克勇）

【党建和思想政治工作】加强学院党的组织建设、思想建设和作风建设，切实发挥党员在学院发展中的先锋模范作用以及党支部的战斗堡垒作用，密切党群关系。不断强化党风廉政建设和反腐败工作，促进党的建设。进一步完善了学院党风廉政建设责任制，推进惩防体系建设，保障学院健康发展。

（王克勇）

【继续教育招生】2014 年，成人高等教育共招生 2 066 人，其中夜大在电子商务、人力资源管理、计算机信息管理、金融管理与实务、计算机网络技术、计算机科学与技术、通信工程、机械电子工程、网络工程、数字媒体艺术、工商管理、会计学、舞台灯光与音响、艺术设计（媒体设计）等 14 个专业招生 1 084 人，函授在计算机科学与技术、会计学、电子商务、法学、人力资源管理、金融管理与实务、工商管理、机械电子工程、计算机信息管理等 9 个专业招生 982 人。毕业 1 945 人。

（王克勇）

【合作教学站点管理】19 个校外学习中心通过了所在省级教育行政部门的评估，其中 3 个学习中心获得评估小组第一名。在北京市 2014 年校外学习中心评估总结大会上，学校作为唯一的学校代表作了校外学习中心评估经验交流发言。新建 7 个远程校外学习中心。2014 年，学校在 22 个省市自治区设有远程校外学习中心 63 个，在 9 个省、市、自治区设有函授校外学习中心 9 个。

（王克勇）

【教育培训】举办全国中等职业学校专业骨干教师国家级培训、中等职业骨干学校校长高级研修培训；举办汽车维修技师研修班、眼镜验光技师研修班、某军工专业技术人员研发能力提升研修班、安全生产培训班、银行商务礼仪培训班、银行服务沟通培训班、企业风险管理员培训班、汽车维修高级经理人 EDP 高级研修班、高层管理人员岗位能力提升研修班、医院机关干部和科室主任高端培训班等非学历教育培训班。共举办 108 个培训班，培训学员 6 750 人次。非学历教育培训费收入首次突破 1 000 万元。

（王克勇）

【现代远程教育】远程教育在计算机科学与技术、会计学、工商管理、机械电子工程、法学、人力资源管理、项目管理、信息管理与信息系统、市场营销、汽车检测与维修技术（专科）、汽车服务工程、电子商务、数字媒体技术、金融管理与实务、计算机网络技术、网络工程等16个专业招生8 773人，毕业7 349人。远程教育在校生36 983人。

（王克勇）

【专业建设】2014年，新备案的机械电子工程（数控技术，专升本）、机械设计制造及其自动化（专升本）、物业管理（专科、专升本）、物流管理（专科、专升本）、工程预算与管理（专科、专升本）、民航服务与管理（专科）等18个继续教育专业，将根据社会需求，加快建设。

（王克勇）

【研究生教育】2014年，毕业硕士研究生94名，1名统招教育技术学专业博士研究生入学，5名统招教育技术学专业硕士研究生入学，新招113名中职学校骨干教师攻读硕士学位，在读研究生人数达312人。

（王克勇）

【获奖和荣誉称号】2014年9月，在北京高等学校继续教育大学生计算机应用竞赛中，学校4个参赛队全部入围决赛，其中3个队获3项北京市一等奖，1个队获北京市二等奖，学校成绩在北京高校名列第一。

（王克勇）

【继续教育基地建设】2014年12月，学校通过教育部"高等学校继续教育示范基地"建设项目验收。同时，学校作为该项目北方组组长单位，负责组织清华大学、北京大学、中国人民大学等10所北方组高校的项目验收工作。

（王克勇）

国际教育

【概况】北京理工大学国际教育学院（School of International Education，以下简称"国际教育学院"）前身为成立于2008年9月的国际教育合作学院，2013年6月国际教育合作学院独立运行，并更名为国际教育学院。国际教育学院的主要职能是与相关专业学院共同负责国家招生计划内的合作办学项目的中国学生国际学位教育的组织管理，负责国家招生计划外的中国学生国际学位教育的组织管理。国际教育学院承担北京理工大学两个层次四个中外合作办学项目。本科教育项目有：与英国瑞丁大学（University of Reading）合作举办会计学专业本科教育项目（教育部批准书编号：MOE11UK2A20131372N，以下简称"瑞丁项目"，与管理与经济学院共同管理），该项目纳入学校国家普通高等学校招生计划，学生毕业获得双学位；与美国犹他州立大学（Utah State University）合作举办"国际经济"专业本科学士学位教育项目（教育部批准书编号：MOE11US2A20020445O，以下简称"犹他项目"），计划外招生，学生毕业获得犹他州立大学学位。研究生层次的项目有：与德国德累斯顿工业大学（Technische Universität Dresden）合作举办"职业教育与人力资源开发"专业职业教育硕士项目（教育部批准书编号：MOE11DE1A20020427O，以下简称"德国职业教育硕士项目"），计划外招生，学生毕业获得德累斯顿工业大学硕士学位；与德国康斯坦斯应用科学大学（HTWG Constance University of Applied Sciences）合作为德国著名奔驰汽车生产商戴姆勒公司（Daimler）举办"合规性与公司治理"EMBA项目（以下简称"戴姆勒EMBA项目"）。

2014年，学院有教职工17人，其中事业编制职工7人，非事业编制职工9人，退休返聘职工1人。毕业学生139人，其中，研究生48人（含EMBA 16人）。招生366人，其中，研究生65人（含EMBA 17人），本科生267人。在校生848人，其中，研究生120人，本科生694人，预科生34人。

（蒋敏荣）

【学生招生】犹他项目新招学生150人，在学学生规模达525人，另有预科学生34人。瑞丁项目第二届招生 117 人。第八期戴姆勒 EMBA 班新招学员 17 人；德国职业教育硕士项目招生学生 48 人，研究生在学规模达 120 人。

（蒋敏荣）

【学生培养】完成犹他项目课程注册和转学区工作，毕业学生 91 人，转犹他州立大学本部学生 24 人。戴姆勒 EMBA 项目毕业学员 16 人。德国职业教育硕士项目毕业学生 32 人。

（李丽珊）

【教育教学工作】制定《北京理工大学会计学（中外合作办学）本科生管理规定》《北京理工大学会计学（中外合作办学）专业成绩管理补充办法》。组织学校英语教师参加瑞丁大学开展的 TEEP 考官培训，安排学生学术英语培训。与瑞丁大学语言中心共同设计为期 4 周的暑期交流项目。

（蒋敏荣）

【学生工作】2014 年，国际教育学院学生工作的总体思路是“固本强基、保持连贯，使学生工作始终服务于学院发展大局”，工作以制度建设、组织建设、品牌活动创建、学生日常管理、班主任队伍建设、学生党建为切入点，多层次开展学生工作，形成多维发展态势。共举行了 42 场活动，参与学生 5 000 人次。

（刘　峥）

【交流与合作】安排 23 位教师和管理人员到美国犹他州立大学、英国瑞丁大学、德国德累斯顿工业大学进行培训交流；接待美国、英国、德国、意大利 96 人次教授来校教学和访问；接待犹他州立大学两批次 40 人学生游学团来学校与学生交流。

（李丽珊）

【建立就业实习基地】2014 年 6 月 11 日，学院与中国民生银行总行营业部及北京小微企业城市商业合作社签署合作协议，成立就业实习基地。

（蒋敏荣）

【与特许公认会计师公会签订合作协议】2014 年 6 月 17 日，学院与特许公认会计师公会（ACCA）北京代表处签订《教学合作框架协议》。ACCA 将与国际教育学院联合搭建高层次人才培养平台，积极为会计学（中外合作办学）专业学生整合优秀教师资源、举办专业讲座、提供就业与职业发展支持，协助学生完成会员注册和免试申请。

（蒋敏荣）

【举办第二届学生家长见面会】2014 年 9 月 3 日，会计学（中外合作办学）专业新生家长见面会在良乡校区举行。英国瑞丁大学亨利商学院副院长罗杰·吉博德（Roger Gibbard）教授，亨利商学院信息、系统和会计学院院长刘科成教授，会计学（中外合作办学）专业项目英方主任裴东林博士，北京理工大学副校长李和章教授以及相关学院的领导和老师出席了见面会。

（蒋敏荣）

高等职业教育

【学院概况】北京理工大学高等职业技术学院专门从事高等职业技术教育，是以工科为主，工、理、管、外学科齐全的，专科层次的全日制高等职业技术学院。学院依托房山区人民政府和北京理工大学相关学院，以就业为导向，以应用为主旨和特征，以培养实践能力为主线，构建课程和教学内容体系，制定了具有鲜明特色的专业人才培养规格和培养方案；发挥学校、企业各自的优势，培养建立一支由校内教师、校外兼职教师结合组成的、满足高职教育要求的较高水平的教师队伍；建立了具有较高水平的校内外实验、实训实习基地；实行订单式培养，推行多证书制度，为北京市培养和输送生产、建设、管理、服务第一线所需要的高等技术应用性人才。高等职业技术学院的成立，填补了房山区高等职业教育的空白。

（张小秀）

【专业设置】学院共设 9 个专业，其中房山校部设 6 个专业，即计算机应用技术、机械制造与自动化、建筑工程技术、应用电子技术、公共事务管理、图形图像制作，校本部设 3 个专业，即汽车检测与维修技术、眼视光技术、图形图像制作。学制 3 年。

（张小秀）

【招生情况】2014年，（房山校区）实际招生409人：计算机应用技术专业60人、机械制造与自动化专业127人、建筑工程技术专业64人、应用电子技术专业119人、图形图像制作专业39人。

2014年，（房山校区）在校生1 138人。校本部汽车检测与维修技术专业在校生56人，眼视光技术、图形图像制作专业在校生115人，共171人。高等职业技术学院在校生人数合计1 309人。

（张小秀）

【党建和思想政治工作】学院45名党员、3个党支部全部参加教育实践活动，通过学习教育、听取意见，查摆问题、开展批评，整改落实、建章立制三个阶段，边学边改，边查边改，解决了突出问题，干部作风有了转变，干群关系进一步密切，为民务实清廉形象进一步树立。新生递交入党申请书221人，占新生人数的54%。在校学生中确定学生积极分子90人，发展学生预备党员7人。组织新党员在房山区十渡平西抗日烈士陵园举行宣誓大会。全年党课培训900余人次。

（张小秀）

【教育创新】完善教学运行模式，积极探索学分制教学改革。加大教科研力度，编写出版适宜高职教育的相关专业教材，如《电工电子仿真实验与实训》《建筑制图》《北京郊区镇域经济战略研究》等。加强实习实训基地建设，如眼视光技术实训基地、摄影实训基地、角膜接触镜实验室的建成，为眼视光技术专业和图形图像制作专业搭建了高水平实践教学和实训平台。视光学技术实训基地已具有国家劳动部门认定的眼镜验光员的培训与考评资格。有五位教师获得劳动和社会保障部颁发的高级考评员资格证书。

（张小秀）

【学生工作】坚持寓教于乐，积极开展“走下网络、走出宿舍、走向操场”主题活动，先后开展体育运动月、五月鲜花歌咏比赛、关爱夕阳走进阎村镇敬老院、2014年国际长走志愿服务、社团汇演、T恤设计大赛等活动。学校运动会荣获女子团体总分第三、男子团体总分第五、团体总分第五的好成绩。

通过党建带团建、优秀学生示范岗等活动形式，加强入党积极分子队伍和班团干部队伍的建设。

2014年，制定《北京理工大学高职学院（房山分校）关于班主任的管理和考核办法（试行）》和《北京理工大学高职学院（房山分校）校级领导联系班级制度》。

（张小秀）

【就业工作】制定《2014届毕业生就业推进措施》，做好六个方面的工作：加强组织领导，为就业工作保驾护航；完善制度管理，推进就业工作机制；加快教学改革，强化实习实训环节，提高学生就业竞争力；突出应用型人才培养，完善专业设置；做好学生就业指导，引导学生树立正确择业观；加强校企交流，拓宽就业渠道。4月15日，邀请14家长期合作用人单位召开实习就业座谈会。与北京青云航空仪表有限公司签署《毕业生实习就业基地协议》。

2014年，毕业生人数309人，引进用人单位35家，299人实现就业，就业率为96. 8%。

（张小秀）

【师资队伍】2014年，学院公开招聘146门次课程，共有56名教师承担课程，其中中高级以上职称的有37人。这些教师来自北京理工大学、北京理工大学房山分校、北京交通大学、中国信息大学、北京航空航天大学，根据高职教育对双师型教师的要求和职业教育的特点，还聘任了北京经贸职业学院、北京金隅科技学校、北京农业职业学院等单位的教师，同时学院还与北京市房山区人民法院、房山区人民检察院进行了合作。

（张小秀）

预科教育

【概况】北京理工大学秦皇岛分校（以下简称“秦皇岛分校”）自1984年创办至2003年，主要开展二年制专科教育，累计培养了4 500余名专科生。2004年，秦皇岛分校教育转型，停办大专，开始承担教育部民族教育司下达的培养少数民族大学预科生的任务，成为全国六个少数民族预科教育培养基地之一。秦皇岛分校是中国少数民族教育学会预科教育专业委员会副主任单位。

截至2014年8月，累计有5 368名少数民族大学预科生到秦皇岛分校学习，这些学生分别来自全国20多个省、直辖市、自治区，40多个少数民族。

2014年9月，共有来自34个少数民族的635名少数民族预科生入学，目标学校除工信部所属的7所重点大学以外，还包括郑州成功财经学院和宁波职业技术学院等省属高校。

（时春山）

【办学条件】秦皇岛分校占地28亩，建筑面积约13 000平方米。其中，多媒体教室13个，语音室3个，计算机室2个，图书室、报刊阅览室各1个，多媒体会议报告厅1个，多功能厅1个，大众食堂1个，清真食堂1个，能容纳600余人的学生宿舍。2014年，秦皇岛分校共有全职教职员工57人，其中事业编制员工6人，新疆内派干部1人，非事业编制聘任教师和管理人员20人，返聘员工7人，后勤（含食堂）工作人员23人。另外有外聘兼职讲课教师12人、冬季临时锅炉工1人。

秦皇岛分校管理部门下设分校办公室、对外联络室、教育教学研究室、教学办公室、财务室、安全保卫办公室、后勤保障办公室、学生工作办公室、微机室、图书室。教学部门下设语文、数学、英语、政治、计算机5个教研室以及心理咨询室。

（时春山）

【学生培养】召开民族预科教育教学研讨会，研究探讨教育教学规律，推进教学课程改革。

秦皇岛分校注重思想政治教育，充分利用党团课、主题班会、升旗仪式、专题教育等形式，将爱国主义和民族团结教育贯穿于社会实践、校园文化建设等各环节。引导各族学生牢固树立各民族一律平等的观念，促进各民族优秀文化的传承、交流和创新，不断夯实各民族大团结的基础，增强中华民族的自豪感和凝聚力。

（时春山）

【举办庆祝建校30周年暨预科基地10周年文艺演出】2014年5月24日晚，秦皇岛分校举办大型文艺晚会，庆祝北京理工大学秦皇岛分校建校30周年暨预科基地建立10周年。

（时春山）

【秦皇岛分校2014修购项目通过验收】2014年12月5日，秦皇岛分校校园局部装修工程和校园视频监控系统工程通过验收。两项工程由2014年国家专项修购资金支持，其中校园局部装修工程包括：宿舍楼（南楼）和教学楼的卫生间及盥洗室装修、清真食堂用餐室装修、校园部分道路翻修、部分地下水管更换、部分建筑物雨水管更换、清真食堂房顶防水等内容。

（时春山）

【出版《民族预科教育教学研究与实践》论文集】秦皇岛分校汇编预科10周年论文集《民族预科教育教学研究与实践》，由北京理工大学出版社正式出版。

（时春山）

【预科生目标高校与民族情况】

2014级预科生目标高校分布情况

序号	校　名	招生人数	其　中			
			男	女	理工	文史
1	北京理工大学	94	56	38	83	11
2	北京航空航天大学	69	40	29	60	9
3	哈尔滨工业大学	88	72	16	88	0
4	哈尔滨工程大学	86	52	34	61	25
5	南京理工大学	69	40	29	62	7
6	南京航空航天大学	79	44	35	65	14
7	西北工业大学	74	55	19	70	4
8	宁波职业技术学院	12	10	2	6	6

续表

序号	校　名	招生人数	其　中			
			男	女	理工	文史
9	郑州成功财经学院	64	26	38	35	29
10	合计	635	395	240	530	105

2014 级预科生民族分布情况

序号	民族	人数	序号	民族	人数
1	维吾尔	75	18	傣	3
2	哈萨克	62	19	鄂伦春	1
3	柯尔克孜	2	20	鄂温克	1
4	回	105	21	怒	1
5	东乡	2	22	畲	2
6	塔吉克	1	23	瑶	10
7	布朗	1	24	藏	22
8	俄罗斯	4	25	满	39
9	朝鲜	19	26	壮	22
10	土家	38	27	侗	6
11	达斡尔	3	28	黎	1
12	仡佬	2	29	白	20
13	布依	4	30	土	1
14	锡伯	16	31	苗	22
15	纳西	1	32	彝	25
16	蒙古	113	33	傈僳	2
17	哈尼	2	34	羌	7
合　计					635

（时春山）

留学生教育

【概况】 2014 年，学校外国留学生（以下简称“留学生”）规模大幅增长，首次突破千人，达 1 209 人，较 2013 年增长 40%。其中，长期生 990 人，学历生 664 人，占长期留学生比例 67.07%，生源国别达 86 个，来自欧洲的留学生达 255 人，占 21.09%。留学生教育质量显著提升，本科硕士全英文专业招生顺利开展，来华奖学金总量突破 2 000 万元，留学生教育在学校国际化进程中发挥了重要作用。

（汪　滢）

【留学生招生】 2014 年，学校深化建设高层次海外招生平台，重点搭建欧洲 20 国、东南非 5 国、东南亚 4 国海外招生平台，招收了 300 多名留学生。学校积极推进全英文授课专业建设，对外招生的本科全英文授课专业达 8 个，硕士专业 13 个。2014 年招收的近 300 名学历新生中，超过 70% 的学生为英文培养。

（汪　滢）

【奖学金】2014年，学校CSC奖学金自主招生名额增长166%，中国政府奖学金突破2 000万元，在全国可接收留学生的746所高校中位列前十。可执行的奖学金项目有各类中国政府奖学金、北京市政府奖学金、北京理工大学奖学金和孔子学院奖学金等。学校开展中国中欧学分生专项奖学金项目，已与来自中东欧11个国家的25所高校签署了校际合作协议，开展了丰富的交流合作项目。

（汪　滢）

【留学生管理】2014年，学校推进留学生管理趋同化，推进外国留学生工作纳入学校本科生和研究生管理系统，逐步实现正规化管理。开展留学生入学教育；扩充和改善住宿资源，建设文化广场和休息长廊。

（汪　滢）

【留学生活动】2014年，留学生中心组织开展留学生活动160余场，部分活动邀请中国学生参加。学校协办2014年CCTV网络春晚，30名留学生参与演出。留学生还参与了2014京津冀高校外国留学生汉语辩论赛、“我与北京”主题征文比赛、“外国友人眼中的百姓中国梦”摄影比赛等。

北京理工大学2014年各类留学生年度统计

人次

序号	国别	长期生					长期生小计	短期生	合计
		语言生/预科	交换/进修	本科	硕士	博士		短期	
1	澳大利亚	7	1	0	0	0	8	7	15
2	汤加	0	0	1	0	0	1	0	1
大洋洲小计		7	1	1	0	0	9	7	16
3	阿尔及利亚	0	1	0	54	12	67	0	67
4	埃及	1	0	0	1	2	4	0	4
5	埃塞俄比亚	0	0	2	0	2	4	0	4
6	安哥拉	2	0	7	0	0	9	0	9
7	布隆迪	0	0	0	1	0	1	0	1
8	刚果（布）	0	0	1	0	0	1	0	1
9	刚果（金）	2	0	5	0	0	7	0	7
10	加纳	1	0	2	2	0	5	0	5
11	加蓬	0	0	0	1	0	1	0	1
12	津巴布韦	6	0	9	0	0	15	0	15
13	喀麦隆	2	0	1	0	0	3	0	3
14	科特迪瓦	0	0	0	0	1	1	1	2
15	肯尼亚	0	0	1	6	2	9	0	9
16	莱索托	0	0	2	0	0	2	0	2
17	利比里亚	0	0	2	0	0	2	0	2
18	卢旺达	1	0	1	39	2	43	0	43
19	马达加斯加	0	0	1	0	0	1	0	1
20	马拉维	0	0	0	1	0	1	0	1
21	马里	0	0	0	0	3	3	0	3
22	摩洛哥	0	0	1	0	0	1	1	2
23	南非	1	0	0	0	0	1	0	1
24	尼日尔	0	0	1	0	0	1	0	1
25	尼日利亚	10	0	0	0	1	11	0	11
26	塞内加尔	1	0	1	0	0	2	0	2
27	苏丹	7	0	5	5	6	23	0	23
28	坦桑尼亚	2	0	3	3	9	17	0	17

续表

序号	国别	长期生					长期生小计	短期生	合计
		语言生/预科	交换/进修	本科	硕士	博士		短期	
29	突尼斯	0	0	0	0	1	1	0	1
30	乌干达	1	0	0	0	0	1	0	1
31	赞比亚	0	0	4	1	0	5	0	5
非洲小计		37	1	49	134	41	262	2	264
32	阿根廷	1	0	0	0	0	1	0	1
33	巴哈马	0	0	1	0	0	1	0	1
34	巴西	1	8	1	2	1	13	0	13
35	玻利维亚	0	0	1	0	0	1	0	1
36	厄瓜多尔	0	0	0	1	0	1	1	2
37	圭亚那	0	0	1	0	0	1	0	1
38	加拿大	1	0	3	0	0	4	0	4
39	美国	2	0	1	2	0	5	28	33
40	墨西哥	1	3	0	7	0	11	34	45
41	乌拉圭	2	0	0	0	0	2	0	2
美洲小计		8	11	8	12	1	40	63	103
42	白俄罗斯	0	0	0	3	1	4	0	4
43	保加利亚	0	1	0	1	0	2	0	2
44	波兰	14	29	0	1	0	44	10	54
45	德国	1	57	0	0	1	59	15	74
46	俄罗斯	11	2	11	8	0	32	0	32
47	法国	4	2	2	1	0	9	23	32
48	荷兰	0	2	0	0	0	2	0	2
49	捷克	1	4	0	1	0	6	0	6
50	罗马尼亚	0	0	0	3	0	3	0	3
51	摩尔多瓦	0	0	0	0	1	1	0	1
52	葡萄牙	0	0	0	1	0	1	0	1
53	瑞士	0	0	1	0	0	1	10	11
54	塞尔维亚	0	0	0	1	0	1	0	1
55	斯洛伐克	0	1	0	0	0	1	0	1
56	乌克兰	2	7	0	2	0	11	0	11
57	西班牙	1	6	2	5	0	14	0	14
58	希腊	0	0	1	0	0	1	0	1
59	意大利	2	0	0	1	0	3	0	3
60	英国	1	0	0	1	0	2	0	2
欧洲小计		37	111	17	29	3	197	58	255
61	巴基斯坦	1	0	6	19	81	107	0	107
62	巴勒斯坦	0	0	0	1	0	1	0	1
63	格鲁吉亚	0	0	0	2	0	2	0	2
64	哈萨克斯坦	9	0	31	1	1	42	0	42
65	韩国	27	2	41	7	0	77	51	128
66	柬埔寨	0	0	0	4	0	4	0	4

续表

序号	国别	长期生					长期生小计	短期生	合计
		语言生/预科	交换/进修	本科	硕士	博士		短期	
67	卡塔尔	1	0	3	0	0	4	0	4
68	老挝	3	0	11	9	1	24	0	24
69	马来西亚	0	1	2	0	0	3	1	4
70	蒙古	6	0	11	10	1	28	1	29
71	孟加拉国	0	0	1	4	1	6	0	6
72	缅甸	0	0	1	0	0	1	0	1
73	尼泊尔	0	0	1	2	0	3	0	3
74	日本	4	2	2	0	0	8	15	23
75	沙特阿拉伯	7	0	28	4	1	40	0	40
76	塔吉克斯坦	1	0	1	0	0	2	0	2
77	泰国	0	0	0	3	1	4	0	4
78	土耳其	11	0	0	17	0	28	0	28
79	土库曼斯坦	0	0	1	0	0	1	0	1
80	乌兹别克斯坦	1	0	4	0	0	5	0	5
81	新加坡	0	1	0	0	0	1	12	13
82	叙利亚	0	0	1	0	0	1	0	1
83	也门	0	0	2	3	0	5	0	5
84	印度	0	3	2	1	0	6	9	15
85	印度尼西亚	2	0	21	7	1	31	0	31
86	越南	0	0	10	6	1	17	0	17
亚洲小计		73	9	180	100	89	451	89	540
87	中国香港	0	15	0	0	0	15	0	15
88	中国台湾	0	16	0	0	0	16	0	16
港澳台小计		0	31	0	0	0	31	0	31
共计		162	164	255	275	134	990	219	1 209

北京理工大学近两年留学生长期生统计表　　人次

年份	语言/预科	交换/进修	本科	硕士	博士	长期生小计
2013	117	85	220	200	114	736
2014	162	164	255	275	134	990

（汪　滢）

体育工作

【概况】北京理工大学体育部作为教学单位，在承担全校本科生公共体育课教学任务的同时，积极开展各种形式的群众性体育活动，扶持和指导师生中各类体育协会和社团开展活动。负责管理以男子足球队为代表的四支高水平运动队的训练和比赛。加强体育学科和体育师资队伍建设。2014 年，体育部有教职工 38 人、专业教师 34 人，其中教授 1 人，副教授 17 人，具有博士学历的教师 1 人。

（韩　棋）

【教学工作】坚持走课内外一体化学校体育模

式。体育课教学实现“三自主”的授课形式。2014年，开设34门课程（规划42门类），形成较为优化的课群：户外类含野外生存、体育理论与实践；大球类含足篮排；小球类含乒乓、羽毛球、板球、男子棒球、女子垒球；健操类含瑜伽、普拉提、排舞、太极操、形体；武术类含跆拳道、太极拳、少林拳；健身类含健美、塑身减值、八段锦、传统体育养生等；其他类含轮滑、柔道等。体育教师踊跃参加各种项目业务培训，体育部支持十余人次青年教师参加了国内举办的各种培训活动。体育教师在首都高校体育科学论文报告会投稿9篇，其中2篇获二等奖，3篇获三等奖。2013—2014年第二学期体育教师学生评教平均分93.21（全校平均分91.56），优秀率83.33%（全校优秀率69.35%）。

（韩　棋）

【群体工作】 组建群体中心，落实体育教师联系指导学院群体活动制度，课外体育以学院体育为依托，以体育社团为牵引，开展丰富多彩的群众体育活动。体育教师发挥专业之长，深入到学院、社团中去进行指导、扶植。学生会、研究生会连续多年开展“延河杯”“共青杯”“新生杯”足篮球比赛等传统学生体育赛事。学校荣获北京市大学生阳光体育联赛优胜评估获奖单位。完成学校运动会及各项群体活动的组织和竞赛工作，组织学生联赛等各项学生课余体育活动；打造良乡马拉松、环湖赛等活动品牌和全校性传统学生群体活动。

乒乓球、橄榄球、羽毛球、棒垒球、网球、排球、篮球、健美操、轮滑、空竹等十余项业余代表队，依托学生体育协会，与校团委密切配合，参加北京市和全国性的比赛。在全国大学生艺术体操锦标赛中，北理工艺术体操队获得个人项目5枚金牌、2枚银牌、1枚铜牌，最终获得高校组团体总分亚军。

大力支持与帮助校工会的各种体育社团，成立多支教职工业余运动队，共同开展教职工的业余体育锻炼活动，通过活动和比赛提高教职工的体质健康水平和体育技能。

（韩　棋）

【运动训练与竞赛】 在2014年全国大学生足球联赛中，学校足球队再次蝉联全国总冠军；足球队连续八年征战中甲职业联赛并取得第9名的好成绩。

武术队在北京高校比赛中获女团第一名、男团第二名、男女团体总分第二名，获金牌13枚、银牌5枚、铜牌11枚。在全国大学生武术锦标赛中获1枚金牌、2枚铜牌。

高校运动会获女团第三、男团第四，团体总分第四名。全国大学生田径锦标赛上获得金、银、铜牌各一枚。

女子篮球队在北京高校比赛中获甲组第六名。

（韩　棋）

【体育场馆运行】 体育馆完成全校本科生、专科生及留学生专项体育课教学1 800学时；学生运动队馆内训练共计298天；校内外相关部门无偿用馆举办大型活动70余场，没有发生任何安全事故。体育馆在保障全校体育教学、训练的基础上，还努力挖潜，面向校内外积极开展有偿服务。

（韩　棋）

【足球俱乐部】 北京理工大学足球俱乐部成立于2000年9月1日，由北京理工大学投资管理，队员全部由北京理工大学在校大学生（研究生、博士生）组成，北京理工大学具有产权和使用经营管理权。2014年，获中甲联赛第9名。

（韩　棋）

艺术教育

【艺教中心概况】 1996年，学校在人文社科系内成立艺术教研室。2002年11月，为进一步加强美育和艺术教育工作，学校成立艺术教育中心，编制为11人，挂靠人文学院，2012年，艺术教育中心由挂靠人文学院变更为挂靠校团委。2014年，有专职教师11名，其中拥有硕士学位以上的占60%，具有高级职称的2名，中级以上职称的9名。

中心主要负责组织学生的美育（艺术）教育教学工作；指导和积极开展学生课外的艺术教育活

动；积极做好加强大学生文化素质教育基地的建设工作；协助团委做好学生艺术社团的艺术指导；负责做好艺术特长生招收过程中的艺术定级。

（许　晶）

【艺术教学】中心分为四大艺术门类——音乐、舞蹈、戏剧、视觉（影视、美术、摄影）和三个层次——理论课、鉴赏课、实践课建设课程体系。2014年，“艺术概论”课程由单一教师授课转为多名教师集体授课；贾金莉老师的“气味美学与香道”是中心第一门艺术实验课，也是全国同类型课程首创。

（许　晶）

【艺术科研】曲香竹、贾金莉各参与1项学校基础教育基金课题。曲香竹、许晶参加第四届北京大学生艺术展演艺术教育科研论文比赛，《以学生为中心的艺术通识课程教学改革创新研究》和《985高校美育课程现状及哈佛美育教学的启示与借鉴》获一等奖；曲香竹、许晶分获2014年中国高等教育学会美育专业委员会学术年会优秀美育成果三等奖。

（许　晶）

【艺术文化活动】贺春华老师指导的大学生合唱团参加第四届全国大学生艺术展演北京赛区选拔赛，入选教育部总决赛并荣获一等奖；余凤霞指导学生参加第五届“国戏杯”学生戏曲大赛荣获一等奖1名、三等奖2名，余凤霞获得“优秀指导教师”奖。

（许　晶）

【艺术业务交流】王立群老师受邀担任“加拿大华语电影节”评委并出席开闭幕式及论坛；贺春华老师受邀出席参加“金鸡奖”“百花奖”论坛，并受邀赴美莱斯大学（Rice University）进行学术交流访问；曲香竹老师受邀在北京师范大学参加“民族民间乐种在普通高校传习的可能性”研讨会；贾金利、曲香竹受邀赴重庆参加中国高等教育学会美育专业委员会学术年会；王颖指导的民乐团参加“北航、北师大、北理工”民族器乐艺术交流演出；王倩指导的键盘乐团与北京建筑大学进行交流演出《指尖的交响》；张清老师受邀参加由国际艺术教育联合会主办的中国艺术教育高峰论坛会，指导学生参加中山音乐堂“打开艺术之门暑假艺术节”系列演出，以及参加“北京市佰笛手风琴成立十周年”庆典活动。

（许　晶）

【党建工作】张清老师带领手风琴乐团和选修课同学参加学校党建创优工程检查，许晶老师撰写论文《党的美育政策的发展、演变与评价机制构建》。

（许　晶）

教育研究

【概况】北京理工大学教育研究院（以下简称“教育研究院”）2010年6月正式成立。作为改革开放后最早恢复教育管理的高校之一，其前身为成立于1981年的高等教育研究室。1998年建立高等教育学硕士学位点，并成为北京理工大学985重点建设学科；2006年1月获得教育学硕士一级学科授权；2010年与校学术期刊办联合成立教育研究院；2011年获得教育学博士一级学科授权。2014年，研究院有高等教育学、教育政策、教育经济与管理、教育技术学4个博士点方向、硕士点方向和教育硕士专业学位点。

2014年，学院有教职工45人，其中专任教师22人。博士生导师7人，正高职称9人，副高职称21人（含期刊）。专职教师队伍中，94%具有博士学位，72%具有海外学习经历。学院形成3312式组织架构：有3个校级以上研究中心，即教学促进与教师发展中心（国家级）、国防科技创新与教育发展战略研究中心（国家教育部）、学位与研究生教育中心（校级）；3个系（研究所），即高等教育系（含工程教育中心和创新与创业研究中心）、教育政策系、教育经济与管理系；1个学院层面的学习科学与教育发展联合实验室；2个办公室，即学院办公室（含国际交流与学术中心、教育硕士中心、案例中心、双学位项目中心）、学术期刊办公室（挂靠学院，包括学术期刊与杂志《学位与研究生教育》《北京理工大学学报自然科学版》（Ei检索）、《北京理工大学学报（自然科学英文版）》、《北京理工大学学报（社会科学版）》（CSSCI检索）和《深空探测学报》等）。

学院16人次入选人才计划，其中国务院教育咨询委员1人，教育部“新世纪优秀人才计划”2人，北京市宣传文化系统“四个一批”人才计划3人，北京高等学校青年英才计划1人，北京高校创新人才计划1人，北理工“青年教师人才计划”4人，北理工“海外优秀人才计划”2人；北理工优秀青年教师资助计划3人。

2014年，在读学生120人：双学位57人；硕士研究生（含留学生）42人；博士研究生（含留学生）24人。

（周 玲 任 杰）

【学科建设】2011年获教育学博士一级学科授权，并获批教育管理、心理健康教育两个教育硕士专业学位授权。教育学科共有4个重点研究方向：高等教育、教育政策、教育经济与管理、教育技术（继续教育学院）；每个方向设有学科责任教授。

学科现有4个国家级和省部级平台：国家级教学促进与教师发展中心、国家教育部智库国防科技创新与教育发展战略研究中心、国家职业教育师资培训基地、北京市干部培训基地（北理工组织部联合）。

（周 玲 任 杰）

【科研建设】2014年，共获批各类科研项目30余项，其中国家社会科学基金重点项目1项，国家自然科学基金3项（包括面上项目2项、青年项目1项），院士牵头的中国工程院战略研究项目2项，国家科技重大专项02专项战略研究项目1项，教育部“十三五”高校国防科技重大项目与“十三五”军民融合战略项目2项，国防项目3项，北京市社会科学基金项目和北京市教育科学规划项目3项，以及其他省市级课题和横向课题，十余项校内课题。2014年各类科研经费合同总额600余万元。组织出版“高等教育改革与创新研究丛书”，发表SSCI、EI和CSSCI等高水平论文。

（张建卫 周 玲 任 杰）

【人才培养】加强实习基地的建设和校外导师的聘任。不断完善研究生招生和培养改革方案。获批学校精品课程建设和团队建设，推进和实施全英文教学课程的改革探索；开展博士生论坛和青年教师基本功大赛，申请学位与研究生教育教改立项课题和研究生院综合改革活动专项；学位与研究生质量报告获批国家学位与研究生教育学会一等奖。

（马永霞 周 玲 任 杰）

【对外交流】2014年，派出4名骨干教师、管理人员和3位博士生赴国外著名高校进行为期3个月至1年的访问学习；十余人次教师分别参加美国、加拿大、法国、瑞典等举办的领域前沿国际研讨会；国外学者来院讲学多次。学院与哈佛大学、哥伦比亚大学、墨尔本大学、斯文本科技大学、西安大略大学、香港理工大学、台湾元智大学建立了不同层次的课程合作、教师互访、学生交流等方面的合作。院院合作模式逐渐转变为学院与国际学术共同体合作模式，与美国AEA评估协会和欧盟专家委员会建立合作联系，使得国际化的层次、水平、范围大大提高。

（何海燕 周 玲 任 杰）

【联合实验室建设】现有“学习科学与教育发展”实验室，位于中心教学楼地下D12，拥有9台电脑和1部双通道生理信号遥测系统。实验室的研究方向主要为学习科学研究，具体包括大学生学习心理研究、组织人员情绪与认知的交互机制，并逐步扩展到军人学习能力与复原力研究；国防科技创新与教育发展战略研究，具体包括国防科技创新与发展、教育发展与人才培养、科教发展与协同创新、政策与评估的理论方法。

（张建卫 周 玲 任 杰）

【党建工作】2014年，教育研究院党总支共有8个党支部，其中教师党支部5个，学生党支部3个；党员46人，其中在职党员24人，学生党员22人；发展党员3人，转正1人。教育研究院党总支对党的群众路线教育实践活动进行了总结；完成学校党建创优工程（二期）评估验收中相关材料的整理工作；组织学习《中国共产党发展党员工作细则》。

（庞海芍 周 玲 任 杰）

【国防科技创新与教育发展战略研究中心工作】作为国家教育部智库机构，北京理工大学国防科技创新与教育发展战略研究中心面向国家重大战略需求和科技前沿，深度参与教育部、科技部，工信部、中国工程院等战略咨询工作，进行前瞻性、战略性的政策研究，发挥思想库作用，深度开展调研与访谈，现代智库建设成效显著。2014年度举办“科教智库论坛”20期、“赛易沙龙”7期，为党和国家政府部门提交政策专报十余份，并得到党和国家领导人的签阅批示，产生了重大政策影响。举办“高校军民融合创新论坛”“高校国防科技创新论坛”等，出版系列《科教政策简讯》。

（何海燕　周　玲　任　杰）

【教师促进与教师发展中心工作】中心作为一个服务型的学术机构，致力于传播先进的教育理念，推动教育教学改革，搭建温馨的交流平台，传承卓越的教学文化，引领教师专业发展，提升教育教学水平，发挥示范辐射作用，引领并服务于行业和区域高校的教师发展。中心在教师培训、质量评估、研究交流、咨询服务四大职能方面开展一系列品牌活动，将以往分散的教师培训优化创新为专业化、制度化、常态化的教师发展体系。2014 年，中心共举办 31 场教师发展活动，参与教师近 1 500 人次。中国高等教育学会大学素质教育研究分会设立于北京理工大学教育研究院，2014 年，主办“大学素质教育研究会 2014 年会暨‘素质教育与大学教育改革’高层论坛”。

（庞海芍　周　玲　任　杰）

07

学科建设

【概况】 北京理工大学有一级学科国家重点学科4个、二级学科国家重点学科5个，国家重点培育学科3个，工业和信息化部重点学科15个（其中两化融合类学科8个，支撑性基础学科5个，交叉学科2个），国防特色学科24个，一级学科北京市重点学科5个、二级学科北京市重点学科2个，交叉学科北京市重点学科2个，博士学位授权一级学科点22个，博士点95个（含自设点10个），硕士学位授权一级学科点38个，硕士点187个（含自设点11个），博士专业学位授权点1个，硕士专业学位授权点12个，基本形成了“以理工为主，工理文协调发展”的学科布局。

（崔　丹）

【学科设置】

北京理工大学博士学位授权一级学科点

序号	一级学科	学科代码
1	应用经济学	0202
2	教育学	0401
3	数学	0701
4	化学	0703
5	统计学	0714
6	力学	0801
7	机械工程	0802
8	光学工程	0803
9	仪器科学与技术	0804
10	材料科学与工程	0805
11	电子科学与技术	0809
12	信息与通信工程	0810
13	控制科学与工程	0811
14	计算机科学与技术	0812
15	化学工程与技术	0817
16	航空宇航科学与技术	0825
17	兵器科学与技术	0826
18	生物医学工程	0831
19	软件工程	0835
20	安全科学与工程	0837
21	管理科学与工程	1201
22	工商管理	1202

北京理工大学博士学位授权点

序号	一级学科	学科、专业	学科代码
1	应用经济学★	国民经济学	020201
2		区域经济学	020202
3		财政学（含：税收学）	020203
4		金融学（含：保险学）	020204
5		产业经济学	020205
6		国际贸易学	020206
7		劳动经济学	020207
8		统计学	020208

续表

序号	一级学科	学科、专业	学科代码
9	应用经济学★	数量经济学	020209
10		国防经济	020210
11		法律经济学	0202Z1
12	教育学★	教育学原理	040101
13		课程与教学论	040102
14		教育史	040103
15		比较教育学	040104
16		学前教育学	040105
17		高等教育学	040106
18		成人教育学	040107
19		职业技术教育学	040108
20		特殊教育学	040109
21		教育技术学	040110
22		思想文化教育与社会发展	0401Z1
23	数学★	基础数学	070101
24		计算数学	070102
25		概率论与数理统计	070103
26		应用数学	070104
27		运筹学与控制论	070105
28	物理学	理论物理	070201
29		凝聚态物理	070205
30	化学★	无机化学	070301
31		分析化学	070302
32		有机化学	070303
33		物理化学（含：化学物理）	070304
34		高分子化学与物理	070305
35	统计学★		0714
36	力学★	一般力学与力学基础	080101
37		固体力学	080102
38		流体力学	080103
39		工程力学	080104
40	机械工程★	机械制造及其自动化	080201
41		机械电子工程	080202
42		机械设计及理论	080203
43		车辆工程	080204
44		机械系统设计美学理论与应用	0802Z1
45	光学工程★		0803
46	仪器科学与技术★	精密仪器及机械	080401
47		测试计量技术及仪器	080402
48	材料科学与工程★	材料物理与化学	080501
49		材料学	080502
50		材料加工工程	080503

续表

序号	一级学科	学科、专业	学科代码
51	动力工程及工程热物理	动力机械及工程	080703
52	电子科学与技术★	物理电子学	080901
53		电路与系统	080902
54		微电子学与固体电子学	080903
55		电磁场与微波技术	080904
56	信息与通信工程★	通信与信息系统	081001
57		信号与信息处理	081002
58	控制科学与工程★	控制理论与控制工程	081101
59		检测技术与自动化装置	081102
60		系统工程	081103
61		模式识别与智能系统	081104
62		导航、制导与控制	081105
63	计算机科学与技术★	计算机系统结构	081201
64		计算机软件与理论	081202
65		计算机应用技术	081203
66		计算语言学	0812Z1
67	化学工程与技术★	化学工程	081701
68		化学工艺	081702
69		生物化工	081703
70		应用化学	081704
71		工业催化	081705
72	交通运输工程	载运工具运用工程	082304
73	航空宇航科学与技术★	飞行器设计	082501
74		航空宇航推进理论与工程	082502
75		航空宇航制造工程	082503
76		人机与环境工程	082504
77		空间活动与法律	0825Z1
78	兵器科学与技术★	武器系统与运用工程	082601
79		兵器发射理论与技术	082602
80		火炮、自动武器与弹药工程	082603
81		军事化学与烟火技术	082604
82	环境科学与工程	环境工程	083002
83	生物医学工程★		0831
84	软件工程★		0835
85	安全科学与工程★		0837
86	管理科学与工程★		1201
87	工商管理★	会计学	120201
88		企业管理	120202
89		旅游管理	120203
90		技术经济及管理	120204
91	交叉学科	工业与系统工程	99J2

续表

序号	一级学科	学科、专业	学科代码
92	交叉学科	国民经济动员学	99J3
93	交叉学科	能源与气候经济	99J4
94	交叉学科	光机电微纳制造	99J5
95	交叉学科	融合医工学	99J6

注：标注“★”的为具有一级学科授权的博士学位授权一级学科点。

北京理工大学硕士学位授权一级学科点

序号	一级学科	学科代码
1	理论经济学	0201
2	应用经济学	0202
3	法学	0301
4	马克思主义理论	0305
5	教育学	0401
6	心理学	0402
7	外国语言文学	0502
8	数学	0701
9	物理学	0702
10	化学	0703
11	生物学	0710
12	科学技术史	0712
13	统计学	0714
14	力学	0801
15	机械工程	0802
16	光学工程	0803
17	仪器科学与技术	0804
18	材料科学与工程	0805
19	动力工程及工程热物理	0807
20	电气工程	0808
21	电子科学与技术	0809
22	信息与通信工程	0810
23	控制科学与工程	0811
24	计算机科学与技术	0812
25	化学工程与技术	0817
26	交通运输工程	0823
27	航空宇航科学与技术	0825
28	兵器科学与技术	0826
29	环境科学与工程	0830
30	生物医学工程	0831
31	软件工程	0835
32	安全科学与工程	0837
33	药学	1007
34	管理科学与工程	1201

续表

序号	一级学科	学科代码
35	工商管理	1202
36	公共管理	1204
37	图书情报与档案管理	1205
38	设计学	1305

北京理工大学硕士学位授权点

序号	一级学科	学科、专业	代码
1	哲学	伦理学	010105
2		科学技术哲学	010108
3	理论经济学☆	政治经济学	020101
4		经济思想史	020102
5		经济史	020103
6		西方经济学	020104
7		世界经济	020105
8		人口、资源与环境经济学	020106
9	应用经济学☆	国民经济学	020201
10		区域经济学	020202
11		财政学（含：税收学）	020203
12		金融学（含：保险学）	020204
13		产业经济学	020205
14		国际贸易学	020206
15		劳动经济学	020207
16		统计学	020208
17		数量经济学	020209
18		国防经济	020210
19		法律经济学	0202Z1
20	法学☆	法学理论	030101
21		法律史	0102
22		宪法学与行政法学	030103
23		刑法学	030104
24		民商法学	030105
25		诉讼法学	030106
26		经济法学	030107
27		环境与资源保护法学	030108
28		国际法学	030109
29		军事法学	030110
30	马克思主义理论☆	马克思主义基本原理	030501
31		马克思主义发展史	030502
32		马克思主义中国化研究	030503
33		国外马克思主义研究	030504
34		思想政治教育	030505
35		中国近现代史基本问题研究	030506

续表

序号	一级学科	学科、专业	代码
36	教育学☆	教育学原理	040101
37		课程与教学论	040102
38		教育史	040103
39		比较教育学	040104
40		学前教育学	040105
41		高等教育学	040106
42		成人教育学	040107
43		职业技术教育学	040108
44		特殊教育学	040109
45		教育技术学	040110
46		思想文化教育与社会发展	0401Z1
47	心理学☆	基础心理学	040201
48		发展与教育心理学	040202
49		应用心理学	040203
50	外国语言文学☆	英语语言文学	050201
51		俄语语言文学	050202
52		法语语言文学	050203
53		德语语言文学	050204
54		日语语言文学	050205
55		印度语言文学	050206
56		西班牙语语言文学	050207
57		阿拉伯语语言文学	050208
58		欧洲语言文学	050209
59		亚非语言文学	050210
60		外国语言学及应用语言学	050211
61	中国史	中国近现代史	0602L5
62	数学☆	基础数学	070101
63		计算数学	070102
64		概率论与数理统计	070103
65		应用数学	070104
66		运筹学与控制论	070105
67	物理学☆	理论物理	070201
68		粒子物理与原子核物理	070202
69		原子与分子物理	070203
70		等离子体物理	070204
71		凝聚态物理	070205
72		声学	070206
73		光学	070207
74		无线电物理	070208
75	化学☆	无机化学	070301
76		分析化学	070302
77		有机化学	070303
78		物理化学（含：化学物理）	070304
79		高分子化学与物理	070305

续表

序号	一级学科	学科、专业	代码
80	生物学☆	植物学	071001
81		动物学	071002
82		生理学	071003
83		水生生物学	071004
84		微生物学	071005
85		神经生物学	071006
86		遗传学	071007
87		发育生物学	071008
88		细胞生物学	071009
89		生物化学与分子生物学	071010
90		生物物理学	071011
91		生态学	071012
92	系统科学	系统分析与集成	071102
93	科学技术史☆		0712
94	统计学☆		0714
95	力学☆	一般力学与力学基础	080101
96		固体力学	080102
97		流体力学	080103
98		工程力学	080104
99	机械工程☆	机械制造及其自动化	080201
100		机械电子工程	080202
101		机械设计及理论	080203
102		车辆工程	080204
103		机械系统设计美学理论与应用	0802Z1
104	光学工程☆		0803
105	仪器科学与技术☆	精密仪器及机械	080401
106		测试计量技术及仪器	080402
107	材料科学与工程☆	材料物理与化学	080501
108		材料学	080502
109		材料加工工程	080503
110	冶金工程	有色金属冶金	080603
111	动力工程及工程热物理☆	工程热物理	080701
112		热能工程	080702
113		动力机械及工程	080703
114		流体机械及工程	080704
115		制冷及低温工程	080705
116		化工过程机械	080706
117	电气工程☆	电机与电器	080801
118		电力系统及其自动化	080802
119		高电压与绝缘技术	080803
120		电力电子与电力传动	080804
121		电工理论与新技术	080805

续表

序号	一级学科	学科、专业	代码
122	电子科学与技术☆	物理电子学	080901
123		电路与系统	080902
124		微电子学与固体电子学	080903
125		电磁场与微波技术	080904
126	信息与通信工程☆	通信与信息系统	081001
127		信号与信息处理	081002
128	控制科学与工程☆	控制理论与控制工程	081101
129		检测技术与自动化装置	081102
130		系统工程	081103
131		模式识别与智能系统	081104
132		导航、制导与控制	081105
133	计算机科学与技术☆	计算机系统结构	081201
134		计算机软件与理论	081202
135		计算机应用技术	081203
136		计算语言学	0812Z1
137	土木工程	防灾减灾工程及防护工程	081405
138	化学工程与技术☆	化学工程	081701
139		化学工艺	081702
140		生物化工	081703
141		应用化学	081704
142		工业催化	081705
143	交通运输工程☆	道路与铁道工程	082301
144		交通信息工程及控制	082302
145		交通运输规划与管理	082303
146		载运工具运用工程	082304
147	船舶与海洋工程	水声工程	082403
148	航空宇航科学与技术☆	飞行器设计	082501
149		航空宇航推进理论与工程	082502
150		航空宇航制造工程	082503
151		人机与环境工程	082504
152		空间活动与法律	0825Z1
153	兵器科学与技术☆	武器系统与运用工程	082601
154		兵器发射理论与技术	082602
155		火炮、自动武器与弹药工程	082603
156		军事化学与烟火技术	082604
157	环境科学与工程☆	环境科学	083001
158		环境工程	083002
159	生物医学工程☆		0831
160	软件工程☆		0835
161	安全科学与工程☆		0837

续表

序号	一级学科	学科、专业	代码
162	药学☆	药物化学	100701
163		药剂学	100702
164		生药学	100703
165		药物分析学	100704
166		微生物与生化药学	100705
167		药理学	100706
168	管理科学与工程☆		1201
169	工商管理☆	会计学	120201
170		企业管理	120202
171		旅游管理	120203
172		技术经济及管理	120204
173	公共管理☆	行政管理	120401
174		社会医学与卫生事业管理	120402
175		教育经济与管理	120403
176		社会保障	120404
177	图书情报与档案管理☆	图书馆学	120501
178		情报学	120502
179		档案学	120503
180	美术学	美术学	1304L1
181	设计学☆		1305
182	交叉学科	数字表演	99J1
183	交叉学科	工业与系统工程	99J2
184	交叉学科	国民经济动员学	99J3
185	交叉学科	能源与气候经济	99J4
186	交叉学科	光机电微纳制造	99J5
187	交叉学科	融合医工学	99J6

注：标注“☆”的为学校具有一级学科授权的硕士学位授权一级学科点

博士专业学位授权点汇总表

博士专业学位类别名称
工程（电子与信息、先进制造）

硕士专业学位授权点汇总表

序号	硕士专业学位类别名称
1	工程（机械工程，光学工程，仪器仪表工程，材料工程，动力工程，电子与通信工程，控制工程，计算机技术，软件工程，化学工程，交通运输工程，兵器工程，环境工程，生物医学工程，航空工程，航天工程，车辆工程，工业工程，项目管理，物流工程，集成电路工程，安全工程，工业设计工程，生物工程、制药工程）
2	工商管理
3	公共管理
4	法律
5	应用统计
6	国际商务

续表

序号	硕士专业学位类别名称
7	会计
8	工程管理
9	教育
10	翻译
11	艺术
12	汉语国际教育

（崔　丹）

【国家重点学科设置】学校现有一级学科国家重点学科4个、二级学科国家重点学科5个，共覆盖学科16个；国家重点培育学科3个。

北京理工大学现有一级学科国家重点学科表

序号	一级学科国家重点学科	覆盖的学科、专业
1	机械工程	机械制造及其自动化
		机械电子工程
		机械设计及理论
		车辆工程
2	光学工程	
3	信息与通信工程	通信与信息系统
		信号与信息处理
4	兵器科学与技术	武器系统与运用工程
		兵器发射理论与技术
		火炮、自动武器与弹药工程
		军事化学与烟火技术

北京理工大学现有二级学科国家重点学科表

序号	国家重点学科	所属一级学科
1	工程力学	力学
2	动力机械及工程	动力工程及工程热物理
3	物理电子学	电子科学与技术
4	控制理论与控制工程	控制科学与工程
5	应用化学	化学工程与技术

北京理工大学现有国家重点培育学科表

序号	国家重点培育学科	所属一级学科
1	材料学	材料科学与工程
2	导航、制导与控制	控制科学与工程
3	飞行器设计	航空宇航科学与技术

【国防特色学科】北京理工大学现有国防特色学科24个，其中骨干学科4个，主干学科8个，支撑性基础学科9个，新兴交叉学科2个，紧缺学科1个。

北京理工大学现有国防特色学科汇总表

序号	学科类别	学科名称
1	骨干学科	车辆工程
2		光学工程
3		通信与信息系统
4		火炮、自动武器与弹药工程
5	主干学科	工程力学
6		控制理论与控制工程
7		武器系统与运用工程
8		飞行器设计
9		材料学
10		模式识别与智能系统
11		信号与信息处理
12		军事化学与烟火技术
13	支撑性基础学科	机械电子工程
14		物理电子学
15		机械制造及其自动化
16		固体力学
17		计算机软件与理论
18		应用化学
19		动力机械及工程
20		物理化学
21		生物化学与分子生物学
22	新兴交叉边缘学科	国民经济动员学
23		空间生物与医学工程
24	紧缺学科	精密与微纳制造

（崔　丹）

【省部级重点学科介绍】北京理工大学现有工业和信息化部重点学科 15 个，其中两化融合类学科 8 个，支撑性基础学科 5 个，交叉学科 2 个。

北京理工大学现有工业和信息化部重点学科汇总表

序号	学科名称	重点学科类型
1	力学	两化融合类学科
2	机械工程	两化融合类学科
3	光学工程	两化融合类学科
4	材料科学与工程	两化融合类学科
5	信息与通信工程	两化融合类学科
6	化学工程与技术	两化融合类学科
7	软件工程	两化融合类学科
8	管理科学与工程	两化融合类学科
9	应用数学	支撑性基础学科
10	理论物理	支撑性基础学科
11	物理化学（含：化学物理）	支撑性基础学科

续表

序号	学科名称	重点学科类型
12	高分子化学与物理	支撑性基础学科
13	环境工程	支撑性基础学科
14	工业与系统工程	新兴交叉学科
15	融合医工学	新兴交叉学科

北京理工大学现有北京市重点学科9个，其中一级学科北京市重点学科5个，二级学科北京市重点学科2个，交叉学科北京市重点学科2个。

北京理工大学现有北京市重点学科汇总表

序号	学科名称	重点学科类型
1	控制科学与工程	一级学科
2	管理科学与工程	一级学科
3	材料科学与工程	一级学科
4	力学	一级学科
5	电子科学与技术	一级学科
6	计算机应用技术	二级学科
7	企业管理	二级学科
8	数字表演与仿真技术	交叉学科
9	光机电微纳制造	交叉学科

（崔　丹）

【学术论文与著作】 2014年，学校发表理、工、农、医类论文合计5 148篇，其中在国外学术期刊物上发表1 844篇；出版理、工、农、医类科技专著19部，大专院校教科书28部，编著16部。人文、社会科学类出版专著23部、教材21部、译著1部、电子出版物2件，发表论文498篇。

2014年北京理工大学理、工、农、医类发表论文情况一览　　篇

学科门类	发表学术论文（篇）		三大检索系统		
	合计	其中：国外学术刊物发表	SCIE	EI	ISTP
合计	5 148	1 844	1 197	1 617	605
自然科学	2 436	1 137	891	988	431
工程与技术	2 618	651	254	573	145
医药科学	94	56	52	56	29

2014年北京理工大学理、工、农、医类著作情况一览

学科门类	科技专著				大专院校教科书		编 著	
	部	千字	其中：国（境）外出版		部	千字	部	千字
			部	千字				
合计	19	7 330	2	296	28	11 821	16	4 954
自然科学	8	2 746	1	179	15	5 339	11	3 933
工程与技术	11	4 584	1	117	13	6 482	4	990
医药科学	0	0	0	0	0	0	1	31

2014 年北京理工大学人文、社会科学类发表论文与专著情况一览

学科门类	出版著作/部			发表译文/篇	电子出版物/件	发表论文情况/千字	
	专　著	编著教材	译著			国内学术刊物	国外学术刊物
合计	23	21	1	0	2	435	63
管理学	9	12	1	0	1	236	46
马克思主义	1	1	0	0	0	62	7
哲学	0	1	0	0	0	4	0
逻辑学	0	0	0	0	0	0	0
宗教学	0	0	0	0	0	0	0
语言学	1	2	0	0	0	32	1
中国文学	0	0	0	0	0	3	1
外国文学	0	0	0	0	0	1	0
艺术学	0	0	0	0	0	11	2
历史学	1	0	0	0	0	3	0
考古学	0	0	0	0	0	0	0
经济学	2	3	0	0	0	18	4
政治学	1	0	0	0	0	6	0
法学	1	1	0	0	0	7	1
社会学	2	0	0	0	0	4	0
民族学与文化学	0	0	0	0	0	0	0
新闻学与传播学	0	0	0	0	0	0	0
图书、情报、文献学	1	0	0	0	0	12	0
教育学	3	1	0	0	1	31	1
统计学	0	0	0	0	0	0	0
心理学	1	0	0	0	0	4	0
体育学	0	0	0	0	0	1	0

（包成刚）

【博士后流动站】目前，学校共有博士后流动站 19 个。2014 年，学校共有 13 名在站博士后获得中国博士后科学基金资助，其中 4 人获得一等资助，9 人获得二等资助。

北京理工大学博士后科研流动站点一览表

序号	博士后流动站名称	批准年份
1	光学工程	1985
2	兵器科学与技术	1988
3	电子科学与技术	1989
4	动力工程及工程热物理	1995
5	控制科学与工程	1999
6	材料科学与工程	1999
7	管理科学与工程	1999
8	机械工程	1999
9	力学	1999
10	信息与通信工程	1999

续表

序号	博士后流动站名称	批准年份
11	计算机科学与技术	2001
12	仪器科学与技术	2003
13	化学	2003
14	化学工程与技术	2003
15	数学	2007
16	物理	2007
17	航空宇航科学与技术	2007
18	交通运输工程	2009
19	工商管理	2009

（施　瑞）

08

科学研究

科研项目与管理

【科研项目】2014 年，在研项目 2 691 项，基础研究、重点项目数量稳步提升，科研结构日趋合理。学校共获国家自然科学基金项目 171 项，包括创新研究群体 1 项、国家杰出青年科学基金 2 项、优秀青年科学基金 4 项、其他重点类项目 8 项，获批经费达 1.51 亿元，获批经费数再创历史新高；作为首席科学家新承担军民“973”项目 5 项；以总师单位身份承担重点型号项目 6 项，其中首个总师型号项目“QCD”顺利完成设计定型，获得国务院、中央军委的定型批复；新获批民口“863”计划课题 3 项，作为项目负责人主持国家科技支撑计划项目 2 项。

2014 年北京理工大学科研项目情况一览（理、工、农、医类）

类别	课题数/项	当年投入经费/千元	当年支出经费/千元
合计	2 562	1 860 333	1 469 976
基础研究	409	271 068	197 222
应用研究	1 765	1 217 311	980 201
试验与发展	349	358 083	283 205
R&D 成果应用	24	12 062	8 153
其他科技服务	15	1 809	1 195
自然科学	965	743 916	584 555
工程与技术	1 553	1 097 913	870 321
医药科学	44	18 504	15 100

2014 年北京理工大学科研项目情况一览（人文、社会科学类）

学科门类	总数			基础研究			应用研究			实验与发展		
	课题数/项	当年拨入经费/百元	当年支出经费/百元	课题数/项	当年拨入经费/百元	当年支出经费/百元	课题数/项	当年拨入经费/百元	当年支出经费/百元	课题数/项	当年拨入经费/百元	当年支出经费/百元
合计	129	128 494	128 094	48	52 103	38 775	81	76 391	89 319	0	0	0
管理学	38	82 025	95 015	13	21 787	19 158	25	60 238	75 857	0	0	0
马克思主义	3	400	259	3	400	259	0	0	0	0	0	0
哲学	2	640	391	2	640	391	0	0	0	0	0	0
逻辑学	0	0	0	0	0	0	0	0	0	0	0	0
宗教学	0	0	0	0	0	0	0	0	0	0	0	0
语言学	3	3 592	3 824	3	3 592	3 824	0	0	0	0	0	0
中国文学	0	0	0	0	0	0	0	0	0	0	0	0
外国文学	0	0	0	0	0	0	0	0	0	0	0	0
艺术学	17	3 963	2 696	3	640	390	14	3 323	2 306	0	0	0
历史学	3	680	413	0	0	0	3	680	413	0	0	0
考古学	0	0	0	0	0	0	0	0	0	0	0	0
经济学	18	11 481	6 799	5	8 285	4 588	13	3 196	2 211	0	0	0

续表

学科门类	总数			基础研究			应用研究			实验与发展		
	课题数/项	当年拨入经费/百元	当年支出经费/百元	课题数/项	当年拨入经费/百元	当年支出经费/百元	课题数/项	当年拨入经费/百元	当年支出经费/百元	课题数/项	当年拨入经费/百元	当年支出经费/百元
政治学	2	3 200	1 897	2	3 200	1 897	0	0	0	0	0	0
法学	11	2 957	1 848	4	2 660	1 651	7	297	197	0	0	0
社会学	7	8 363	7 736	1	1 800	1 174	6	6 563	6 562	0	0	0
民族学与文化学	0	0	0	0	0	0	0	0	0	0	0	0
新闻学与传播学	0	0	0	0	0	0	0	0	0	0	0	0
图书、情报、文献学	6	3 076	2 096	1	1 800	1 129	5	1 276	967	0	0	0
教育学	15	6 789	4 259	9	6 579	3 899	6	210	360	0	0	0
统计学	0	0	0	0	0	0	0	0	0	0	0	0
心理学	3	878	620	1	270	174	2	608	446	0	0	0
体育科学	1	450	241	1	450	241	0	0	0	0	0	0

（包成刚）

【科研经费】2014 年，学校科技投入 20.38 亿元，其中基础研究经费为 2.76 亿元。学校科研任务结构日趋协调，基础性、前沿性研究项目增长快速，应用基础研究的科研投入逐年增长，产学研合作不断深化，科技投入呈现良好的增长态势。

2014 年北京理工大学科研经费情况一览（理、工、农、医类）

经费名称	经费数/千元	经费名称	经费数/千元
一、上年结转经费	872 341	三、当年经费支出合计	1 825 626
二、当年拨入经费合计	2 024 065	其中：R&D 经费支出合计	1 623 495
其中：R&D 经费拨入合计	2 010 194	转拨给外单位经费	71 634
科研事业费	77 482	内部支出经费合计	1 753 992
其中：科研人员工资 1	17 989	人员劳务费	145 372
科研人员工资 2	15 993	业务费	1 321 658
主管部门专项费	228 904	固定资产购置费	192 738
其中：平台建设经费	122 900	其中：仪器设备费	138 413
人才队伍建设经费	6 850	上缴税金	29 651
其他学科建设经费	0	管理费	64 573
国家发改委、科技部专项费	170 888	其他支出	0
国家自然科学基金项目费	149 150	四、当年结余经费合计	1 070 780
国务院其他部门专项费	763 048	银行存款	1 070 780
省、市、自治区专项费	54 698	暂付款	0
企、事业单位委托经费	568 301	其他	0
其中：进入学校财务	568 301	附：	
学校科技活动经费	0	当年科研基建投入	12 950
其中：为国家科技计划项目配套	0	当年科研基建支出	12 950
金融机构贷款	0	在岗人员人均工资	20
国外资金	11 594		
其他资金	0		

2014 年北京理工大学科研经费情况一览（人文、社会科学类）

经费名称	单位/百元	经费名称	单位/百元
上年结转经费	53 256. 6	当年经费支出合计	148 570. 4
当年经费收入合计	143 993. 5	转拨给外单位经费	0. 0
政府资金投入	63 514. 3	内部支出经费	148 570. 4
科研活动经费	48 014. 3	科研人员费	20 476. 7
其中：教育部科研项目经费	8 624. 3	业务费	97 391. 7
教育部其他科研经费	0. 0	科研基建费	0. 0
中央其他部门科研项目经费	33 947. 9	仪器设备费	21 909. 7
省市自治区社科基金项目	3 832. 1	其中：单价在 1 万元以上的设备费	3 964. 0
省教育厅科研项目经费	970. 0	图书资料费	4 527. 8
省教育厅其他科研经费	0. 0	管理费	4 264. 5
其他各类地方政府经费	640. 0	其他支出	0. 0
科技活动人员工资	15 500. 0	当年结余经费	48 679. 7
科研基建费	0. 0	银行存款	48 679. 7
非政府资金投入	80 479. 2	暂付款	0
企、事业单位委托项目经费	71 573. 8		
金融机构贷款	0. 0		
自筹经费	6 562. 4		
国外资金	2 343. 0		
其他收入	0. 0		
其中：港澳台地区合作项目经费	0. 0		

（包成刚）

科研成果与转化

【科技成果与奖励】2014 年，学校科技产出能力持续增长，SCIE 收录论文达 1 197 篇，EI 收录论文 1 617 篇；共申请专利 1 035 项，授权专利 634 项。获国家科学技术奖 3 项，其中学校作为第一完成单位，获国家自然科学二等奖 1 项、国家技术发明二等奖 1 项。获省部级科技成果奖 29 项，其中一等奖 10 项。

2014 年北京理工大学（理、工、农、医类）学科科技成果鉴定情况一览　　项

合计	鉴定结论				其中
	国际水平	国内首创	国内先进	其他	与外单位合作
15	12	0	3	0	7

（包成刚）

2014 年北京理工大学（理、工、农、医类）学科科技获奖情况一览

项

类别	合计	国家自然科学奖		国家技术发明奖		国家科技进步奖		省部级奖		其他
		一等奖	二等奖	一等奖	二等奖	一等奖	二等奖	一等奖	二等奖	
合计	32	0	1	0	1	0	1	10	14	5
自然科学	11	0	1	0	1	0	0	5	3	1
工程与技术	21	0	0	0	0	0	1	5	11	4
其中：第一承担单位	17	0	1	0	1	0	0	6	7	2
第二承担单位	10	0	0	0	0	0	0	0	7	3

（包成刚）

【科技成果转化与推广】2014 年，按照“立足国防、面向全国、服务地方”的总体思路，和军工集团、部队系统合作更加紧密，一批最新国防科研成果转化为战斗力；同时加强并推进区域实质性合作，瞄准企业的研发需求，在地方政府的支持下搭建技术转移中心，组织技术成果对接会，积极和地方政府、大型企事业单位合作开展技术转移。

2014 年北京理工大学技术转让与知识产权情况一览（技术转让）

受让方类型	合同数/项	合同金额/千元	当年实际收入/千元
合计	10	28 345	28 345
国有企业	3	16 360	16 360
民营企业	7	11 985	11 985

2014 年北京理工大学技术转让与知识产权情况一览（知识产权）

知识产权类型	申请数/项	授权数/项	专利拥有数/项
合计	1 035	634	1 655
其中：国外	2	0	0
发明专利	1 005	578	1 467
实用新型	30	54	176
外观设计	0	2	12
其他知识产权	0	0	0

（包成刚）

【科技合作】2014 年，不断拓展科技合作的广度与深度。进一步巩固和深化了学校与长三角、珠三角、环渤海地区的合作，先后与江苏省盐城市、广东省珠海市、河北省人民政府、中国电子科技集团公司等地方政府和大型企业签署了战略合作协议。与中国轻工业联合会、中国科学院自动化研究所、中国空间技术研究院等单位共建联合研究机构，在江苏省科技厅的支持下新建了徐州技术转移中心，深度推进产学研合作。为拓展重要服务面向，与海军装备研究院签署了战略合作协议，深度推进相关工作。荣获 2014 年度中国产学研合作促进奖。

（包成刚）

科技平台建设

【协同创新中心】2014年，“北京电动车辆协同创新”通过了教育部组织的初评、会议答辩、现场考察、综合评议，被认定为国家级协同创新中心；“安全与防护协同创新中心”被认定为首批工业和信息化部协同创新中心；学校全力推进各协同创新中心的培育和运行，建立富有特色、运行高效、机制灵活、相对独立的中心组织构架和管理运行制度，积极推进先行先试。

北京理工大学2014年协同创新中心名单

序号	协同创新中心名称	类　别	批准时间
1	北京电动车辆协同创新	国家协同创新中心	2014. 10
2	安全与防护协同创新中心	工信部协同创新中心	2014. 03

（包成刚）

【高精尖中心及国家级检测平台】2014年，按照“北京高等学校高精尖创新中心建设计划”的实施要求，培育并申报了北京市“智能机器人与系统高精尖创新中心”。经工信部推荐，依托国家阻燃材料工程技术研究中心建设的“国家阻燃材料与制品质量监督检验中心”通过了国家认证认可监督委员会组织的筹建论证。

北京理工大学2014年高精尖中心及国家级检测平台

序号	高精尖中心及检测平台名称	类　别
1	智能机器人与系统高精尖创新中心	北京高等学校高精尖创新中心
2	国家阻燃材料与制品质量监督检验中心	国家级质量监督检验中心

（包成刚）

【国家级重点实验室/中心】2014年，结合新一批国防科技重点实验室建设指南，向主管部门上报了两个国防科技重点实验室的申报材料，积极推进国家级实验室的申报工作。

北京理工大学2014年国家级重点实验室/中心名单

序号	实验室名称	类　别	批准时间
1	爆炸科学与技术国家重点实验室	国家重点实验室	1989. 06
2	车辆传动重点实验室	国防科技重点实验室	1992. 10
3	机电动态控制重点实验室	国防科技重点实验室	1992. 10
4	电动车辆国家工程实验室	国家工程实验室	2009. 02
5	冲击环境材料技术重点实验室	国防科技重点实验室	2011. 03
6	复杂系统智能控制与决策国家重点实验室	国家重点实验室	2013. 06
7	国家阻燃材料工程技术研究中心	国家工程技术研究中心	2013. 04

（包成刚）

【省部级重点实验室/中心】2014年，新获批“北京市硅基高速片上系统工程技术研究中心”“北京市互动媒体艺术工程技术研究中心”两个省部级工程技术研究中心以及国家安全生产监督管理总局“爆炸监测检验与物证分析平台”，教育部“仿生机器人与系统国际合作联合实验室”获批立项建设。组织并顺利完成了“先进加工技术国防重点学科实验室”的评估工作，同时完成了国防重点学科实验室技术体系的论证工作，为学校后续申报国防重点学科实验室提供了重要依据。

北京理工大学2014年省部级重点实验室/中心名单

序号	实验室名称	类别	批准时间
1	复杂系统智能控制与决策教育部重点实验室	教育部重点实验室	2005. 12
2	光电成像技术与系统教育部重点实验室	教育部重点实验室	2008. 12
3	原子分子簇科学教育部重点实验室	教育部重点实验室	2009. 12
4	卫星导航电子信息技术教育部重点实验室	教育部重点实验室	2010. 01
5	仿生机器人及系统教育部重点实验室	教育部重点实验室	2010. 12
6	飞行器动力学与控制教育部重点实验室	教育部重点实验室	2010. 12
7	导航、制导与控制技术教育部工程研究中心	教育部工程研究中心	2007. 10
8	火安全材料与技术教育部工程研究中心	教育部工程研究中心	2009. 12
9	国防科技创新与教育发展战略研究中心	教育部战略研究基地	2013. 09
10	智能信息技术北京市重点实验室	北京市重点实验室	2001. 04
11	环境科学工程北京市重点实验室	北京市重点实验室	2001. 04
12	清洁车辆北京市重点实验室	北京市重点实验室	2001. 07
13	自动控制系统北京市重点实验室	北京市重点实验室	2001. 11
14	数字表演与仿真技术北京市重点实验室	北京市重点实验室	2010. 07
15	嵌入式实时信息处理技术北京市重点实验室	北京市重点实验室	2011. 05
16	生物医药成分分离与分析北京市重点实验室	北京市重点实验室	2011. 05
17	软件安全工程技术北京市重点实验室	北京市重点实验室	2011. 05
18	毫米波与太赫兹技术北京市重点实验室	北京市重点实验室	2012. 05
19	化学电源与绿色催化北京市重点实验室	北京市重点实验室	2012. 05
20	纳米光子学与超精密光电系统北京市重点实验室	北京市重点实验室	2012. 05
21	分数域信号与系统北京市重点实验室	北京市重点实验室	2013. 06
22	精密光电测试仪器及技术北京市重点实验室	北京市重点实验室	2013. 06
23	光电转换材料北京市重点实验室	北京市重点实验室	2013. 06
24	动力电池及化学能源材料北京市高等学校工程研究中心	北京市高等学校工程研究中心	2010. 01
25	北京市海量语言信息处理与云计算应用工程技术研究中心	北京市工程技术研究中心	2011. 05
26	北京市纤维素及其衍生材料工程技术研究中心	北京市工程技术研究中心	2012. 05
27	北京市混合现实与新型显示工程技术研究中心	北京市工程技术研究中心	2013. 06
28	北京市硅基高速片上系统工程技术研究中心	北京市工程技术研究中心	2014. 06
29	北京市互动媒体艺术工程技术研究中心	北京市工程技术研究中心	2014. 06
30	电动汽车北京市工程研究中心	北京市工程研究中心	2011. 04
31	新能源汽车北京实验室	北京实验室	2012. 06
32	多元信息系统国防重点学科实验室	国防重点学科实验室	2007. 06
33	先进加工技术国防重点学科实验室	国防重点学科实验室	2007. 06
34	车辆动力系统技术国防重点学科实验室	国防重点学科实验室	2007. 06
35	微细结构加工国防科技工业技术研究应用中心	科技工业技术研究应用中心	2007. 08
36	爆炸监测检验与物证分析平台	国家安全生产监督管理总局平台	2014. 12

（包成刚）

重要研究机构

【2011 电动车辆协同创新中心】北京电动车辆协同创新中心以学校电动车辆国家工程实验室技术团队为核心，结合校内在车辆复合传动、内燃机、电化学（动力电池）以及能源经济管理的技术优势，联合北汽集团、清华大学、北京交通大学、国网北京市电力公司等单位进行建设。2014 年 4 月申报文件上报工信部和教育部，5 月初通过第一轮专家网评，2014 年 5 月 29 日通过第二轮会评，2014 年 7 月 14 日教育部专家组现场考察，2014 年 7 月 28 日通过教育部组织的综合测评，2014 年 10 月获批国家级协同创新中心。中心立足于解决电动车辆领域学科交叉融合欠缺、科学研究与产业脱节、技术攻关松散和重复、成果转化效益低下、跨行业产业协作不畅等瓶颈问题，实现各协同单位在电动车辆方面优势资源的有效汇集和协同，提升高校人才、学科、科研三位一体的创新能力，建立拔尖创新人才培养机制。通过 4 年左右的建设，预期将中心建设成为具有一流条件、一流人才和一流成果的电动车辆技术世界级创新基地，为首都社会经济发展、国家创新体系建设提供有力支撑并作出积极贡献。

（包成刚）

【火炸药研究院】2014 年学校共牵头承担“LBL 专项”子专题 20 项、参研子专题 21 项，组织签订了 LBL 专项新的全周期合同；对承研的 7 个重点项目过程完成情况进行了总结和上报；完成了 2 个二代炸药配方评审，4 个三代炸药配方通过了配方试验大纲评审。在基础产品创新计划火炸药科研专项方面，做好 5 个牵头项目、6 个参研项目的科研过程管理工作，配合上级单位做好“十三五”基础产品创新计划火炸药科研专项的项目征集、指南编制工作。

（包成刚）

【微纳技术中心】2014 年微纳技术中心已经完成绝大部分仪器的安装验收，中心开始了对外开放运行。与多学科的校内、海外合作者开展了系列合作研究，在纳米压印、光刻等光电器件制作、太阳能电池和光电探测器制作与性质、稀磁半导体微纳结构中的新型元激发和光学性质、微纳光波导结构与光电探测器等方面取得了重要进展，发表了近 30 篇重要的 SCI 论文。

（包成刚）

09 产业工作

资产经营公司

【概况】 北京理工资产经营有限公司（以下简称“理工资产公司”）成立于2007年12月26日，注册资本金1 500万元。理工资产公司现有员工400余人，其中学校事业编制人员76人。

理工资产公司是北京理工大学国有全资企业，代表学校对学校国有经营性资产、对外投资股权、理工资产公司拥有的国有资本及股权进行经营和管理，实现增值保值。按照国家公司法、国有资产管理办法等法律法规以及现代企业内控制度的要求，对所属企业的经营活动及对外投资行为进行监管。按照国家和学校有关科技成果转化及产业化的方针政策，以市场为导向，以改革创新为动力，积极推进科技成果和高新技术的孵化、转移、转化和产业化，为学校的人才培养、科学研究和国家及首都经济建设服务。

截至2014年年底，理工资产公司所属全资企业有9家、投资控股企业有2家、主要参股企业有4家。2014年，理工大学出版社、科技园及科技企业实现销售收入总额约4亿元，利税总额约0.5亿元，上缴学校收益3 000余万元。

（闫有清）

【中关村国防科技园建设】 理工大学中关村国防科技园是北京市、工业和信息化部批准的重要建设项目，是学校“十二五”规划中的战略任务，也是中关村科学城确定的重大建设项目。该项目总建筑面积23.8万平方米，地上建筑面积16.4万平方米，地下7.4万平方米，投资概算13.6亿元。工程建设进展情况：2014年7月1日，国防科技园主体结构实现全部封顶并举行了封顶仪式。主体结构实现封顶标志着工程建设开始进入二次结构及装修阶段的施工。截止到2014年年底，工程建设已实现建筑安装费63 486万元。

（杨志坚）

【学科性公司建设】 北京理工雷科电子信息技术有限公司（以下简称“理工雷科”）：2014年，北京理工雷科电子信息技术有限公司继续保持40%以上的年增长率，实现营业收入1.71亿元，较2013年增加5 000万元，缴纳利税1 282万元，净利润4 434万元，员工380余人，实现了从原来的重科研到科研、生产并重的转换。

2014年理工雷科与江苏常发制冷股份有限公司进行了资产重组。本次重组不仅实现了资产证券化，也实现了股东利益和国有资产的大幅度增值，截至2014年6月30日，理工雷科账面净资产6 166.46万元，理工雷科全部股东权益的评估价值为73 679.00万元，评估增值为67 512.54万元，评估增值率为1 094.83%，资产收益率为3 583.95%。本次重组完成后，对学校科技成果转化以及高科技产业与资本市场的结合起到一个很好的示范作用，也验证了学校体制机制改革创新的成效，为资产公司的发展进一步明确了方向。

在2014年5月召开的民营企业高科技成果展览暨军民融合高层论坛上，理工雷科作为重点展区中七家重点参展企业之一，中央军委副主席范长龙、许其亮，国务院副总理马凯等军队和国家领导人莅临理工雷科展位，肯定了公司在国防军工和国民经济建设中的作用，并对公司发展报以殷切期待。这充分肯定了北京理工大学在公司发展过程中的突出作用。

北京理工华创电动车技术有限公司（以下简称“理工华创”）：理工华创成立以来，坚持政产学研用合作，通过协同创新推动产业发展，成为电动汽车行业内具有较高影响力和知名度的企业，2014年公司经营和发展取得较大进展，主要表现为以下几个方面：

（1）与波兰电网签订了“快换式纯电动公交车及纯电动汽车快换站”订单，实现了中国纯电动汽车技术及基础设施技术的对外输出。

（2）基于“863”研究成果，实现了新型整车控制系统的小批量生产，并在2014年北京APEC上成功应用。

（3）开发了整车控制器、自动变速箱等十多种自主知识产权的产品，2014 年合同签单量比上一年增加了 240%。

（4）通过了 TS16949 质量管理体系认证。

（5）投资组建了北京市电动汽车工程中心、包头理工华创。

（6）公司和工程中心成功申请到进出口经营权。

北京理工阻燃科技有限公司：2014 年 2 月注册成立，公司和实验室共同筹建“国家阻燃材料与制品质量监督检验中心”并取得重大进展；2014 年 12 月，通过了国家认监委组织的现场审核，这是学校第一个国家级质检中心，也是全国唯一一个独立依托高校建设的国家质检中心。

公司“新型含磷聚氨酯阻燃乳液及水性防火涂料”项目分别获得北京市和科技部中小企业创新基金的资助，总资助额 100 万元。公司开发的聚氨酯外墙保温板和高聚合度聚磷酸铵阻燃剂产品形成了小规模销售。公司面向全国举办了两期“阻燃领域综合技术培训”班，对阻燃领域的企业提供技术支持，培养了人才，取得很好的反响。

（戴　斌）

【科技成果转化工作】以中关村国家自主创新示范区建设为契机，积极进行学校科技成果转化和产业化的体制机制改革与创新，探索产学研师合作的新型学科性公司的模式和机制。通过以实验室、工程中心为主体的学科性公司模式以及以学院为主体的产业技术研究院模式，创办了以阻燃材料国家工程中心为主体的北京理工阻燃科技有限公司、以光电学院为主体的北京理工光电技术研究院有限公司。北京理工阻燃科技有限公司 2014 年 2 月成立，注册资本 1 000 万元人民币，是安全技术防范产品等科技成果转化公司。北京理工光电技术研究院有限公司 2014 年 9 月成立，注册资本 986 万元人民币，是学校与北京中海投资管理有限公司在海淀光电产业打造“共技术服务平台加产业技术公司加产业孵育基金加产业化园区加合作公司”五位一体产业促进模式的入口。

经财政部批准，学校被列为中央级事业单位科技成果使用、处置和收益管理改革试点单位，成立了以杨树兴副校长为组长的试点工作领导小组，制定了《北京理工大学科技成果使用、处置和收益管理改革试点工作方案》。

与海淀区签署了《推进产学研合作和成果转化协议》《共建军民融合产业园协议》，共建产业技术研究院、军民融合高端产业基地、技术创新基地，设立科技成果转化岗，共建科技创新平台和公共技术平台，共同推进学校科技成果在海淀区落地转化。

学校的科技体制机制创新和学科性公司的做法得到了许多媒体的报道，其中，2014 年 8 月 14 日，《人民日报》内参对北京理工大学科技成果转化工作的模式和机制进行了报道。2014 年 11 月 16 日，《人民日报》发表了题为“科学家持了股，科技上了市”的报道，充分肯定了北京理工大学在体制机制创新和学科性公司工作中的成绩和作用，2014 年 12 月 13 日，北京电视台《北京新闻》栏目对杨荣杰教授的科技成果转化工作进行了报道。

（戴　斌）

图书出版

【北京理工大学出版社概述】2014 年，北京理工大学出版社职工 163 人，其中事业编制 30 人、企业编制 130 人、返聘人员 3 人。

全年出版图书 2 617 种，其中新版图书 1 460 种，重印图书 1 157 种，电子出版物 22 种，音像制品 22 种。《航空航天技术出版工程》等 7 种（套）图书入选国家新闻出版广电总局“十二五”国家重点出版物出版规划项目，《机械设计基础（第 3 版）》等 7 种图书入选教育部第二批“十二五”普通高等教育本科国家级规划教材，《物理化学实验》等 37 种（套）图书入选工业和信息化部“十二五”规划教材立项项目，《航天发射科学与技术丛书》《中间弹道学》两种（套）图书获得国家出版基金资助，《职场演兵》游戏平台获 2014 年度中央文化产业发展专项资金支持，《大爱育人中华魂——徐特立》获得 2014 年北京市音像、电子网络出版物奖励扶持专项资金；《滚蛋吧！肿瘤君：我与癌症斗争的一年里》荣获中国文化艺术政府奖第二届动漫奖——最佳动漫出版物奖国家级奖励；另有7种图书获得部委级奖励；《青少年诺贝尔文库：丛林故事》等30种图书入选《2014年中小学图书馆（室）推荐书目》，出版社入选“2013中国图书世界影响力出版100强”。全年生产码洋3.2亿元，销售码洋3.1亿元，营业收入1.5亿元，上缴国家利税900万元，上缴学校纯利润600万元。

（林　杰）

北京理工大学出版社2014年图书出版情况

项　目	种数/种		总印数/册、张		总印张/千印张		定价总金额/元	
	合计	新出	合计	新出	合计	新出	合计	新出
图书总计	2 617	1 460	11 750 908	5 663 300	138 745	76 339	317 507 523	189 566 843
（一）使用《中国标准书号》部分合计	2 617	1 460	11 750 908	5 663 300	138 745	76 339	317 507 523	189 566 843
A马列主义、毛泽东思想	3	1	17 100	1 800	258	37	554 200	86 400
B哲学	72	55	325 533	246 659	4 852	3 652	10 994 977	8 523 945
C社会科学总论	53	33	208 840	128 270	3 314	2 102	7 360 608	4 891 888
D政治、法律	55	43	171 812	114 600	2 872	1 830	6 382 945	4 295 000
E军事	20	9	79 140	42 800	853	301	1 982 760	853 000
F经济	325	164	1 008 168	546 648	15 861	8 578	36 267 164	21 225 524
G文化、科学教育、体育	548	236	4 719 830	1 351 430	37 801	14 855	73 984 215	32 876 518
H语言、文字	181	116	668 800	439 130	9 073	5 705	21 047 350	13 954 580
I文学	100	55	548 640	285 340	6 485	4 188	17 533 870	9 903 650
J艺术	93	67	358 490	277 490	3 582	2 761	13 274 620	11 038 820
K历史、地理	24	21	118 000	104 000	1 555	1 382	3 601 850	3 237 850
N自然科学论	7	6	30 500	28 500	329	308	863 700	813 700
O数理科学、化学	122	86	443 791	332 791	6 919	5 333	14 232 927	10 977 237
P天文学、地球科学	7	4	24 400	13 600	298	118	1 165 410	311 410
Q生物科学	16	12	57 900	45 200	405	260	1 509 500	900 800
R医药、卫生	20	11	104 520	44 720	2 135	1 085	3 998 220	2 023 340
S农业科学	10	10	9 770	9 770	159	159	415 370	415 370
T工业技术	740	416	2 063 714	1 184 712	31 604	17 856	76 938 946	47 607 956
U交通运输	167	82	527 190	253 070	7 755	3 656	17 908 711	9 425 675
V航空、航天	1	1	50	50	0	0	1 900	1 900
X环境科学	10	8	21 220	17 220	208	177	627 080	541 080
Z综合性图书	43	24	243 500	195 500	2 426	1 994	6 861 200	5 661 200
（二）不使用《中国标准书号》部分合计					0	0	0	0
1. 图片					0	0	0	0
2. 国标（GB）、部标（BB）等标准类文件印品	—	—	—	—	0	0	0	0
3. 活页文选、活页歌篇、小件印品等	—	—	—	—	0	0	0	0

北京理工大学出版社 2014 年图书获奖情况一览表

序号	书名	作者	出版年月	获奖名称	获奖等级	获奖日期	责任编辑	授奖单位
1	滚蛋吧！肿瘤君：我与癌症斗争的一年里	熊顿著	2012 年 9 月	中国文化艺术政府奖第二届动漫奖：最佳动漫出版物奖	国家级	2014 年 10 月	魏诺	文化部
2	辜鸿铭讲《论语》	辜鸿铭著	2013 年 1 月	向全国老年人推荐优秀出版物	部委级	2014 年 9 月	张慧峰	新闻出版广电总局、全国老龄工作委员会办公室
3	漫画少儿百科全书（12 册）	洋洋兔编绘	2014 年 3 月	2014 年全国优秀科普作品	部委级	2014 年 12 月	卢艳霄	科学技术部
4	BBC 科普三部曲：生命、地球、海洋	［英］保尔·罗斯，安妮·莱金，等著 李力，等译	2013 年 10 月	2013 年度引进版社科类优秀图书奖	部委级	2014 年 8 月	申玉琴 刘娟 施胜娟	中国出版工作者协会国际合作出版促进委员会、中国新闻出版研究院、《出版参考》杂志社
5	基因的故事	陈润生，刘夙著	2010 年 1 月	在 2013 年“公众喜爱的科普作品”推介活动中被推选为优秀科普图书	部委级	2014 年 1 月	范春萍	中国科学技术协会科学技术普及部
6	李元爷爷带你游星空	刘茜著	2010 年 6 月	在 2013 年“公众喜爱的科普作品”推介活动中被推选为优秀科普图书	部委级	2014 年 1 月	范春萍	中国科学技术协会科学技术普及部
7	保护环境随手可做的 101 件小事	刘兵主编，张亚力绘画	2010 年 4 月	在 2013 年“公众喜爱的科普作品”推介活动中被推选为优秀科普图书	部委级	2014 年 1 月	范春萍	中国科学技术协会科学技术普及部
8	再造一个地球——人类移民火星之路	欧阳自远，刘茜著	2009 年 9 月	在 2013 年“公众喜爱的科普作品”推介活动中被推选为优秀科普图书	部委级	2014 年 1 月	范春萍 杨志坚	中国科学技术协会科学技术普及部
9	创建平安校园安全教育读本	王兴中主编	2013 年 7 月	“中国人寿杯”全国首届校园安全大赛，入选了首届全国校园安全大赛的推荐教材		2014 年 11 月	胡卫民 陈竑	中国教师发展基金会，中国人寿保险股份有限公司主办
10	漫画上下五千年：盘古开天	洋洋兔编绘	2013 年 6 月	全国图书馆推荐书目（2013 年度）		2014 年 10 月	卢艳霄	出版界图书馆界全民阅读年会组委会

（林　杰）

科 技 园

【科技园公司概述】北京理工大学科技园始建于 1992 年，2003 年 10 月经科技部、教育部批准成为国家大学科技园。

目前，北京理工大学科技园已经建有一个核心园区和 5 个校外辐射基地。核心园区围绕学校中关村校区周边建设，占地约 1 万平方米，已经建成近

10 万平方米的建筑物。5 个校外辐射基地分别是位于北京房山的良乡校区分院；房山石楼医药化工孵化基地；位于云南昆明五华区高新技术产业开发区的昆明分园；位于常熟国家级经济开发区的常熟研究院；位于珠海的珠海分园。

理工科技园拥有包括理工科技大厦、理工国际教育交流大厦、海淀科技大厦等共计约 10 万平方米的房屋面积，经营性资源面积 4 万平方米。

截止到 2014 年年底，科技园公司有职工 199 人，其中事业编制 15 人，企业编制 170 人，返聘人员 14 人。

公司 2013 年、2014 年实现收入 10 765. 15 万元，上缴税金 807. 83 万元。学校给公司下达了两年上缴 4 700 万元的经济指标，公司实际上缴 4 734 万元，超额完成了全年经济任务；国际会议中心和理工大厦同创新高。

下属各企业都取得了可喜的工作业绩。

1. 孵化器、留创园

截至 2014 年年底，累计孵化企业 298 家，吸引留学生企业 224 家，累计吸引大学生企业 36 家（统计的为国内高校大学生）。

园区企业新增知识产权授权 160 项，其中新增授权专利 62 项（发明专利 27 项，实用新型 27 项，外观设计 8 项），新增软件著作权 98 项。截至 2014 年年底，累计吸引了 20 位高端领军人才，其中 15 位目前在园区发展。这 15 位在园发展的高端人才中，3 位入选中央“千人计划”，14 位入选北京市“海聚工程”，6 位入选中关村高端领军人才。

3 家企业入选中关村“金种子企业”；1 家企业获得中国留学人员创业园百家企业“创业潜力企业”；14 家企业入选海淀区“海帆计划”。北京理工雷科电子信息技术有限公司申报中关村十大年度人物，自由飞越国际航空技术服务（北京）有限公司申报中关村十大海归新星及中关村十大新锐企业。

2014 年完成了学校承担的工信部“大学生创业教育基地”科技园承担的建设任务、北京市科委的“北京市大学科技园及科技企业孵化器支持”项目、中关村管委会的“中关村示范区创业服务体系发展支持”项目、国家火炬计划项目——理工知识产权培训服务平台项目的 2014 年度任务，建立了知识产权在线服务平台网站——“专利谈”。2014 年 6 月，科技园再次被北京市认定为战略性新兴产业孵育基地、小企业创业基地；12330 知识产权工作站被北京市评为六家优秀服务平台之一。

2. 理工国际会议中心、理工科技大厦

国际会议中心采取多种方法节能降耗，相比 2012 年节水 2 081 吨、节电 89 300 度，折合人民币 72 516. 2 元，加上其他项目革新挖潜，总计节约经费约 11 万元。

理工科技大厦为保持各项设施设备完好，保证大厦正常安全的运行，2014 年物业投入各项维修更新费用近 60 万元，通过维修更新，消除了部分隐患和故障，保证了大厦的正常运营。

国际会议中心、理工科技大厦两个大厦确保安全运营无事故，连续获得紫竹院街道“综合治理安全生产工作先进集体”的称号。2014 年被中国酒店工程联盟、中国酒店金工奖评审委员会授予“中国酒店最佳工程管理示范单位”，姚继民同志被评为“中国酒店最佳工程经理”，郑红同志被评为“中国酒店工程管理最佳总经理”。在 2014 年企业安全生产标准化评审活动中，国际会议中心又力压其他参评单位荣获 898 分，名列海淀区三星级酒店第一名。

3. 昆明北理工孵化器

昆明北理工科技孵化器通过与多家孵化器进行比选，成功地与昆明市官渡区合作，在官渡区成立云南北理工官渡孵化器有限公司。目前官渡孵化器已经挂牌营运，初期具有孵化场地 3 000 平方米，已入孵企业 12 家，通过了昆明市级孵化器认定。

与云光发展有限公司合作，共同成立了云南光谷光机电科技孵化器管理有限公司。目前公司已经挂牌并营运，孵化场地面积 8 000 平方米（目标 20 000 平方米），已入孵企业 17 家，通过了昆明市级孵化器认定。官渡和云南光谷两家孵化器拟申报云南省级认定。

受昆明市科技局推荐，昆明北理工科技孵化器联合 9 家国家级孵化器作为骨干，牵头成立了有 58 家会员的昆明市科技孵化器协会，昆明北理工科技孵化器成为孵化器协会第一届理事长单位。

已完成与昆明五华区共建的五华区—北理工孵化器大学生创业园，目前入园企业 25 家，五华区—北理工孵化器大学生创业园被昆明市评为昆明市大学生创业示范园区；已经申报云南省大学生创业示范园区。

2014 年昆明北理工孵化器成立 10 周年，这十年来，依托学校和科技园入园企业的创新资源，向云南转移了多项科技成果，培育了科技人才，为云南社会经济发展作出了突出贡献，树立了省校合作的典范，2014 年 12 月 10 日《昆明日报》用半版的篇幅刊登了题为“昆明北理工科技孵化器十年磨一剑——打造高新技术产业前沿阵地”的专题报道。

2015 年 1 月 12 日科技日报刊登了题为“扎根十载果满枝——昆明北理工孵化器 10 年回眸”的文章，专题报道了昆明北理工孵化器 10 年的发展历程，为学校赢得了荣誉。

（徐春莹）

10

国际及港澳台交流与合作

【概况】 2014年，学校积极推进国际交流与合作工作，国际影响力和国际竞争力得到显著提升。在2014年英国高等教育调查公司QS亚洲大学排名中，北京理工大学居第79位，比2013年排名提升10位，在所有上榜的中国内地高校中排名第17。

截至2014年12月，学校与世界6大洲58个国家和地区的209所大学建立了校际合作关系。学校积极参与国际组织的全球性和区域性教育合作，推进与德国TU-9联盟高校、中国—西班牙大学联盟、中国—俄罗斯—白俄罗斯大学联盟的实质性合作。推进与俄罗斯莫斯科国立大学合作举办大学的工作，2014年5月，在中俄两国国家元首的见证下，两国教育部签署了关于支持中俄大学的部际间协议。作为将申请独立法人资格的中外合作办学机构，合作大学致力于开展高水平教育和研究创新活动，为中俄战略合作与区域经济社会发展培养高素质人才。

国际交流合作处协同教务处、研究生院推动学校国际化人才培养体系建设，为高水平创新人才培养创造了有利环境。2014年，北京理工大学新签、续签校级协议22份，其中校级学生交换协议、联合培养协议8份。继续实施本科生国际双学位项目7个，赴加州大学伯克利分校、加州大学圣地亚哥分校、普渡大学和法国图卢兹一大等访学项目20多个，继续实施与德国TU9和其他国家大学的交换生项目和毕业设计项目，以及赴牛津大学、哥伦比亚大学的短期项目。2014年本科生出国（境）交流人数768人，占年级在校生人数的20.92%，其中国家留学基金委资助优秀本科生50人。全校各种形式出国（境）交流的研究生596人次在2014年度国家留学基金委公派研究生项目中，研究生入选86人（联培64、攻博10、攻硕2、专项10）；与法国鲁昂大学新签订了双博士培养项目，3名研究生参加了北京理工大学与澳大利亚悉尼科技大学2010年签署的双博士项目。

2014年学校举办国际学术会议12场、双边学术研讨会3场。学科领域涉及机械工程、控制理论与控制工程、光学工程、管理科学与工程、设计学等多个学科。学校支持21个涉外及涉港澳台联合学术机构的建设。

2014年学校获得外国文教专家经费较2013年增长12.9%，共聘请长期外籍教师41人次（较上年同期增长20.5%），其中专业教学和“千人计划”特聘教授18人次。先后聘请来自美国、俄罗斯、日本、德国、澳大利亚等国家的海外专家402人次来校访问讲学和开展合作科研，为推动北京理工大学办学国际化作出了积极的努力。

学校在严格遵守国家、工信部相关规定的前提下，充分发挥有限度外事审批权作用，最大限度地满足师生国际交流合作需要。2014年，共派出889个出国及赴港澳台团组（较去年同期增长16.9%），共计1 648人次，派出总人数比2013年上升5.6%。教职工派出人数上升2.7%，学生派出人数上升10%。

共建的两所孔子学院各项工作取得长足进步。在西非埃博拉病毒肆虐的情况下，尼日利亚拉各斯大学孔子学院保持了正常的教学秩序。在第九届全球孔子学院大会上，中方院长姜丽蓉获得“全球孔子学院先进个人”称号，并受到国务院副总理、孔子学院总部理事会主席刘延东的亲切接见。

成功实施香港与内地高等学校师生交流计划项目3项，其中“京港理工大学机械工程创新能力联合培养”项目连续三年获得资助，成为京港两地高等学校师生交流的品牌项目。与台湾高校的交换生人数（半年期）50人，北京理工大学“2014海峡两岸设计艺术夏令营”被国务院台湾事务办公室列为对台重点教育交流项目。

（毛宇峰）

【校际交流】 2014年北京理工大学进一步完善全球性国际交流合作网络，新签及续签校级合作协议22份，新签及续签校级项目协议8份。

2014年新签/续签校级合作协议列表

序号	协议名称	签订时间
1	北京理工大学与日本东京工科大学合作协议	2014.02
2	北京理工大学与捷克帕拉茨基大学谅解备忘录	2014.03
3	北京理工大学、牛津大学奥瑞尔学院与CBL International谅解备忘录	2014.03
4	北京理工大学与波兰格但斯克大学谅解备忘录	2014.04
5	北京理工大学与波兰托伦哥白尼大学谅解备忘录	2014.04

续表

序号	协议名称	签订时间
6	北京理工大学与爱沙尼亚塔林理工大学谅解备忘录	2014. 04
7	北京理工大学与罗马尼亚亚历山大·杨·库扎大学谅解备忘录	2014. 04
8	北京理工大学与斯洛伐克布拉迪斯拉发经济大学谅解备忘录	2014. 04
9	北京理工大学与捷克奥斯特拉瓦技术大学谅解备忘录	2014. 04
10	北京理工大学与捷克西波西米亚大学谅解备忘录补充协议	2014. 04
11	北京理工大学与塞尔维亚贝尔格莱德大学合作协议补充协议	2014. 05
12	北京理工大学与德国慕尼黑工业大学签订伙伴关系协议	2014. 05
13	北京理工大学与日本高知工科大学签订学术交流总协定	2014. 06
14	北京理工大学与瑞典皇家理工学院签订谅解备忘录	2014. 06
15	北京理工大学与新西兰奥克兰大学学术合作协议	2014. 06
16	北京理工大学与英国贝尔法斯特女王大学谅解备忘录	2014. 08
17	北京理工大学与德国柏林工业大学谅解备忘录	2014. 09
18	北京理工大学与英国雷丁大学深化合作谅解备忘录	2014. 11
19	北京理工大学与荷兰莱顿大学续签总协定	2014. 12
20	北京理工大学与波兰华沙大学谅解备忘录	2014. 12
21	北京理工大学与土耳其安纳多鲁大学国际教育合作协议	2014. 12
22	北京理工大学与保加利亚索菲亚技术大学谅解备忘录补充协议	2014. 12

2014 年新签/续签校级项目协议列表

序号	协议名称	签订时间
1	北京理工大数与法国电力机械专业学院双学位项目协议	2014. 03
2	北京理工大学与日本高知工科大学签订学生交换备忘录	2014. 06
3	构建“中国—东盟工科大学联盟”的联合声明	2014. 09
4	北京理工大学与澳大利亚国立大学本科学分互认协议	2014. 10
5	北京理工大学与印度尼西亚墨邱布安南大学双学位项目协议	2014. 10
6	北京理工大学与澳大利亚斯威本科技大学学生交换谅解备忘录	2014. 12
7	北京理工大学与瑞典皇家理工大学学生交换协议	2014. 12
8	北京理工大学与荷兰莱顿大学学生交换协议	2014. 12

（宋春宝）

【港澳台交流】 在对港交流方面，2014 年成功实施教育部香港与内地高等学校师生交流计划项目 3 项，均取得了良好的影响效果，其中“京港理工大学机械工程创新能力联合培养”项目申请 2015 年香港与内地高等学校师生交流计划并获批，这是该项目连续三年获得项目资助，已经成为京港两地高等学校师生交流的品牌项目。

在对台交流方面，2014 年共接待包括台北科技大学、中原大学等 6 所台湾高校校级来访团组。2014 年与台湾高校的交换生人数（半年期）达 50 人。学校“2014 海峡两岸设计艺术夏令营”被国务院台湾事务办公室列为对台重点教育交流项目，并于 2014 年 8 月成功举办。此次夏令营邀请到成功大学等 8 所台湾院校的 25 名师生参加，活动期间举办了“2014 海峡两岸设计艺术夏令营调研成果发布会”、设计艺术教育研讨会和专题讲座等，得到了国务院台湾事务办公室、工业和信息化部港澳台事务办公室、教育部港澳台事务办公室和北京市教委港澳台办等上级部门的高度评价。

北京理工大学获批 2014 年教育部香港与内地高校师生交流计划项目

序号	项目名称	项目类别	获批人数	获批天数
1	京港理工大学机械工程创新能力联合培养	短期	44	12
2	京港理工大学学生领袖训练及交流营	短期	44	7
3	香港理工大学、香港科技大学和香港城市大学交换生项目	长期	24	5 个月
4	电子显微镜下传感与微执行器一体化测控系统研讨	短期	5	7

北京理工大学获批国务院台办、工信部 2014 年对台重点交流项目

项目名称	项目类别	台湾师生数	天数
2014 海峡两岸设计艺术夏令营	短期	25	7

（宋春宝）

【引智工作】 2014 年，获得外国文教专家经费 945 余万元，较 2013 年增长 12.9%；共聘请长期外籍教师 41 人次（较上年同期增长 20.5%），其中专业教学和“千人计划”特聘教授 18 人次，聘请短期专家交流、讲学 402 人次，聘请外籍兼职教授 7 人以及顾问教授 1 人。

学校累计执行国家级学科创新引智基地项目 4 项、校学科创新引智基地 3 项、外专“千人计划”项目 1 项、高端外专项目 1 项、短期外国文教专家重点项目、常规项目以及计划外项目 143 项，先后聘请来自美国、俄罗斯、日本、德国、澳大利亚等海外专家 402 人次来校访问讲学和开展合作科研。

2014 年北京理工大学长期在校工作的外籍及港澳台教师名单

序号	姓名（按护照）	国籍	性别	学院	职务	备注
1	JESSICA COLLEEN TASKINEN	美国	女	外国语学院	语言教师	国际处聘用
2	GREGORY JOSEPH KYNAST	美国	男	外国语学院	语言教师	国际处聘用
3	GRACE BAXLEY KYNAST	美国	女	外国语学院	语言教师	国际处聘用
4	GLENN J NIEDERGALL	美国	男	外国语学院	语言教师	国际处聘用
5	BENJAMIN ANDREW BREWER	美国	男	外国语学院	语言教师	国际处聘用
6	EMILY ALLYN THOMAS	美国	女	外国语学院	语言教师	国际处聘用
7	APRYL MARIE SNIFFEN	美国	女	外国语学院	语言教师	国际处聘用
8	HEATHER IRENE PETERSEN	美国	女	外国语学院	语言教师	国际处聘用
9	ERIKA MARIE ANDERSON	美国	女	外国语学院	语言教师	国际处聘用
10	SHELLY ANN PAGE	美国	女	外国语学院	语言教师	国际处聘用
11	EMILY FAITH COLE	加拿大	女	外国语学院	语言教师	国际处聘用
12	SAKAMOTO ATSUKO	日本	女	外国语学院	语言教师	国际处聘用
13	IO TAKAYUKI	日本	男	外国语学院	语言教师	国际处聘用
14	HIRUMA HIDEO	日本	男	外国语学院	语言教师	国际处聘用
15	ULRICH MARTIN ESCHBORN	德国	男	外国语学院	语言教师	国际处聘用
16	BENNO HUBERT DR. WAGNER	德国	男	外国语学院	语言教师	国际处聘用
17	PABLO MANUEL GARCIA SEIJAS	西班牙	男	外国语学院	语言教师	国际处聘用
18	DANIEL BENJAMIN HILLYARD	美国	男	外国语学院	语言教师	国际处聘用
19	JESSICA LEE RIDER	美国	女	外国语学院	语言教师	国际处聘用
20	DONGLIN PEI	英国	男	国际教育学院	合作办学教师	国际处聘用
21	JONGMAN JU	韩国	男	设计学院	合作办学教师	国际处聘用
22	ELENA ORTIZ GONZALEZ	西班牙	女	外国语学院	语言教师	国际处聘用

续表

序号	姓名（按护照）	国籍	性别	学院	职务	备注
23	STEFAN SKLENKA	德国	男	外国语学院	语言教师	国际处聘用
24	VALERIE SUE COOK	美国	女	外国语学院	语言教师	国际处聘用
25	CATHERINE CONNOR BLAND	美国	女	外国语学院	语言教师	国际处聘用
26	RICHARD MARK WEBSTER	英国	男	信息学院	合作办学教师	国际处聘用
27	HENRY CLAY JONES	美国	男	信息学院	合作办学教师	国际处聘用
28	STEFAN HAUPTMANN	德国	男	管理学院	专业教学	人事处聘用
29	ERIC MARTINOT	美国	男	管理学院	专业教学	人事处聘用
30	ZHONGJING MA	加拿大	男	自动化学院	专业教学	人事处聘用
31	LI HUIQI	新加坡	女	自动化学院	专业教学	人事处聘用
32	HONG QING	加拿大	男	生命学院	专业教学	人事处聘用
33	JOHN JIANG WU	美国	男	软件学院	专业教学	人事处聘用
34	DAKE LIU	瑞典	男	信息学院	专业教学	人事处聘用
35	MEIYING DONG	瑞典	女	信息学院	专业教学	人事处聘用
36	CHEN ZHENQING	美国	男	数学学院	专业教学	人事处聘用
37	HUANG YUAN	德国	男	机械与车辆学院	专业教学	人事处聘用
38	TOSHIO FUKUDA	日本	男	机电学院	专业教学	人事处聘用
39	杨世荣	中国香港	男	教育研究院	专业教学	人事处聘用
40	王苏宁	加拿大	女	化学学院	专业教学	人事处聘用
41	吴景龙	日本	男	机电学院	专业教学	人事处聘用

2014 年北京理工大学“高等学校学科创新引智计划”项目

序号	批准年度	学科创新引智基地名称	项目负责人
1	2007	特种分子纳米科学与技术学科创新引智基地	胡长文
2	2008	特种机动平台设计制造科学与技术学科创新引智基地	黄　强
3	2010	新能源车辆及运用创新引智基地	孙逢春
4	2013	新体制雷达系统理论与关键技术学科创新引智基地	龙　腾

2014 年北京理工大学高端外国专家项目一览表

专家姓名	国籍	申请学院
Magdi Sadek Mostafa Mahmoud Sadek	埃及	自动化学院

2014 年北京理工大学外国文教专家重点项目一览表

项目批号	名　称	学院	申请负责人
Z2014001	校内 111 基地——复杂系统随机分析创新引智计划基地	数学学院	田玉斌
Z2014002	校内 111 基地——海量数字资源组织及智能教育技术	计算机学院	牛振东
Z2014003	校内 111 基地——微纳光电材料与器件创新引智计划基地	材料学院	邹炳锁
Z2014004	英文授课专业课程支持计划——“FISC—机械工程国际化教育专业”建设项目	机械与车辆学院	唐水源
Z2014005	英文授课专业课程支持计划——MBA 国际班	管理学院	赵玉焕
Z2014006	英文授课专业课程支持计划——飞行器动力学与控制	宇航学院	刘　莉
Z2014007	英文授课专业课程支持计划——国际经济与贸易国际实验班	管理学院	孟凡臣
Z2014008	英文授课专业课程支持计划——机械工程动力机械	机械与车辆学院	马朝臣
Z2014009	英文授课专业课程支持计划——信息与电子专业	信息学院	薛正辉

续表

项目批号	名　　称	学院	申请负责人
Z2014010	英文授课专业课程支持计划——有约束的航天器高精度快速姿态跟踪动力学与控制特性研究	宇航学院	张景瑞
Z2014011	“海外高层次人才引进计划”专家引智专项——高性能四足机器人仿生设计与系统集成	机电学院	福田敏男
Z2014012	“海外高层次人才引进计划”专家引智专项——中日合作高密度高速度节能型信息存储技术与理论的研究	光电学院	谭小地
Z2014013	“海外高层次人才引进计划”专家引智专项——自主式微型生物医学用机电一体化和机器人技术	生命学院	郭书祥
Z2014014	“海外高层次人才引进计划”专家引智专项——生化质谱技术国际合作项目	生命学院	徐　伟
Z2014015	“海外高层次人才引进计划”培育项目——“徐特立讲座教授”人才引进项目	人事处	施　瑞
Z2014016	“海外高层次人才引进计划”培育项目——相位检测理论与应用的研究	光电学院	谭小地
Z2014017	涉外及涉港澳台联合学术机构——远程控制教育与科学研究联合实验室	自动化学院	戴亚平
Z2014018	涉外及涉港澳台联合学术机构——气动技术联合研究中心	自动化学院	王　涛
Z2014019	涉外及涉港澳台联合学术机构——结构与安全国际联合研究中心	机电学院	高世桥
Z2014020	涉外及涉港澳台联合学术机构——阻燃科学与技术国际联合实验室	材料学院	杨荣杰
Z2014021	涉外及涉港澳台联合学术机构——光机电工程联合研究中心的建设	光电学院	程灏波
Z2014022	涉外及涉港澳台联合学术机构——技术创新联合实验室	管理学院	朱东华
Z2014023	涉外及涉港澳台联合学术机构——中外家族企业联合研究中心	管理学院	裴　蓉
Z2014024	涉外及涉港澳台联合学术机构——驾驶行为与交通安全联合实验室	机械与车辆学院	王武宏
Z2014025	涉外及涉港澳台联合学术机构——德国语言文化研究中心	外国语学院	姜爱红
Z2014026	涉外及涉港澳台联合学术机构——神经信息联合研究中心	计算机学院	牛振东
Z2014027	教育部研究生创新中心——基于因特网的远程控制、测量与决策系统研究生开放实验室	自动化学院	王庆林
Z2014028	北京市电子信息技术研究生产学研基地——远程可监测与控制的智能交通系统产学研实验室	自动化学院	王庆林
Z2014029	国家、省、部级重大专项配套引智项目——面向任务的多智能体系统抗毁性拓扑结构构建与多目标优化	自动化学院	陈　杰
Z2014030	国家、省、部级重大专项配套引智项目——多源信息复杂系统控制基础理论与方法	自动化学院	夏元清
Z2014031	对俄合作平台——基于含能材料和测控系统的油井增产技术研究	化工学院	张东翔
Z2014032	对俄合作平台——航天系统分析与设计	宇航学院	冀四梅

2014 年北京理工大学外国文教专家常规项目一览表

序号	名　　称	学院	申请负责人
C2014001	细胞粘附分子相互作用的实验与模拟研究	宇航学院	季葆华
C2014002	航空航天类人才培养的国际化建设	宇航学院	唐胜景
C2014003	用于粘性流动数值模拟的高阶时空间断有限元法研究	宇航学院	季路成
C2014004	粘性流动数值模拟前沿讲座与时空间断有限元法合作研究	宇航学院	季路成
C2014005	新型先进材料和结构分析方法和技术	宇航学院	刘　刘
C2014006	机械工程国际班《嵌入式系统入门与实践》课程	机械学院	邹　渊
C2014007	高功率光载微波脉冲的产生及其大气中相位噪声特性的研究	光电学院	杨苏辉

续表

序号	名 称	学院	申请负责人
C2014008	发展与建设信息与电子学院国际交流计划 1——微波电磁场方向	信息学院	龙 腾
C2014009	发展与建设信息与电子学院国际交流计划 2——无线通信方向		龙 腾
C2014010	发展与建设信息与电子学院国际交流计划 3——生命信息工程方向		龙 腾
C2014011	发展与建设信息与电子学院国际交流计划 4——信号处理方向		龙 腾
C2014012	发展与建设信息与电子学院国际交流计划 5——无线电方向		龙 腾
C2014013	直升机控制问题研究	自动化学院	戴亚平 许向阳
C2014014	控制系统中的系统辨识问题研究		戴亚平 戴忠健
C2014015	面向任务的多智能体系统抗毁性拓扑结构构建与多目标优化		陈 杰
C2014016	人机车智能交互的理论与应用		马宏宾
C2014017	海外战略合作伙伴高级访问学者项目——悉尼科技大学		戴亚平
C2014018	仿真技术在社会科学研究中的应用		王庆林
C2014019	动平衡状态控制理论研究		王庆林
C2014020	面向移动社交网络的容迟网络路由协议研究	计算机学院	李 凡
C2014021	教育部新世纪优秀人才支持计划	材料学院	高丽红
C2014022	研究生课程授课		王琳
C2014023	纤毛运动机理的研究：针对计算模型的实验验证	生命学院	陈端端
C2014024	生物医学光学仪器前沿技术研究		李 勤
C2014025	认知神经科学研究		李 勤
C2014026	空间环境条件下神经和免疫相互作用分子效应的研究		邓玉林
C2014027	空间辐射条件对基因表达调控影响机理研究		马 宏
C2014028	靶向于激素的神经退行性疾病治疗的作用研究		庆 宏
C2014029	天然药物的分离纯化及其活性研究		戴荣继
C2014030	CD4+Th 细胞在非炎性抗原诱导的免疫反应中作用机理研究		谭 信
C2014031	微重力下骨丢失与免疫抑制的关系和分子机制		谭 信
C2014032	邀请外国文教专家 Kit C. Chan 教授来华讲学项目	数学学院	田玉斌
C2014033	典型群与薛华利群的低阶 K 理论		张祖宏
C2014034	分层代数与 K 理论		张祖宏
C2014035	切换分布参数系统的稳定性分析		张 琼
C2014036	李群上的信息几何结构及其应用		孙华飞
C2014037	p-adic 完备代数的环论性质		魏 丰
C2014038	邀请外国文教专家 AriLaptev 教授来华讲学		刘跟前
C2014039	算子 Lie 理想与离散根		曹 鹏
C2014040	局部紧群上的 Banach 代数		曹 鹏
C2014041	鼓励亚洲崛起的经济体参与后京都机制的政策选择	管理学院	魏一鸣
C2014042	建立以中国为主的气候变化国际/区域研究中心的可行性研究		魏一鸣
C2014043	能源与环境政策建模		魏一鸣
C2014044	能源供应安全与能源政策的基础研究		魏一鸣
C2014045	全球经济与油气企业协调发展研究		魏一鸣
C2014046	气候变化对社会经济系统易损性影响分析方法及其应用研究		魏一鸣

续表

序号	名　　称	学院	申请负责人
C2014047	XBRL 财务信息传导机理及治理效应研究	管理学院	陈宋生
C2014048	不确定条件下基于 Supply-Hub 的装配系统协同补货策略研究		李　果
C2014049	JIT 环境下装配系统协同供货决策模型与方法研究		李　果
C2014050	财务困境风险、价值溢价与资产误定价		刘宁悦
C2014051	面向发展中国家的气候变化技术转移平台搭建及能力建设		刘　云
C2014052	忠诚计划联盟的溢出效应及其形成机理研究		马宝龙
C2014053	海外经历对家族企业国际化的影响：中澳比较研究		裴　蓉
C2014054	人际关系与行为——五年战略研究计划		裴　蓉
C2014055	“职场冲突调解的中西方比较研究”项目		裴　蓉
C2014056	知识类型对家族企业传承影响的中德案例比较研究		裴　蓉
C2014057	《家族企业原理》教学设计与研讨		裴　蓉
C2014058	基于有限理性的动态定价与库存控制联合策略		冉　伦
C2014059	地区投资者保护视角下的整体上市机理及经济后果研究		佟　岩
C2014060	虚拟健康社区行为扩散和健康管理机制研究		颜志军
C2014061	模糊测度与积分——多准则决策理论的工具		张　强
C2014062	合作对策的联盟形成机理和收益分配策略研究		张　强
C2014063	金融危机后国际会计准则体系发展动向与反思		张永冀
C2014064	管理学院海外战略合作伙伴项目——佐治亚理工学院和麻省理工学院		刘　云
C2014065	我国军工上市公司自愿性信息披露特征及重大影响因素的统计研究		李慧云
C2014066	面向高科技企业技术并购的目标选择方法研究		黄　璐
C2014067	我国国际并购企业跨文化吸收能力评价		孟凡臣
C2014068	我国企业国际并购绩效评价		孟凡臣
C2014069	“去家族化”争议背景下家族影响与组织公民行为间的关系研究”		艾凤义
C2014070	中西合同法比较研究	法学院	付俊伟
C2014071	中德法学教育、司法制度比较研究		李　华
C2014072	日本文化思想史专题研究	外国语学院	郭玉杰
C2014073	德国当前热点问题研究		姜爱红
C2014074	政治语言与修辞		刘文杰
C2014075	日语词汇研究		谭利群
C2014076	日本语言文学教学与日语翻译研究		周晨亮
C2014077	跨文化交流课程建设		张　剑
C2014078	外语学院叙事学课程建设		杨　敏
C2014079	北京理工大学英语专业硕士和学士中英双学位项目		张　剑
C2014080	认知语言学中的创新隐喻研究		张　勇
C2014081	中德跨文化能力训练		张　勇
C2014082	邀请 Gert Pasman 教授讲授研究生人因工程研究课程	设计学院	孙远波
C2014083	德国柏林自由大学合作项目		姬　勇
C2014084	美国休斯敦大学合作项目		邱　越
C2014085	维也纳美术学院教师交流授课计划		姬　勇
C2014086	教育研究院教学科研国际化建设	教育研究院	王　颖

“北京理工大学学科创新引智计划”项目

序号	项目名称	学科领域	项目负责人	依托学院
1	微纳光电材料与器件创新引智计划	材料科学与工程	邹炳锁	材料学院
2	复杂系统随机特性研究及其应用创新引智计划	数学	田玉斌	数学学院
3	海量数字资源组织及智能教育技术创新引智计划	计算机科学与技术、认知科学	牛振东	计算机学院

（彭　姝）

【来访派出工作】 2014 年共接待来自 33 个国家及地区的来访团组 106 个，其中大学校长团组 32 个、政府团组 9 个、组织/协会团组 5 个、企业团组 2 个、短期学生团组 4 个。共派出 889 个出国及赴港澳台团组（较去年同期增长 16.9%），共计 1 648 人次，派出总人数比 2013 年上升 5.6%，其中教职工派出人数上升 2.7%、学生派出人数上升 10%。在派出的 1 648 人次中，教职工共计 608 个团组，计 969 人次；本科生、硕士生和博士生共计 281 个团组，计 679 人次。公派长期出国人员 130 人次，公派长期回国人员 86 人次。

2014 年北京理工大学单位公派人员统计总表

单位	人次	派出方式		派出身份							出访任务							出访目的地					
		组团	参团	院士	教授	副教授	讲师	助教	研究生	本科生	交流访问	参加会议	合作研究	执行任务	培训学习	比赛	其他	亚洲	欧洲	北美洲	南美洲	非洲	大洋洲
管理人员	119	116	3	2	26	34	56	1			38	27	5	48	1			42	41	28		3	5
宇航学院	91	76	15		21	23	16	2	29		6	57	11	16			1	28	20	40		2	11
自动化学院	74	69	5		14	18	10		30	2	14	33	3	15			9	21	11	16		12	4
机械与车辆学院	199	195	4		67	49	17		61	5	15	117	38	19			10	65	65	63			6
光电学院	123	123			59	24	5	1	34		6	98	11	2			6	21	22	74			6
信息与电子学院	105	105			23	25	17		30	10	4	62	15	8			16	39	24	33	2		7
机电学院	153	150	3		45	31	17	4	55	1	2	109	24	7			11	63	35	39		4	12
材料学院	46	46			20	10	8	1	6	1		38	5	2			1	7	15	16			8
化工与环境学院	23	23			9	4	6		4		3	11	8	1				2	6	14			1
生命学院	78	78			19	7	4		24	24		37	7	4		31		15	12	50			1
数学学院	21	21			6	7	3	1	3		1	8	11			1		3	9	7			2
物理学院	21	21			6	5	3	3	4			13	8					9	7	5			
化学学院	20	20			14	4			2		1	7	10	1			1	6	5	8			1
管理与经济学院	208	208			31	19	4	1	118	36	5	61	16	119			7	58	77	64	5	1	4
人文与社会科学学院	54	54			4	4	6		3	37	9	1	3	17			24	11	38	5			
设计与艺术学院	48	48			5	9	6		20	8	5	9	2	11			21	30	9	9			
计算机学院	79	79			15	12	11	2	27	12		43	15	8			13	40	15	14			10
软件学院	13	13			2	3	4		4			4	2	4		3		4	6	2			1

续表

单位	人次	派出方式		派出身份							出访任务							出访目的地					
		组团	参团	院士	教授	副教授	讲师	助教	研究生	本科生	交流访问	参加会议	合作研究	执行任务	培训学习	比赛	其他	亚洲	欧洲	北美洲	南美洲	非洲	大洋洲
外国语学院	40	40			3	7	13	1	10	6	2	11	7	9			11	20	12	6			2
法学院	57	57			13	10	3	1	13	17		17	5	23		5	7	39	10	6			2
继续教育学院	4	4			2	1	1				1	3							1	3			
国际教育学院	9	9			2	2	3	2			6			3					6	3			
教育研究院	26	26			6	8	4	1	7			21	1	2			2	6	7	12			1
基础教育学院	37	37			1					36				37				36		1			
总计	1 648	1 618	30	2	413	316	217	21	484	195	118	787	207	356	1	40	140	565	453	518	7	22	84

2014 年北京理工大学教职工长期派出情况统计表　　人次

单位	派出方式		派出时间			派出人员类别			派出目的			
	国家公派	单位公派	3~6 个月	6~12（含 6 个月）	12 个月及以上	教授（研究员）	副教授（副研究员）	讲师或助理研究员	高级访问学者	访问学者	执行任务	工作
宇航学院	3	5		4	4	1	1	6		8		
自动化学院	2	4	1	4	1	1	3	2		2	4	
机械与车辆学院	7	11	3	3	12	1	12	5		14	4	
光电学院	6	1	1	2	4	3	2	2		6	1	
信息与电子学院	6	9	1	4	10	1	2	12		11	4	
机电学院	5	7	1	2	9		9	3		12		
材料学院	4	3	3		4	2	5			6	1	
化工与环境学院	3	2	1		4		2	3		4	1	
生命学院		1		1			1			1		
数学学院	3	2		1	4	1	1	3		5		
物理学院	2	1			3		2	1		3		
化学学院	1	1		1	1		2			2		
管理与经济学院	6	3	1	2	6	1	6	2		6	3	
人文与社会科学学院	1	2	1	1	1		2	1		2	1	
设计与艺术学院	4			1	3		2	2		4		
计算机学院	3	4	3	1	3	2	1	4		6	1	
软件学院		1	1					1			1	
外国语学院	5	1		1	5	1	1	4		6		
法学院	3	2		1	4		3	2		5		
教育研究院	1	2	2	1		1		2	1	1	1	
国际交流合作处		2	1	1			2			1		1
图书馆		1		1		1				1		
总计	65	65	20	32	78	16	59	55	1	106	22	1

（王　铎）

【学生国际交流】2014 年，参与交流和访学的学生达到 1 364 人次，其中本科生出国（境）交流 768 人次，占年级平均在校生人数的 20.92%，项目数由 92 项增长到 109 项。2014 年国家留学基金委资助优秀本科生项目 15 个，受资助学生人数 50 人。研究生参与交流和访学达 596 人次，其中 86 名研究生获得国家留学基金委资助。2014 年共接收来自 16 个国家和地区的校际交换生 158 人。连续第六次组织“BIT-TU9 暑期学校”，该暑期学校自 2009 年开办以来已有 100 余名德国学生参加。2014 年 6 月，学校与西班牙桑坦德银行共同组织举办了第二届“TOP CHINA 暑期学校”，来自墨西哥 14 所高校的 30 名学生和 3 名教师与我校学生共同学习交流，完成了主题为“信息与电子”的暑期课程。

（毛宇峰　于导华　甄　桢　彭　姝）

2014 年北京理工大学各学院本科生参加境外学习和活动人数统计　　人

学院	项目类型及参加人数										合计		其中			
	长期项目				短期项目								长期项目		短期项目	
	双学位	访学	交换生	毕业设计	暑期学校	语言学习	交流活动	国（境）际比赛	国际会议	实践实习	人数	占年级平均在校生比例/%	人数	占年级平均在校生比例/%	人数	占年级平均在校生比例/%
宇航学院		3		22	5	2	1			2	35	15.49	25	11.06	10	4.42
机电学院		8	4	12	2	1	3				30	12.64	24	10.12	6	2.53
机械与车辆学院	9	15	63	8	17	1	7			3	123	27.61	95	21.32	28	6.29
光电学院	3	1	2	3	8	1				2	20	8.74	9	3.93	11	4.81
信息与电子学院	18	6	12	24	30	6	13			1	110	26.32	60	14.35	50	11.96
自动化学院	7	5	3	1	17	1	4	1		2	41	15.06	16	5.88	25	9.18
计算机学院	3				9	1	6	3		1	23	10.67	3	1.39	20	9.28
软件学院	1	2		2	3	2		1		2	13	6.81	5	2.62	8	4.19
材料学院		1	3		5		2		1	3	15	9.22	4	2.46	11	6.76
化工与环境学院	1	1	1		2		3				8	4.86	3	1.82	5	3.04
生命学院					3			17			20	16.16	0	0.00	20	16.16
数学学院	3	3			6					3	15	15.04	6	6.02	9	9.02
物理学院	2				3	1				1	7	12.33	2	3.52	5	8.81
化学学院	2	1									3	4.82	3	4.82	0	0.00
管理与经济学院		8	38		21	10	30			3	110	40.89	46	17.10	64	23.79
人文与社会科学学院	3	1	6		16	3	36		9	36	110	79.71	10	7.25	100	72.46
法学院		3	1		6		11	5			26	27.96	4	4.30	22	23.66
外国语学院		4	5	1	18	1	8	1		1	39	40.10	10	10.28	29	29.82
设计与艺术学院			7		6	3	0	1			17	11.62	7	4.79	10	6.84
徐特立学院					3						3	12.37	0	0.00	3	12.37
合计	52	62	145	73	180	33	124	29	10	60	768	20.92	332	9.04	436	11.87

注：长期项目指项目运行时间为 3 个月及以上的项目。短期项目指项目运行时间为 3 个月以下的项目。

（于导华）

【国际学术会议】2014 年共举办 12 场国际学术会议和 3 场双边学术研讨会，学科涉及机械工程、控制理论与控制工程、光学工程、管理科学与工程、设计学等多个领域。

2014 年北京理工大学举办的国际学术会议

序号	会议名称	举办类型	承办单位	举办时间
1	第二届 PROLITH 光刻仿真技术研讨会	主办	光电学院	4. 22—4. 24
2	北京理工大学—悉尼科技大学数据挖掘与服务技术国际研讨会	联合主办	计算机学院	4. 24
3	2014 年国际企业技术创新管理与信息化国际会议	主办	两化研究院	5. 18—5. 19
4	人—机器人融合系统国际研讨会	主办	机电学院	5. 29—5. 30
5	2014 国际绿色智能交通与安全学术会议	联合主办	机械与车辆学院	7. 01—7. 03
6	2014 多智能体动态系统分布式协同控制研讨会	主办	自动化学院	7. 22—7. 26
7	第五届 BIT—TIT 国际学术交流会	主办	机械与车辆学院	8. 31—9. 02
8	IEEE 交通电气化国际学术会议	联合主办	机械与车辆学院	9. 20—9. 23
9	全息及相关技术国际专题研讨会	主办	光电学院	10. 15—10. 17
10	2014 国际实验力学学会秋季会议	联合主办	爆炸科学实验室	10. 19—10. 22
11	2014 工业工程与工程管理国际学术会议	主办	机械与车辆学院	10. 31—11. 02
12	2014 安全科学与技术国际会议	联合主办	机电学院	11. 04—11. 06
13	新思维——设计与艺术发展国际会议	主办	设计与艺术学院	11. 22—11. 23
14	社会治理创新与实践国际会议	主办	人文与社会科学学院	12. 05—12. 07
15	2014 可信系统国际会议	主办	计算机学院	12. 16—12. 17

（宋春宝）

【联合学术机构】2014 年 4 月 21 日，学校成立了能源材料联合研究中心，涉外及涉港澳台联合学术机构总数达到 21 个。2014 年，管理与经济学院依托北京理工大学技术创新联合实验室（北京理工大学管理与经济学院—佐治亚理工学院公共政策学院—曼彻斯特大学商学院），联合校两化融合发展研究院等单位申报的北京市国际科技合作基地项目顺利通过答辩及专家评审，入选第三批北京市国际科技合作基地，成为我校第一个管理类省部级国际科技合作基地。

2014 年北京理工大学成立的涉外及涉港澳台联合学术机构

联合机构名称	学校发起单位	海外主要合作伙伴	校长办公会通过时间
能源材料联合研究中心	材料学院	澳大利亚昆士兰大学化工学院	2014. 4. 21

2014 年北京理工大学入选“北京市国际科技合作基地”单位

序号	北京市国际科技合作基地名称	依托单位
1	电动汽车电驱动系统北京市国际科技合作基地	北京理工大学电动车辆国家工程实验室
2	中欧电动公交系统北京市国际科技合作基地	北京理工华创电动车技术有限公司
3	空间技术与社会发展北京市国际科技合作基地	北京理工大学宇航学院
4	科技创新管理与专利分析北京市国际科技合作基地	北京理工大学经济与管理学院

（毛宇峰）

【孔子学院】2014 年，共建的两所孔子学院运行良好。外国语学院教授、拉各斯大学孔子学院中方院长姜丽蓉获得全球“孔子学院先进个人称号”。拉各斯大学孔子学院教学点已经发展到 36 个，开设汉语教学课程 24 门，注册学生总数达到 5 500 人。拉各斯大学继续招收第二届中文专业本科学生 25 名，孔子学院教师参与教学和课程设置。拉各斯大学孔子学院推荐的 10 名孔子学院优秀学员获得国家汉办的孔子学院一学年和一学期研修生中国留学奖学金。

萨斯喀彻温大学孔子学院完成访华团等年度工作计划，扩充了 HSK 考试中心，举行了两次汉语水平考试。组织志愿者教师和本地教师到爱德蒙顿孔院学习和业务培训。首次把汉语教材与加拿大原住民印第安人的文化相结合，编写了本土教材。

（马宇航）

11

管理工作

校务管理

【概况】 北京理工大学学校办公室是学校党委和行政的综合办事机构，担负着综合协调、参谋助手、服务领导、服务基层、服务师生的职责。学校办公室坚持“服务、参谋、创新、提高”的工作理念，保障学校办公系统的运行。

2014年，学校办公室协助学校党委全面落实群众路线教育实践活动整改任务，推动学校综合改革不断深入，完成了“党建创优工程”迎评工作，举办了卓越大学联盟第五次校长联席会议。通过制定《北京理工大学章程》，实现推进现代大学制度建设的目标，实施“推进行动计划”，促进一流大学建设，保障一级保密单位资质复审顺利通过，推进“2011计划”协同创新中心的申报验收，签订了新一轮对口支援协议等。

2014年，学校办公室荣获“北京理工大学保密工作先进集体”称号，一人荣获“北京理工大学保密工作先进个人”称号。《北京理工大学年鉴（2012卷）》在首届北京市年鉴综合质量评比中获得教育类年鉴特等奖。在2014年度北京市教育事业统计工作质量评估中，学校连续第三次获得先进集体一等奖，一人获得先进个人二等奖。

（任峻峰）

【综合协调】 2014年，学校办公室多次接待工信部、北京市教委、海淀区政府等各级领导来校考察；共接待哈尔滨工程大学、南京理工大学、中南大学等兄弟高校来校调研37次；共登记处理日常信访事务25次，对非登记信访事项均做到了及时处理并给予答复；完成了11批次共计28枚公章的刻制启用，登记向校领导呈送的报告、请示近千份，其他各类文件材料百余份，完成文件流转超2 000次；完成了徐特立科学营的组织协调工作。

与河北省、珠海市、深圳市、海淀区等多地政府签订了战略合作协议、战略框架协议，与中电科技集团、东旭集团等企业签订了各类合作协议。

（任峻峰）

【政研与秘书工作】 学校办公室完成了学校年初工作会、学校年中工作会等报告共计30余篇。起草了向工信部、北京市汇报专门情况的报告等上报上级部门的重要文稿30余篇。全年累计提供服务学校中心工作的文稿百余篇，共计20余万字。完成学校重要会议的会议纪要30余篇，建立了学校重要会议纪要电子文件备档制度。完成重要新闻报道40余篇，其中《北京理工大学校报》头版头条转载新闻十余篇。起草与兄弟高校、兄弟单位、重要领导往来的贺信20余封，对外致送唁电十余封。出版《办公》27期，内容上体现了大学章程、综合改革、坚持和完善党委领导下的校长负责制等办学重大主题，为学校领导、中层干部和广大教授的科学决策提供参考。

学校办公室认真做好学校党委理论中心组学习和校领导班子务虚会的会议筹备和会期服务工作。全年共组织中心组学习9次，其中5次为扩大学习。制定了《中共北京理工大学党委理论中心组学习制度》，进一步完善了会议制度。中心组学习采取专家报告会、部门专题汇报、校领导圆桌研讨等多种形式，组织方式不断完善。全年共组织校领导班子务虚会3次，其中1次为扩大会议。做好议题征集、议程安排、材料编印、会议通知、会议记录、新闻发布等工作，为高质量召开务虚会提供保障。继续做好精简会议和每周会议表的统筹安排工作。此外，还完成了北京理工大学海外归国教师思想状况调查，形成了调研报告，撰写了调研文章。

（任峻峰）

【信息、史志与统计】 学校办公室全年共完成报表的统计工作40余份，其中6个报表属于综合类报表，填报过程中涉及责任单位20余家，统计指标达数千个；建立了北京理工大学能源统计台账，加强了统计制度建设；规范了北京统计直报系统的账号管理，为部分职能部门单独设置了二级子账号，解决了一号多用、权限模糊的问题；在学校办学数据发布工作方面，学校办公室在校园网“统计资料”板块下，新增了“数说北理工”和“数据发布”两个子版块，不定期地累计发布学校各类数据，制定新的办学数据发布方案，并在“数说北理工”板块中进行发布；完成了《学校年度主要办学数据发布》的统计与发布工作，呈现学校主要办学数据近年来的变化情况，为领导科学决策提供依据。学校办公室完成了《北京教育年鉴》组稿工作以及《北京理工大学年鉴》的编纂工作。完成了35万字的《北京理工大学年鉴（2013卷）》的统稿、一审、二审工作，并初步完成了2014卷统稿工作。

学校办公室对已开设信息公开网的10所工信部和教育部所属985重点高校进行了网上调研，形成调研报告，并对相关职能部门进一步明确信息公开具体事项及分工责任，协调宣传部开展信息公开网的建设，拟定了信息公开网搭建方案。继续修订北京理工大学信息公开目录，制定了《北京理工大学关于贯彻高等学校信息公开工作的实施方案》，并撰写了《北京理工大学2013—2014学年信息公开年度报告》，在校园网开辟信息公开专栏进行公示。

（任峻峰）

【公文与机要】 学校办公室共接收外单位来文2 100余份，其中涉密文件500余份，平均日收件量10份左右、日传阅量100份左右。共印发各类公文700余件，接到各类校外会议信息200余件。严格做好公文的立卷、归档和清退、销毁工作。对县团级以上的文件进行了4次核查和2次清退，共清退44份高级别中央文件、160份其他级别中央文件；完成8次载体销毁工作，含纸介质943份、磁介质17份，确保手续齐全，审批完善。保密工作严格落实“人防、物防、技防”措施。全年共组织开展10次涉密人员自查，建立涉密人员考核制度；加强对涉密自动化设备及信息存储介质的管理，完善工作台账；完成了18次计算机防护系统升级和4次安全审计，对防入侵报警装置、视频监控等设备进行了检测，确保“三铁一器”资质过关、运行正常。此外，制定并印发了《北京理工大学公文处理办法》，撰写文章《在信息化时代背景下高校机要保密工作的特点及对策研究》，并在《保密科学技术》期刊上刊发。在与工业和信息化部内网平台、北京市政府的电子传输平台、电子政务平台的对接建设上，积极按照各项要求完善相关制度和工作，下半年顺利通过了工业和信息化部办公内网北京理工大学接入节点各项测评，并正式投入使用，增强了学校与上级部门之间政务信息的及时互通和资源共享。

（任峻峰）

【法律服务工作】 全年共代理学校诉讼案件3起，处理执行案件2起；审查合同、规范性文件36件；出具法律意见书、建议书20份、法律函3份；办理学校标识注册商标续展申请6件；注册商标使用许可合同备案1件；为其他职能部门、学院、教职工提供法律咨询30余人次。为学校依法办学、依法管理、防范法律风险、依法维权提供了法律保障。

（任峻峰）

【工会工作】 学校办公室坚持“以人为本、促进交流、丰富生活、创造和谐”的宗旨，组织了足球、篮球、羽毛球“三大球”体育锻炼活动，并且组织了两次与机电学院、自动化学院的足球友谊赛；学校办公室教职工积极向实行计划生育的贫困母亲献爱心捐款，组织购买教职工大病保险、女工体检，积极参加学校运动会、职工体检、生日送祝福等活动。

（任峻峰）

【党支部建设】 学校办公室始终重视发挥基层党支部的战斗堡垒作用，致力打造一支政治强、作风硬、业务精、水平高的党支部。2014年度共召开党支部大会8次，积极组织形式多样的党支部活动，完成了机关党委和学校办公室党支部的换届工作，其中有一名同志在学校办党支部转为正式党员。

学校办公室党支部严格落实党风廉政建设责任制，分解细化任务。坚持按照中央八项规定的要求，改进工作作风，主动纠正有关“四风”方面存在的问题，增强支部全体人员的廉政意识、风险意识和勤政意识。注重加强民主集中制建设，坚持处务会制度，对重大事项坚持集体领导、集体决策，完善议事规则，严格工作程序，促进各项工作的开展。

（任峻峰）

【对口支援工作】 学校办公室起草了《北京理工大学对口支援延安大学协议》，推动学校与延安大学续签对口支援协议。全年共接收延安大学3名定向录取博士生、20名联合培养本科生来校学习，接收2批共4名教师来学校进修或挂职锻炼。学校办公室在系统总结对口支援五周年工作的基础上，协同相关职能部门赴延安大学展开对口支援专题调研。继续加强两校在学科建设、科学研究等领域的合作。做好工信部下达的对口扶贫山西省天镇县的任务。根据工信部的要求，协助天镇县开展对口扶贫项目申报工作并立项1项，为天镇县争取到扶贫资金20万元。

（任峻峰）

【教代会提案处理】2014年，共收到教代会代表提案80份，提案处理涉及部门20余个。通过教代会提案处理委员会会议审议，共有67件提案立案，13件提案不予立案，其中对不予立案的提案列举了详细原因，并进行公示。立案提案中，涉及办公条件与资源分配的10件、后勤保障与综合治理的17件、人事师资与福利待遇的11件、思政教育与文化体育的5件、学科科研与人才培养的11件、制度改革与服务管理的13件。提案处理委员会将提案处理结果在校园网上进行了公示，听取教职工对提案处理的意见和建议。

在2013年提案处理信息发布会的基础上，2014年，学校办公室组织召开了七届七次教代会提案"面对面"答复暨实事好事完成情况通报会。此外，学校办公室结合党的群众路线教育实践活动，制定出台了《教代会提案处理工作管理规定》。

（任峻峰）

【完成"党建创优工程"迎评工作】学校办公室负责起草迎评主报告，经过征求意见，六易其稿，完成了11 000多字的主报告，参与了8万多字的自评报告起草、迎评方案制定、专家组对接工作，整理了共计186份迎评工作的关键性支撑材料，组织协调现场验收的各个环节，做好会场的现场服务，使验收工作正常开展，最终通过了检查评估。

（任峻峰）

【举办卓越大学联盟第五次校长联席会议】北京理工大学是2014—2015年卓越大学联盟的轮值主席高校，学校办公室认真准备组织，于2014年11月底成功举办了卓越大学联盟第五次校长联席会议。卓越联盟九所高校联合发布了《卓越大学联盟2014年北京宣言》，宣布联盟九所高校将以"资源共享、追求卓越"为宗旨，以合作培养优秀人才为核心使命，以协同推进现代大学制度建设为责任，为更好地推进高等教育领域的综合改革，实现高校间资源共享、互利共赢贡献力量。

（任峻峰）

【完成《北京理工大学章程》并获教育部核准】学校办公室召集党建有关部门和法学院、教育学院等的专家学者，累计组织召开了4次校内征求意见会，征求学校教师、学生代表、学院党政主要领导、各职能部门主要负责人、民主党派人士代表的意见，先后对《北京理工大学章程》草案进行了十多次修订，并将草案提交学校七届七次教代会、校领导班子务虚会、教代会主题团、校长办公会、党委全委会讨论。经过反复修订，将11 000多字的草案修订为5 500多字，并在工信部四所"985"高校中最早报工信部审核。10月份，教育部正式核准《北京理工大学章程》。

（任峻峰）

人事管理

【概况】北京理工大学人事处承担学校的人事管理和师资队伍建设工作，下设师资培养科、人事教育科、劳动工资科和人才管理科，学校高层次人才办公室与人事处合署办公，人才交流开发中心挂靠人事处。

2014年，全面落实人才优先发展战略，树立"人才资源是第一资源，人才发展以用为本"的人才观，继续落实学校十三次党代会提出的"强师兴校"战略，推进实施师资队伍建设工作会确定的"2132"工程，以结构调整、提高质量为目标，以汇聚高端领军人才、培养青年学术骨干、建设创新团队为重点，推动协同创新多模式人力资源体制机制改革。为实现将学校建设成为特色鲜明、理工为主的世界一流大学的宏伟目标，为学校学科建设、人才培养、科学研究和国际交流提供有力的人力资源保障与支撑。

（施　瑞）

【师资和教职工队伍】2014年，学校专任教师队伍有 2 105 人，其中具有高级专业技术职务的人员比例约为 64%，专任教师中具有研究生学历的教师占比约 91%，具有博士学位的教师的比例超过 70%，具有一年以上海外经历的教师占比约 35%。学校聘请国内外知名学者来校兼职工作，2014 年聘任顾问教授 2 人、全职外籍教授 2 人，聘任兼职教授、兼职研究员共计 18 人。

2014 年北京理工大学教职工情况一览（一）

人

教职工总数	专任教师	教辅人员	行政人员	工勤人员	科研人员	校办产业	附设机构人员
3 536	2 105	357	307	166	463	50	88

2014 年北京理工大学教职工情况一览（二）

人

博士生导师数	享受政府特贴人数	国家级突出贡献专家人数	长江学者	院士		离退休人员	
				科学院	工程院	离休	退休
114	234	18	29	5	9	140	2 446

2014 年北京理工大学专任教师职称、学历结构一览

合计	职称情况					学历情况				
	教授	副教授	讲师	助教	其他	博士	硕士	本科	专科	其他
2 105	493	856	684	72		1 499	413	188	5	

2014 年北京理工大学专任教师年龄情况一览

专业技术职务	合计	29 岁及以下	30~34 岁	35~39 岁	40~44 岁	45~49 岁	50~54 岁	55~59 岁	60~64 岁	65 岁及以上
正高级	493		11	41	65	117	141	85	23	10
副高级	856	2	77	225	212	169	110	54	7	
中级	684	55	238	222	118	35	13	3		
初级	72	66	6							
其他										
总计	2 105	123	332	488	395	321	264	142	30	10

2014 年北京理工大学聘任顾问教授一览

序号	姓　名	单　　位	职务/职称	聘任时间
1	Witold Pedrycz	加拿大阿尔伯特大学	院士	2014. 04
2	尹　浩	中国人民解放军总参谋部第 61 研究所	院士	2014. 11

2014 年北京理工大学聘任全职外籍教授一览

序号	姓　名	单　　位	职务/职称	聘任时间
1	Eric Martinot	北京理工大学管理学院	教授	2014. 09
2	Stefan Hauptmann	北京理工大学管理学院	副教授	2014. 09

2014 年北京理工大学聘任兼职教授一览

序号	姓　名	单　　位	职务/职称	聘任时间
1	秦继荣	中国兵器工业集团北方自动控制技术研究所	研究员级高级工程师	2014. 01
2	杜少中	北京环境交易所	高级政工师	2014. 01
3	Kaoru Hirota	日本东京工业大学	教授	2014. 03
4	Gu Min	澳大利亚斯威本科技大学	院士	2014. 03
5	宋燕平	中国空间技术研究院西安分院	研究员	2014. 05

续表

序号	姓　名	单　　位	职务/职称	聘任时间
6	Jianmin Qu	美国西北大学	教授	2014. 07
7	郭恩明	中航工业科学技术委员会	研究员	2014. 07
8	Mobinul Huq	加拿大萨斯喀彻温大学	副教授	2014. 07
9	张伟	上海卫星工程研究所	研究员	2014. 07
10	Martin C. Euwema	比利时鲁汶大学	教授	2014. 10
11	韩璎	首都医科大学宣武医院	教授	2014. 10
12	朱国明	美国密歇根州立大学	教授	2014. 11
13	Leo P. Ligthart	荷兰代尔夫特理工大学	教授	2014. 11
14	薛惠锋	中国航天系统科学与工程研究院	教授	2014. 12
15	Andy Weiguo Tao	美国普渡大学	教授	2014. 12
16	盛万兴	中国电力科学研究院	研究员	2014. 12

2014 年北京理工大学聘任兼职研究员一览

序号	姓　名	单　　位	职务/职称	聘任时间
1	崔光庆	中国投资有限责任公司	高级审计师	2014. 10
2	李亚裕	中国航天科技集团第六研究院第 101 所	研究员	2014. 10

（施　瑞）

【高层次人才队伍建设】 2014 年，来自日本冈山大学的吴景龙教授入选第十批“千人计划”创新人才长期项目，赵维谦教授入选“万人计划”第一批“百千万工程领军人才”，韩伯棠教授入选“万人计划”第一批“教学名师”，曲良体教授、王美玲教授获聘 2013—2014 年度“长江学者奖励计划”特聘教授。黄华教授、李春教授获得 2014 年度“国家杰出青年科学基金”资助。同时，林程教授、龙腾教授和夏元清教授入选 2013 年度科技部创新人才推进计划“中青年科技创新领军人才”，龙腾教授入选 2014 年度“科技北京”百名领军人才培养工程。

（施　瑞）

【专业技术职务聘任】 2014 年进行了专业技术职务评聘的优化工作，一是加强了对优秀青年人才的支持力度，对于已入选青年“千人计划”等国家人才计划的优秀青年拔尖人才和 35 岁以下优秀青年拔尖后备人才，允许其破格申报正高级专业技术职务；二是进一步优化了人员分类评价体系，根据聘用岗位的职责要求明确申报类型；三是修订了专业技术职务评聘纪律要求，进一步明确了对各类人员的纪律规定，维护正常评审秩序，确保评审质量，促进学术道德建设。经评审，2014 年共有 25 人通过正高级专业技术职务评审，77 人通过副高级专业技术职务评审。学校按照《北京理工大学中级专业技术职务申报条件》进行了中级专业技术职务评聘工作，共有 28 人通过中级专业技术职务评审。

2014 年启动实施“高级专业技术岗位特聘教授”计划。经过学院申报、学校专家组评估，确定了 2014—2015 年度预聘制岗位设置方案，首批在学校重点发展学科设立 30 余个高级专业技术岗位，面向全球招聘优秀青年人才。

（施　瑞）

【中青年教师培养】 2014 年启动实施“北京理工大学青年教师学术启动计划”，面向全体聘用至教学科研岗位的海内外优秀应届毕业生，共支持 50 人。“学术启动计划”旨在培养青年教师的科研创新能力，提升申请、主持各类科研基金的实力，使其潜心科学研究，凝练学术发展方向，夯实成长基础。

2014 继续实施“北京理工大学优秀青年教师资助计划”，设立跨学科合作项目，支持优秀青年教师自主合作，优势互补，开展跨领域、跨学科的学术研究，共有 15 个跨学院合作小组入选；设立教学能力提升项目，支持优秀青年教师开展本科课程建设与课程改革方面的创新性研究，共有 5 人入选。

胡滨、鞠彦兵和沙德尚3位教师获得留学人员科技活动项目择优资助；刘宁悦老师入选北京市优秀人才培养资助项目。

2014年有23名教师入选“国家公派高级研究学者及访问学者（含博士后）项目”，1人入选“艺术类人才培养特别项目”；27名教师入选“青年骨干教师出国研修项目”。2014年共派出103名教师开展海外学术访学研修工作，其中国家公派68人，单位公派35人。

（施　瑞）

【职工管理】 进一步优化完善职员评审程序，继续实行过渡申报条件，强化答辩制度，实行多级公示制度和有限申报次数制度，增加一线辅导员申报职员的认定办法，增加服务对象对辅导员工作满意度的测评，评审过程中除五级职员外，区分具有领导职务的职员、具有非领导职务的职员、距离退休不足两年的职员和一线辅导员等类型，分类下达评审指标，进行分类评审。

年度考核工作仍然坚持重心下移，发挥绩效激励作用；坚持实行岗位分类分级考核；坚持科学全面、简便易行的考核方式。同时，为了鼓励学术自由、自主创新，强化目标管理，对于教授二级岗及以上人员、校级引进人才不参加单位年度绩效考核评价，加强以目标责任为主体的聘期考核。

（施　瑞）

【人事调配】 2014年，接收毕业生中教学科研人员54名，专职学生工作干部7名，实验技术人员4名，管理人员31名，附小教师1名，幼儿教师1名。

教学科研岗接收毕业生平均年龄为30.2岁；海外人员29名（海外博士12名，海外博士后8名，海外博士及博士后9名），占比53.7%；境内校外毕业生25名，占比46.3%；博士后人员26名，占比48.1%；博士研究生28名，占比51.9%。来自美国加州大学洛杉矶分校、美国约翰霍普金斯大学、日本东京大学、加拿大多伦多大学、日本京都大学等多所国际知名大学的博士、博士后加盟我校。

管理岗位接收毕业生平均年龄为25.9岁，硕士29名，博士2名，男女比例接近1∶1，78%毕业于“985工程”大学，6人毕业于海外知名大学，占比19.4%，为历年最高。英语水平均为大学英语六级（含）以上，专业涵盖教育学、管理学、计算机、法学等，为学校管理工作向国际化、专业化方向发展提供了人才储备。

坚持实行内部公开招聘制度，实现了人员良性流动，办理内部调动9人，非事业编制转事业编制1人，调入7人，科研助理入校7人，解决夫妻两地分居31人，京外调配1人，保资离校人员25人，科研助理离校8人，教职工调出23人（其中长期不在岗人员调出7人）。

（施　瑞）

【工资与福利】 2014年学校继续执行《北京理工大学2013年绩效津贴改革实施办法》，年终核拨奖励绩效时，对2013年、2014年年度考核优秀的单位核拨奖励绩效津贴，通过调整奖励绩效津贴的核拨方法，建立对各二级单位有效的激励和约束机制。2014年为新入校的8人发放了世界排名前100名高校毕业的海外博士生津贴，其中2013年入校2人，2014年入校6人。海外学者支持和奖励津贴的实施，对吸引汇聚海外优秀高层次人才发挥了较大影响，享受该项津贴的人数逐年稳步增长。

（施　瑞）

【社会保险与离退休工作】 按照国家政策文件，为教职工缴纳失业保险和工伤保险。为130名劳动合同制工人缴纳养老保险、失业保险和工伤保险，为学校非事业编制人员缴纳医疗保险、养老保险、失业保险和工伤保险。2014年，共办理教职工社会保险关系新增或转入115人，停缴或转往他区151人，变更社保信息63人次。全年共有99人退休，其中正高12人，副高27人，其他专业技术人员18人，管理干部22人，工人20人。

（施　瑞）

【人事管理政策制定】 为进一步加强人事管理，全面推进学校师资队伍国际化发展的步伐，规范教职工行为，全面贯彻落实“2011计划”，加快协同创新中心的培育建设，根据国家有关文件规定并结合学校实际，制定并实施了《北京理工大学外籍教师聘用管理办法》（北京理工大学令第123号）、《北京理工大学教职工处分与申诉规定》（北京理工大学令第125号）、《北京电动车辆协同创新中心岗位设置与人员聘用管理办法》和《北京电动车辆协同创新中心人才绩效考核与评价办法》。

（施　瑞）

财务管理

【概况】北京理工大学财务处是学校一级财务机构，统一组织、全面负责学校的各项财务管理和会计核算工作。下设会计核算科、预算管理科、基建财务科、结算部、综合管理科和一卡通管理中心。2014 年，财务处继续坚持“服务，以人为先；筹资，以谋为先；理财，以精为先；管理，以规为先”的财务管理理念，努力实现“权责明确、行为规范、管理严格、监督到位、运行有效、服务优质”的工作目标，为学校教育事业的正常运行和持续发展提供可靠的财力管理保证。

（潘晓丽）

【收支情况】2014 年度，学校收入合计 382 906.60 万元，支出合计 334 635.98 万元。

2014 年北京理工大学经济效益指标综合表（一）

万元

总计	财政拨款			上级补助收入	事业收入		经营收入	附属单位上缴收入	其他收入
	教育经费拨款	科研经费拨款	其他经费拨款		教学收入	科研收入			
382 906.60	106 529.43	108 544.44	7 298.90	0	54 299.17	66 556.98	0	0	39 677.68

2014 年北京理工大学经济效益指标综合表（二）

万元

总计	人员经费支出		公用经费支出				科研支出	基建支出			其他
	教工	学生	业务费	设备购置费	修缮费	其他		中央预算内拨款支出	中央预算内专项拨款支出	自筹基建经费支出	
334 635.98	81 708.17	11 989.14	8 283.58	9 938.18	11 149.81	42 771.84	119 241.17	19 864.84	0	29 689.25	0

（潘晓丽）

【资产统计】至 2014 年年底，学校基建投资到款合计 44 070.25 万元，固定资产总额合计 532 290.41 万元。

2014 年北京理工大学基建投资到款额及固定资产总额情况一览表

万元

基建投资到款额				固定资产总额
合计	中央预算内投资	中央预算内专项投资	学校自筹	合计
44 070.25	14 381.00	0	29 689.25	532 290.41

（潘晓丽）

【收支及负债情况】至 2014 年年底，学校当年合计收入预算数 342 697.33 万元，决算数 382 906.60 万元，支出预算数 346 742.68 万元，决算数 334 635.98 万元。

2014 年度北京理工大学收入支出决算总表

万元

项　　目	年初预算数	决算数
栏次	1	2
一、财政拨款收入	124 647. 33	136 720. 33
其中：政府性基金	800. 00	800. 00
二、上级补助收入	0. 00	0. 00
三、事业收入	119 100. 00	206 508. 59
四、经营收入	0. 00	0. 00
五、附属单位上缴收入	0. 00	0. 00
六、其他收入	98 950. 00	39 677. 68
本年收入合计	342 697. 33	382 906. 60

2014 年北京理工大学支出情况

万元

项目（按功能分类）	年初预算数	决算数
一、一般公共服务支出	0. 00	0. 00
二、外交支出	0. 00	0. 00
三、国防支出	0. 00	0. 00
四、公共安全支出	0. 00	0. 00
五、教育支出	180 717. 80	185 279. 03
六、科学技术支出	157 404. 00	140 394. 61
七、文化体育与传媒支出	0. 00	203. 00
八、社会保障和就业支出	0. 00	0. 00
九、医疗卫生与计划生育支出	0. 00	0. 00
十、节能环保支出	0. 00	0. 00
十一、城乡社区支出	0. 00	0. 00
十二、农林水支出	0. 00	0. 00
十三、交通运输支出	0. 00	0. 00
十四、资源勘探信息等支出	800. 00	767. 73
十五、商业服务业等支出	0. 00	0. 00
十六、金融支出	0. 00	0. 00
十七、援助其他地区支出	0. 00	0. 00
十八、国土海洋气象等支出	0. 00	0. 00
十九、住房保障支出	7 820. 88	7 991. 61
二十、粮油物资储备支出	0. 00	0. 00
二十一、国债还本付息支出	0. 00	0. 00
二十二、其他支出	0. 00	0. 00
本年支出合计	346 742. 68	334 635. 98
项目（按支出性质和经济分类）	**年初预算数**	**决算数**
一、基本支出	151 665. 98	128 777. 73
人员经费	100 502. 71	81 009. 61

续表

项目（按支出性质和经济分类）	年初预算数	决算数
日常公用经费	51 163.27	47 768.12
二、项目支出	195 076.70	205 858.25
基本建设类项目	12 381.00	49 554.09
行政事业类项目	182 695.70	156 304.16
三、上缴上级支出	0.00	0.00
四、经营支出	0.00	0.00
五、对附属单位补助支出	0.00	0.00
支出经济分类	—	—
基本支出和项目支出合计	—	334 635.98
工资福利支出	—	51 012.33
商品和服务支出	—	171 972.05
对个人和家庭的补助	—	42 684.98
对企事业单位的补贴	—	0.00
赠予	—	0.00
债务利息支出	—	0.00
基本建设支出	—	0.00
其他资本性支出	—	68 966.62
贷款转贷及产权参股	—	0.00
其他支出	—	0.00
本年支出合计	346 742.68	334 635.98

2014 年度北京理工大学资产负债简表　　万元

项目（按功能分类）	年初预算数	决算数
一、资产合计	1 208 973.45	1 376 989.17
流动资产	531 720.71	631 688.10
库存现金	82.89	60.35
银行存款	238 778.95	280 623.31
短期投资	0.00	0.00
财政应返还额度	9 885.51	6 656.48
应收票据	0.00	0.00
应收账款	28 440.69	35 543.50
预付账款	29 974.78	38 319.80
其他应收款	224 039.87	270 004.85
存货	504.07	464.21
其他流动资产	13.95	15.60
长期投资	2 625.98	2 372.98
固定资产	502 095.93	532 290.41

续表

项目（按功能分类）	年初预算数	决算数
固定资产原价	502 095.93	532 290.41
减：累计折旧	0.00	0.00
在建工程	145 357.34	177 684.73
无形资产	27 110.05	32 531.02
无形资产原价	27 110.05	32 531.02
减：累计摊销	0.00	0.00
待处置资产损溢	0.30	0.22
其他	63.14	421.73
二、负债合计	161 444.06	178 679.41
流动负债	161 409.06	178 679.41
短期借款	0.00	0.00
应缴税费	2 016.05	2 062.81
应缴国库款	0.00	0.00
应缴财政专户款	0.00	0.00
应付职工薪酬	10 979.45	8 582.19
应付票据	0.00	0.00
应付账款	6 858.27	1 639.86
预收账款	32 246.32	21 950.89
其他应付款	109 054.49	144 107.29
其他流动负债	254.48	336.37
长期借款	35.00	0.00
长期应付款	0.00	0.00
三、净资产合计	1 047 529.39	1 198 309.76
事业基金	75 993.66	112 476.84
非流动资产基金	676 032.40	744 850.99
专用基金	44 808.17	47 874.84
修购基金	0.00	0.00
职工福利基金	8 248.77	9 565.87
其他专用基金	36 559.39	38 308.97
财政补助结转	28 915.80	30 410.89
财政补助结余	0.00	55.61
非财政补助结转	221 779.37	262 640.60
非财政补助结余	0.00	0.00
其他净资产	0.00	0.00

（潘晓丽）

【提高服务水平，破解“报账难”问题】 近年来，由于国家严格控制预算执行进度，学校资金规模逐年增加，在财务处人员编制有限的情况下，“报账难”问题逐渐凸显。在群众路线活动中，财务处升级软硬件设备，搭建平台，调整人员分工，全面启用无等待预约报账系统，目前，单日预约量1 000笔，解决了“报账难”问题，实现了“无等待”报账。

（潘晓丽）

【加强预算、决算管理工作，有力推进预算执行进度】2014年，在编制2013年度部门决算的过程中获得了工信部财务司的通报表扬。

2014年度共组织召开校级预算执行工作会6次，召开争创一流、“2011计划”、修购专项等专题工作会6次，统计月度预算执行情况8次，并分别在6月末、12月初对有关部处进行了2次专项情况通报。

（潘晓丽）

【开展收费检查，严防“小金库”】财务处制订《收费项目清理检查方案》，由学校纪委监察室、审计室和财务处联合组成两个检查小组，按收费类别对25个相关学院和机关部处的各项收费情况进行了实地检查。

检查采用座谈、询问和查阅的形式，对各单位收费的内部控制、票据的使用和管理、现金的保管进行了全面检查。具体措施包括查阅各单位的收费台账、收费依据、授权等规章制度等，最终检查形成了《关于收费项目清理检查情况的报告》和《收费项目清理表》。

2014年9月，联合检查组根据检查结果确定对14家单位进行复查，继续排查问题，督促落实整改。根据检查状况，财务处将收入管理与票据管理整合到收费管理系统中，对立项申报、收费备案、票据等依靠信息化手段进行科学管理。

（潘晓丽）

【完善制度建设及流程优化工作】2014年9月，财务处制定并公布了《北京理工大学差旅费管理办法》《北京理工大学会议费管理办法》《北京理工大学培训费管理办法》《北京理工大学因公临时出国费管理办法》。

9月，完成资金结算中心的组建工作。根据资金结算中心的初步设计方案，对人员进行整合，完善了办公条件。10月，学校由小规模纳税人改为一般纳税人后，为规范工作，梳理了发票开具和管理流程，制定了相应的管理办法，对开具发票信息确认、借开发票的流程、退换发票的流程、进项税抵扣的流程作出了具体规定。

年内配合科技部门起草并形成了《北京理工大学相关科研项目经费预算调整管理细则》《北京理工大学研制项目管理办法》等文件，进一步完善了学校科研经费内部管理制度。

制定了《仪器设备开放服务独立核算账户设立、协作试验费用结算规则》，拟定了《科研经费会计核算与开支申报指引》架构，待国家科研经费管理新规发布后编制完成，以期切实提高学校科研经费的使用与核算水平。

（潘晓丽）

【劳务费分类计税，合理减轻学生税负】财务处根据个人所得税法及其实施条例，调整了酬金系统的酬金性质、酬金管理系统的转凭证设置，发布了学生劳务报酬所得税分项扣税的通知，设计了劳务协议模板，明确了课题负责人、学生及学院的权利义务和监督机制，实现了学生劳务费按设计、装潢等29项分类计税，极大地减轻了学生劳务费的个人所得税税负。

（潘晓丽）

审计工作

【概况】北京理工大学审计室是学校内部审计监督机构。其主要职责是对以下事项进行审计：学校及所属单位的财政收支、财务收支及有关经济活动；对外投资、固定资产投资（含房屋建筑和基础设施等建设工程）、科学研究等专项资金；经济管理和效益；内部控制制度的健全性、有效性和风险管理；所属单位领导人员履行经济责任的情况。现有编制6人，实有人员5人。

（卢　忱）

【审计项目】全年实施或审结审计项目77项，其中财务审计10项、工程审计67项。在财务审计中，实施会计报表审计2项、经济责任审计7项，审结建设项目竣工财务决算审计1项；在工程审计中，审结建设工程竣工结算审计63项，实施新开工工程跟踪审计4项。审计总金额共计20.28亿元，其中财务审计金额4.53亿元、工程审计金额15.75亿元。提出审计建议28条，审签科研结题验收项目202项，审签金额6 702万元。参加各类招投标、评审、验收等过程监督80项。

（卢 忱）

【审计公示】2014年，审计室建立处级领导干部经济责任审计结果在党委委员和纪委委员中公示的制度，制定并发布了《北京理工大学处级干部经济责任审计结果公示暂行办法》。

（卢 忱）

【审计举措与成效】2014年，审计室坚持依法审计、客观公正、围绕中心、服务大局、突出重点、求真务实工作，不断克服审计监督过程中遇到的各种困难；加强工作研究和创新，不断提高审计水平和效率，累计工程造价送审审减金额为410.81万元，占洽商等合同价外金额的19%（审减率）；配合工程建设管理部门完成学校财政经费预算执行考核，严格把关、保证质量，全部按时间节点完成审计；新开工财务审计项目，已开始将审计监督从账面的合规性逐步扩展到经济事项的真实性；设立防范“小金库”、违规转移大额资金的审计监督底线，加大了对大额资金支付、各类收费、餐费、接待费、办公用品购置费、出国费、差旅费等“三公”经费的审核力度；精心组织了良乡校区室外工程建设项目竣工决算审计。

（卢 忱）

发展规划

【概况】北京理工大学发展规划处是学校机关职能部门，正处级单位，经2002年11月13日校党委常委会研究决定成立。发展规划处的职能主要为：组织编制学校中长期发展规划；完善并优化学校学科建设；制订并协调学校综合计划；参与学校发展战略的研究，为学校领导提供决策参谋；加强对外联络；管理和协调学校重大投资项目；编制学校五年规划及执行方案，监督执行及验收组织学校年度计划；编制学校校园总体规划和校园环境建设规划；负责“985”工程、“211”工程等专项相关工作。

（崔 丹）

【事业发展规划】2014年，发展规划处收集、整理、研究相关资料，探索规划编制的方式方法，拟定了“三上三下”的工作步骤和程序；全面启动“十三五”教育事业发展规划编制工作，起草制定了全校范围内启动规划编制的工作方案。同时，完善学校规划体系，形成了以学校教育事业发展规划纲要为统领、职能部门配套专项规划为衔接、院级规划为实施着力点的学校规划体系，并初步构建了规划贯彻落实的考核体系。

组织开展了以瞄准世界科技发展前沿和国家重大战略需求为目标、凝练学校未来着力研究的若干重大科学问题和工程技术问题方面的工作。

（崔 丹）

【校园规划与建设】2014年，发展规划处结合学校基本建设现状和国家对高校办学基本条件的要求，积极开展理论研究和数据分析工作。在调研的基础上，协调校内外相关单位，完成了学校中关村校区110 kV全地下变电站、良乡校区餐厨垃圾就地资源化处理站的规划选址工作；针对中关村校区校医院重建事宜，开展了异地建设的可行性论证，针对良乡校区三期空地情况，进行了临时体育场馆、车辆试验场建设的论证工作。此外，与基建处等部门共同开展了理工研发大厦、良乡校区综合体育馆、三期基础设施等建设项目的可研论证工作，参与了有关建设项目的竣工验收工作。

（崔 丹）

【重大建设项目管理】2014年是重大专项（“985”工程）建设的过渡年，发展规划处密切关注国家层面的各项政策的调整与变化，将其贯彻落实在2014年专项论证与建设过程之中。

紧密围绕建设一流大学这一核心，着力质量提升和内涵建设，以打造一流学科为突破，设立大学治理、学科建设、队伍建设、人才培养（分本科生和研究生）、国际化、条件建设（分科研条件和教学实验条件）及公共服务（网络、图书、档案等）7个专项。

建设需求论证中强调既要符合长远发展，支持建设目标，又要踏实落地，保证年内完成。着力加强统筹，努力实现人才培养与国际化的统筹、人才培养与教学实验条件的统筹、队伍建设与科研条件建设的统筹，同时，积极提倡“推进行动”专项与其他计划项目统筹的做法，通过搭建高水平公共平台，快速提升学校的整体办学水平。坚持“学科建设为龙头”和“有所为有所不为”的建设思路。

以矩阵管理模式为理论支撑，整体论证环节安排上要求各学科了解各专项总体目标，同时要求各专项了解学科的实际需求，并能在一定程度上通过顶层规划对学科发展起到指导性作用。

在实施过程中，先后出台了《关于实施“推进行动”2014年度专项建设的通知》（发规函〔2014〕16号）和《关于进一步加强2014年度“推进行动”专项建设经费计划管理的通知》（发规函〔2014〕26号）等文件，厘清专项与学科的关系，强化了资金管理控制流程。2014年“推进行动”专项预算执行顺利，已全部按计划完成。

（崔　丹）

【学科建设】国务院学位委员会组织开展学位授权点合格评估工作，学校共有74个学位授权点参加自我评估，有14个学位授权点参加专项评估。

发展规划处开展了第二次遴选工作，范围是学校第一、二、三梯次的24个一级学科。经过申报和推荐、学院初选、公示、学部审定，由学校下文发布名单。本次遴选工作重新梳理了24个一级学科的方向，遴选了127位学科责任教授小组成员，推选了24位组长。

2013年年底，国务院学位委员会启动了专业学位授权点审核工作。2014年，经过严格的学院论证、网上公示、专家审核、分会审核、校会审定，最终确定增列汉语国际教育硕士点，并已在教育部备案通过。学校的专业学位授权类别增加到12个，其中工程硕士含25个领域。

（崔　丹）

实验室与设备管理

【概况】北京理工大学实验室与设备管理处负责学校实验室与设备管理相关方面的工作。2014年度，完成了国家级虚拟仿真实验教学中心申报工作，新增国家级实验教学中心1个。以加强实验教学中心建设和改善良乡校区实验室基础条件为重点，共计投入实验室建设资金4 170万元。全年完成采购任务1.5亿元，其中进口设备870万元。全年新增仪器设备类固定资产6 262套，总计1.47亿元。全年完成实验室安全培训1 234人次，全校性安全检查8次。

（兰　山）

【实验教学中心】2014年，新增国家级实验教学中心1个、校级实验示范中心2个、校级虚拟仿真实验教学中心3个。至此学校拥有国家级实验教学中心5个、省部级实验教学中心14个、校级实验中心10个、校级虚拟仿真实验教学中心3个。

基础化学教学实验中心、航空航天技术实验教学中心、生物实验教学中心、交通与车辆实验教学中心和数字媒体技术实验教学中心顺利通过北京市教委组织的2008—2010年立项的北京市级实验教学示范中心验收。

北京理工大学2014年度新增实验中心

序号	中心名称	所在学院	级别
1	武器系统虚拟仿真实验教学中心	宇航学院、机电学院、自动化学院	国家级虚拟仿真实验
2	材料科学与技术实验中心	材料学院	校级

续表

序号	中心名称	所在学院	级别
3	武器系统与工程实验中心	机电学院	校级
4	计算机虚拟仿真实验教学中心	计算机学院	校级虚拟仿真
5	工程光学虚拟仿真实验教学中心	光电学院	校级虚拟仿真
6	生物虚拟仿真实验教学中心	生命学院	校级虚拟仿真

（兰　山）

【实验室开放】本年度上线了新版实验室开放信息管理系统，全年共开出实验室开放课程62个，完成学生数共计2 196人次。

（兰　山）

【实验技术队伍】本年度事业编制实验技术人员共新进4人，退休20人，事业编制实验技术人员总数为221人。

（兰　山）

【仪器设备采购】2014年，完成“推进行动”、条件保障工程、“修购专项”等各类建设项目采购任务1.5亿元，其中，通过招投标采购方式执行的项目共计约9 156.32万元，占总采购金额的61.1%。进口仪器设备签约金额约为870万美元，为学校节省进口环节关税、增值税近1 150万元。

（兰　山）

【仪器设备管理】截至2014年年底，全校仪器设备类固定资产94 314台套，价值26.50亿元。2014年新增仪器设备类固定资产6 262台套，价值1.47亿元，占全校全部仪器设备固定资产总额的5.5%；其中10万元以上仪器设备177台套，价值7 991万元，占全部10万元以上仪器设备总额的4.5%。2014年报废教学、科研、行政各类仪器设备共计1 384台套，价值1 498.98万元。

2014年开展了全校范围的仪器设备核查工作，涉及20个专业学院、40个行政机关部处、后勤集团12个中心以及产业5个单位。通过核查，全面摸清了学校仪器设备的家底及使用现状。同时，对9万多台套的仪器设备标签标识全部进行了更新，对仪器设备信息进行了变更。

2014年仪器设备开放共享效益显著。入网仪器设备达到500台，其中有100台套仪器设备进入“高等学校仪器设备和优质资源共享系统”。本年度共有214台套仪器设备的收费标准经过公示，全年仪器设备开放服务收入580万元。84台套安装预约控制器的仪器设备年均有效机时达到3 500小时，超出了额定机时的3倍之多。

（兰　山）

【实验室安全】本年度开展分级分类实施实验室安全培训工作，对539名2013级涉及危险化学品的研究生、626名2014级涉及危险化学品的研究生、32名安全生产管理人员和37名火工品从业人员进行了安全培训。

累计组织了8次实验室安全检查，对全校（含西山、良乡）的实验室进行了广泛的安全检查，印发检查通报4期，下发隐患整改通知单5份，通报安全隐患100项，全年清理废弃化学试剂42 371千克；针对发现的安全隐患进行整改，全年共排查安全隐患240处，已整改163处，制订整改计划77处；完成学校24台射线装置日常监测，27台压力容器、53台起重机械的年检，4个建设项目环保、职业卫生和安全的专项审批与验收；学校联合清华大学、北京化工大学完成了工业和信息化部安全生产司的安全生产管理课题研究，编制完成了包含13个一级、78个二级、703个三级安全技术指标的高校实验室技术安全检查规范；完成2014年学校与64个二级单位安全生产责任书的签订工作，完成2014年度安全生产先进单位和个人评比，科学技术研究院、基建处、保卫处、信息与电子学院、自动化学院、管理与经济学院获得学校2014年度安全生产先进单位。

（兰　山）

【分析测试中心】2014年度，结合学校资源调整工作，依托化工学院及化学学院在良乡校区生态楼启动建设化学化工类分析测试分中心。

同时，为了统筹校本部和良乡校区分析测试中心的规划和建设，充分发挥专家在中心建设和发展中的决策和咨询作用，特成立了分析测试中心建设专家委员会。

北京理工大学实验中心一览表

序号	中心名称	级　别	所在/牵头学院
1	电工电子教学实验中心	国家级/北京市级	信息学院
2	工程训练中心	国家级/北京市级	机械与车辆学院
3	地面机动装备实验教学中心	国家级	机械与车辆学院
4	武器系统虚拟仿真实验教学中心	国家级虚拟仿真	宇航学院
5	基础力学教学实验中心	北京市级	宇航学院
6	航空航天工程实验教学中心	北京市级	宇航学院
7	交通与车辆实验教学中心	北京市级	机械与车辆学院
8	计算机实验教学中心	北京市级	计算机学院
9	数字媒体技术实验教学中心	北京市级	软件学院
10	生物实验教学中心	北京市级	生命学院
11	物理教学实验中心	北京市级	物理学院
12	基础化学实验教学中心	北京市级	化学学院
13	管理与经济实验教学中心	北京市级	管理学院
14	光电实验教学中心	工信部级/校级	光电学院
15	信息系统及安全对抗实验教学中心	工信部级/校级	信息学院
16	自动化实验教学中心	工信部级/校级	自动化学院
17	电子信息技术实验中心	校级	信息学院
18	生物过程与药物改性实验中心	校级	生命学院
19	数学实验教学中心	校级	数学学院
20	设计与艺术综合实验中心	校级	设计学院
21	外语教学实验中心	校级	外语学院
22	材料科学与技术实验中心	校级	材料学院
23	武器系统与工程实验中心	校级	机电学院
24	计算机虚拟仿真实验教学中心	校级虚拟仿真	计算机学院
25	工程光学虚拟仿真实验教学中心	校级虚拟仿真	光电学院
26	生物虚拟仿真实验教学中心	校级虚拟仿真	生命学院

（兰　山）

国有资产管理

【概况】北京理工大学国有资产管理处成立于2007年7月，主要负责学校土地、房屋、家具等国有资产的管理，完成资源调整、实物资产管理、后勤管理、住房管理等各项工作和任务。

（虞振飞）

【住房管理工作】坚持以人为本，加大力度研究国家住房改革的有关政策，结合学校实际情况，规范住房管理。继续履行住户的住房档案的建立、更新和修改手续。按计划、时间节点完成教职工住房补贴、供暖补贴的发放工作，维护广大教职工的权益。

贯彻落实国家住房改革的有关政策，完成“二期安居工程”合作建（购）房款补贴主体工作。继续探索职工住房周转联动机制，与学校引进人才签订了周转房的租赁协议，有力地保障了学校引进人才工作的开展。积极配合人事处统计清退人员的住房问题的调查处理工作。参与良乡睿府团购房中交付学校108套住房的验房工作。

（虞振飞）

【实物资产管理】2014 年度着力解决房屋资源不足对教学、科研、队伍建设的影响，突出资源调整与保障重点，形成了基础设施较完备、校区布局功能划分比较合理的公用房分配资源。加强资产管理信息化手段，提升管理能力，合理调剂资源，确保国有资产保值增值。

按照学校中关村、良乡、西山校区的办学定位和资源调整方案，继续做好学校各类用房的资源调整，集中整合资源。开展良乡校区房屋所属权证的办理工作。

通过深度挖潜，解决引进“海外千人”办公实验用房、落实“2011 计划”安全与防护协同创新中心用房、安排部分学院机关地下库房、解决理工附小扩招所需教室、落实材料学院西山实验区阻燃实验楼搬迁后腾退实验室资源的调整分配工作等。

参照党政机关办公用房建设标准，按照近年学校机关由于机构调整产生的人员变化和两校区办公现状，核实摸清机关单位办公用房实际用房面积，并相应调整部分机关单位的办公用房。

对校长办公会通过的对数学学院、化学学院、化工学院整体良乡校区搬迁方案积极推进落实。完成生态楼内化学、化工类仪器设备分析测试中心的建设方案。

2014 年 5 月，在全校范围内开展了固定资产核查工作。经过近半年的账实盘点、账账核查、聘用会计师事务所全过程监管、近 50% 的实地抽查，在年底前基本完成资产核查工作。

完成新增资产的建账和管理工作。新增家具资产 5 135 件，资产金额 991 万元，累计家具资产 4 万余件，金额为 8 691 万元；新增各类软件资产 230 件，资产金额 3 767 万元，累计软件资产 2 929 件，金额总计 33 950 万元；竣工验收工程进入固定资产账 17 栋，房屋资产原值累计共 249 441 万元。审核批准公车、设备、家具等报废处置固定资产 1 127 套（台、件），资产账面原值约 1 000 万元，其中家具、设备类资产全部通过北京产权交易所上市交易，净残值收入全部上缴财政汇缴专户。

按照财政部和工信部的要求，2014 年全面开展国有资产产权登记工作，完成了对学校事业单位国有资产产权证和所属 8 个企业的基础资料的整理上报工作。

北京理工大学校舍情况汇总表

平方米

校区名称	校舍建筑面积								危房面积	当年新增面积	向外单位租借面积	正在施工面积	学校占地面积
	生活及福利用房						其他用房	被外单位借、占用面积					
	小计	学生宿舍	学生及教工食堂	教工及家属房	教工人均住房面积	福利及附属房							
中关村校区	503 584	173 742	25 118	269 552		35 172	111 035			30 695			900 111
良乡校区	177 096	109 903	19 110	32 100		15 983						24 060	569 830
秦皇岛分校	9 074	5 452	972	1 600		1 050							19 118
大连房产							76						
合计	689 754	289 097	45 200	303 252		52 205	111 111			30 695			1 489 059

（虞振飞）

【后勤管理工作】2014 年，在后勤管理和节约能源等方面，加快后勤体制机制改革，增进协调，注重安全生产工作，做好后勤服务保障工作。推进节能工作开展，建设节约型校园。做好修购专项资金的管理和实施工作，严格招投标程序，加强质量监管，建设美丽校园。

国资处作为管理单位涉及修购专项项目 28 项，涉及金额 6 730 万元，内容包括供暖外线改造、中关村校区 29 MW 燃气锅炉改造、学生宿舍楼修缮、西山校区实验楼排水、配电室电力负荷调整等。国资处严格实行政府采购程序，力保执行进度，履行采购职能，保证修缮效果，稳步扎实地做好基础设施建设工作。

与后勤集团按行业、类别签订了承包或委托合同，规范服务价格和服务标准，加强对工作过程的检查与监督。针对师生反映较强烈的服务问题，组织专项检查，同时借鉴兄弟院校的成功经验，加以改善。

结合学校事业发展与基础建设的需要，认真做好运行保障经费项目的使用和管理。统筹协调和规划好房屋修缮及水电暖的运行保障。多部门协调，积极推进西山实验区外电源建设。协调学校（中关村、良乡、西山）防汛工作小组有关部门做好雨季前防汛工作预案，排查各教学楼、实验室及城内住户的存在隐患，确保汛期安全。

完成了学校清洁生产审核工作；完成了二氧化碳排放核查及碳交易工作；办理了城市排水许可证；迎接市发改委对学校的设备监测检查。在五号教学楼继续做好电梯节能改造、校园路灯改造LED灯、硕博小区研究生公寓节水改造，在硕博小区热力站安装节能调节阀、减少能源消耗。建立学校节能相关数据，规范台账，协调中关村校区、良乡校区、秦皇岛分校、财务处等相关部门完成学校能源统计报表的月报、季报、年报工作。

协调自来水集团对2#、4#、8#家属楼进行单独水计量。保障学校的各种临时教学用车约91辆次，涉及教师约3 623人次。

（虞振飞）

【实施成本核算，推进资源调整】进一步巩固实施成本核算的成果，加强资源有效利用研究，实行机制改革，深入推进成本核算。完善计量系统，使公房资源配置更加趋于合理，充分发挥资源的综合效益。

按照“定额分配、超额收费”核算原则，启动2012—2013学年成本核算数据测算工作及费用收缴工作。公房无偿使用的状况得以改变，促进资源调节效果显现。结合学校发展，开展《北京理工大学学院公用房核算管理办法》的修订工作。

按照成本核算原则与学校签订科研用房协议，在现有资源条件下重点支持承担国家科研重大项目科研任务的团队，并结合学校重点工作安排，在宇航学院、信息学院、机电学院、光电学院和化工学院实施试点工作。签订科研协议的用房面积总计约1 129平方米，租金参照市场标准单独计量核算。

（虞振飞）

基本建设

【概况】北京理工大学基建处是学校行政管理体系中主管学校扩建、新建等基本建设任务的职能部门。其前身是隶属于总务处的基建科，1981年划归三总支管理，改称基建办，1984年正式成立基建处。2010年12月，基建处与良乡校区基建办合并，成立新的基建处。目前，基建处下设综合管理科、工程计划管理科、合同预算管理科、施工管理科、良乡校区计划管理科及良乡校区工程管理科六个科室。学校核定基建处事业编制29人，非事业编制5人。处长1人，总工程师兼副处长1人，副处长3人。

2014年，完成了良乡校区大学生工程实践训练中心、文化体育中心和三期基础设施项目的立项批复；完成了良乡校区三期基础设施项目初步设计文件编制，3号学生食堂项目建议书（代可行性研究报告），文科教学大楼组团前期调研和论证，一期人行过街工程的规划条件、洪评、水保批复，中关村校区理工研发大厦项目的规划方案调整，北院改造项目（住宅）新规划方案的设计招标和用地规划调整的准备工作，校医院改造工程的前期调研和规划方案编制工作等；完成了良乡校区工业生态楼所属区域的道路、广场、市政管线、配电室、网络监控的建设以及设备调试并正式交付使用，完成了良乡校区三期市政配套设施综合管廊南区工程建设。良乡校区留学生公寓开工，并于2014年9月结构封顶，到12月底已完成总体工程量的85%；中关村校区机电实验中心开工，并于2014年12月实现结构封顶；完成了信息系科学实验楼、大学生公寓6#楼的竣工决算审计、档案自检、竣工总结报告，并申请工业和信息化部对两个项目进行现场验收；完成了工业和信息化部对良乡校区一期室外工程项目的现场验收，取得了工业和信息化部对良乡校区“十一五”建设项目的全部验收批复；完成了教材出版楼的档案自检、移交工作；完成了信息科学实验楼、工业生态楼、西山实验区阻燃实验中心、良乡校区二期市政基础设施工程、变配电室等一大批建设项目的竣工结算审核、审计工作。

2014 年度基建处签订合同 37 份，合同金额 14 076 万元；全年累计支付工程款 15 589 万元，完成本年度预算。完成良乡校区化工区地下管网改造工程、良乡校区化工区道路改造工程、良乡校区南区二号配电室工程、工业生态楼中和池工程、良乡二期基础设施—市政工程、良乡校区篮球场工程、良乡校区工业生态楼工程西山阻燃实验中心工程的结算审计工作。

（胡亚利）

【新建工程前期工作】良乡校区三期征地工作：良乡校区三期土地总用地面积 648 294. 26 m^2，其中建设用地面积 419 903. 88 m^2。在 2013 年取得北京市人民政府《关于北京理工大学良乡校区三期项目申请使用国有土地的批复》的基础上，2014 年，取得国家机关事务管理局对该土地的项目备案和权属审核意见书，预计 2015 年上半年取得三期建设用地土地所有权证，标志着良乡校区征地工作全部结束。

建设项目的前期规划报建工作：积极争取国管局、财政部、工信部等上级主管部门及地方行业管理部门的支持，推进良乡校区文体中心等项目的前期报建工作，取得较好的成绩。

中关村校区理工研发大厦：根据学校关于调整项目建设内容和投资的决定，2014 年，完成了该项目新规划方案征求意见和设计工作，待学校批复后正式上报工业和信息化部。申报新增建筑面积 38 617 m^2，其中地上 28 500 m^2、地下 10 117 m^2，地上 17 层、地下 3 层，建筑高度 80 m。

中关村校区校医院改造：该项目列入“十三五”规划建设。2014 年 4 月完成了项目的前期调研工作；2014 年 7 月完成了项目的规划方案设计工作。

良乡校区大学生工程实践训练中心：2014 年，取得了工信部关于良乡校区大学生工程实践训练中心的立项批复。良乡校区大学生工程实践训练中心项目批复总建筑面积 33 060 m^2，批复国拨投资 15 301 万元。

良乡校区文化体育中心：2014 年，完成了工信部关于良乡校区文化体育中心的立项批复。良乡校区文化体育中心项目批复总建筑面积 15 700 m^2，批复国拨投资 13 788 万元，自筹资金 536 万元。

良乡校区三期基础设施项目：2014 年，完成了项目建议书（代可行性研究报告）的编制申报工作，完成了中咨公司对项目的立项评审，取得了工信部关于良乡校区三期基础设施项目的立项批复。良乡校区三期基础设施项目批复总建筑面积 2 030 m^2，批复国拨投资 14 178 万元，自筹或通过其他途径筹集资金 3 000 万元。2014 年 12 月，完成项目的初步设计编报工作并上报工信部。

其他建设项目：完成了文科教学大楼组团、3 号学生食堂项目的前期调研和论证工作，良乡校区一期人行过街工程完成规划条件批复、洪评批复、水保批复。

（胡亚利）

【在施工程情况】良乡校区工业生态楼室外工程：2014 年，完成了良乡校区工业生态楼所在地块的道路、广场、市政管线的建设，并完成了变配电室的安装并正式发电。2014 年 8 月，完成工业生态楼的设备调试及各专项验收后正式交付使用。

良乡校区三期市政配套设施综合管廊工程：综合管廊工程全长 900 m，集人防设施与市政管线一体。2014 年，完成了东区施工临时电源的引入工程，管廊南段于 2014 年 9 月 10 日开工建设，2014 年 12 月 28 日完成。计划在 2015 年上半年完成北段工程。

良乡校区留学生公寓：良乡校区留学生公寓工程于 2014 年 3 月 20 日正式开工建设，2014 年 6 月 10 日地下室结构完成，2014 年 9 月 19 日主体结构封顶，总建筑面积 12 968 m^2，批复投资 5 516 万元（其中：中央预算内 5 070 万元，自筹资金 446 万元），计划于 2015 年 4 月 30 日竣工。该工程还通过了北京市“结构长城杯金奖”和“绿色安全文明工地”的专家评审。

中关村校区机电实验中心：中关村校区机电实验中心工程于 2014 年 3 月 29 日正式开工建设；2014 年 9 月 8 日地下室结构完成；2014 年 12 月 9 日主体结构封顶。总建筑面积 30 080 m^2，批复投资 13 708 万元（其中：中央预算内 13 011 万元，自筹资金 697 万元），该工程计划于 2015 年 8 月 30 日竣工。该工程还通过了北京市“结构长城杯金奖”和“绿色安全文明工地”的专家评审。

（胡亚利）

【竣工交付及申报国家验收情况】完成了工信

部对良乡校区一期室外工程项目的现场验收，取得了工信部对良乡校区“十一五”建设项目的全部验收批复。完成了教材出版楼的档案自检、移交工作，完成了信息科学实验楼、大学生公寓6#楼的竣工决算审计、档案自检、竣工总结报告，并申请工信部对两个项目进行现场验收。

信息科学实验楼工程：2014年11~12月完成财务审计工作，验收申请已上报工信部，完成档案资料文件整理及汇编工作，预计2015年年初可进行档案及固定资产验收工作。

良乡校区大学生公寓（六）项目：2014年12月10日，完成该项目的财务决算审计。该项目新增建筑总面积34 400 m^2，共交付使用资产总值13 260.50万元。其中，固定资产12 806.42万元（建筑11 158.69万元、设备1 647.73万元），流动资产454.08万元。

西山阻燃实验中心工程：该工程总建筑面积4 770 m^2（其中：地上建筑面积4 500 m^2、地下建筑面积270 m^2），地下局部一层、地上四层，主体建筑高度15 m，为实验、办公用房。设计单位为北京北方设计研究院，施工单位为北京建工一建工程建设有限公司，监理单位为北京建扶建设监理有限公司。2014年3月完成节能审查备案工作，7月完成北京市环保局环评现场勘察工作，12月通过环保局环评验收。预计2015年1月取得环保局环评批复，2015年可以进行海淀建委竣工验收备案工作。

（胡亚利）

【合同、预决算工作】2014年度基建处签订合同37份，合同金额14 076万元；全年累计支付工程款15 589万元，完成本年度预算。签订的主要合同有《北京理工大学良乡留学生公寓监理合同》《北京理工大学机电中心施工合同》《北京理工大学机电中心监理合同》《北京理工大学良乡三期市政基础设施（一）管廊人防审查合同》《北京理工大学良乡留学生公寓建筑工地视频监控系统合同》《北京理工大学良乡E2－03地块室外工程设计》《北京理工大学良乡校区南区二号变配电室施工合同》《北京理工大学良乡二期室外电气合同》《北京理工大学良乡工业生态楼中和池设计合同》《北京理工大学阻燃环保竣工验收监测合同》《北京理工大学良乡校区二期基础设施——动力中心施工合同》《北京理工大学良乡校区二期基础设施——良乡动力中心监理合同》《北京理工大学良乡工业生态楼测绘工程合同》《北京理工大学良乡校区三期市政基础设施（一）人防管廊降水》《北京理工大学良乡校区南区二号变配电设计合同》《北京理工大学良乡工业生态楼门牌》《北京理工大学良乡东校区临时电源》《北京理工大学良乡工业生态楼绿化》《北京理工大学良乡大学生公寓六竣工环保验收》《北京理工大学良乡大学生公寓六测绘》《北京理工大学良乡大学生公寓六测绘》《北京理工大学良乡留学生公寓增加烟道》《北京理工大学良乡三期市政基础设施（一）人防管廊基坑、沉降监测》《北京理工大学工业生态楼室内环境检测》《北京理工大学良乡留学生公寓沉降监测》《北京理工大学工业生态楼中和池钢结构》《北京理工大学工业生态楼人防出入口不锈钢雨棚》《北京理工大学良乡校区北区围墙设计合同》《北京理工大学良乡大学生工程训练中心前期咨询建筑方案》《北京理工大学良乡文体中心可研代项目建议书》《北京理工大学文体中心总体规划》《北京理工大学三期基础设施可研编制》《北京理工大学三期基础设施总体规划》《北京理工大学良乡校区三期基础设施场地平整坐标放样》《北京理工大学良乡三期基础设施教育科研用地（1、2、3、4）坐标放样》《北京理工大学良乡建设项目变更环境影响分析（一期除外）》等。

完成良乡校区化工区地下管网改造工程、良乡校区化工区道路改造工程、良乡校区南区二号配电室工程、工业生态楼中和池工程、良乡二期基础设施——市政工程、良乡校区篮球场工程、西山阻燃实验中心工程、良乡校区工业生态楼工程的结算审计工作。

（胡亚利）

【统计工作】完成2014年北京市统计局基本建设月报表工作；完成工业和信息化部部属单位中央预算内投资建设项目管理系统的2014年季报信息上报工作。

（胡亚利）

【内部管理工作】继续落实党风廉政建设责任制要求，加强队伍建设，按照学习型、专业型的要求提高基建管理团队的业务素质。针对基建管理技术性强、法律法规多的特点，采取请专家讲课、处内领导宣讲、参加校外培训、鼓励专业人员进行专业培训和专业技能的等级考试等各种方式，加强业务学习和提高，建立和健全学校基建管理的制度。

（胡亚利）

校友联络

【概况】 1985 年 9 月 23 日，北京工业学院（现北京理工大学）校友总会正式成立。2002 年 11 月，校友总会办公室更名为北京理工大学校友联络办公室。2008 年 10 月，更名为北京理工大学校友会办公室。

（李含巍）

【校友联络】 截至 2014 年年底，已整理出 1940—2014 年学生毕业名单共计 14 万余人，校友有效信息 2 万多条。以上信息根据学校沿革已全部归属到学校现有学院，形成校友信息共享机制，便于学院联系校友，进一步促进校院两级校友工作的开展。定期推送北理工微刊 200 余期，建立各地、各行业校友微信群 20 余个。

帮助各学院建立校友信息库，为学院更好地开展校友工作打好基础；各学院负责策划和组织学院毕业 20 年、10 年校友返校活动，学校校友会办公室提供帮助与咨询服务，并积极参与活动的筹备工作；聘请班级校友联络员 235 名；建立学院校友干事联络群。

（李含巍）

【海内外校友会的工作和建设】 2014 年，在校友会的积极推动下，与各地校友共同努力，成立了西藏地方校友会；完成了上海、内蒙古地区校友会的换届工作；召开了江苏、苏州、无锡、浙江、海南、福建校友分会的座谈交流会；召开了五届“长三角地区”校友论坛活动；召开了四川、粤港澳、上海、浙江校友迎新会。

（李含巍）

【校友宣传】 2014 年，改进校友网站设计，增加了“媒体校友、校友文苑、校友论坛、值年返校、地方校友会网站链接”等栏目，及时更新活动内容 123 条，深度宣传报道了 60 位杰出校友的优秀事迹；优化 iBIT APP 服务平台的针对性推送信息设计，提高校友工作宣传的有效性，目前测试期用户人数为 1 000 人。改版《京工人》，增设了“校友荣誉”“大爱基金”“校友之声”“媒体理工人”等栏目，还对版面的设计进行了改版，2014 年《京工人》编印三期，向海内外校友寄送 13 000 多本，同时在校友网站上及时发布电子版《京工人》，方便更多的校友阅读。推出北京理工大学校友会微信阅读平台。

（李含巍）

【校友工作内容创新】 成功组织 1984 届“卅载成才路，一生母校情”校友毕业 30 周年返校活动，300 余名校友返校；策划和组织了主题为“人生价值与社会追求”的第四届校友论坛，邀请了朱和平、吴一戎、王双、朱华荣等校友代表参加论坛并讲话，同时举行了“大数据与互联网金融”“合作与共赢”“奋斗的青春最美丽”三个分论坛。

开发校友移动互动服务平台 APP，实现多维度校友通信录、群组即时聊天、校友卡支撑服务、资讯发布、活动组织、校友捐款、在线调查等功能；成立校友企业家俱乐部。聘请毕业生担任班级校友联络员，为学校毕业生就业、产学研合作等工作牵线搭桥。精心设计和制作了校友工作手册。

（李含巍）

【校友服务】 2014 年，举办包含京工演讲员聚会、光电学院毕业 50 周年校友聚会等在内的班级、社团聚会近 20 场，举办或承办诸如欧足联主席普拉蒂尼访谈等沙龙、座谈 30 余场，召开校友项目路演会近 10 场，举办青春导师授予仪式 2 场，承接各类会议十余场，累计接待校友近 2 000 人次。组织办理校友卡人数已达 8 204 人，实际为学校募集小额捐赠 20 余万元。

邀请校友返校参加毕业周年聚会、校友论坛、学生毕业典礼、奖学金颁奖等活动；暑期，组织学生陆续走访了北京、贵州、内蒙古、苏州、安徽、甘肃 6 个地区的校友；组织热爱校友工作的学生参加校友周年返校活动、校友论坛、走访校友等实践活动。

（李含巍）

良乡校区管理与服务

【概况】良乡校区管理处成立于2008年10月，全面负责良乡校区的统筹协调、安全保卫、后勤管理、师生服务等工作。2014年，校区管理卓有成效，切实做到了校区“安全稳定、运行良好、师生满意”，圆满完成了学校下达的各项工作任务。

2014年年底，良乡校区楼宇建筑面积达到31.85万平方米，绿化面积（含水面）为31.02万平方米，绿化率为47.6%。

（安 敏）

【安全保卫】2014年，与驻区责任单位共签订综合治理责任书32份，累计发放整改通知书4份；继续坚持巡查机制，对校区水、电、暖、气等重大设备设施进行安全生产大检查，对校区实验室进行安全检查，并督促相关实验室进行隐患整改；完成四六级英语考试、学生搬家、迎新、军训、运动会等各项大型活动的安保工作；针对“两会”“四中全会”“亚洲峰会”，与校区各单位签订安全责任书共12份；累计处理学生宿舍楼红外报警2 600余次，清理学生宿舍楼外围铁蒺藜杂物35次。发现各类安全隐患70余处，直接清除、整改40余处。全年清理校区废旧自行车400余辆。进行反恐防暴演练2次；校区新增高清数字点位147个，其中外围点位65个，室内点位82个；新增紧急求助报警亭5个，化学实验中心、物理实验中心和理学楼将实现刷卡进出，目前监控覆盖率达到约61.3%，同时将校区外围42路监控点位接入监控中心，本年度师生调阅录像共计84次，配合公安机关拷贝监控录像共计11次；继续加强对校区所有学生公寓的红外对射报警系统的维护工作；在学生公寓安装防爬铁蒺藜进行物理防范，对未安装限开器的楼宇加装限开器，同时，利用各种宣传媒介进行防诈骗安全提示，提高学生安全防范的意识，印制各类宣传品2 000余份。另外，继续加强对校区务工人员的信息备案管理工作，目前校区登记在案的务工人员750人。制作外来务工人员校园出入证；维稳方面，针对不同的敏感日，与学生处和驻区各学院协作，及时、积极了解和掌握学生动态，维护了校区的政治稳定。

2014年共接到师生求助电话以及现场进行援助150余次，收到学生感谢信4封。保安员拾到并上交值班室遗失卡片（身份证、学生卡、银行卡）132张，笔记本6台，书包16次，其中直接联系并归还失主物品86次。

（安 敏）

【交通管理】对交通设施进行更新维护，更换地桩54个，加装路沿石140米。自行车位画线1 120 m；南北大门口安装出入口指示牌4个，制作挡车器4个；南北大门外画黄线44米，地面喷涂安全警示立体字4块；制作迎新交通图、迎新交通引导牌等。全年制作《良乡校区车证》379张、《施工临时车证》31张、《临时停车证》50张、《迎新专用车证》30张。按教师实际需求，做好校区与理工睿府之间的大门管理工作。本年度共计对校区内违规停放车辆张贴处罚单共430次，处理车辆各类纠纷35起。

（安 敏）

【消防与防汛管理】2014年，对校区各楼宇的消防设施进行动态监控和维护维修。与校区重点单位签订了《防火安全工作责任书》8份，对校区内所有楼宇的消防标识、指示灯、消防栓玻璃、防火卷帘门等消防设备设施进行维护维修，更换1号教学楼、2号教学楼疏散图共计89块，同时积极推进消防报警联网工作，将校区各楼宇中控室进行消防联网，并使四个消防水泵房联网，实现远端实时监测，确保消防设施安全有效。完成校区12万平方米楼宇的电、消检查工作，完成校区915个消防栓、3 359具灭火器、86个室外消防栓的检修工作，完成对超市、地下空间消防通道的检查和整改工作。在“119”宣传周，组织学生、物业、保安、楼管在疏桐园C、D、E和静园A、B进行了消防紧急疏散演练，近2 000名学生参加。

防汛工作中，汛期前共购置1 000个沙袋、45

个应急灯、2台水泵以及1台发电机，组织物业和保安成立应急队伍，并进行了相应的演练。2014年汛期，校区没有发生任何灾害事故，确保了校园汛期安全。

（安　敏）

【工程管理】按既定的维护维修计划，加强对修缮、改造、抢修等工程的管理，保证了校区后勤保障运行的正常秩序。2014年工程小型维修（水电、土木）共计17 625次，室外管线抢修19项，下水管道维修2处，给水管道维修8处，热水管道维修9处，维修完成率100%。外来单位施工审批59次。

加大对重大设备设施的维护维修力度，完成对校区共48部电梯的年检，对配电室高压设备安全用具进行检测，共年检10套。生活水箱按计划清洗、消毒及检测，对学生宿舍下水管道结垢做了处理。完成教师公寓及图书馆中央空调的全年维保工作，完成对校区楼宇避雷针的检测。配合网络中心完成对校区110间弱电机房的安全检查工作。

坚持基础设施动态评估机制，对新启用的基础设施进行检查和评估，依据《良乡校区工程维保管理办法》，积极抓好工程维保工作，8月20日接管验收工业生态楼，汇总遗留问题共39项，召开工业生态楼遗留问题协调会3次。与入驻各单位交接钥匙501把。解决了教师公寓中水管线压力不足的问题；联系维保单位对丹枫园B栋及C栋淋浴系统进行清理、疏通；更换动力中心供热调节阀两个，并与基建协调维保金扣除事宜；解决了教师公寓215会议室的漏水问题，并与基建协调维保金扣除事宜；更新动力中心低区三台洗澡水温控阀总电源线，为动力中心供暖二次水系统加装一套自动泄压装置。

完成新一轮物业招标，包括招标文件审核、定稿，接待各投标单位现场踏勘，审核物业服务合同及物业前期交接工作。

（安　敏）

【绿化管理】2014年死亡树木补种乔木32棵；换种南区12号路行道树146株国槐；新种北区12号路动力中心东侧种植行道树72株国槐，北校区3号路北侧环路两侧种植行道树185株（其中油松3株，法桐55株，白蜡127株）；南区南围墙所缺毛白杨补齐，共计51株；学生服务中心北侧空地补种山楂10株。

更新“北京理工大学良乡校区绿化现状图”，进一步完善绿化巡查电子档案。严格绿化养护监管，加强病虫害防治工作。完成围墙蔷薇及藤本月季栽植、北湖取水工程、疏桐园东西侧地锦工程、屋顶绿化工程、绿化管道维修等多项绿化工程。同时，做好工信林和6#公寓周边绿化验收接管工作，做好校园环境的规划和设计工作，规划设计绿化工程12项。

（安　敏）

【后勤服务与管理】遵循后勤服务社会化的指导方针，按照契约化管理模式，依据监督管理办法，加大对良乡校区后勤服务实体的监督管理力度，认真做好后勤管理和服务。

加强对商户的服务监管，确保商品质量和服务质量；全年累计更换供热循环泵4台；更换供热调节阀7个；更换淋浴喷头1 300个；淋浴系统加装过滤器6台，阀门229个；完成对三台锅炉的年检及2#供热锅炉的维修。做好摆渡车的运行管理工作，根据师生需求及时调整运行时间。为方便学生，良乡校区教室借用审批权由教务处移交校区管理处。汇总校区室内外灯具数量，制定良乡校区灯具节能管理方案。协助后勤集团完成锅炉房太阳能改造工程，协助基建处进行锅炉房噪声超标改造的降噪工程。配合国资处验收了理工睿府9#楼。协助后勤集团启动学生宿舍空调安装工作。与基础教育学院合作，启动学生公寓超指标用电收费工作。

（安　敏）

【综合服务大厅】2014年3月7日，良乡校区综合服务大厅正式运行，根据学生事务的服务内容，设立事务办理、咨询服务、网络查询和自助服务等功能，为良乡校区学生提供一站式的高效服务。

（安　敏）

【综合协调】2014年积极与当地政府及各委办局进行工作联系，参加地方会议十余次，分解落实当地政府下达的各项任务；接待房山区绿化局领导、老干部处党支部离退休党员一行、1954级老校友、北京建筑大学大兴校区领导、上海同济大学嘉定校区领导、良乡高教园区等来访及上级单位检查工作十余次，协助地方政府组织了房山读书日活动，协调校领导参加地方活动20余次。

协助良乡高教园区组织学校教职工填写子女2014年9月拟转（入）良乡地区幼儿园和学校信息调查表。组织迎接高教园区管委会及地方政府相关单位对学校的联合检查。协调安装农业银行ATM机1台。会同基础教育学院及驻区专业学院做好学生监督员的聘任工作，充分利用学生会权益部、社团等学生组织，加大学生对校区服务的监督力度。

（安　敏）

离退休工作

【概况】北京理工大学现有离退休教职工2 592人，其中离休干部142人，退休教职工2 450人（不含关系在街道的退休工人）。有离退休教职工党员1 370人，离退休党支部38个，80岁以上的离退休教职工619人。

学校党委始终坚持对离退休教职工政治上多关心、思想上多沟通、生活上多照顾、精神上多关怀，积极发挥老同志的作用，将他们的宝贵经验转化为学校发展的推动力。离退休工作坚持“思想到位、政策到位、服务到位、关爱到位”的方针，以深入开展群众路线教育实践活动整改工作为抓手，以有利于离退休教职工健康、幸福、长寿和有利于学校和谐发展为目标，规范管理、倾情服务、科学发展。认真落实上级的各项离退休政策和学校制定的各项关爱措施，落实好老同志的两项待遇，以离退休党支部为依托，抓好两项建设。通过教育、服务、管理三条工作主线，脚踏实地地为离退休教职工办实事、做好事、解难事，形成稳定和谐、有乐有为的和谐校园氛围。在2014年工信部建设“老干部之家”活动中获评“合格老干部之家”称号。

（饶晓炜）

【离退休党建】加强思想引领体系建设。构建了校园电视栏目、视频工作信息通报平台、宣传橱窗等党员思想引领渠道，编发了8期40余万字的《离退休教职工学习参考》，倡导开展以“与党同心、与祖国同行为党的事业增添正能量”为主题的党日活动，其中一项活动获市教工委离退休党日活动二等奖。

加强离退休教职工党组织建设。以“一提三优”党建创优工作为基础，以“五个三比”活动为载体，抓好党组织建设，发挥党支部的战斗堡垒作用。选派离退休党支部书记参加市教工委“党支部书记培训班”和“大讲堂”，做到支部书记全覆盖；举行党支部和行政组骨干联谊活动，促进支部间的交流和党群交流；对个别由于年龄和身体因素不再担任支部书记、委员的人员进行调整，健全支部班子；加强服务型党组织建设，在关心慰问老同志、服务党员群众的活动中发挥党支部的先锋作用。深化离退休党支部创先争优活动。1个党支部获评“工信部离退休干部先进集体”；4位老同志获评“工信部离退休干部先进个人”；1个党支部和4位老同志的先进事迹入选市教工委《霞辉印党旗》和《霞为乐章》；首次开展了优秀主题党日活动评选，2个党支部获一等奖，3个党支部获二等奖，6个党支部获三等奖。

（饶晓炜）

【服务管理工作】认真落实离退休教职工的政治待遇。离退休教职工代表参与学校教代会、工代会、学校工作会、年中工作会、校领导民主生活会意见征求等重大活动。重要纪念日、节日举行座谈纪念活动，走访慰问老干部、老党员、老专家、老工人和有特殊困难的老同志，转达党组织的温暖和关怀。落实局级干部阅文制度和离退休教职工学习制度。认真落实离退休教职工生活待遇，做好各项关爱工作。春节前为全体离退休教职工发放慰问品；学校领导及相关部门领导走访慰问离退休教职工；组织党支部、行政组共同走访慰问有特殊困难的老同志；为80岁以上的老同志发放“寿星慰问金”；发放“降温费”、“三节”慰问金、重阳节慰问金；为80岁以上年龄“逢五逢十”的老同志祝寿；为离休干部发放看病车费补贴和护理费；分两批组织评定和发放“紧急救助金”；发放困难补助；为离退休党支部委员和行政组长发放工作补贴等。年度探望、走访、慰问老同志580余人次，其中到医院慰问看望住院的老同志210余人次；上下半年各召开一次新退休人员欢迎会；为全校32对金婚夫妇举行金婚庆典。开展丰富多彩的活动，满足离退休教职工的精神需求。举办“廉政书画作品展”“与党同心与祖国同行摄影作品展”“庆祝建国65周年书画、手工艺作品展”；老年健身队获北京高校老同志健身项目展示“康乐展示奖”。继续办好《秋韵》（季刊）杂志，年度再次获评“北京高校离退休工作优秀期刊”；继续办好老年大学，年度开办电脑、声乐、舞蹈、书画和摄影班，为老有所学创造条件；继续做好“关爱老人·共筑心巢”暖心工程健康咨询室，每周二为老同志提供健康和心理咨询；为方便离休干部活动，在活动中心一层专门设立离休干部活动室；加强对活动中心的管理，维护老同志的利益。组织参观游览活动20余次，涉及离退休教职工1 000余人次。多方协同，为离退休教职工提供优质服务。“北理同心”创先争优党建工作室为老同志继续提供危困帮扶；后勤集团为离休干部和80岁以上的退休教职工发放服务“金卡”；校医院为离退休教职工进行体检和肿瘤筛查，并赴校外社区为老同志报销医药费；居管会加强对孤寡、空巢、特殊老人的关怀与照顾；离退休教职工原所在单位通过多种途径，关心、支持老同志的活动和生活，并积极做好老同志丧事及善后事宜的处理工作；配合国资处做好“二期安居工程”遗留问题的处理工作；配合人事处做好离休干部抚恤金补发工作；协助工会和附属小学开展“三代”子女入学意见征求。

（饶晓炜）

【老同志发挥作用情况】组织开展“德育老导师”项目，助力德育工作；关工委与学生工作部门共同开展支援河北承德山区中学的军训服装捐赠活动；与学工处共同发起“守护桑榆·温暖夕阳”志愿活动；组织老同志参与市教育系统关工委“德育漫谈”征文活动，2人获二等奖，2人获三等奖；组织老同志多次参加北京市老科协活动，为科普宣传、法制宣传贡献力量。老同志活跃在科研工作、本科教学督导、研究生教育督导以及学校建设的各个方面。广大老同志积极通过“七一共产党员献爱心”活动表达爱心，体现了离退休教职工的高尚情怀和强烈的社会责任感。

（饶晓炜）

12

学校公共体系

后勤保障

【概况】北京理工大学后勤集团（以下简称“后勤集团”）成立于2008年12月。截至2014年年底，集团拥有员工1 282人。其中，有事业编制职工227人，集体工19人，非事业编制人员1 034人。集团下设集团办公室、集团财务部、集团质监部、餐饮服务中心、商业服务中心、物业管理服务中心、学生公寓管理服务中心、修建服务中心、能源管理服务中心、接待服务中心、幼教中心、零修服务中心12个部门。

后勤集团是学校服务保障体系的组成部分之一，承担着全校水电气暖运行保障、食堂伙食经营、学生公寓管理、校园物业服务、商业网点管理、幼儿教育等任务，为全校3万余名师生员工教学、科研和生活提供后勤服务保障。2014年，完成全校4 164万度用电、630万立方米用气、140万立方米用水的基础保障任务以及全校104万平方米建筑物供暖保障的重任。年运营班车6 400车次、运营总里程约23万千米，保障了学校教学科研工作的正常运行。经营管理12个学生食堂，保障3万余名师生员工的一日三餐。承担13栋学生公寓楼、1.5万名学生的住宿管理服务，30余万平方米教学楼、办公楼、实验楼和住宅楼的物业管理服务，26万平方米室外道路的清洁工作，24万平方米的绿地种植养护工作，7千余平方米门前三包面积的清扫、蚊蝇消杀、除雪铲冰工作。

（肖　鹏）

【党建工作】后勤集团党委是北京理工大学党委领导下的基层组织，下设10个党支部，现有党员181人，其中正式党员172人，预备党员9人，事业编制员工党员113人，非事业编制党员68人。2014年发展新党员9人。

2014年，后勤集团党委在校党委的领导下，深入学习贯彻党的十八大、十八届三中全会和习近平总书记系列讲话的精神，巩固党的群众路线教育实践活动成果，做好党建创优迎评工作、党风廉政建设和反腐败工作、第四届职工代表大会第二次会议、“共产党员献爱心”捐献活动、“党群零距离”、党员义务劳动、干部培训、安全维稳等一系列工作，围绕集团中心工作，扎实推进党组织自身建设、党员干部队伍建设和制度、文化建设，努力提高党建工作水平，顺利完成了各项工作任务。

（肖　鹏）

【综合管理】2014年8月20—23日，顺利通过北京恩格威认证中心“三标一体”监督审核。12月17日，召开了2014年度工作考核布置会，12月19—24日，完成对后勤集团全体中层干部的考核。2014年，修订完善《北京理工大学岗位管理工作手册》，汇编共计4册，2 901页，近90万字。2014年全年，报修大厅共接处维修工作单17 601张；共回复网络平台留言353条，发布微博65条，收到师生投诉建议意见21条，全部处理并回复。全年共组织各级各类培训学习34余次，受训覆盖集团全体员工。开展了资产清查、财务预算编制和全额成本核算等工作。2014年，后勤集团获第五届“长安汽车杯”厨艺和服务技能比赛团体总分第三名和优秀组织奖。2014年11月，后勤集团投资成立“北京理工绿通新能源汽车租赁有限公司”，12月26日获批“北京市示范应用新能源小客车配置指标”30个，启动良乡校区充电桩建设工程。

（肖　鹏）

【餐饮服务中心】2014年1月，全面执行《餐饮服务中心风味档口伙食原材料管理办法》，各风味档口的食品原材料纳入物资供应部统一采购，确保了食品原材料卫生安全。4月1日起，开展干部下基层活动，累计下基层实践63班次，共计431小时。4月，起草《餐饮服务中心对外承揽食堂巡检方案》，确保中心三级巡检全面覆盖。4月24~26日，参加工业和信息化部机关及直属事业单位第五届“长安汽车杯”厨艺和服务技能比赛，获大锅菜（热菜）金奖、精品菜（面点）银奖。5月，参加北京高校联合采购中心的采购招标，与16家

"农校对接"直供基地供应商签订大宗采购合同。5月14日，接受并通过北京市房山区卫生局对北京理工大学示范食堂验收。7月8日，承接房山区高教园区管委会的供餐任务。8月，完成新食堂排烟改造。8月8日至9月8日进行月饼生产及销售，月饼品种从2013年的6种提高到了2014年创纪录的10种。9月22日，承接科工局军工审核中心食堂。10月20日，开展"走进食堂，服务一线"的党员窗口服务示范活动，缓解用餐高峰工作人员紧缺的情况。11月21日，举办烹饪技术比赛。11月18日起，食品展销会从最初的每半月一次调整为每周二、五两次，展销会囊括了多个品种，每次销售约鲜肉200斤、杂粮300斤、蔬菜900斤、鸡蛋600斤等。12月12日，进行"评选我最喜爱的食堂"获奖食堂的挂牌仪式。

（肖　鹏）

【商业服务中心】2014年1月20日，完成市场安防、消防系统及中心财务安防系统改造。2—3月，完成市场股东、法定代表和营业执照经营项目的变更。3月6日，艺环超市营业时间调整为10:00—20:00，实行一班制。7月1日，在艺环超市、兴福兴发菜市场、邮电所开展了服务满意度问卷调查活动。7月，理工邮电所联合魏公村邮局、EMS特快专递、天地华宇物流、小麦公社，在中关村校区开展了"邮政贴心服务，伴你轻松离校"活动。8月，协助学校招分处完成4 242份2014年新生录取通知书的邮寄。9月12日，联合三大电信公司开展新生入网优惠活动，发放3 000本《北京大学生生活指南》。9月23日，完成《商业服务中心岗位管理工作手册汇编（2014版）》的修订。10月1日，兴福兴发菜市场引入"许鲜"水果电商实体店。11月15日，兴福兴发菜市场引入"新发地菜站"正式营业。12月16日，艺环超市参加北京高校后勤研究会商贸管理专业委员会主办的"北京市高校校园超市第二届行业技能"比赛，获团体二等奖，点钞个人二等奖、三等奖。12月26日，市场完成各商户2013年营业执照的检验及更换。2014年，顺利完成2014年出租公房租金、市场摊位费、邮电所代办费收缴工作；对自营场所、承租商户及办公区域进行全面安全大检查4次；对中心所辖部门及承租商户的环境整治2次。

（肖　鹏）

【物业管理服务中心】2014年，完成25栋教学楼、办公楼、实验楼共30余万平方米的物业日常管理；完成286个（次）考场的检修、环境布置及后勤保障服务工作；完成中心教学楼报告厅54次、7#教学楼报告厅242次的会议活动服务工作。收发室完成全校共92个部门和单位的报纸杂志、信件、邮包的收发，并实现外文信件和无法投递信件的网上查询。绿化部协助绿委会完成春季植树任务，配合基建处完成机电实验中心建设树木移栽任务；完成中关村校区新种植乔木97株、竹子及花灌木950株、绿篱69 900株，铺设草坪13 000平方米，种植宿根花卉及时令花卉47 525株；完成西山实验区种植乔木49株、树苗125株、竹子及花灌木1 008株、绿篱18 000株，铺设草坪6 500平方米；保洁部共清运垃圾8 727吨；完成对家属区所有楼道公共空间内堆放杂物的清理；完成对12#宿舍楼地下室楼道的粉刷、户门更换及线路改造；配合爱卫会完成"北京市无烟学校"复验检查，共制作分发1 500余张禁烟标识，重新布置室外吸烟区50个。

（肖　鹏）

【学生公寓管理服务中心】2014年3月28日，完成1 900余名春季毕业研究生的退宿工作。3月31日、4月1日，集中为700余名缓派生办理临时住宿手续。7月3日、4日，完成3 100余名本科毕业生的退宿工作。7月8日、9日，完成近630名夏季毕业研究生的退宿工作。7月14日、15日，安排3 000名良乡校区本科生回迁入住中关村校区。9月14日、15日，完成3 000余名研究生和博士生的新生接待入住工作。2014年暑期，在四栋高层公寓内协助施工人员安装1 300余台空调；接待夏令营学生共计1 500余人次，安排三义庙住宿学生850余人。2014年，学生公寓管理服务中心加强消防培训和安全检查，规范学生公寓管理，不断改善学生住宿环境，完成了中关村校区的住宿服务工作。

（肖　鹏）

【修建服务中心】2014年，完成北京理工大学供暖外线改造工程；完成北京理工大学大学生1#公寓楼生活热水改造工程；完成北京理工大学机械加工实验室楼结构加固改造工程；完成北京理工大学中关村校区硕博小区等楼宇散水沉降恢复和部分地下室通道防雨篷更换工程；完成北京理工大学西山校区永久供电方案配套改造工程；完成北京理工大学教职工8#公寓楼五层修缮改造工程；完成北京理工大学附属小学维修工程；完成北京理工大学研究生教学楼暖气改造工程；完成北京理工大学北区食堂电力外线改造工程；完成北京理工大学硕博小区 2#学生宿舍楼修缮工程；完成北京理工大学延园餐厅后厨改造工程；完成西山校区永久供电方案配套改造工程；完成北京理工大学主楼尾楼 133 教室多功能跨专业经管综合实验平台装修工程；完成车辆实验楼 415、416 实验室改造工程；完成化学学院良乡生态楼装修工程。

（肖　鹏）

【能源管理服务中心】2014 年，完成西山校区“2011 国家工程重点实验室”验收供电保障；将中国农业科学院农研新村住户用电从学校用电缴费范围中彻底剥离，并追回供电公司多收取学校的 41 万多度电费；5 月 1 日，按照北京市政府的规定，对收费系统进行升级，保证居民用水平稳，顺利实行了阶梯水价；配合学校完成职工 2#、4#、8#楼用水与学校用水分开计量，并将此三栋楼用水标准纳入居民用水；完成硕博小区 1#、3#楼的电力改造，将原有的集中计量改为单一房间计量，电表采用智能电表，售电系统借助于校园网进行远程输电；完成了节能监管平台中关村校区一期的建设，共完成中关村校区 68 栋建筑 119 个给水计量点远传智能水表、299 个供电计量点远传智能电表以及 60 个数据网关的建设，实现了对市政主进水口、各楼宇用水的实时在线监测以及实验室、教学楼、办公楼、学生公寓电能的精确计量、电能使用的实时在线监控和远程管理。

（肖　鹏）

【接待服务中心】2014 年 3 月，修订并形成 11 项安全应急预案。4 月 24—26 日，参加工业和信息化部机关及直属事业单位第五届“长安汽车杯”厨艺和服务技能比赛，获精品菜（冷拼）优秀奖、精品菜（热菜）优秀奖、汽车驾驶银奖、客房铺床银奖。5 月 1 日，延园招待所安装并启用 POS 刷卡机结账系统。7 月 14—15 日，客运部为良乡校区 2012 级学生搬迁筹措 18 车次，顺利完成搬迁任务。7 月，完成延园餐厅后厨改造。9 月 15—16 日，为研究生迎新工作筹措运力 23 车次，提供早餐 184 份、午餐 209 份、晚餐 30 份。11 月 26 日，客房部举办点钞、问答、做床和前台接待服务技能比赛。10 月 27 日，完成岗位文件修订，共修订岗位 42 个，其中新增岗位 7 个。11 月，延园餐厅、招待所原有 450 个灯具更换为 LED 节能灯。12 月，客运部所有班车座位加装安全带。12 月 11 日，客运部顺利通过海淀区高校交通安全检查。

（肖　鹏）

【幼教中心】2014 年 4 月 28 日，完成本年度幼儿园分级分类验收工作。5 月 30 日，完成“六一”大型庆典活动。9 月 12 日，联合公安部门和校保卫部门举行“反恐防暴”安全演练。12 月 17 日，顺利通过海淀交通委员会对幼儿园的出行交通安全教育检查。2014 年，完成幼儿园楼房大门装饰、美术功能区暖气、卫生间配套建设；完成西墙体育器械储物柜安装；完成南院运动功能区建设，配备大型户外体育器械 4 套，铺设多功能运动甬道近 60 平方米；绿化美化园区 500 平方米；更换北平房班级储物柜、水杯毛巾柜、吊柜；教学楼各班安装成人清洗池；投入资金近 18 万元购置玩教具、图书；添置空气净化器 40 台；院内添置电子大屏幕；园门改装 2 组电子刷卡系统；完成安装幼儿园内部集团电话 29 部，实现园内信息互通无障碍；引进三大类九套区域活动材料，添置三套体感设备，将科技手段运用于教科研工作中；两次顺利通过食药局对食品及药品的安全检查。

2014 年，幼儿园获海淀区早期教育社区活动先进集体、2013—2014 年学年度海淀区教育事业统计工作先进集体、2014 年海淀区幼儿园文化建设展评活动最优奖、第九届中国幼儿思维能力挑战赛思维教育优秀园所奖、第九届中国幼儿思维能力挑战赛思维教育优秀园所奖。

（肖　鹏）

【零修服务中心】2014 年全年完成维修工作单 19 464 张，总工时 653 402。4 月 24 日，完成第六届全国大学生机械创新设计大赛慧鱼组竞赛会场临时用电保障工作。5 月 9 日，完成 15#职工宿舍楼安防监控系统安装工程并顺利通过验收。6 月 28 日，开展零修便民服务。4—6 月，更换一体化灯管 1 724 根，开水器加装定时开关 197 台，安装节水型水龙头 250 个。9 月 17 日，完成 133、134 单元电梯内安防监控系统改造工程并顺利通过验收。10 月，完成主楼前喷泉修复任务。4—11 月，协助国资处完成学校路灯节能改造，并编制了路灯编号。

（肖　鹏）

信息网络

【概况】北京理工大学网络服务中心（以下简称“网络服务中心”）成立于1999年，原名网络信息中心，2003年经与电教中心合并更名为现代教育技术与网络信息中心，2009年改为现名至今。主要承担校园网规划、建设及网络运行管理和维护等工作，负责学校信息化建设，负责网络客户计费、电子邮箱管理，负责校园网主页信息的制作、发布及虚拟服务器的管理与维护，承担多媒体教室的管理与维护，负责多媒体课件创作基地的建设和管理。网络服务中心现有工作人员19人，其中，有高级职称的5人。网络服务中心下设办公室、网络运行室、信息资源室、教育技术室和良乡综合室。

（王凤贵）

【校园网情况】北京理工大学校园网络覆盖了中关村校区、良乡校区及西山实验区，其中中关村和良乡两个校区皆可接入无线网络。校园网络出口总带宽已经达到2.8 G；管理信息系统数据总量达到130 GB；电子邮件用户数达到70 000余个；教师电子邮箱容量达到3 G；学生用户电子邮箱容量达到1 G网络信息点数超过36 000余个，无线网络接入点达到1 600余个。

（王凤贵）

【网络建设】网络服务中心通过机房建设改善了良乡核心机房的环境，完善了两校区63个2级设备间的监控和巡检，重新部署实施了膳食处等终端节点的网络链路，并对中关村校区和良乡校区的核心机房进行节能改造，对校园网日常报修做及时处理，保证网络畅通。

校园网出口带宽资源一直处于紧张状态，网络服务中心经过多方努力，使得2014年度学校校园网IPv4出口带宽从1.6 G扩容到2.8 G。此外中心努力协调校外资源，将IPv6出口带宽从2 G提升到3 G。面对互联网安全形势，网络服务中心对校园网出口各个节点进行了梳理和排查，从多个层面加强了网络安全防范，特别是出口安全策略进行了更加严格的定义和规范。

（王凤贵）

【网络服务】网络服务中心2014年度完成了日常缴费/退费、毕业生上网账号、邮箱的保留/销户及新生的开户工作。对计费系统进行了全方位升级，配合有线网的扁平化和无线网三期工程进行了大量的调试和优化；完善邮件系统，提升用户邮箱容量，提升邮件系统的稳定性、安全性和用户友好程度；对各个部门相继进行了工信部办公专网、校足球队网上直播专网、校医院远程医疗专网、西操场门禁系统网络、8#教学楼及研究生教学楼教师机专网、国交招生专网升级和国交校友会专网升级等多项网络工程建设。

（王凤贵）

【信息化建设】网络服务中心完善和升级了以数据接口为手段的数据交互平台、以单点登录为目标的统一身份认证平台，同时扩大了以虚拟化为手段的服务器集群和集中存储系统，并在此基础上完善了学校数据交换平台的基础数据库，清洗了大量无效和不准确的数据，使得校园私有云结构更加合理、规模得以扩大、承载能力得到提升。

信息服务建设主要包括网站群建设、应用服务建设和面向学科建设的高性能计算平台建设。应用服务建设主要包括：掌上北理的建设，主要面向全校提供基于移动互联网的快捷办公和信息推送；短信网关建设，与现有私有云业务系统紧密结合，提供短信提醒和短信通知；数字迎新系统建设，主要在录取后即开通学校与新生的网上交流、信息咨询、网上业务办理的新平台，开创了我校迎新工作的全新模式；学生自主管理系统建设，面向学工处提供了奖助学金发放的工作平台；学业指导中心业务系统建设，主要为学生定向一对一指导提高了可操作的网上业务模式。此外还包括对教务处的出国交流管理系统、面向校团委的学生活动校园审批系统和良乡考勤系统的升级与维护等。

（王凤贵）

【网络安全】多手段并举，提高系统安全：数据的集中对系统安全提出了更高的要求。中心在建设校园私有云的同时，一方面从软硬件技术结构上反复论证，建立可靠的数据保护和备份机制，从而提高数据的可用性和安全性；另一方面在管理上针对可能的入侵和攻击，分类划区采取不同的安全和多重防护手段保障虚拟化环境和主机托管区的系统安全。2014 年度我中心对学校所有网站进行了较为彻底的清理和重新规划，依照网站自身的特点规划了不同的网群，其中包括信息发布网群、对外业务网群、托管主机网群。将信息发布性质的网站统一纳入学校的发布系统进行建设和管理。将需要对校外提供服务的网站分为可迁移至虚拟化平台和目前不具备迁移条件的两类，前一类限期迁移，后一类统一部署并统一加装防护。对迁移至虚拟化环境的所有主机进行统一安全防护和管理。以上措施的实施，极大地提升了学校网群系统的安全性，降低了网络安全事故的风险和概率。

（王凤贵）

【教学服务】网络服务中心利用现有综合教育平台、“乐学”网络教室和 IPTV 直播平台，配合教学部门先后开展了视频公开课、国家精品课程、MOOC 公开教学试点和网络课程直播等新尝试，为学校教学改革和教学模式创新提供了有力的技术保障；并配合教学部门完成了教学视频的录制和内容的编辑。

网络服务中心通过推广蓝牙扩声系统、改造部分教室扩声系统、改造多媒体教室黑板灯光控制等多项手段，提高了多媒体教学环境的保障能力；对学校网络教学综合平台进行了升级改造，并对老旧投影机、幕布等设施以及良乡所有教室的教学计算机进行了更新，采用 VoIP 技术对所有教师的报修电话进行了更新，更新了多媒体讲台一卡通系统。为提升课堂效果，加大了蓝牙麦克风的发放量，改善了课堂音响系统。加大了对教学环境的监控与维护力度，使故障能够得到快速处置。

（王凤贵）

【党建工作】本年度网络服务中心党支部全面落实学校党建工作部署，开展各项学习和教育工作。领导班子严格执行中央八项规定，结合群众路线教育实践活动整改方案，在推进本单位党建和思想工作与文化建设上投入了大量精力，力求取得更加明显的实效。对中心员工特别是党员继续强化服务意识，恪守党员行动准则，努力提高个人业务素质，改进服务态度。

在党风廉政建设和反腐败工作上，中心领导班子认真执行学校关于领导干部个人收入申报、礼品登记报告的有关规定，执行遵守重大节假日活动报告等制度。中心领导班子在日常管理和决策上充分贯彻民主集中制，自觉接受组织和群众监督，杜绝“四风”问题，严格控制各项支出，杜绝各类违反规定的情况发生。

（王凤贵）

【队伍建设】2014 年度网络服务中心着力实现管理制度化，先后制定和完善了人员培训和考评制度、设备管理制度、项目验收制度、安全管理制度和突发事件应急处理预案，共计新聘事业编制人员 2 名，返聘和续聘多名离退休职工。

（王凤贵）

【完成校园网扁平化改造一期工程】2014 年，网络服务中心实施校园网络扁平化一期工程，通过采购高端的核心设备，将中关村校区的所有学生宿舍直连到中心核心机房，同时还更换了一部分宿舍的老旧接入层设备。在经过考察调研后，设计了学校扁平化方案并拟定了设备指标要求，最终通过公开招标确定了型号，并会同厂家制定了详细的实施方案。

光纤线路改造是此次工程成败的关键，因此网络服务中心对学校现有链路进行了梳理，对所涉及的区域地下管网进行了详细的调查，最终协调多个部门和产权单位制定出可行的改造方案，并按照计划完成了任务。

（王凤贵）

【完成数字迎新系统建设】数字迎新系统建设是学校信息化建设中的重要内容，网络服务中心负责该系统学生网上预注册、数字迎新的后台管理系统的研发工作及数字迎新工作整体技术支持。此系统的投入使用，开创了我校多部门网上协作办公的先河，改变了原有的迎新工作形态。

（王凤贵）

图书情况

【概况】北京理工大学图书馆（Beijing Institute of Technology Library，以下简称“图书馆”）创建于1940年，前身是延安自然科学院图书馆。1948年9月命名为华北大学工学院图书馆，1950年中法大学图书馆设施和一部分馆藏并入华北大学工学院图书馆，1952年更名为北京工业学院图书馆，1988年5月易名为北京理工大学图书馆。图书馆现由中关村校区图书馆、良乡校区徐特立图书馆和四个专业分馆（机械与车辆工程学院分馆、法学院分馆、理学院分馆、设计与艺术学院分馆）组成，总建筑面积56 687万平方米，总阅览座位3 076席，计算机270台，无线网络覆盖中关村校区图书馆一至四层和徐特立图书馆全馆。建立了图书馆集成管理系统（汇文）、Serial Solution电子资源跨库检索系统、RFID自助借还服务系统等全方位的图书馆文献信息管理服务体系，以及“中国科协文献特藏”“老科学家学术成长资料特藏”“北京理工大学文库特藏”等独具特色的珍贵文献收藏交流体系，拥有“图书情报与档案管理”一级学科硕士学位授权点和“教育部科技查新工作站”。

2014年，图书馆有正式人员66人。其中，具有博士学位的人员19人；具有硕士学位的人员12人，具有正高职称的人员4人，具有副高职称的人员14人。馆员学科背景覆盖力学、化学、光学、数学、计算机、环境工程、情报学、管理学、历史学、地质学等多个学科。

（姚文莉）

【文献资源建设】至2014年年底，图书馆印刷型文献累积总量252.6万册（包括分馆、院系资料室和秦皇岛分校数据），其中，图书189.73万册，期刊15.03万册，本校博、硕士学位论文72 673册，订购印刷型期刊1 899种；数字型文献资源中，电子图书549.61万册，电子期刊6.85万种，数据库总数273个。

北京理工大学图书馆2014年收藏文献统计表

文献积累总量			
图书/册		中文图书	1 683 870
		外文图书	213 407
期刊/册		中文报刊	36799
		外文报刊	113 478
特种文献出版物/册或件		书本型	95 381
		缩微型	68 158
音像资料/件			7 692
机读文献/件			116 715
分馆及院系资料室文献总量/册			176 633
秦皇岛分校			13 916
合计			2 526 049

当年入藏文献量			
图书/册		中文图书	48 716
		外文图书	2 380
入库过刊/册		中文期刊	69
		外文期刊	327
		报纸	
特种文献出版物/册或件		书本型	4 704
		缩微型	
音像资料/件			
机读文献/件			2 307
分馆及院系资料室文献总量/册			-14 911
秦皇岛分校			
合计			43 592

当年剔除旧书量/种	中文图书		当年订购现刊报刊量/种	中文期刊	1 681
	外文图书			外文期刊	110
	机读文献/件			报纸	108
电子图书总量/册		5 496 058	数据库总数/个		273
当年实支文献购置费/元			19 513 448		

注：2014年管理与经济学院分馆总计14 911册图书转入中关村馆。

（姚文莉）

【读者服务】2014 年 4 月 23—27 日，中关村校区图书馆开展以“世界读书日”为主题的系列宣传活动，通过“两会专题报告”活动、“校外访问”咨询专场、“balis 文献传递及馆际互借”宣传活动，在校园内营造“多读书、好读书、读好书”的氛围；良乡校区徐特立图书馆举办了“书海任我游——2014 年世界读书日”主题活动。9 月 7 日，徐特立图书馆为新生举办了图书馆入馆教育培训讲座，详细介绍了图书馆的馆藏资源、数据库资源、如何文明利用图书馆等方面的内容。11 月 25 日，良乡校区徐特立图书馆开展为期一个月的“悦读 · 滋养您的心灵”第一季阅读推广活动，本季阅读推广活动以心理健康类图书为主。12 月 20 日，为保障考研同学的学习，继 2013 年在一层大厅增加 100 套桌椅之后，又增加 100 套桌椅，供考研同学使用，最大限度地保障了考研同学的学习空间。2014 年，图书馆总计为 5 000 余名毕业生完成了图书馆离校手续办理和论文提交工作，顺利完成了春季和夏季毕业生的离校工作。

北京理工大学图书馆 2014 年读者服务工作一览表

注册读者人数/人							接待读者情况		
合计	教职工	研究生	本科生	大专生	留学生	其他	周开馆时间（时）	年入馆人次	阅览座位/个
39 953	4 482	12 339	15 303	218	1 070	6 541	112	1 193 248	3 076

图书利用情况				馆际互借/册		文献传递/篇		委托借阅/册	
理工科类馆藏比例/%	开架图书比例/%	图书外借量/册	图书借出率/%	借入量	借出量	传入量	传出量	申请量	到书量
51	69	389 033	22.8	581	83	753	234	911	619

文检课					信息素养教育讲座	
教师人数	本科生学时	选课人数	研究生学时	选课人数	讲座次数	听讲座人数
9	144	997	180	1 798	11	3 976

咨询服务					
科技查新/项	代检代查/项	定题服务/份	调研报告/份	直接咨询/人次（到馆、电话咨询）	间接咨询/人次（邮件、电子邮件、BBS、QQ）
960	1 137	0	3	12 500	357

Apabi 电子图书下载量/册次	电子图书下载借阅量/篇	文摘类数据库检索量/次	期刊全文下载量/篇	图书馆主页访问量/次
—	3 521 916	4 215 748	8 122 725	1 020 562

注：Apabi 电子图书下载量因 Apabi 系统损坏，无法统计。

（姚文莉）

【学科建设】2014 年，图书馆不断强化专业特色，加强教学与科研的创新发展，实现师资整体综合水平的提高。完成学科点评估的摸底工作，针对学科评估中发现的在师资队伍、学生培养和学术论文方面的不足，加强专业课程体系建设，落实学生实践培养环节。2014 年度共培养硕士研究生 5 名。举办了 4 期“图书馆与信息管理学术沙龙”活动，报告 30 人次，为馆员提供了一个思想沟通、知识交流、专题研讨的平台。

（姚文莉）

【科研工作】2014 年，图书馆承担国家社科基金 1 项，承担了中国科协的“老科学家学术成长资料采集工程”项目 2 项、教育部科研项目 2 项、在校基础研究基金项目 6 项、其他项目基金 6 项，项目经费达到 220 万元。发表论文 16 篇，撰写发展报告 3 份，图书馆在科研项目的质量和高度方面呈现越来越好的发展态势。

老科学家学术成长资料馆藏基地 2014 年度主要承担了采集资料的移交、管理、入藏、展览展示、数字化加工、仿真、标引、联合目录建设等工作。截至 2014 年年底，已经入藏采集的资料包括 2010 年 51 名院士的资料、2011 年采集的 91 名院士的资料、2012 年采集的 94 名院士的资料。此外，馆藏基地完成国博展 60 件展品高仿，为配合“科技梦中国梦”的巡展工作做准备。

（姚文莉）

【队伍结构调整】2014 年，图书馆不断进行机构设置与人员调整工作，合理规划人员队伍建设，改善人员构成。2014 年 2 人成功申报副高级专业技术职务。招聘非事业编制人员 18 人，占全馆总人数的23%。此外，图书馆通过招标形式将图书上架工作外包给专业服务公司，进一步推动了图书馆人事制度的改革，为图书馆未来人才队伍建设打下了重要的基础。

（姚文莉）

【党建工作】图书馆党总支共有5个党支部，党员39人。其中教职工党员37人，学生党员2人。2014年党总支部坚持以学校第十三次党代会精神为指导，深入学习十八大和十八届四中全会精神，紧紧围绕图书馆的中心工作，坚持做好打基础、求创新、促发展的工作，努力营造科学发展的发展环境、和谐稳定的馆内环境、优质高效的服务环境。图书馆党总支部重视理论学习，认真制订党员干部和员工的理论学习计划，科学制订十八大精神、党的十八届四中全会学习计划，总结习近平总书记系列重要讲话的精神，认真落实。重点组织领导班子成员和党员干部进一步学习党章，认真研读教育实践活动学习材料，组织观看《感动中国》等教育片。

4月17日，图书馆召开党的群众路线教育实践活动总结大会，大会总结了图书馆党的群众路线教育实践活动的开展情况。图书馆教育实践活动取得了初步成效，主要体现在三个方面：一是领导班子和领导干部主动服务师生的意识和能力有了提升；二是初步遏制了“四风”问题；三是进一步加强了制度建设。提出18项整改方案，现已全部整改完成，尤其是继增加100套阅览座椅后又增加了100套，解决了座位不足的问题，得到了读者的一致好评。

7月3日，为纪念中国共产党成立93周年，图书馆党总支开展了“继承伟人遗志 永葆先进本色”主题党日活动，党总支书记徐文国带领图书馆党员参观了“周恩来邓颖超纪念馆”，深切缅怀周恩来、邓颖超同志的革命精神和崇高品德。

（姚文莉）

【文化建设】图书馆始终结合工作实际，致力于保障基础服务、细化个性化服务，拓展高层次服务，努力打造“研究、服务、奉献、一流”的北京理工大学图书馆文化，充分发挥图书馆在校园文化建设中的育人作用。2014年，图书馆继续认真履行宣传、教育职能，努力挖掘学校图书馆馆藏文化的特色，开展馆史整理、军工文化研究，配合学校整体工作，将图书馆建设成为校园文化基地。一是举办了以“书海任我游”为主题的第四届图书馆文化节，通过丰富多彩的活动，营造积极向上、健康文明的文化氛围，为同学们搭建了一个弘扬中华民族优秀文化、繁荣大学校园文化生活的平台。二是举办“徐特立科学营活动”，接待中学生参观，为其讲解徐特立展厅的文化，使其感悟徐特立的革命精神，领略徐特立教育思想的博大精神，弘扬延安精神，传承优秀的民族文化。图书馆还积极发挥在学校人才培养中的作用，开展多种形式的信息素养教育工作，以此拓展服务内容，提升服务质量。

（姚文莉）

【对外交流与合作】2014年，图书馆5人赴美国、韩国参加国际学术会议；十余人参加国内学术会议；接待东北大学图书馆、内蒙古农业大学图书馆、南昌工学院图书馆等高校图书馆领导及骨干来访交流十余次，共计250余人。1月20日，图书馆召开“智能图书馆信息研讨会”，邀请北京高校馆长参加，共同探讨高校在智能图书馆建设中的思路和实践。9月19日，美国伊利诺伊大学厄巴那—香槟分校（UIUC）伊州消防服务培训学院图书馆馆长和该院中国国际合作项目负责人阮炼博士来我馆就中美图书馆间的合作进行交流。12月19日，我馆承办北京高校图书馆“新技术驱动图书馆服务创新”学术研讨会，就追踪新技术前沿、展示新技术应用为主要内容的图书馆创新服务开展交流，参会人数约180人，获得了同行界的良好评价。

（姚文莉）

档案工作

【概况】北京理工大学档案馆（School of Archives，以下简称“档案馆”）成立于1995年3月，主要负责各类档案的收集、整理、编目、保管及开放利用，全校教职工的人事档案管理，学生成绩单的翻译制作及学历学位认证。档案馆现有馆舍面积900平方米，专职档案人员13人，兼职档案员近百人。1995年被评为北京市高等学校档案工作先进集体，1998年晋升为“国家二级”档案馆，2008年、2010年被评为北京市高校档案工作先进集体。

（任　康）

【档案库藏】档案馆设有党群、行政、教学、科研、基建、会计、声像、出版物、人事、设备、外事、实物12个档案门类。截至2014年年底，案卷排架总长度1 600米，馆藏档案共计13万余卷（含人事档案4 000余卷），照片档案7 000余张，底图1 200余张。

（任　康）

【档案管理】通过与学校各部门沟通，完成接收各类档案9 622卷，各单位也形成各自的立卷归档制度。同时积极配合学校相关部门完成科研生产质量管理体系年度审核、学校保密工作检查、固定资产投资项目档案验收等工作。

持续推进档案信息化建设工作，实现了档案网站建设与学校数字化校园建设同步进行，以及网上实时在线归档、远程查询、远程申办学生成绩单翻译等功能，此外对档案数字化业务外包工作进行了改进。2014年度继续分批次进行数字化扫描加工和整理，完成对各类照片的扫描加工，扫描完成各类幅面大小照片4 000余张。目前电子档案检索利用率已达到80%以上。

全馆人员积极参与各项业务培训和学术交流活动，撰写论文多篇并获奖。

（任　康）

【档案开发与利用】至2014年年底，校内查档服务近4 000人次，提供利用纸质档案2 170卷，向社会提供认证服务550件。其中，制作中英文成绩单约30 000份，学历学位证书翻译14 000余份，在学证明6 200余份，补办毕业证明书60余份，加盖公章75 000余次。

（任　康）

【信息化建设】2014年获批档案信息化建设项目80万元，主要建设内容为档案管理系统软件更新、硬件升级、原有数据迁移、与学校办公系统对接、档案馆网站建设等。

（任　康）

医疗服务

【医院概况】北京理工大学医院（以下简称“校医院”）始建于1950年，历经发展变化，成为一所综合性医院。1997年1月13日北京市海淀区卫生局评审认定北京理工大学医院为一级甲等医院。2002年被北京市卫生局批准为北京理工大学小区卫生服务中心。校医院占地面积3 400 m^2，业务用房面积2 500 m^2。主要服务对象为北京理工大学的教职工、学生、本小区内的家属、居民及部分外来人口，服务人口约4万人，主要提供预防、医疗、保健、康复、健康教育、计划生育指导等基层医疗卫生服务。2014年年底，校医院有事业编制职工60人，非事业编制人员21人。正式职工中，卫技人员

55 人，行政人员 5 人。设院长 1 人，专职党支部书记 1 人，副院长编制 2 人（现有 1 人）；有主任医师 1 人，副主任医师 17 人，副主任药师 1 人，副主任检验师 1 人，主任护师 1 人，副主任护师 1 人。具有中级职称的卫技人员 34 人，初级职称的卫技人员 2 人。目前有 23 名医生取得了全科医师上岗证，其中 3 名医师同时取得中医、全科上岗证，1 名医师取得了社区防保医师上岗证，17 名护士取得了社区护士上岗证，其他各专业人员也分期分批参加了海淀区举办的专业技术培训并取上岗合格证书。

（靳以飞）

【医院机构设置】医院设有办公室、医务科、护理部；设有内科、外科、妇科、儿科、五官科、口腔科、中医科、理疗科、放射科、B 超、心电图、化验室、中药房、西药房、保健科及一些专科门诊——心血管专科、糖尿病专科、消化专科、精神心理卫生科等。

（靳以飞）

【社区卫生服务工作和日常医疗服务】校医院承担着中关村、良乡两个校区的医疗预防保健及社区卫生服务工作，对两个校区提供 24 小时门、急诊服务。截止到 2014 年 12 月 17 日，共完成门急诊 130 662 人次，其中门诊 121 268 人次，急诊 9 394 人次，外派及上门服务 209 余人次。

2014 年校医院共完成各类人员体检约 22 456 人次，其中学生体检 16 355 人次，教职员工（包括离退休人员）体检 4 543 人次，妇科及乳腺检查 867 人次，其他各类人员体检约 691 人次，并在教职工体检中新加入肿瘤筛查。

全年共完成各类人员免疫接种 11 921 人次。其中大学生免疫接种 8 619 人次，社区散居儿童、幼儿园、小学生计划免疫接种 2 550 人次；免费为本社区及周边地区 60 岁以上的老人注射流感疫苗 718 人次；免费为民工注射 A+C 流脑疫苗及麻疹疫苗 34 人次。

校医院针对社区不同人群的特点，积极开展健康教育及卫生防病宣传工作，开展有较强针对性的健康教育讲座 31 场，健康促进活动 18 次，与人民医院、海淀医院联系，建立医疗共同体，逐步实现预约挂号、预约检查、化验检查结果查询、急诊绿色通道、视频会诊、医务人员远程继续教育等诸多功能。

（靳以飞）

【计划生育】学校在职教职工 3 300 多人，其中育龄妇女 693 人、审批生育指标 214 人（女 88 人、男 126 人）。在校学生约 3 万人，审批生育指标 61 人（女 24 人、男 37 人）。流动人口约 1 万人，其中育龄妇女 1 621 人。为流动人口发放避孕药具 1 万余盒。

（靳以飞）

社区工作

【概况】北京理工大学居民管理委员会（以下简称“居民管理委员会”）成立于 1987 年，其前身是北京工业学院家属委员会，2002 年改制为北京理工大学社区居民委员会。辖区内共有楼宇 36 栋，134 个单元，2 个青年教师公寓，常住人口 8 100 余人。北京理工大学居民管理委员会、北京理工大学社区居民委员会、北京理工大学社区服务站合署办公。社区共有专兼职社区工作者 17 人。其中党员 9 名；具有大专及以上学历者 13 人，其中本科及以上学历者 6 人，研究生学历 3 人。

（杨红霞）

【组织机构及职责】居民管理委员会下设六个工作委员会，分别为社区综合治理委员会、社区人民调解委员会、社区社会福利委员会、社区公共卫生委员会、社区人口和计划生育委员会、社区文化共建委员会，另设一个妇女联合会。2011 年社区服务站成立后，为社区居民提供一站式办公服务，开展社区矫正、流动人口管理、优抚救济、防灾减灾、社区教育、劳动就业、社会保障、法律咨询、慈善捐赠、住房保障以及老年人、残疾人、未成年人、妇女权益保障等工作。

（杨红霞）

【教代会提案项目】按照学校教代会的提案要求，2014 年居民管理委员会为增设社区图书馆的主办单位。通过向街道办事处申请派送、鼓励社区居民捐赠图书杂志，加上往年库存，社区图书馆已基本建成，共有书籍500余册。同时开辟公益上网场所，配备公益性上网专用电脑，供未成年人阅读电子书、上网查阅资料。

（杨红霞）

【实事好事项目】2014年，居民管理委员会作为家属区部分道路改造、部分楼体修缮的主办单位，对26号楼（78~83单元）全楼阳台进行修缮，对78~83单元南侧道路、93单元北侧道路、12~16单元南侧道路进行翻修。

（杨红霞）

【第三次全国经济普查工作】北京理工大学第三次全国经济普查工作办公室设在居民管理委员会，负责本普查区第三次全国经济普查工作的组织实施。自2013年9月份开始，采取上门核查、电话核查、通过物业核查等多种方式，对辖区内的单位进行前期核查登记，共完成核查底册670个单位及新增64个单位的核查工作，完成登记并录机上报。2014年1月份进入PDA数据的采集阶段，经过PDA采集上报、平台录入、修改后，于4月份完成第三次全国经济普查工作，共采集企事业单位数据信息620余个，完成率达到110%以上。居民管理委员会获得“海淀区第三次全国经济普查先进集体”称号。

（杨红霞）

附属小学

【概况】北京理工大学附属小学（以下简称“理工附小”）为北京理工大学子弟学校，始建于1953年，位于北京理工大学校园西北隅。

2014年共招生一年级新生152人，毕业学生101人，在校学生675人；事业编制教师44人，非事业编制4人，其中行政人员5人，专任教师43人。教师中，具有研究生学历14人、大学本科学历32人，大学专科学历2人。在师资队伍建设上，有北京市骨干教师1人，海淀区级学科带头人2人，海淀区班主任带头人1人，海淀区学科骨干教师1人。

2014年4月，北京理工大学附属中学托管理工附小。

（王越人）

【党建工作】2014年12月，理工附小理工直属党支部召开了换届大会，选举产生了新一届支委委员与附小直属党支部书记。2014年11月，2名同志加入中国共产党。附小党支部共有党员25人。

（李振江）

【学校荣誉】2014年获评北京市学生金鹏科技团——机器人分团。

（高亚凤）

【教育教学】学校始终坚持对学生进行习惯养成教育，注重细节、注重学生的日常学习生活。作为海淀区教学管理先进学校，2014年学校重点开展“减负”工作，提高教师的教育教学能力。开展第一届“理工杯”青年教师展评课活动。学校重视学生身体健康，开展春季运动会、跳绳比赛、冬季长跑，保障学生一小时锻炼时间；开展课外一小时活动，鼓励学生积极参与。组织学生参加社会实践活动，使其增长见识，融入集体。

（王越人）

【对外交流】2014年6月，理工附小4名教师赴井陉矿区第一小学进行校际交流；同月派出3名教师及7名学生赴西班牙参加FLL机器人欧洲锦标赛；7月接待了非洲尼日利亚校长团来校交流；8月附小棒球队参加海峡两岸棒球对抗赛。

（王越人）

【学生竞赛】2014年7月，理工附小获得全国青少年棒球锦标赛冠军；12月获得创新思维亚太地区北京邀请赛一等奖、中国青少年机器人竞赛FLL工程挑战赛一等奖、北京市智能机器人大赛FLL工程挑战赛一等奖。

2014年2月附属小学承办了全国机器人FLL北方赛区的比赛，12月承办海淀区机器人比赛。

（高亚凤）

【教师荣誉】2014年学校一位教师被评为“全国机器人优秀教师”，一位教师被评为海淀区“科技之星”，两位教师被评为海淀区“优秀科技辅导员”。

（王越人）

【办学条件】 2014 年附小校舍占地面积 5 594 m^2。学校有大小操场各 1 个，普通教室 21 间，专业教室 5 间，多功能教室 1 间，教师办公室 10 间，行政办公室 5 间，教师图书馆 1 间，学生图书馆 4 间，科技展室 1 间，机器人活动室 1 间。

（王越人）

期刊工作

【期刊工作基本情况】 2014 年，学校运行学术期刊 8 种，其中主办 4 种、联合主办 3 种、承办 1 种。主办《北京理工大学学报》、*Journal of Beijing Institute of Technology*、《北京理工大学学报（社会科学版）》及《深空探测学报》；与中国环境科学学会、中国职业安全健康协会联合主办《安全与环境学报》，与中国兵工学会、中国北方光电工业总公司联合主办《光学技术》，与中国兵工学会联合主办《车辆与动力技术》；由国务院学位委员会主办《学位与研究生教育》。

2014 年，《北京理工大学学报》获得“高校优秀科技期刊奖”（中国高校科技期刊研究会）；《北京理工大学学报（社会科学版）》获得“北京市社科学报名刊”（北京市高教学会社会科学学报研究会）、“全国百强社科学报”（全国高等学校文科学报研究会）。

2014 年 1 月起，《北京理工大学学报（社会科学版）》加入“中国高校系列专业期刊”数字化平台（打破校际间界限，按一级学科及专题重组的网刊），成为《资源环境研究》专题期刊的主要成员，使学报“能源经济与气候政策”通过此平台得到更好的传播。

《学位与研究生教育》杂志社参与编写的系列《中国研究生教育质量年度报告》，荣获首届中国学位与研究生教育学会研究生教育成果奖一等奖。

《深空探测学报》于 2014 年第一季度创刊。

（范春萍）

【《深空探测学报》创刊】《深空探测学报》（*Journal of Deep Space Exploration*）是由工业和信息化部主管、北京理工大学和中国宇航学会深空探测技术专业委员会联合主办、北京理工大学出版社出版的学术期刊，报道深空探测领域政策、动态和科技探索的新进展，发布深空探测学术研究的新成果，搭建国内外深空探测领域信息交流平台，以促进深空探测事业的发展。该刊为中文刊、16 开本、季刊，于 2014 年第一季度创刊，2014 年出版第一卷共 4 期。

中国标准刊号：CN 10-1155/V

国际标准刊号：ISSN 2095-7777。

《深空探测学报》编委会

（以姓名汉语拼音为序）

首席顾问：栾恩杰

顾问：杜善义　胡海岩　王礼恒　叶培建　张履谦

主任：吴伟仁

常务副主任：杨树兴

副主任：崔平远　董光亮　李国平　李　明　倪茂林　王　赤　于登云　周文辉

主编：吴伟仁

常务副主编：崔平远

副主编：董光亮　倪茂林　于登云

常务编委：宝音贺西　崔祜涛　范春萍　王大轶　徐　瑞

编　委：Antonella Barucci　宝音贺西　崔祜涛　崔平远　董光亮　范春萍　郭　雷　黄江川　侯建文　洪晓瑜　黄翔宇　李春来　李国平　李俊峰　李　明　李艳华　林益明　马广富　倪茂林　裴照宇　陕晋军　王　彪　王　赤　王大轶　吴伟仁　吴志刚　魏志军　徐　青　徐　瑞　杨树兴　于登云　于志坚　张　伟　周建亮　周文辉

（范春萍）

【召开《学位与研究生教育》创刊 30 周年座谈会】 2014 年 11 月 6 日，《学位与研究生教育》创刊 30 周年座谈会在北京理工大学召开。北京理工大学学校领导、国务院学位委员会办公室原领导以及《学位与研究生教育》历任主编、副主编、兼职编辑代表，研究生教育研究领域知名学者，高等教育期刊界代表，北京理工大学相关院（部、处）领导，以及学位与研究生教育杂志社全体工作人员参加了会议。会上作了《学位与研究生教育》创刊30周年工作报告，与会代表就《学位与研究生教育》的办刊历史、办刊定位、办刊成绩以及未来办刊方向等提出了许多中肯的意见和建议。此外，围绕着《学位与研究生教育》创刊30周年纪念活动，学位与研究生教育杂志社还编辑出版了《继往开来 再续新篇——学位与研究生教育创刊30周年》画册。

（赵清华）

【召开“中国学位与研究生教育学会成立20周年大会暨学术交流会”】12月21—22日，中国学位与研究生教育学会成立20周年纪念大会暨学术交流会议在北京举行。会议期间，学位与研究生教育杂志社、北京理工大学学位与研究生教育中心负责组织并主持了研究生教育学学科体系与基本问题分论坛，由学位与研究生教育杂志社就主题“构建中国特色学位与研究生教育学：学科体系与基本问题”和“深化研究生教育改革的理论与实践”面向全国进行征文，并从近百篇征文中评选出了10篇优秀论文。

（赵清华）

13

党建与群团工作

组织工作

【党组织基本情况】2014 年年底，全校共有院系党委 24 个，党总支 10 个，党支部 646 个（其中直属党支部 4 个），其中教工党支部 187 个，学生党支部 421 个（本科生党支部 89 个，研究生党支部 331 个，混合学生党支部 1 个），离退休党支部 38 个。党员总数 11 290 名。其中正式党员 9 879 名，预备党员 1 411 名；在岗教职工党员 2 261 名，学生党员 7 450 名（其中研究生党员 5 695 名，本科生党员 1 755 名），离退休党员 1 398 名。2014 年，共发展党员 1 170 名，其中教职工党员 22 名，学生党员 1 148 名（其中研究生党员 388 名，本科生党员 760 名）。

（李德煌）

【党建工作】贯彻落实群众路线教育实践活动，推进整改工作，完成《北京理工大学整改自查报告》《北京理工大学整改落实情况报告》；完成工信部党建创优工程（二期）检查验收工作；发布《北京理工大学开展党委、党总支、直属党支部书记抓基层党建工作述职评议考核实施方案》，我校作为 2014 年试行开展院系级单位党组织书记抓基层党建工作述职评议考核工作的 5 所中管高校之一，为此项工作的顺利开展提供有益经验；落实北京市委教育工委实施高校学生党员先锋工程的相关要求，实施党员先锋工程计划。规范党费管理。截至年底，共缴纳党费 1 285 746. 70 元，其中按比例下拨 478 512. 20 元，按比例上交上级党组织 301 647. 96 元，使用 75 174. 65 元，结余 340 936. 45 元。“七一”期间，组织党员献爱心捐款活动，共收到来自 22 个基层党委（党总支）、直属党支部的 1 341 名党员、155 名积极分子、309 名群众的捐款，计 89 466. 20 元，已按照市委要求将全部捐款交送北京市慈善协会。

（李德煌）

【党校工作】在全校干部中开展党的十八届三中全会和习近平总书记系列讲话精神学习培训，进一步加强干部和党员队伍思想政治建设；与国家教育行政学院网络平台深度合作，继续做好处级干部网络在线学习培训；完成教工入党积极分子培训班、学生入党积极分子、党支部书记培训班等常规培训，组织党员发展细则培训班、专职党务管理干部、青年管理干部培训班等专题培训班。

（李德煌）

【党建研究】加强党建研究和创新工作，立项党建研究课题 25 项，其中重点课题 10 项。完成全国高校党建研究专委会、北京市党建研究会的各项工作，获中组部全国干部教育培训理论研讨会三等奖 1 项，北京级优秀成果奖 2 项。

（李德煌）

宣传工作

【概况】以学习宣传党的十八大和十八届三中、四中全会精神为重点，以群众路线教育实践活动为抓手，以“走转改”和“三贴近”理念为准则，紧紧围绕学校的中心工作，扎实落实常规工作，开拓推动创新工作，做到工作有新局面、部门有新气象，为学校发展提供强有力的思想保证、宣传氛围和文化支持。

（王　征　和霄雯）

【思想教育】紧紧围绕学校中心工作，深入开展学习宣传贯彻党的十八届三中、四中全会精神活动，把广大师生员工的思想和行动统一到全会精神上来，凝聚共识和力量，为学校全面推进依法治校、推进学校改革发展稳定的各项工作做好宣传，营造氛围。在校园网开设“十八届三中、四中全会”专题网页，及时报道学校各单位、各级党组织学习动态。通过在校园网《学习园地》栏目开设“他山之石”专栏、建设校园网深化改革专题网站、校报开设深化改革专栏等方式，面向全校及时对高校深化改革做出全面的宣传及报道，使全校师生员工能够全面了解高校深化改革的相关精神及兄弟院校的经验做法，引发思考，汇集讨论成果，为学校改革措施的制定提供有效支撑。开设“协同创新”“党风廉政宣传教育月”“安全保密教育宣传周”专题，发动各基层党委组织学习教育活动。在党建创优工程（二期）验收和军工保密一级资质认证过程中，做好氛围营造、环境布置、PPT 制作等宣传工作。配合北京市委教育工委开展教师思想状况调研，撰写春秋两季教师思想动态调研报告；组织全校 20 余人分别参加北京市委教工委、市委宣传部组织的哲学社会科学骨干研修班；积极参与上级单位组织的学习“习近平讲话系列重要讲话读本”“北京高校青年教师社会调研成果申报、评选”“北京市宣传文化系统‘四个一批’人才推荐选拔工作”“2014 年度国防科技工业十大新闻”等活动；组织全校师生观看电影《天上的菊美》《天河》。2014 年我校被评为“北京高校青年教师社会调研优秀组织单位”。

（王　征　和霄雯）

【舆情工作】继续认真做好学校社会网络舆情监测工作，及时通报各相关单位，对学校正常工作的开展提供有效支持。全年共制作舆情通报 443 份，为宣传部“媒体北理”提供了大量新闻线索，为校友会提供 123 期校友信息通报，撰写相关说明材料，确保舆论可控，降低舆论风险。

（王　征）

【文化建设】集中精力做好北京理工大学中关村校区艺术馆的建设工作，于 2014 年下半年顺利完成艺术馆改造工程，并在工信部党建迎评工作检查中进行了试展。完成了图书馆东北角图书造型石雕作品的“学风”镌刻工作。与校团委合作，建设学校户外宣传品在线审批系统，制定了中关村校区户外宣传品悬挂的管理规定，协调保卫处、后勤集团等单位共同推动中关村校区户外宣传品的规范化管理。结合学校办公室对中教报告厅的改造工程，为报告厅增设 LED 彩灯光源，并加装数字录像机，实现中教报告厅的现场视频录制的数字化保存，举行各级各类讲座 46 场，更好地为基层单位提供文化服务。围绕春、夏两季毕业生离校、安全生产月、校友返校日、征兵工作，在校园南北主干道悬挂条幅营造良好氛围；做好党风廉政建设月氛围的营造工作，设计更换教学区橱窗；做好两校区迎新工作的环境布置，特别是 2014 年首次在良乡校区开展的研究生迎新工作；做好党建创优二期入校检查环境布置工作，在中心教学楼大厅设置高水平人才展，在信息学院一楼大厅设置党建特色工作展，在新建艺术馆设置了设计学院师生优秀作品展；围绕海淀区文明城区创建工作，认真做好校园环境建设，在东西操场设置了“社会主义核心价值观”硬质条幅，在学校主要出入校门位置设置了“社会主义核心价值观”硬质宣传品；与后勤集团协调，通过在主要楼宇和食堂张贴海报和设立桌签的方式广泛宣传社会主义核心价值观。结合宣传贯彻十八届四中全会精神，特别是首个国家宪法日，开展了宪法日普法宣传教育活动；依托法学院积极开展校园普法宣传活动，设立一批宪法宣传海报展板，在校园多处进行了巡回宣传；在校园网首页发布宪法日主题图片，营造良好氛围。全年结合党风廉政教育、保密教育检查、安全生产月等专题教育活动，积极开展专项普法宣教活动。

（王　征　和霄雯）

【新闻宣传】着力做好校园新闻线索和师生典型事迹的主动挖掘报道工作，全年报道一线教师 20 名、基层辅导员 5 名、学生及学生团体 12 人次、校友 5 名。结合新版中文网宣传平台，主动挖掘报道重点事件 35 次，从不同角度树立了学校良好的社会形象，展示北理人良好的精神风貌。完成北京理工大学“2013 十大新闻”和“2013 感动北理”两项宣传工作，有力地宣传了学校一年的改革发展喜人成果，塑造了一批激励师生的优秀人物，得到了全校师生的热切关注。以弘扬社会主义核心价值观为主线，精心谋划外宣布局，重点策划了一系列对教师、学生和基层的深度报道，并借助舆情监测工作形成有效反馈，与社会媒体建立了更为深入有效的沟通，外宣报道的数量和质量得到了大幅度提升，有力地提升了学校的社会声誉。2014 年，社会媒体报道学校新闻 200 余条，宣传部共接待记者百余人次；配合基层单位和相关部门，为学校重大活动提供外宣工作支持。在《人民日报》刊发

《让校训成为大学的精神风骨》，与《北京青年报》联合策划推出了有关中法大学的专题报道。编纂完成《媒体北理工 2013》，收录社会媒体报道 259 篇。2014 年校报一共出版了 21 期，并把握高校全面综合改革之机结合校园网“学习园地”栏目开设“他山之石”“聆听智慧”专栏，制作如教育体制深化改革、社会主义核心价值观、校长胡海岩与大三学生面对面、科技比赛、APCE 志愿者等专版。2014 年元旦正式投入使用全新改版的学校中文网站。全年发布 88 幅主题图片，学校各方面深度报道 70 篇，“学以精工”采编、发布 6 篇，点击量平均近万次。“北理新闻”栏目发布学校重点重大新闻 288 篇，有效地提高了学校网络新闻宣传的效能。将“数字迎新”作为年度重点工作，宣传部负责迎新网站和新媒体平台的建设，负责建设了“i 北理”微信公众号。开发了全新的教师个人主页平台，为广大教师提供规范、美观和实用的网上展示平台，2015 年将正式投入使用。为二级单位设计了英文网站模版，并以个别学院为试点，全面启动二级学院英文网站的建设工作。继续深化以英文网站为牵引的国际化宣传工作。加强大学生外语新闻社建设，完成 220 条的新闻翻译量；制作并发布英语新闻视频 20 条；完成首页新闻图片 30 张；完成北理故事图片 20 张；新开设 Campus Tour（校园巡礼）及 Events（公告栏）两个栏目。电视台做好全年视频新闻宣传报道，在校园网播发《京工新闻》、媒体新闻、校园视频共 170 条。同时，注重结合高清录播设备平台，做好如“大学 青春 人生”等校园重点活动的现场录制工作。组织学校 8 部视频作品参加了“第四届高校电视奖”评选，所有作品全部获奖，其中获一等奖 2 项；宣传部组织报送的作品获“第三届国际大学生新媒体文化节”中唯一的“最佳成果奖”。结合高清录播平台的投入使用，电视台全面承接了教务处精品视频公开课的录制任务，另一方面，与教务处密切合作购置相应设备，为学校开展慕课建设提供了有力保障。

（王　征　和霄雯）

【队伍建设】为了进一步加强宣传工作队伍的建设，组织开展了全校通讯员的普查工作，并结合新版中文网站的投入使用，设置形成了网络新闻发布的实名化和强制审核机制，近一步规范了网络新闻发布。同时，为了提升学校通讯员队伍的能力，组织实施了全校通讯员业务培训大会，并编辑了全新培训手册，有效地促进了全校新闻宣传队伍的建设。进一步加强大学生记者团和大学生外语新闻社建设。结合数字迎新工作为大学生记者团增设摄影摄像器材，推动学生记者提升新闻采编实践能力。做好外语新闻社日常培训，并首次面向留学生群体开展纳新活动，有效地提升了团队的国际化水平和业务能力。

（王　征　和霄雯）

【校史工作】2014 年校史馆全年共接待各界人士 210 多场（含良乡校区），总计 8 300 人次，为学校的思想教育和文化建设工作作出了重要贡献；借助宣传平台，加强对校史的宣传和研究工作，配合校报进行了多篇深度报道，丰富、完善宣传部网站的校史春秋栏目；初步完成了《陈康白传》和《徐更光传》，共近 30 万字；与实验室设备处、国资处紧密配合，以固定清查为契机，开展收集有历史纪念意义的学校科研、教学设备的活动。

（王　民）

纪检监察工作

【概况】2014 年，纪检监察工作在学校党政、纪委、上级机关的领导下，深入贯彻党的十八大和十八届二中、三中全会精神，贯彻十八届中央纪委二次、三次全会精神，紧紧依靠基层党组织和广大党员师生，围绕学校的中心工作，服从服务于学校工作大局，严格执行监督、执纪、问责职能，纪检监察工作取得了新成效。

（李晓燕）

【党风廉政建设】认真组织学习、贯彻中央、上级党风廉政建设会议精神，把落实党风廉政建设责任制作为一项政治任务抓紧抓实。2014 年 3 月学校召开党风廉政建设工作会议，制定下发了《北京理工大学2014年党风廉政建设和反腐败工作任务与分工》，部署了五个方面35项工作任务。11月末，下发《中共北京理工大学委员会关于对2014年处级单位落实党风廉政建设责任制推进惩防体系任务完成情况进行检查的通知》《关于对党风廉政建设责任制落实情况进行重点抽查的通知》，由11位校领导带队，组成检查组，对各基层单位落实党风廉政建设责任制的情况进行专项检查。针对发现的问题和不足，督促基层单位采取措施认真加以整改，确保党风廉政建设责任制得到深入贯彻落实。

（李晓燕）

【作风建设】通过加强宣传力度、规范工作制度、狠抓监督检查等一系列措施有效纠正“四风”现象，保障中央八项规定精神的贯彻落实。在全校范围内开展学习中央八项规定精神活动，利用宣传橱窗展出有关八项规定精神的漫画、学习材料，以纪委网站为平台发布中央纪委、北京市纪委、驻部组局等上级有关八项规定的工作成果，起到了良好的宣传效果和警示作用。抓好落实中央八项规定精神情况月报工作，在重要时间节点发布通知，加大检查力度。2014年春节前夕，发布《关于严格执行廉洁自律规定 确保务实节俭过节的通知》《北京理工大学关于在党的群众路线教育实践活动中严肃整治“会所中的歪风”的通知》；五一前夕，发布《关于进一步落实中央八项规定精神，风清气正过“五一”的通知》；中秋国庆前夕，发布《北京理工大学关于严禁公款送节礼等不正之风的通知》。认真履行监督责任，加强监督执纪问责，狠刹节日不正之风，以“零容忍”态度惩治顶风违纪行为。

（李晓燕）

【监察工作】加强对领导干部选拔任用工作的监督，坚持执行组织纪检监察联席会议和党委决定任用干部之前征求纪委意见的制度、领导干部任前谈话制度、对干部进行任期经济责任审计制度。加强对人、财、物管理使用和关键岗位的监督，加强学生奖学金评审、学生纪律处分、推免研究生、学生保资面试等学生事务监督工作。加强对普通类型、自主招生、艺术类等特殊类型招生工作的监察力度，确保各类招生工作深入实施“阳光工程”。加强对领导干部特别是主要领导干部的监督，年底党风廉政责任制检查将各单位“三重一大”、科学民主决策情况、按照规定公开财务制度、经费的管理使用情况、领导干部个人执行廉洁自律情况列为重点检查内容。继续抓好对教育收费的检查。开展科研经费使用及劳务费与发票专项检查，进一步规范科研经费、劳务费的开支，减少科研经费使用与发票使用中的违规违纪现象，进一步完善学校财务管理。

（李晓燕）

【制度建设】不断完善与学校发展进程相适应的惩治和预防腐败体系。研究制定了中共北京理工大学委员会《关于贯彻落实中共中央〈建立健全惩治和预防腐败体系2013—2017年工作规划〉实施办法》，细化任务分解，强化责任追究。把惩防体系建设工作真正落到实处。

（李晓燕）

【廉政教育】2014年5月10日至6月10日开展了以“践行三严三实，推进作风建设”为主题的党风廉政宣传教育月活动。充分发挥纪委网站的宣传平台作用，在校园网主页开辟了2014年党风廉政宣传教育月专题栏目。整理编辑了电子版“反腐倡廉学习资料汇编”“十八大以来廉政新规定汇总”，作为全校党风廉政宣传教育的学习资料。举办了“高等教育领域职务犯罪案例警示教育展览”；举办了“珍爱生命、远离职务犯罪”廉政专题报告会；组织新任处级干部和部分关键岗位人员开展通州运河清风廉政教育活动，现场进行了集体廉政谈话，举行了廉政承诺宣誓仪式和廉政知识竞答活动；开展“中国梦、画新风”廉政文化作品征集及优秀作品展；各基层单位自主开展了廉政学习会、电子廉政漫画展、廉政书画作品展等形式多样的教育活动。全校11名校领导、287名处级干部参加了工信部廉洁从政知识竞赛活动并取得良好成绩，北京理工大学荣获工信部廉洁从政知识竞赛活动“优秀组织奖”。

（李晓燕）

【信访案件】2014年度纪委监察室共受理来信来访举报31件，涉及学生奖学金评定、干部选拔任用、免试推选研究生、职称评审、停车管理、工作建议等方面。按照“事事有结果，件件有着落”的要求，对所有信访件进行了解核实，对苗头性问题及时约谈相关负责人，抓早抓小，防止小问题拖成大事件。规范管理和处置反映干部问题的线索。严肃查处了人文学院SQA项目中心公款私存等问题，对4名当事人给予了党纪、政纪处分。

（李晓燕）

统战工作

【概况】以邓小平理论、“三个代表”重要思想、科学发展观为指导，深入贯彻学习党的十八大和习近平总书记重要讲话的精神，紧紧围绕学校中心工作，着力服务学校改革发展，努力维护学校和谐稳定，为学校高水平大学建设贡献力量，着力将校内统一战线的智慧与力量汇聚到学校发展大局中，全面推进统一战线建设与发展。

（朱菊娥）

【党外代表人士工作】深入学习贯彻党的十八大精神。围绕学校中心工作，举办专题报告会、座谈研讨、培训班和统战大讲堂等活动，组织统一战线成员和统战干部深入学习十八大、十八届三中全会、习近平总书记系列重要讲话的精神。两会召开之后，及时邀请校内政协委员和人大代表对两会情况进行通报。在民主党派和无党派中开展坚持和发展中国特色社会主义学习实践活动。举办和参与各级部门统战大讲堂、搭建学习平台、推送学习资料、支持统战个人与组织开展学习和实践等活动。深入推进党的群众路线教育实践活动和工信部“一提三优”工程的迎评工作。选派党外代表人士参与学校调查研究、征求意见等，推进学校整体工作。同时，按照中央、学校及机关党委的部署要求，开展了部内的学习讨论、整改、自查、制定台账等相关工作，不断推进群众路线教育实践活动的深化落实。加强统战工作网络宣传规范化，加强与宣传部门的配合，借助校内外宣传资源，加大对统战工作、党外人士的宣传力度。促进信息交流，加强对信息员的培训，不断推进和完善统战信息报送工作，并起草了学校《统战工作大事记》。进一步加大党外代表人士的培养力度，推荐有突出成绩的党外代表人士参加中央统战部组织的培训学习，推荐人大代表参加中央信息联络培训，组织政协委员和人大代表参与中央和教工委调研，推荐优秀党外代表人士校内外挂职等。同时，通过调研组织部、人事处和走访有关分党委，进一步核实学校各界党外人士情况。坚持举办党外代表人士研讨班，积极贯彻落实《中共中央关于加强新形势下党外代表人士队伍建设的意见》，举办学校第8期党外代表人士研讨班。邀请解放军南京国际关系学院翟晓敏大校作了“对中国安全的时空解析——兼论近年热点问题”的辅导报告。进一步加强党外代表人士队伍工作的制度化建设，对学校《关于加强新形势下党外代表人士队伍建设工作的实施办法》和《2014—2020年党外代表人士教育培训规划》进行修改和完善。

（朱菊娥）

【民主党派工作】继续协助各民主党派做好基层组织建设工作。全年共协助民主党派发展了7位同志，并协助九三支社完成换届工作。支持民主党派基层组织开展活动，提高参政议政水平。通过走访民主党派支部主委、组织召开征求意见座谈会、开展座谈交流、参与调查研究等工作，支持引导民主党派发挥组织优势和学科专业优势，建言献策，为学校发展和社会建设发挥作用。2014年度，学校民盟支部被北京民盟市委评为先进基层组织，盟员张景瑞被评为“优秀盟务工作者”；农工支社获得多次上级表扬，民革支部被评为信息报送优秀支部。发挥民主党派和党外人士在学校民主管理、民主监督和党风廉政建设中的作用。与纪检及有关职能部门积极配合，在学校有关重大事项决策、党风廉政责任制检查等工作中进一步发挥民主党派、党外人士的作用。组织民主党派和党外代表人士参与学校多项征求意见会，进一步促进学校的民主管理与监督。

（朱菊娥）

【民族宗教工作】加大马克思主义民族观、宗教观和防范校园宗教渗透的宣传教育。通过校园网、报告会、会议等形式加强宣传教育，防范和抵御敌对宗教势力对校园的渗透，不断提高全校师生员工贯彻执行党的民族、宗教政策的自觉性，增进各民族师生员工的团结。继续认真做好专项工作。以贯彻中央18号文件精神为契机，充分发挥学校民族宗教工作领导小组的作用，重点做好有关重点人员的工作，完成了日常管控和假期布控等工作。认真做好少数民族及边远地区贫困学生的工作。关心少数民族及边远地区贫困学生的学习与生活，参与少数民族贫困学生的思想调研和帮扶工作。举办了中国少数民族科技成就与精英巡展。

（朱菊娥）

【港澳台侨工作】继续宣传贯彻《中华人民共和国归侨侨眷权益保护法》和贯彻落实保护法的实施办法，维护归侨侨眷的合法权益，关心归侨侨眷的工作和生活，帮助他们排忧解难。协助侨联完成其他日常工作、看望生病住院、生活困难的归侨侨眷等。2014 年度，学校侨联主席蒋本珊同志被选为北京市归国华侨联合会第十四届委员会委员。积极推进海外统战工作。与校友会合作，对海外校友情况进行信息了解；与学生部门合作，对港澳台学生情况进行调研；与侨联合作，搭建有关归侨侨眷和海外人员联系沟通的渠道。

（朱菊娥）

【信访工作】认真学习贯彻上级信访工作会议精神，进一步增强信访工作的责任感和使命感，继续贯彻落实《信访条例》，进一步转变工作作风，扎实细致地做好学校的信访工作。2014 年信访办共接待群众信访 46 件（次）：来信 8 件、来访 27 件、电话 11 件（其中有上级转信交办 4 件），均已按规定落实办理。在接访和信访问题的处理过程中，既坚持政策原则，又积极主动地与相关单位联系，寻找解决问题的办法和途径。对诉求合理或部分合理的，依法按政策及时解决。对诉求无政策依据但生活确有困难的，通过帮扶教育、经济救助等方法，促使上访人主动停诉息访。对一时难以解决的问题，做好耐心细致的解释说服工作。对问题已基本解决的，做好息访工作。2014 年的 23 件初次信访事项都已基本办结。

（朱菊娥）

机关党建

【概况】围绕学校中心工作，机关党委深入学习贯彻党的十八大、十八届三中、四中全会和习近平总书记系列重要讲话的精神，认真落实学校党委工作部署和学校工作会议精神，坚持解放思想、改革创新，紧紧抓住服务中心、建设队伍两大核心任务，以落实党的群众路线教育实践活动整改任务和服务学校综合改革任务为重点，进一步加强和改进机关作风，全面加强学习型、服务型、创新型党组织建设，不断提高党建工作制度化、规范化、科学化水平。机关党委现有 30 个行政单位，设置 28 个党支部；截至 2014 年 12 月 31 日，共有教职工 456 人，其中中共党员 380 人。

（张淑玲）

【思想建设】围绕“服务中心、建设队伍”两大核心任务，坚持强化“围绕中心抓党建、抓好党建促发展”的工作理念，不断推进机关党建和思想政治工作。以建设学习型党组织为载体，坚持不懈地抓好理论武装；以彰显服务为核心，不断强化机关作风建设；以夯实基础为重点，持续加强基层党组织建设；以构建“大宣教”格局为重点，进一步加强党风廉政建设；以促进和谐为目标，健全服务机关党员群众的工作机制。围绕学校全面深化综合改革任务，紧密结合机关党员干部的思想实际，在全机关开展了综合改革大讨论活动。

（张淑玲）

【组织建设】组织召开机关党代会，完成了机关党委的换届工作。规范完成了机关 28 个党支部的换届调整工作。以服务型党支部建设为引领，积极推进党的基层组织工作创新。继续开展“党群零距离、零距离促作风”“一支部一品牌、建品牌促作风”等活动。全年共发展党员 6 人，预备党员转正 9 人。

（张淑玲）

【制度建设】按照《北京普通高等学校党建和思想政治工作基本标准》，加强制度建设，抓实抓细日常管理。结合教育实践活动整改任务和落实从严管党治党要求，修订了《机关党委发展党员工作细则》《机关党支部委员会委员职责》《机关党委关于党支部“三会一课”制度的有关规定》《机关党委关于党员组织生活制度的规定》等文件，努力使组织工作规范有序地开展。

（张淑玲）

【文化建设】以促进和谐为目标，健全服务机关党员群众的工作机制。及时掌握干部职工的思想动态，广泛了解机关党员干部对学校改革发展的意见建议，有针对性地解决党员干部普遍关心的实际问题。充分发挥党组织和工会的作用，做好对困难职工的关爱救助、帮扶济困工作。做好各类有益干部职工的保险和救助工作。积极开展有益干部职工身心健康的文体活动，积极推进健身和竞技活动，缓解工作压力，促进干部职工的交流和了解。开展了“天天健步走、青春永驻留”“青年干部子女牵手游”等活动，组织参加校足球赛、羽毛球赛、学校运动会，并取得佳绩。

（张淑玲）

【青年工作】搭建促进青年成长的各类平台，营造积极向上、充满活力、激情进取的氛围。以机关青年联谊会为平台，举办了“青春、价值、改革、发展”青年干部论坛。组织青年开展增强社会责任感的公益和联谊活动，如“放飞爱心、书送希望”图书捐赠活动；举办“机关行为 36 忌”“让艺术陪伴我们成长”等讲座，帮助青年提高个人修养和自身素质。

（张淑玲）

安全保卫工作

【安全保卫】加强值守，排除各类隐患，化解矛盾纠纷，维护两会、四中全会、APEC 及各敏感期校园的安全稳定；持续巩固和深化创建“平安校园”的成果，完善“六大体系”的建设；参与组织全校二级网站责任单位进行技术升级；做好毕业生平安离校工作；参与制定校园宣传制度；在各公共场所严格管控各类经营性和商业活动，协同对校内张贴小广告的行为进行整治，建设信息发布栏。

（沈　毅）

【技防建设】对所有消防设施进行了全面排查和整改，在对各楼宇消防监控系统整合的基础上对电梯的运行及视频监控、语音系统进行了修缮和数字化联网，节约了近 20 名值守人员；安防“四期工程”工程范围涵盖了西山校区和秦皇岛校区。

（沈　毅）

【停车管理】在加强机动车交通、停车和安全运行管理，加强交通设施建设的基础上，进一步加强了对校园送餐的电动自行车管理，联合下发了管理规定，禁止所有校外送餐、快递人员骑电动自行车进入校园，强制要求其在校园门口更换人力自行车后方可进入学校，确保校园师生的交通安全。

（沈　毅）

【户籍管理】搭建了信息化户政预约办事平台，方便师生按需择时办理户籍业务；完成管理服务信息公开上墙和窗口规范化建设；加设户籍服务满意度评价器，师生满意度 96% 以上；在良乡校区学生综合服务大厅建成服务站，每周三由专人在良乡校区为学生提供户籍办理服务；向广大师生公布咨询、投诉、举报电话及邮箱，及时反馈；对符合规定或已完成滞留集体户口清理工作的学院、部门的新入职青年教师，其子女随父落户问题进行放开。

（沈　毅）

【打击成果】粉碎了数起非法宗教组织在学校组织非法活动的预谋；加强两个校区防诈骗宣传教育，避免了多起诈骗案件，尤其是“恐吓式”诈骗案件的发生，避免了数十万元的经济损失；破获各类盗窃案件 12 起，抓获犯罪嫌疑人 13 人，其中被公安部门刑事拘留 3 人，治安拘留 8 人；协助公安机关破案 2 起，刑事拘留 6 人，治安拘留 5 人（其中两起为多年来团伙跨校连续作案）；涉案金额（师生现金、笔记本电脑、手机、高档自行车、电动自行车）20 余万元；破获教学楼内猥亵偷拍案件二起，治安拘留 2 人；处理严重打架斗殴案件 3 起，治安拘留 7 人；处理物品遗失事件 9 起，为学生挽回直接损失约 38 000 元；调解多起机动车损毁事件以及相关冲突和纠纷事件数起，涉及金额

23 万余元；2014 年学校案发率在首都同等办学规模高校中一直处于较低水平，受到分局的表彰。

（沈　毅）

【文化创安】党建工作室开展了“同种一棵树，有爱共分享”“尊师重长，弘扬传统美德，践行孝道，展示保安风采”等系列活动；保安员流失率同比校外各项目降低一半以上；共 12 次帮助 120、999 抬送没有电梯的高层建筑中遇到危困的老同志。

（沈　毅）

保密工作

【概况】2014 年，学校召开保密委员会和保密工作领导小组会议 4 次，以学校保密委员会名义下发文件 5 份，以保密处名义下发文件 9 份；充分准备保密资质认证复审工作，并通过了“一级保密资格”现场复查；深入基层，分批召开保密工作座谈会；更新全校涉密计算机防护系统，完善学校计算机管理制度；深入开展领导干部和核心涉密人员的双识教育，集中开展《中华人民共和国保守国家秘密法实施条例》学习宣传活动；组织了三次涉密单位负责人调研学习活动；召开了 5 次全校涉密人员培训大会；组织了 9 次专兼职保密员、计算机管理员工作培训会；组织了 3 期共 19 人“三员”培训、8 次新入涉密岗人员保密知识考试；全年组织了 9 次全校性集中销毁，销毁纸质介质近 8 吨；全年制作计算机病毒库升级包 18 次。

（郑　重）

【保密审查审批】2014 年学校共有涉密人员 914 人，其中新入岗 77 人，脱密 60 人。全年因公出国（境）人员保密审查 1 475 人次，其中涉密人员 395 人次，非涉密人员（含学生）1 080 人次；全年审查涉密人员因私出国 300 人次；各种申报材料的公开信息保密审查 395 份，审查发表的论文 958 篇；为学校有关单位科研合作的协作配套单位提供保密资质证明 83 份；办理外协项目审查手续 16 项；办理文档、专利定密审查 65 项；涉外、涉密会议等活动审查 26 次；办理学位论文定密及保密答辩手续 22 人次；涉密项目备案及任务分解审批 62 项。

（郑　重）

【保密资质认证复查】2014 年 4—9 月，学校全面开展军工保密资格审查认证复查筹备工作。6 月 25 日，召开了军工保密资格认证复查工作动员大会，动员全体涉密人员启动筹备工作；出台了《关于校内保密检查和保密资质认证（复查）工作的奖惩规定》（党发〔2014〕25 号文件），推动复查筹备准备工作。复查筹备工作期间，校保密委员会召开了三次会议，研究解决筹备过程中的问题，保证了筹备工作按计划、分阶段地有序进行；共组织了两次校内大检查，聘请校外专家进行了两次预审查，迎接了一次国保局科研项目专项检查，每次检查过后制定了详细的整改措施，共召开了三次全校性检查意见反馈大会，对存在问题逐一落实解决。9 月 26 日，国家军工保密资格认证委复查组对学校进行了一级保密资格现场复查。根据复查意见，学校保密工作在二次认证基础上有进步，由此学校成为新标准正式颁布后第一家通过“一级保密资格”现场复查的高校。

（郑　重）

【安全保密教育宣传周】2014 年 12 月 22—26 日，开展安全保密教育宣传周活动，组织校内重要涉密岗位人员 50 余名到国家安全部参观“国家安全教育展览”；在校园网主页开设“北理工安全保密教育宣传周”学习专栏；通过学校宣传橱窗宣传《保密法实施条例》相关条例及解读；24 日上午在求是楼门口设立宣传点，现场宣传安全保密知识，进行有奖答题活动。

（郑　重）

工会、教代会工作

【概况】中国教育工会北京理工大学委员会（以下简称工会）是中国工会的基层组织，是教代会的工作机构，现设办公室、组织部、宣传部、文体部、青年部、女工部、生活部和财务室，并设立女教职工委员会、经费审理委员会、扶贫帮困委员会三个专门工作委员会，全校共有 31 个基层工会、212 个工会小组、3 339 名会员，其中有 634 名非编会员。

（王玉伟）

【教代会工作】北京理工大学教代会设有教代会常设主席团及教学科研产业咨询工作委员会、青年教职工工作委员会、福利工作委员会、房改工作委员会、提案处理工作委员会、民主评议干部工作委员会 6 个专门工作委员会，24 个代表团。

（王玉伟）

【第七届七次教代会十二届七次工代会】2014 年 2 月 26—28 日，学校七届七次教代会十二届七次工代会暨 2014 年学校工作会召开，全体教代会代表、工代会代表、院士、全体教授、博士生导师、全体校领导、原校领导、全体处级干部、民主党派和无党派人士代表、离退休教职工代表、学生代表等 500 余人参加了会议。

（王玉伟）

【教职工帮扶】2014 年 3 月 7 日，校工会女职工特殊疾病保险续保工作顺利完成，本期参保 818 人，共 1 220 份，保费储金 43 920 元，其中 85 人是新入会会员。2014 年春节前慰问了 123 名困难教职工，发送温暖慰问金 8.33 万元。2014 年教师节期间，校工会向 62 名患病住院、生活困难的教职工发放扶贫助困慰问金 5.12 万元；2014 年内向 1 名患重病的教师发放慰问金 1 万元。2014 年 5 月 7 日，学校教职工向幸福工程——救助贫困母亲行动捐款 22 646 元，已将全部捐款上缴工信部人口和计划生育办公室，并对捐款情况进行了统一登记造册和书面总结。

（王玉伟）

【教职工培养】2014 年 1 月 14 日，学校第九届青年教师教学基本功比赛启动，围绕学校战略发展，增加双语（含全英语）类比赛、论文比赛，突出人才培养主题。3 月 17 日，校工会启动首届“女教授导师助青年女教师成长计划”，充分发挥杰出女教授的榜样作用，以一带一的方式培养青年教师骨干力量，继承学校优良传统。本计划获得北京市教育工会工作成果奖。5 月 9 日，校工会青年部组织基层工会青年委员开展素质拓展活动，旨在激发青年委员的活力，增强凝聚力，为青年委员的合作与交流搭建平台，建设工会青年工作的骨干队伍。5 月 30 日，校工会组织工会委员，基层工会主席、干部等 28 人赴房山区河北镇和中国人民抗日战争纪念馆开展党风廉政教育活动。9 月 11 日上午，以“崇德敬业、修身治学”为主题的庆祝教师节“北京青教沙龙”在北京理工大学中心教学楼一层报告厅举行。此次活动由北京市教育工会主办，北京理工大学工会承办。10 月 21—22 日，校工会组织青年教师基本功比赛获奖代表赴珠海学院开展教学演示和观摩课，邀请教学名师、杰出女教授举办专题讲座和女教师代表座谈会，促进了两校区青年教师和女教职工的交流。

（王玉伟）

【文体活动】2014 年 6 月 24 日，由校工会主办的北京理工大学教职工五人制足球赛圆满结束。12 支参赛球队经过 6 天的激烈角逐，机关工会队获得冠军，体育部和物理学院分别获得第二、三名。4 月 19 日，北京理工大学第五十二届教职工运动会在中关村校区举行，校长胡海岩，副校长赵显利，党委副书记、副校长李和章出席了开幕式，学校职能部门和各学院领导也参加了开幕式，本次教职工运动会参赛人员达到了 2 000 人次。7 月 7 日北京楹联学会接纳北京理工大学分会（又称北京理工大学楹联社）。10 月 29 日在远志楼校工会会议室正式召开北京楹联学会北京理工大学分会成立大会。11 月 20 日，学校参加卓越联盟高校教工羽毛球邀请赛暨工会工作研讨会，获得第三名。

（王玉伟）

北京理工大学工会2013—2014年荣获各类奖项统计表

序号	获奖单位、个人	授奖单位	授奖名称	授奖时间
1	张淑玲　王丽静	北京市教育工会	2013年度优秀工会工作者	2014.01
2	信息与电子学院工会、继续教育学院工会	北京市教育工会	先进教职工小家	2014.01
3	张剑军	北京市教育工会	工会工作贡献奖	2014.01
4	北京理工大学工会	北京市教育工会	2013年度综合考评奖	2014.01
5	管理与经济学院工会	北京市教育工会	2013年全国模范小家	2014.01
6	李　勇　王建国	北京市教育工会	学校工会维护教职工权益现状及对策调研报告三等奖	2014.01
7	北京理工大学工会	北京市教育工会	2012年财务工作规范考核结果优秀	2014.01
8	张　颖	北京市教育工会	2013年度教职工互助保障工作优秀工作者	2014.03
9	郝群教授带领的光学精密仪器课群研究型教学团队	北京市妇女联合会、北京市总工会、北京市人力资源和社会保障局	北京市"三八"红旗集体称号	2014.03
10	吴嗣亮（20140017）	中华全国总工会	全国五一劳动奖章	2014.04
11	张承宁电动车辆国家工程实验室	北京市总工会、北京市科学技术委员会	2013年度市级职工创新工作室（北京理工大学电动车辆国家工程实验室）	2014.05
12	吴嗣亮	北京市委教育委员会	全国模范教师	2014.09
13	黄风雷、樊孝忠、赵跃进、伍清河	北京市教育工会	2014年北京市师德先进个人	2014.12
14	陈泽伟	北京市教育工会	2014年北京市师德先进个人	2014.12

共青团工作

【概况】共青团北京理工大学委员会高举中国特色社会主义的伟大旗帜，坚持以邓小平理论、"三个代表"的重要思想和科学发展观为指导，认真学习、宣传、贯彻党的十八届三中全会、团十七大精神、深入贯彻2014年学校工作会议和团中央、团市委共青团工作会议精神，紧密结合大学生实际特点，始终围绕人才培养中心工作，优化工作作风，创新工作方式，不断扩大团的工作有效覆盖面，切实提高学校共青团工作的科学化水平。2014年学校共青团工作在2013年的基础上，继续按照"1+3"的格局开展，即以基础性工作为着力点，重点完成思想引领、创新实践、校园文化三件大事。

（乔　璐）

【基层团建】坚持党建带团建，全面加强共青团基层组织建设。研究制定基层团委、团支部工作细则以及"推优入党"工作规范。成立"党课学生讲师团"，充实院级理论学习社团党课师资力量，设定院级党课必选课和选修课程，规范院级党课。与基础教育学院联合组织"党课我来讲"比赛，实现人员选拔和课程选拔。按照"大团委"工作思路，发挥好各学部团学工作协作组的作用。强化基层团干部的责任意识，推动基层团组织达到"六个有"的建设标准。优化基层团组织科学评价激励机制，完善"五四红旗团委""五四红旗团支部"评价标准，继续开展"五四"评优工作，以评促建，构建先进基层组织能力发展平台。搭建平台，改进作风，加强专职团干部队伍建设。开展"10+10"建设工程，联系各层次团员青年、老团干、青年专家、一线青年等良师益友。加强专职团干部学习，举办团干部培训班。倡导团干部做新"四有"新人，即有微博、有人人、有QQ、有微信，用这种同学们惯用的方式拉近与大家的距离。加强校院两级团校和理论社团建设，深入推进"青年马克思主义者培养工程”。按照“示范—学习—思考—推广”的思路展开“社会观察沙龙”活动，在各级理论社团中贯彻社会观察沙龙的基础形式和举办真谛，积极参与讨论核心价值、社会热点。

（乔　璐）

【思想引领】开展第二期“信仰·青春·阳光”主题教育活动，扎实推进团员青年思想引领工作。充分调动基层单位的积极性，提升主题教育活动的实效。以学习宣传贯彻党的十八大精神为教育活动的主要内容，以“我的中国梦”为主题，宣传社会主义核心价值体系，积极传播党的教育方针政策，用科学先进的理论武装全体团员青年。主动适应信息传播新形势，加强信息平台建设，积极推进“共青在线”网站升级、栏目优化和内容更新，打造“北理之星”网络导航首页、“极速之星”论坛、“找乐网”等品牌服务网站。合理运用校园网、校内论坛、人人网和微博等平台，促进校内外媒体的互联互通，有效地进行团员青年的思想引领。完善校院两级优秀青年团员“青春榜样”库，通过多方式的宣传和广覆盖的活动引导学生学习青年典型。开展青春榜样事迹报告会，邀请事迹突出、在青年中有一定影响力的先进青年典型开办讲座，强化榜样在青年成长成才中的作用。

（乔　璐）

【科技创新】举办第十届“世纪杯”系列竞赛，规范办赛机制和工作体系，增加富有参与度的群众性活动，努力将这项赛事发展成为学校学生科技创新类盛会。举办第十三届全国“挑战杯”，对各级“挑战杯”获奖作者或指导教师进行相应的奖励，对重点培育项目和基地建设进行累进支持。以学校入选中国科协科普部、教育部科技司开展高校科普创作与传播试点高校为契机，积极开展科普创作和科普传播活动。

（乔　璐）

【社会实践与志愿服务】推进社会实践重点立项工作，推动社会实践“制度化、常态化、基地化、国际化、专业化”建设。规范社会实践申报、立项流程，制定社会实践分类管理办法，完善社会实践总结表彰机制。进一步落实党发〔2010〕24号文件精神，推行将社会实践计入选修学分，探索将教师参加和指导大学生社会实践计入其年度教学工作量，完善优秀指导教师的评比和表彰机制。提升志愿服务的实效和影响，筹备成立学校志愿者联合会。高水平地完成了2013年北京国际园博会志愿服务任务，展现了学校青年学子的素质和风采。继续在校内开展“学雷锋”和“美丽校园、文明校园、和谐校园”主题志愿服务，巩固校园迎新、无偿献血、青春试航、雷锋助考等品牌活动。继续做好研究生支教计划，坚持开展扶老助残、义务支教、科普宣讲、法律咨询、关爱农民工子女等各项社区服务项目。加强与北京市及各区县志愿服务项目的合作，做好与北京市“社区青年汇”的对接，提高项目管理水平，努力争取各级政府支持下的公益性社会志愿服务项目。

（乔　璐）

【校园文化建设】牵头工信部大学生“创业实践”“文化素质”基地建设工作。建设好工信部大学生创业实践基地，继续实施“青春试航”非毕业生就业见习计划，完善青春试航学校运行体系，组织开展学生职业生涯培训、就业能力培养、面试技巧培训、工作经验交流等课程，紧密依托学生就业见习实践基地建设和大学生素质拓展计划，全面提高学生就业竞争力。建设好工信部大学生文化素质基地，研究制定理工科大学文化素质教育基地建设评价体系、运行机制，完成艺术实践实验室一期建设，整合资源建设大学生工艺美术中心、动态媒体中心、人文素质中心、社团活动中心、动态媒体中心，同时进一步整合“共青讲堂”等校园传统高端文化品牌，形成软硬建设具有示范意义的工信部大学生文化素质教育基地。做好“一节一演一赛”校园文化艺术活动平台建设。举办第十届艺术节，举办“流星歌会”和“校园电影梦想基金”活动，举办以“新年音乐会”、高水平专场演出为代表的“演出季”。坚持校园文化传统品牌，举办“一二·九大合唱”比赛。开展各项体育赛事，促进校园体育文化建设。以学生会、研究生会、体育类学生社团为依托继续开展“延河杯”“共青杯”“新生杯”足篮球比赛等传统学生体育赛事。加强校院体育类社团建设；开展纪念“一二·九”运动校园长跑、“师生羽共”等群众性体育活动；举办“北理达人”系列趣味运动会，增加针对女生群体的体育活动，全面营造校园体育文化氛围。

（乔　璐）

【学生组织建设】建立健全学生组织工作制度，促进校院两级学生组织健康发展。指导学生会、研究生会建立健全全委会制度，支持基层学院学生组织以学部为单位联合开展工作。指导学生会和研究生会召开学校第三十一次学生代表大会和第十二次研究生代表大会。创新校院两级学生组织的组织体制和工作机制，进一步强调合作和配合，努力形成校院两级联动、工作侧重互补的全新工作模式。搭建学生权益问题反馈平台，减少学生对已解决问题不清楚、同一问题反复出现等沟通不畅所产生的问题。以“五四”评优为契机，设立“十佳社团”等荣誉称号，面向校院两级学生社团评选 10 家管理规范、运行顺畅、成绩突出的学生社团，发挥带动和示范作用。继续做好学生社团负责人的培训和认证工作，扩大校际学生社团的交流和互访，主动组织或承办高校间大型活动和赛事。完成《北理·社团印象》组稿、校稿和编排工作。

（乔　璐）

【艺术团建设】以第四届北京大学生艺术展演为抓手，进一步做好大学生艺术团的建设工作。以“艺术实践学分”为抓手，加强艺术团作风建设，特别是学风建设。完善大学生艺术团后备培养体系，建成“打击乐社团”“体育舞蹈协会”两个艺术团二级社团，论证恢复“京工军乐团”。以“直通艺术团——新生音乐舞蹈大赛”为牵引，广泛吸引留学生、高职高专、继续教育的学生加入艺术团。加强艺术团社会实践工作，使之成为高雅艺术普及推广的主力军。建立校院两级“文化艺术活动信息体系”“文化艺术活动组织体系”“艺术特长生管理体系”，调动基层团委在校园文化艺术活动中的积极性与创造性。合唱团、交响乐团十年间连续四届获得北京大学生艺术展演一等奖，戏曲队在 2013 年第四届北京大学生艺术展演中以第一名的成绩获得四项一等奖。

（乔　璐）

14 人　物

中国科学院与中国工程院院士

【概况】2014 年，北京理工大学共有中国科学院院士 5 人，中国工程院院士 9 人，其中全职在校工作院士 8 人，双聘院士 5 人。

北京理工大学两院院士名单

序号	姓名	学　科	评聘年份	备　注
1	王　越	信息与通信工程	1991 1994	科学院院士 工程院院士
2	徐更光	力学	1994	工程院院士
3	毛二可	信息与通信工程	1995	工程院院士
4	汪顺亭	控制科学与工程	1995	工程院院士
5	朵英贤	兵器科学与技术	1999	工程院院士
6	周立伟	光学工程	1999	工程院院士
7	才鸿年	材料科学与工程	2001	工程院院士
8	胡海岩	力学	2007	科学院院士
9	葛墨林	物理学	2003	科学院院士、双聘
10	江　龙	化学	2001	科学院院士、双聘
11	李京文	应用经济学	2001	工程院院士、双聘
12	王哲荣	机械工程	2001	工程院院士、双聘
13	张玉奎	化学	2003	科学院院士、双聘

（施　瑞）

【王越院士】

王越（1932.4—），男，江苏丹阳人。教授，北京理工大学名誉校长。兼任国务院学位委员会学科评议组召集人，中国兵工学会副理事长，国防科工委专家咨询委员会委员，“863”计划国家安全领域专家组顾问，总装备部科技委顾问，信息类研究生教育委员会主任，《中国科学》《科学通报》《兵工学报》编委。曾任中国兵器工业第二〇六研究所所长、北京理工大学校长。

长期从事火控雷达系统、信息对抗技术的科学研究工作，曾担任过许多大型火控雷达系统的总设计师和行政指挥，研究成果丰硕，获全国科学大会奖、机电部科技进步特等奖、国家科技进步一等奖、国家发明四等奖、国防科学技术科技进步一等奖、光华基金一等奖、高等教育国家级教学成果一等奖、何梁何利基金科学与技术进步奖。曾被授予兵器工业功勋奖、全国教育系统劳动模范。

1991 年当选为中国科学院院士，1994 年当选为中国工程院院士。

（施　瑞）

【徐更光院士】

徐更光（1932.11—），男，浙江东阳市人，教授、博士生导师，中国共产党党员，爆炸理论与炸药应用技术专家。

1956 年毕业于北京理工大学（原名北京工业学院）化工系，同年留校任教师，历任实验室主任、研究室主任、北京理工大学力学工程系主任、北京理工大学学术与学位委员会副主任委员、中国兵器工业总公司科学技术专家委员会副主任委员及炸药专家组组长、国防科工委专家咨询委员会委员、中国材料研究会副理事长、国务院学位委员会学科评议组成员、兵器科学与技术学科召集人、中国兵工学会理事、北京兵工学会副理事长。长期从事炸药与应用技术的教学与科学研究，为中国武器弹药的炸药装备、装药技术发展作出了不懈的努力和重要贡献。

自1978年以来，先后获国家科技进步一等奖等国家级成果奖四项，部委级科技成果奖多项，所带领的研究集体是北京市、兵器部火炸药行业的先进集体。先后获北京市、国务院国防工办、全国高校科技先进工作者、火炸药行业优秀专家称号。1992年，被中共兵器工业总公司党组授予兵器工业功勋奖荣誉称号；1998年被人事部教育部授予全国教育系统劳动模范、全国模范教师称号。

1994年当选为中国工程院院士。

（施　瑞）

【毛二可院士】

毛二可（1934.1—），男，北京人。1951年重庆南开中学高中毕业后考入当时华北大学工学院（后改称北京工业学院，现为北京理工大学）电机制造专业，1953年改学雷达专业。1956年雷达专业毕业后，留校任助教兼雷达实验室主任。1961年被提为讲师，1978年被提为副教授，1983年被提为教授。现任北京理工大学学术委员会委员，兼任北京电子学会常务理事，总装备部科技委兼职委员、空军科学技术与人才培养顾问。

长期从事雷达系统及其信号处理方面的教学和科学研究工作。在雷达体质和杂波抑制方面取得重大的科研成果，先后主持和参加了30多项重点科研任务。对中国动目标显示、动目标检测技术作出了重大贡献。

在雷达系统及其信号处理和教书育人方面作出了创造性的贡献。研究成果曾获光华科技基金特等奖，国家发明二等奖一项、三等奖两项、四等奖一项，部级奖多项。1984年获准为“有突出贡献的中青年技术专家”；1985年和1988年两次被评为北京市劳动模范；1989年被评为全国先进工作者；1991年被评为兵器工业系统劳动模范；2007年被评为全国优秀中共产党员。

1995年当选为中国工程院院士。

（施　瑞）

【汪顺亭院士】

汪顺亭（1935.1—），男，辽宁省大连市人，惯性技术与导航设备专家。1962年毕业于苏联莫斯科包曼国立技术大学。曾任中国船舶工业总公司第七研究院第七〇七研究所研究员。现为北京理工大学教授、博士生导师。

长期从事舰船惯性导航系统原理方案和惯性平台研制工作。作为我国自行研制的舰船用高精度、长寿命、动压马达液浮陀螺惯性导航系统主要完成人，1994年获国家级科技进步一等奖。主持完成了多型惯性导航系统的研制，担任第一代三型舰船惯性导航系统原理方案课题负责人，第二代舰船惯性导航系统主任设计师，创造性地设计了原理方案；采用双重信息导航方式、三点两组位置误差信息精校准等先进技术，应用符合实际的工程设计方案，解决了“奇点校准”难题；提出提高系统精度和可靠性的新方法——“无监控陀螺的H调制技术”（系统监控），仿真证明可行，有工程实践基础。

1995年当选为中国工程院院士。

（施　瑞）

【朵英贤院士】

朵英贤（1932.3—），男，出生于甘肃省永靖县，自动武器设计专家。现任北京理工大学教授、博士生导师；中国兵器工业集团总公司科技委委员，中国兵器装备集团总公司科技委委员，中国兵工学会理事，轻武器专业委员会顾问，轻武器标准化委员会主任委员，国防工业出版社顾问。

长期从事自动武器的研究与开发，为中国自动武器的发展作出了重大贡献。作为技术总负责人研制的某式轻重两用机枪获1978年全国科技大会奖，至今仍是我军主要的武器装备之一。担任总设计师研制的某式自动武器，总体性能处于世界先进水平，获1998年国家科技进步一等奖，已陆续装备全军。曾获甘肃省先进科技工作者称号，荣获“8910”工程三等功，获“976”工程荣誉奖、“9910”工程一等奖。主编的《兵器工业科技辞典——轻武器》，获1998年部级科技进步一等奖。出版著作多部，发表学术论文30余篇。

1999年当选为中国工程院院士。

（施　瑞）

【周立伟院士】

周立伟（1932.9—），男，出生于上海市，电子光学专家。现任北京理工大学教授、博士生导师、北京理工大学首席专家、校学术委员会委员和基础教育学院名誉院长。曾任校学术委员会主任、校科协主席、国务院学位委员会学科评议组成员、全国博士后管委会专家组成员、全国“百千万人才工程”专家组成员、国家科学技术奖国防科工委评审委员会委员、中国光学学会副理事长等职。现兼任北京光学学会理事长。

长期在宽束电子光学、光电子成像领域从事教学与科研工作。研究方向为静态和动态宽束电子光学的理论和计算机辅助设计。发表学术论文、科技报告270余篇，学术专著5部。专著《宽束电子光学》荣获第二届国家图书奖提名奖、第八届中国图书奖和第七届全国优秀科技图书一等奖。研究成果曾获光华科技基金一等奖，部科技进步一等奖、二等奖各两项，国家科技进步二等奖、三等奖各一项等。

1984年被授予“国家有突出贡献的中青年专家称号；1992年当选俄罗斯圣彼得堡工程院外籍院士；1996年被授予全国兵器工业系统先进工作者荣誉称号；1997年被俄罗斯萨玛拉国立航天大学授予名誉博士称号；2000年当选为俄罗斯联邦工程科学院外籍院士。

1999年当选为中国工程院院士。

（施　瑞）

【才鸿年院士】

才鸿年（1940.1—），男，北京人，金属材料专家。1966年于北京科技大学研究生毕业。中国兵器装备集团公司科技委副主任、总装备部先进材料专业组组长。

长期从事军用新材料的研究工作。主持了焊后不回火薄装甲钢和中国第一代复合装甲的研究工作，发明了中国第一代具有自主知识产权的薄装甲钢，为中国复合装甲材料与结构的发展奠定了较好的基础；主持了火炮身管自紧技术及应用基础研究工作，参加了自紧身管疲劳寿命的研究，先后创立了火炮身管液压自紧技术和高效液压自紧技术，使炮管强度提高60%～100%，并成倍提高疲劳寿命；组织了军用新材料发展战略、中长期规划研究和先进材料技术预先研究“十五”“十一五”计划指南、关键技术报告的编写工作。多次获得国家和省部级奖励，“××××火炮系统”获1988年国家科技进步一等奖，“焊后不回火薄装甲钢”获1982年国家发明二等奖。

2001年当选为中国工程院院士。

（施　瑞）

【胡海岩院士】

胡海岩（1956.10—），男，生于上海市，教授，力学专家。1988年毕业于南京航空航天大学固体力学专业，获工学博士。1992—1994年任德国斯图加特（University of Stuttgart）力学研究所B洪堡基金研究员；1996—1997年任美国杜克大学（Duke University）客座教授。2007年任北京理工大学校长、党委副书记。

现兼任国际理论与应用力学联盟（IUTAM）教育工作委员会委员，中国力学学会副理事长，中国航空学会副理事长，科学出版社《非线性动力学丛书》主编，*Acta Mechanica Sinica* 副主编，*International Journal of Non-Linear Mechanics*、*Journal of Sound and Vibration* 等5种国际期刊编委；担任国家科学技术奖评委，国防科学技术奖航空评审委员会主任，国家自然科学基金委员会咨询专家委委员，解放军总装备部科技委委员等。

1991年被授予“有突出贡献的中国博士学位获得者”；1992年获政府特殊津贴；1994年入选国家教委“跨世纪优秀人才计划”；1996年获国家杰出青年科学基金；1998年被授予“国家有突出贡献的中青年专家”称号；2001年被授予“全国国防科技工业先进工作者”称号；2005年获国家科技进步奖二等奖；2006年获国家自然科学奖二等奖；2012年获国家自然科学奖二等奖；2012年获何梁何利基金科学与技术进步奖。

2007年当选为中国科学院院士。

（施　瑞）

【葛墨林院士】

葛墨林（1938.12—），男，出生于北京，理论物理学家。1961年毕业于兰州大学物理系；1965年兰州大学理论物理研究生毕业。现任北京理工大学理学院教授、北京理工大学首席专家、博士生导师，南开大学数学所副所长，国务院学位委员会物理、天文学科组成员，亚太地区理论物理中心一般委员会成员等。

早期从事基本粒子理论、广义相对论研究，之后长期集中研究杨—密尔斯场的可积性及其无穷维代数结构、杨—巴克斯特系统、量子群（包括量子代数及Yangian）及其物理效应与应用和处理量子多体模型的新方法等。

2003年当选为中国科学院院士。

（施　瑞）

【江龙院士】

江龙（1933.1—），男，出生于上海。1953年毕业于南京大学化学系胶体化学专业。1960年研究生毕业于莫斯科苏联科学院物理化学研究所，获副博士学位。长期从事胶体与界面化学研究。

20世纪六七十年代，领导并参加了研制航空航天遥感用胶片的任务；80年代初从事代油燃料水煤浆以及强化采油的研究；80年代以来，在国内倡导并开展有序分子薄膜及生物分子电子器件的研究。在仿生酶膜、仿视觉薄膜、泡囊仿生传感器、DNA生物传感器以及纳米颗粒制备、组装和纳米颗粒生物效应等研究中做了大量创造性工作。

曾任中国化学会第一届分子有序组合体委员会主任，发起了中日双边LB膜会议和亚洲有序薄膜会议，担任过一届亚洲有序薄膜会议、两届中日双边LB膜会议主席。在推动中国胶体与界面化学的研究和发展方面作出了重要贡献。

2001年当选为中国科学院院士。

（施　瑞）

【李京文院士】

李京文（1932. 10—），男，广西陆川人，著名经济学家及管理学家。1958年毕业于俄罗斯经济大学，获硕士学位。现任中国社会科学院学术咨询委员会委员，北京工业大学教授、博士生导师，并兼任国家社科基金应用经济评审组及全国博士后管委会经济评审组召集人、国家中长期科技规划总体组顾问委员会委员。

1988年被国家科委、人事部评为国家级突出贡献中青年专家；1994年当选为俄罗斯科学院外籍院士；1998年当选为国际欧亚科学院院士；1999年当选为世界生产率科学院院士。曾任七届和九届全国政协委员、经济委员会委员，八届全国人大代表。2002年当选为中国工程院工程管理学部常委。

作为中国技术经济和工程管理理论的开拓者之一，较早提出了符合中国实际的工程项目技术经济论证理论与方法，主持了三峡工程、南水北调、京沪高速铁路等超大型工程的技术经济论证；率先对科技进步测度方法展开研究，并在此基础上研究了中国产业结构与区域经济问题。曾获国家科技进步奖6项（一等奖2项、二等奖3项、三等奖1项），部委级一等奖8项。

2001年当选为中国工程院院士。

（施　瑞）

【王哲荣院士】

王哲荣（1935. 10—），男，河北省高阳县人，坦克车辆设计专家，第三代主战坦克副总设计师。1962年毕业于哈尔滨军事工程学院。

1962—1984年，承担多项坦克装甲车辆研制任务，代表军方组织协调并承担中国第一代坦克“121”中型坦克战术技术论证、总体设计、总装调试、样车试验、设计定型等全过程研制工作；主持研制出国内第一台燃气轮机试验坦克和新部件试验坦克；主持完成引进项目64式坦克复装、试验及资料编译出版。1984—2001年，承担国家重点装备项目第三代主战坦克研制工作，任副总设计师兼总体组长。专职16年主持全系统技术工作，为全系统、全过程技术决策、组织实施主要负责人。在实现中国主战坦克从仿制、改进型到自主开发研制出综合性能具有世界先进水平、具有自主知识产权、使中国坦克装甲车辆的研制能力和水平跃上新台阶的工作中作出了突出贡献。

2001年当选为中国工程院院士。

（施　瑞）

【张玉奎院士】

张玉奎（1942. 9—），男，河北省保定市人。1965年毕业于南开大学化学系。曾在德国吐宾根大学生理研究所和美国国家环保署研究中心访问工作。担任中国化学会色谱专业委员会主任，中国分析测试协会常务理事，中国色谱学会理事长，色谱杂志主编，分析化学、J. Chromatography A杂志编委。多次获得国家自然科学基金资助，并承担国家科技攻关、“863”、“973”等项目。目前已在国内外发表论文近400篇，专著7部，专利十余项。

多年来一直从事色谱基础理论及新技术开发应用研究工作，包括气相色谱、液相色谱、毛细管电泳及电色谱、径向膜色谱以及与US-EPA合作开展GC-FTIR法测定大气中有机毒物等研究。20世纪90年代以来，主要开展生物分子的高效分离与高灵敏检测的研究。作为“973”“人类重大疾病的蛋白质组学研究”中“蛋白质高效分离规模鉴定的新技术与新方法”课题负责人之一，目前研究的重点集中在发展多维分离体系，包括多维液相色谱、多维毛细管电泳、液相色谱/毛细管电泳、多维微流控芯片以及它们与质谱的联用等。

2003年当选为中国科学院院士。

（施　瑞）

知名专家学者

“千人计划”入选者名单

序号	姓名	学院	批次	获批年份	类别
1	袁 荒	机械与车辆学院	第三批	2010	创新人才：长期项目
2	刘大可	信息与电子学院	第四批	2010	创新人才：长期项目
3	李庆明	机电学院	第四批	2010	创新人才：长期项目
4	刘云辉	机电学院	第五批	2010	创新人才：长期项目
5	郭书祥	生命学院	第六批	2011	创新人才：长期项目
6	谭小地	光电学院	第七批	2012	创新人才：长期项目
7	Antti Niemi	物理学院	第七批	2012	创新人才：短期项目
8	Omar M. Yaghi	化学学院	第七批	2012	创新人才：短期项目
9	王苏宁	化学学院	第八批	2012	创新人才：长期项目
10	吴景龙	机电学院	第十批	2014	创新人才：长期项目
11	Toshio Fukuda	机电学院	第二批	2012	外专项目
12	任 伟	自动化学院	第一批	2011	青年项目
13	徐 伟	生命学院	第二批	2012	青年项目
14	王 博	化学学院	第二批	2012	青年项目
15	周天丰	机械与车辆学院	第三批	2012	青年项目
16	常春起	计算机学院	第三批	2012	青年项目
17	王金亮	化学学院	第四批	2013	青年项目

（施 瑞）

“万人计划”入选者名单

序号	姓名	单位	类别	获批年份
1	黄 强	机电学院	科技创新领军人才	2013
2	姜 澜	机械与车辆学院	科技创新领军人才	2013
3	赵维谦	自动化学院	百千万工程领军人才	2014
4	韩伯棠	管理与经济学院	教学名师	2014

（施 瑞）

“长江学者奖励计划”入选者名单

序号	姓名	部门	学科	类别	评聘年份
1	孙逢春	机械与车辆学院	机械工程	特聘教授	1999
2	黄 强	机电学院	机械工程	特聘教授	2000
3	李泽生	化学学院	化学	特聘教授	2000
4	辛建国	光电学院	电子科学与技术	特聘教授	2001

续表

序号	姓名	部门	学科	类别	评聘年份
5	黄风雷	机电学院	力学	特聘教授	2002
6	王涌天	光电学院	光学工程	特聘教授	2002
7	盛新庆	信息与电子学院	电子科学与技术	特聘教授	2004
8	袁　荒	机械与车辆学院	动力工程及工程热物理	讲座教授	2005
9	姜　澜	机械与车辆学院	机械工程	特聘教授	2006
10	李艳秋	光电学院	光学工程	特聘教授	2006
11	宁建国	机电学院	力学	特聘教授	2006
12	孙克宁	化工与环境学院	化学工程与技术	特聘教授	2006
13	邹炳锁	材料学院	材料科学与工程	特聘教授	2006
14	项昌乐	机械与车辆学院	机械工程	特聘教授	2007
15	蔡海龙	机械与车辆学院	机械工程	讲座教授	2007
16	陈振庆	数学学院	数学	讲座教授	2007
17	王沿东	材料学院	材料科学与工程	特授	2008
18	魏一鸣	管理与经济学院	管理科学与工程	特聘教授	2008
19	申　勇	生命学院	生物学	讲座教授	2008
20	付梦印	自动化学院	控制科学与工程	特聘教授	2009
21	陶　然	信息与电子学院	信息与通信工程	特聘教授	2009
22	杨国昱	化学学院	化学	特聘教授	2009
23	陈　杰	自动化学院	控制科学与工程	特聘教授	2011
24	赵维谦	光电学院	仪器科学与技术	特聘教授	2011
25	龙　腾	信息与电子学院	信号与信息处理	特聘教授	2012
26	姚裕贵	物理学院	凝聚态物理	特聘教授	2012
27	肖益民	数学与统计学院	概率论与数理统计	讲座教授	2012
28	王美玲	自动化学院	控制科学与工程	特聘教授	2013、2014
29	曲良体	化学学院	化学	特聘教授	2013、2014

（施　瑞）

“国家杰出青年科学基金”获得者名单

辛建国（1995）	胡海岩（1996）	王涌天（2000）	胡更开（2003）
胡瑞法（2003）	魏一鸣（2004）	宁建国（2006）	陶　然（2006）
王沿东（2007）	杨国昱（2007）	张向东（2008）	陈　杰（2009）
黄　强（2009）	季葆华（2010）	姜　澜（2010）	龙　腾（2012）
夏元清（2012）	姚裕贵（2012）	王　成（2013）	曲良体（2013）
黄　华（2014）	李　春（2014）		

（施　瑞）

“国家有突出贡献中青年专家”名单

毛二可（1984）	吴沧浦（1984）	周立伟（1984）	曹　泛（1988）
费元春（1988）	马宝华（1988）	冯长根（1990）	梅凤翔（1992）
魏宸官（1990）	刘吉平（1992）	王　越（1992）	冯顺山（1994）

续表

倪国强（1994）	胡海岩（1998）	崔占忠（1999）	焦文俊（1999）
匡镜明（1999）	王兆华（2013）		

（施　瑞）

"何梁何利基金奖"获得者名单

获奖年份	授奖类别	获奖人员
1999	科学与技术进步奖	王　越
2002	科学与技术进步奖	毛二可
2005	科学与技术进步奖	朱鹤孙　刘吉平
2007	科学与技术创新奖	孙逢春
2012	科学与技术进步奖	胡海岩　吴　锋
2014	科学与技术进步奖	吴嗣亮

（施　瑞）

"新世纪百千万人才工程"国家级入选者名单

入选年份	入选人员
1997	胡海岩　冯长根（百千万人才工程第一、二层次入选者）
1999	孙逢春　安建平　黄风雷　梁启宏　金伟其（百千万人才工程第一、二层次入选者）
2004	项昌乐　邓玉林　白春华　魏一鸣
2006	付梦印　杨树兴
2007	陈　杰　陶　然　宁建国
2009	赵维谦　马　彪　杨国昱
2013	王兆华
2014	吴嗣亮

（施　瑞）

"国防科技工业有突出贡献中青年专家"名单

李科杰（2000）	杨树兴（2002）	黄风雷（2005）	项昌乐（2005）
付梦印（2006）	侯光明（2006）	汪　渤（2006）	吴嗣亮（2006）

（施　瑞）

"教育部新世纪（跨世纪）优秀人才"名单

辛建国（1993）＊	冯长根（1994）＊	胡海岩（1994）＊	孙逢春（1994）
刘吉平（1996）＊	王涌天（1996）＊	黄风雷（1999）＊	金伟其（1999）
杨树兴（2000）＊	罗运军（2001）＊	吴嗣亮（2002）＊	张韫宏（2002）
邓玉林（2003）＊	郝　群（2003）＊	项昌乐（2003）＊	白春华（2004）
曹传宝（2004）	付梦印（2004）	胡　峻（2004）	李　春（2004）
刘福水（2004）	龙　腾（2004）	马　彪（2004）	徐春广（2004）
崔利荣（2005）	高春清（2005）	缪玲娟（2005）	欧阳吉（2005）
王晓力（2005）	王一夫（2005）	赵维谦（2005）	曾　涛（2006）
陈鹏万（2006）	姜爱红（2006）	蒋立宁（2006）	牛振东（2006）

续表

杨盛谊（2006）	朱东华（2006）	王树良（2006）	单家元（2007）
杜大明（2007）	樊秀梅（2007）	何海燕（2007）	江　毅（2007）
林　程（2007）	刘　云（2007）	王军民（2007）	温俊海（2007）
阎　艳（2007）	曹敏花（2008）	程灏波（2008）	董沛武（2008）
胡纪滨（2008）	江兆潭（2008）	李　勤（2008）	王　成（2008）
夏元清（2008）	谢海燕（2008）	陈人杰（2009）	黄　磊（2009）
季葆华（2009）	李寿平（2009）	廖日东（2009）	刘　刘（2009）
刘峡壁（2009）	马宏宾（2009）	庞思平（2009）	曲良体（2009）
王兆华（2009）	杨　健（2009）	杨　智（2009）	张建国（2009）
黄　华（2009）	金海波（2010）	孔杰军（2010）	李慧琦（2010）
马　旭（2010）	冉　伦（2010）	宋卫东（2010）	苏　煜（2010）
王美玲（2010）	王文中（2010）	严乙铭（2010）	常　军（2011）
邓志红（2011）	何洪文（2011）	胡　洁（2011）	李京廉（2011）
马　壮（2011）	沈建冰（2011）	韦　浩（2011）	徐　昕（2011）
颜志军（2011）	张加涛（2011）	周萧明（2011）	程德文（2012）
范群波（2012）	方　浩（2012）	李炳照（2012）	李　丽（2012）
梁巧梅（2012）	刘　辉（2012）	刘　彦（2012）	刘战伟（2012）
潘小敏（2012）	汪首坤（2012）	吴　川（2012）	杨　帆（2012）
张建卫（2012）	张　祥（2012）	赵　先（2012）	祝烈煌（2012）
乔　栋（2013）	李　欣（2013）	王震坡（2013）	胡　滨（2013）
崔　嵬（2013）	许　稼（2013）	孙　健（2013）	沙德尚（2013）
刘　辉（2013）	苏岳锋（2013）	白　莹（2013）	冯永君（2013）
邢燕霞（2013）	李晓芳（2013）	廖　华（2013）	鞠彦兵（2013）
王东声（2013）			

注：标“＊”者为跨世纪优秀人才。

（施　瑞）

“霍英东教育基金会”奖项获得者名单

入选时间	奖项	获奖人员
第一届	教师奖	冯长根　吴　锋
第二届	教师奖	程　莉
第三届	教师奖	赵瑾璐
第四届	教师奖	许质武
第六届	基金	张韫宏
	教师奖	齐秋群
第八届	基金	王武宏
	教师奖	吴惠彬
第九届	基金	牛振东
	教师奖	龙　腾　胡昌振
第十届	教师奖	黄一帆

续表

入选时间	奖项	获奖人员
第十一届	基金	程灏波
	教师奖	王 菲
第十二届	基金	王兆华
	教师奖	李炳照
第十三届	基金	曲良体
	教师奖	马宏宾
第十四届	基金	沈建冰
	教师奖	赵 先

（施 瑞）

"高等学校教学名师奖"（国家级）名单

梅凤祥（2004）	王 越（2006）	韩伯棠（2007）	焦永和（2008）

（施 瑞）

"教育部创新团队发展计划"入选团队带头人名单

黄风雷（2004）	王涌天（2006）	龙 腾（2007）	付梦印（2008）
项昌乐（2009）	陶 然（2010）	孙克宁（2011）	姜 澜（2012）
陈 杰（2012）			

（施 瑞）

"国防科技创新团队"带头人名单

毛二可	冯顺山	项昌乐	王 越
付梦印	杨树兴	赵长禄	孙逢春
黄 强	王富耻	陈慧岩	崔占忠

（施 瑞）

2014 年博士生导师名录

序号	学科名称	姓名	是否兼职
1	应用经济学	李寿平	
2	应用经济学	廖 华	
3	应用经济学	罗 丽	
4	应用经济学	曲三强	
5	应用经济学	唐葆君	
6	应用经济学	谢 晖	
7	应用经济学	徐 昕	
8	应用经济学	杨成铭	
9	应用经济学	杨自力	是
10	应用经济学	张艳丽	
11	应用经济学	赵玉焕	

续表

序号	学科名称	姓名	是否兼职
12	应用经济学	夏恩君	
13	应用经济学	胡瑞法	
14	应用经济学	孔昭君	
15	应用经济学	刘　云	
16	法律经济学	韩君玲	
17	教育学	贾晓明	
18	教育学	李林英	
19	教育学	李小平	
20	教育学	马永霞	
21	教育学	王战军	是
22	教育学	张建卫	
23	教育学	何海燕	
24	数学	郭宝珠	是
25	数学	胡　峻	
26	数学	蒋立宁	
27	数学	李炳照	
28	数学	刘跟前	
29	数学	史福贵	
30	数学	孙华飞	
31	数学	孙　良	
32	数学	王军民	
33	数学	王一夫	
34	数学	吴惠彬	
35	数学	席福宝	
36	数学	熊黎明	
37	数学	许天周	
38	数学	张　强	
39	数学	夏元清	
40	数学	龙　腾	
41	数学	陶　然	
42	数学	王　越	
43	理论物理	Antti Niemi	是
44	理论物理	葛墨林	是
45	理论物理	江兆潭	
46	理论物理	刘　杰	是
47	理论物理	王荣瑶	
48	理论物理	韦　浩	
49	理论物理	姚裕贵	
50	凝聚态物理	邓罗根	
51	凝聚态物理	郭　晖	是
52	凝聚态物理	季华夏	是

续表

序号	学科名称	姓名	是否兼职
53	凝聚态物理	欧阳吉庭	
54	凝聚态物理	邵 彬	
55	凝聚态物理	史庆藩	
56	凝聚态物理	杨 帆	
57	凝聚态物理	杨盛谊	
58	凝聚态物理	张向东	
59	凝聚态物理	赵宏康	
60	凝聚态物理	赵 清	
61	凝聚态物理	郑为建	是
62	凝聚态物理	邹 健	
63	凝聚态物理	邹炳锁	
64	凝聚态物理	姚裕贵	
65	化学	Omar M. Yaghi	是
66	化学	曹敏花	
67	化学	陈世稆	
68	化学	戴黎明	是
69	化学	高志明	
70	化学	胡长文	
71	化学	黄 辉	是
72	化学	黄忆宁	是
73	化学	江 龙	是
74	化学	李 晖	
75	化学	李景虹	是
76	化学	李晓芳	
77	化学	李泽生	
78	化学	逯高清	是
79	化学	齐美玲	
80	化学	曲良体	
81	化学	邵会波	
82	化学	史衍丽	是
83	化学	谭蔚泓	是
84	化学	王 博	
85	化学	王金亮	
86	化学	王苏宁	
87	化学	魏秉庆	是
88	化学	徐文国	
89	化学	杨国昱	
90	化学	杨 文	
91	化学	姚立斌	是
92	化学	张慧敏	
93	化学	张 杰	

续表

序号	学科名称	姓名	是否兼职
94	化学	张　强（理学院）	
95	化学	张汝波	
96	化学	张绍文	
97	化学	张同来	
98	化学	张小玲	
99	化学	张秀辉	
100	化学	张以河	是
101	化学	张韫宏	
102	化学	赵劲松	是
103	化学	赵天波	
104	化学	董宇平	
105	统计学	陈振庆	
106	统计学	田玉斌	
107	统计学	徐兴忠	
108	统计学	崔利荣	
109	力学	陈鹏万	
110	力学	董春迎	
111	力学	段卓平	
112	力学	高世桥	
113	力学	郭永新	是
114	力学	韩学礼	
115	力学	何远航	
116	力学	胡更开	
117	力学	胡海岩	
118	力学	黄风雷	
119	力学	黄伟光	是
120	力学	霍　波	
121	力学	季葆华	
122	力学	雷娟棉	
123	力学	李　平	是
124	力学	李庆明	
125	力学	刘　彦	
126	力学	刘战伟	
127	力学	马少鹏	
128	力学	马　巍	是
129	力学	宁建国	
130	力学	欧卓成	
131	力学	任会兰	
132	力学	荣吉利	
133	力学	宋卫东	
134	力学	苏　煜	

续表

序号	学科名称	姓名	是否兼职
135	力学	王　成	
136	力学	魏雪霞	
137	力学	吴艳青	
138	力学	徐更光	
139	力学	岳宝增	
140	力学	张庆明	
141	力学	张　伟	是
142	力学	张永发	
143	力学	赵剑衡	是
144	力学	周萧明	
145	力学	方岱宁	
146	力学	杨　军	
147	力学	季路成	
148	力学	刘向东	
149	机械工程	Toshio Fukuda	
150	机械工程	毕路拯	
151	机械工程	陈慧岩	
152	机械工程	陈思忠	
153	机械工程	邓甲昊	
154	机械工程	段星光	
155	机械工程	高峻峣	
156	机械工程	高学山	
157	机械工程	龚建伟	
158	机械工程	韩宝玲	
159	机械工程	何洪文	
160	机械工程	胡纪滨	
161	机械工程	胡　洁	
162	机械工程	黄　强	
163	机械工程	黄远灿	
164	机械工程	姜　澜	
165	机械工程	李　欣	
166	机械工程	林　程	
167	机械工程	刘　辉	
168	机械工程	刘检华	
169	机械工程	刘云辉	是
170	机械工程	娄文忠	
171	机械工程	卢继平	
172	机械工程	陆永枫	是
173	机械工程	罗庆生	
174	机械工程	马　彪	
175	机械工程	马树元	

续表

序号	学科名称	姓名	是否兼职
176	机械工程	庞思勤	
177	机械工程	宋　萍	
178	机械工程	孙逢春	
179	机械工程	王爱民	
180	机械工程	王　锋	
181	机械工程	王文中	
182	机械工程	王西彬	
183	机械工程	王晓力	
184	机械工程	王哲荣	是
185	机械工程	王震坡	
186	机械工程	吴景龙	
187	机械工程	席军强	
188	机械工程	项昌乐	
189	机械工程	肖　海	是
190	机械工程	徐滨士	是
191	机械工程	徐春广	
192	机械工程	闫清东	
193	机械工程	阎　艳	
194	机械工程	颜景龙	是
195	机械工程	杨海成	是
196	机械工程	杨　宏	是
197	机械工程	苑士华	
198	机械工程	张柏楠	是
199	机械工程	张承宁	
200	机械工程	张卫民	
201	机械工程	赵文祥	
202	机械工程	周天丰	
203	机械工程	邹　渊	
204	机械工程	朵英贤	
205	机械工程	左正兴	
206	机械工程	顾　亮	
207	机械工程	高世桥	
208	光学工程	白廷柱	
209	光学工程	蔡　毅	是
210	光学工程	常　军	
211	光学工程	陈思颖	
212	光学工程	程德文	
213	光学工程	程灏波	
214	光学工程	高　昆	
215	光学工程	金伟其	
216	光学工程	李艳秋	

续表

序号	学科名称	姓名	是否兼职
217	光学工程	廖宁放	
218	光学工程	刘　娟	
219	光学工程	刘　越	
220	光学工程	马　旭	
221	光学工程	谭小地	
222	光学工程	王　霞	
223	光学工程	王涌天	
224	光学工程	魏　平	
225	光学工程	许廷发	
226	光学工程	薛　唯	
227	光学工程	杨　健	
228	光学工程	喻志农	
229	光学工程	张寅超	
230	光学工程	周立伟	
231	光学工程	高春清	
232	光学工程	赵维谦	
233	光学工程	赵跃进	
234	仪器科学与技术	董立泉	
235	仪器科学与技术	韩绍坤	
236	仪器科学与技术	郝　群	
237	仪器科学与技术	惠　梅	
238	仪器科学与技术	李　林	
239	仪器科学与技术	李天初	是
240	仪器科学与技术	刘玉芳	是
241	仪器科学与技术	邱丽荣	
242	仪器科学与技术	宋太亮	是
243	仪器科学与技术	宋　勇	
244	仪器科学与技术	张存林	是
245	仪器科学与技术	赵维谦	
246	仪器科学与技术	赵跃进	
247	仪器科学与技术	李　卓	
248	仪器科学与技术	韩宝玲	
249	材料科学与工程	薄志山	是
250	材料科学与工程	才鸿年	
251	材料科学与工程	曹传宝	
252	材料科学与工程	曹茂盛	
253	材料科学与工程	陈树森	
254	材料科学与工程	程兴旺	
255	材料科学与工程	董宇平	
256	材料科学与工程	鄂大辛	
257	材料科学与工程	范群波	

续表

序号	学科名称	姓名	是否兼职
258	材料科学与工程	冯增国	
259	材料科学与工程	郝建薇	
260	材料科学与工程	金海波	
261	材料科学与工程	金韶华	
262	材料科学与工程	李　杰（女）	
263	材料科学与工程	李晋庆	是
264	材料科学与工程	李树奎	
265	材料科学与工程	李云凯	
266	材料科学与工程	刘　颖	
267	材料科学与工程	罗运军	
268	材料科学与工程	马　壮	
269	材料科学与工程	庞思平	
270	材料科学与工程	邵自强	
271	材料科学与工程	谭成文	
272	材料科学与工程	佟　斌	
273	材料科学与工程	王富耻	
274	材料科学与工程	王　鲁	
275	材料科学与工程	王扬卫	
276	材料科学与工程	吴光恒	是
277	材料科学与工程	杨荣杰	
278	材料科学与工程	张朝晖	
279	材料科学与工程	张加涛	
280	材料科学与工程	张晓宏	是
281	材料科学与工程	张学同	
282	材料科学与工程	赵凤起	是
283	材料科学与工程	郑　剑	是
284	材料科学与工程	钟海政	
285	材料科学与工程	邹炳锁	
286	材料科学与工程	陈鹏万	
287	材料科学与工程	方岱宁	
288	动力机械及工程	冯慧华	
289	动力机械及工程	葛蕴珊	
290	动力机械及工程	黄　英	
291	动力机械及工程	李　骏	是
292	动力机械及工程	李向荣	
293	动力机械及工程	廖日东	
294	动力机械及工程	刘福水	
295	动力机械及工程	刘金祥	
296	动力机械及工程	刘兴华	
297	动力机械及工程	马朝臣	
298	动力机械及工程	孙柏刚	

续表

序号	学科名称	姓名	是否兼职
299	动力机械及工程	王国玉	
300	动力机械及工程	王义春	
301	动力机械及工程	魏名山	
302	动力机械及工程	杨　策	
303	动力机械及工程	袁　荒	
304	动力机械及工程	张付军	
305	动力机械及工程	张卫正	
306	动力机械及工程	张幽彤	
307	动力机械及工程	赵长禄	
308	动力机械及工程	郑宏飞	
309	动力机械及工程	左正兴	
310	动力机械及工程	项昌乐	
311	电子科学与技术	蔡树军	是
312	电子科学与技术	陈淑芬	
313	电子科学与技术	高春清	
314	电子科学与技术	顾　瑛	是
315	电子科学与技术	郝　阳	是
316	电子科学与技术	何　芒	
317	电子科学与技术	胡伟东	
318	电子科学与技术	江　毅	
319	电子科学与技术	李慧琦	
320	电子科学与技术	李　石	是
321	电子科学与技术	李　卓	
322	电子科学与技术	刘大可	
323	电子科学与技术	刘志文	
324	电子科学与技术	吕　昕	
325	电子科学与技术	潘小敏	
326	电子科学与技术	盛新庆	
327	电子科学与技术	孙厚军	
328	电子科学与技术	王茜蒨	
329	电子科学与技术	王卫东	是
330	电子科学与技术	王小谟	是
331	电子科学与技术	王学田	
332	电子科学与技术	魏志义	是
333	电子科学与技术	辛建国	
334	电子科学与技术	徐晓文	
335	电子科学与技术	徐友根	
336	电子科学与技术	杨爱英	
337	电子科学与技术	杨苏辉	
338	电子科学与技术	于伟华	
339	电子科学与技术	张卫平	是

续表

序号	学科名称	姓名	是否兼职
340	电子科学与技术	张彦梅	
341	电子科学与技术	赵长明	
342	电子科学与技术	仲顺安	
343	信息与通信工程	安建平	
344	信息与通信工程	卜祥元	
345	信息与通信工程	曾大治	
346	信息与通信工程	曾　涛	
347	信息与通信工程	陈　禾	
348	信息与通信工程	崔　嵬	
349	信息与通信工程	单　涛	
350	信息与通信工程	费泽松	
351	信息与通信工程	付　佗	
352	信息与通信工程	傅雄军	
353	信息与通信工程	高　飞	
354	信息与通信工程	高梅国	
355	信息与通信工程	胡　程	
356	信息与通信工程	李　海	
357	信息与通信工程	李祥明	
358	信息与通信工程	刘　峰	
359	信息与通信工程	龙　腾	
360	信息与通信工程	毛二可	
361	信息与通信工程	梅文博	
362	信息与通信工程	陶　然	
363	信息与通信工程	王爱华	
364	信息与通信工程	王　华	
365	信息与通信工程	王　越	
366	信息与通信工程	王忠勇	是
367	信息与通信工程	吴　枫	是
368	信息与通信工程	吴嗣亮	
369	信息与通信工程	吴一戎	是
370	信息与通信工程	邢成文	
371	信息与通信工程	许　稼	
372	信息与通信工程	颜永红	是
373	信息与通信工程	杨小鹏	
374	信息与通信工程	原进宏	是
375	信息与通信工程	赵保军	
376	信息与通信工程	刘志文	
377	信息与通信工程	王小谟	是
378	信息与通信工程	罗森林	
379	控制科学与工程	Ian Hiskens	是
380	控制科学与工程	Manu Haddad	是

续表

序号	学科名称	姓名	是否兼职
381	控制科学与工程	陈家斌	
382	控制科学与工程	陈 杰	
383	控制科学与工程	戴亚平	
384	控制科学与工程	邓志红	
385	控制科学与工程	窦丽华	
386	控制科学与工程	方 浩	
387	控制科学与工程	付梦印	
388	控制科学与工程	甘明刚	
389	控制科学与工程	郭 巧	
390	控制科学与工程	廖晓钟	
391	控制科学与工程	刘国平	是
392	控制科学与工程	刘向东	
393	控制科学与工程	马宏宾	
394	控制科学与工程	缪玲娟	
395	控制科学与工程	彭志红	
396	控制科学与工程	任雪梅	
397	控制科学与工程	沙德尚	
398	控制科学与工程	苏 中	是
399	控制科学与工程	孙 健	
400	控制科学与工程	汪 渤	
401	控制科学与工程	汪顺亭	
402	控制科学与工程	王飞跃	是
403	控制科学与工程	王军政	
404	控制科学与工程	王美玲	
405	控制科学与工程	王庆林	
406	控制科学与工程	伍清河	
407	控制科学与工程	夏元清	
408	控制科学与工程	谢 力	
409	控制科学与工程	谢智刚	是
410	控制科学与工程	张百海	
411	控制科学与工程	郑 辛	是
412	控制科学与工程	朱全民	是
413	控制科学与工程	郭书祥	
414	计算机科学与技术	柴玮岩	是
415	计算机科学与技术	常春起	是
416	计算机科学与技术	戴 林	
417	计算机科学与技术	古志民	
418	计算机科学与技术	郭 平	
419	计算机科学与技术	黄河燕	
420	计算机科学与技术	黄 华	
421	计算机科学与技术	贾云得	

续表

序号	学科名称	姓名	是否兼职
422	计算机科学与技术	李　凡	
423	计算机科学与技术	李　侃	
424	计算机科学与技术	廖乐健	
425	计算机科学与技术	刘　辉	
426	计算机科学与技术	刘峡壁	
427	计算机科学与技术	陆慧梅	
428	计算机科学与技术	陆　耀	
429	计算机科学与技术	马　波	
430	计算机科学与技术	牛振东	
431	计算机科学与技术	裴明涛	
432	计算机科学与技术	沈建冰	
433	计算机科学与技术	沈向洋	是
434	计算机科学与技术	石　峰	
435	计算机科学与技术	谭毓安	
436	计算机科学与技术	文继荣	是
437	计算机科学与技术	赵清杰	
438	计算机科学与技术	朱松纯	是
439	计算机科学与技术	祝烈煌	
440	计算机科学与技术	刘大可	
441	计算机科学与技术	王涌天	
442	计算机科学与技术	胡昌振	
443	化学工程与技术	陈甫雪	
444	化学工程与技术	戴荣继	
445	化学工程与技术	邓玉林	
446	化学工程与技术	杜大明	
447	化学工程与技术	冯长根	
448	化学工程与技术	付　华	是
449	化学工程与技术	贺高红	是
450	化学工程与技术	矫庆泽	
451	化学工程与技术	李　春	
452	化学工程与技术	李加荣	
453	化学工程与技术	李新民	是
454	化学工程与技术	孟子晖	
455	化学工程与技术	屈　锋	
456	化学工程与技术	权恒道	是
457	化学工程与技术	孙克宁	
458	化学工程与技术	王乃兴	是
459	化学工程与技术	武钦佩	
460	化学工程与技术	谢海燕	
461	化学工程与技术	严乙铭	
462	化学工程与技术	杨　智	

续表

序号	学科名称	姓名	是否兼职
463	化学工程与技术	张东翔	
464	化学工程与技术	张公正	
465	化学工程与技术	张青山	
466	化学工程与技术	张玉奎	是
467	化学工程与技术	赵之平	
468	化学工程与技术	周智明	
469	化学工程与技术	朱长进	
470	化学工程与技术	吴　锋	
471	化学工程与技术	罗爱芹	
472	化学工程与技术	庆　宏	
473	载运工具运用工程	高　利	
474	载运工具运用工程	谭华春	
475	载运工具运用工程	王建群	
476	载运工具运用工程	王武宏	
477	航空宇航科学与技术	成　跃	是
478	航空宇航科学与技术	崔祜涛	是
479	航空宇航科学与技术	崔平远	
480	航空宇航科学与技术	单家元	
481	航空宇航科学与技术	方蜀州	
482	航空宇航科学与技术	顾　亮	
483	航空宇航科学与技术	韩珺礼	是
484	航空宇航科学与技术	胡　俊	
485	航空宇航科学与技术	季路成	
486	航空宇航科学与技术	季振洲	是
487	航空宇航科学与技术	李军伟	
488	航空宇航科学与技术	李世鹏	
489	航空宇航科学与技术	林德福	
490	航空宇航科学与技术	刘　莉	
491	航空宇航科学与技术	栾恩杰	是
492	航空宇航科学与技术	孟秀云	
493	航空宇航科学与技术	莫　波	
494	航空宇航科学与技术	乔　栋	
495	航空宇航科学与技术	尚海滨	
496	航空宇航科学与技术	宋建梅	
497	航空宇航科学与技术	唐胜景	
498	航空宇航科学与技术	王大轶	是
499	航空宇航科学与技术	王宁飞	
500	航空宇航科学与技术	王兴治	是
501	航空宇航科学与技术	魏志军	
502	航空宇航科学与技术	吴伟仁	是
503	航空宇航科学与技术	夏群利	

续表

序号	学科名称	姓名	是否兼职
504	航空宇航科学与技术	徐　瑞	
505	航空宇航科学与技术	许承东	
506	航空宇航科学与技术	杨树兴	
507	航空宇航科学与技术	姚晓先	
508	航空宇航科学与技术	于剑桥	
509	航空宇航科学与技术	张景瑞	
510	航空宇航科学与技术	张新宇	是
511	航空宇航科学与技术	张之敬	
512	航空宇航科学与技术	周志成	是
513	航空宇航科学与技术	胡海岩	
514	航空宇航科学与技术	荣吉利	
515	航空宇航科学与技术	岳宝增	
516	安全科学与工程	白春华	
517	兵器科学与技术	毕世华	
518	兵器科学与技术	曾庆轩	
519	兵器科学与技术	陈　朗	
520	兵器科学与技术	陈　曦	
521	兵器科学与技术	谌德荣	
522	兵器科学与技术	邓宏彬	
523	兵器科学与技术	董永香	
524	兵器科学与技术	杜志明	
525	兵器科学与技术	朵英贤	
526	兵器科学与技术	冯顺山	
527	兵器科学与技术	郭士钧	是
528	兵器科学与技术	韩　峰	
529	兵器科学与技术	黄忠华	
530	兵器科学与技术	姜春兰	
531	兵器科学与技术	姜　毅	
532	兵器科学与技术	蒋建伟	
533	兵器科学与技术	焦清介	
534	兵器科学与技术	李东光	
535	兵器科学与技术	李　杰（男）	
536	兵器科学与技术	李银林	
537	兵器科学与技术	栗　苹	
538	兵器科学与技术	龙新平	是
539	兵器科学与技术	马天宝	
540	兵器科学与技术	聂建新	
541	兵器科学与技术	乔小晶	
542	兵器科学与技术	任　慧	
543	兵器科学与技术	沈晓军	是
544	兵器科学与技术	石　坚	是

续表

序号	学科名称	姓名	是否兼职
545	兵器科学与技术	舒远杰	是
546	兵器科学与技术	宋道志	
547	兵器科学与技术	王海福	
548	兵器科学与技术	王建中	
549	兵器科学与技术	王树山	
550	兵器科学与技术	王正杰	
551	兵器科学与技术	温玉全	
552	兵器科学与技术	吴 成	
553	兵器科学与技术	武海军	
554	兵器科学与技术	徐立新	
555	兵器科学与技术	闫晓鹏	
556	兵器科学与技术	严 楠	
557	兵器科学与技术	杨 利	
558	兵器科学与技术	杨小牛	是
559	兵器科学与技术	尹 健	是
560	兵器科学与技术	张建国	
561	兵器科学与技术	张 奇	
562	兵器科学与技术	赵世平	是
563	兵器科学与技术	周 霖	
564	兵器科学与技术	张同来	
565	兵器科学与技术	邓甲昊	
566	兵器科学与技术	黄 强	
567	兵器科学与技术	王哲荣	是
568	兵器科学与技术	段卓平	
569	兵器科学与技术	黄风雷	
570	兵器科学与技术	宁建国	
571	兵器科学与技术	徐更光	
572	兵器科学与技术	张庆明	
573	环境工程	陈人杰	
574	环境工程	陈 实	
575	环境工程	段 宁	是
576	环境工程	吴伯荣	
577	环境工程	吴 川	
578	环境工程	吴 锋	
579	环境工程	辛宝平	
580	环境工程	杨裕生	是
581	环境工程	徐文国	
582	环境工程	张榀宏	
583	环境工程	孙克宁	
584	生物医学工程	冯永君	
585	生物医学工程	郭书祥	

续表

序号	学科名称	姓名	是否兼职
586	生物医学工程	李　勤	
587	生物医学工程	罗爱芹	
588	生物医学工程	钱小红	是
589	生物医学工程	庆　宏	
590	生物医学工程	申　勇	
591	生物医学工程	唐晓英	
592	生物医学工程	温俊海	
593	生物医学工程	徐　伟	
594	生物医学工程	张建丽	
595	生物医学工程	张先恩	是
596	生物医学工程	邓玉林	
597	生物医学工程	李新民	是
598	生物医学工程	张玉奎	是
599	软件工程	丁刚毅	
600	软件工程	胡昌振	
601	软件工程	罗森林	
602	软件工程	王树良	
603	软件工程	薛静锋	
604	软件工程	于　全	是
605	软件工程	张　勤	是
606	软件工程	朱东华	
607	软件工程	刘　越	
608	软件工程	牛振东	
609	软件工程	谭毓安	
610	安全科学与工程	何学秋	是
611	安全科学与工程	刘庆明	
612	安全科学与工程	刘振翼	
613	安全科学与工程	钱新明	
614	安全科学与工程	王丽琼	
615	安全科学与工程	王仲琦	
616	安全科学与工程	徐胜利	是
617	安全科学与工程	杨　军	
618	安全科学与工程	杜志明	
619	安全科学与工程	张　奇	
620	安全科学与工程	冯长根	
621	安全科学与工程	王　成	
622	安全科学与工程	欧阳吉庭	
623	管理科学与工程	崔利荣	
624	管理科学与工程	董宝青	是
625	管理科学与工程	董沛武	
626	管理科学与工程	韩伯棠	

续表

序号	学科名称	姓名	是否兼职
627	管理科学与工程	侯福均	
628	管理科学与工程	胡瑞法	
629	管理科学与工程	黄志民	是
630	管理科学与工程	鞠彦兵	
631	管理科学与工程	孔昭君	
632	管理科学与工程	李 果	
633	管理科学与工程	李金林	
634	管理科学与工程	李 亚	
635	管理科学与工程	梁巧梅	
636	管理科学与工程	刘科成	是
637	管理科学与工程	刘 云	
638	管理科学与工程	刘增良	是
639	管理科学与工程	冉 伦	
640	管理科学与工程	汪寿阳	是
641	管理科学与工程	汪雪锋	
642	管理科学与工程	魏一鸣	
643	管理科学与工程	颜志军	
644	管理科学与工程	尹秋菊	
645	管理科学与工程	张 强	
646	管理科学与工程	张 祥	
647	管理科学与工程	张跃军	
648	管理科学与工程	赵 先	
649	管理科学与工程	朱东华	
650	管理科学与工程	侯光明	
651	管理科学与工程	王兆华	
652	国民经济动员	刘铁忠	
653	国民经济动员	张纪海	
654	工商管理	曾大军	是
655	工商管理	陈宋生	
656	工商管理	何海燕	
657	工商管理	侯光明	
658	工商管理	李存金	
659	工商管理	李 健	
660	工商管理	刘平青	
661	工商管理	马宝龙	
662	工商管理	孟凡臣	
663	工商管理	汪 涛	
664	工商管理	王秀村	
665	工商管理	王兆华	
666	工商管理	夏恩君	
667	工商管理	肖淑芳	

各级人大代表、政协委员名单

全国政协委员

郭大成　李　健　王涌天

北京市人大代表

孙逢春　廖晓钟

北京市政协委员

黄　强　高　利

海淀区人大代表

李和章　黄　强　张景瑞

海淀区政协委员

杨建明　张百海　屈　峰

15

2014 年大事记

【举行北京市混合现实与新型显示工程技术研究中心揭牌仪式】1 月 5 日，北理工北京市混合现实与新型显示工程技术研究中心揭牌仪式暨第一届技术委员会会议在北京理工大学召开。杨仁全处长、郭大成书记和金国藩院士共同为北京市混合现实与新型显示工程技术研究中心揭牌，郭书记和杨处长向受聘为工程中心技术委员会主任、副主任和委员的专家颁发了聘书。揭牌和聘任仪式后，举行了北京市混合现实与新型显示工程技术研究中心技术委员会第一次会议。工程中心主任王涌天教授作了 2013 年年度工作总结，工程中心研发人员刘越教授、翁冬冬副研究员和程德文副教授分别作了题为“三维显示图像质量与舒适度评价”“主题娱乐项目中的混合现实技术”“光致聚合物平视显示系统的研究”的学术报告。

【第六届国际大学生雪雕大赛北理工代表队载誉归来】1 月 7 日，北京理工大学雪雕作品《草木知春》荣获 2014 第六届国际大学生雪雕大赛一等奖，创造了历史最好成绩。本次比赛是哈尔滨第 30 届冰雪节重点活动的一项内容，共有来自中国内地、俄罗斯、英国、泰国、朝鲜、马来西亚、日本、韩国、丹麦、中国香港、中国台湾等国家和地区高校的 61 支代表队参加。

【在市重点学科验收评审中获得佳绩】2013 年 12 月，北京理工大学在北京市重点学科建设项目验收中取得优异成绩。北理工参加了全部 9 个北京市重点学科，并以优异成绩通过，其中 5 个学科验收结果为优秀，4 个学科验收结果为良好，优秀率为 55.6%，高于此次北京市重点学科验收的平均优秀率 31.3%。北理工验收结果优秀的学科为：数字表演与仿真技术、材料科学与工程、控制科学与工程、管理科学与工程、企业管理。

【荣获五项 2013 年度国家科学技术奖】1 月 10 日，北理工在 2013 年度国家科学技术奖励大会上共获得 5 项国家科学技术奖，其中由吴嗣亮教授团队完成的“高速交会目标相对定位测量技术”项目获得国家技术发明奖一等奖，由吴锋教授团队完成的“高性能二次电池新型电极、电解质材料与相关技术”项目获得国家技术发明奖二等奖，由北理工参与的“某装甲车辆”项目获得国家科技进步奖一等奖，由单家元教授和姜春兰教授参与的“某机载系统”项目获得国家科技进步奖二等奖，由范春萍编审、与外单位合作、并由北京理工大学出版社出版的《基因的故事：解读生命的密码》获得国家科技进步奖二等奖。

【计算机学院获 IEEE MASS 2013 最佳会议论文奖】2013 年 12 月，计算机学院李凡副教授及其团队的论文“SEBAR：Social Energy Based Routing Scheme for Mobile Social Delay Tolerant Networks”在 126 篇投稿中获得美国圣地亚哥举行的第 32 届 IEEE 国际性能计算和通信会议（IEEE International Performance，Computing and Communications Conference，IEEE IPCCC 2013）上获唯一最佳论文奖。

【召开北京力学会第 20 届学术年会】由北京力学会主办、北京理工大学承办的北京力学会第 20 届学术年会于 2013 年 1 月 12 日在我校隆重召开。30 个高等院校、科研院所及工程设计单位的 466 名力学领域专家、学者和研究生参加了会议。会议共收到投稿论文 353 篇。会上中国力学学会理事长、北京理工大学校长胡海岩院士代表中国力学学会以及会议的承办单位发表讲话，对大会的召开表示祝贺。大会开幕式上还颁发了“徐芝纶力学优秀教师奖”，我校宇航学院力学系刘晓宁副教授等 8 名力学教师获此殊荣。开幕式之后安排了三个大会报告：北京理工大学胡海岩院士作了题为“哥廷根力学学派在中国的传承与发展”的大会报告，中国航空工业集团公司副总工程师华俊教授作了题为“航空设计空气动力学的变革与挑战”的大会报告。

【毛二可院士从教 60 年学术交流会隆重举行】1 月 18 日，毛二可院士 60 年学术生涯暨 80 寿辰庆典以及庆祝北京理工大学雷达技术研究所成立 50 周年在北京理工大学国际教育交流中心三层多功能厅隆重举行，80 多位校友参加了活动，学校党委书记郭大成、校长胡海岩、名誉校长王越、原校长匡镜明、副校长赵长禄、副校长赵显利以及各部门领导到场祝贺。校长胡海岩院士致词，校党委书记郭大成教授高度评价了毛二可院士的人生成就和人格魅力，并为毛二可院士赠送个人手书“德学典范、桃李芬芳”。

【喜获 2013 年全国优秀博士学位论文和提名论文】1 月，教育部、国务院学位委员会下发《关于批准 2013 年全国优秀博士学位论文的决定》，北理工匡镜明教授指导的博士生武楠的学位论文《多模式卫星接收机中的同步技术研究》为全国优秀博士学位论文，王越院士指导的博士生孟祥意的学位论文《分数阶傅里叶域多抽样率滤波器组理论及应用》为全国优秀博士学位论文提名论文。

【与珠海市人民政府签署战略合作协议】3月11日，北京理工大学与珠海市人民政府战略合作协议签约仪式在北京理工大学国际教育交流中心举行。广东省委常委、珠海市委书记李嘉，珠海市人民政府副市长龙广艳，市委秘书长郭才武，教育局局长钟以俊，投资促进局局长刘齐英，教育局副局长曹风云，北京理工大学党委书记郭大成，校长胡海岩，副校长杨宾、赵平、孙逢春、杨树兴、赵显利等领导出席了签约仪式。仪式由副校长赵平主持。副校长赵显利、珠海市副市长龙广艳作为双方代表在战略合作协议书上签字。根据协议，双方将在人才培养、产学研合作、共建科技创新平台等方面开展全面合作，开创校市战略合作新局面。

【荣获7项北京市科学技术奖】3月25日，北京理工大学在2013年度北京市科学技术奖励大会上共获得7项北京市科学技术奖，其中牵头获奖5项。由孙逢春教授团队完成的“系列化纯电动专用车关键技术及产业化”项目获得一等奖，由王震坡教授团队完成的“电动汽车充电设施设计理论、方法和标准研究及应用”项目获得二等奖，由程颢波团队完成的“高精度离轴非球面先进制造技术”项目获得二等奖，由王武宏教授团队完成的“城市交通本质安全化评价与测试技术”项目获得三等奖，由刘云教授团队完成的“国际科技合作资源监测系统研制及应用”项目获得三等奖。由王军民教授参与的“Riesz基理论对无穷维振动系统的镇定与应用”项目获得二等奖，由刘鹏博士参与的“北京市电动汽车电能供给智能服务网络建设”项目获得三等奖。

【赵维谦教授入选第一批“百千万工程领军人才”】4月，北理工光电学院的赵维谦教授入选中共中央组织部公布的“万人计划”第一批“百千万工程领军人才”名单。赵维谦所在学科是仪器科学与技术，主要研究方向为精密光电测试技术与仪器。他承担或完成了国家重大科学仪器设备开发专项项目、国家“863”计划主题项目、国家自然科学基金科学仪器研究专款项目等30余项科研项目。曾获得包括1项国家技术发明奖一等奖（排名2）和3项省部级科技进步一等奖在内的9项科技奖项，在国内外重要学术刊物上发表学术论文100余篇，其中被SCI和EI收录70余篇，获授权发明专利52项。2005年入选教育部“新世纪优秀人才支持计划”，2009年入选“新世纪百千万人才工程”国家级人选，受聘2011年度“长江学者奖励计划”特聘教授。

【3名教授入选2013年“创新人才推进计划”】4月，北理工机械与车辆学院的林程教授、信息与电子学院的龙腾教授和自动化学院的夏元清教授入选中青年科技创新领军人才。林程所在学科为机械工程，主要从事新能源汽车理论研究和工程开发工作。他担任多项国家“863”及北京市电动汽车重大课题负责人，以前三名获奖者身份分别获得国家科学技术进步奖二等奖、教育部科学技术进步奖一等奖、北京市科技进步奖一等奖、国防科学技术进步奖二等奖等多项科技奖励；主持编著了5本专业著作，在国内外主要学术刊物发表论文70余篇，其中被SCI、EI收录58篇，获得国家专利授权59项，其中发明专利28项，近年在主流国际会议作主题/特邀报告40余次。其主要成果包括北京奥运电动大客车、上海世博电动大客车、广州亚运电动大客车、北京系列电动环卫车等，与国内主流整车企业合作研制了一批具有国际先进水平的纯电动商用车整车和关键部件产品，形成数十项纯电动客车和专用车公告产品，产业化前景广阔。2007年入选教育部“新世纪优秀人才支持计划”，2011年入选“科技北京百名领军人才培养工程”。龙腾所在学科是信息与通信工程，主要研究方向为实时信息处理、雷达系统、航天遥感、卫星导航等。承担“973”计划项目，“863”计划项目，自然科学基金重点项目2项。研究成果获得国家技术发明奖二等奖1项，国防和军队科技成果一等奖2项（1项排名第1）、二等奖5项（2项排名第1）、三等奖1项，在国内外重要学术刊物上发表学术论文200余篇；其中被SCI和EI收录120余篇；获得授权发明专利29项，出版学术著作2本。2007年任教育部“创新团队发展计划”带头人；2009年受聘“国家安全重大基础研究计划项目首席科学家”；2012年获得国家杰出青年科学基金项目的资助，受聘2012年度“长江学者奖励计划”特聘教授。夏元清所在学科是控制科学与工程，主要研究方向为网络化信息处理与控制。承担自然科学基金3项。研究成果获得国家科学技术进步奖二等奖1项，省部级科技奖二等奖2项，在国内外重要学术刊物上发表学术论文100余篇，其中被SCI收录102篇，出版英文专著6本。目前，担任IJICIC杂志副主编等社会兼职。2009年入选教育部“新世纪优秀人才支持计划”；2011年受聘北京理工大学“徐特立特聘教授”；2012年获得国家杰出青年科

学基金资助。

【与 IBM 公司签约共建 IBM 主机卓越中心】 4 月 11 日，应 IBM 公司邀请，赵长禄副校长代表我校出席在北京嘉里大酒店举行的 IBM 主机 50 周年庆典暨北京理工大学—IBM 主机卓越中心（北京）签约仪式。根据协议，IBM 公司为我校免费提供世界一流的主机 IBM System z10 企业级服务器（z10 EC），共同建设北京理工大学—IBM 主机卓越中心（北京），由软件学院牵头实施。

【1 人入选“万人计划”第一批教学名师】 北理工管理与经济学院韩伯棠教授入选“万人计划”第一批教学名师名单。韩伯棠教授在管理学与运筹学教学教改方面取得了以下优异成果：2006 年国家级精品课程，2007 年入选国家级教学名师，2008 年国家级优秀教学团队，2011 年国家级精品教材；2004 年北京市教学成果二等奖，2009 年国家级教学成果二等奖，2013 年北京市经典教材。韩伯棠教授曾先后为本科生、硕士生及博士生主讲《运筹学》《战略管理》《现代管理理论与方法》《图论》等课程，主讲的课程突出案例教学，强化研究讨论力度，以解决实际问题为培养目标，充分发挥多媒体和网络的辅助作用，广受学生好评，在历年学生与专家评教中都名列前茅，曾多次获得学校的各种教学荣誉称号。

【与秦皇岛市人民政府签署全面合作协议】 4 月 13 日，北京理工大学与秦皇岛市人民政府全面合作协议签约仪式在北京理工大学国际教育交流中心举行。杨树兴副校长和张峰副市长分别代表双方在全面合作协议书上签字。根据协议内容，双方将在经济、科技、教育和人才等方面开展多领域合作，共建产学研合作基地及科学研究、成果转化和高层次人才培养的合作平台。

【1 团队喜获“小平科技创新团队”荣誉称号】 4 月，北理工自动化学院智能地面移动机器人创新团队入选大学生“小平科技创新团队”，获得中国青少年科技创新奖励基金的资助。智能地面移动机器人创新团队是依托自动化学院组合导航与智能导航研究室组建的大学生创新团队，始建于 2010 年，经过几年的发展，该团队在科学研究、科技竞赛、学术交流与学术梯度建设等方面成果显著，在全国“挑战杯”竞赛和中国智能车未来挑战赛中取得优异成绩。

【1 人入选第十批“千人计划”】 4 月，北理工吴景龙教授入选第十批“千人计划”创新人才长期项目。吴景龙从事脑功能成像方面的研究工作，是该领域最早开展相关研究工作的开拓者之一。在世界上首先提出了人用两手触摸物体时的大脑触觉表征模型，为机器人仿生触觉奠定了脑功能基础，并首次实现了 120° 宽视野活体人视觉脑功能匹配，创建了全新的视觉脑模型，为视觉脑机理研究奠定了坚实的基础，并支持了人与猕猴是同源动物的人类起源进化论学说。上述开创性成果多次发表在脑功能成像相关领域的顶级杂志 Human Brain Mapping 上。吴景龙教授近年来发表 SCI 论文 40 余篇，其中 2 篇被选为封面文章，获得国际优秀论文奖 4 项，在该领域的国际学术界有重要影响力。他是国际复合医学工程学会（Institute of Complex Medical Engineering）创始人，并创办了该领域的国际著名期刊 *Neuroscience and Biomedical Engineering*。

【北理工大学生方程式赛车亮相 2014 北京国际车展】 4 月 20 日，北理工大学生方程式赛车“黑鲨 IV”在 2014 年北京国际汽车展中亮相。在媒体日、专业日展示期间，黑鲨凭借着黑红搭配的色彩、国际化赛车般炫酷的外形和优越的性能介绍，吸引了大量媒体和参观者的关注。“黑鲨 IV”是方程式赛车工作室 2013 年方程式汽车大赛燃油组的参赛车辆，在湖北襄阳梦想方程式赛车场曾刷新过 1 分 21 秒的全场最快圈速记录。同样表现出众，曾获得大赛电动组直线加速、高速避障、赛车设计等项目国内第一名的纯电动方程式赛车“银鲨”，也在“汽车人之夜”的活动展厅中同步展出。

【团中央书记处第一书记秦宜智来北理工指导共青团工作】 五四青年节前夕，团中央书记处第一书记秦宜智到我校指导共青团工作。郭大成向秦宜智汇报了我校党建带团建工作的基本情况，同时秦宜智也对良乡校区优美的环境和优良的学风表示了赞许和认可，对学校党委党建带团建相关工作给予了充分的肯定。之后，校团委书记蔺伟就“信仰·青春·阳光”主题教育活动和大学生“走下网络、走出宿舍、走向操场”主题群众性课外体育锻炼活动进行了汇报。秦宜智对我校共青团工作给予了充分的肯定。他强调，此主题群众性课外体育锻炼活动，是为了更好地贯彻落实习近平总书记系列重要讲话精神和党的十八届三中全会关于加强青少年体育锻炼，促进身心健康、体魄强健的要求，要进一步引导和帮助大学生参与到群众体育锻炼中来，养成体育锻炼的习惯，提升身体素质，磨炼意志品质。

【举行第五十二届教职工运动会】4月19日，北京理工大学第五十二届教职工运动会在中关村校区举行，校长胡海岩，副校长赵显利，党委副书记、副校长李和章出席了开幕式。学校职能部门和各学院领导也参加了开幕式。本次教职工运动会参赛人员达到了2 000人次。本次教职工运动会共有田径项目24项、趣味项目15项、表演项目1项、党政工接力表演1项。经过紧张激烈的比赛，后勤集团、机关单位、管理与经济学院、机电学院、信息学院、基础教育学院分别获得教职工组前六名。党政工接力比赛前六名是：基础教育学院、机关单位、管理学院、化学学院、数学学院、机电学院。副校长赵显利为获奖单位颁发奖杯。

【全国大学生机械创新设计大赛慧鱼组竞赛在北理工开幕】4月26日，第六届全国大学生机械创新设计大赛慧鱼组竞赛暨第八届全国慧鱼工程技术创新设计大赛在北理工隆重开幕。北京理工大学共有两件优秀作品进入了本届决赛，分别是“机械演义”和“机械采矿选矿套装”。“机械演义”以时间主线串联，针对机械发展历程中具有代表性的革新发明，提取了其主要的机械原理与结构，进行了一定程度的还原与仿真。“机械采矿选矿套装”对矿产从采集到熔炼的整个制造过程进行模拟，充分展现了矿产生产的各个重要环节，将工业生产中大型、复杂化的机械设备进行仿制带入课堂。

【与4家单位签订合作协议】4月25日下午，北京理工大学国家战略研究中心与中信研究基金会就合作备忘录进行签约。中信研究基金会与北京理工大学教育基金会签订了2014年度捐款44万元的捐赠协议。7月8日，与中国电子科技集团公司签订了战略合作协议。根据协议，双方将成立合作委员会，本着“战略合作，优势互补，协同创新，共同发展”的原则，在科学研究、成果转化、人才培养等方面开展战略合作。8月，北京理工大学和海军装备研究院签订合作框架协议。根据协议的精神，院校双方将在科学研究、学科建设、人才培养、学术交流、资源共享、装备研制等多方面开展深入合作。10月30日，北京理工大学自动化学院和中国航天科工集团第三研究院第三十三所续签合作协议，根据协议内容，双方将充分发挥校所各自的优势，进一步开拓合作领域，在科学研究、人才培养、学术交流等多方面继续开展深入合作。

【四门课程入选中国大学慕课（MOOC）首批建设课程】5月8日，学校“大学物理”“C语言程序设计”“微电子电路基础”“微积分（I）”共四门课程入选中国大学MOOC首批建设课程，并于2014年下半年陆续开课。此外，我校“线性代数”课程于2015年2月上线。首批在中国大学MOOC平台上线课程的学校包括北京大学、浙江大学、复旦大学、北京理工大学等国内16所著名高校，上线课程56门。首批中国大学MOOC上线后将实现中国大学视频公开课、中国大学资源共享课和中国大学MOOC等不同类型优质课程在同一平台上的集成与共享，创建了符合我国国情和高等教育教学实际的大规模开放教育中国品牌。

【1团队荣获北京市“三八”红旗集体称号】5月，北理工郝群教授带领的光学精密仪器课群研究型教学团队荣获北京市妇女联合会、北京市总工会、北京市人力资源和社会保障局颁发的“三八”红旗集体称号。

【北京理工大学光电学院—明导电子光电联合实验室揭牌】5月15日，北京理工大学光电学院（BITSOE）—明导电子（Mentor Graphics）光电联合实验室成立仪式和国际技术交流会在北京理工大学召开。本次会议全面深入地交流了北理工光电学院和国际知名企业明导电子在教学和研究合作方面取得的进展和学术技术成果，并举行了“北京理工大学光电学院—明导电子光电联合实验室”成立揭牌仪式。本届会议加强了双方的密切合作，双方希望在共同搭建“成像及分辨率增强技术物理验证和协同设计平台”的基础上，开展深亚微米至纳米技术节点集成电路设计和制造相关的OPC和SMO等RET技术、光刻设备、IC掩模和工艺协同设计与优化技术，支撑光电学院的教学、科研、学科建设、人才培养和国际交流。

【举办首届国防生军事体育运动会】5月初，驻北京理工大学选培办在中关村校区举办了第一届国防生军事体育运动会。全校四个年级的国防生参加了比赛，本次运动会共设6大类15项竞技项目，其中“铁人三项”和“万米接力”具有浓重的部队色彩。“铁人三项”要求参赛人员在完成一定数量的仰卧起坐和俯卧撑后，打背包跑完3千米，这既是对平日训练科目的检验，也是对参赛选手体力耐力的大考验。“万米接力”要求每个年级出25名选手，其中必须包含2名女生。经过4个多小时紧张激烈的比赛，首届国防生运动会顺利、安全、圆满地落下帷幕。本届运动会上，参赛选手们顽强拼搏、敢打必胜、绝不放弃，向全校师生充分展现了 90 后国防生昂扬奋进的精神风貌。

【北京理工大学附属小学将由理工附中承办】5 月 23 日，北京理工大学委托北京理工大学附属中学承办北京理工大学附属小学签约仪式在学校举行。根据协议内容，理工附中与附小将构建九年一贯制办学模式，在课程设置和对口直升等方面进行实验。理工附小的办学规模和所有权不变，办学主体不变，由理工附中校长兼任理工附小校长。理工大学将继续提供理工附小的教育教学经费、办学场地、配套设施和师资。理工附中负责理工附小教育、教学办学经费的运行与使用，负责确定理工附小入学方案并组织实施。

【吴嗣亮教授荣获“全国五一劳动奖章”荣誉称号】5 月，北理工信息与电子学院雷达技术研究所副所长吴嗣亮教授被授予“全国五一劳动奖章”荣誉称号。吴嗣亮教授长期从事雷达、航天测控与卫星导航定位等无线电动态定位测量技术研究和人才培养工作。他政治立场坚定，热爱国防科技事业，工作认真，科研态度严谨，爱岗敬业，无私奉献，为国家信息事业的发展和进步作出了卓越的贡献。

【在“第四届大学生集成电路设计大赛”上喜获佳绩】5 月 31 号，在全国范围内举办的为期 5 个月的“第四届（2014 年）大学生集成电路设计大赛”上，北京理工大学信息与电子学院李通团队荣获特等奖，李安安团队荣获二等奖，桂小琰老师荣获“优秀指导老师”称号。北京理工大学荣获“第四届（2014 年）大学生集成电路设计大赛”最佳组织奖。

【管理与经济学院顺利通过“全国模范职工小家”验收】6 月 6 日，北理工管理与经济学院通过了北京市教育工会验收组“全国模范职工小家”的验收工作。会上，刘欢对管理与经济学院职工小家的建设情况给予肯定，对党委和行政对基层工会工作的支持表示感谢，认为工会在围绕学院工作中心、青年教师发展培养、职工身心健康、师德建设等方面成效显著，在院务公开、民主管理等方面规范有序，制度健全，并建议基层工会要加强对困难教职工帮扶长效机制的研究和探索，进一步凝练工作，打造精品。最后，刘欢代表验收组宣布，管理与经济学院顺利通过“全国模范职工小家”验收。

【与中轻联共建部级中国轻工业数据智能实验室】6 月 6 日，由北京理工大学与中国轻工业联合会共建的“中国轻工业数据智能联合实验室（部级）”在“第三届中国轻工企业家高峰论坛暨轻工百强企业颁奖盛典”上正式成立并进行了揭牌仪式。北京理工大学与中国轻工业联合会发挥各自的在科研领域和行业中的优势，自 2013 年开始在多个方面开展了深入的产学研合作。其中“中国轻工业产品全生命周期信息追溯平台建设”项目成功入选了工信部 2013 年电子商务集成创新试点工程，并在中国轻工业云数据中心、食品安全追溯、基于增强现实和大数据技术的智能穿戴、轻工软件产品评测等几个新兴信息科学领域开展了务实合作。今后，实验室将依托北京理工大学在教学科研、人才培养等领域的优势和资源，结合中国轻工业联合会在资源、产业化及行业等方面的指导和帮助，为我国轻工业转型升级和两化融合改造服务；同时，力争在国家级项目申报、科研论文产出、专利软件著作权申请、产学研用和科技成果奖申报等方面尽快取得更多实质性的成果。

【侯光明教授科研团队荣获管理科学奖】6 月 26 日，北理工管理与经济学院侯光明教授科研团队在“第四届管理科学奖颁奖典礼暨 2014 中国管理科学高层论坛”上喜获管理科学奖。侯光明教授科研团队长期致力于创新方法基础理论、创新方法系统集成、创新方法推广应用等创新方法理论与实践领域的系统研究，在国内形成了独具特色的研究方向，取得了一系列重要的成果。此次总结凝练的“创新方法系统集成及推广应用机制研究”成果申报管理科学奖并获奖，客观上肯定了团队长期以来持续开展创新方法研究取得的成绩，鼓励团队继续开展深入研究并取得更多优秀的成果，为推动创新方法的培训、推广和应用，从根本上增强科研人员的创新意识和创新水平，提升中国企业的原始创新能力作出贡献。

【2014 年徐特立科学营开营】7 月 21 日，2014 年全国青少年高校科学营北京理工大学分营暨北京理工大学 2014 年徐特立科学营开营仪式在北京理工大学举行。2014 年徐特立科学营由学校办公室主办、化学学院承办，科学营以“立志国防、追梦科学”为主题，分为常规营和兵器营，共有来自北京、天津、上海、湖南、广东、甘肃、陕西、宁夏、贵州、黑龙江等省（市）、自治区以及香港特别行政区的 230 名营员组成。

【获得“飞航杯”全国未来飞行器设计大赛特等奖】7 月 12—13 日，我校宇航学院副院长唐胜景教授指导的参赛作品“‘INNOVATOR’无人侦察作战平台”在由中国航天科工集团公司三院三部和中国宇航学会主办，清华大学、北京航空航天大学、北京理工大学、哈尔滨工业大学、西北工业大学、南京航空航天大学、浙江大学协办的“飞航杯”第二届全国未来飞行器设计大赛决赛中获得大赛唯一的一项特等奖，奖金 5 万元人民币。除此之外，我校另有三件作品获得优胜奖。我校学子在比赛中表现出的专业精神和良好风貌得到了与会领导与评委的一致好评。

【全国大学生“飞思卡尔”杯智能汽车竞赛在北理工举行】由教育部高等学校自动化类专业教学指导委员会主办、飞思卡尔半导体公司协办的第九届全国大学生“飞思卡尔”杯智能汽车竞赛华北赛区竞赛于 2014 年 7 月 18—20 日在北京理工大学隆重举办。决赛中，河北联合大学的“超级玛丽”队、天津大学的“天津大学电磁一队”和北京理工大学的“北理摄像头二队”分别获得光电组、电磁组和摄像头组第一名。

【1 人获评年度北京高校“十佳辅导员”】7 月 22 日，北理工法学院团委书记聂宁宁在由中共北京市委教育工作委员会、北京市教育委员会主办的 2013—2014 年度北京高校“十佳辅导员”评审会上以总分第四名的成绩被评为北京高校“十佳辅导员”。我校通过学院推荐、专家评审、网络公示的程序，向北京市委教育工委上报了 2013—2014 年度北京高校“优秀辅导员”推荐名单，聂宁宁以最高票数被推为“北京高校十佳辅导员”推荐人选。

【在“第六届全国大学生机械创新设计大赛”上再获佳绩】7 月 27—30 日，北京理工大学参赛队伍再次在由教育部高等学校机械基础课程教学指导委员会主办，全国机械原理教学研究会、机械设计教学研究会、金工研究会共同承办的“第六届全国大学生机械创新设计大赛”上取得优异成绩。

【2014 年数字迎新工作全面启动】8 月 20 日，北京理工大学迎新网“网上预报到”系统正式启用，学校历史上首次数字化迎新工作全面启动。2014 年共有 3 600 多名新生通过该系统提交各类信息，实现网上报到。“数字迎新”系统主要包括“了解北理工”和“网上预报到”两个板块，新生、家长和社会各界都可通过迎新网了解学校基本情况、新生生活指南和学习指导，以及获取学校发布的报到事项等信息。“网上预报到”板块则以利用信息化技术平台、实现新生入学报到的“双向”数字化、人性化服务为建设目的，实现以人为本的工作理念。“双向”：一为校内各迎新相关部门提供数字化、网络化工作平台，在学生入学前最大限度地完成信息采集、处理和发布，大幅度提升工作效率；二为面向新生有效传递入学报到信息，最大限度地帮助新生顺利报到，做好开学准备。该系统使工作效率有了明显的提升，很好地体现了我校的形象。

【中共中央任命张炜为北京理工大学党委书记】9 月 4 日下午，北京理工大学召开全校教师干部大会，宣布中共中央决定，张炜同志任北京理工大学党委书记（副部长级）。郭大成同志因年龄原因，不再担任北京理工大学党委书记的职务。张炜，男，汉族，1957 年生于陕西，哲学博士，教授。1976 年插队知青。1982 年毕业于西安交通大学内燃机专业并获工学学士学位，留校任学生辅导员、系团工委书记。1984 年到陕西省政府办公厅工作。1989 年起先后任省科委对外科技交流中心副主任，外事处副处长，成果处副处长、处长。1993 年国家公派泰国亚洲理工学院（AIT）技术管理专业研究生，先后获工商管理硕士、哲学博士学位。2000 年回国，先后任陕西省科委主任助理、省教育厅副厅长、省委教育工委委员、西北大学党委书记、省委科技工委书记、省科技厅厅长。2010 年任国家国防科技工业局司长，2013 年任局党组成员。2014 年任北京理工大学党委书记。历任中国共产党第十七次代表大会代表、中国科学与科技政策研究会常务理事。曾赴加州州立大学做高级访问学者，参加哈佛大学肯尼迪学院“高级公务员”（Senior Executive Fellows）项目培训。曾任中国空间法学会常务副理事长、中国高等教育学会常务理事、陕西省学位委员会副主任、高等教育学会常务副会长、科学技术协会副主席、社会科学界联合会副主席。主持完成国家自然科学基金、国家软科学及省部级研究课题十余项，发表文章百余篇，被引用千余篇次。

【与莫斯科国立大学、深圳市签署合作举办大学协议】9 月 5 日，北京理工大学与莫斯科国立罗蒙诺索夫大学（以下简称“莫斯科国立大学”）合作举办深圳北理莫斯科大学协议签字仪式在京正式签署。8 月 11 日，学校与深圳市、莫斯科国立罗蒙诺索夫大学负责人在深圳市签署了《深圳市人民政府莫斯科国立罗蒙诺索夫大学　北京理工大学关于在深圳合作办学的协议》，根据协议的正式内容，深圳北理莫斯科大学将是一所根据《中华人民共和国中外合作办学条例》和相关法律设立的具有独立法人资格的非营利高等教育机构，计划于 2015 年年初开始进行基础建设，并将于 2016 年开始招生。合作大学将致力于开展精英教育和高水平研究创新活动，面向全球科技及经济发展，为中俄战略合作与区域经济社会发展培养高素质人才，提供高水平的学术成果。

【首次夺得“中国软件杯”大赛全国一等奖】 8 月 19—23 日，在第三届“中国软件杯”全国大学生软件设计大赛上，北京理工大学大学生软件科技创新创业基地共派出 3 支学生竞赛队伍参加决赛，并荣获全国一等奖 1 项、三等奖 1 项、优秀奖 1 项，北京理工大学荣获高校优秀组织奖。软件学院院长丁刚毅教授还接受了相关媒体题为“产学研结合　向中国软件行业持续注入新鲜血液”的专题采访。

【北京理工大学主办的 IEEE 亚太交通电气化会议在北京举行】 由北京理工大学、中国科学院电工研究所和中国电工技术学会主办的 IEEE 亚太交通电气化大会暨展览会 8 月 31 日至 9 月 3 日在北京国际会议中心举行。大会上通用电气航空部门总裁 Vic Bonneau、美国工程院院士 Kaushik Rajashekara、德国科学院院士 Leo Lorenz、中国工程院院士马伟明、中国工程院院士李骏、丰田公司（中国）副总 Shinichi Matsumoto、浙江大学常务副校长宋永华、北汽集团董事长徐和谊、南车集团副总王军、中国汽车技术吴志新副主任分别作了主旨报告。本次会议评出了最佳论文奖、最佳演示奖和最佳展览奖各 3 名。IEEE 是全球电气电子以及机电领域最有影响力的协会。本次会议是 IEEE 在亚太地区首次以交通电气化为主题的会议，内容涉及电动车辆、高铁、航空和船舶四个领域，包括 11 个大会主旨报告、10 个技术分论坛、7 个专家论坛、5 个专题技术讲座、2 场论文展板交流会、1 个青年计划和 1 个展览会，大会收到摘录投稿近 900 篇，录用全文近 700 篇。论文全部由 EI 数据库收录。

【张炜书记出席总参第 24 期地方大学生入伍集训结业活动】 9 月 9—10 日，与总参谋部签约培养国防生的北京理工大学、哈尔滨工业大学、南京大学、河南大学领导在总参某训练基地参加总参、总政第 24 期地方大学生入伍集训结业活动。我校党委书记张炜出席活动，学校办主任郝志强、总参驻北理工选培办主任尤静陪同参加。结业活动中领导们观看了阅兵式，接见了参加心理行为训练演示汇报的北理工毕业生，参观了总参某训练基地史馆，并与北理工毕业生座谈、齐唱校歌，北理工毕业生向母校赠送了签名。

【北京市总工会主席梁伟、我校党委书记张炜看望毛二可院士】 9 月 11 日，北京市人大常委会副主任、北京总工会主席梁伟来到北理工看望毛二可院士，我校党委书记张炜一同前往看望。北京市总工会副主席张青山、北京市教育工会主席史利国、我校副校长赵显利陪同看望。梁伟主席代表总工会对毛二可院士表达了亲切的慰问，感谢毛二可院士几十年来在国防科技事业中作出了突出贡献并为国家培养出了诸多优秀的科学工作者。张炜书记代表学校党委对毛二可院士为党和国家的教育事业发展和民族振兴作出的重要贡献表示感谢，并送上了节日的问候。

【吴嗣亮教授获评全国模范教师】 在新中国成立 65 周年和第 30 个教师节来临之际，北理工信息与电子学院吴嗣亮教授被人力资源和社会保障部、教育部授予“全国模范教师”称号。吴嗣亮教授长期从事雷达、航天测控与卫星导航定位等无线电动态定位测量技术研究和人才培养工作。他政治立场坚定，热爱国防科技事业，工作认真，科研态度严谨，爱岗敬业，无私奉献，为国家信息事业的发展和进步作出了卓越的贡献。

【顺利通过军工保密一级资质认证现场复查】 9 月 26 日，北理工通过了国家军工保密资格认证委复查组一级保密资格现场复查。经过一天的现场检查，复查组汇总、研究形成了复查意见，意见对我校保密工作给予了充分肯定，认为学校领导对保密工作高度重视，自认证以来学校的保密工作进步很大，学校抓保密管理有方、抓落实有效；对基层的保密指导有力，二级制度的建设有力，对涉密人员的教育培训有效，学校上下精神面貌有很大的变化。同时指出了在复审过程中发现的问题、现象和存在的隐患。复查组认为，北京理工大学保密工作在二次认证基础上有进步。

【“北京理工大学—柏林工业大学合作 30 周年纪念暨学术论坛”隆重开幕】 9 月 29 日，“北京理工大学（BIT）—柏林工业大学（TUB）合作 30 周年纪念暨学术论坛”在北京理工大学国际教育交流大厦报告厅隆重开幕。胡海岩校长与 Thomsen 校长签署了北京理工大学和柏林工业大学新时期合作伙伴关系的校际协议。柏林工业大学是最早与北京理工大学建立校际合作关系的欧洲高校。30 年来，两校在人才培养、科学研究等方面开展了全面的合作。北京理工大学的很多资深教授和高级管理者曾在柏林工业大学进修或学习。两校在通信技术、电动汽车技术、涡轮增压技术、激光技术、管理与创新、光电探测与成像技术、德国语言与文化等多个研究领域开展了合作项目。两校以 30 年合作纪念活动为新的起点，继续加强教授之间的交流，拓展新的合作领域。

【在 2014 年全国航空航天模型锦标赛中再获佳绩】9 月 28 日至 10 月 5 日，在由国家体育总局、科技部和教育部联合主办的 2014 年科研类全国航空航天模型锦标赛暨中国国际飞行器设计挑战赛上，我校宇航学院科技创新实践基地的 43 名同学组成参赛队，代表学校分别参加了“限距载重空投”“太阳能飞机”“电动滑翔机”“对地侦察”“嫦娥奔月”“垂直起降载运”6 个大项的比赛，并提交 4 项创意作品参加创新评比，最终获得了一等奖 1 项、二等奖 3 项、三等奖 8 项。同时，宇航学院王正平老师和付志栋老师被评为锦标赛优秀指导教师。

【1 教授荣获中国政府“友谊奖”】10 月初，北理工“外专千人计划”特聘教授福田敏男教授荣获 2014 年中国政府“友谊奖”。福田敏男教授在微纳操作机器人和仿生机器人领域作出了卓越贡献，是公认的国际机器人领域的权威，是生物医学微纳操作机器人领域的开拓者和引领者。福田教授自 2000 年起与我校机电学院黄强教授开展合作研究，2008 年以来担任北京理工大学“特种机动平台设计制造科学与技术学科创新引智基地”的海外学术大师。2010 年担任“仿生机器人与系统”教育部重点实验室的学术委员会委员。2012 年入选“外专千人计划专家”。

【无人飞行器自主控制研究所在北理工举行揭牌仪式】10 月 16 日，无人飞行器自主控制研究所正式揭牌。仪式后，专家们就研究所的研究方向和特色、成果的推广应用、管理体制、服务社会等方面进行了热烈的讨论，提出了很多宝贵的建议，并对无人飞行器自主控制研究所的后续发展提出了希望。

【在 2014 中国大学生方程式汽车大赛中获得新突破】10 月 14—18 日，第五届中国大学生方程式汽车大赛（简称 FSC2014）在湖北如期举行。我校派出的“北京汽车”燃油赛车队、“北理工”纯电动赛车队共计 40 余名师生、两辆学生自己制作的赛车参赛，获得大学生车手挑战赛冠军及赛车设计、高速避障、节能效率等八项单项奖，最后总分分别位居纯电动组亚军（同时为国内高校冠军）、燃油组亚军，实现了两辆赛车同时参赛并同时获奖的新突破。在本赛事创建五周年之际，北理工被赛事组委会授予“创始院校奖”，指导教师团队成员徐彬被赛事组委会授予“突出贡献奖”。

【在第七届全国大学生创新创业年会中再获佳绩】10 月 21 日，第七届全国大学生创新创业年会在西安交通大学举行。我校两件参展作品“基于人体工学的穿戴式增力套装”和“大角度矢量推进式水下多用途机器人”在学生代表评选的“我最喜爱的项目”与参会专家评选的“最佳创意项目”中均独占鳌头，在两项投票中斩获“我最喜爱的项目”十佳第一名、第二名，同时获得“最佳创意项目”十佳第一名、第三名。这也是我校连续第七年在全国大学生创新创业年会中获得“十佳”项目称号。

【荣获 2014 年中国机器人大赛四项一等奖】10 月 9—12 日，中国机器人大赛暨 RoboCup 公开赛在安徽合肥国际会展中心成功举办，我校软件科技创新创业基地派出 4 支实力队伍参赛，并取得了四项一等奖和一项可靠性奖的优异成绩。

项目名称	名　次
Robocup 中型组	第四名
Robocup 中型组技术挑战赛规定项目	一等奖
Robocup 中型组技术挑战赛自选项目	一等奖
Robocup@ Home	一等奖、可靠性奖
Ⅲ型机器人寻宝游	一等奖

【吴嗣亮教授荣获 2014 年度何梁何利基金“科学与技术进步奖”】10 月 29 日，北理工吴嗣亮教授荣获“科学与技术进步奖”。吴嗣亮教授长期从事雷达、航天测控与卫星导航定位等无线电动态定位测量技术研究，带领团队研制出海/陆/空系列高速交会目标相对轨迹测量雷达、我国第一部星载空间目标测量雷达和第一部星载告警雷达、载人航天交会对接微波雷达信号处理机与应答机信号处理机、国家“863”某高轨飞行器测控应答机、多型军用

北斗卫星导航接收机等。获 1 项国家技术发明奖一等奖、8 项部级科技进步奖，已发表 SCI/EI 检索期刊论文 150 余篇，授权国防发明专利 48 项。他是全国“五一劳动奖章”获得者、全国模范教师、北京市师德标兵、国防科技工业“有突出贡献中青年专家”、国防科技工业“511 人才工程”学术技术带头人、教育部“跨世纪优秀人才”、国家“863”某重大项目“杰出贡献先进个人”。

【北京理工大学出版社荣获国家级最佳动漫出版物奖】 10 月底，北京理工大学出版社出版的《滚蛋吧！肿瘤君——我与癌症斗争的一年里》在由文化部、财政部、教育部、科技部、工业和信息化部、商务部、税务总局、工商总局、国家新闻出版广电总局等 9 部委联合主办，扶持动漫产业发展部际联席会议办公室承办的中国文化艺术政府奖第二届动漫奖中夺得“最佳动漫出版物奖”殊荣，并获得奖金奖励 60 万元。该书作者熊顿被誉为“中国版的高木直子”。2011 年 8 月她被确诊患有“非霍奇金淋巴瘤”，自此开始了与肿瘤斗争的漫长过程。入院期间，她以诙谐幽默的方式将自己治疗的过程以及内心感触用画笔记录了下来，用漫画的形式向大众讲述自己抗癌的真实故事。北京理工大学出版社将这一部动漫作品及时出版，立即引发了巨大的轰动，引起了百万读者的关注，销售量迅速突破 10 万册大关。

【与福田汽车共同打造 APEC 峰会纯电动客车】 11 月 5—11 日，为迎接 2014 年 APEC 全年会议，北汽福田汽车公司采用了北京理工大学的整车平台技术打造官方指定用电动客车。在这期间，首次亮相了 10 辆 6 米级纯电动公交，其车长 6.5 米左右，车宽 2.25 米，车高 2.8 米，车身颜色为黄色，座位数 11 个，核定载客人数 36 人。作为全球首款 6.5 米纯电动巴士，这种车是国内首创开发的社区“微循环”公交车，专为快速接驳打造，可实现地铁与社区、干线交通与社区之间的无缝对接，是城市居民“最后一公里”的最佳交通工具。

【获首届全国高校物联网应用创新大赛国家一等奖】 10 月 20—23 日，“首届全国高校物联网应用创新大赛”在郑州大学成功举办。我校共有 3 支队伍进入决赛，并最终取得了 2 项国家一等奖和 1 项国家二等奖，成绩出众。指导教师李凡荣获大赛最佳指导教师。我校的“智慧病房”参赛队作为全场唯一进行大赛获奖作品成果演示的队伍，在典礼现场进行了意念拍照的功能演示。

【郎志正教授获中国标准创新贡献终身成就奖】 10 月 14 日是世界标准日，为表彰郎志正教授近 50 年对中国标准化理论与实践的贡献，国家质检总局和国家标准化委员会给郎教授颁发了国家政府奖项——中国标准创新贡献终身成就奖。郎志正是我国著名的管理学家，质量、标准化和认证专家，“中国标准化科学家”，是该领域的学术带头人，国务院政府特殊津贴获得者。2011 年当选国际质量科学院院士。有《标准化工程学》（主编）、《现代管理与标准化》（专著）、《市场经济与标准化》（主编）、《质量管理及其技术与方法》（专著）、《质量认证全书》（主编）、《GB/T 19004.2 宣贯指南》（专著）等 30 余部著作，100 余篇论文，有关标准宣贯的音像制品十部。获有关标准的省部级科技进步一等奖 1 项、三等奖 2 项；获 WAPI 终身荣誉奖；获中国标准化杰出人物终身成就奖（中国标协、标准杂志社）、全国优秀质量管理工作者、国防科技质量先进个人等。

【圆满完成 2014 年 APEC 领导人会议周志愿服务工作】 在 APEC 会议期间，我校 108 名志愿者圆满完成了 APEC 志愿服务工作。APEC 领导人会议周期间，我校志愿者从 11 月 1 日首批上岗到 13 日最后一批撤岗，共计上岗服务 915 人次，累计服务时间 10 367 小时。志愿者服务岗位主要集中在机场交通组跟车语言服务岗、国家会议中心组主咨询台岗和交通跟车语言服务岗、励骏酒店咨询台岗、外交部志愿者之家等几类岗位。

【在“国际遗传工程的机器设计竞赛”中获得佳绩】 10 月 30 日至 11 月 3 日，北京理工大学的两支主要由生命学院学生组成中的 BIT-China、BIT 代表队参加了国际遗传工程的机器设计竞赛（iGEM），并最终分别获得金奖、银奖的骄人成绩。BIT-China、BIT 代表队参赛项目分别为“E. co-Lock”“Radiation-dosimeter, New Siren of Radiation Harm”。“E. co-lock”项目通过模拟电子密码锁的工作原理，在宿主细胞内部设计相应基因线路，构建仿生密码锁，对高经济价值的基因工程菌和应用于研究的高致病性菌株进行保护。“Radiation-dosimeter, New Siren of Radiation Harm”项目立足于在生物的平台上建立一套辐射剂量的计量体系。通过细胞在辐射条件下的代谢水平，利用 DNA 诱导转录来计量辐射对生物所产生的影响。

【工信部专家组对北理工党建创优工程（二期）进行评估验收】 11 月 17—18 日，工业和信息化部党建创优工程（二期）专家组一行8人入驻我校进行党建创优工作评估验收。专家们对我校的人才培养、党建研究、两个基地的建设、青年教师队伍建设、党务公开、学生党建工作等问题进行了交流提问。专家组还现场查阅了党建创优工程支撑材料，分别组织召开党政机关人员代表、基层党组织人员代表、教职工以及学生代表座谈会，并考察了大学生文化素质教育基地和创业实践基地建设情况。评估验收后，专家组高度赞扬了我校党建工作的特色和取得的成就，学校顺利通过工信部党建创优工程（二期）评估验收工作。

【第一届中欧气象雷达学术论坛在北理工举行】第一届中欧气象雷达学术论坛（1st China-Europe Workshop on Weather Radar）于11月26日在北京理工大学隆重召开。这是我校首次主办关于气象雷达的学术盛会，致力于促进我国与欧洲气象雷达技术的交流与合作，推动相关领域学科与技术的发展，并为我国气象和防灾减灾事业贡献力量。Leo P. Ligthart 教授为与会嘉宾作了大会主题报告“Overview of Weather Radars and First Steps Towards mm Wave Weather Radar at BIT”，随后由9个参会单位的代表嘉宾分别作了关于气象雷达相关研究的报告；其中我校胡伟东副教授报告了太赫兹雷达测云研究方面的进展，也引起了与会者的广泛关注。

【连续5年获首都高校思政课学生社会实践优秀组织奖】11月24日，我校连续5年荣获北京市教育工作委员会组织开展的2014年首都高校思想政治理论课学生社会实践优秀论文征集与评选活动优秀组织奖。同时，郭丽萍老师指导的论文《北京市垃圾分类、处理与回收现况及对策研究》荣获学生社会实践优秀论文一等奖，作者为软件工程专业黄凌云、王远明、李奕鋆；赵亮老师指导的论文《MOOC的吸引力与排斥力：“慕课”课程在中国高校大学生中的接受及完成情况的调查——以中国985大学为例》获二等奖，作者为物理菁英班裴逸青、马雪、于茉浓；季雨老师指导的论文《中国体育人才体教结合良性培养路径研究——以北理工足球队的成功为例》获二等奖，作者为会计学专业（中外合作办学）宋浩哲、青芸、王雨竹。

【国家阻燃材料与制品质量监督检验中心通过筹建论证】12月1日，国家认证认可监督管理委员会（以下简称“国家认监委”）在北京理工大学组织召开了“国家阻燃材料与制品质量监督检验中心”筹建可行性论证会。专家组听取了杨荣杰教授的可行性论证汇报，认真审查了相关资料，并实地考察了西山实验区阻燃实验大楼，详细了解了北京理工大学在阻燃材料与制品检验检测领域的基础设施、技术装备、环境条件、专业能力及技术服务情况。经过质询和讨论，一致同意批准筹建“国家阻燃材料与制品质量监督检验中心”。

【党委书记张炜出席中国河北军民融合成果展示洽谈会】12月5日上午，北京理工大学党委书记张炜应邀出席中国河北军民融合暨国防工业协同创新成果展示洽谈会，北京理工大学副校长赵平代表学校和河北省人民政府签署了省校战略合作框架协议。根据协议精神，省校双方将深入贯彻京津冀协同发展国家战略，在科学研究、平台建设和人才培养等方面进一步深化合作。

【“仿生机器人与系统国际合作联合实验室”顺利通过教育部立项建设论证】12月3日，教育部在北京主持召开了“仿生机器人与系统国际合作联合实验室”的立项建设论证会。专家组根据国际合作联合实验室评审指标体系对我校进行了质询、讨论、打分并形成验收评审意见：该实验室成绩优秀，已经达到教育部国际合作联合实验室立项建设标准，同意通过建设论证，建议上级领导部门和北京理工大学加大投入，进一步加强体制机制改革，更好地满足国家战略需求，努力建成国际一流的联合实验室。

【召开国防生教育培养工作15周年总结交流会】12月6日，北京理工大学国防生教育培养工作15周年总结交流会在中关村校区举行。会上，总参政治部副主任鲍廷祥少将作了重要讲话。他从“组织领导有力、培养方向正确，合心合拍合力、共管共育共赢，注重培养质量、育才成果丰富”等方面，充分肯定了我校15年来国防生培养工作取得的突出成绩，同时对做好下一步国防生教育培养工作提出了明确要求。15年来，北京理工大学为军队输送了1 400余名优秀国防生，其中150余人次立功、80余人次获得科技进步奖、700余人次受到团以上单位表彰。我们将按照强军目标要求，准确地把握新形势下国防生教育培养的特点规律，顺势而为，开拓创新，奋发进取，努力在新的起点上续写军事人才培养新篇章！

【与海淀区人民政府签署战略合作框架协议】12月16日，北京理工大学与北京市海淀区人民政府签约战略合作框架协议。校长胡海岩与海淀区区长孙文锴分别代表双方签署了《战略合作框架协议》。副校长杨树兴与海淀区副区长傅首清分别代表双方签署了《推进产学研合作和成果转化协议》与《共建军民融合产业园协议》。近年来，学校与海淀区的合作领域和深度不断拓展，在科技、教育、人才等方面开展了多方位的合作；本次双方签署战略合作框架协议，将为区校深化合作领域与内容提供更加广阔的空间。海淀区也紧紧围绕科技创新，积极搭建平台，以最大的诚意、最优的环境和最佳的服务促进北京理工大学科研成果的转化应用，与驻区高校一道为打造具有全球影响力的科技创新中心而共同努力！

【2 位教授荣获第六届“全国优秀科技工作者”称号】12 月 15 日上午，北理工吴嗣亮教授和张景瑞教授获第六届“全国优秀科技工作者”称号。

【2 项成果获得首届中国学位与研究生教育学会研究生教育成果奖】12 月 22 日，北理工 2 项成果获得首届中国学位与研究生教育学会研究生教育成果奖。学校学位与研究生教育研究中心王战军教授牵头的“中国研究生教育质量年度报告（研究类）”获得一等奖，光电学院郝群教授牵头的“以世界科技前沿、国家战略需求为牵引的高水平创新人才培养的十年探索与实践（实践类）”获得二等奖。

【与延安大学成功续签《对口支援协议书》】12 月 30 日，北京理工大学与延安大学双方正式签订《对口支援协议书》。双方于 2009 年正式启动合作，五年来两校紧密合作，在诸多领域开展工作。新协议书的签订为未来五年两校合作确定了框架、指明了方向，标志着对口支援工作正式步入一个全新的阶段。两校将在以往合作的基础上，继续在学科建设、课程建设、实验室建设、师资队伍建设、干部培养等方面大胆创新、开拓进取，在更大范围、更广领域深入开展合作。尤其是在学科建设与科研工作方面，北京理工大学将通过多种方式和途径、利用先进科研平台，为延安大学申报博士点、实现博士点零的突破提供有力的支持。

【北理工出版社荣获科技部 2014 年全国优秀科普作品奖】12 月，北京理工大学出版社出版的《科学家讲科学：漫画少儿百科全书》（12 册）荣誉入选由科技部组织评选的 2014 年全国优秀科普作品奖获奖名单。《科学家讲科学：漫画少儿百科全书》共 12 册，2014 年 3 月出版，是由中国工程院院士周立伟推荐，北京大学、清华大学、中国科学院各相关学科专家教授权威审订，为 8~12 岁孩子量身打造的漫画版百科全书。全套书包含《昆虫》《鸟类》《机械》《人体》《物理》《化学》《数学》《宇宙》《地理》《动物 1》《动物 2》《植物微生物》12 个分册，在内容上充分发挥了漫画的优势，将各种科学知识融入一个个有趣的漫画故事中，能够全面激发小读者的学习兴趣，有利于培养科学思维和创新能力。

【在北京市工程训练综合能力竞赛中喜获佳绩】在全国大学生工程训练综合能力竞赛的地区选拔赛中，我校取得了很好的成绩。我校派出的四支参赛队中，罗佳毅、李孟强、郑晟参赛队和方国鑫、杜鹏、戴文童参赛队分获“S”项目冠亚军；张点金、牛中轲、马兆利参赛队和苏江舟、周佳、安玉潇参赛队分获“8”项目第三、第四名，四支参赛队全部荣获北京市一等奖。同时，我校获得了“优秀组织奖”。

16

2014 年北京理工大学党发、校发文件目录

党发文件

文号	标　题
党发〔2014〕1号	中共北京理工大学委员会关于赵显利同志担任珠海学院院长的通知
党发〔2014〕2号	关于印发《北京理工大学2013年绩效津贴改革实施办法》的通知
党发〔2014〕3号	中共北京理工大学委员会关于郭大成同志不再兼任教育研究院院长的通知
党发〔2014〕4号	关于印发《党的群众路线教育实践活动整改方案》的通知
党发〔2014〕5号	关于印发《党的群众路线教育实践活动制度建设计划》的通知
党发〔2014〕6号	关于印发《党的群众路线教育实践活动专项整治工作方案》的通知
党发〔2014〕7号	关于印发《党的群众路线教育实践活动工作总结》的通知
党发〔2014〕8号	关于表彰保密工作优秀调研报告、论文的决定
党发〔2014〕9号	关于表彰2011—2013年度北京理工大学保密工作先进集体和先进个人的决定
党发〔2014〕10号	关于成立北京理工大学良乡校区学生服务中心的通知
党发〔2014〕11号	中共北京理工大学委员会关于成立“2011计划”办公室的通知
党发〔2014〕12号	中共北京理工大学委员会关于印发《北京理工大学2014年工作要点及任务分解》的通知
党发〔2014〕13号	中共北京理工大学委员会关于2014年学生党员“服务先锋”行动计划活动方案的通知
党发〔2014〕14号	中共北京理工大学委员会关于印发《2014年党风廉政建设和反腐败工作任务与分工》的通知
党发〔2014〕15号	中共北京理工大学委员会关于学习贯彻习近平总书记五四重要讲话精神的通知
党发〔2014〕16号	中共北京理工大学委员会关于委托北京理工大学附属中学承办北京理工大学附属小学的决定
党发〔2014〕17号	中共北京理工大学委员会关于徐特立学院院长调整的通知
党发〔2014〕18号	中共北京理工大学委员会关于马克思主义理论教研部更名为马克思主义学院的通知
党发〔2014〕19号	中共北京理工大学委员会关于对2012、2013年度社会管理综合治理先进单位和平安校园创建工作先进个人的表彰决定
党发〔2014〕20号	中共北京理工大学委员会关于成立珠江三角洲地区工作委员会的通知
党发〔2014〕21号	中共北京理工大学委员会关于赵显利同志兼任珠三角党工委书记的通知
党发〔2014〕22号	中共北京理工大学委员会关于印发《中共北京理工大学委员会党委中心组理论学习制度》的通知
党发〔2014〕23号	中共北京理工大学委员会印发《关于党委全会、党委常委会、校长办公会、党群工作会的有关规定》的通知
党发〔2014〕24号	中共北京理工大学委员会印发《关于学校领导班子贯彻落实“重大决策、重要人事任免、重大项目安排和大额度资金运作”决策制度的有关规定》的通知
党发〔2014〕25号	印发《关于校内保密检查和保密资质认证（复查）工作的奖惩规定》的通知
党发〔2014〕26号	关于贯彻落实中共中央《建立健全惩治和预防腐败体系2013—2017年工作规划》实施办法
党发〔2014〕27号	关于调整部分委员会、领导小组主要负责人的通知
党发〔2014〕28号	中共北京理工大学委员会关于党建创优工程进校验收迎评工作方案
党发〔2014〕29号	中共北京理工大学委员会关于印发《北京理工大学2014年下半年工作要点及任务分解（征求意见稿）》的通知
党发〔2014〕30号	中共北京理工大学委员会印发《关于领导干部谈心谈话制度》的通知
党发〔2014〕31号	中共北京理工大学委员会印发《关于加强服务型党组织建设的意见》的通知
党发〔2014〕32号	中共北京理工大学委员会关于进一步规范党政领导干部在企业兼职（任职）问题的意见

续表

文号	标　　题
党发〔2014〕33 号	中共北京理工大学委员会关于成立法学院党委的通知
党发〔2014〕34 号	中共北京理工大学委员会关于成立建设深圳北理莫斯科大学校内领导小组的通知
党发〔2014〕35 号	中共北京理工大学委员会关于成立国防科技园工作领导小组的通知
党发〔2014〕36 号	中共北京理工大学委员会关于对 2014 年处级单位落实党风廉政建设责任制推进惩防体系任务完成情况进行检查的通知
党发〔2014〕37 号	中共北京理工大学委员会关于开好校、院（部处）党员领导干部民主生活会的通知
党发〔2014〕38 号	中共北京理工大学委员会关于印发《2014 年度院处级单位、院处级单位领导班子及领导干部、教职工考核实施方案》的通知
党发〔2014〕39 号	中共北京理工大学委员会关于成立学位授权点合格评估领导小组的通知
党发〔2014〕40 号	中共北京理工大学委员会关于调整纪委监察室牵头或参与的学校各类委员会、领导小组等组织机构的通知

校发文件

文号	标　　题
校发〔2014〕1 号	关于聘任复杂系统智能控制与决策国家重点实验室主任和学术委员会的通知
校发〔2014〕2 号	关于表彰北京理工大学 2012—2013 学年优秀学生标兵、优秀学生、优秀学生干部、先进班集体、优良学风班和优良学风宿舍的决定
校发〔2014〕3 号	关于表彰北京理工大学 2013 年红色“1+1”活动、德育答辩工作、时事论坛活动获奖集体及个人的决定
校发〔2014〕4 号	关于表彰 2014 届春季北京理工大学优秀毕业研究生的决定
校发〔2014〕5 号	关于聘任飞行器动力学与控制教育部重点实验室主任、副主任及学术委员会的通知
校发〔2014〕6 号	关于聘任国防科技创新与教育发展战略研究中心教育部战略研究培育基地主任、执行主任、副主任及学术委员会的通知
校发〔2014〕7 号	关于成立装甲与反装甲材料技术国防科技重点实验室的通知
校发〔2014〕8 号	关于成立国家阻燃材料工程技术研究中心的通知
校发〔2014〕9 号	北京理工大学关于成立《深空探测学报》编辑部的通知
校发〔2014〕10 号	关于聘任卫星导航电子信息技术教育部重点实验室主任、副主任及学术委员会的通知
校发〔2014〕11 号	北京理工大学关于印发《博士研究生招生改革办法（试行）》的通知
校发〔2014〕13 号	北京理工大学关于同意转让北京北方朗拓科技有限责任公司 40% 股权的意见
校发〔2014〕14 号	北京理工大学关于表彰 2013 年度安全生产先进单位和先进个人的决定
校发〔2014〕15 号	北京理工大学关于表彰 2012—2013 年度先进实验室与实验室工作先进个人的决定
校发〔2014〕16 号	关于北京理工大学国有资产处置的批复
校发〔2014〕17 号	北京理工大学关于聘任仿生机器人与系统教育部重点实验室主任、副主任及学术委员会的通知
校发〔2014〕18 号	北京理工大学关于聘任冲击环境材料技术等国防重点实验室副主任的通知
校发〔2014〕19 号	北京理工大学关于印发《校园违规宣传物综合治理管理规定（试行）》的通知
校发〔2014〕20 号	关于北京理工大学国有资产处置的批复
校发〔2014〕21 号	北京理工大学关于印发《北京理工大学机构编码规范》和《北京理工大学机构编码表》的通知
校发〔2014〕28 号	北京理工大学关于表彰 2014 届夏季优秀毕业研究生的决定

续表

文号	标　　题
校发〔2014〕29号	北京理工大学关于印发《关于加强教材建设工作的若干规定》的通知
校发〔2014〕31号	北京理工大学关于表彰2014届本科优秀毕业生的决定
校发〔2014〕32号	北京理工大学关于给予刘利雄同志警告处分的决定
校发〔2014〕33号	关于表彰2014年度优秀国防生、优秀国防生骨干、先进区队的通报
校发〔2014〕34号	北京理工大学关于马克思主义理论教研部更名为马克思主义学院的通知
校发〔2014〕35号	北京理工大学关于进一步加强非事业编制用工规范的通知
校发〔2014〕36号	北京理工大学印发《关于非事业编制人员聘用管理的有关补充规定》的通知
校发〔2014〕37号	关于成立北京理工大学本科招生委员会的通知
校发〔2014〕38号	北京理工大学关于印发《北京理工大学教育事业发展"十二五"规划责任落实方案》的通知
校发〔2014〕39号	北京理工大学关于辞退张健等4人的决定
校发〔2014〕40号	关于印发《工业和信息化部办公内网信息系统北京理工大学接入节点管理规定》的通知
校发〔2014〕41号	北京理工大学关于表彰北京理工大学第九届T-more优秀教师奖获奖教师的决定
校发〔2014〕42号	北京理工大学关于表彰2009—2013年度军品科研及配套质量工作先进集体和先进个人的决定
校发〔2014〕43号	关于北京理工大学国有资产处置的批复
校发〔2014〕44号	北京理工大学关于做好2014年毕业生就业工作的意见
校发〔2014〕45号	北京理工大学关于聘任北京市工程技术研究中心主任和技术委员会主任的通知
校发〔2014〕46号	关于北京理工大学国有资产处置的批复
校发〔2014〕47号	关于公布北京理工大学学科责任教授小组成员名单的决定
校发〔2014〕48号	关于北京理工大学国有资产处置的批复
校发〔2014〕49号	关于表彰2013—2014学年优秀研究生标兵、优秀研究生、优秀研究生干部和优秀研究生班集体的决定
校发〔2014〕50号	关于给予李健通报批评的决定
校发〔2014〕51号	关于给予王新明降低岗位等级处分的决定
校发〔2014〕52号	关于给予张红峻同志记过处分的决定
校发〔2014〕53号	北京理工大学关于表彰2014年招生宣传与就业工作先进集体和先进个人的决定
校发〔2014〕54号	北京理工大学关于表彰2013—2014学年优秀学生标兵、优秀学生、优秀学生干部、先进班集体、优良学风班和优良学风宿舍的决定

学校令

文号	标　　题
学校令（第99号）	北京理工大学学生经济资助工作条例
学校令（第100号）	北京理工大学家庭经济困难学生认定工作实施办法
学校令（第101号）	北京理工大学毕业生学费和国家助学贷款代偿实施细则
学校令（第102号）	北京理工大学本科生国家奖学金、国家励志奖学金和国家助学金实施办法
学校令（第103号）	北京理工大学关于对经济困难学生减免学费的实施办法
学校令（第104号）	北京理工大学学生勤工助学活动管理规定
学校令（第105号）	北京理工大学毕业生应征入伍服义务兵役学费补偿国家助学贷款代偿学费资助暂行办法

续表

文号	标　　题
学校令（第 106 号）	北京理工大学在校生应征入伍服义务兵役学费补偿国家助学贷款代偿学费资助暂行办法
学校令（第 107 号）	北京理工大学本科生临时困难补助管理办法
学校令（第 108 号）	北京理工大学学生纪律处分条例
学校令（第 109 号）	北京理工大学学生校内申诉处理办法
学校令（第 110 号）	北京理工大学信访工作管理办法
学校令（第 111 号）	北京理工大学本科生管理规定
学校令（第 112 号）	北京理工大学加强中组部“青年千人计划”工作实施办法（试行）
学校令（第 113 号）	北京理工大学专业技术职务和管理职员评聘纪律规定
学校令（第 114 号）	北京理工大学关于设立学科责任教授小组的实施办法
学校令（第 115 号）	北京理工大学型号研制项目管理办法
学校令（第 116 号）	北京理工大学博士研究生兼职学生工作岗位人员管理办法（试行）
学校令（第 117 号）	北京理工大学会计学（中外合作办学）本科生管理规定（暂行）
学校令（第 118 号）	北京理工大学捐赠奖励实施办法
学校令（第 119 号）	北京理工大学研究生学业奖学金管理暂行办法
学校令（第 120 号）	北京理工大学研究生国家助学金管理暂行办法
学校令（第 121 号）	北京理工大学教职工代表大会提案处理工作管理规定
学校令（第 122 号）	北京理工大学研究生奖助学金实施方案
学校令（第 123 号）	北京理工大学外籍教师聘用管理办法
学校令（第 124 号）	北京理工大学非事业编制人员聘用管理办法
学校令（第 125 号）	北京理工大学教职工处分与申诉规定
学校令（第 126 号）	北京理工大学处级领导干部经济责任审计结果公示暂行办法

办发文件

文号	标　　题
办发〔2014〕1 号	关于加强 2014 年寒假期间校园安全工作的通知
办发〔2014〕2 号	关于印发《大学生创业教育基地的建设方案》的通知
办发〔2014〕3 号	关于印发《大学生文化素质教育基地建设实施方案》的通知
办发〔2014〕4 号	关于公布第十批教改立项（第二批次）评审结果的通知
办发〔2014〕5 号	关于启用“北京理工大学国家阻燃材料工程技术研究中心”等六枚印章的通知
办发〔2014〕6 号	关于公布 2013 年度考核 A 类单位、A 类处级干部及 A 类人员名单的通知
办发〔2014〕7 号	关于开展 2014 年影响校园安全稳定问题隐患排查整治专项行动的通知
办发〔2014〕8 号	关于进一步加强近期校园安全稳定工作的通知
办发〔2014〕9 号	关于开展干部人事档案审核整改工作的通知
办发〔2014〕10 号	关于启用“深空探测学报”印章的通知
办发〔2014〕11 号	关于印发郭大成书记和胡海岩校长在学校七届七次教代会和十二届七次工代会暨 2014 年学校工作会上的讲话和报告的通知

续表

文号	标　题
办发〔2014〕12 号	2014 年学校办公室工作要点
办发〔2014〕13 号	关于转发《北京市人民政府关于废止部分行政规范性文件的通知》的通知
办发〔2014〕14 号	关于 2014 年上半年部分节假日放假安排的通知
办发〔2014〕15 号	关于做好 2014 年春季毕业研究生派遣离校工作的通知
办发〔2014〕16 号	关于启用“中国共产党北京理工大学数学与统计学院委员会”等三个印章的通知
办发〔2014〕17 号	关于印发《中共北京理工大学委员会理论学习中心组 2014 年上半年学习计划》的通知
办发〔2014〕18 号	关于转发《教务处关于加强教材建设工作的若干规定》的通知
办发〔2014〕19 号	关于印发《2014 年直接关系师生员工生活方面拟办的实事好事》的通知
办发〔2014〕20 号	关于开展固定资产核查工作的通知
办发〔2014〕21 号	关于印发党委书记郭大成书记和纪委书记杨蜀康在北京理工大学 2014 年党风廉政建设工作会上的讲话和报告的通知
办发〔2014〕22 号	关于转发《北京理工大学 2014 年党委学生工作部工作要点》的通知
办发〔2014〕23 号	关于调整学校上课时间的通知
办发〔2014〕24 号	关于做好 2014 年校园开放日暨招生咨询等相关工作的通知
办发〔2014〕25 号	关于做好五一期间安全工作的通知
办发〔2014〕26 号	关于开展“周末工程”学生实践活动的通知
办发〔2014〕27 号	关于启用“中国共产党北京理工大学图书馆总支部委员会”印章的通知
办发〔2014〕28 号	关于印发《北京理工大学 2014 年党风廉政宣传教育月活动方案》的通知
办发〔2014〕29 号	关于转发《人事处关于做好 2014 年度专业技术职务评聘工作的通知》的通知
办发〔2014〕30 号	关于转发《党委武装部关于做好 2014 年大学生应征入伍工作的通知》的通知
办发〔2014〕31 号	关于转发《人事处关于做好 2014 年度职员评聘工作的通知》的通知
办发〔2014〕32 号	关于启用“北京理工大学安全与防护协同创新中心和北京理工大学北京电动车辆协同创新中心”两枚印章的通知
办发〔2014〕33 号	关于印发《北京理工大学 2014 年“安全生产月”活动方案》的通知
办发〔2014〕34 号	关于印发 2014 年 6 月全国大学英语四、六级考试工作协调安排的通知
办发〔2014〕35 号	关于做好大学生创业实践基地和大学生文化素质教育基地验收的通知
办发〔2014〕36 号	北京理工大学关于做好 2014 年暑期毕业生派遣离校工作的通知
办发〔2014〕37 号	关于调整部分人员到食堂就餐伙食成本补偿金加收比例的通知
办发〔2014〕38 号	关于转发《北京理工大学节能工作管理委员会 2014 年节能工作计划要点》的通知
办发〔2014〕39 号	关于转发《北京理工大学社会管理综合治理委员会 2014 年工作要点》的通知
办发〔2014〕40 号	关于转发《北京理工大学社会管理综合治理委员会关于对 2012、2013 年度社会管理综合治理先进个人的表彰决定》的通知
办发〔2014〕41 号	关于转发《人事处关于辅导员晋升职员后保留职员资格的有关规定》的通知
办发〔2014〕42 号	关于印发《北京理工大学校内出版物管理办法》的通知
办发〔2014〕43 号	关于印发《北京理工大学校领导及校长助理工作分工》的通知
办发〔2014〕44 号	关于调整 2014 年度北京理工大学社会管理综合治理委员会委员和第一责任人的通知
办发〔2014〕45 号	关于印发《北京理工大学相关科研项目经费预算调整管理细则（试行）》的通知
办发〔2014〕46 号	关于印发《北京理工大学相关科研项目经费绩效考核及支出管理办法（试行）》的通知
办发〔2014〕47 号	关于印发《北京理工大学 2014 年学生搬家方案》的通知
办发〔2014〕48 号	关于启用“北京理工大学马克思主义学院”等三枚印章的通知
办发〔2014〕49 号	关于印发《北京理工大学机关工作人员行为规范》的通知
办发〔2014〕50 号	关于印发《北京理工大学印章管理办法》的通知

续表

文号	标　题
办发〔2014〕51 号	关于印发《北京理工大学信息公开指南及信息公开目录》的通知
办发〔2014〕52 号	关于 2014 年暑假、中秋节、国庆节放假安排的通知
办发〔2014〕53 号	关于印发《北京理工大学公文处理办法》的通知
办发〔2014〕54 号	关于印发《北京理工大学文件格式标准及样板》的通知
办发〔2014〕55 号	关于做好 2014 级本科生迎新工作的通知
办发〔2014〕56 号	关于继续推进与深化“德学理工计划”的通知
办发〔2014〕57 号	关于转发《党委武装部关于 2014 级本科新生军训计划的通知》的通知
办发〔2014〕58 号	北京理工大学学校办公室关于公布研究生精品课程、研究生教学团队和教研教改立项建设名单的通知
办发〔2014〕59 号	北京理工大学学校办公室关于加强 2014 年暑假期间安全工作的通知
办发〔2014〕60 号	关于对珠海学院 2014 年普通本科招生检查的通知
办发〔2014〕61 号	关于转发《中共北京市纪委关于严明纪律坚决防止公款送月饼节礼等不正之风的通知》的通知
办发〔2014〕62 号	关于 2014 级本科生入学教育相关工作安排的通知
办发〔2014〕63 号	关于印发 2014 年年中工作会议报告的通知
办发〔2014〕64 号	关于转发《北京市教育委员会关于做好新学期学校后勤服务保障工作确保校园安全的通知》的通知
办发〔2014〕65 号	关于做好 2014 年教育事业统计报表工作的通知
办发〔2014〕66 号	关于印发《工业和信息化部办公内网信息系统北京理工大学接入节点管理补充规定》的通知
办发〔2014〕67 号	印发《关于“二期安居工程”有关遗留问题的处理意见》的通知
办发〔2014〕68 号	关于印发《北京理工大学因公临时出国经费管理办法（试行）》的通知
办发〔2014〕69 号	关于印发《北京理工大学会议费管理办法》的通知
办发〔2014〕70 号	关于印发《北京理工大学差旅费管理办法（试行）》的通知
办发〔2014〕71 号	关于印发《北京理工大学培训费管理办法（试行)》的通知
办发〔2014〕72 号	关于加强国庆节和 APEC 会议期间校园安全工作的通知
办发〔2014〕73 号	关于转发《人事处关于公布高级专业技术职务申报条件中国际学术交流有关要求的通知》的通知
办发〔2014〕74 号	关于亚太经济合作组织会议期间调休放假的通知
办发〔2014〕75 号	关于转发《人事处 2014 年度职员评聘工作纪要》的通知
办发〔2014〕76 号	关于转发《招生就业工作处 2014 年普通本科招生工作总结》《招生就业工作处 2014 年毕业生就业工作总结》的通知
办发〔2014〕77 号	关于转发《人事处关于 2014 年度专业技术职务评聘工作纪要》的通知
办发〔2014〕78 号	关于转发《人事处关于 2014 年度为珠海学院教师代评高级专业技术职务工作纪要》的通知
办发〔2014〕79 号	关于转发《国防生选拔培训工作领导小组关于国防生大队和宣传工作室骨干换届的通知》的通知
办发〔2014〕80 号	关于编纂《北京理工大学年鉴（2014 卷)》的通知
办发〔2014〕81 号	关于启用“中国共产党北京理工大学附属小学直属支部委员会”“中国共产党北京理工大学法学院委员会”两枚印章的通知
办发〔2014〕82 号	关于开展 2014 年北京理工大学办公室系统考评工作的通知
办发〔2014〕83 号	关于征求北京理工大学本科招生专业高考选考科目意见的通知
办发〔2014〕84 号	关于对党风廉政建设责任制落实情况进行重点抽查的通知
办发〔2014〕85 号	关于开展 2014 年实事好事检查验收和 2015 年拟办的实事好事征集工作的通知
办发〔2014〕86 号	关于印发 2014 年 12 月全国大学英语四、六级考试工作协调安排的通知
办发〔2014〕88 号	关于收集具有历史纪念意义的教学科研设备的通知
办发〔2014〕89 号	关于启用学校工作流办公系统的通知
办发〔2014〕90 号	关于研究生学位论文答辩、学位评定及就业派遣时间的通知

续表

文号	标　　题
办发〔2014〕91 号	关于做好 2015 年全国硕士学位研究生招生考试工作的通知
办发〔2014〕92 号	关于 2015 年元旦、寒假放假安排的通知
办发〔2014〕93 号	关于开展校第十二届“世纪杯”竞赛的通知
办发〔2014〕94 号	关于做好 2015 年元旦、寒假放假期间有关工作的通知

17

表彰与奖励

集体获奖励情况

北京理工大学集体获市级以上奖励名单

荣誉称号	受表彰集体	表彰单位
北京市教育事业统计工作质量评估优秀集体一等奖	北京理工大学	北京市教育委员会
2011—2013 年度“全国内部审计先进集体”	审计室	中国内部审计协会
北京市“三八”红旗集体	郝群教授带领的光学精密仪器课群研究型教学团队	北京市妇女联合会、北京市总工会、北京市人力资源和社会保障局
北京市五四红旗团委	共青团北京理工大学人文与社会科学学院委员会	共青团北京市委员会

北京理工大学 2014 年度考核 A 类（优秀）单位名单

学校办公室　人事处　招生就业工作处　机关党委
教务处　科学技术研究院　基础教育学院　后勤集团
留学生中心　机械与车辆学院　自动化学院　宇航学院
管理与经济学院　化学学院

北京理工大学 2011—2013 年度保密工作先进集体名单

宇航学院　自动化学院
材料学院　科学技术研究院
学校办公室　宇航学院制导控制与仿真课题组
机电学院爆炸毁伤与安全科学课题组　机电学院蒋建伟课题组
机械与车辆学院电传动课题组　信息与电子学院高梅国课题组
自动化学院定位定向导航系统课题组　计算机学院虚拟现实与仿真课题组
材料学院功能高分子与阻燃材料课题组　化工与环境学院孟子晖课题组

北京理工大学 2013 年度安全生产先进单位名单

化学学院　机械与车辆学院　生命学院　机电学院
后勤集团　良乡校区管理处

北京理工大学 2012—2013 年度先进实验室名单

自动化教学实验中心　工程训练中心　电工电子教学实验中心
基础化学教学实验中心　物理教学实验中心　爆炸科学与技术实验室

北京理工大学 2009—2013 年度军品科研及配套质量工作先进集体名单

机电学院　财务处　导弹火箭弹控制系统项目组
定位定向导航系统项目组

北京理工大学 2014 年招生宣传先进集体名单

一等奖

内蒙古自治区、湖南省宣传组（机械与车辆学院）
天津市、广东省、海南省宣传组（信息与电子学院）
辽宁省宣传组（光电学院）
浙江省宣传组（基础教育学院）

二等奖

陕西省、新疆维吾尔自治区宣传组（计算机学院）
福建省宣传组（管理与经济学院）
黑龙江省宣传组（宇航学院）
江西省、宁夏回族自治区宣传组（人文与社会科学学院）
安徽省宣传组（设计与艺术学院）

北京理工大学 2014 年就业工作先进集体名单

一等奖

机械与车辆学院　光电学院　信息与电子学院
数学与统计学院

二等奖

机电学院　自动化学院　化工与环境学院
宇航学院　管理与经济学院

教职工获奖励情况

教职工获市级以上奖励名单

荣誉称号	受表彰者	表彰单位
全国五一劳动奖章	吴嗣亮	中华全国总工会
2013—2014 年度北京高校“十佳辅导员”	聂宁宁	中共北京市委教育工作委员会、北京市教育委员会
全国模范教师	吴嗣亮	人力资源社会保障部、教育部
全国优秀科技工作者	吴嗣亮、张景瑞	中国科学技术协会
北京市教育事业统计工作质量评估优秀个人二等奖	黄　金	北京市教育委员会
北京市优秀团干部	胡雪娜	共青团北京市委员会

北京理工大学 2014 年度考核 A 类（优秀）处级干部名单

（一）正处级干部

郝志强　李振键　姚利民　包丽颖　韩宝玲　王　鲁
李晋平　仲顺安　李　镇　史天贵　罗爱芹　张　笈
汪　滢　王军政　魏一鸣　项昌乐　阎　艳　汪本聪
栗　苹　李金林　龙　腾　胡更开

（二）副处级干部

王学普　王建国　张淑玲　王　征　孙　萍　赵宏宇
周连景　陈昆明　曹峰梅　胡晓珉　杨　帆　陈　珂
付大军　林骥佳　王　蓉　杨冬虎　方　蕾　朱光辉
张鹏增　李小平　李绍勋　陈　洋　徐春莹　王宁飞
杨瑞伟　胡纪滨　邹　锐　薛正辉　廖晓钟　郑　军
闫达远　张舰月　冯金生　史福贵　孟凡臣　徐贵宝
张艳丽　杨　新

北京理工大学 2014 年度考核事业编制 A 类（优秀）人员名单

宇航学院

张　强　李德昌　刘晓宁　张　成　熊芬芬　贾庆忠
李军伟　谢　侃　王　江　张　尧　王正平　王　伟
韩　斌　刘　铖　丁　艳　郝继光　高　艾　郭　佳

机电学院

宋卫东	蒋志宏	吴炎烜	张晓伟	李鹏斐	余张国
王云艳	冯顺山	钱新明	仝　毅	王亚军	王正杰
臧充光	隋　丽	丛晓民	宫久路	董永香	张同来
黄建民					

机械与车辆学院

苑士华	刘　辉	郑长松	龚建伟	陈思忠	张承宁
何洪文	刘福水	张卫正	黄　彪	施　新	熊建银
赵振峰	王西彬	张卫民	王爱民	刘志兵	潘勤学
赵自强	罗　军	陈雪梅	黄乃策	陈　军	邓伯秋
高淑敏	赵力更	鄂　嵋	方　知	田荣第	李雅茹
陶　刚	林　程	翟　丽	王国丽	刘金祥	李　伟
宫　琳	李　欣	周世圆	王晓力	马树奇	付　铁

光电学院

刘　克	米凤文	郭　磐	杨　健	程德文	康果果
王茜蒨	杨爱英	冯义民	董立泉	何　川	张　红
郑　猛					

信息与电子学院

陈志铭	陈　刚	高　平	韩航程	何　芒	胡伟东
江海清	李燕民	刘　珩	刘泉华	刘　伟	陆　军
王　旭	温照方	吴莹莹	谢　湘	郇　浩	杨小鹏
周建明	周治国				

自动化学院

杨　毅	辛　斌	李　静	盛永智	高志峰	高　琪
刘　彤	柴森春	赵　静	王　涛	霍德如	张　婷
戴亚平	郭树理	李　原	刘　伟	袁　丹	

计算机学院

陈宇峰	冯　冲	李　凡	李玉岗	刘　辉	马　波
马忠梅	王全玉	王一拙	张　磊		

软件学院

杨　旭	张春霞	闫怀志	王崇文	徐韵韵	陈领起

材料学院

罗运军	李晓萌	杨荣杰	范群波	赵修臣	王富耻
程兴旺	石建兵	张爱英	郝建薇	刘　艳	

化工与环境学院

吴伯荣	王　敬	王　建	张东翔	杜大明	朱长进
孙　旺					

生命学院

李秀珍	孙智杰	陈端端	庆　宏	刘桂艳	李　春
马　宏					

数学与统计学院

徐厚宝	李炳照	许天周	孙华飞	王军民	孙　兵
张军勇	杨慧磊				

物理学院

冯万祥	邢燕霞	郑　宁	王荣瑶	冯艳全	张　瑞

化学学院

李　晖	张志攀	张韫宏	陈世稆	赵　玥	叶彦春
齐美玲	张　锋				

管理与经济学院

唐葆君	张　祥	赵　先	梁巧梅	倪跃峰	彭红斌
戚　淳	张秀梅	李　果	王广生	王刚波	张　毅
梁　昊	李　亚	廖　华	张晓甦	王　科	高　昂
郝建华					

人文与社会科学学院

安　芹	刘丹鹤	刘新刚	汪洪澜	张　雷	张亚彬
孙　硕					

法学院

王国语	孟兆平	陈　君	于兆波

外国语学院

赵宏凌	李玲玲	刘　宁	张　剑	杜耀梅	马文艳
宋利辉	周芳集	张　勇	周晨亮		

设计与艺术学院

宗明明	张洪海	姚　健	段　君	张岩红	唐　芳
刘　力					

教育研究院

王　颖	邓　峰	刘　进	蔡剑英

基础教育学院

张　磊	杜　妮	张　杨	董　哲

体育部

刘海英	张月霜	赵苏妙	赵俊华

继续教育学院

刘晓红	王瑞霄

国际教育学院

李丽珊

秦皇岛分校

葛学忠

机关党委

黄　金	李　芬	和霄雯	荣　磊	刘恒贝	王群超
康　慨	孙乐平	赵　昊	张　军	杜　宁	张俊雄
彭　姝	张　帅	张继霞	张晓丹	尹　力	段小勤
何丹华	潘晓丽	王志龙	包建红	张梦雯	赵　汐
吴　彬	俞　宙	郑海兰	闫桂玲	杨淑翠	常玉华
张　博	孙俊君	谢　非	王传敏	于　淼	朱维华

离退休工作处

周　莹

附属小学

高亚凤	樊粉英	梁　潆	苗　岩	张玉红

图书馆

喀碧竹	吕　娜	康桂英	王彦煜	朱　捷	赵　琳
金晓明					

校医院

陈　元	赵　静	乔　菲	王　岩	贺晓霞	董淑华

后勤集团

沈　红	王海涛	朱建学	李　国	姚　驰	蒋燕燕
王俐平	毕风山	罗振生	张振东	戴　华	陈庆玮
朱警卫	申　杰	刘荣春	齐　元	景永琴	宫亚芳
张铁亮	吴　炎	李立伟	张九娟	龚子斌	杨自杰
高进峰	黄慧娟	张学清	许福乐	李　坚	唐　冰
肖慧玲	武国强	李　勇	王春森		

资产经营公司

梁铜华	张娈英	康和红	常金山	陈　彤	吴　群

北京理工大学2014年度考核非事业编制A类人员名单

机电学院

董倩雅　　　　廖莎莎

机械与车辆学院

曹　也　　　　吕　娇

光电学院

郭明娟

信息与电子学院

富景馨　　　　孙　林

自动化学院

韩可伟

计算机学院

李　洋

软件学院

张　昕

材料学院

殷社萍

化工与环境学院

翟　雪

生命学院

徐涛涛

物理学院

潘孟书

化学学院

田　柳

管理与经济学院

李晓慧　　　　潘艳国　　　　王晓敏

教育研究院

胡安阳

基础教育学院

张伦阳　　沈丹凤

继续教育学院

张景春　　杨　光　　刘　洁

国际教育学院

王　悦

学校办公室

郑蕊奇

党委宣传部

马赛男

研究生院

李晓宇

教务处

杨　潇

科学技术研究院

李　岩

人事处

杜　玮

招生就业工作处

王　卓

国际交流合作处

徐海涛

财务处

渠天欣

居民管理委员会

杨红霞

留学生中心

王晓珺　　宗　欣

图书馆

廖银娣　　陈　桦

校医院

郭丽丽

北京理工大学 2011—2013 年度保密工作先进个人名单

宇航学院
马文祥　王　伟　王彦恺

机电学院
李鹏斐　魏继锋　杨　利　皮爱国　黄广炎

机械与车辆学院
刘志兵　刘淑鲜　韩　恺　鄂　嵋　杨　蕾

光电学院
叶文书　王　霞

信息与电子学院
赵兴浩　吴嗣亮　李伟明　王爱华

自动化学院
陈　晨　许秀琴

计算机学院
祝列煌

软件学院
林　婷

材料学院
姚维尚　李丽洁　薛云飞

化工与环境学院
陈　琪

生命学院
李秀珍

化学学院
高凤新

数学学院
申淑云

管理与经济学院
张　毅

学校办公室

关　宏

宣传部

和霄雯

科学技术研究院

张俊雄　　　　包成刚

人事处

王智鹏

财务处

刘玉普

实验室与设备管理处

范强锐

发展规划处

崔　丹

国际交流合作处

彭　姝

档案馆

杨　晖

保卫处

张　畅

保密处

席雨沁

北京理工大学 2013 年度安全生产先进个人名单

姓名	所在单位	姓名	所在单位
靳盛津	机械与车辆学院	荣新岩	学校办公室
王文杰	机电学院	王志龙	基建处
支俊格	化学学院	马晓龙	保卫处
李秀珍	生命学院	肖　鹏	后勤集团

续表

姓名	所在单位	姓名	所在单位
董博文	计算机学院	卢　萍	科研院
陈朝阳	基础教育学院	赵洪喜	科技园

北京理工大学 2012—2013 年度实验室工作先进个人名单

姓名	所在单位	姓名	所在单位
王正平	宇航学院	李永红	材料学院
崔进起	机电学院	乔金硕	化工学院
李忠新	机械与车辆学院	孙智杰	生命学院
高昆	光电学院	刘纪元	物理学院
罗森林	信息学院	郑传明	化学学院
张婷	自动化学院	刘泽平	管理学院
高玮玲	计算机学院	易伟明	外语学院
陈领起	软件学院	杨建民	设计学院

北京理工大学 2009—2013 年度军品科研及配套质量工作先进个人名单

序号	先进个人名单	所在单位
1	徐　红	宇航学院
2	孙　巍	宇航学院
3	陈　乾	机电学院
4	王亚斌	机电学院
5	朱鸿瑞	机电学院
6	冯顺山	机电学院
7	吴炎烜	机电学院
8	申　强	机电学院
9	李晓峰	机电学院
10	董永香	机电学院
11	李　宇	机械与车辆学院
12	杨　蕾	机械与车辆学院
13	翟　涌	机械与车辆学院
14	沈　英	信息与电子学院
15	高立宁	信息与电子学院
16	吴文婷	信息与电子学院
17	崔　嵬	信息与电子学院
18	谢　玲	自动化学院
19	甘明刚	自动化学院
20	董明杰	自动化学院
21	韩可伟	自动化学院

续表

序号	先进个人名单	所在单位
22	宋春雷	自动化学院
23	尹爱军	自动化学院
24	王　伟	财务处
25	兰　山	实验室与设备管理处
26	王传敏	人事处
27	卢　萍	科学技术研究院
28	王　伟	科学技术研究院
29	向继红	质量管理办公室
30	杨　晖	档案馆

北京理工大学第九届 T-more 获奖教师名单（课堂教学类）

一等奖：赵丰年（软件学院）

二等奖：韩占忠（机械与车辆学院）　王宏洲（数学学院）

三等奖：冯艳全（物理学院）　杨　薇（机械与车辆学院）

高　飞（信息学院）　刘　睿（外国语学院）

李　果（管理学院）

北京理工大学 2014 年招生宣传先进个人名单

姓名	所在单位	姓名	所在单位	姓名	所在单位
衡　靖	数学与统计学院	王树良	软件学院	朱光辉	基础教育学院
辛　怡	生命学院	梁　昊	管理与经济学院	魏元霞	设计与艺术学院
袁　丹	自动化学院	刘　艳	材料学院	李　明	机电学院
万亚琴	机械与车辆学院	周　霞	光电学院	蒋本珊	计算机学院
吴莎莎	信息与电子学院	史庆藩	物理学院	张亚非	招生就业工作处

北京理工大学 2014 年就业工作先进个人名单

姓名	所在单位	姓名	所在单位	姓名	所在单位
赵　满	计算机学院	邹　锐	光电学院	张舰月	材料学院
杨瑞伟	机电学院	李　君	自动化学院	王一飞	生命学院
聂宁宁	法学院	孙　硕	人文与社会科学学院	王晶晶	物理学院
金海鑫	机械与车辆学院	钟艳玲	宇航学院	柳文艳	软件学院
章卓思	信息与电子学院	王　琳	化学学院	张龙泽	招生就业工作处

学生获奖励情况

北京市2014届优秀毕业生（本科）名单

宇航学院

李竞元	1120100012	窦建中	1120100102	葛丹桐	1120100201
王岩松	1120100028	石忠佼	1120100114	肖　彬	1120100404
王喻林	1120100066	张靖佳	1120100127	于昌平	1120100411
张小圆	1120100093	郑明晔	1120100164		

机电学院

黄　爽	1120100176	丁柯夫	1120100270	李晓云	1120100371
丁亮亮	1120100230	李雅茹	1120100275	邹明杰	1120100385
任峻峰	1120100243	王　军	1120100321	胡习婷	1120100420
阳辉辉	1120100257	湛　月	1120100351	黄　莹	1120100421

机械与车辆学院

徐　多	1120100500	周　凯	1120100607	肖慧雅	1120100803
侯诗扬	1120100515	陈　飞	1120100611	高　洁	1120100818
赵　欣	1120100542	张　旋	1120100663	林海立	1120100824
付苗苗	1120100579	陈浩翰	1120100667	牟鸿飞	1120100828
关超文	1120100581	何腾欢	1120100700	张刘杨	1120100837
王晓颖	1120100594	谢杉杉	1120100720	闫嘉伟	1120100857
王宇森	1120100595	张沛森	1120100754	张子健	1120100862

光电学院

李书成	1120100896	李　硕	1120100959	刘炜煜	1120101019
任利利	1120100903	宋若鹏	1120100991	胡映天	1120101041
张佳宁	1120100910	吴晓飞	1120100997	付时尧	1120101068
高于山	1120100953	袁　博	1120101002	何思枫	1120101072

信息与电子学院

孙振源	1120101139	程　毅	1120101243	郝媛媛	1120101391
鲍世琦	1120101151	张　颖	1120101290	苏　楠	1120101447

王润怡	1120101172	朱柯弘	1120101291	王若凡	1120101454
王路曼	1120101200	蒋一峰	1120101329	王主彬	1120101457
张培瑶	1120101234	薛永娇	1120101376	刘　伟	1120102682
庄　婷	1120101238	颜家英	1120101377	黄星煜	1120102751
陈　文	1120101241				

自动化学院

王竞文	1120091424	刘文学	1120101603	何　丹	1120101655
王　冬	1120101525	孙　亮	1120101637	岳裕丰	1120101673
张　宽	1120101530	肖梅峰	1120101641	谷中鑫	1120101688
任瑞科	1120101578	陈慧娟	1120101652	桂　鹏	1120101717
陈良红	1120101592				

计算机学院

陈　昭	1120101779	况　琨	1120101840	吕福煜	1120101875
贾　晨	1120101782	李卓然	1120101871	张舒雯	1120101886
王雨佳	1120101793	刘溪潺	1120101873	张　骁	1120101948
徐　琛	1120101828				

软件学院

冯　琪	1120101991	吴世华	1120102066	史继筠	1120102123
牛颂杰	1120102032	叶文文	1120102098	赵　崇	1120102136
陈桐鑫	1120102048	梁　宇	1120102116	郑　屹	1120102138

材料学院

韩　婷	1120102147	汪　洋	1120102203	胡　瑾	1120102251
张一佳	1120102162	刘欣然	1120102229	王　梦	1120102264
姜　淼	1120102173				

化工与环境学院

黄　元	1120102296	郑　恺	1120102367	程凯琳	1120102411
闫俊凯	1120102303	郝维健	1120102381	谢雨珈	1120102414
曹成瑶	1120102360				

生命学院

梁山琴	1120102463	谷晓丽	1120102491	俞智阳	1120102544
王　悦	1120102474	曹艺馨	1120102536		

数学与统计学院

徐　凯	1120102572	何　莉	1120102637	李　婳	1120102667

于中洋 1120102602　赵允涵 1120102654

物理学院

刘汝浩 1120102698　冯昱辉 1120102707

化学学院

杜步婕 1120102720　胡敏佳 1120102726　王嘉宇 1120102749

管理与经济学院

张艺露 20092734　朱凯悦 1120102906　乔　璐 1120102960
赵彦妮 1120100265　崔　强 1120102909　徐　漫 1120102969
蒲　寒 1120102797　孙一菡 1120102920　武　瑶 1120103033
柴一栋 1120102803　姜竺杉 1120102948　薛惠文 1120103039
王　军 1120102874　刘芳冰 1120102956

人文与社会科学学院

朱文哲 1120103083　王雅芳 1120103110　毕红雪 1120103124
刘　勇 1120103085　宋爱娴 1120103112　王　茹 1120103150

法学院

何美琳 1120103180　岳　烨 1120103247　兰茜雅 1120103284
赵佳丽 1120103210　张可佳 1120103248

外国语学院

张乙欣 1120103278　童佳盛 1120103296　赵　涓 1120103316
陈珊珊 1120103279　赵豫璞 1120103314

设计与艺术学院

王曌堃 1120103381　李政坷 1120103420　金宣霖 1120103473
李　想 1120103389　赵　伟 1120103458　薛鑫雅 1120103518
杨　旸 1120103393

北京市 2014 届研究生优秀毕业生名单

学号	硕博	姓名	学院	性别	证书编号
10901020	博士	项大林	宇航学院	男	201410007y002
2120110070	硕士	吕松天	宇航学院	男	201410007y006
2120110073	硕士	孟根苏布达	宇航学院	女	201410007y001
2120110107	硕士	张　頔	宇航学院	女	201410007y004

续表

学号	硕博	姓名	学院	性别	证书编号
2120110112	硕士	张照宇	宇航学院	男	201410007y003
2120110122	硕士	于成龙	宇航学院	男	201410007y005
2120110161	硕士	倪　妍	机电学院	女	201410007y007
2120110173	硕士	赵　旋	机电学院	男	201410007y010
2120110175	硕士	朱　聪	机电学院	男	201410007y013
2120110194	硕士	王　磊	机电学院	男	201410007y015
2120110197	硕士	王　禛	机电学院	女	201410007y011
2120110216	硕士	黄　莹	机电学院	女	201410007y012
2120110260	硕士	孔雪珍	机电学院	男	201410007y014
2120110272	硕士	李振华	机电学院	男	201410007y009
2120110303	硕士	王　刚	机电学院	男	201410007y008
10803004	博士	王　聪	机械与车辆学院	男	201410007y025
2120110365	硕士	康驭涛	机械与车辆学院	男	201410007y022
2120110369	硕士	李国强	机械与车辆学院	男	201410007y019
2120110382	硕士	梁　赞	机械与车辆学院	男	201410007y016
2120110412	硕士	钱　璐	机械与车辆学院	女	201410007y020
2120110413	硕士	乔小峰	机械与车辆学院	男	201410007y026
2120110451	硕士	杨学瑞	机械与车辆学院	男	201410007y023
2120110456	硕士	曾　普	机械与车辆学院	男	201410007y018
2120110480	硕士	白泽宇	机械与车辆学院	男	201410007y024
2120110483	硕士	戴钰杰	机械与车辆学院	男	201410007y027
2120110570	硕士	杨　曼	机械与车辆学院	女	201410007y017
2120110572	硕士	曾卫琴	机械与车辆学院	女	201410007y021
10904003	博士	张　凯	光电学院	男	201410007y028
10904023	博士	李倩倩	光电学院	女	201410007y029
2120110648	硕士	吴正明	光电学院	男	201410007y030
2120110656	硕士	张　昭	光电学院	女	201410007y031
2120110692	硕士	杨　卉	光电学院	女	201410007y032
2120110693	硕士	杨　雷	光电学院	男	201410007y033
2120110729	硕士	余忠晟	光电学院	男	201410007y034
10905018	博士	刘永旭	信息与电子学院	男	201410007y035
2120110784	硕士	唐海波	信息与电子学院	男	201410007y036
2120110787	硕士	王洪凯	信息与电子学院	男	201410007y037
2120110788	硕士	王　末	信息与电子学院	女	201410007y038
2120110836	硕士	丁海川	信息与电子学院	男	201410007y039
2120110850	硕士	哈　楠	信息与电子学院	女	201410007y040
2120110904	硕士	邱冬莉	信息与电子学院	女	201410007y041
2120110912	硕士	孙立达	信息与电子学院	男	201410007y042
2120110918	硕士	陶选如	信息与电子学院	女	201410007y043
2120110944	硕士	徐恩庆	信息与电子学院	男	201410007y044
2120110947	硕士	杨　博	信息与电子学院	男	201410007y045

续表

学号	硕博	姓名	学院	性别	证书编号
2120110951	硕士	杨　行	信息与电子学院	男	201410007y046
2120110997	硕士	于梦园	自动化学院	男	201410007y047
2120111007	硕士	程　诚	自动化学院	男	201410007y048
2120111029	硕士	霍俊飞	自动化学院	女	201410007y049
2120111054	硕士	吕旖旎	自动化学院	女	201410007y050
2120111087	硕士	许　鑫	自动化学院	男	201410007y051
2120111113	硕士	宗　民	自动化学院	男	201410007y052
2120111124	硕士	陈力英	计算机学院	女	201410007y053
2120111149	硕士	江小天	计算机学院	男	201410007y055
2120111165	硕士	刘　丹	计算机学院	男	201410007y054
2120111185	硕士	宋佳坤	计算机学院	男	201410007y056
2120111199	硕士	王冰洁	计算机学院	女	201410007y057
2120111205	硕士	王永杰	计算机学院	男	201410007y058
2120111241	硕士	丁秀梅	计算机学院	女	201410007y059
10909045	博士	张文超	材料学院	男	201410007y060
2120111263	硕士	孔琳琳	材料学院	女	201410007y061
2120111299	硕士	王　茜	材料学院	女	201410007y062
2120111326	硕士	赵　倩	材料学院	女	201410007y063
2120111333	硕士	钟　鑫	材料学院	男	201410007y064
10910002	博士	吴少祥	化工与环境学院	男	201410007y065
10910007	博士	梁丽轩	化工与环境学院	女	201410007y066
10910008	博士	杨　文	化工与环境学院	男	201410007y067
2120111350	硕士	黄滄斐	化工与环境学院	女	201410007y068
2120111432	硕士	赵　腾	化工与环境学院	男	201410007y069
10917003	博士	孙　言	物理学院	男	201410007y075
2120111530	硕士	郭小姣	物理学院	女	201410007y076
2120111574	硕士	卞　锞	化学学院	男	201410007y079
2120111576	硕士	陈瑶瑶	化学学院	女	201410007y078
2120111598	硕士	孟玉宁	化学学院	女	201410007y080
2120111619	硕士	许　丹	化学学院	女	201410007y077
10921016	博士	熊康昊	管理与经济学院	男	201410007y087
2120111658	硕士	刘　飞	管理与经济学院	男	201410007y089
2120111665	硕士	申　程	管理与经济学院	男	201410007y081
2120111671	硕士	陶　权	管理与经济学院	男	201410007y088
2120111692	硕士	蒋　帆	管理与经济学院	男	201410007y090
2120111694	硕士	常昊然	管理与经济学院	女	201410007y082
2120111766	硕士	黄也博	管理与经济学院	女	201410007y083
2120111800	硕士	谢宁宁	管理与经济学院	女	201410007y084
2120111807	硕士	岳佳伟	管理与经济学院	女	201410007y086
2120111817	硕士	郑巧云	管理与经济学院	女	201410007y085
2120111858	硕士	王　祥	人文与社会科学学院	男	201410007y091

续表

学号	硕博	姓名	学院	性别	证书编号
2120111873	硕士	侯雨昕	法学院	女	201410007y092
2120111874	硕士	胡美青	法学院	女	201410007y093
2120111925	硕士	岳忠贵	外国语学院	男	201410007y094
2120111936	硕士	范　帆	设计与艺术学院	男	201410007y098
2120111938	硕士	葛梦莹	设计与艺术学院	女	201410007y096
2120111969	硕士	孟新宇	设计与艺术学院	女	201410007y095
2120111987	硕士	王嫦舒	设计与艺术学院	女	201410007y097
2120111450	硕士	高培峰	生命	男	201410007y070
2120111457	硕士	杨祖业	生命	男	201410007y071
2120111474	硕士	韩姗杉	生命	女	201410007y072
2120111478	硕士	康宏宇	生命	女	201410007y073
2120111505	硕士	何　旭	数学与统计学院	女	201410007y074
10901037	博士	李克勇	宇航学院	男	201410007y099
2220120008	硕士	华方伍	宇航学院	男	201410007y100
10902097	博士	李志敏	机电学院	男	201410007y101
2220120044	硕士	冯　语	机电学院	女	201410007y102
2220120052	硕士	于　鹤	机电学院	女	201410007y103
3120100132	博士	吕军军	机电学院	男	201410007y104
3120100134	博士	武碧栋	机电学院	男	201410007y105
2120110478	硕士	吉雅太	机械与车辆学院	男	201410007y106
2120110529	硕士	许大涛	机械与车辆学院	男	201410007y107
2220120064	硕士	李　云	机械与车辆学院	男	201410007y108
2220120070	硕士	王建设	机械与车辆学院	男	201410007y109
2220120122	硕士	徐大陆	机械与车辆学院	男	201410007y110
2220120131	硕士	赵瑞嘉	机械与车辆学院	男	201410007y111
3120100164	博士	熊　瑞	机械与车辆学院	男	201410007y112
3120100217	博士	常泽辉	机械与车辆学院	男	201410007y113
10904043	博士	龚　诚	光电学院	男	201410007y114
2220120161	硕士	杨民强	光电学院	男	201410007y115
3120100249	博士	董建杰	光电学院	男	201410007y116
3120100273	博士	左　林	光电学院	男	201410007y117
10801098	博士	牟进超	信息与电子学院	男	201410007y118
10905046	博士	田　静	信息与电子学院	女	201410007y119
2220120185	硕士	曹聪哲	信息与电子学院	男	201410007y120
2220120198	硕士	高俊开	信息与电子学院	男	201410007y121
2220120216	硕士	李　曦	信息与电子学院	女	201410007y122
2220120217	硕士	李　霄	信息与电子学院	男	201410007y123
2220120221	硕士	梁冰苑	信息与电子学院	女	201410007y124
2120110984	硕士	付培华	自动化学院	男	201410007y125
2220120287	硕士	何文驹	自动化学院	女	201410007y126
2220120299	硕士	刘　凯	自动化学院	男	201410007y127

续表

学号	硕博	姓名	学院	性别	证书编号
3120100370	博士	路坤锋	自动化学院	男	201410007y128
2220120337	硕士	卢兆涵	计算机学院	女	201410007y129
2220120339	硕士	孟宪文	计算机学院	男	201410007y130
2220120342	硕士	王　博	计算机学院	男	201410007y131
3120100408	博士	桂振文	计算机学院	男	201410007y132
2220120374	硕士	郝　刚	软件学院	男	201410007y133
2220120377	硕士	胡晓炜	软件学院	女	201410007y134
2220120413	硕士	谢国贞	软件学院	女	201410007y135
2220120422	硕士	张凤杰	软件学院	男	201410007y136
2220120445	硕士	刘　媛	材料学院	女	201410007y137
2220120452	硕士	汪　玲	材料学院	女	201410007y138
2220120459	硕士	杨汇鑫	材料学院	男	201410007y139
2220120483	硕士	张见营	化工与环境学院	男	201410007y140
2220120490	硕士	李明蔚	化工与环境学院	女	201410007y141
2220120496	硕士	董学敏	化工与环境学院	女	201410007y142
2220120513	硕士	闫亚旗	生命学院	男	201410007y143
2220120524	硕士	刘可夫	生命学院	男	201410007y144
10917010	博士	汤贝贝	化学学院	女	201410007y146
10921006	博士	张雪舟	管理与经济学院	女	201410007y147
2220120672	硕士	姜　川	管理与经济学院	女	201410007y148
3120100567	博士	孔德成	管理与经济学院	男	201410007y149
3120100589	博士	樊静丽	管理与经济学院	女	201410007y150
2120101882	硕士	库尔班江・乃依木	人文与社会科学学院	男	201410007y151
2220120964	硕士	包金玉	法学院	女	201410007y152
2220120991	硕士	易　卉	法学院	女	201410007y153
2220121014	硕士	任丽月	设计与艺术学院	女	201410007y154
2220121045	硕士	张　旭	设计与艺术学院	男	201410007y155
3120100497	博士	王　静	数学与统计学院	女	201410007y145

北京市2014年“三好学生”名单

李俊飞	祁　帅	原永铭	李光宇	姜鑫洋	金　敏
陈国明	姜　艺	陈思凝	汪　烜	黄立楠	武烨存
王九牛	李　楠	邹　哲	商占仝	王亚珅	盖方宇
黄　芸	李德耀	杨　鹏	吴君雅	王馨宜	朱长青
裴筱琨	张雪妍	崔艺瑄	秦彬煊	王露梦	邓晨媛
张希琛	迟昕凤	周雅琦	黄轩成	任禹名	史佳庆
王嘉晰	李世婷	杨　光	柳婷婷	何　景	

北京市 2014 年“优秀学生干部”名单

王子瑶	邓　岩	曹剑飞	张亚辉	郑　舟	闫贺龙
赵汉青	张博文	郝得干	颜　笑	刘　迈	时正阳
张睿琪					

北京市 2014 年“先进班集体”名单

01311201 班	02321101 班	03121101 班	04121104 班
07121101 班	21911201 班	24111201 班	05111351 班

信息科技菁英班 05111261 班
信息工程（本硕博）05811101 班
2012 级化学工程与工艺 1 班
生物医学工程 1 班 16131201 班
2013 研 1 班

北京理工大学 2014 届优秀毕业生（本科）名单

宇航学院

李竞元	1120100012	葛丹桐	1120100201	覃　双	1120100084
王岩松	1120100028	肖　彬	1120100404	刘宏伟	1120100108
王喻林	1120100066	于昌平	1120100411	张奥林	1120100124
张小圆	1120100093	吴光辉	1120100030	程修妍	1120100141
窦建中	1120100102	崔绍颖	1120100051	王倚天	1120100158
石忠佼	1120100114	贺福鹏	1120100057	贠宇航	1120100220
张靖佳	1120100127	温永禄	1120100067	王　超	1120100397
郑明晔	1120100164				

机电学院

黄　爽	1120100176	李晓云	1120100371	李林明	1120100308
丁亮亮	1120100230	邹明杰	1120100385	任　韬	1120100317
任峻峰	1120100243	胡习婷	1120100420	曹浩翔	1120100328
阳辉辉	1120100257	黄　莹	1120100421	姜　欣	1120100364
丁柯夫	1120100270	徐　坤	1120100192	左环宇	1120100445
李雅茹	1120100275	任芮池	1120100244	聂　源	1120100463
王　军	1120100321	梁晓爱	1120100276	胡惟佳	1120100464
湛　月	1120100351	王彭颖恺	1120100287		

机械与车辆学院

徐　多	1120100500	高　洁	1120100818	郑　岩	1120100665
侯诗扬	1120100515	林海立	1120100824	撒博文	1120100683
赵　欣	1120100542	牟鸿飞	1120100828	程继超	1120100728
付苗苗	1120100579	张刘杨	1120100837	杨　帆	1120100749

关超文	1120100581	闫嘉伟	1120100857	任田雨	1120100774
王晓颖	1120100594	张子健	1120100862	王瑞显	1120100782
王宇森	1120100595	项俊男	1120100499	潘青玥	1120100798
周　凯	1120100607	张海涛	1120100505	赵　玺	1120100813
陈　飞	1120100611	钟嘉鸣	1120100508	李　琴	1120100821
张　旋	1120100663	吴　洋	1120100537	柳海林	1120100870
陈浩翰	1120100667	潘军军	1120100586	张田会	1120100885
何腾欢	1120100700	张雨甜	1120100635	李　杨	1120100898
谢杉杉	1120100720	葛彦悟	1120100643	陈志尧	1120102460
张沛森	1120100754	宋国倩	1120100653	邵益平	1120102476
肖慧雅	1120100803				

光电学院

李书成	1120100896	刘炜煜	1120101019	周睦清	1120100947
任利利	1120100903	胡映天	1120101041	宋振坤	1120100965
张佳宁	1120100910	付时尧	1120101068	张继洲	1120100973
高于山	1120100953	何思枫	1120101072	高　彤	1120100982
李　硕	1120100959	王　琳	1120100907	周泉斌	1120101007
宋若鹏	1120100991	陈亚婧	1120100918	凌　晗	1120101018
吴晓飞	1120100997	石　蕊	1120100930	杨晨羽	1120101116
袁　博	1120101002	赵艳芳	1120100943	许　可	1120101976

信息与电子学院

孙振源	1120101139	郝媛媛	1120101391	董佳斌	1120101210
鲍世琦	1120101151	苏　楠	1120101447	谢青梅	1120101262
王润怡	1120101172	王若凡	1120101454	刘劭晗	1120101303
王路曼	1120101200	王主彬	1120101457	刘绍荣	1120101304
张培瑶	1120101234	刘　伟	1120102682	李航舰	1120101363
庄　婷	1120101238	黄星煜	1120102751	赵阳逸	1120101385
陈　文	1120101241	巩世琪	1120101040	赵志民	1120101386
程　毅	1120101243	李文静	1120101133	王　帆	1120101404
张　颖	1120101290	刘志坤	1120101138	雷子健	1120101429
朱柯弘	1120101291	康　琦	1120101158	余婧之	1120101465
蒋一峰	1120101329	申　琛	1120101198	卢　威	1120101487
薛永娇	1120101376	张清原	1120101205	杨丽丽	1120101498
颜家英	1120101377	张晓杰	1120101206	朱明达	1120101500

自动化学院

王竞文	1120091424	何　丹	1120101655	赵晓瑞	1120101617
王　冬	1120101525	岳裕丰	1120101673	肖　璇	1120101642
张　宽	1120101530	谷中鑫	1120101688	马维亮	1120101666

任瑞科	1120101578	桂　鹏	1120101717	李文鹏	1120101693
陈良红	1120101592	张　婷	1120100296	唐　涛	1120101702
刘文学	1120101603	李　响	1120101514	厉泽坤	1120101721
孙　亮	1120101637	晏　敏	1120101554	王　鹏	1120101732
肖梅峰	1120101641	王　宾	1120101582	郑　鑫	1120101742
陈慧娟	1120101652				

计算机学院

陈　昭	1120101779	吕福煜	1120101875	杜东阳	1120101836
贾　晨	1120101782	张舒雯	1120101886	吴　凡	1120101851
王雨佳	1120101793	张　骁	1120101948	张　艳	1120101862
徐　琛	1120101828	王永超	1120101765	陈明新	1120101864
况　琨	1120101840	陈德雷	1120101776	张家栋	1120101918
李卓然	1120101871	魏明伟	1120101794	宣树兵	1120101944
刘溪潺	1120101873	李蒙蒙	1120101818		

软件学院

冯　琪	1120101991	赵　崇	1120102136	许晓东	1120102096
牛颂杰	1120102032	郑　屹	1120102138	张琳苓	1120102100
陈桐鑫	1120102048	王炜博	1120102007	韩　峰	1120102107
吴世华	1120102066	李　娜	1120102024	徐榜江	1120102127
叶文文	1120102098	李　丹	1120102055	杨　涛	1120102128
梁　宇	1120102116	黄　凯	1120102082	虞子轩	1120102131
史继筠	1120102123				

材料学院

韩　婷	1120102147	胡　瑾	1120102251	文燕妮	1120102209
张一佳	1120102162	王　梦	1120102264	朱贵楠	1120102231
姜　淼	1120102173	夏雨萌	1120102171	聂洋洋	1120102277
汪　洋	1120102203	罗度均	1120102184	蒋　雯	1120102282
刘欣然	1120102229	吴佳奇	1120102197		

化工与环境学院

黄　元	1120102296	程凯琳	1120102411	刘　磊	1120102339
闫俊凯	1120102303	谢雨珈	1120102414	张琳琳	1120102340
曹成瑶	1120102360	唐　俊	1120102308	刘　熹	1120102392
郑　恺	1120102367	邱琼文	1120102319	张　婧	1120102396
郝维健	1120102381	田　恬	1120102331		

生命学院

梁山琴	1120102463	俞智阳	1120102544	冯　薇	1120102507

王　悦	1120102474	单双权	1120102448	余彩婷	1120102523
谷晓丽	1120102491	徐　进	1120102455	郑　丽	1120102555
曹艺馨	1120102536	魏　强	1120102477		

数学与统计学院

徐　凯	1120102572	李　婳	1120102667	陈　璐	1120102630
于中洋	1120102602	张　通	1120102575	张　卓	1120102655
何　莉	1120102637	苑鹏佳	1120102593	楚戈玲	1120102664
赵允涵	1120102654	袁玉环	1120102628		

物理学院

刘汝浩	1120102698	才　熠	1120102680	张诗豪	1120102700
冯昱辉	1120102707				

化学学院

杜步婕	1120102720	王嘉宇	1120102749	刘　洋	1120102756
胡敏佳	1120102726	程彬彬	1120102727	韩懿隆	1120102762

管理与经济学院

张艺露	20092734	乔　璐	1120102960	刘佳丽	1120102843
赵彦妮	1120100265	徐　漫	1120102969	王旭东	1120102847
蒲　寒	1120102797	武　瑶	1120103033	周　三	1120102856
柴一栋	1120102803	薛惠文	1120103039	梁江伟	1120102865
王　军	1120102874	闵玉琴	20092605	白　佳	1120102883
朱凯悦	1120102906	郑丽娜	20092793	易洧宸	1120102901
崔　强	1120102909	樊瑞萍	1120102795	程博颖	1120102908
孙一菡	1120102920	杨田镁	1120102831	胡玉杰	1120102944
姜竺杉	1120102948	何兴益	1120102839	童晓晓	1120103028
刘芳冰	1120102956				

人文与社会科学学院

朱文哲	1120103083	王　茹	1120103150	张亚晴	1120103117
刘　勇	1120103085	孙生阳	1120103055	钱　诚	1120103121
王雅芳	1120103110	姜林萌	1120103078	陈正雄	1120103127
宋爱娴	1120103112	陈思安	1120103099	李文潇	1120103141
毕红雪	1120103124				

法学院

何美琳	1120103180	兰茜雅	1120103284	周　珍	1120103208
赵佳丽	1120103210	熊　欢	1120103173	曹露聪	1120103211

岳　烨	1120103247	杨　永	1120103175	罗　月	1120103233
张可佳	1120103248	张胡锦华	1120103203		

外国语学院

张乙欣	1120103278	赵　涓	1120103316	谷文诗	1120103327
陈珊珊	1120103279	王　赫	1120103277	张　月	1120103344
童佳盛	1120103296	谢丁丁	1120103305	黄　翔	1120103347
赵豫璞	1120103314				

设计与艺术学院

王塈堃	1120103381	金宣霖	1120103473	崔　佳	1120103510
李　想	1120103389	薛鑫雅	1120103518	刘炫琳	1120103511
杨　旸	1120103393	国浩然	1120103467	刘诗慧	1120103512
李政坷	1120103420	孙博文	1120103484	李　楠	1120103516
赵　伟	1120103458	朱奔奇	1120103485	王艺璇	1120103520

北京理工大学2014届春季优秀毕业研究生名单

宇航学院

2120110073	孟根苏布达	10901020	项大林	2120110036	陈　珣	2120110070	吕松天
2120110105	杨宗霖	2120110112	张照宇	2120110021	母云涛	2120110118	郑艺裕
2120110086	王　勃	2120110107	张　頔	2120110122	于成龙	10901017	于亚男

机电学院

2120110345	邹　浩	2120110170	张　桔	2120110190	马文睿	2120110303	王　刚
2120110296	苏如意	2120110152	姜　茜	2120110199	姚利明	2120110272	李振华
2120110322	尹文龙	2120110217	姜晓婧	2120110161	倪　妍	2120110173	赵　旋
2120110197	王　禛	2120110260	孔雪珍	2120110175	朱　聪	2120110194	王　磊
2120110216	黄　莹						

机械与车辆学院

2120110382	梁　赞	2120110365	康驭涛	10903018	袁艳萍	2120110498	李建鹏
2120110570	杨　曼	2120110451	杨学瑞	2120110441	谢绪秒	2120110460	张　宁
2120110456	曾　普	2120110480	白泽宇	2120110574	张旭东	2120110420	邵甲蒙
2120110369	李国强	10803004	王　聪	2120110544	郑　珑	2120110471	周子岩
2120110412	钱　璐	2120110413	乔小峰	2120110473	祝雅琦	2120110419	任水平
2120110572	曾卫琴	2120110483	戴钰杰	2120110561	朱　湧	2120110492	贺　巍

光电学院

10904003	张　凯	2120110692	杨　卉	2120110591	郭冰冰	2120110670	郭晓菲

10904023	李倩倩	2120110693	杨　雷	2120110609	李玉茜	2120110688	吴华玲
2120110648	吴正明	2120110729	余忠晟	2120110650	杨　健	2120110721	吕丽君
2120110656	张　昭	10904035	林　鑫	2120110659	周东梅	2120110674	靳小利

信息与电子学院

10905054	杨文付	2120110842	范森权	10905018	刘永旭	2120110904	邱冬莉
2120110744	杜景超	2120110876	李文智	2120110784	唐海波	2120110912	孙立达
2120110752	顾婉萱	2120110903	秦学方	2120110787	王洪凯	2120110918	陶选如
2120110754	郭文斌	2120110922	王凤姣	2120110788	王　末	2120110944	徐恩庆
2120110781	水孝忠	2120110940	吴新明	2120110836	丁海川	2120110947	杨　博
2120110817	周　凯	2120110959	张　果	2120110850	哈　楠	2120110951	杨　行

自动化学院

2120110997	于梦园	2120111054	吕旖旎	10906009	靳　璐	2120110993	施星宇
2120111007	程　诚	2120111087	许　鑫	2120111051	陆晓菲	2120111009	崔广涛
2120111029	霍俊飞	2120111113	宗　民	2120110992	冉　龙	2120111014	冯　维

计算机学院

2120111124	陈力英	2120111165	刘　丹	2120111185	宋佳坤	2120111210	许　超
2120111138	范　楷	2120111149	江小天	2120111199	王冰洁	2120111241	丁秀梅
2120111154	李飞飞	2120111178	穆文思	2120111205	王永杰	2120111240	左伟欢
10907019	宋　熙						

材料学院

10909008	王美娜	2120111263	孔琳琳	2120111308	杨秋榕	2120111326	赵　倩
10909017	冯　捷	2120111299	王　茜	2120111317	张　锋	2120111333	钟　鑫
10909045	张文超						

化工与环境学院

10910002	吴少祥	10910008	杨　文	2120111350	黄澹斐	2120111382	王艳榜
10910007	梁丽轩	10910012	杨留攀	2120111351	江泰志	2120111386	吴博斌
2120111431	张　栋	2120111432	赵　腾				

生命学院

2120111450	高培峰	2120111474	韩姗杉	2120111467	吴国松	2120111452	李　峰
2120111457	杨祖业	2120111478	康宏宇	10916009	李晓霞		

数学学院

10917024	王　丽	2120111501	高　从	2120111505	何　旭

物理学院

10917003	孙　言	2120111568	赵瑾玲	2120111563	闫静英	2120111530	郭小姣

化学学院

10917001	张庆文	2120111606	孙　硕	2120111576	陈瑶瑶	2120111598	孟玉宁
2120111625	翟相泉	2120111619	许　丹	2120111574	卞　锞		

管理与经济学院

2120111665	申　程	2120111736	王　涛	2120111786	沙　莎	10921016	熊康昊
2120111661	吕　懂	2120111738	王　妍	2120111800	谢宁宁	10921026	聂晓愚
2120111701	方　晨	2120111766	黄也博	2120111817	郑巧云	2120111671	陶　权
2120111694	常昊然	2120111777	刘倩倩	2120111807	岳佳伟	2120111658	刘　飞
2120111699	董　蕾	2120111692	蒋　帆	2220100405	黄　成	2220100406	黄　京
2220100632	张白雨	2220100428	李　浩				

人文学院

2120111858	王　祥	2120111846	万　惠	2120111838	赵一帆

法学院

2120111873	侯雨昕	2120111874	胡美青	2120111879	魏盈君	2120111868	邵长方

外国语学院

2120111925	岳忠贵	2120111915	陈玉萍	2120111903	潘娟娟

设计与艺术学院

2120111969	孟新宇	2120111987	王嫣舒	2120111929	沈　萍	2120111975	石亚军
2120111938	葛梦莹	2120111936	范　帆	2120111973	沈　策	2120112000	张　娟

教育研究院

2120112008	高雨芹

继续教育学院

2120112021	刘　峰

图书馆

2120112026	吴昊来

北京理工大学 2014 年夏季优秀毕业研究生名单

宇航学院

10901014	李昱霖	10901037	李克勇	2220120020	牛青林	3120100043	杨盛庆
10901029	邓启波	2220120008	华方伍				

机电学院

10902084	郝凤龙	2220120042	迟力源	2220120049	吕　旭	3120100123	姜　涛
10902097	李志敏	2220120044	冯　语	2220120052	于　鹤	3120100132	吕军军
3120100134	武碧栋						

机械与车辆学院

10903071	李喜朋	2220120064	李　云	2220120081	陈　硕	2220120131	赵瑞嘉
2120110478	吉雅太	2220120067	刘　彬	2220120110	孙　博	3120100164	熊　瑞
2120110529	许大涛	2220120070	王建设	2220120122	徐大陆	3120100217	常泽辉
3120100228	唐永龙						

光电学院

10904043	龚　诚	2220120152	孙　猛	2220120168	朱建军	3120100249	董建杰
10904046	石明珠	2220120161	杨民强	2220120180	张晓宇	3120100273	左　林

信息与电子学院

10801098	牟进超	2220120204	郭　哲	2220120216	李　曦	2220120221	梁冰苑
10905046	田　静	2220120206	郝浩倩	2220120217	李　霄	2220120235	潘程浩
2220120185	曹聪哲	2220120207	何云骥	2220120218	李晓锐	2220120246	王梦云
2220120198	高俊开						

自动化学院

10906013	耿　洁	2220120287	何文驹	2220120299	刘　凯	3120100370	路坤锋
2120110984	付培华	2220120298	刘　俊	3120100352	王　亮	3120100371	谢　雯

计算机学院

10812005	谷培培	2220120337	卢兆涵	2220120342	王　博	3120100408	桂振文
10907032	王　晗	2220120339	孟宪文	2220120354	张运大		

软件学院

2220120370	关　正	2220120377	胡晓炜	2220120413	谢国贞	2220120422	张凤杰
2220120374	郝　刚	2220120380	黄　涛	2220120417	薛黎丽	2220120426	张珊珊

材料学院

2220110388	杨鑫莹	2220120447	缪 勇	2220120459	杨汇鑫	3120100412	李继利
2220120445	刘 媛	2220120452	汪 玲				

化工与环境学院

2220120483	张见营	2220120491	梁雨晗	2220120493	彭靖媛	2220120496	董学敏
2220120490	李明蔚						

生命学院

2220120513	闫亚旗	2220120523	刘静竹	2220120524	刘可夫	3120100483	刘 聪

数学学院

2220120537	刘聪聪	2220120538	刘 丹	3120100497	王 静

物理学院

3120100505	洪许海

化学学院

10917010	汤贝贝	3120100521	李 锐

管理与经济学院

10921006	张雪舟	2220120652	郭晓剑	2220120747	孟建鑫	2220120861	于卫华
2220110552	黄 雄	2220120658	何 嘉	2220120761	任亚男	2220120866	贠欣明
2220110661	随加兵	2220120661	胡亚锋	2220120808	王明明	2220120887	张乾浩
2220110670	汪 杨	2220120662	胡志鹏	2220120810	王青娟	2220120890	张 维
2220110675	王福强	2220120668	黄文佳	2220120815	王炫中	2220120891	张卫亮
2220110780	赵 楠	2220120672	姜 川	2220120818	王 禹	2220120919	周 湘
2220120551	李慧娟	2220120674	蒋建新	2220120826	吴 卓	2220120940	潘 爽
2220120596	蔡云亭	2220120680	乐新风	2220120835	徐倩楠	2220120944	徐云龙
2220120601	陈从良	2220120683	李 博	2220120851	杨晓婕	3120100567	孔德成
2220120640	高海亮	2220120690	李聚麟	2220120854	尹振衡	3120100589	樊静丽
2220120647	弓俊杰	2220120732	陆 微				

人文学院

2120101882	库尔班江・乃依木

法学院

2220120964	包金玉	2220120980	宋 俊	2220120981	宋宣蒙	2220120991	易 卉

外国语学院

2220121003　魏娟

设计与艺术学院

2220121014	任丽月	2220121038	宋倩倩	2220121044	张　姞	2220121045	张　旭
2220121028	周　蕊						

教育研究院

2220121049　刘凤菊

北京理工大学 2013—2014 学年优秀学生标兵名单

宇航学院

1120110114	侯冀川	1120113088	刘少波	1120120127	刘　伟
1120110161	李俊飞	1120120017	祁　帅		

机电学院

1120110187	郭宇飞	1120120242	冯雪贝	1120120296	刘　娟
1120110318	高剑锋	1120120254	王泽鹏		

机械与车辆学院

1120110534	金　敏	1120110901	匡　银	1120120743	张孟珠
1120110551	杨大鹏	1120120346	杜　鹏	1120120797	苏江舟
1120110849	吕乃静	1120120687	郑　晟	1120120897	李　悦

光电学院

1120102037	汪　烜	1120120928	娄　玮	1120122643	陈思凝
1120110945	张　帆	1120121134	王泽晖		

信息与电子学院

1120111247	牛梓光	1120111825	程顺吉	1120121476	王九牛
1120111359	刘莹莹	1120121223	孟　鑫	1120121517	牛　尊
1120111398	吴芸芸	1120121435	胡晓宁	1120121877	赵　鑫

自动化学院

1120111328	鲁　盼	1120111687	李金库	1120121730	于　超
1120111653	赵　晔	1120121666	王　磊	1120121793	邹　哲

计算机学院

1120111812	刘振华	1120121943	李振邦	1120122059	金颜必佳
1120112026	陶　洁				

软件学院

1120112075	江　涛	1120122139	朱　翼	1120122180	钱　忱
1120112184	胡　涛				

材料学院

1120112270	郑佳艺	1120112387	赵传真	1120122399	万　励

化工与环境学院

1120112443	张琼由	1120122470	张　雷	1120122505	李　浩

生命学院

1120122762	李广祺

数学与统计学院

1120112875	杨　蕊	1120122845	王　东	1120132790	李　哲

物理学院

1120112907	朱常青	1120122991	张肖涵

化学学院

1120123070	王　兵	1120132974	张珂新

管理与经济学院

1120113044	李文策	1120123160	王　朔	1120133186	王　瑞
1120113118	王思涵	1120123164	张千雪	1120133517	高　琨
1120113180	崔艺瑄	1120133024	李　妍		

人文与社会科学学院

1120113213	康月玮	1120123436	徐文倩	1120133310	王　琛
1120123402	魏彩雯				

法学院

1120123500	王心园	1120123524	苏　烨	1120133467	张　铭

外国语学院

1120113479	于　越	1120123570	张希琛	1120123619	徐嘉熠

设计与艺术学院

1120113721	马　琳	1120133706	吴雨霖	1120133729	刘抒云
1120123759	谢易晋				

基础教育学院

1120130063	任　棚	1120131070	刘金翰	1120132085	孙　莹
1120130126	陈　曦	1120131170	李思伟	1120132135	高　健
1120130212	贾仕臣	1120131189	蔡　炯	1120132220	么斯雨
1120130321	陈丽扬	1120131429	朱少威	1120132249	贾晓璇
1120130369	黄则临	1120131487	张　召	1120132284	史佳庆
1120130411	范家萌	1120131546	李海筝	1120132475	胡志明
1120130493	武翔宇	1120131670	吴嘉文	1120132560	沈　馨
1120130734	李　桐	1120131946	杭子钧	1120132678	詹　洁
1120130743	卢　慧	1120131983	朱立飞	1120133820	孙中兴
1120131045	时正阳	1120132001	马鑫宇		

北京理工大学 2013—2014 学年优秀研究生标兵名单

宇航学院

3120100004	王　显	2220130035	张　尧	2120120042	郭晓松	3120120042	陈　毅
3120100003	沈振兴						

机电学院

2120120314	陈嘉琛	3120110052	刘　芮	2120130309	唐玉翔	3120110137	王　萱
2120120232	金　鑫	2120130174	莫　洋	3120110091	王化平	2120120292	杨　慧

机械与车辆学院

2120120456	臧　强	3120100150	刘鹏军	3120100208	胡常莉	3120120207	张生光
2220130082	鲁陈立	3120100186	赵一民	3120110154	曹志涛	3120120220	吴　钦
3120100143	张军伟						

光电学院

2120120617	王绪刚	3120110258	曹　杰	3120120248	田　义	3120120263	牟涛涛
3120110253	王　谭						

信息与电子学院

2120120810	崔东顺	2120130873	郑　舟	3120110276	高红伟	3120110325	殷丕磊
2120120836	胡　洋	3120100302	王妮炜	3120110285	屈泉酉	3120120321	李　衡
2120130733	张庆乐						

自动化学院

2120121044	闫宏航	3120110358	朱晓丹	3120120346	张　会	3120130368	翟弟华
2120130914	高瑜隆						

计算机学院

2120131032 李 邈 3120130408 宋 浩 3120110394 张运超 2120121128 卢保安
3120140409 王文冠

软件学院

2220130521 马 辰 2220130506 纪文东

材料学院

2120131175 王鹏翔 3120110405 郭文启 3120110417 邱 磊

化工与环境学院

3120100475 赵桃林 3120130484 赵博良 3120100448 金怀平

生命学院

2120121414 梅玉倩 2120121429 耿岩松

数学与统计学院

3120120492 辛巧玲

物理学院

3120130548 刘立格

化学学院

3120110513 程虎虎 2120121519 郭跃欣

管理与经济学院

3120110571 王 兵 3120110577 杨尚洪 3120120613 王 琛 2120121642 刘维旭
3120120620 张 旭 3120130612 孔德景

MBA

2220131096 詹厚康 2220131079 奥西特 2220130900 莎仁其其格
2220131004 翟 鹏 2220131082 高天琦

人文学院

2120121766 郝志敏

法学院

2120121806 孙 彤

外国语学院

2120121825 卞广为

设计与艺术学院

2120121927	周谷川	2120131742	张润媛

教育研究院

2220131231	余　静

北京理工大学 2013—2014 学年优秀学生名单

宇航学院

1120110005	陈天悦	1120110180	朱宇博	1120120056	余婉铭
1120110017	王宝亮	1120110222	王　思	1120120214	刘梦莹
1120110044	汪　艳	1120110227	徐广通	1120120150	张宇鑫
1120110052	赵健宇	1120110446	李　佳	1120120137	王化政
1120110063	李　康	1120110448	梁伟栋	1120120133	蒲鹏宇
1120110073	孙　鑫	1120110460	席霄鹏	1120123560	刘继东
1120110082	张嘉炜	1120120009	李佳丽	1120120220	苏　丹
1120110085	白　龙	1120120010	李佳星	1120120098	马志伟
1120110096	王　静	1120120019	沈　灏	1120120109	杨　鑫
1120110099	熊子昌	1120120021	田　震	1120120132	潘冠男
1120110109	程李东	1120120033	丁　柯	1120120227	杨璨婧
1120110123	刘雅玲	1120120084	原永铭	1120120442	阳洪吉
1120110128	倪小川	1120120089	陈　琪	1120120452	张宇桐
1120110178	张　琦	1120120050	王子瑶	1120122484	刘　宇

机电学院

1120110184	范博昭	1120110393	黄忠山	1120120367	孙泽源
1120110242	姜春宇	1120110407	赵　铖	1120120368	谭洁玉
1120110248	王　肯	1120110417	李彻嬴	1120120383	涂小兰
1120110261	陈思源	1120110420	李夷渊	1120120385	王垚雄
1120110272	麻　超	1120110432	王新伟	1120120387	吴万东
1120110274	石永相	1120110433	杨国东	1120120391	杨媛媛
1120110284	赵海波	1120110436	张鹏杰	1120120401	周钦钦
1120110295	哈海荣	1120113515	孙亚伦	1120120410	季文东
1120110311	白　萱	1120120259	张锁麒	1120120415	李季阳
1120110327	任　杰	1120120297	刘　旺	1120120421	卢宛萱
1120110351	刘成博	1120120309	夏　川	1120120460	何婧洁
1120110357	石选阳	1120120340	张泽玮	1120120465	李淑睿
1120110358	史永慧	1120120355	姜鑫洋	1120120480	熊　婧
1120110369	张敏健	1120120356	焦鹏举	1120120481	闫林统
1120110376	周伟刚				

机械与车辆学院

1120110375	周晨阳	1120110867	张　瑜	1120120675	王旭冉
1120110514	刘　琳	1120110869	周登宇	1120120688	周　晗
1120110516	孟　璐	1120110885	王春阳	1120120736	魏洪乾
1120110522	谢开强	1120110886	王业东	1120120737	杨子明
1120110547	王乐怡	1120110955	庞　博	1120120739	余　彪
1120110592	蔡芷兰	1120111053	肖中阳	1120120742	张汉哲
1120110593	陈　聪	1120111926	卢紫旺	1120120754	黄凤楠
1120110627	陈　思	1120112135	潘慧中	1120120755	焦慧超
1120110632	郭智蔷	1120112315	张　凯	1120120759	任培荣
1120110643	孟凡婧	1120113000	陈卓群	1120120761	苏国庆
1120110656	赵明杰	1120113127	杨　念	1120120792	李雪子
1120110658	陈胤奇	1120120504	李殊荣	1120120795	吕　卓
1120110680	吴慧琪	1120120510	秦雨桐	1120120813	方国鑫
1120110683	杨福威	1120120517	燕东赫	1120120837	杜逸飞
1120110684	张　恒	1120120538	赖晓芬	1120120845	牛中轲
1120110713	郑怀宇	1120120546	罗佳毅	1120120855	许晨阳
1120110721	陈永全	1120120553	王文越	1120120871	郭晓晓
1120110722	戴培霖	1120120574	李孟强	1120120874	李　丽
1120110738	禹文林	1120120593	朱英鹏	1120120880	唐　圣
1120110740	赵　宇	1120120598	姜　艺	1120120900	刘　欣
1120110744	陈　焕	1120120600	靳时雨	1120120902	田　力
1120110786	欧　健	1120120609	田金鹏	1120122613	侯森浩
1120110787	潘昌基	1120120615	尉乐川	1120122688	张善思
1120110805	陈智舟	1120120634	纪成达	1120122834	房林林
1120110831	叶剑辉	1120120638	刘　旭	1120122896	吕　亮
1120110850	马江涛	1120120653	杨　军	1120122915	金　潇
1120110864	于　谦	1120120665	林　博	1120122931	武　颖
1120110865	张飞凯				

光电学院

1120110930	刘佳畅	1120111090	周国栋	1120121022	杨依宁
1120110938	魏　凯	1120111094	李金鑫	1120121038	刘品伟
1120110961	王宏明	1120111100	马雷娅	1120121062	江海燕
1120110964	武　潺	1120111120	方慧卉	1120121074	薛雅琼
1120110993	田依杉	1120111136	张锦华	1120121106	王　超
1120110999	杨　旭	1120112355	谭翠媚	1120121118	郭英洁
1120111000	姚顺雨	1120120942	才　卓	1120121129	宋　睿
1120111022	王　茜	1120120945	杜志远	1120121137	杨灵均
1120111023	吴　晨	1120120957	文　博	1120121144	邹君宇
1120111032	朱　懿	1120120960	张　昊	1120122448	范俊彪
1120111054	杨　帅	1120120964	赵会杰	1120122472	张泽霞
1120111072	李丹梦	1120120978	刘明聪	1120122794	肖家胜
1120111079	唐培钧	1120120998	陈海龙	1120122890	李瀚超

1120111086	杨天鸣	1120121020	杨 琪		

信息与电子学院

1120110688	白兆桐	1120111500	彭开南	1120121386	潘雨洋
1120111147	顾洲灿	1120111504	时善蔚	1120121428	宗 诚
1120111149	郭 曦	1120111505	孙俊忍	1120121430	陈家俊
1120111166	王晓宇	1120111847	杨思佳	1120121436	黄鸿颢
1120111196	袁 媛	1120112169	王 俊	1120121458	张 义
1120111205	高巧展	1120112962	于汪洋	1120121474	孙嘉明
1120111210	刘植鹏	1120113021	唐立行	1120121475	田泰方
1120111263	李昂阳	1120113065	马 珂	1120121489	朱励岩
1120111277	牛 杰	1120121150	菅梦楠	1120121490	包嘉诚
1120111292	韩晓琳	1120121161	滕姣姣	1120121499	胡 姣
1120111308	孙 博	1120121172	张天意	1120121519	任伟基
1120111332	陶 砺	1120121179	冯 帆	1120121523	孙天元
1120111344	赵洪明	1120121213	陈 静	1120121529	王 铮
1120111357	李之桐	1120121215	窦宇迪	1120121534	许文嘉
1120111375	张玉龙	1120121245	樊 鼎	1120121556	黄靖轩
1120111395	王龙翚	1120121250	李 灏	1120121561	梁艺宝
1120111407	朱 峰	1120121279	金 鑫	1120121578	远 航
1120111408	朱梦迪	1120121288	聂 婧	1120122035	王帅勋
1120111430	魏 星	1120121294	王 敏	1120122214	乔 婉
1120111433	杨凡雨	1120121300	杨家文	1120122347	刘丁昊
1120111434	杨璟茂	1120121312	黄立楠	1120122843	任程麟
1120111437	周 桂	1120121313	季子杰	1120122888	何栋洪
1120111441	蔡津剑	1120121315	康文超	1120122900	王肃晨
1120111464	杨发伟	1120121324	乔冠鑫	1120122905	岳 芬
1120111470	张 旭	1120121339	董世林	1120122923	梅琳焱
1120111484	黄 腾	1120121348	刘颖青	1120122926	谭欣荣
1120111487	蒋志科	1120121353	吴旭晨	1120122988	武烨存
1120111499	宁立跃	1120121380	简达豪		

自动化学院

1120110451	牛广林	1120111756	任怡娜	1120121707	陈卓吟
1120111538	高静宜	1120111776	陆天怡	1120121709	龚 斐
1120111539	郭 翔	1120111784	王天风	1120121715	李 楠
1120111548	秦莹莹	1120111790	徐雅雄	1120121716	刘 澎
1120111559	于华超	1120111794	郑 雲	1120121733	赵佳晨
1120111583	裴梦新	1120112985	邓 恒	1120121736	柴 瑞
1120111584	石 雷	1120121609	张单枫	1120121752	王冠中
1120111586	王 斌	1120121610	张晓龙	1120121756	肖 磊
1120111603	李明霞	1120121618	高 洲	1120121765	柴军伟
1120111631	李 龙	1120121626	刘雨薇	1120121774	李天莹

1120111702	吴　楚	1120121646	池灵琪	1120121789	张夏溦
1120111703	谢　炜	1120121652	虎婷婷	1120121795	傅荟瑾
1120111708	张淑静	1120121675	崔市伟	1120121803	卢　琦
1120111718	凌露露	1120121684	牛善帅	1120121819	张　超
1120111723	时　潮	1120121696	徐　畅	1120121844	张稼祥
1120111738	朱　梦	1120121703	周文茜	1120122930	武金婷

计算机学院

1120111807	李艳东	1120111916	邓志会	1120121901	唐翼琨
1120111813	马宝利	1120111923	刘　畅	1120121961	于天鸿
1120111814	马　骁	1120111968	张燕妮	1120121980	刘　啸
1120111819	王宇蒙	1120111993	徐程程	1120121990	杨　欢
1120111841	王　策	1120112006	高志伟	1120121992	喻海潮
1120111853	张　钊	1120112014	李畅晓	1120121994	张　越
1120111874	吴松泽	1120121860	黄立夫	1120122014	孙　鹏
1120111878	杨效淳	1120121880	蔡晓聪	1120122024	余非梧
1120111884	卜兴源	1120121883	郭云坤	1120122041	李盛楠
1120111887	杜一凡	1120121885	景宸琛	1120122048	宋红梅
1120111894	靳晓乐	1120121892	鲁源泉	1120122049	王浩宇
1120111898	刘苗苗	1120121893	马　敬	1120122057	方必成
1120111908	许　彬	1120121899	孙宇超	1120122074	杨雅婷

软件学院

1120112040	梁馨儿	1120112170	王咪咪	1120122184	王　喆
1120112047	孙晨光	1120112190	刘振兴	1120122197	丁宇洋
1120112051	王　婷	1120112200	徐　杰	1120122217	王晓颖
1120112071	江晨阳	1120112201	姚佳奕	1120122224	张周中
1120112077	李秋云	1120112232	张圆圆	1120122227	邓雅琳
1120112079	李艳娥	1120112635	陈怡然	1120122247	王宇侠
1120112092	张梦菲	1120122096	刘明汉	1120122248	王竹凡
1120112106	蒋文慧	1120122102	秦　欢	1120122255	周　艺
1120112115	吴　成	1120122108	亚　航	1120122257	成　诚
1120112116	吴岳秋	1120122125	满江杰	1120122264	刘　浩
1120112148	张京京	1120122129	任帅敏	1120122270	潘虹宇

材料学院

1120112239	王远航	1120112350	孙漾洋	1120122340	侯壮壮
1120112247	李青璇	1120112354	符　欣	1120122359	吴志超
1120112251	周　礼	1120112371	魏金弟	1120122367	戴　宇
1120112287	毛轶哲	1120112384	刘瑞雪	1120122368	董承昊
1120112295	靳　楠	1120122290	陈怡华	1120122388	朱　熠
1120112298	魏春鹏	1120122294	黄子瀚	1120122408	张　冉
1120112303	刘　欢	1120122301	刘俊辉	1120122425	华牧天

1120112312	李振宇	1120122303	孙健武	1120122433	龙玉涵
1120112349	罗　伟	1120122333	张一帆		

化工与环境学院

1120112415	谢　雄	1120112561	付佳蓓	1120122522	张秋南
1120112438	禄　甜	1120112564	徐涵颖	1120122527	蔡德恒
1120112440	王晨蕾	1120112565	马　敏	1120122554	韩　翔
1120112470	庄　田	1120112568	薛亦飞	1120122589	邵　袁
1120112483	谢　发	1120112589	王晓东	1120122595	徐贝骄
1120112499	周璐珊	1120122453	霍红宇	1120122612	龚成琳
1120112500	胡剑桥	1120122467	杨　娟	1120122616	李广东
1120112501	王宝仪	1120122502	丁　楠	1120122617	李毓阳
1120112535	罗雁莎	1120122506	刘明月	1120122626	沈俊荣
1120112536	邓　悦	1120122510	闫　丹	1120122632	张　霖

生命学院

1120112632	苏　雅	1120112710	马　鑫	1120122710	俞亚男
1120112634	谭一敏	1120112714	何林欢	1120122718	董国昭
1120112671	姜尼斯	1120112720	白若兰	1120122737	吴君雅
1120112678	何可仁	1120122652	简　行	1120122746	蔡小娟
1120112686	刘弘洋	1120122676	彭浩雄	1120122760	雷丙震
1120112688	李　帅	1120122679	尚　攀	1120122768	秦春霞
1120112694	夏　妍	1120122707	徐佳琪	1120122772	易　婕
1120112698	田阿敏				

数学与统计学院

1120112778	付　钰	1120122840	林加强	1120132805	徐晗晖
1120112780	王恒怿	1120122847	王振东	1120132807	王宇晨
1120112802	李旻瀚	1120122876	张晓敏	1120132840	张　玲
1120112806	雷晓钰	1120122877	郑　鸿	1120132842	卢文斐
1120122780	胡　慧	1120122885	郭婧怡	1120132845	刘玉霞
1120122806	丰海娇	1120132776	徐子豪	1120132855	潘胤圭
1120122827	杨肖康	1120132779	张聿昊	1120132862	楚少帅
1120122837	霍燕妮	1120132791	张煜昆	1120132870	王　沈

物理学院

1120112901	王　磊	1120112943	王　冠	1120122990	张　敏
1120112903	王宏章	1120122941	程垒健	1120123004	刘烨超
1120112917	袁　恺	1120122961	杨元龙	1120132923	周　蒙
1120112931	胡焱晖	1120122985	王　翔	1120132926	陈至诚
1120112937	刘盼盼	1120122989	杨登宇	1120132938	石芸婷

化学学院

1120112820	胡　静	1120123024	陈哲明	1120132955	付　强
1120112829	马艳艳	1120123033	裴筱琨	1120132961	张子一
1120112842	吴丽丽	1120123054	张文过	1120132986	冶　平
1120112850	周秦瀚	1120123066	马敏剑	1120133000	高会智
1120112853	刘芳言	1120123081	何　超	1120133002	黄伟敏
1120123020	戴　赟	1120123092	秦格格	1120133005	杨舒雅

管理与经济学院

1120102950	李佳莹	1120123124	冉　敏	1120133100	吴灵玲
1120111971	张　赟	1120123127	王　君	1120133101	吴孟其
1120112973	杨婷婷	1120123130	闫　菲	1120133102	许菁菁
1120113009	刘风伟	1120123131	杨慧瑶	1120133103	余　进
1120113028	肖海洋	1120123156	林　瀚	1120133111	安庚鑫
1120113046	张沛松	1120123167	钟文捍	1120133121	梁景辉
1120113058	李　崇	1120123191	白佳畅	1120133132	特慕伦
1120113072	侯健达	1120123199	丁晓晶	1120133134	王　美
1120113096	李凯琴	1120123204	何文心	1120133139	张成林
1120113098	陈田田	1120123211	李　钰	1120133145	蔡周馨
1120113101	李宜璘	1120123236	白　晔	1120133147	陈倩倩
1120113144	李思颀	1120123248	梁程智	1120133151	董晓颖
1120113155	王　琳	1120123267	张雪妍	1120133157	郭思星
1120113156	王金浩	1120123290	许　爽	1120133163	李含章
1120113256	陈　欣	1120123294	张劭辰	1120133208	龚　音
1120113308	陈　茜	1120123382	陈　悦	1120133209	郭玮嘉
1120113345	文思思	1120123426	刘　扬	1120133221	王　博
1120113367	曹慧娟	1120133032	容　玄	1120133248	吕隆基
1120113373	姚舒仪	1120133034	田　甜	1120133251	宋浩哲
1120113453	高山雪	1120133058	李　赞	1120133283	张昊哲
1120113530	郭梓丹	1120133073	吴　倩	1120133524	李玲茜
1120123110	陈芸莉				

人文与社会科学学院

1120113212	郑尹莎	1120123314	王乙茜	1120133319	赵　茜
1120113215	敬　艺	1120123329	刁海璨	1120133329	葛　爽
1120113218	马雪剑	1120123347	杨婷茹	1120133334	李丹钰
1120113219	孙墨琳	1120123349	张苑驰	1120133344	王雪萌
1120113230	周　桐	1120123374	袁佳婧	1120133349	严月珺
1120113233	陈祎芳	1120123380	包　榕	1120133376	王剑雄
1120113248	李涵颐	1120123394	刘梦醒	1120133385	杨　雪
1120113255	石京民	1120123406	赵梦真	1120133386	余　晨
1120113261	胡　墨	1120123413	崔赫珊	1120133395	陈鹤尹
1120113334	陈小露	1120123428	路智鹏	1120133397	陈依婷

1120123300	甘　霖	1120123432	王晓婷	1120133404	胡哲金童
1120123310	裴振磊	1120133300	李秀林	1120133408	梁婷婷
1120123313	王舒娅	1120133301	林　玲		

法学院

1120113370	陈竟之	1120113458	余欣怡	1120123523	苏明珠
1120113378	涛乐迪	1120123447	包　阳	1120133431	费　玢
1120113391	鲁谷辰	1120123450	董岭岭	1120133438	李　衡
1120113401	苗雅琪	1120123480	丁雨晴	1120133451	邵美祺
1120113409	王　蔚	1120123486	黄鹏飞	1120133463	颜　荚
1120113411	汤丽娜	1120123498	王　娉	1120133465	易梦涟
1120113419	杨玉红	1120123505	杨慧莹	1120133473	陈盈汐
1120113433	刘思敏	1120123516	谷　郡	1120133506	张可馨
1120113434	吕　端				

外国语学院

1120113461	张俊蓉	1120123553	贾晓寒	1120133528	王怡宁
1120113483	吴　桐	1120123568	齐　术	1120133529	王泽宁
1120113487	王晓萱	1120123574	曲珊珊	1120133533	郑人佳
1120113528	杨　灿	1120123586	杨　瑜	1120133548	肖　楠
1120113532	黄凯文	1120123618	王一如	1120133551	姚紫嫣
1120113571	邓晨媛	1120123620	张小洁	1120133568	邵雪颖
1120123021	高　杰	1120123628	杜　婧	1120133584	古丽娜孜·吐尔逊
1120123543	白远捷	1120133514	常思琪	1120133607	章　宜
1120123552	胡金璐	1120133516	范振亚	1120133618	娄轩轩

设计与艺术学院

1102133642	任　杰	1120123674	王若杉	1120133633	杜灵音
1120113582	高家思	1120123693	黄燕妮	1120133646	王健旭
1120113600	龚　迁	1120123712	曹泓漪	1120133649	魏　畅
1120113615	王梦瑶	1120123713	付　琳	1120133652	杨明媚
1120113623	罗雪薇	1120123718	李汝偲	1120133656	张汝歆
1120113634	张睿琪	1120123720	历凌霄	1120133658	郑千牵
1120113640	迟昕凤	1120123722	林书瑶	1120133659	周　鑫
1120113642	丛怡然	1120123727	卿光华	1120133661	朱慧子
1120113653	蒋亦希	1120123750	龙文波	1120133701	孙忆楠
1120113665	黄　硕	1120123758	王雪雯	1120133723	金　媛
1120113722	张晓宇	1120123763	杨德加	1120133732	孙晓丽
1120123659	李佳音	1120123769	陈　思	1120133758	刘思萌
1120123669	齐天怡	1120123781	唐瑞烯		

基础教育学院

1120122252	张　伟	1120130930	陈馨怡	1120131980	李颖浩

1120130009	李嘉禾	1120130937	何伊凡	1120131985	刘光宇
1120130020	董　伟	1120130959	邓玉婷	1120132005	李　铮
1120130037	杨希雯	1120130966	孙义钰	1120132007	宦成颖
1120130047	邵玉佩	1120131006	张超逸	1120132009	刘鸣谦
1120130048	薛建恒	1120131017	曾　昕	1120132017	胡梦颖
1120130061	曹　严	1120131018	陈思雨	1120132021	邱　媛
1120130069	李梦婷	1120131023	杨　涛	1120132046	王韬懿
1120130075	孙阳霆	1120131083	李　跃	1120132064	过其靖
1120130079	霍彦纬	1120131086	李政君	1120132067	王　通
1120130080	郜　帅	1120131087	樊阿馨	1120132082	胡安琪
1120130119	张哲华	1120131089	刘定坤	1120132099	张靖奇
1120130124	胡风青	1120131099	彭　烁	1120132102	赵博栋
1120130132	王超然	1120131129	曾　诚	1120132144	石钟浩
1120130135	郑惠欣	1120131136	宋璟昱	1120132149	王晓华
1120130141	郭达维	1120131151	姜　宇	1120132156	张　成
1120130145	王生印	1120131166	尹睿锐	1120132169	赵寒川
1120130173	崔　硕	1120131194	吕明阳	1120132190	王冬晓
1120130175	杜智博	1120131213	闫嘉磊	1120132198	吴志达
1120130176	杨　洋	1120131214	王钰聪	1120132205	赵峻瑶
1120130234	张　亮	1120131217	王　博	1120132211	洪思明
1120130242	任禹名	1120131230	蔡子孺	1120132233	赵　健
1120130243	梅颖洁	1120131240	张璐婕	1120132250	刘旭真
1120130309	刘卫南	1120131241	杨吕骁	1120132252	范庆松
1120130313	任杨阳	1120131248	赵泽宇	1120132256	陈志伟
1120130314	范文琦	1120131263	李凌豪	1120132257	周　倩
1120130316	梁　昊	1120131276	洪　涛	1120132259	姜艺凌
1120130332	王朝政	1120131287	彭　喆	1120132260	王　伦
1120130338	周静宇	1120131303	石文悦	1120132261	秦　冲
1120130339	胡永煌	1120131310	聂　平	1120132262	简瑞枝
1120130341	张容恺	1120131313	薛　焕	1120132274	何行宽
1120130354	李树林	1120131332	王晓玥	1120132288	方　利
1120130358	袁　盈	1120131334	唐嘉豪	1120132294	孙博阳
1120130362	黄佩雯	1120131343	孙蕙媛	1120132300	徐召浩
1120130366	刘雪妍	1120131375	胡世宇	1120132319	张世忠
1120130377	王旭东	1120131376	王冠群	1120132323	方　煜
1120130380	张　毅	1120131377	唐锦昊	1120132346	周治宇
1120130381	王廷轩	1120131403	张梦宇	1120132348	王心远
1120130412	罗　杰	1120131404	赵惟肖	1120132373	郭家惠
1120130437	袁耀辉	1120131427	张闻宇	1120132382	许忠轲
1120130476	王志鹏	1120131430	郝子焕	1120132393	韩雪研
1120130482	刘晶晶	1120131447	丁洁莹	1120132408	宋甘霖
1120130486	赵文浩	1120131468	沈　蓓	1120132417	张　彤
1120130524	张　葳	1120131478	王宇杰	1120132425	洪均婷
1120130529	黄思渊	1120131481	杨子木	1120132432	马天宝

1120130565	单光乾	1120131485	骆健恒	1120132435	刘宇翔
1120130583	路　昊	1120131516	田戴荧	1120132439	朱帅臣
1120130584	詹盛华	1120131528	戚　洋	1120132471	易昊天
1120130594	黄　伊	1120131540	崔晨星	1120132527	黄一峰
1120130604	成法书	1120131541	朱敏昭	1120132541	刘相忠
1120130607	马春峰	1120131552	刘　康	1120132546	周嗣洋
1120130608	万博城	1120131569	王朝君	1120132550	叶炎昊
1120130616	李　奇	1120131592	王健行	1120132554	许　睿
1120130623	周安烨	1120131607	孙苑淞	1120132555	殷立征
1120130629	陈星丞	1120131609	张道光耀	1120132574	尹　超
1120130633	王　瑾	1120131621	弓　瑞	1120132581	曹文卓
1120130636	张　硕	1120131642	刘亚辉	1120132599	李蒙招
1120130668	余　文	1120131649	杜奕聪	1120132602	范文逸
1120130703	黄逍遥	1120131666	翟朝阳	1120132609	贺裕鹏
1120130706	叶　健	1120131669	刘　阳	1120132636	黄家鹏
1120130709	董嘉傲	1120131700	朱璐璐	1120132638	彭　娉
1120130716	柳　磊	1120131712	周天翔	1120132640	朱良全
1120130717	陈扬戬	1120131716	赵闻一	1120132641	张长鑫
1120130725	王润梓	1120131717	范　玥	1120132677	檀文灏
1120130726	李云霄	1120131727	孙先灿	1120132692	方　玺
1120130736	张亚蒙	1120131733	刘　婧	1120132724	刘田田
1120130739	陈　舒	1120131743	谈兆年	1120132726	许祖强
1120130742	潘　红	1120131761	司恩泽	1120132727	宋　雪
1120130748	张钦清	1120131770	张哲华	1120132730	林宝宝
1120130749	关　阳	1120131783	王运里	1120132731	郭　琳
1120130755	顾含义	1120131795	刘兆阳	1120132737	项毓嘉
1120130783	符　东	1120131797	程显达	1120132740	曾　瑶
1120130788	李　航	1120131805	汪汗青	1120132743	钟余东
1120130789	夏宇峰	1120131818	赵　赫	1120132750	苑　程
1120130801	杜广泽	1120131887	高　志	1120132773	石佳丽
1120130827	郑良杰	1120131914	柏　赫	1120133654	战海洋
1120130836	胡紫安	1120131915	朱梦妍	1120133780	陈星逸
1120130846	段砚州	1120131916	唐　正	1120133794	李锡波
1120130877	关海杰	1120131928	钱塘文	1120133809	徐宇轩
1120130899	徐家慧	1120131936	刘文林	1120133829	洪煜中
1120130901	叶　云	1120131954	金煜阳	1120133833	李明欣
1120130910	周亭亦	1120131955	葛丹阳	1120133837	李　堃
1120130917	夏晓丽	1120131957	黄轩成	1120133838	李文吉
1120130922	王永恒	1120131968	骆　源	1120133844	潘　啸
1120130927	杨若凌	1120131976	梁浩然	1120133852	张海鸣
1120130929	王铉皓	1120131977	王晓达		

北京理工大学 2013—2014 学年优秀研究生名单

宇航学院

2120120101	袁进威	3120110008	严 冬	2220130030	吴 迪	2120130096	武新波
2120120030	周婕群	2220130023	司雪圆	3120130039	秦 同	2120130115	周运强
3120110019	胡海静	2120120037	陈禹洪	3120110015	陈 鑫	2120130101	薛若宸
2120120094	徐 娇	2120120108	张文博	3120120046	陈树霖	2120130051	何绍溟
2220130038	周 挺	2220130029	王晓宇	3120130019	陈勇波	2120130117	陈 苗
2220130015	刘瑞卿	2120120038	陈 喆	3120130047	张 凯	2120130054	蒋孟龙
2120120114	李 霞	3120100045	周 伟	3120130031	张晓辉	2120130072	刘宇鑫
2120120097	杨晓燕	2120120093	修哈宁	2120130106	翟峻仪	2220130001	白青林
2120120052	兰晓阳	2120120040	冯思松	2120130036	常佳佳	2220130020	邱佐祯
2120120074	施商涛	3120130028	杨 哲	2120130081	宋文斌	2220130036	张 耀
2120120017	王 丹	2120120050	蒋虎超	2120130113	周小陈	2220130027	王松涛

机电学院

3120110078	葛 卓	2120120151	余月月	2120120290	闫 卓	2120130187	冯绣丽
3120110082	韩 超	2120120155	钟云岭	2120120293	杨柳风	2120130214	郭晓铛
3120110076	周正青	2120120185	许 涛	2120120288	许 帅	2120130206	高志林
3120110093	武江鹏	2120120190	张 文	3120130063	徐 萧	2120130194	曹昊哲
3120110109	程 俊	2120120173	卢宇飞	3120130076	孟立波	2120130229	李婕敏
3120110101	师雪娇	2120120326	王 斌	3120130069	牟宗磊	2120130247	彭明松
3120110141	许胜刚	2120120330	夏 权	3120130114	吴金婷	2120130236	李志浩
3120120070	李 敏	2120120327	王 川	3120130092	原新鹏	2120130277	杨 坤
3120120068	刘 鹏	2120120192	何 飘	3120130118	张 良	2120130257	陶 艳
3120120081	刘旭东	2120120205	陈华华	3120130130	王昕捷	2120130280	于苏显
3120120091	佟文超	2120120213	董清先	3120130132	徐峰悦	2120130305	刘新阳
3120120097	王 晔	2120120208	陈泽宁	3120130124	刘丹阳	2120130288	张心玥
3120120109	刘坚成	2120120240	李孟君	3120130122	成 曦	2120130302	李 栋
3120120117	李国中	2120120244	李 扬	2120130129	鲍小伟	2220130070	郑 葳
3120120123	李 伟	2120120234	赖岳华	2120130136	胡斌斌	2220130046	董媛瑞
3120120148	丁旭冉	2120120281	位经传	2120130145	宋清官	2120130167	邝应龙
3120120133	伊枭剑	2120120263	齐任超	2120130169	李通通	2120130304	李明智
2120120125	鄂智佳	2120120277	王 鑫	2120130182	张 亮		

机械与车辆学院

10903019	张开虎	2120120405	庞 璐	2120130351	李 垚	3120100187	周俊杰
10903031	马国成	2120120411	沈修锋	2120130352	连金岭	3120100189	吴晓鹏
2120100451	黄建花	2120120420	孙银健	3120140188	唐寿星	3120100206	陈广豪
2120120371	李 勇	2120120430	王翠娥	2120130388	王涣杰	3120100220	张 庆
2120120339	鲍 婕	2120120454	尹振鑫	2120130405	徐哲赢	3120110157	陈 星
2120120347	段裕刚	2120120458	张 飞	2120130457	李明月	3120110194	王喜明

2120120352	关万俊	2120120465	邹志刚	2120130458	李　宁	3120110203	张　蕊
2120120353	韩文立	2120120472	胡美琦	2120130492	甄姗姗	3120110213	冯朝卿
2120120356	黄　晔	2120120477	靳森嘉	2120130504	宁梦茜	3120110220	刘雨薇
2120120357	贾世鹏	2120120480	李　兰	2220130073	崔立铭	3120110232	赵　宇
2120120366	李　亮	2120120485	刘宽伟	2220130085	孙　鹏	3120110235	秦也辰
2120120367	李明瑞	2120120492	裴　玲	2220130094	翟德慧	3120120172	柳春旺
2120130399	项瑞乐	2120120496	荣美霞	2220130100	朱妍妍	3120120213	卢宗兴
2120120372	李玉龙	2120120523	张　青	2220130107	范　皓	3120120232	王潇嵩
2120120377	刘　畅	2120120527	董明承	2220130121	蒋晓凤	3120130160	金　鹏
2120120381	刘　佳	2120120540	熊羚利	2220130132	梁小林	3120130192	苗成生
2120120385	刘文翠	2120130319	陈国明	2220130154	王诗源	3120130204	王　帅
2120120386	刘　潇	2120130324	狄崇峰	2220130172	杨竞喆	3120130231	陈泰然
2120120394	罗培培	2120130328	冯　品	2220130188	周　佳	3120140219	王志英
2120120399	孟冬梅	2120130350	李学良	3120100145	范新安	2120120432	王　贵
2120120401	米召阳						

光电学院

2120120561	白　雪	2120120630	叶　旭	2120130656	于小棠	3120110254	王雪虎
2120120569	高　杰	2120120632	张楠楠	2120130662	张逸辰	3120120233	康冰心
2120120573	郝建颖	2120120633	张一舟	2220130201	李雨风	3120120237	李　昕
2120120585	李明月	2120120644	蒋鸿伟	2220130213	肖　雪	3120120257	韩　剑
2120120587	李　湘	2120120679	邓　波	2220130220	张潇龙	3120120275	陈菲菲
2120120588	李　永	2120120703	徐　浩	2220130230	代盼涛	3120120277	何　滔
2120120596	刘晓华	2120130557	刘　羽	2220130231	韩大龙	3120130257	饶志涛
2120120599	马　晨	2120130601	杜浩源	3120100251	李　畅	3120130260	薛高磊
2120120604	彭海潮	2120130607	孔宪越	3120100275	徐　浏	3120130279	毛叶飞
2120120606	沙漠洲	2120130613	穆嘉星	3120110240	丛伟建	3120130285	刘　军
2120120613	王龙辉	2120130625	袁　慧	3120110243	顿　雄	3120130289	卢骏驰
2120120624	肖　龙	2120130644	桑思晗				

信息与电子学院

10905021	罗晓斌	2120120911	闫　路	2120130748	曹　军	2120130880	朱云鹏
2120120711	薄淑华	2120120912	杨晨曦	2120130749	曹玉树	2220130246	陈丽婷
2120120721	范晶晶	2120120915	尹述格	2120130751	陈偲艺	2220130268	胡泽辉
2120120722	范秋香	2120120940	邹光亮	2120130758	都春霞	2220130274	李　强
2120120760	苏福顺	2120130666	陈彦如	2120130773	蒋沅嵩	2220130312	孙毅鹏
2120120761	王　冠	2120130669	崔萌萌	2120130783	李鹏辉	2220130314	谭　威
2120120768	王雅薇	2120130676	郭高卉子	2120130788	李彦傧	2220130316	唐一凡
2120120774	温智磊	2120130685	江一帆	2120130808	梅力丹	2220130323	王　轩
2120120786	原浩鹏	2120130689	李　欢	2120130812	潘红云	2220130337	杨晏翔
2120120787	张春霞	2120130691	李　敏	2120130817	上官成林	3120110299	范花玉
2120120792	张雪源	2120130697	柳淑丽	2120130819	史玥婷	3120110311	阮　航
2120120802	陈聪葱	2120130700	苗志东	2120130826	涂　航	3120110318	王　腾

2120120803	陈婧瑶	2120130701	倪书爱	2120130834	王佳童	3120120317	龙哲仁
2120120816	方 宁	2120130703	乔 瞳	2120130836	王柔溪	3120120319	万嘉月
2120120857	李一品	2120130708	孙正阳	2120130855	喻 涛	3120120325	吴 爽
2120120861	林鑫晖	2120130714	王耀侦	2120130858	张 康	3120120326	熊 娣
2120120868	刘 娜	2120130731	张 萌	2120130863	张有仑	3120120332	郭一超
2120120883	祁东杰	2120130736	张雨濛	2120130864	赵博雅	3120130290	李潇然
2120120884	任艳阳	2120130743	周 晗	2120130875	周梦婷	3120130346	徐嘉岑
2120120889	宋灵燕						

自动化学院

10906016	杨大鹏	2120120991	李小芳	2120130889	李慧玲	3120110357	周 宁
2120120943	陈凯丽	2120120998	刘雨晨	3120100361	何玉东	3120120352	杨庆凯
2120120944	崔盈盈	2120121033	吴 珂	3120100368	王寅秋	3120120360	赵 曜
2120120949	李景琪	2120121040	徐玉娇	3120100369	戴 荔	3120130384	张叶青
2120120963	陈 静	2120121048	叶 镭	3120100372	董立静	3120130386	程思源
2120120968	丁鑫同	2120121064	周锋宜	3120110332	查文中	3120130389	宋文杰
2120120978	关子霄	2120130882	段睿钦				

计算机学院

2120121081	褚宇磊	2120121157	徐千昆	2120131065	佟琳巧	3120130404	何 景
2120121087	付茂才	2120121160	许 航	2120131096	张志智	3120110398	朱瑞瑾
2120121090	高 威	2120121192	张 茜	2120131107	蔡冰莹	3120130412	周天飞
2120121112	李瑞静	2120121173	张 雨	2120131089	张琼宇	3120110381	马 玲
2120121117	李 政	2120131005	万丹凤	2220130436	柯 力	3120110369	苏 岩
2120121118	梁燕	2120131011	陈凤娇	2220130424	白 燕	3120120392	王亚珅
2120121120	刘佳伟	2120131013	陈 林	2220130446	聂雷震	3120130409	苏 超
2120121125	刘 燕	2120131039	刘 宝	2220130466	张 欢	3120110379	柳 伟
2120121136	史湘君	2120131048	刘至润	2220130464	易 琳	3120110626	肖 琼
2120121162	杨 震	2120131063	田晨飞				

软件学院

2220130488	董 林	2220130494	甘彬君	2220130534	孙梦姝	2220130532	时济青
2220130547	吴露霞	2220130476	曹茵茵	2220130500	郭玉香	2220130562	张 竞
2120131118	李草原	2220130556	杨雪萌	2220130554	闫梓祯	2120131119	李佳妮
2220130481	陈 琳	2220130514	梁 汉	2220130566	赵健鑫	2220130523	聂洁颖
2220130540	王 灏	2120130192	黄 芸	2220130530	桑 迪		

材料学院

2120121213	高 明	2120131161	刘晓波	2220130590	刘学峰	3120120426	刘 秀
2120121215	谷 悦	2120131170	师丹丹	2220130604	郑玲玲	3120130431	李国举
2120121223	寇亚洲	2120131174	王琳琳	3120110403	豆艳坤	3120130432	李 鑫
2120121234	刘振锋	2120131186	杨文惠	3120110415	钱红梅	3120130436	苏德志
2120121253	王 晶	2120131192	张茜荃	3120120399	王 琳	3120130455	彭 喆

2120121282	朱　敏	2120131195	张雪超	3120120414	兰　天	3120130458	熊书玲
2120131132	戴晨毅	2120131200	赵　阳	3120120423	卢明明	3120140453	王　珂
2120131137	冯静静	2120131201	赵紫盈				

化工与环境学院

2120121294	党彦柳	2120121345	张小雪	2220130619	杨　鹏	3120120457	张笑笑
2120121296	冯　雪	2120121346	赵　欢	2220130626	陈　娟	3120120463	李俊华
2120121298	郭　欣	2120121358	刘　欣	3120100452	郝朋飞	3120120465	杨德利
2120121324	王　敏	2120131208	柏　晗	3120100457	薛　飞	3120130467	柴洪新
2120121334	杨国泉	2120131213	邓　晨	3120110442	刘明星	2120131217	郭耀芳
2120121336	杨　祎	2120131279	刘博睿	3120110456	路红燕	2120121353	戴丽琴
2120121340	张　建	2120131286	闫　康	3120110466	黄　荣	3120100478	王　昭
2120121343	张　盼	2220130612	陆国乾				

生命学院

2120121400	陈景杨	2120121431	邓　力	3120140510	王晓倩	2120131338	付婷钰
3120130501	贺木易	2120121390	王丹丹	2120121388	孙　欢	2120131344	张　祥
3120110477	刘啸尘	3120140511	许　可	2120121413	马景涛	2120121434	刘品多
3120140500	张一琰	2120121422	贾海洋	2120121432	冯会红	2120121433	付菁文
3120140499	翟雁冰	2120121406	贾邱添				

数学与统计学院

3120120505	王典朋	2120121439	崔　玲	2120131351	刘海阔	2120131368	王　骏
3120130517	王　春	2120121440	范若楠	2120131355	滕　飞	2220130678	谷晓琳
3120130518	王岗伟	2120121444	李锦秀	2120131359	王志楠		

物理学院

3120120520	张　宇	2120121492	念军伟	2120121475	李晋桃	2120131411	张春梅
2120121502	杨雪娇	3120130533	梁飞霞	2120131418	周雅楠	2120131408	于　洋
2120121491	孟　颖	3120120523	任　俊	2120131406	杨　燊	2120131378	雷　强

化学学院

3120100538	魏　丽	3120110524	孙　涛	2120121574	郑观培	2120121568	张　楠
3120100546	翟晓曼	3120100535	高小珍	2120121560	严　骏	2120121521	贾巧地
3120100534	田慧慧	3120120547	崔振涛	2120121537	马灵初	2120121516	董　璐
3120100542	张海峰	3120120631	王　卫	2120121549	王金侠	2120121529	李　路
3120110516	胡传刚	3120130581	赵　娣	2120121570	张彦芬	2120131443	李　阳
3120110528	肖　莹						

管理与经济学院

2120131556	熊　洋	2120131563	张丽君	2120121604	杨　婧	3120120565	徐德英
2120131519	查文东	2120131553	王之乐	2120121743	何鉴孜	3120120610	张文思

2220130713	陈　亚	2120131589	姬志斌	2120121735	张　林	3120110593	周　潇
2220130720	刘丽娜	2120131597	刘青青	2120121712	石　秀	3120130627	李默洁
2220130725	孟　旭	2120131594	李亚楠	2120121727	闫永晶	3120130622	张文凯
2220131083	管建娜	2120131584	盖　瑜	2120121653	王　璐	2120131606	唐　鑫
2220130711	张　瑞	2120131600	权级慧	2120121618	陈雨婷	2120131539	刘艳荣
2120131502	王　树	2120131626	张红璐	2120121651	孙　鸽	2120131538	刘　艳
2120131487	洪泽强	2120131616	吴佳颖	2120121675	张忠华	2120131575	王傲东
2120131505	于　澜	2120131617	武赛赛	2120121699	刘德舟	2120121632	李　兵
2120131536	刘文洋	2120131515	高亿萱	2120121684	丁　雪	2120131533	刘丹妮
3120140640	何亚伟	3120140624	王　策	2120121695	康玉臣	2120131498	田　扬
2120131522	陈潘越	2120121585	李洁超	3120100622	刘　蔚	2120131483	陈丹丹
2120131569	朱福进	2120121596	孙石磊	3120100582	刘小月	2120131560	袁晓霞

MBA

2220130852	刘敬睿	2220130744	陈　伟	2220130817	李　诚	2220131085	李佳蔓
2220130893	钱品炜	2220130751	陈　悦	2220130825	李科锋	2220130702	黄芳佳
2220130922	田志慧	2220130752	成国华	2220130805	黄敏辉	2220130699	顾芳芳
2220131012	张光耀	2220130920	田文平	2220130918	唐小冲	2220130787	郭雪松
2220131060	朱占华	2220131005	张　博	2220130812	康冬雨	2220130885	倪俊召
2220120915	周　婧	2220131007	张春红	2220130871	罗海龙	2220130710	张　强
2220130766	冯　艳	2220130917	唐林智	2220131041	赵映时	2220130943	王　威
2220130789	国永华	2220130811	瞿　云	2220130851	刘　净	2220130738	陈　斌
2220130810	靳晓宇	2220130930	王　浩	2220131027	张新玲	2220130818	李春粉
2220130993	姚竞鸣	2220130804	胡　伟	2220130802	侯晓玲	2220130924	佟振宇
2220130971	熊骁然	2220130783	郭富辉	2220131018	张　婧	2220130995	姚思宇
2220130940	王巧云	2220130774	高艳玲	2220130836	李　艳		

人文学院

2120121754	高　西	2120121756	李凤怡	2120121778	王　艳	2120131661	吴碧媛
2120121759	孙笑菲	2120131677	杨玉婷				

法学院

2120121821	左　思	3120130653	汪　婧	2120121807	陶阳子	2120121812	杨　莉
2120131691	刘银平	2220131118	辛嘉洋	2220131151	张　蕾	2120121791	孔德翰
2120131684	高　哲	2120121790	黄勤怡	2120131692	柳婷婷		

外国语学院

2220131163	师静雅	2220131156	曹园宁	2120131720	路剑虹	2120121837	汤惠文
2120131728	于秋洁	2120131722	冉义珂				

设计与艺术学院

2120121922	赵晓婉	2120121928	宗跃飞	2120121899	万　千	2120131740	王文清
2120131750	程星红	2120121883	刘芳瑜	2120131738	齐娅璇	2120121906	夏　冰

2220131199	李璟璐	2220131213	杨　硕	2120131749	陈小杰	2120121856	陈相宜
2220131203	娄艺凡	2120121896	苏明月	2120131748	陈炯燕	2120121910	许　岑
2220131206	王　帆	2120131808	周晓燕				

教育研究院

2120131817	颜　燕	2220131225	胡安阳	2220131224	樊　婷	2120131813	李海红

继续教育学院

2120131818　丁庆梅

图书馆

2120131823　常　欢

北京理工大学 2013—2014 学年优秀学生干部名单

宇航学院

1120110003	常睿文	1120110144	于珊珊	1120120163	方　维
1120110026	朱晓辉	1120120001	藏　悦	1120120263	金鹏飞
1120110104	张　宁	1120120007	蒋　军	1120120439	王语嫣
1120110113	郭子淳				

机电学院

1120110267	胡明媛	1120110400	王鹏龙	1120120308	王胜男
1120110330	王　雪	1120120253	王韫泽	1120120351	郝黎明
1120110337	张晋钰	1120120260	赵　传	1120120456	白　冰
1120110362	王璐瑶	1120120284	张天河		

机械与车辆学院

1120110530	成　前	1120110806	崔雨涵	1120120662	黄子瀚
1120110540	马　凯	1120110882	曲炳东	1120120776	朱彧良
1120110583	张俊义	1120112576	李　博	1120120834	张凯宇
1120110695	柯志芳	1120120535	韩一迪	1120120861	赵泽宇
1120110697	李　超	1120120577	彭浩楠	1120120881	田少娟
1120110779	廖治中	1120120640	马成男	1120122711	曾睿宇

光电学院

1120110971	翟子超	1120111139	张亚辉	1120121055	周朴希
1120110988	冉　秦	1120120923	李思慧	1120121067	王　冬
1120111104	王彤璐	1120121007	黄　雨		

信息与电子学院

1120111188	肖雪迪	1120111481	韩思齐	1120121263	于兆凯

1120111232	邓寿云	1120112030	邢世稳	1120121283	李　昱
1120111325	梁伟杰	1120121165	王　颖	1120121487	赵　楠
1120111362	宋东澎	1120121177	程　坤	1120121506	李若楠
1120111401	闫　曦	1120121192	邵国亮	1120121507	李翔南
1120111409	艾占杨	1120121217	郭达琳	1120122747	蔡雪滢
1120111451	李银川	1120121238	张皓原		

自动化学院

1120111551	粟　名	1120112791	杨　楠	1120121649	高　彬
1120111587	王　铎	1120121606	向玉兰	1120121739	段利波
1120111651	赵鹏峰	1120121622	开昱雄	1120121741	耿庆磊
1120111656	毕　瑞	1120121639	肖　凡	1120121831	姜云路

计算机学院

1120111930	欧　焱	1120121872	邵礼铭	1120122018	吴一凡
1120111948	韩梦乔	1120121941	李　念	1120122039	解　菲
1120112016	李为智	1120121991	杨　研		

软件学院

1120110810	何兴平	1120112212	盖方宇	1120122113	陈敬伍
1120112041	蔺青钰	1120112231	张　歆	1120122142	储守成
1120112046	冉　昇	1120122087	常　旭	1120122231	李思瑶
1120112205	周龑琳	1120122093	李海锋		

材料学院

1120112246	郭慧子	1120122364	鲍伶香	1120122417	陈梦灵
1120112380	周上程	1120122410	赵　颖	1120122431	林　瑶
1120112402	付海东				

化工与环境学院

1120112411	苏子琦	1120112533	李　倩	1120122546	潘京润
1120112468	杨忠琳	1120122504	李冰玉	1120122607	陈　超
1120112502	王　鹏				

生命学院

1120112612	夏一凡	1120112641	刘惠康	1120122706	徐　灏

数学与统计学院

1120112793	束加俊	1120112868	陈宇翔	1120122846	王馨宜
1120112797	牛　森	1120122821	王　聪	1120132792	李明达

物理学院

1120112940	于兴尧	1120122997	金　诚	1120123009	翁建宏
1120122955	王　茜				

化学学院

1120112834	南　琼	1120123058	李　薇	1120132962	高　雪
1120123047	桑思尔				

管理与经济学院

1120113017	盖士娇	1120123151	揭江怡	1120133087	鞠明玥
1120113149	贾一宁	1120123200	丁志奕	1120133117	胡晶梅
1120113163	王晨余	1120123233	赵　洋	1120133125	毛　婕
1120113189	刘一诺	1120123234	郑方圆	1120133133	王凌鸥
1120113309	杨　光	1120123260	夏冬妍	1120133150	邓宇昕
1120113326	张琳晞	1120123282	李子奇	1120313196	易　宁

人文与社会科学学院

1120113328	由耀爽	1120123360	李　珊	1120123435	谢　宁
1120113350	袁　敏	1120123362	刘开迪	1120133299	李小煦
1120123351	朱宗磊	1120123389	李　赫	1120133388	张函其

法学院

1120113390	刘　震	1120123507	于文奇	1120133437	考沙尔
1120113397	张　航	1120123522	刘　迈	1120133468	张　越
1120123462	刘聪颖	1120123537	张霁月		

外国语学院

1120113484	贾慧卿	1120123590	于　跃	1120133599	王圣茜
1120113566	唐婧怡	1120133560	高佳蔚	1120133622	杨晓璇
1120123589	于　帅	1120133596	王晶晶		

设计与艺术学院

1120133683	王舒瑶	1120113643	袁奕琨	1120123711	钟疏影
1120113608	董　露	1120122042	李政林	1120123721	梁　钰
1120113639	刘伟松	1120123666	陆炎凯	1120133641	彭杉杉
1120113641	宋晓青	1120123680	余杨诚	1120133743	赵一帆

基础教育学院

1120130097	袁一博	1120131014	张恺予	1120132068	牛泽群
1120130098	李　想	1120131121	范燕燕	1120132090	王旻昊
1120130153	杜宗霖	1120131197	张右承	1120132098	熊皓泉
1120130174	岳孟坤	1120131211	李耀栋	1120132199	刘鑫伟

1120130311	吴　昊	1120131221	徐子坪	1120132305	许行健
1120130348	周信兵	1120131285	徐　冀	1120132376	谭悟远
1120130376	赵晓磊	1120131316	李竞捷	1120132388	曾祥楷
1120130379	徐佳锋	1120131347	杨　昊	1120132434	潘彦辰
1120130462	管恩铭	1120131348	李　喆	1120132436	胥　翥
1120130505	宫敬程	1120131590	高健凯	1120132473	杭嘉炜
1120130619	张　恒	1120131648	王守奇	1120132496	张　波
1120130637	王鑫雨	1120131661	勾　玥	1120132586	钟文松
1120130722	张　津	1120131663	廖志境	1120132634	孙洋洋
1120130754	杨净儒	1120131689	杜　婧	1120132670	吴　越
1120130784	周　腾	1120131702	牟泉松	1120132694	杨　铭
1120130809	李晨畅	1120131747	李昌洋	1120132708	王语鑫
1120130859	卢秋妤	1120131821	郎一宁	1120132719	任国明
1120130916	何剑鸿	1120131842	关明扬	1120133788	李　翔
1120130989	步天朋	1120131904	陈　瑾	1120133858	任成坤
1120131007	余　越	1120132065	王　瀚		

北京理工大学 2013—2014 学年优秀研究生干部名单

宇航学院

2120120070	马伟涛	2120130110	张晓敏	2120130074	龙嘉腾	3120110023	刘俊辉
2120120034	陈　鹄	2120120104	曾清喻	3120100007	杨永泰	3120130012	辛鹏飞
2120120051	金远先	3120130052	魏昕林				

机电学院

3120120068	刘　鹏	2120130133	丁晓燕	2120130295	周琳玕	2120130285	张天一
2120120206	陈慧玲	2120130138	李光宇	2220130041	李　璇	3120130151	赵　耀
2120120309	赵　莹	2120130152	袁　婷	2120130306	刘　云	2120130162	邓　岩
3120130074	金　鑫	2120130171	李志达	2120130181	张　婧	2120120159	杜　琳

机械与车辆学院

2120110484	单志亮	2120130381	汤　锐	2120130483	薛继业	3120120200	苏笑星
2120120437	王晓圆	2120130406	许明锐	2120130524	奚浩晨	3120130169	刘继凯
2120120449	谢天礼	2120130431	张益川	2220130145	史　男	3120130175	宋宁冉
2120130344	李耿标	2120130445	底　翔	3120110177	那　奇	2220130160	吴　闯
2120130356	刘　迪	2120130389	王　露	3120110185	宋文涛		

机电学院

2120120575	胡　玲	2120120651	刘满晋	2220130229	程　硕	3120130284	郎　野
2120120578	黄　坤	2120130629	张述玉	3120130263	李亦阳	3120140288	王云石
2120120594	刘浩杰	2220130211	魏　珊				

信息与电子学院

2120120772	王跃俊	2120130721	夏　杨	2120130805	罗　婧	2220130354	周思雅		
2120120793	张　营	2120130771	蒋涉权	2120130854	于建民	3120110312	申宇瑶		
2120120907	王　卓	2120130780	李涵月	2220130291	刘　渊	3120110319	王迎雪		
2120130682	胡静远	2120130782	李梦源	2220130318	王浩宇	3120130319	赖武文		
2120130699	马志扬								

自动化学院

2120120993	刘芳宇	2120130978	王忠凯	2220130392	祁正阳	3120120361	孟　苏		
2120121034	吴　磊	2220130362	崔会强	2220130417	张啸天	3120120366	陈光荣		
2120130928	姜　露								

计算机学院

3120100388	程　宾	2120121193	张　也	2220130427	陈礼蓉	2220130467	赵翰卿		
2120121095	郭儒佳	2120131079	晏文博	2220130434	焦晨宇	2220130450	任旭龙		
2120121165	詹红燕								

软件学院

2220130572	周琦超	2220130549	伍　翀	2120131117	何平凡	2220130508	井泓杨萍		

材料学院

2120121225	李汪洋	2120131128	陈　萍	2120131177	王　松	3120140454	王亚龙		
2120121283	邹　红	2120131149	李　铖	2220130598	王潇男				

化工与环境学院

2120121311	李静静	2120131228	李心媛	2220130613	祁传杰	3120140489	屈雯洁		
2120121333	徐万塔	2120131262	喻其林	3120140479	杨宇翔				

生命学院

2220130670	刘莉丹	2220130673	伊华敏	2120131334	谢白羿	3120110480	秦奎伟		

数学与统计学院

2120131353	刘晓豫	2220130692	张敬轩						

物理学院

2120131373	弓志宏	2120131386	乔转转	2120131391	田伟静				

化学学院

3120120552	郝　亮	3120100550	王　佳	3120110522	刘　兵	3120130569	徐国宏		
2120131472	张斌艳								

管理与经济学院

2220130728	宋菲菲	2120131550	仝荣伟	2120131641	尹　旭	3120120619	姜李丹
2120131510	赵一璠	2120131601	申　璐	3120100591	李　慷	3120130644	史俊熙
2120131531	李青云	2120131611	王　青	3120110581	张春晔	2120131567	周海亮

MBA

2220130865	刘亚文	2220130874	马　翔	2220131013	张国良	2220130712	庄　园
2220130839	李宇宽	2220130996	叶　伟	2220131087	刘　勋	2220131011	张富贵
2220130973	项伟华	2220130854	刘　坤				

人文学院

2120131659　秦彬煊

法学院

2120121803　邵　盈　2120121788　郭学钊　2120131709　朱亚静

外国语学院

2120121830　李淑娟

设计与艺术学院

2120131745　毕中东　2220131179　李雨璇　2120121919　张　宇　2120121925　钟久祥

教育研究院

2120131816　王祈然

继续教育学院

2120121941　田晓娜

北京理工大学 2013—2014 学年先进本科生班集体名单

宇航学院	01311201 班		
机电学院	02111102 班		
机械与车辆学院	03121101 班	03421101 班	03511201 班
信息与电子学院	05811101 班	05111261 班	
自动化学院	06911201 班		
软件学院	08311201 班		
材料学院	09111101 班		
生命学院	16131201 班		
化学学院	19011201 班		
管理与统计学院	21011301 班	21511201 班	21921301 班

人文与社会科学学院	22111202 班	
法学院	23111101 班	
设计与艺术学院	25111201 班	
基础教育学院	01721301 班	07111306 班
	03031307 班	16131301 班
	05111351 班	10021305 班
	05211302 班	

北京理工大学 2013—2014 学年先进研究生班集体名单

宇航学院	13S1	13B2
机电学院	12S6	13B3
	13S2	13S3
	13S4	13S6
机械与车辆学院	电动车辆 1 班	发动机班
	基础部班	流体与热工班
	特种车辆研究所 2 班	工业工程实验室班
光电学院	2012 级硕士仪器 1 班	2013 级硕士光工 2 班
	2013 级硕士仪器 1 班	2013 级硕士物电班
信息与电子学院	2012 级硕士微波	2013 级硕士通信 2 班
	2012 级硕士信号 1 班	2013 级硕士通信 1 班
	博士信号 2 班	2013 级硕士对抗
自动化学院	2013 级系统硕士班	检测系统博士班
计算机学院	2013 级硕士 2 班	2013 级硕士 3 班
	2013 级硕士 4 班	博士 2 班
	博士 4 班	博士 5 班
软件学院	2013 级硕士 1 班	2013 级硕士 5 班
材料学院	材料学院 2013 级硕士 2 班	材料学院 2013 级博士班
化工与环境学院	2013 级硕士 1 班	2013 级硕士 5 班
生命学院	2013 级硕士一班	2012 级博士
生命学院	2012 级生物医学工程硕士班	2012 级生物学硕士班
数学与统计学院	2013 级学硕班	2013 级博士班
物理学院	2013 级研究生班	2012 级研究生班
化学学院	2011 级博士	2013 级博士
管理与经济学院	2013 级硕士 1 班	2013 级硕士 2 班
	2013 级硕士 3 班	2013 级硕士 4 班
	2013 级硕士 5 班	2013 级硕士 6 班
MBA	2013 级 MBA 集中 2 班	2013 级 MBA 在职 2 班
人文与社会科学学院	2013 级研 2 班 心理学	2013 级研 1 班 理论经济学
法学院	2013 级法律硕士（法学）	2013 级法硕（非法本）
外国语学院	2013 级硕士笔译班	

设计与艺术学院	设计 2013 级研 1 班	设计 2013 级研 4 班
教育研究院	2013 级硕士研究生	

北京理工大学 2013—2014 学年优良学风班名单

宇航学院	01211101 班	01111201 班		
机电学院	02111101 班	02211101 班		
机械与车辆学院	03911201 班	03511101 班	03211101 班	
光电学院	04111102 班	04121203 班	04121104 班	
信息与电子学院	05811201 班	05211201 班	05931101 班	
自动化学院	06001201 班	06111205 班	06111204 班	
计算机学院	07111204 班	07121101 班	07111107 班	
软件学院	08311102 班	08211101 班		
化工与环境学院	10111102 班	10221201 班		
生命学院	16111101 班			
数学与统计学院	17821301 班			
物理学院	18111203 班	18821303 班		
化学学院	19821301 班			
管理与经济学院	21411201 班	21511101 班		
人文与社会科学学院	22111201 班	22121201 班		
法学院	23111102 班			
外国语学院	24111301 班	24131101 班	24121101 班	
设计与艺术学院	25701103 班	25701204 班		
基础教育学院	02031301 班	06131301 班	03031304 班	08111302 班
	03031310 班	10021303 班	04211305 班	30011301 班

北京理工大学 2013—2014 学年本科优良学风宿舍名单

宇航学院

13#628	丹枫园 A403	丹枫园 A323	6#146

机电学院

13#607	博雅园 637	博雅园 630	丹枫园 A116
13#540			

机械与车辆学院

13#310	博雅园 624	13#448	5#124
丹枫园 B1019	丹枫园 B1025	丹枫园 B1003	博雅园 610

光电学院

6#404	6#446	博雅园 734	丹枫园 A520

信息与电子学院

13#425	6#211	博雅园 704	博雅园 719
6#242	丹枫园 A623	博雅园 717	

自动化学院

6#435	博雅园 815	疏桐园 A406	博雅园 525
13#225			

计算机学院

疏桐园 A217	疏桐园 A120	新 1#518	新 1#807

软件学院

5#114	5#139	疏桐园 A508	12#613

材料学院

丹枫园 B906	11#557	13#207

化工与环境学院

6#202	博雅园 513	博雅园 518

生命学院

5#210	博雅园 534	丹枫园 B615

数学与统计学院

静园 D340	静园 D405	丹枫园 B217

物理学院

静园 D122	静园 B115

化学学院

丹枫园 B516	静园 B122

管理与经济学院

静园 B224	静园 B211	博雅园 935	静园 A109
静园 B208	博雅园 914	静园 A103	

人文与社会科学学院

静园 B236	静园 B238	静园 A222

法学院

博雅园 420	静园 A229	静园 A235

外国语学院

静园 B412	静园 B418	博雅园 315

设计与艺术学院

静园 D528	静园 B438	5#105	博雅园 437

基础教育学院

疏桐园 B124	疏桐园 B503	静园 C324	疏桐园 E524
静　园 C114	静　园 C211	疏桐园 D203	疏桐园 E518
静　园 C104	静　园 C217	静　园 C336	疏桐园 E526
静　园 C124	疏桐园 C330	疏桐园 D502	疏桐园 E325
静　园 C117	疏桐园 C406	疏桐园 D515	静　园 C501
疏桐园 B317	疏桐园 C408	静　园 C406	静　园 C414
疏桐园 C112	静　园 C228	疏桐园 E205	静　园 C437
疏桐园 B508	静　园 C235	静　园 C407	静　园 D325
疏桐园 B522	静　园 C317	静　园 C512	静　园 D335

北京理工大学 2014 年度优秀国防生名单

宇航学院 2011 级飞行器设计与工程专业　朱晓辉
机电学院 2010 级弹药工程与爆炸技术专业　丁亮亮
机械与车辆学院 2010 级地面武器机动工程专业　程祥瑞
机械与车辆学院 2010 级地面武器机动工程专业　周　凯
机械与车辆学院 2010 级车辆工程专业　李熠峰
机械与车辆学院 2010 级车辆工程专业　张哲斌
机械与车辆学院 2011 级地面武器机动工程专业　李　超
光电学院 2010 级电子科学与技术专业　顾　博
光电学院 2010 级电子科学与技术专业　孙晓东
光电学院 2010 级电子科学与技术专业　高于山
光电学院 2010 级电子科学与技术专业　段振涛
光电学院 2011 级光电信息工程专业　李　宁
自动化学院 2010 级自动化专业　任瑞科
自动化学院 2010 级自动化专业　陈良红
软件学院 2010 级软件工程专业　关　放（女）
软件学院 2010 级软件工程专业　李鹏坤
软件学院 2010 级软件工程专业　宇文慧强
软件学院 2010 级软件工程专业　盖方宇
外国语学院 2011 级英语专业　王静怡（女）
基础教育学院 2012 级信息工程专业　菅梦楠（女）

基础教育学院 2012 级自动化专业　肖　凡
基础教育学院 2012 级武器系统与发射工程专业　张锁麒
基础教育学院 2012 级信息对抗技术专业　王志坚
基础教育学院 2012 级信息工程专业　杨家文
基础教育学院 2013 级电子信息类专业　林钰达
基础教育学院 2013 级电子信息类专业　程　琳（女）
基础教育学院 2013 级电子信息类专业　聂　平
基础教育学院 2013 级武器系统与工程专业　孙圣杰

北京理工大学 2014 年度优秀国防生骨干名单

机电学院 2010 级弹药工程与爆炸技术专业　肖文磊（担任国防生大队 10 中队中队长）
机械与车辆学院 2010 级地面武器机动工程专业　魏　然（担任国防生大队副大队长）
机械与车辆学院 2011 级探测制导与控制技术专业　李　凡（担任国防生大队 11 中队指导员）
信息与电子学院 2010 级信息工程专业　杨东煜（担任国防生大队 10 中队指导员）
信息与电子学院 2011 级信息工程专业　邓寿云（担任国防生大队 11 中队中队长）
信息与电子学院 2011 级信息对抗技术专业　李　丞（担任宣传工作室文艺部部长）
软件学院 2010 级软件工程专业　郭仔昂（担任国防生大队 10 中队区队长）
法学院 2010 级法学专业　朱海梦（担任宣传工作室副主任）
基础教育学院 2012 级信息工程专业　孟　鑫（担任国防生大队 13 中队区队长）

北京理工大学 2014 年度国防生先进区队名单

国防生大队 10 中队三区队（2010 级电子科学与技术、自动化专业；总参先进区队）
国防生大队 11 中队四区队（2011 级车辆工程、地面武器机动工程、软件工程专业）
国防生大队 12 中队一区队（2012 级信息工程、信息对抗技术专业）
国防生大队 13 中队三区队（2013 级车辆工程、武器类、数学专业）

2014 年国家奖学金获得者名单

康　杰	匡　银	张　超	张晓敏	李　衡	夏晓丽
侯冀川	汪　烜	刘振华	王　沈	张　航	何伊凡
徐广通	张　帆	马　骁	侯　哲	余欣怡	刘金翰
刘少波	杨　旭	靳晓乐	王　冠	刘春游	李思伟
马祎蕾	马雷娅	陶　洁	程垒健	徐嘉熠	蔡　炯
陈晓笑	娄玮	蒲　波	张肖涵	马姝婷	石文悦
蒲鹏宇	王泽晖	商占仝	李腾飞	姚紫嫣	王晓玥
孙德巍	张泽霞	鲁源泉	何　超	邵雪颖	张玲瑶
王语嫣	陈思凝	金颜必佳	付　强	章　宜	张　召
郭宇飞	顾洲灿	江晨阳	裴筱琨	高家思	崔晨星
朱　炜	肖雪迪	张梦菲	肖海洋	丛怡然	李海筝

白　萱	韩晓琳	张京京	李文策	齐天怡	弓　瑞
杨昊伟	张玉龙	胡　涛	侯健达	李汝偲	吴嘉文
张　瑞	朱　峰	朱　翼	王思涵	付　琳	刘兆阳
张泽玮	周　桂	钱　忱	崔艺瑄	陈　思	钱塘文
姜鑫洋	张　旭	成　诚	杨慧瑶	朱慧子	杭子钧
王泽鹏	黄　腾	李青璇	王　朔	孙忆楠	葛丹阳
刘　娟	程顺吉	郑佳艺	张千雪	胡风青	闵澄逸
金　敏	菅梦楠	赵传真	李　钰	陈　曦	朱立飞
王乐怡	高　众	刘俊辉	梁程智	郭达维	胡安琪
杨大鹏	孙颖豪	万　励	李　妍	周　倩	孙　莹
孟凡婧	宗　诚	华牧天	吴孟其	贾仕臣	么斯雨
李　超	赵　鑫	张琼由	特慕伦	陈丽扬	贾晓璇
叶剑辉	武烨存	庄　田	王　瑞	王朝政	史佳庆
于　谦	王九牛	胡剑桥	张昊哲	黄则临	方　利
陈卓群	张　义	徐涵颖	康月玮	王廷轩	胡志明
杜　鹏	鲁　盼	李　浩	周　桐	范家萌	黄一峰
张丹丹	秦莹莹	张秋南	甘　霖	武翔宇	殷立征
田金鹏	张　浩	周　立	刘梦醒	单光乾	沈　馨
郑　晟	陆天怡	夏　妍	徐文倩	柳　磊	檀文灏
张孟珠	张晓龙	雷丙震	王　琛	卢　慧	詹　洁
黄凤楠	王　磊	李广祺	严月珺	李　航	苑　程
苏江舟	陈卓吟	毛舒凡	陈鹤尹	刘天宇	洪煜中
李　悦	于　超	刘　奥	王心园	侯如非	朱少威
侯森浩	张夏溦	王　东	苏　烨	周亭亦	张闻宇

2014年国家励志奖学金获得者名单

李　佳	周登宇	方　玺	由耀爽	周　浩	李冰玉
白　龙	朱英鹏	杨　望	杨　楠	邓　恒	刘艳禹
张宏宽	谢开强	郭家惠	陈祎芳	武湘成	禄　甜
张　琦	金日辉	贺裕鹏	郑　悦	白　伟	贺巧鑫
李　康	刘　磊	黄文艺	翁李容	卢　琦	起文斌
汪　艳	张飞凯	孟　权	陈小露	卜小春	高勇强
廖桂妤	娄伟鹏	薛晓辉	董岭岭	崔市伟	刘盛兰
张跃坤	焦慧超	马天宝	张　越	岳祥虎	王晨蕾
程李东	张　瑜	曹文卓	王一淮	徐雅雄	蔺奇卡
王　思	张　恒	陈罡风	苏明珠	张稼祥	苏　阔
朱宇博	吴慧琪	李纪虹	杨玉红	段利波	周璐珊
王光辉	赖晓芬	胥翥	孙中兴	凌露露	黄　坚
倪小川	徐　磊	杨煊赫	杨慧莹	朱　梦	唐灵通
刘雅玲	张凯宇	周嗣洋	崔俊颖	李　义	蒋志鑫
贾英杰	马江涛	吴海媚	杨　灿	李　龙	谢　成
张游琪	孟祥禄	刘思雨	马举猛	罗　超	郭　颖

梁伟栋	吕 亮	范庆松	张小洁	张文青	彭浩雄
赵 毅	潘昌基	赵 梦	黄凯文	邹 哲	谭一敏
蒋 军	赵 泽	李旭辉	于 帅	艾雪峰	张晓健
李佳丽	张 状	刘田田	李承欣	冯国强	张大艳
祁 帅	田少娟	陈 朗	龚 迁	马 宁	刘弘洋
沈 灏	陈亚楠	刘新宁	徐源鸿	吴松泽	何林欢
田 震	周 晗	刘鑫伟	于丹丹	李为智	何可仁
陈 琪	黄子瀚	许 都	闫茂铠	刘苗苗	蔡小娟
马志伟	李 超	吴志达	张 严	徐程程	董小楠
黄 美	陈永全	刘云飞	孙晓丽	邓志会	田阿敏
李佩珊	王业东	杜奕聪	刘伟松	杜一凡	白若兰
冉雨林	黄巧盛	谈兆年	廖 伟	马宝利	易 婕
王作超	田依杉	张 伟	任杨阳	曹文强	林 鑫
曾培高	李贤仕	戚 洋	刘卫南	欧 焱	高 越
张宇鑫	马飞龙	王健行	柳 剑	高志伟	秦春霞
金鹏飞	冉 秦	勾 玥	袁 盈	张燕妮	彭 滴
刘 宇	周国栋	毛 尾	段何涛	余非梧	李 春
张 宁	王 茜	李颖浩	唐雅昕	唐翼琨	邢介震
段苏宸	江海燕	马昕宏	孙健坤	孙 鹏	刘玉霞
赵海波	罗玲玲	骆健恒	郭川东	夏光敏	楚少帅
侯 渊	陈海龙	王朝君	涂淑琴	周 姣	徐晗辉
石选阳	张小萌	刘文林	张成军	马 敬	陈芝红
周伟刚	魏 凯	李 铮	杜宗霖	黄建峰	张 玲
张凤萍	王宏明	赵博栋	崔 洋	王浩宇	雷晓钰
哈海荣	吴 晨	胡 优	夏天华	苏鹏川	胡 慧
张亚平	姜家华	刘冬宇	张 津	李玲玲	杨肖康
赵 康	黄 博	张哲华	洪 超	宋红梅	马广通
刘 旺	彭志蓉	刘元培	董 伟	唐 鑫	束加俊
祝加鹏	张 涛	邵凯阳	薛建恒	汪 啸	杨润河
郝胜强	范俊彪	朱璐璐	郜 帅	李秋云	马东东
黄忠山	肖家胜	廖泽霖	张哲华	王宇侠	丰海娇
石永相	张兰平	崔一鸣	李树林	刘振兴	赵 鹏
商 成	赵会杰	李 科	王亚东	秦 欢	马大帅
刘 源	王 聪	叶 云	李梦婷	牛 冲	胡奕琳
焦鹏举	蒋志科	晁银银	刘 奇	朱天保	闫 昭
谭洁玉	远 航	杨 洁	岳孟坤	李广鹏	龚 平
高 枫	张 彬	周晶晶	胡紫安	李艳娥	葛 军
冯雪贝	程 坤	邓玉婷	杨 洋	杨一川	杨元龙
吴万东	孟 鑫	王 博	赵晓磊	刘宏伟	吕振律
周钦钦	谭欣荣	徐佳瑞	钟明洁	肖 雄	张 敏
王垚雄	戴 曼	卢佳欣	王秋涛	刘伟伟	王 翔
朱玉荣	蔡津剑	张璐婕	朱灵敏	张圆圆	李思清
杨 婷	周灵慧	王雅洁	刘晶晶	周 礼	吉云鹏
湛 赞	杨璟茂	聂 平	张 亮	曹 创	胡 静

涂小兰	应　乐	李　跃	张　毅	董红伟	刘　瑾
吴俊峰	刘　宇	樊阿馨	宫敬程	刘瑞雪	李　薇
刘　琳	王雨竹	张立强	王嘉尧	毛铁哲	陈哲明
王向远	靳　翔	侯方方	李佳蔓	何　苗	尹新颖
房林林	赵洪明	王雅珊	詹盛华	罗　伟	张珂新
牛中轲	刘　力	徐　冀	王旭东	魏金弟	马艳艳
赵伟华	王睿怡	金　鑫	张　恒	李金野	曹奕晖
余　彪	李姝昀	闫嘉磊	王　瑾	李德耀	张姗姗
魏洪乾	刘　婷	郝子焕	张钦清	王姣姣	莫　傲
刘　旭	王　俊	邹诗浩	汪常进	王欢欢	李翠翠
秦一进	杨磊磊	王硕丰	张世忠	孟君俐	吴　超
孟　璐	董世林	闫　旭	张　彤	曹　婕	桑思尔
赵　檀	李　沫	刘志豪	秦　冲	熊庆平	王　茜
张志强	邓寿云	陈友旺	刘相忠	侯壮壮	刘　杰
赵　宇	白　雪	杨文雨	成金玉	董承昊	徐藤瑗
苏国庆	张晨爽	陈思雨	洪钧婷	杨忠琳	陈少玲
王文越	蔡雪滢	张璐杰	张长鑫	马　敏	谈银坤
张　芬	孙　博	杨　涛	唐利红	杨　娟	李亚慧
陈　焕	郭盈东	张辰琛	贺　媛	李　倩	刘博文
李　丽	敬　辉	范燕燕	张小琴	秦孟儒	胡晶梅
李孟强	牛　尊	罗锦涛	甘建鹏	刘明月	王　君
蒋新柱	田晓辉	柯　猛	李蒙招	陈亮亮	冉　敏
罗佳毅	游振涛	张海鸣	刘得明	刘立翠	张成林
戴培霖	郭若愚	李文吉	陈志伟	闫　丹	余　进
张　凯	张淑静	黄晓伟	钟余东	龚成琳	王　美

易　宁　　古丽娜孜·吐尔逊　　叶尔兰·阿德力　　考沙尔·麦尔阿木

2014 年“徐特立奖学金”获得者名单

冯天成	于　灏	李俊飞	马　鑫	卢明明	杨　蕊
赵一民	程虎虎	赵　晔	孙墨琳	崔东顺	朱常青
庞　斌	董志超	文思思	陈　伟	申秀蕊	高剑锋
马秋菊	肖中阳	彭开南	刘　畅	徐　杰	马鑫宇

学生重要学科及课外科技竞赛获奖名单

2014 年美国大学生数学建模竞赛

序号	级别	等级	姓名	学号	班级
1	国际	一等奖	刘佳伟	1120110192	01311102
2	国际	一等奖	马　鑫	1120112710	16131101
3	国际	一等奖	鲁　盼	1120111328	06911101
4	国际	一等奖	姜曦淏	1120110566	03911101
5	国际	一等奖	孔垂烨	1120111070	05931101
6	国际	一等奖	周登岳	1120110623	03111102
7	国际	一等奖	彭开南	1120111500	05911101
8	国际	一等奖	郑一鸣	1120111533	05911101
9	国际	一等奖	崔　铠	1120111477	05911101
10	国际	一等奖	袁　媛	1120111196	05111102
11	国际	一等奖	肖雪迪	1120111188	05111102
12	国际	一等奖	梁凤蓉	1120111175	05111102
13	国际	一等奖	闫泽禹	1120122597	06911201
14	国际	一等奖	严　格	1120122851	06911201
15	国际	一等奖	周　宠	1120121849	06911201
16	国际	二等奖	张　钊	1120111853	07111102
17	国际	二等奖	邢世稳	1120112030	05211101
18	国际	二等奖	邹韶华	1120111854	07111102
19	国际	二等奖	韩国祥	1120111206	05111103
20	国际	二等奖	丁嘉瑞	1120111972	07111107
21	国际	二等奖	毛舒凡	1120112783	17111102
22	国际	二等奖	赵嫦元	1120113192	21511101
23	国际	二等奖	盖士娇	1120113017	21011101
24	国际	二等奖	郝维政	1120121378	05411201
25	国际	二等奖	李振宇	1120112312	09221101
26	国际	二等奖	罗　钦	1120112800	17111101
27	国际	二等奖	刘佳文	1120112314	09221101
28	国际	二等奖	周欣桐	1120112785	17111101
29	国际	二等奖	吴春博	1120112787	05111101
30	国际	二等奖	刘盼盼	1120112937	17211102
31	国际	二等奖	邓寿云	1120111232	05111104

续表

序号	级别	等级	姓名	学号	班级
32	国际	二等奖	熊一枫	1120111253	05111104
33	国际	二等奖	王　俊	1120112169	05111104
34	国际	二等奖	李亚超	1120112485	06111104
35	国际	二等奖	廖奥媛	1120111634	06111104
36	国际	二等奖	李　龙	1120111631	06111104
37	国际	二等奖	李卫东	1120111266	05211101
38	国际	二等奖	李昂阳	1120111263	05211101
39	国际	二等奖	牛　杰	1120111277	05211101
40	国际	二等奖	孙　彬	1120111129	04131102
41	国际	二等奖	樊可进	1120111119	04131102
42	国际	二等奖	方慧卉	1120111120	04131102
43	国际	二等奖	李　震	1120110010	01111101
44	国际	二等奖	陈天悦	1120110005	01111101
45	国际	二等奖	原永铭	1120120084	01121201
46	国际	二等奖	时善蔚	1120111504	05911101
47	国际	二等奖	张俭伟	1120111524	05911101
48	国际	二等奖	邵　青	1120111503	05911101
49	国际	二等奖	秦孟儒	1120112557	10311101
50	国际	二等奖	薛亦飞	1120112568	10411101
51	国际	二等奖	李晓斐	1120123338	05931201
52	国际	二等奖	林明豪	1120111326	05411101
53	国际	二等奖	徐子为	1120111339	05411101
54	国际	二等奖	陶　砺	1120111332	05411101
55	国际	二等奖	王　斌	1120111586	06111102
56	国际	二等奖	韩思齐	1120111481	05911101
57	国际	二等奖	孙俊忍	1120111505	05911101
58	国际	二等奖	武烨存	1120122988	05931201
59	国际	二等奖	尹程翔	1120122603	05931201
60	国际	二等奖	刘德馨	1120122894	31011201
61	国际	二等奖	蒲　波	1120120424	07111205
62	国际	二等奖	张　冉	1120122408	09311202
63	国际	二等奖	王恒亮	1120122822	17011202
64	国际	二等奖	杨　蕊	1120112875	17131101
65	国际	二等奖	解宏伟	1120113057	21111101
66	国际	二等奖	刘少波	1120113088	01111101
67	国际	二等奖	李旻瀚	1120112802	17111101
68	国际	二等奖	卜兴源	1120111884	07111104
69	国际	二等奖	李真伟	1120112810	17111102
70	国际	二等奖	崔子涵	1120112752	17111101
71	国际	二等奖	刘子昊	1120112753	17111101
72	国际	二等奖	杨成凯	1120111823	07111101

续表

序号	级别	等级	姓名	学号	班级
73	国际	二等奖	董培炎	1120121178	05111202
74	国际	二等奖	左朝园	1120121208	05111202
75	国际	二等奖	谢桂望	1120120932	04111201
76	国际	二等奖	郭宇夫	1120121651	06911201
77	国际	二等奖	李　楠	1120121715	06911201
78	国际	二等奖	李天佑	1120112915	17211101
79	国际	二等奖	袁　恺	1120112917	17211101
80	国际	二等奖	邢布飞	1120113011	21111101
81	国际	二等奖	孙　琳	1120122790	17011201
82	国际	二等奖	顾　娴	1120122779	17011201
83	国际	二等奖	董世林	1120121339	05211202
84	国际	二等奖	周毓麟	1120123295	21111201
85	国际	二等奖	杨传做	1120120054	01111202
86	国际	二等奖	丰海娇	1120122806	17011202
87	国际	二等奖	郭　奇	1120122807	17011202
88	国际	二等奖	吴　安	1120122824	17011202
89	国际	二等奖	申时荣	1120122816	17011202
90	国际	二等奖	梁艺宝	1120121561	05811201
91	国际	二等奖	王　东	1120122845	17011203
92	国际	二等奖	王靖博	1120122792	17011201
93	国际	二等奖	潘雨洋	1120121386	05411201
94	国际	二等奖	王泽鹏	1120120254	02011201
95	国际	二等奖	魏煌松	1120121956	07111204
96	国际	二等奖	冯程昊	1120133817	30011302
97	国际	二等奖	费炜杰	1120133818	30011302
98	国际	二等奖	许　健	1120133812	30011302

2014 年中国大学生方程式汽车大赛（纯电动组）

序号	级别	等级	姓名	学号	班级
1	国际	一等奖	陆文豪	1120110571	03111101
2	国际	一等奖	赵明杰	1120110656	03111103
3	国际	一等奖	孙浩铭	1120123101	03111203
4	国际	一等奖	赵梓圳	1120120592	03111202
5	国际	一等奖	张嘉楠	1120100572	03111003
6	国际	一等奖	李雪子	1120120792	03911201
7	国际	一等奖	俞灏岑	1120130854	03031309
8	国际	一等奖	王小龙	1120100744	03311002
9	国际	一等奖	叶山顶	1120100540	03111002

续表

序号	级别	等级	姓名	学号	班级
10	国际	一等奖	杨　航	1120120804	03311201
11	国际	一等奖	郑明晔	1120100164	01311001
12	国际	一等奖	刘佳伟	1102011192	01311102
13	国际	一等奖	张国辉	1120110202	01311102
14	国际	一等奖	李博文	1120131686	06131302
15	国际	一等奖	李　磊	1120101694	06131002
16	国际	一等奖	赵嫦元	1120113192	21411202
17	国际	一等奖	赵勃衡	1120113649	25711103
18	国际	一等奖	胡博旸	1120100484	25111101

2014年中国大学生方程式汽车大赛（燃油组）

序号	级别	等级	姓名	学号	班级
1	国际	一等奖	唐林雄	1120110575	03111101
2	国际	一等奖	刘旭泽	1120112080	03111101
3	国际	一等奖	赵　越	1120110587	03111101
4	国际	一等奖	庞　博	1120110955	03111103
5	国际	一等奖	张汉哲	1120120742	03211202
6	国际	一等奖	任洪涛	1120120550	03111201
7	国际	一等奖	黄卓然	1120123055	03111203
8	国际	一等奖	廖嘉奇	1120130733	03031309
9	国际	一等奖	侯兴和	1120130850	03031309
10	国际	一等奖	张雨甜	1120100635	03031309
11	国际	一等奖	张　闯	1120100662	03211001
12	国际	一等奖	郭　进	1120100644	03211001
13	国际	一等奖	黄绵敦	1120100645	03211001
14	国际	一等奖	关超文	112010581	03121001
15	国际	一等奖	陈浩翰	1120100667	03211002
16	国际	一等奖	张雨甜	1120100635	03121002
17	国际	一等奖	陈南瑾	1120113648	25711103
18	国际	一等奖	董　露	1120113608	25111101
19	国际	一等奖	莫　笛	1120123218	21411202
20	国际	一等奖	王玢玢	1120100320	02211001
21	国际	一等奖	刘力源	1120100179	01311002

第一届同济大学工业 4.0—国际大学生 3D 打印机设计邀请赛

序号	级别	等级	姓名	学号	班级
1	国际	三等奖	李　丁	1120120820	03311202
2	国际	三等奖	方国鑫	1120120813	03311202
3	国际	三等奖	杨云涛	1120120618	03111203
4	国际	三等奖	李佩伦	1120121657	06111203
5	国际	三等奖	罗佳毅	1120120546	03111201
6	国际	三等奖	姜　艺	1120120598	03111203

2014 年国际基因工程机器大赛（iGEM）

序号	级别	等级	姓名	学号	班级
1	国际	金奖	李晨翊	1120132639	16111301
2	国际	金奖	万　众	1120132622	16111302
3	国际	金奖	曹铭铭	1120132690	16111302
4	国际	金奖	吕宗志	1120122672	16111201
5	国际	金奖	白文鑫	1120122637	16111201
6	国际	金奖	简　行	1120122652	16111201
7	国际	金奖	李晋霖	1120122693	16121201
8	国际	金奖	高　楠	1120122172	08211202
9	国际	金奖	亚　航	1120122108	08311201
10	国际	金奖	孟　鑫	1120121223	05111211
11	国际	金奖	姜尼斯	1120112671	16121101
12	国际	金奖	刘百扬	1120112676	16121101
13	国际	金奖	王云仟	1120112679	16121101
14	国际	金奖	栾溢男	1120113626	25701103
15	国际	银奖	陈　烨	1120112606	16111101
16	国际	银奖	宋　达	1120112615	16111101
17	国际	银奖	张　楠	1120112666	16121101
18	国际	银奖	谭一敏	1120112634	16111102
19	国际	银奖	彭　滴	1120112607	16111101
20	国际	银奖	邱云洁	1120112662	16121101
21	国际	银奖	姚梦迪	1120112603	16111101
22	国际	银奖	侯东亚	1120112614	16111101
23	国际	银奖	王鹏举	1120112613	16111101
24	国际	银奖	李逸飞	1120133542	24111302
25	国际	银奖	蔡晓娟	1120122746	16131202

续表

序号	级别	等级	姓名	学号	班级
26	国际	银奖	张德雨	1120112643	16131101
27	国际	银奖	樊云龙	1120112734	16131102
28	国际	银奖	梁　西	1120122175	08311201
29	国际	银奖	鲁　盼	1120111328	06911101
30	国际	银奖	刘茂启	1120123663	25111201
31	国际	银奖	张行建	1120112700	16131101
32	国际	银奖	谢宇捷	1120122686	16111202
33	国际	银奖	陈胤潼	1120122663	16121201
34	国际	银奖	张大艳	1120112611	16111101
35	国际	银奖	石元杰	1120122680	16121201
36	国际	银奖	秦春霞	1120122768	16131202
37	国际	银奖	易　婕	1120122772	16131202
38	国际	银奖	吴君雅	1120122737	16131201

第七届“北外—万慧达杯”知识产权模拟法庭竞赛

序号	级别	等级	姓名	学号	班级
1	国际	最佳书状奖	岳　烨	1120103247	23111002
2	国际	最佳书状奖	胡阳欣	1120113412	23111002
3	国际	最佳书状奖	张　航	1120113397	23111002
4	国际	最佳书状奖	马悦云	1120113445	23111103

2014 年斯泰森国际环境法模拟法庭竞赛东亚赛区选拔赛

级别	等级	姓名	学号	班级
国际	最佳辩手奖	王　蔚	1120113409	23111102

2014 年全国大学生数学建模竞赛

序号	级别	等级	姓名	学号	班级
1	国家	二等奖	王泽晖	1120121134	04131202
2	国家	二等奖	孟　鑫	1120121223	05111203
3	国家	二等奖	王肃晨	1120122900	05111203
4	国家	二等奖	刘　鹤	1120121404	05411202
5	国家	二等奖	肖　磊	1120121412	05411202
6	国家	二等奖	张　浩	1120121419	05411202

续表

序号	级别	等级	姓名	学号	班级
7	国家	二等奖	李天佑	1120112915	17211101
8	国家	二等奖	邢布飞	1120113011	21111101
9	国家	二等奖	侯　哲	1120112902	17211101
10	国家	二等奖	陈　汉	1120120238	02011201
11	国家	二等奖	张锁麒	1120120259	02011201
12	国家	二等奖	冯　琳	1120122884	02011201
13	国家	二等奖	赵文天	1120131962	07011306
14	国家	二等奖	孙　悦	1120131967	07011305
15	国家	二等奖	伍　堃	1120131852	07011306
16	国家	二等奖	董培炎	1120121178	05111202
17	国家	二等奖	王虞倩	1120121295	05111205
18	国家	二等奖	左朝园	1120121208	05111202
19	国家	二等奖	谢桂望	1120120932	04111201
20	国家	二等奖	郭宇夫	1120121651	06911201
21	国家	二等奖	李　楠	1120121715	06911201
22	国家	二等奖	蒲　波	1120120424	07111205
23	国家	二等奖	于　超	1120121730	06111205
24	国家	二等奖	王恒亮	1120122822	17011202

2014 年全国大学生信息安全竞赛

序号	级别	等级	姓名	学号	班级
1	国家	一等奖	李艳东	1120111807	07111101
2	国家	一等奖	马宝利	1120111813	07111101
3	国家	一等奖	黄艳玲	1120111918	07111105
4	国家	一等奖	宁小东	1120111982	07111107
5	国家	三等奖	于文楠	1120111996	07111107
6	国家	三等奖	郑清卓	1120112000	07111107
7	国家	三等奖	王　策	1120111841	07111102
8	国家	三等奖	马晶晶	1120111928	07111105

第六届全国大学生机械创新设计大赛

序号	级别	等级	姓名	学号	班级
1	国家	一等奖	吕乃静	1120110849	03311103
2	国家	一等奖	张飞凯	1120110865	03311103

续表

序号	级别	等级	姓名	学号	班级
3	国家	一等奖	王子夫	1120110860	03311103
4	国家	一等奖	魏　畅	1120110615	03111102
5	国家	一等奖	葛　洪	1120110924	04111101
6	国家	一等奖	魏　凯	1120110938	04111101
7	国家	一等奖	于　亮	1120110711	03121102
8	国家	一等奖	董文丰	1120110692	03121102
9	国家	一等奖	彭晓康	1120110071	01121101
10	国家	一等奖	武　潺	1120110964	04111102
11	国家	一等奖	杨天鸣	1120111086	04121104
12	国家	一等奖	赵　泽	1120110868	03311103
13	国家	一等奖	王昌华	1120110823	03311102
14	国家	一等奖	孙　博	1120111308	05211102
15	国家	一等奖	唐冰海	1120110672	03121101
16	国家	一等奖	卢紫旺	1120111926	03111102
17	国家	一等奖	贺寅竹	1120110925	04111101
18	国家	一等奖	王宏明	1120110961	04111102
19	国家	一等奖	潘昌基	1120110787	03311101
20	国家	一等奖	李雨阳	1120110066	01121101
21	国家	一等奖	蔡芷兰	1120110592	03111102
22	国家	一等奖	张　状	1120110586	03111101
23	国家	一等奖	周登岳	1120110623	03111102
24	国家	一等奖	杨福威	1120110683	03121101
25	国家	一等奖	吴诗蔚	1120113654	25701103
26	国家	二等奖	朱俊屹	1120110716	03121102
27	国家	二等奖	岳　山	1120110739	03211101
28	国家	二等奖	杨大鹏	1120110551	03211101
29	国家	二等奖	程李东	1120110109	01221101
30	国家	二等奖	郭智蔷	1120110632	03111103
31	国家	二等奖	孟凡婧	1120110643	03111103
32	国家	二等奖	秦一进	1120110644	03111103
33	国家	二等奖	赵明杰	1120110656	03111103
34	国家	二等奖	刘　洋	1120110848	03311201
35	国家	二等奖	李子豪	1120110568	03311101
36	国家	二等奖	陈　通	1120110628	03311103
37	国家	二等奖	杨天宇	1120112266	03311103
38	国家	二等奖	钟梓芮	1120110622	03311102
39	国家	二等奖	陈肖天	1120110719	03211101

续表

序号	级别	等级	姓名	学号	班级
40	国家	二等奖	林文杰	1120110422	02321101
41	国家	二等奖	周登岳	1120110623	03111102
42	国家	二等奖	何兴平	1120110810	03311102
43	国家	二等奖	陈　旭	1120110629	02321202
44	国家	二等奖	陈智舟	1120110805	03311102
45	国家	二等奖	侯冀川	1120110114	01221101
46	国家	二等奖	王春阳	1120110885	03511101
47	国家	二等奖	胡荣海	1120110060	01121101
48	国家	二等奖	孟秋帆	1120110852	03311103
49	国家	二等奖	陈孙杰	1120111567	06911101

2014 年全国大学生机械产品数字化设计大赛

序号	级别	等级	姓名	学号	班级
1	国家	一等奖	王露萱	1120110548	03411101
2	国家	一等奖	苏江舟	1120120797	03311201
3	国家	一等奖	柯志芳	1120110695	03121102
4	国家	一等奖	周　宁	1120110107	01211101
5	国家	一等奖	刘俊明	1120110780	03311101
6	国家	一等奖	马江涛	1120110850	03311103
7	国家	二等奖	张　诚	1120110832	03311102
8	国家	二等奖	叶剑辉	1120110831	03311102
9	国家	二等奖	杨成志	1120110828	03311102
10	国家	二等奖	姜　艺	2210120598	03111203
11	国家	二等奖	方国鑫	1120120813	03311202
12	国家	二等奖	李　丁	2210120820	03311202
13	国家	三等奖	刘佳伟	1120110192	01311102
14	国家	三等奖	尉乐川	1120120615	03111203
15	国家	三等奖	马　鑫	1120112710	16131101
16	国家	三等奖	白天一	1120120561	03111202
17	国家	三等奖	何　为	1120120572	03111202
18	国家	三等奖	杜骥翔	1120120568	03111202

2014 年中国大学生方程式汽车大赛（纯电动组）

序号	级别	等级	姓名	学号	班级
1	国家	特等奖	陆文豪	1120110571	03111101

续表

序号	级别	等级	姓名	学号	班级
2	国家	特等奖	赵明杰	1120110656	03111103
3	国家	特等奖	孙浩铭	1120123101	03111203
4	国家	特等奖	赵梓圳	1120120592	03111202
5	国家	特等奖	张嘉楠	1120100572	03111003
6	国家	特等奖	李雪子	1120120792	03911201
7	国家	特等奖	俞灏岑	1120130854	03031309
8	国家	特等奖	王小龙	1120100744	03311002
9	国家	特等奖	叶山顶	1120100540	03111002
10	国家	特等奖	杨　航	1120120804	03311201
11	国家	特等奖	郑明晔	1120100164	01311001
12	国家	特等奖	刘佳伟	1102011192	01311102
13	国家	特等奖	张国辉	1120110202	01311102
14	国家	特等奖	李博文	1120131686	06131302
15	国家	特等奖	李　磊	1120101694	06131002
16	国家	特等奖	赵嫦元	1120113192	21411202
17	国家	特等奖	赵勃衡	1120113649	25711103
18	国家	特等奖	胡博旸	1120100484	25111101

2014 年中国大学生方程式汽车大赛（燃油组）

序号	级别	等级	姓名	学号	班级
1	国家	一等奖	唐林雄	1120110575	03111101
2	国家	一等奖	刘旭泽	1120112080	03111101
3	国家	一等奖	赵　越	1120110587	03111101
4	国家	一等奖	庞　博	1120110955	03111103
5	国家	一等奖	张汉哲	1120120742	03211202
6	国家	一等奖	任洪涛	1120120550	03111201
7	国家	一等奖	黄卓然	1120123055	03111203
8	国家	一等奖	廖嘉奇	1120130733	03031309
9	国家	一等奖	侯兴和	1120130850	03031309
10	国家	一等奖	张雨甜	1120100635	03031309
11	国家	一等奖	张　闯	1120100662	03211001
12	国家	一等奖	郭　进	1120100644	03211001
13	国家	一等奖	黄绵敦	1120100645	03211001
14	国家	一等奖	关超文	112010581	03121001
15	国家	一等奖	陈浩翰	1120100667	03211002
16	国家	一等奖	张雨甜	1120100635	03121002

续表

序号	级别	等级	姓名	学号	班级
17	国家	一等奖	陈南瑾	1120113648	25711103
18	国家	一等奖	董　露	1120113608	25111101
19	国家	一等奖	莫　笛	1120123218	21411202
20	国家	一等奖	王玢玢	1120100320	02211001
21	国家	一等奖	刘力源	1120100179	01311002

2014 年第八届 Honda 中国节能竞技大赛

序号	级别	等级	姓名	学号	班级
1	国家	特等奖	任　军	1120110612	03111102
2	国家	特等奖	娄伟鹏	1120110699	03121102
3	国家	特等奖	谢　军	1120110734	03211101
4	国家	特等奖	宋　彬	1120110759	03211102
5	国家	特等奖	韦海舟	1120120513	03421201
6	国家	特等奖	罗佳毅	1120120546	03111201
7	国家	特等奖	单　婕	1120120566	03111202
8	国家	特等奖	李孟强	1120120574	03111202
9	国家	特等奖	黄泽安	1120120661	03121202
10	国家	特等奖	蒋新柱	1120120663	03121202
11	国家	特等奖	赵佳山	1120120685	03121202
12	国家	特等奖	陈　欢	1120120691	03211201
13	国家	特等奖	刘　潇	1120120700	03211201
14	国家	特等奖	金日辉	1120120726	03211202
15	国家	特等奖	史文通	1120120760	03211203
16	国家	特等奖	文　雯	1120120853	03911201
17	国家	特等奖	胡献旺	1120121401	05411202
18	国家	特等奖	孙丹丹	1120121522	05111232
19	国家	特等奖	梅琳焱	1120122923	05411202
20	国家	特等奖	谢坤龙	1120123675	25111201
21	国家	特等奖	黄燕妮	1120123693	25701203
22	国家	特等奖	宫敬程	1120130505	03021302

第四届全国大学生计算机博弈大赛暨第八届全国计算机博弈锦标赛

序号	级别	等级	姓名	学号	班级
1	国家	一等奖	卜兴源	1120111884	07111104
2	国家	一等奖	赵子承	1120111912	05111101

续表

序号	级别	等级	姓名	学号	班级
3	国家	一等奖	杨效淳	1120111878	07111103
4	国家	一等奖	吴松泽	1120111874	07111103
5	国家	一等奖	李苏畅	1120111832	07111102
6	国家	一等奖	张　钊	1120111853	07111102
7	国家	一等奖	吴松泽	1120111874	07111103
8	国家	一等奖	卜兴源	1120111884	07111104
9	国家	一等奖	杨效淳	1120111878	07111103
10	国家	一等奖	孙晨光	1120112047	08211101
11	国家	一等奖	刘　果	1120112043	08111101
12	国家	一等奖	施盟捷	1120112112	08111102
13	国家	一等奖	王　喆	1120122184	08111203
14	国家	一等奖	左丽娟	1120112122	08311102
15	国家	一等奖	龙　延	1120122123	08111202
16	国家	一等奖	金威强	1120122119	08111202
17	国家	一等奖	谢　辰	1120122134	08111202
18	国家	一等奖	周　艺	1120122255	08211202
19	国家	一等奖	阚宝全	1120122146	08111203
20	国家	一等奖	曾　赉	1120122283	08211201
21	国家	一等奖	刘恩泽	1120122232	08311202
22	国家	一等奖	李海锋	1120122093	08311201
23	国家	一等奖	谢　辰	1120122134	08111202
24	国家	一等奖	周　艺	1120122255	08211202
25	国家	一等奖	王　喆	1120122184	08111203
26	国家	一等奖	何兆鑫	1120122199	08111202
27	国家	一等奖	童楚云	1120112167	08111102
28	国家	一等奖	施盟捷	1120112112	08111102
29	国家	一等奖	孙晨光	1120112047	08211101
30	国家	一等奖	吴岳秋	1120112116	08111102
31	国家	一等奖	谢　辰	1120122134	08111202
32	国家	一等奖	王　喆	1120122184	08111203
33	国家	一等奖	龙　延	1120122123	08111202
34	国家	一等奖	金威强	1120122119	08111202
35	国家	一等奖	亚　航	1120122108	08311201
36	国家	一等奖	何兆鑫	1120122199	08111202
37	国家	一等奖	童楚云	1120112167	08111102
38	国家	一等奖	曾　赉	1120122283	08211201
39	国家	一等奖	刘恩泽	1120122232	08311202

续表

序号	级别	等级	姓名	学号	班级
40	国家	一等奖	孙晨光	1120112047	08211101
41	国家	一等奖	谢　辰	1120122134	08111202
42	国家	二等奖	许　彬	1120111908	07111104
43	国家	二等奖	赵子承	1120111912	05111101
44	国家	二等奖	卜兴源	1120111884	07111104
45	国家	二等奖	徐程程	1120111993	07111107
46	国家	二等奖	黄一赟	1120121975	07111205
47	国家	二等奖	吴松泽	1120111874	07111103
48	国家	二等奖	赵子承	1120111912	05111101
49	国家	二等奖	梁　蛟	1120111979	07111107
50	国家	二等奖	李苏畅	1120111832	07111102
51	国家	二等奖	张　钊	1120111853	07111102
52	国家	二等奖	鲁　盼	1120111328	06911101
53	国家	二等奖	高　洲	1120121618	06111202
54	国家	二等奖	任祚达	1120110301	06911101
55	国家	二等奖	孙浩然	1120111932	06911101
56	国家	二等奖	温明星	1120111673	06911101
57	国家	二等奖	蒋丽婷	1120131988	08111302
58	国家	二等奖	赵峻瑶	1120132205	08211302
59	国家	二等奖	陈丽凤	1120131986	08111302
60	国家	二等奖	宋　鑫	1120132010	08311301
61	国家	二等奖	周　艺	1120122255	08211202
62	国家	二等奖	金威强	1120122119	08111202
63	国家	二等奖	谢　辰	1120122134	08111202
64	国家	二等奖	龙　延	1120122123	08111202
65	国家	二等奖	阚宝全	1120122146	08111203
66	国家	二等奖	吴岳秋	1120112116	08111102
67	国家	二等奖	童楚云	1120112167	08111102
68	国家	二等奖	刘恩泽	1120122232	08311202
69	国家	二等奖	施盟捷	1120112112	08111102
70	国家	二等奖	曾　赍	1120122283	08211201
71	国家	三等奖	张　钊	1120111853	07111102
72	国家	三等奖	李苏畅	1120111832	07111102
73	国家	三等奖	吴松泽	1120111874	07111103
74	国家	三等奖	欧　焱	1120111930	07111105
75	国家	三等奖	徐程程	1120111993	07111107
76	国家	三等奖	杜已超	1120111537	06111101

续表

序号	级别	等级	姓名	学号	班级
77	国家	三等奖	郭　翔	1120111539	06111101
78	国家	三等奖	秦莹莹	1120111548	06111101
79	国家	三等奖	冉培培	1120111549	06111101
80	国家	三等奖	刘　凯	1120111588	06111201
81	国家	三等奖	刘宏伟	1120122207	08211202
82	国家	三等奖	周　艺	1120122255	08211202
83	国家	三等奖	阚宝全	1120122146	08111203
84	国家	三等奖	陈永鹏	1120132200	08111302
85	国家	三等奖	桂钰坤	1120132128	08111305
86	国家	三等奖	黄竖骅	1120132093	08111304
87	国家	三等奖	杨　错	1120132048	08111302

2014 年中国机器人大赛暨 robocup 公开赛

序号	级别	等级	姓名	学号	班级
1	国家	特等奖	徐　杰	1120112200	08311101
2	国家	特等奖	齐　冀	1120112111	08111101
3	国家	特等奖	杨一川	1120112173	08211102
4	国家	特等奖	金　科	1120112762	08111101
5	国家	特等奖	高黎明	1120112213	08111103
6	国家	特等奖	吴嘉豪	1120110364	02311101
7	国家	特等奖	张雪岩	1120110204	01311102
8	国家	特等奖	赵子芊	1120122194	08311201
9	国家	特等奖	陈永刚	1120122089	08311201
10	国家	特等奖	孙现超	1120122278	08311201
11	国家	特等奖	肖　雄	1120122220	08311202
12	国家	特等奖	王梓丞	1120122155	08111203
13	国家	特等奖	汪金奎	1120120307	02111201
14	国家	特等奖	柳博文	1120120299	02111201
15	国家	特等奖	施洁菲	1120121228	05111241
16	国家	特等奖	赵　茜	1120133319	22111301
17	国家	特等奖	郭云坤	1120121883	07111202
18	国家	特等奖	蔡晓聪	1120121880	07111202
19	国家	特等奖	唐　鑫	1120121951	07111204
20	国家	特等奖	高　桥	1120121827	06001201
21	国家	特等奖	游振涛	1120121785	06001201
22	国家	一等奖	徐　杰	1120112200	08311101

续表

序号	级别	等级	姓名	学号	班级
23	国家	一等奖	齐　冀	1120112111	08111101
24	国家	一等奖	杨一川	1120112173	08211102
25	国家	一等奖	金　科	1120112762	08111101
26	国家	一等奖	高黎明	1120112213	08111103
27	国家	一等奖	吴嘉豪	1120110364	02311101
28	国家	一等奖	张雪岩	1120110204	01311102
29	国家	一等奖	赵子芊	1120122194	08311201
30	国家	一等奖	陈永刚	1120122089	08311201
31	国家	一等奖	孙现超	1120122278	08311201
32	国家	一等奖	肖　雄	1120122220	08311202
33	国家	一等奖	王梓丞	1120122155	08111203
34	国家	一等奖	汪金奎	1120120307	02111201
35	国家	一等奖	柳博文	1120120299	02111201
36	国家	一等奖	施洁菲	1120121228	05111241
37	国家	一等奖	赵　茜	1120133319	22111301
38	国家	一等奖	徐　杰	1120112200	08311101
39	国家	一等奖	齐　冀	1120112111	08111101
40	国家	一等奖	杨一川	1120112173	08211102
41	国家	一等奖	金　科	1120112762	08111101
42	国家	一等奖	高黎明	1120112213	08111103
43	国家	一等奖	吴嘉豪	1120110364	02311101
44	国家	一等奖	张雪岩	1120110204	01311102
45	国家	一等奖	赵子芊	1120122194	08311201
46	国家	一等奖	陈永刚	1120122089	08311201
47	国家	一等奖	孙现超	1120122278	08311201
48	国家	一等奖	肖　雄	1120122220	08311202
49	国家	一等奖	王梓丞	1120122155	08111203
50	国家	一等奖	汪金奎	1120120307	02111201
51	国家	一等奖	柳博文	1120120299	02111201
52	国家	一等奖	施洁菲	1120121228	05111241
53	国家	一等奖	赵　茜	1120133319	22111301
54	国家	一等奖	曹帅毅	1120122086	08311201
55	国家	一等奖	马俊邦	1120122269	08311202
56	国家	一等奖	刘达远	1120122176	08111203
57	国家	一等奖	马旭桐	1120122236	08111201
58	国家	一等奖	李海锋	1120122093	08311201
59	国家	一等奖	刘　浩	1120122264	08111201

续表

序号	级别	等级	姓名	学号	班级
60	国家	一等奖	彭　飞	1120122272	08111201
61	国家	一等奖	常　旭	1120122087	08311201
62	国家	一等奖	蔡天倚	1120122085	08111201
63	国家	一等奖	万海鹏	1120122183	08311201
64	国家	一等奖	陈治中	1120122169	08111203
65	国家	一等奖	朱天保	1120122191	08111203
66	国家	一等奖	李　楠	1120121715	06911201
67	国家	一等奖	王　磊	1120121666	06111203
68	国家	一等奖	王光杰	1120121953	07111204
69	国家	一等奖	景宸琛	1120121885	07111202
70	国家	一等奖	王　茵	1120121903	07111202

第九届全国大学生“飞思卡尔杯”智能汽车竞赛全国总决赛

序号	级别	等级	姓名	学号	班级
1	国家	二等奖	张　鲁	1120111707	06111106
2	国家	二等奖	石　雷	1120111584	06111102
3	国家	二等奖	刘冬琛	1120111608	06111103

2014 年科研类全国航空航天模型锦标赛

序号	级别	等级	姓名	学号	班级
1	国家	一等奖	徐伟雄	1120130393	01711301
2	国家	一等奖	贺佳文	1120120066	01121201
3	国家	二等奖	郑世钰	1120130054	01721301
4	国家	二等奖	潘永臻	1120130111	01111301
5	国家	二等奖	仇梓屹	1120130172	01311301
6	国家	二等奖	贺　敏	1120120004	01111201
7	国家	二等奖	崔　洋	1120130035	01721301
8	国家	二等奖	陈　旭	1120120404	02321202
9	国家	二等奖	杨鹏斌	1120120082	01121201
10	国家	二等奖	刘云飞	1120131845	07121301
11	国家	二等奖	杨鹏斌	1120120082	01121201
12	国家	二等奖	贺　敏	1120120004	01111201
13	国家	二等奖	唐　健	1120130156	01231301
14	国家	二等奖	王高岳	1120120078	01121201
15	国家	二等奖	汪常进	1120130360	02311301

续表

序号	级别	等级	姓名	学号	班级
16	国家	二等奖	田　震	1120120021	01111201
17	国家	二等奖	马　晨	1120120016	01111201
18	国家	二等奖	陈　灿	1120130028	01111301
19	国家	二等奖	陈　旭	1120120404	02321202
20	国家	三等奖	郑琳凯	1120130136	01111301
21	国家	三等奖	马立琦	1120130044	01231301
22	国家	三等奖	田景凡	1120120103	01211201
23	国家	三等奖	蒋　军	1120120007	01111201
24	国家	三等奖	张　宁	1120110104	01211101
25	国家	三等奖	陈　旭	1120120404	02321202
26	国家	三等奖	马　晨	1120120016	01111201
27	国家	三等奖	蔚光辉	1120120106	01211201
28	国家	三等奖	郑世钰	1120130054	01721301
29	国家	三等奖	曹　青	1120130070	01211301
30	国家	三等奖	蒙童桐	1120130034	01111301
31	国家	三等奖	张　振	1120120204	01311202
32	国家	三等奖	高文良	1121121094	04131201
33	国家	三等奖	贺佳文	1120120066	01121201
34	国家	三等奖	高文良	1121121094	04131201
35	国家	三等奖	段晓闻	1120130074	01131301
36	国家	三等奖	贺　敏	1120120004	01111201
37	国家	三等奖	王亚东	1120130081	01721301
38	国家	三等奖	蔚光辉	1120120106	01211201
39	国家	三等奖	张　振	1120120204	01311202
40	国家	三等奖	代烨晗	1120130363	02311301
41	国家	三等奖	李晨迪	1120120037	01111202
42	国家	三等奖	李　倩	1120130100	01131301
43	国家	三等奖	祝加鹏	1120110341	02211101
44	国家	三等奖	葛佳昊	1120130112	01111301
45	国家	三等奖	李沫宁	1120130068	01111301
46	国家	三等奖	蒋　军	1120120007	01111201
47	国家	三等奖	马　晨	1120120016	01111201
48	国家	三等奖	田景凡	1120120103	01211201

2014 年全国大学生电子设计竞赛信息安全技术专题邀请赛

序号	级别	等级	姓名	学号	班级
1	国家	一等奖	白　雪	1120111384	05411102

续表

序号	级别	等级	姓名	学号	班级
2	国家	一等奖	刘政祎	1120111955	07111106
3	国家	一等奖	韩思齐	1120111481	05911101
4	国家	一等奖	邱煌彬	1120111778	06001101
5	国家	一等奖	王金戈	1120111783	06001101
6	国家	一等奖	郝以平	1120120872	03511201
7	国家	二等奖	张晨露	1120122407	05931201
8	国家	二等奖	闫天祺	1120111400	05611101
9	国家	二等奖	熊一枫	1120111253	05111104
10	国家	三等奖	韩　冰	1120111291	05211102
11	国家	三等奖	蒋志科	1120111487	05911101
12	国家	三等奖	纪凯夫	1120111485	05911101
13	国家	三等奖	程宇航	1120110292	05611102
14	国家	三等奖	廖邦杰	1120110698	03121102
15	国家	三等奖	张　亮	1120112149	08311102

2014 年“英特尔杯”大学生电子设计竞赛嵌入式系统专题邀请赛

序号	级别	等级	姓名	学号	班级
1	国家	一等奖	柳柏林	1120111274	05211101
2	国家	一等奖	赵子承	1120111912	05111101
3	国家	一等奖	孔垂烨	1120111070	05931101
4	国家	二等奖	刘芳政	1120111156	05111101
5	国家	二等奖	顾洲灿	1120111147	05111101
6	国家	二等奖	高剑锋	1120110318	02311102
7	国家	三等奖	崔　铠	1120111477	05911101
8	国家	三等奖	马　鑫	1120112710	16131101
9	国家	三等奖	林明豪	1120111326	05411101
10	国家	三等奖	黄　腾	1120111484	05911101
11	国家	三等奖	罗世欣	1120112191	08111103
12	国家	三等奖	马　炀	1120112843	05931101

2014 年全国大学生电子设计竞赛模拟电子系统设计专题邀请赛（TI 杯）

序号	级别	等级	姓名	学号	班级
1	国家	三等奖	张　旭	1120111470	5811101
2	国家	三等奖	宁立跃	1120111499	5911101

续表

序号	级别	等级	姓名	学号	班级
3	国家	三等奖	杨一丁	1120111517	5911101
4	国家	三等奖	武烨存	1120122988	05931201
5	国家	三等奖	杨继尧	1120122360	05931201
6	国家	三等奖	王肃晨	1120122900	05111252

2014 年第七届“金川杯”全国大学生节能减排大赛

序号	级别	等级	姓名	学号	班级
1	国家	二等奖	薛亦飞	1120112568	10411101
2	国家	二等奖	徐涵颖	1120112564	10411101
3	国家	二等奖	毛　竹	1120112600	10411101
4	国家	二等奖	田　力	1120112601	10411101
5	国家	二等奖	肖若耘	1120112595	10411101
6	国家	二等奖	张　旭	1120111470	05811101

第三届“中国软件杯”大学生软件设计大赛

序号	级别	等级	姓名	学号	班级
1	国家	一等奖	施盟捷	1120112112	08111102
2	国家	一等奖	江　涛	1120112075	08211101
3	国家	一等奖	刘　果	1120112043	08111101
4	国家	三等奖	高宇泽	1120122228	08111201
5	国家	三等奖	王晓颖	1120122217	08111202
6	国家	三等奖	刘伟伟	1120122670	08111201

第十届“博创杯”全国大学生嵌入式物联网设计大赛

序号	级别	等级	姓名	学号	班级
1	国家	二等奖	李　懿	1120112017	07121101
2	国家	二等奖	贺大庆	1120112010	07121101
3	国家	二等奖	梁洪彬	1120112018	07121101
4	国家	二等奖	王　斌	1120111586	06111102
5	国家	二等奖	芮　瑞	1120111128	06111103
6	国家	二等奖	林一叶	1120111606	06111103

2014 年全国大学生物联网设计竞赛（TI 杯）

序号	级别	等级	姓名	学号	班级
1	国家级	一等奖	刘　畅	1120111923	07111105
2	国家级	一等奖	刘苗苗	112011898	07111104
3	国家级	一等奖	刘振华	1120111812	07111101
4	国家级	一等奖	邓志会	1120111916	07121105
5	国家级	二等奖	秦　立	1120112022	07121101
6	国家级	二等奖	李畅晓	1120112014	07121101
7	国家级	二等奖	陶　洁	1120112026	07121101

首届全国高校物联网应用创新大赛挑战赛（总决赛）

序号	级别	等级	姓名	学号	班级
1	国家	一等奖	秦　立	1120112022	07121101
2	国家	一等奖	李文升	1120122060	07121202
3	国家	一等奖	宋红梅	1120122048	07121201
4	国家	一等奖	田阿敏	1120112698	16131101
5	国家	二等奖	赵冬迪	1120122081	07121202

第七届全国大学生先进成图技术与产品信息建模创新大赛

序号	级别	等级	姓名	学号	班级
1	国家	一等奖	李蓝天	1120130838	03031309
2	国家	一等奖	黄逍遥	1120130703	03031304
3	国家	一等奖	郑良杰	1120130827	03031308
4	国家	一等奖	郑壮壮	1120130883	03031310
5	国家	一等奖	关海杰	1120130877	03031310
6	国家	一等奖	崔丁松	1120130766	03031306
7	国家	一等奖	陈子豪	1120130484	03021301
8	国家	一等奖	李蓝天	1120130838	03031309
9	国家	一等奖	詹　远	1120130873	03031310
10	国家	一等奖	黄逍遥	1120130703	03031304
11	国家	一等奖	郑良杰	1120130827	03031308
12	国家	一等奖	段砚州	1120130846	03031309
13	国家	一等奖	郑壮壮	1120130883	03031310
14	国家	一等奖	关海杰	1120130877	03031310

续表

序号	级别	等级	姓名	学号	班级
15	国家	二等奖	关海杰	1120130877	03031310
16	国家	二等奖	李　航	1120130788	03031307

第四届全国大学生光电设计竞赛

序号	级别	等级	姓名	学号	班级
1	国家	二等奖	黄　博	1120121032	04121203
2	国家	二等奖	罗　昕	1120121040	04121203
3	国家	二等奖	杨智伟	1120121048	04121203
4	国家	三等奖	汪　烜	1120102037	04121102
5	国家	三等奖	王　茜	1120111022	04121102
6	国家	三等奖	吴　晨	1120111023	04121102
7	国家	三等奖	李晨宇	1120111009	04121102
8	国家	三等奖	李华烨	1120111010	04121102
9	国家	三等奖	闫　伟	1120111025	04121102
10	国家	三等奖	项　虹	1120110965	04111102
11	国家	三等奖	邱　迪	1120110959	04111102
12	国家	三等奖	姚庆宇	1120110943	04111101
13	国家	三等奖	蒋友聪	1120112735	16131102
14	国家	三等奖	张德雨	1120112643	16131101
15	国家	三等奖	周永康	1120102464	16131101
16	国家	最亮风格奖	韩　涛	1120121029	04121203
17	国家	最亮风格奖	曾　辉	1120121023	04121202
18	国家	最亮风格奖	覃子俊	1120120671	03121202

第十一届（2014） ISCC 信息安全与对抗技术竞赛

序号	级别	等级	姓名	学号	班级
1	国家	二等奖	王本亮	1120111363	05411202
2	国家	三等奖	廖邦杰	1120110698	03121102
3	国家	三等奖	应　乐	1120121481	05611202

第五届“蓝桥杯”全国软件专业人才设计与创业大赛——软件创业团队赛全国总决赛

序号	级别	等级	姓名	学号	班级
1	国家	一等奖	刘明汉	1120122096	08311201

续表

序号	级别	等级	姓名	学号	班级
2	国家	二等奖	成　诚	1120122257	08111201
3	国家	二等奖	秦　欢	1120122102	08311201
4	国家	二等奖	张天利	1120132202	08111307
5	国家	二等奖	张　伟	1120112119	08311101
6	国家	三等奖	马旭桐	1120122236	08111201
7	国家	三等奖	朱　翼	1120122139	08311201
8	国家	三等奖	陈敬伍	1120122113	08111201
9	国家	三等奖	马鑫宇	1120122139	08111301
10	国家	三等奖	王行知	1120122246	08111201
11	国家	三等奖	王鸿翔	1120132167	08111306

2014 年中国第一届机器人旅游大赛

序号	级别	等级	姓名	学号	班级
1	国家	一等奖	万海鹏	1120122183	08311201
2	国家	一等奖	陈治中	1120122169	08111203
3	国家	一等奖	马俊邦	1120122269	08311202
4	国家	一等奖	满江杰	1120122125	08111202
5	国家	一等奖	左丽娟	1120112122	08311102
6	国家	二等奖	陈治中	1120122169	08111203
7	国家	二等奖	马俊邦	1120122269	08311202
8	国家	二等奖	满江杰	1120122125	08111202
9	国家	二等奖	孙晨光	1120112047	08211101
10	国家	二等奖	万海鹏	1120122183	08311201
11	国家	二等奖	刘　浩	1120122264	08111201
12	国家	二等奖	蒲志超	1120122237	08311202
13	国家	二等奖	孙晨光	1120112047	08211101
14	国家	二等奖	曹帅毅	1120122086	08311201
15	国家	二等奖	陈治中	1120122169	08111203
16	国家	二等奖	马俊邦	1120122269	08311202
17	国家	二等奖	满江杰	1120122125	08111202
18	国家	二等奖	万海鹏	1120122183	08311201

2014 年“尚和杯”中国机器人大赛

序号	级别	等级	姓名	学号	班级
1	国家	一等奖	王鸿翔	1120132167	08111306

续表

序号	级别	等级	姓名	学号	班级
2	国家	一等奖	范　斌	1120132173	08111306
3	国家	一等奖	孙嘉谋	1120132157	08111306
4	国家	一等奖	何晓颖	1120132147	08111306
5	国家	一等奖	陈治中	1120122169	08111203
6	国家	一等奖	万海鹏	1120122183	08311201
7	国家	一等奖	蒲志超	1120122237	08311202
8	国家	一等奖	施盟捷	1120112112	08111102
9	国家	一等奖	左丽娟	1120112122	08311102
10	国家	一等奖	刘　果	1120112043	08111101
11	国家	一等奖	王冬晓	1120132190	08111307
12	国家	一等奖	刘鸣谦	1120132009	05111331
13	国家	一等奖	袁自强	1120132131	08111305
14	国家	一等奖	谭智隆	1120131998	08111301
15	国家	一等奖	易万鑫	1120132002	08111301
16	国家	一等奖	孙晨光	1120112047	08211101
17	国家	一等奖	马俊邦	1120122269	08311202
18	国家	一等奖	曹帅毅	1120122086	08311201
19	国家	一等奖	施盟捷	1120112112	08111102
20	国家	一等奖	袁自强	1120132131	08111305
21	国家	一等奖	刘鸣谦	1120132009	05111331
22	国家	一等奖	王冬晓	1120132190	08111307
23	国家	一等奖	谭智隆	1120131998	08111301
24	国家	一等奖	易万鑫	1120132002	08111301
25	国家	二等奖	易万鑫	1120132002	08111301
26	国家	二等奖	王冬晓	1120132190	08111307
27	国家	二等奖	袁自强	1120132131	08111305
28	国家	二等奖	刘鸣谦	1120132009	05111331
29	国家	三等奖	曹帅毅	1120122086	08311201
30	国家	三等奖	蒲志超	1120122237	08311202
31	国家	三等奖	孙晨光	1120112047	08211101
32	国家	三等奖	刘　果	1120112043	08111101
33	国家	三等奖	陈治中	1120122169	08111203
34	国家	三等奖	马俊邦	1120122269	08311202
35	国家	三等奖	刘　浩	1120122264	08111201
36	国家	三等奖	万海鹏	1120122183	08311201
37	国家	三等奖	王鸿翔	1120132167	08111306
38	国家	三等奖	何晓颖	1120132147	08111306

续表

序号	级别	等级	姓名	学号	班级
39	国家	三等奖	范　斌	1120132173	08111306
40	国家	三等奖	孙嘉谋	1120132157	08111306

“哈工大杯”第十六届全国机器人锦标赛暨“博思威龙”第五届国际仿人机器人奥林匹克大赛

序号	级别	等级	姓名	学号	班级
1	国家	二等奖	张　钊	1120111853	07111102
2	国家	二等奖	李苏畅	1120111832	07111102
3	国家	二等奖	吴松泽	1120111874	07111103
4	国家	二等奖	郭云坤	1120121883	07111202
5	国家	二等奖	唐　鑫	1120121951	07111204
6	国家	二等奖	蔡晓聪	1120121880	07111202
7	国家	二等奖	游振涛	1120121785	06001201
8	国家	二等奖	高　桥	1120121827	06001201
9	国家	二等奖	李　楠	1120121715	06911201
10	国家	二等奖	倪思恺	1120121779	06121201
11	国家	二等奖	张　钊	1120111853	07111102
12	国家	二等奖	李苏畅	1120111832	07111102
13	国家	二等奖	吴松泽	1120111874	07111103
14	国家	二等奖	郭云坤	1120121883	07111202
15	国家	二等奖	唐　鑫	1120121951	07111204
16	国家	二等奖	蔡晓聪	1120121880	07111202
17	国家	二等奖	游振涛	1120121785	06001201
18	国家	二等奖	高　桥	1120121827	06001201
19	国家	二等奖	李　楠	1120121715	06911201
20	国家	二等奖	倪思恺	1120121779	06121201

第三十九届 ACM-ICPC 程序设计竞赛亚洲区域赛（牡丹江赛区）

序号	级别	等级	姓名	学号	班级
1	国家	一等奖	傅天晓	1120111827	07111102
2	国家	一等奖	苏　琛	1120112224	08311102
3	国家	二等奖	潘虹宇	1120122270	08111201
4	国家	二等奖	贾容千	1120122259	08211201
5	国家	二等奖	肖艺旋	1120121905	07111202

续表

序号	级别	等级	姓名	学号	班级
6	国家	二等奖	朱　翼	1120122139	08311201
7	国家	二等奖	陈敬伍	1120122113	08111201
8	国家	二等奖	马鑫宇	1120122139	08111301

第三十九届 ACM-ICPC 程序设计竞赛亚洲区域赛（鞍山赛区）

序号	级别	等级	姓名	学号	班级
1	国家	二等奖	刘明汉	1120122096	08311201
2	国家	二等奖	秦　欢	1120122102	08311201
3	国家	二等奖	牛　冲	1120122100	08211201
4	国家	三等奖	申　震	1120122274	08211201
5	国家	三等奖	成　诚	1120122257	08111201
6	国家	三等奖	宦成颖	1120132007	08111301
7	国家	三等奖	于文楠	1120111996	7111107
8	国家	三等奖	李子豪	1120111245	05111104
9	国家	三等奖	黄立夫	1120121860	07111201

第三十九届 ACM-ICPC 程序设计竞赛亚洲区域赛（广州赛区）

序号	级别	等级	姓名	学号	班级
1	国家	一等奖	傅天晓	1120111827	07111102
2	国家	一等奖	苏　琛	1120112224	08311102
3	国家	三等奖	潘虹宇	1120122270	08111201
4	国家	三等奖	贾容千	1120122259	08211201
5	国家	三等奖	肖艺旋	1120121905	07111202
6	国家	三等奖	刘明汉	1120122096	08311201
7	国家	三等奖	秦　欢	1120122102	08311201
8	国家	三等奖	牛　冲	1120122100	08211201

第三十九届 ACM-ICPC 程序设计竞赛亚洲区域赛（上海赛区）

序号	级别	等级	姓名	学号	班级
1	国家	二等奖	池灵琪	1120121646	06111203
2	国家	二等奖	刘雨薇	1120121626	06111202
3	国家	二等奖	李沛奇	1120121505	05111211
4	国家	三等奖	刘　啸	1120121980	07111205

续表

序号	级别	等级	姓名	学号	班级
5	国家	三等奖	商占仝	1120121871	07111201
6	国家	三等奖	黄杨波	1120122036	07121201

第三十九届 ACM-ICPC 程序设计竞赛亚洲区域赛（西安赛区）

序号	级别	等级	姓名	学号	班级
1	国家	三等奖	朱　翼	1120122139	08311201
2	国家	三等奖	陈敬伍	1120122113	08111201
3	国家	三等奖	马鑫宇	1120122139	08111301
4	国家	三等奖	于文楠	1120111996	07111107
5	国家	三等奖	李子豪	1120111245	05111104
6	国家	三等奖	黄立夫	1120121860	07111201
7	国家	三等奖	池灵琪	1120121646	06111203
8	国家	三等奖	刘雨薇	1120121626	06111202
9	国家	三等奖	李沛奇	1120121505	05111211

第三十九届 ACM-ICPC 程序设计竞赛亚洲区域赛（北京赛区）

序号	级别	等级	姓名	学号	班级
1	国家	三等奖	刘　啸	1120121980	07111205
2	国家	三等奖	商占仝	1120121871	07111201
3	国家	三等奖	黄杨波	1120122036	07121201

第五届中国大学生物理学术竞赛

序号	级别	等级	姓名	学号	班级
1	国家	二等奖	程垒健	1120122941	18111201
2	国家	二等奖	王　翔	1120122985	18111202
3	国家	二等奖	刘烨超	1120123004	18111203
4	国家	二等奖	翁建宏	1120123009	18111203
5	国家	二等奖	邹　哲	1120121793	06121201

首届“卓越杯”大学生化学新实验设计及实验技能竞赛

序号	级别	等级	姓名	学号	班级
1	国家	一等奖	王　兵	1120123070	19111201

续表

序号	级别	等级	姓名	学号	班级
2	国家	一等奖	肖昱坤	1120123074	19111201
3	国家	一等奖	李　薇	1120123058	19111201
4	国家	一等奖	刘　瑾	1120123060	19111201
5	国家	一等奖	赵璐嘉	1120123061	19111201
6	国家	一等奖	倪志成	1120123067	19111201
7	国家	二等奖	张晓蕊	1120123035	19911201
8	国家	二等奖	陈哲明	1120123024	19911201
9	国家	二等奖	孟令炜	1120123033	19911201
10	国家	三等奖	何　超	1120123081	19121201
11	国家	三等奖	孟繁熠	1120123085	19121201
12	国家	三等奖	秦格格	1120123094	19121201
13	国家	二等奖	胡　静	1120112820	19111101
14	国家	三等奖	张召波	1120102743	19111101
15	国家	三等奖	孟磊磊	1120112856	19111101

第九届全国大学生化学实验邀请赛

序号	级别	等级	姓名	学号	班级
1	国家	二等奖	马艳艳	1120112829	19121101
2	国家	三等奖	田　华	1120112828	19121101
3	国家	三等奖	洪雅余	1120112826	19121101

第六届全国大学生版权征文竞赛

序号	级别	等级	姓名	学号	班级
1	国家	一等奖	刘旻轩	1120123465	23111201
2	国家	二等奖	卢佳静	1120123468	23111201
3	国家	三等奖	戴富媛	1120123449	23111201
4	国家	三等奖	殷　玥	1120123506	23111202
5	国家	三等奖	董世勋	1120123451	23111201

18

索　引

使用说明

一、本索引采用主题分析索引法编制。年鉴中有实质检索意义的内容均予以标引，以供检索使用。

二、本索引基本上按汉语拼音音序排列。具体排列方法如下：以数字开头的标目，排在最前面；以英文字母打头的标目，列于其次；汉字标目则按首字的音序、音调依次排列。首字相同时则以第二个字排序，依此类推。

三、索引标目后的数字，表示检索内容所在的年鉴正文页码。年鉴正文中的栏别，从左至右分别以 a、b 来表示。年鉴中以表格形式反映的内容，则在索引标目后用括号注明（表）字，以区别于文字标目。

四、为反映索引款目间的逻辑关系，对于二级标目，采取在一级标目下缩两格的形式编排，之下再按汉语拼音的音序、音调排列。

0~9

A ~ Z

A

B

C

D

E

F

G

J

M

N

P

Q

R

X

Y